投资的机会在哪里

黄 融 著

图书在版编目(CIP)数据

投资的机会在哪里 / 黄融著 .—北京：地震出版社，2021.4
ISBN 978-7-5028-4512-4

Ⅰ.①投… Ⅱ.①黄… Ⅲ.①投资-通俗读物
Ⅳ.①F830.59-49

中国版本图书馆 CIP 数据核字（2020）第 058553 号

地震版　XM 4414/F(5204)

投资的机会在哪里

黄　融　著

责任编辑：范静泊
责任校对：凌　樱

出版发行：地震出版社

北京市海淀区民族大学南路 9 号　　　　邮编：100081
发行部：68423031　68467993　　　　　　传真：88421706
门市部：68467991　　　　　　　　　　　传真：68467991
总编室：68462709　68423029　　　　　　传真：68455221
证券图书事业部：68426052　68470332
http：//seismologicalpress.com
E-mail：zqbj68426052@163.com

经销：全国各地新华书店
印刷：北京盛彩捷印刷有限公司

版（印）次：2021 年 4 月第一版　2021 年 4 月第一次印刷
开本：787×1092　1/16
字数：514 千字
印张：27.75
书号：ISBN 978-7-5028-4512-4
定价：88.00 元

版权所有　翻印必究

（图书出现印装问题，本社负责调换）

目 录

第一章 概述 ... 1
危与机 ... 1
关于本书结构 ... 9

第二章 个人投资者的角色 ... 11
主动交易者很易迷失 ... 11
阅读与投资 ... 12
金融交易没有必胜之法 ... 16
交易亏损漩涡 ... 16
持仓压力 ... 18
贪婪与自信是风险的源头 ... 19
赌徒陷阱 ... 20
波段交易的风险 ... 21
预测与无知 ... 22
纸上谈兵 ... 23
认知与偏见 ... 25
全职交易难以维生 ... 26
投资前制定交易计划 ... 28
对投机者的一点建议 ... 30
资本市场苹果园 ... 31

第三章 金融市场基本原理 ... 34
认识货币 ... 34
金本位制 ... 35
布雷森林体系与信用货币 ... 36
法定信用货币 ... 37
创造钱的机构——中央银行 ... 38

通胀与通缩 ··· 38
央行的货币性政策工具 ······································· 39
银行体系与货币供应 ··· 41
总货币供应 ··· 44
通胀与购买力损耗 ··· 44
名义回报与实际回报 ··· 45
经济增长 ··· 46
经济周期 ··· 48
理解金融交易的本质 ··· 51
信贷与资产价格 ··· 51
信贷周期、股市周期与金融危机 ······························· 52
通胀与实际资产回报 ··· 54
金融监管、货币政策与国际金融危机 ··························· 56
中央银行货币政策的局限性 ··································· 60
外币贷款与地区性金融危机 ··································· 63
资产泡沫是否一定会爆破 ····································· 64

第四章 股票投资 ··· 69

股市没有秘籍 ··· 70
什么是股票 ··· 71
普通股与优先股 ··· 73
同股不同权股票 ··· 73
证券投资的回报，风险与现金流 ······························· 74
现金流及流动性分析 ··· 75
开立证券账户的种类 ··· 76
开始进行股票买卖 ··· 76
股票交易的场所 ··· 77
市场上不同的交易者 ··· 78
一般证券交易所接受的订单种类 ······························· 78
功能性交易订单服务 ··· 79
股票市场价格形成机制 ······································· 80
股价上升时的交易盘面 ······································· 81

目 录

股价急升的盘面	83
价格下跌的盘面状态	85
做市商与个股主力	86
限价单与市价单对盘面的影响	87
股市快速下跌的盘面状况	89
被动交易与极端盘面	90
跌停机制	91
A股跌停板的例子	92
活用盘面运作进行交易部署	92
个股的长期核心驱动力量	95
新股上市与创投	97
首次公开发售	98
员工持股与禁售限制	99
新股发行与分配	100
IPO投资也是高风险投资	102
投资新股的风险与考虑	104
借壳上市	105
非流通股与禁售期	106
配股集资与分拆业务上市	106
证券交易常识	107
交易成本、税收对交易行为的影响	112
退休金投资税务优惠	114
遗产税与财富传承	117
股份停牌及摘牌	117
上市股票的基本面分析	118
从上而下，从下而上	119
经济周期与股市	120
上市公司财务数据基本分析	120
现金流分析	126
股票现金流或股息折现估值	128
公司倒闭与现金流风险	129

每股盈利（EPS） …… 130
市盈率(P/E) …… 130
周期调整市盈率比率 …… 133
市盈率相对增长比率（PEG） …… 134
资产负债表分析 …… 134
公司的业务模式分析 …… 143
再好的业务模式也可能是坏投资 …… 145
公司主要股东结构与总市值 …… 145
基本分析的作用 …… 146
分析员、策略师与经济学家 …… 157
经济分析对投资决策的有效性 …… 159
股票市场技术分析 …… 162
投机原理 …… 163
技术分析与超额获利 …… 165
市场预期与道氏理论 …… 167
K线图（阴阳线） …… 168
K线图的使用价值 …… 172
移动平均线与趋势分析 …… 173
特定图形态分析 …… 177
中线阶段性见顶形态 …… 179
下跌形态 …… 180
中线阶段性底部的形态 …… 182
技术量化指标分析 …… 185
技术分析的限制及陷阱 …… 189
认识市场预期 …… 190
牛市 …… 192
牛市中的喷泉热点效应 …… 195
牛市调整与熊市的分别 …… 195
熊市 …… 196
滚动式熊市 …… 198
熊反弹/熊挟 …… 199

熊市中的短期绿洲效应 ································· 200
　　市场横盘震荡 ····································· 201
　　交易信号陷阱 ····································· 202
　　投资价值与长线投资策略 ······························ 203
　　无风险利率水平与股市估值 ···························· 204
　　公司利润增长与估值 ································ 205
　　思考交易策略 ····································· 206
　　优质组合，合理价买入，等待时间成长 ··················· 208
　　平庸的组合，特价买入，等待均值回归 ··················· 210
　　出现技术革命，长期买入相关市场指数投资等待升值 ········ 211
　　牛市下顶级股王：若股价透支有限，局部加配跟进 ·········· 213
　　长期收息组合策略 ································· 214
　　垃圾股交易 ······································ 215
　　顺势交易策略 ····································· 215
　　逆势交易策略 ····································· 217
　　摆动交易 ·· 219
　　区间突破跟进交易 ································· 220
　　事件性交易 ······································ 221
　　套利或错价交易 ··································· 222
　　量化交易 ·· 223
　　高频交易 ·· 227
　　相机裁决交易策略 ································· 230
　　交易策略的共通盲点 ······························· 231
　　投资者必须有自己的判断 ···························· 233

第五章　组合式股票投资 ································ 234
　　认识股票指数 ····································· 234
　　股票基金投资 ····································· 235
　　如何买卖基金 ····································· 237
　　经营基金也是一门生意 ····························· 237
　　封闭式与开放式基金 ······························· 238
　　基金投资风格 ····································· 240

5

交易所买卖基金（ETF） ……………………………… 241

贝塔系数（Beta） ……………………………………… 242

阿尔法系数（ALPHA） ………………………………… 243

评估主动型基金的表现 ………………………………… 244

夏普比率 ………………………………………………… 247

R 平方 …………………………………………………… 248

国际市场投资回报的收益拆解 ………………………… 248

中国 A 股的主要指数及相关交易工具 ………………… 251

影响长远股指表现的因素 ……………………………… 251

外汇对冲型股票基金 …………………………………… 251

时机交易的投资组合 …………………………………… 252

第六章　对冲，投机，期货及衍生工具交易 …………… 255

理解投机和对冲交易 …………………………………… 255

对冲交易策略 …………………………………………… 256

股票融资融券交易 ……………………………………… 257

卖空 ……………………………………………………… 257

股指期货 ………………………………………………… 260

期权交易 ………………………………………………… 267

影响期权价值的因素 …………………………………… 269

影响期权交易的盘面因素 ……………………………… 272

认购期权 ………………………………………………… 272

认沽期权 ………………………………………………… 276

卖出认沽期权的巨大风险 ……………………………… 277

期权作为风险规避工具的特性 ………………………… 279

期权组合的交易策略例子 ……………………………… 280

认识 VIX 波动率指数 …………………………………… 284

股票衍生产品相关交易工具 …………………………… 286

股票挂钩票据（ELN） ………………………………… 287

累计期权合约 …………………………………………… 288

累沽期权合约 …………………………………………… 290

期权市场的预测能力 …………………………………… 290

对冲与止损 …………………………………… 292
　　对冲持仓风险 ………………………………… 293
　　股票及衍生产品市场的生态系统 …………… 294
　　未来潜在的超级"黑天鹅"情景 ……………… 296
第七章　货币，利率与债券市场交易　298
　　认识银行间的基准利率 ……………………… 299
　　贴现率与基准利率 …………………………… 300
　　货币交易市场 ………………………………… 300
　　债券市场 ……………………………………… 301
　　认识债券的基本条款 ………………………… 302
　　孳息率 ………………………………………… 303
　　债券到期日剩余时间 ………………………… 304
　　信贷评级与违约风险 ………………………… 305
　　信贷违约掉期（CDS）………………………… 307
　　债券市场直接投资 …………………………… 308
　　债券投资的理论定价 ………………………… 309
　　修正存续期 …………………………………… 310
　　债券凸性 ……………………………………… 310
　　债券投资的风险与价格变化 ………………… 311
　　被动与主动式债券投资 ……………………… 315
　　主动式债券交易的获利空间 ………………… 316
　　债券到期剩余时间的关系 …………………… 317
　　违约风险上升的情形 ………………………… 317
　　市场利率变化风险 …………………………… 319
　　市场利率下降 ………………………………… 320
　　负利率债券 …………………………………… 321
　　货币政策对债券价值的影响 ………………… 322
　　债券的分类 …………………………………… 325
　　按发行条款的债券分类 ……………………… 327
　　债券投资与破产清算次序 …………………… 329
　　白武士与债转股 ……………………………… 329

税收与债券投资的关系 ·································· 330
利率期货与利率预期变化 ·································· 331
债券基金投资 ·································· 333

第八章 外汇交易市场 336

外汇的报价 ·································· 336
外汇交易的方式 ·································· 338
外汇掉期 ·································· 339
参考远期外汇及衍生工具定价 ·································· 339
外汇价格形成机制 ·································· 340
外汇市场的特性 ·································· 341
国际收支平衡与利率在外汇市场的影响 ·································· 342
外汇市场的基本面供求分析 ·································· 344
不同货币的特性 ·································· 346
避险货币 ·································· 346
汇率波动对经济的影响 ·································· 347
均衡汇率与市场汇率 ·································· 348
浮动汇率，资本管制与货币政策 ·································· 348
大国的货币政策也难有独立性 ·································· 349
过度干预汇率反而是最大的外汇风险 ·································· 349
外汇市场的事件性交易 ·································· 352
外汇市场的技术面因素 ·································· 353
外汇交易的闪崩事件 ·································· 353
外汇市场闪崩案例 ·································· 353
人民币国际化与其汇率定价演变 ·································· 354
主动外汇交易的困难 ·································· 357

第九章 商品交易市场 358

原油市场 ·································· 359
油价的再平衡周期 ·································· 361
理解原油市场的交易面因素 ·································· 362
原油市场的交易工具 ·································· 363
原油市场的巨亏案例 ·································· 365

黄金市场 …………………………………………………… 368
　　　黄金的避险功能 ………………………………………… 370
　　　黄金与汇率 ……………………………………………… 371
　　　黄金的周期性变化 ……………………………………… 372
第十章　房地产与金融市场 …………………………………… 374
　　　房地产投资的价值构成 ………………………………… 374
　　　房地产的价格形成机制 ………………………………… 378
　　　房地产投资的现金流与财务杠杆 ……………………… 380
　　　房地产与房屋政策 ……………………………………… 381
　　　房地产与信贷 …………………………………………… 381
　　　利率水平与房地产市场 ………………………………… 384
　　　房价下跌与负资产 ……………………………………… 386
　　　房地产相关的税项与法例 ……………………………… 387
　　　房地产证券化 …………………………………………… 388
　　　日本的房地产泡沫与爆破 ……………………………… 389
　　　房产泡沫与金融危机 …………………………………… 390
第十一章　资产配置 …………………………………………… 392
　　　资产配置的理论演变 …………………………………… 394
　　　现代投资理论 …………………………………………… 396
　　　风险平价资产配置 ……………………………………… 398
　　　板块切换资产配置 ……………………………………… 398
　　　风险因子为本资产配置 ………………………………… 399
　　　简单的资产配置方式 …………………………………… 400
　　　全球资产配置 …………………………………………… 402
　　　投资组合再平衡策略 …………………………………… 402
　　　相机裁决的主动型资产配置 …………………………… 403
　　　股票投资配置的考虑因素 ……………………………… 404
　　　债券投资配置考虑 ……………………………………… 405
　　　货币类投资配置考虑 …………………………………… 406
　　　商品类投资配置考虑 …………………………………… 407
　　　外汇类投资配置 ………………………………………… 407

全天候资产配置 ……………………………………… 408
　　纯阿尔法交易策略配置 …………………………… 409
　　大道至简 …………………………………………… 409
第十二章　投资者的个人修养 …………………………… 412
　　金融投机与人性 …………………………………… 413
　　1637 年的荷兰郁金香狂热 ………………………… 414
　　法国的密西西比泡沫 ……………………………… 415
　　英国的南海泡沫 …………………………………… 417
　　泡沫投机的共性 …………………………………… 418
　　面对必需品投机 …………………………………… 420
　　理财目标与财务自由 ……………………………… 421
　　留有余地的哲学 …………………………………… 423
　　拥有更多财富的目的 ……………………………… 424
后　记 ……………………………………………………… 426

前　言

没有人天生就会投资。掌握投资技能不外乎通过学习或实际经验累积。可是成长中很少有长辈跟我们讨论金融投资，更不用说系统地传授我们有用的投资经验与智慧。许多人都是走上社会工作开始有储蓄后才接触投资，仅靠网上一些片段式的信息或几本炒股书，就踏上了金融交易的成长之路。金融投资的经验往往需要付出昂贵的代价才能获得，甚至很多人因亏损的经历视金融交易市场为洪水猛兽，再也不想提起。学习投资免不了要犯错，犯错后获得的经验法则往往在将来的市场环境下又是无效的。没有一定深度的学习去掌握金融市场运行的一些规律，很难应付市场环境变化以及应对投资偏好的切换。

面对各种不确定性的风险因素，投资的机会在哪里？其实投资的机会一直都在，整体市场没机会，机会就会在个股与个别的项目中。风险资产下跌，就是避险资产上升之时；人人避之则吉的市场震荡，有时候就是最佳的长期买入时间点。投资总是需要在不确定性中前行，就算你投资了看似零风险的国债，也有市场利率及通胀变化等影响实质回报的风险因素。真正的投资人会不断学习，并习惯在各种不确定性中作出决策，接受客观事实并检讨自己交易的策略与绩效。我在市场这些年经历了多次牛熊周期，发现自己犯下最大的错误就是尝试预测市场的准确走势，以为凭价值评估及趋势的信号就能预知未来，费尽心思尝试找到稳赚不赔的策略。最终花了很多时间与金钱才弄清楚，投资人能控制的是投资的部署计划与风险，投资的结果不由自己控制。能否获利的前提是投资自己懂得并有信心的标的，并有足够的能力去承担持仓时的亏损与波动，否则遇到任何小幅的震荡，你都会因信心不足而止损离场。遇有新的消息或因素出现，必须重新评估当初投资的理由有没有改变，并果断作出决策。交易前最好先假设好与坏的两种应对方案，并为极端风险情形做出准备，因为波动与不确定性是金融市场的本质。学习投资的要点是慢慢去建立自己的能力圈。想要长远获利就要在不确定性中找到确定性，学会选择标的及建立风险控制策略，当你的投资部署遇上市场的惊涛骇浪后仍能安然度过，甚至能把握当中的机遇，在一次又一次的进与退之间，你的投资本金能够越来越多地累积，你就成为真正的投资人了。一个真实成功的投资者，尝试去预测准确的目标价格是没有任何意义的。金融市场的价格波动是由每一个市场参与者的买卖决定的，不可能出现一个可以准确量化计算的价格。如果可以简单量化，为什么相同的基本面，市场早上与下午的价格可以出现巨大的波幅。

很多时候，危与机总是相连在一起，比如 2020 年是极度考验个人投资能力的年份，面对巨大的不确定性，没有多少人想到在市场陷入极度恐慌与震荡之后，在同年的年底，全球不少股市却创了历史新高，中国 A 股市场也以双位数的年度回报收盘，当中的关键是 3 月时全球货币政策的大转向。投资的机会其实永远都存在，只在于你有没有能力把握当中的机会。即使在金融市场最动荡的日子，银行体系的存款也不会凭空消失，资金只会在不同的资产之间进行切换。正所谓最坏的时候也就是最好的时候，是危险还是机遇只在一念之差！金融市场总是不断地循环，每一次金融市场出现重大的危机，无论是 1929 年的大萧条，还是 2008 年的国际金融危机，伴随的往往是低吸优质资产的巨大获利机会。无论是 1932—1935 年从低位升幅达 3 倍的见底大反弹，还是 2009—2010 年回升超过 50% 的报复性反弹，危与机总是连结在一起的。当今，中央银行更积极地介入危机，令危机的持续时间很可能比以往缩短，2020 年全球金融市场的快速牛熊转换就是一个好例子。

金融市场的大周期往往是由货币政策主导，配以市场的信心变化，反映在交易的盘面上。当然，投资者是否能在危机中获利就视你买入的价位在较高还是较低处，选择的资产是否优质能捱得过资本寒冬。危机交易的困难之处是我们很难事前知道低位在哪，而且投资者是否有足够的信心在困难的冬日作出长期坚守，等待下一个春天的到来。建立对金融市场的全面认识，就是投资信心的重要来源，这也是为什么我在这本面向大众的书籍中加入货币及债券市场、商品市场的原因。我希望带领读者能认识到金融市场的整个大图像，而不是只认识金融市场中细小的碎片。比如在2020年3月的危机中看到美国失灵的国债市场开始恢复，就应知道全球股票市场的资金流动性很快会改善，买盘不久就会回来。这些知识在关键时刻对我的投资决策产生了重大的帮助。

建立风险控制意识及系统的金融知识架构是这本书的两大核心。亲身在市场中经历过多次金融危机的经验告诫我，一旦失去风控意识，账面上的一切利润都只是浮云。学会对投资标的进行风险控制，避开投资及交易的陷阱，才能保护自己手中来之不易的财富。系统地学习金融投资知识与交易智慧有助于你能多留意到各种潜在的投资机会。水能载舟亦能覆舟，无数的个人及机构在进行金融投资时曾遇上了重大的风险，有一些甚至破产倒闭。然而，金融的历史教训总是被投资者所遗忘，个人投资者总是认为这次不一样。不懂金融，却热衷交易，是风险的最大源头。投资决策的最大难题，不过是何时选择承担风险，以及何时选择解除风险而已。学习投资知识与理论是学习投资的基础。师傅领进门，修行在个人。有了基础还要经过实践的试练才能掌握。这本书就是为了读者打好基础而设，在书中很多经验与理念是由真实的交易案例构成。机构投资者犯下的错误并不比一般人少，比如大型航空公司也会因为期油对冲出现数以百亿元计的累计亏损。还有因为外汇对冲损失上百亿元的中资机构，因为过度相信金融定价模型而倒闭的长期资本公司(LTCM)等例子。掌握系统性的金融知识，理解金融资产的风险及回报特性，做好风险控制，才能在金融市场上长久生存并把握机会获利。没有知识，不懂金融，短期在市场中也能获得厚利。满仓操作，浮盈加仓，牛市来的时候你账户的资金往往就一飞冲天了。不过不懂得如何控制风险，保护来之不易的资本，账户中所有的利润以至你自己投入的本金终将会随风而散。

当你想投资一个金融项目并愿意承担一定的风险，你是否了解可能的最大损失？有什么投资工具可以应用？有什么交易策略可以进行风险控制？这就是本书的核心。期望读者能保持怀疑精神，对新学会的方法及知识先行验证再去应用，最终把知识化为自己的投资能力，这样才能在变幻无常的资本市场中有所收获。为了方便大家进一步深入学习，书中会提及许多著名投资者的名字及相关的参考书籍名称，有兴趣继续学习的朋友可以作参考。要记住，机会永远是留给有准备的人的。对于根据自己的风险承受力选择货币及债券类投资的读者朋友，以及未准备好在市场上进行交易实践的年轻读者朋友，学习投资并观察市场行为也可以成为一个陪伴终身的兴趣。希望你们能在阅读本书时获得知识与乐趣。

黄　融

2021 年 1 月于香港

第一章　概　述

危与机

　　国际金融市场是一个庞大且不断循环的生态系统，金融危机有如自然现象，总是会周期性地出现。可是每一次危机出现时，许多金融市场参与者往往被杀个措手不及、损失惨重。2020年的市场就经历了异常剧烈的震荡，连纵横股票市场数十年的股神巴菲特都说是生平第一次遇上月内多次交易熔断的情况。很多投资人在市场恐慌时完全失去了信心，认为金融资产会跌到极低水平。在3月全球金融市场暴跌之中，不少机构投资者预期国际主要股市指数的下探深度可达50%以上。没有任何一位机构分析师在当时提出逆转行情的大牛市快来了，当然也没有分析师会在当时正确地预计股票市场会在年底完全收复失地并最终获得双位数的回报率。当时，如果提出市场会上升的论调是毫无事实基础支持的，悲观谨慎的预期才是理性与客观的，许多投资者在当时只在思考如何避险及本金安全问题，获利似乎是遥不可及的事。事实上，美联储在2020年3月初多次紧急减息及增加一定规模的量化宽松都未能扭转金融市场下跌，新兴市场货币及欧元都出现大幅贬值，市场深陷救市无力的恐慌之中。面对巨大的不确定性，资金急速切换至避险资产，美国国债的价格在3月初时被推升。连被视为避险资产之王的美国国债也在3月中失去资金流动性支持而出现崩跌，长期国债的价格在10个交易日内下跌了超过20%。金融市场上的风险资产及高级别的避险资产都同时暴跌，代表整个金融市场已经因缺乏资金流动性而可能出现系统性金融崩溃的危险信号。美联储果断地在3月23日宣布推行前所未有的无限量买债的最强量化宽松计划，这一措施成功地扭转了国际金融市场进一步下跌的预期。这时候，懂得金融及货币政策的投资人会知道，市场逆转的机会到了。

　　在危机中预期长远市况的变化是毫无意义的，你必须按新出现的因素及预期的变化作重新评估。有一点值得留意，如果引起危机的风险因素是短期、可逆转的，在低位建仓并能长期持有的投资者将能获益，无论是2008年的次贷危机，还是2020年新冠肺炎疫情下的熔断下跌，低位买入并持有策略都是适用的，前提是你的资金及仓位水平能够经受住剧烈的震荡，不会因杠杆爆仓或被强制平仓，而且你的信心不会被极端恐慌的盘面击倒。在2020年3月23日当天，美股期货市场在无限量化宽松消息在盘前交易时段传出后立即爆升了10%，这是一个能载入史册的股指期货日内波幅，投资者们都欣喜若狂。可是在当天及以后的交易时段，美股期货开始下跌并把这10%的升幅全部抹平，这种幅度的日内下探足以令全仓杠杆追入的投资者被强制平仓。全仓杠杆投资者的判断没有错，真正的持续升浪只是在一天后的3月24日才正式开始，其后升幅也是历史级别的，千载难逢的交易机会来了，而你的投资账户可能因为市场3月23日第一波的冲高回落行情而率先爆仓被强平，彻底与后面的行情无缘了。没有亲自上场的朋友，很难理解面对这种金融市场全线崩盘时进行决策需要承受的心理压力。这亦是为什么纸上谈兵时谁都能轻易地笑看风云，在市场深跌时真正能捕捉机会建仓并成功获利的人却少之又少。由于在震荡市中难免要收缩杠杆，真实的获利可能并不如你看历史图表，幻想自己像交易战神一样在最低位全仓加杠杆买入获利那么丰厚，其实在震荡市中满仓加杠杆操作只要遇到一次较大的逆向波动就可以把你打残。

  能够在危机之中把握机会的人非常稀少，能否化危为机的关键是你有没有具备参与波动性市场的投资能力。我自己亲身经历过无数次金融波动，拥有许多第一手的交易经验。把握机会的能力不是一朝一夕获得的，也不是你打开历史图表作回测那么简单。要获利的前提是你察觉到风险因素出现之初，开始缩小风险敞口，先保存一定实力，耐心等待可能出现的震荡及能逆转市况的利好因素出现。不要对抄底心存幻想，有经验的投资者清楚在波动市中买入持仓的短期结果最大可能是立即的账面亏损，没有把握承受波动之前按兵不动，或有计划地分批买入。如果鲁莽地全仓买入，一旦被市场下跌行情深套，你就会动弹不得，失去所有主动权而任由市场无情摆布。当你失去主动权后深陷痛苦的困境之中，看到每一次反弹中你都以为看到了解套的曙光，实际走势再下探新的低点，继而一浪低于一浪，而且经常还有一个极速滑价式下探，每一秒的报价都往下探，账面的亏损不断加深，你的内心很可能深陷强烈痛苦与恐惧之中，信心完全崩溃，脑海中只剩下逃生的想法。经过多次无效的反攻后，就算市场真的出现大幅反弹，你也认为是逃生的最后机会而尽早平仓，哪还有信心持有到市场行情逆转时获利。所以，即使你最初入市时的判断完全正确，未获得风险投资能力之前不大可能把握到当中的机遇。

  在金融市场中，风险与回报是相连的，没有承受相应亏损的能力，就没有盈利的可能。危机交易另一个非常困难的地方是，在低位持仓一段时间后仍只有来回震动而没有明显升幅，盘面真正出现快速反弹往往是突然地在非常短的时间内进行，一旦错过了数个交易日的上涨行情，后面的绝大部分交易变成无利可图。比如2020年A股大盘全年超过一半以上的获利回报集中在7月初数个交易日的行情，年内指数再也没跌回到之前低位，投资者错过了短暂的大行情就无法追回。其实许多国家的股市都有相同的现象，只是突破行情出现的时间不尽相同，而且中间有无数假突破，想取巧在上升时才跟风买入经常是买在一次又一次的短期高位，这种市况就是投资者的耐心与信念的试炼，做决策时谁也没有可能对走势有绝对的把握。赚了大钱后又上过当连本金都亏回去的投资者会知道，有时候金融市场是一个人性试验场，跟你要较量的不只是知识，更多是跟内心深处的人性作斗争。在关键时间作决策往往要承受难以言喻的压力，承受在行情变化下在买入与卖出之间摇摆的心理痛苦。作出投资决策前愿意接受亏损的风险是获利的必要前提，没有快捷方式也不能躲避。如果你身边的朋友看似只盈不亏，要么是交易新手未经牛熊周期及风险事件的洗礼，要么就是纯粹吹牛皮，千万不要当真。

在2020年3月市场深跌的时候，我每一天都在全球金融市场的最前线，亲自见证了一次又一次的交易熔断，以及国际股指每天上下10%的滔天巨浪。有许多时候，我看到不同投资产品的流动性变得非常稀少，期权及各种衍生金融产品出现巨大的买卖差价，在市场的变动率达到极端值之时，没有什么可能有合理成本的方法对冲持仓风险。许多程序交易及高频交易在这种流动性不佳的市况下都退出了市场，剩下的买盘都是愿意直接承担风险的投资者。经历了多次金融危机后，我非常肯定投资者这种在速度上及数据处理能力陷入劣势的参与者不会被自动化交易淘汰。因为投资要获利，归根结底要靠承担风险而来，对于在风高浪急市况下去承担风险的能力而言，那些讲求市场中性及无风险套利需要快速平仓的程序相对投资人而言毫无优势可言。自动化系统可以帮助我们消化及过滤信息，也能更高速度地执行交易，是一项有用的工具，但工具却不可能完全取代投资者的决策角色。在金融市场中进行决策更多时像是一门艺术而不是科学，这就给了投资人与智能机器共存的空间。学会有选择及智慧地承担风险，淘汰那些会在风浪中可以令你翻船的垃圾资产及鲁莽交易行为，设好应变计划后对优质资产进行分批择优持有，就是投资者需要学会并不断修炼的课题。而这不能光靠学，还必须经过市场的真实磨炼。有些投资人天生厌恶风险，只喜欢持有低风险的资产，可是低风险资产并不代表绝对安全。你也须认清你持有的资产是否真的是低风险，还是被低风险糖衣包上的高风险投资工具。各种平时看上去低风险的交易在波动市之时可以突然变得异常危险，比如

投资的机会在哪里

2020年3月时，部分美元货币市场基金在市况波动也可以有双位数的跌幅。前事不忘，后事之师。

有经验的投资者都知道利用市场周期的变化是交易获利的一个重要来源，懂得调整自己的投资组合与风险暴露参与程度去增加获利，同时能控制风险。参与中国A股投资的朋友应该对牛熊周期毫不陌生，数年就来一个大周期，上涨时鸡犬升天，下跌时盘面一片惨绿。其他新兴市场比如巴西、印度、俄罗斯、南非等市场的牛熊周期经常出现，震荡才是常态。新兴市场不时会因外部因素冲击，或因估值过高出现泡沫爆破快速下跌，出现区域性金融波动，有一些股指更在长周期越走越低，不要以为经济增长较快的新兴市场就是投资的乐土，有经验的投资人面对这种周期性波动早已经习以为常，投资者长期持有新兴市场的股票投资回报表现并不突出。相反地，等待在较低位买入新兴市场指数化投资，耐心等待下一次大幅上涨在过去都能实现。在2020年的巨震之中，巴西、印度、俄罗斯等新兴市场先后出现恐慌性抛售继而暴跌，国际投资银行当时几乎一面倒唱淡，可是在年底时，这些低残的市场以美元计价的报价自低位反弹80%~100%，甚至创了新高。新兴市场的波幅比成熟市场高得多，是因为新兴市场的资本市场体量相对较小，当市场见顶回落在外部资本流出时难以承受巨大的卖压，往往都会迎来暴跌，市场渐渐变得低残，股市乏人问津。一旦资金涌入很快就暴涨并完全透支估值，在暴涨状态参与股票市场就变成了参与博傻游戏，这就是新兴市场的交易特性。

新兴市场国家的金融市场有时即使没有出现估值泡沫也较易受到外部因素如出口、汇率、利率等因素影响，出现快速的金融资产价格波动。这种涨跌循环其实创造了很好的周期性交易机会。只要市场中的公司总体盈利会出现周期性复苏，下跌过后即使没有遇上大牛市市场也总会再次出现估值修复行情。关键是投资者必须要付出足够的耐心，捱过一次又一次市场探底的试炼，危机之中信心值万金！尤其是投资中国等经济发展以内需为主而非资源出口主导的国家，问题是没有多少人能在长期寻底过程中有足够信心继续持有，而且你还要懂得万一将来再次遇上狂牛暴涨时，舍得卖出后头也不回才能稳守获利。这解释了为何欧美等国家的机构投资者很少敢于重仓新兴市场，因为他们习惯的长期投资策略在新兴市场并不适用。当然也有一些新兴市场货币不断贬值，市场行情一浪低于一浪，避之则吉，便宜莫贪。其实留心一下在新兴市场国家的股市出现动荡时，一些财政稳健国家的债市往往成了资金的避风港。大家可以留意2018—2019年两次中国A股探底之时，作为避险资产，中国的长期国债市场价格都曾出现较明显上涨。资产市场不可能一面倒地下跌。风险资产下跌之时就是避险资产上升之时。银行账户中的资金不会凭空消失，资金会继续在不同资产之间进行切换。只专注于股票类资产的投资者往往会忽略这些金融市场的变化。所以，我在本书中会用不少篇幅提及债券市场以及资产配置。

其实国际性的金融危机不常发生，自1987年的全球股灾发生后，美国近年只出现过2000年、2008年及2020年三次大级别的金融动荡。如果美股投资者想等待出现一个下跌30%以上的熊市才敢入市，你可能要等待10~15年以上，并错过期间市场上升获利的机遇。所以许多美国的投资家才会这么推崇长期持股的策略。对成熟的金融市场参与者而言，市场出现10%~15%调整的次数则高得多，这种中等规模的调整波动经常在3~5年发生。近期可以数2018年底的加息恐慌，2015年因中国汇改引起的市场波动以及2011年的欧债危机。这种调整往往是买入的良机，不过你必须考虑利用风险控制工具来管理下行风险，因为没有人事前真正知道熊市是否真的到来。

引起危机的成因分可预计与不可预计两大类。因外在风险因素而引起的经济衰退及金融市场崩盘其实很难预先评估及预测，比如台风，地震，火山爆发，各种新型的细菌与病毒的出现，地缘冲突，甚至太空灾难都可能突然出现等，投资者不可能事前规避，只能评估最新情况沉着应对。但金融市场本身或信贷累积引发的金融危机却不会无中生有，危机爆发前总是有很多明显的风险因素在持续累积，危机爆发前总有一定的预警信号，只是市场一开始并不会太理会，依旧是一片歌舞升平，一点都感受不到风险来临的气氛。我们没有水晶球估计下一次危机何时到来，也不知道下一场危机何时结束，我们只知道危机不会永远持续，这百年间每一次全球性金融危机的出现也是长期投资者的大机会，危中自然就会有机。问题是你手中必须保有一定资本金才能利用危机化为潜在回报，而不是被动地深陷危机之中，无法动弹。其实，已经下跌得很惨烈的大型股票市场指数投资往往长期而言是最安全的，因为已经跌至周期低位，而国家的生产力不会凭空消失，往往只是短期上升乏力而毫无人气。反之，看似长升不跌的市场表面看很安全，其实是最危险的。因为高价买入时有可能已经是上升周期尾部，估值非常昂贵，一旦资产开始了下跌周期，投资者可能需要很长时间才有可能等到下一个金融巨浪。美国股市指数用了25年时间才能再次突破1929大萧条前创下的高位。2000年的美国科网泡沫后也用了十多年时间才能修复跌幅。日本股市在1989年创下历史高位后用了30年时间都升不回去。日本市场的投资者若当年高位做了"接盘侠"，真的是欲哭无泪。作为投资者，我们不应作无谓的预测，因为金融市场总是变幻莫测，而且历史的走势不一定能适用未来。我们也不知道事情会否如预期般往坏的方向走或是这次真的不一样。

但事前的一些分析准备可以帮助我们在市场动荡开始前做出较理性的部署，减少潜在损失风险。

全球经济由衰退恢复至全民就业水平需要一定的时间，货币政策在危机后快速收紧的可能性极低，因为主要央行研究了数十年经济衰退案例时发现，货币宽松需要一定的时间持续性才能刺激到实体经济，中间不应随便改变货币环境以免影响投资及复苏。全球央行过度使用货币政策形成了不同类型的资产泡沫和无效投资，在2020年单是美联储的资产负债表就膨胀了3万多亿美元，天量新增信贷资金投入到金融市场之中，不少国家的股市都在经济衰退的背景下创了历史新高。市场的行情都是建立于货币宽松的环境之下，投资者普遍预期宽松的环境会出现一段长时间。事实上自2020年下半年开始，美国长债的利率不断走高，在2021年初上升的趋势更为明显，这代表市场对经济复苏与通胀预期在升温，债券及利率市场的参与者都是银行、保险与基金等全球最精明的机构投资者，他们交易行为发出的信号一定要留心。如果将来经济出现过热，较高的通胀有可能迫使全球央行以超预期的速度收紧信贷，这时你会看到债券价格下跌而收益率持续上升，机构投资者就会有很大动机把更多的资金由股票切换到债市，令高估值的股票市场承受巨大的下行压力。大家看看2018年底美股因为市场预期美联储会加速收紧货币继而出现大跌，再看看美联储在2019年1月改变加息预期后的股票市场狂欢，就可以理解央行的货币政策松紧对金融市场的巨大影响力。不少金融市场的参与者都感觉到美联储的货币政策已经被金融市场的波动胁持了，但我们不要完全忘记20世纪70年代末至20世纪80年代初美联储在保罗·沃尔克（Paula Volcker）当主席的时代为了压制失控的通胀甘愿承受巨大的压力推行货币紧缩政策的决心。

虽然在全球商品高度流通的今天，流通商品价格上升引起的通胀比以往更难出现，但资产泡沫化风险却比任何时代都严重，不少发达国家实施负利率多年经济仍无甚起色，只好继续加大信贷投放，当泡沫化资产无以为继之时，就可能引起金融市场震荡。下一次的重大金融震荡，更大可能在全民就业、经济繁荣之时发生，而非经济衰退、就业不足的情况下。因为在经济过热之时，通胀及信贷失控风险才会限制央行货币政策的实施。如果因劳动力市场过热或信贷失控等原因令美联储不得不再次收紧货币政策，金融动荡就会再次到来。这些年，大量个人及企业信贷投入了股票及房产，一旦因货币收紧而出现资产价格下跌，代价会更沉重，而且很多新兴市场国家的货币也会难以抵御美国持续加息冲击，出现汇率贬值及资本流失风险，引起全球广泛的金融市场波动。如果市场在经济过热下出现信贷收缩，只要收缩的速度不引起金融崩溃，美联储并不会视股市的正常下跌幅度而需要逆转政策的因素，如果信贷状况没有逆转，到时候市场的下跌调整周期可能会比较长，而不会像2020年一样能在几个月内快速反弹。

市场总是在一片怀疑与不确定中前行，过度焦虑与放大风险因素不会提升交易绩效。事前执着于分析危机是否会发生并没有太大意义，即使未来某一风险情况真如你预期的一样发生，发生的时间及下跌的幅度事前也难以评估。对投资者而言，最重要的是要事前考虑订立应变计划，并在风险确切形成前或形成初期进行防御性部署。因为当危机爆发时，一些资产可以完全丧失流动性或需要以很低的价格出售，比如垃圾债以及一些总价较高的不动产。期权市场的对冲保险费用大增，危机来到时再想以期权对冲资产下跌风险，要付出的成本已经可以高得令你却步，只能思考是否直接低价卖出来降低持仓风险了。由于我们对危机是否会发生以及发生的强度在事前无法有准确判断，持有大量现金等待危机到来可能并不明智。危机中面对最高风险的投资就是任何涉及借贷及杠杆投资的持有者，这类投资者要自行考虑在危机苗头出现时尽早卖出部分持仓，自行去杠杆，否则下跌形成时只能听天由命，因为下跌幅度太大时，你借贷买入的资产会出现爆仓被强平，投资组合便会无险可守。对没有采用杠杆的大众投资者而言，在危机发生时面对遍地的便宜资产充满长期投资机会时，你手中若没有任何现金或高变现能力的资产可以换入超值的优质金融资产，感觉就像如入宝山空手回一样。

当预期危机有可能发生时，投资者进行简单的防御性部署就可以应对。对于采用投资组合进行长期投资者而言，而需要降低股票的比例（比如下降10%~20%），加大国债及货币类的投资比重。因为国债及货币类的变现能力非常好，可以在危机发生时轻易卖出进行灵活部署。相反，房地产类低流动性资产在危机时的变现能力会变得很差，即使房地产的价格没有受到金融市场波动的冲击，但持有者也难以在市场信心虚弱时卖出资产变现，进行其他拥有更大潜在回报的投资资产。如果你买入了较高风险的低评级企业债后遇上了金融危机，即使公司没有违约，债价也会剧烈下跌，你也不太会愿意大幅折让卖出企业债去换入其他资产，所以在危机中会动弹不得。较为进取的组合式投资者会把投资组合中换出的股票及企业债资金转为超长期国债以及一些避险资产，这类避险资产平日的回报很一般，有时甚至会拖累投资组合表现，比如在加息周期中长债投资者会面对一定程度的亏损。但是在市场陷入危机时利率下跌后，长期国债的价格会逆市上升，所以换入一定比例的防御性资产有风险对冲作用，在市场风声鹤唳时可以从容面对。投资者可以视情况在危机发生后分段卖出避险资产，换入市场中被低估的优质资产。在本书后面的章节中会对避险资产特性及投资组合建设有更详细的解释，读者可作参考。即使危机并没有如约而至，市场出现持续上升，防御性部署投资组合中保留股票及债券组合仍能获得回报，只是降低了最大回报率而已。

经历过金融危机的朋友都知道，暴风雨过后总是会天晴。危机过后，大量的优质而且被低估值的资产会再次回升，展开修复性行情。尤其当在危机影响到实体经济出现衰退后，央行很可能再次大幅增加货币供应，大量的货币会再次追逐有限的实体优质资产。如果能保存实力在危机中分批买入优质的实体及金融资产，将可能在危机过后获得不错的回报。但千万不要在危机中买入有可能倒闭的公司股份或企业债，因为投资者可能损失全部投资。个人投资者必须要根据自己的个人性格特质进行部署。如果你在危机中分批买入较优质资产后仍难以安心长期持有，很恐惧资产价格会继续大跌，持有足够的现金及低波动性的短期国债类投资，安然度过危机就是很好的防御性选项。对个人投资者而言，持有后能安心睡觉的投资才是好的投资。

如果因为各国政府及央行的一些强力货币及财政政策影响，危机受到有效控制而没有爆发，全球金融市场出现了长期停滞的情景也是有可能的，金融资产的价格会在较长时间内出现来回大幅震荡，这种情况下主动交易就会变得非常困难，因为你永远不知道每一次震荡下探是调整还是熊市来临。市场的交易行为也会在危机过后发生变化，比如2008年的金融危机后，全球的金融股都不再是市场的焦点。在2020年的震荡后，美国的科技股异军突起，率先创了新高，美国科技股指到年底的回报率达40%以上。而因为人们比以往更关注环境保护及可持续发展，环境、社会和企业管治（ESG）这一投资主题也异军突起，比如新能源及电动车等成为最新的市场焦点。市场的口味与喜好总是会不断地切换，投资也必须与时并进，不要被固有的经验限制了投资的能力范围。

金融市场并没有固定的剧本，市场总是会动态地不断变化。作为投资者千万不要沉迷于自己设定的剧本之中，认为某些条件发生下市场一定会上升还是下跌。我们必须要思考如果市场走向不如预期时，我们的部署会承受多大的风险。思考危机部署的最大作用是预先防范高风险的发生，确保自己的投资部署不会在市场波动后进退失据。有些投资者甚至会选择完全不预计市场走向，只进行固定策略的被动投资静待风雨过去。世上没有水晶球事前能准确预测市场变化，唯一不变的是金融市场不会轻易消失，在狂风暴雨之中，金融交易还是会继续进行。风险投资，并不适合所有的人，但先求知才投资的态度，适合所有人，这本书就是是为了所有想求知的人而写的。作为人类，我们跟交易系统或人工智能最大的区别是，我们会不断学习并改变自己去适应环境，去应对金融市场的各种危与机，在永远不会停止的风浪中迈步前行。

关于本书结构

我在编写本书时有一个很大的愿景，希望以一本书展示出金融市场的大图像，当你走进某一个领域渐渐熟悉以后，再按图索骥走到更多潜在的领域。读者不用急于读完全书，可以边学边看，但建议不要错过书中那些真实案例，这些案例都是金融市场参与者最真实的历史教训，有很高的参考价值。即使你早已掌握投资的知识与理论，阅读本书的最大价值在于审视自己投资行为的风险控制策略，这些金融知识与理念助我挺过一次又一次的金融风浪，并通过市场最剧烈波动的交易状态下的严苛考验。

从投资的角度来看，风险与机会是永远并存的。行情最好的时候，往往就是风险最大的时候；行情最坏且人人避之则吉的时候，往往就是获得最佳长期回报的买入时机。但在高风险时买入后最终能否获利，必须掌握方法、心态、工具三大要素，缺一不可。所以在全书的开始先跟大家谈危与机。

其实投资能否获利的重点往往在于个人心态，而不单是市场行情本身。在牛市中也有很多人会亏钱，在熊市中也有人会赚钱。所以本书先讨论个人投资者的角色，再谈金融知识。金融市场的核心交易是利用货币和不同资产与货币的相对价值的变化规律，来作出相应的买卖交易并从中获利。要学会如何在金融游戏中生存，我希望读者首先从货币发行与中央银行货币政策这个金融世界的制高点开始认识整个国际金融体系的资本流转。本书先简单地介绍货币发行体制，再介绍中央银行与现代银行体系对金融世界的影响。然后会去了解通胀与利率的关系，以及中央银行货币政策对金融及经济的影响，为读者介绍几次重大金融危机的成因及影响。这些是理解全球金融系统运作的基本功。接着我会解释个人投资者的优势与劣势，并提醒大家一些投资交易时经常遇上的陷阱。

大家要知道，货币市场的变化对股票市场的长期走势有很大的影响力。所以即使不直接参与交易，对金融市场的观察和理解也十分有价值。书中对证券交易市场、债券及利率交易市场、外汇市场、商品交易市场等主要资产大类作出了独立解释。由于房地产投资是许多家庭最大的资产之一，本书也对房地产与相关部分进行了解释。

分析完各种金融资产的特性后，本书介绍个人投资者使用不同资产配置方法，灵活应用主要交易资产的特性去适配自己的投资需要，建立适合自己财务需要的投资组合。不是每一位投资者都适合作股票类投资，你需要有自有的闲置资本并可作长期投资，以及有充足的风险承受能力，否则短时间内不断买卖很易亏损连连。个人交易者比机构投资者有信息及资金方面的劣势，但却没有业绩压力，不用逼迫自己做没把握的投资。且因为资金量少可以灵活地进出交易市场，对投资资产的流动性要求也很低。

本书收入许多重大金融事件与案例，包括解释为何2020年美国国债市场资金流动性崩溃是迫使美联储紧急采用无限量化宽松政策的导火线，这事件成了全球股市由谷底反弹的分水岭。我会带你去了解为何2020年4月原油市场曾暴跌至负价格。书中的案例时间跨度由数百年前的荷兰郁金香与英国南海公司投机开始，到近代英国霸菱银行与长期资本公司的覆没；从1929年大萧条，1987年股灾，1998年亚洲金融危机，2008年国际金融危机，2010年闪电崩盘，2011年欧债危机，2018年快速回撤，到2020年的股市大震荡。众多的金融大事件为读者提供了一幅完整的金融图像，让你不用太费力气就能触及前沿的专业金融知识。

在本书最后，我会与读者分享一些个人的交易想法。其实你的投资是否能获利在于你个人的想法和认知，只有做到知己（自己的风险承受能力及交易行为）知彼（市场特性），才能百战不殆，在金融交易市场中获得成功。

第二章　个人投资者的角色

个人投资者的身份并不同于财经评论家或基金经理，评论家可以在大牛市起步时认为大跌会继续而叫你卖出持货，或在熊市中天天乱喊估值低。只要能赚到人气，评论家就能在不断的错误中存活。而一般投资组合基金经理的工作是尽力打败行业表现指标，在熊市中只要客户没提走资金就仍会有管理费收入。

可是个人投资者是用自己的真金白银作投资决定。我们的优势是没有每季度交业绩的压力，可做长期投资，另外可以选择在市况不明时只持有货币不做交易。但是个人投资者必须要学会自我控制交易风险，要有自己的判断。因为个人投资者需要自己承担全部损失，即使你输得一败涂地痛哭流涕，市场也不会把本金还给你，务必谨慎行事。

对个人而言，不做任何的金融投资也是一个选项，但是会面临长期的通胀消耗货币购买力的风险。通胀是一项缓慢并有极高确定性消耗储蓄购买力的长期风险。以往在高利率年代，我们可以简单地通过银行定期存款，就已经能降低甚至完全抵消通胀引起的购买力损失。但近年全球央行经常采用激进的货币政策以超低息来刺激经济，银行存款的回报不足以抵消通胀损耗，出现负的实际利率的情况，并维持一段相当长的时间。美国在2009年到2015年间的1年期定期存款息率连0.5%都没有，通胀却维持在2%左右，储蓄者的购买力损耗很大。虽然美国在2015年底开始再次进入加息周期，但一旦美国经济出现衰退的苗头，全球的利率会再次长时间陷入超低水平。尽早学习更多的国际金融交易知识可让我们有更多选择去对抗通胀及资产贬值，提升个人及家庭的长远财富实力。

主动交易者很易迷失

理性预期和趋势跟踪是主动交易的两大主流法则。理性预期根据政治经济环境、估值及收益预期变动作出投资判断。趋势跟踪则是简单地跟踪市场的升跌变化作出交易判断。如果你只相信理性预期，你随时可能出现严重的市场认知错误，你会迷失在自己构建的世界之中。但是盲从趋势跟踪亦不过是在追涨杀跌，你眼中看到的只是每天波动，什么智慧也不能增长，这就很容易变成被市场收割的韭菜。最好能结合理性预期作交易框架，配合实际市场形态的趋势跟踪作出交易判断。

网上能免费搜寻到大量的投资信息，有一些文章也是很有参考学习价值的，但是知识往往太碎片化对初学者的帮助有限。如果想在网上免费地寻找交易策略更应该早点清醒，因为市场的专业交易者绝不会跟任何人分享核心交易策略，否则太多人同时采用他们的策略便很易失效，更无可能会在网上免费发布给你看。只有退休的交易大师会出回忆性著作，他们的交易哲学及分析之法往往很有参考价值，但对新手投资者而言实际的可操作性其实比较有限。一本书的最快出版周期大概也要2~3个月，所以没有任何一本投资书可以跟得上市场的变化，我这本书也不会例外。所以我在书中并没有任何买什么就能赚的交易建议，而是教你去认识市场中的交易工具以及思考分析方法。读者对投资书中找到的投资交易策略，包括我在书中提及的也必须要小心使用。因为交易市场没有一成不变的有效策略，一定要先在当前的市场上评估其可用性，并且需要按不同时间、不同的市场特性作出修正。

对个人投资者而言，金融市场是一个公平的竞技场。这里只看投资能力，不同学历、不同出身的人在这里也没有必然优势，大家一同面对市场的风险，分享市场给予的回报。多看心灵鸡汤或天天喊口号对增加投资回报一点用处也没有。不过，金融市场实际上有着强烈的信息不对称以及能力不对称的问题，没经验的交易者往往只看到回报而看不到风险。有些人更以为进攻就是最佳的防守，而不知道在漫长的投资生涯中，资本雪球只要在投资过程中蒸发一次，而且也就只需蒸发一次，就再也滚不下去了。如果你够年轻，还可以用人力资本再储蓄、再尝试；年纪大的，一次亏没了就再也没有机会翻身了。

阅读与投资

在进行金融交易前，系统性的学习及适当的阅读其实非常重要。有些人总喜欢先作战后学习，这倒是一个快速成长的方法，不过进行金融交易时你可能连自己为什么会大亏也不明白，风险非常高。而且你要确保你倒下多次之后还有本金可战斗下去，否则亏了以后就没有然后了。但是有没有书或教程可以确保你不犯错？没有！有没有什么学习可确保你有超额回报？也没有！有些人就会觉得反正学跟不学结果也差不多，不学无术也可以赢大钱。是的！如果你身处在大牛市。不过重点是你会不会知道急升情况难以持续太久，懂得见好就收，金融市场不学无术进行交易往往走不了多远的路，很容易被下一个逆转行情打倒。

　　投资前，你看过多少本相关书籍？很多人外出旅游前总会先买一本旅游书作参考，心想花这么多钱去旅行总要得到一些有价值的指引。一本好的出游指南能减少旅行中犯错的机会，令出行顺更畅，体验更丰富。也总有些大胆的旅客喜欢买张机票或车票就在陌生的环境中闯荡。在旅行途中，即使你什么书也没有买，用上一些时间也不难找到目的地。因为每一个旅行的景点是固定的，而且当地会有很多正确的指示牌或当地人可以帮助你，多花点时间就能熟悉。可是在金融市场市场中，没有谁是天生就会交易并熟悉市场运作规律，也没有什么"指示牌"，没多少人能指出一条明路给你走。胡闯的成本非常之高。更可怕的是，金融市场永远是在动态运行中，无论你碰壁了多少次，你很可能仍找不出门道，还有很多冒牌的专家发出误导性的信息。

　　有不少想认真学习投资的初学者，真的会尝试先求知再投资。他们会逛书店、去图书馆或网上买电子书，接着会尝试学习应用书上知识。看到书中的成功案例，开始感觉自己成了"半桶水"交易大师。接着会更拼命买书，更拼命去看图、去看数据，知识看似增长了，可是最终结果往往是越买越输。这种知识学习者的惨剧往往不断发生，令更多的人认为学习知识在资本市场是无用的。个中原因是刚进入市场的投资者没有任何实战的经验累积，亦从来未经历过各种贪婪与恐惧的人性试练。初学者亦无能力鉴定哪些书是真正值得看的。就好像大家看美食点评，有些人总是吃什么都说好吃，你看了网上评论后去光顾，大呼上当，下次也不会再信。可是投资往往上当一次的代价非常惨重，甚至永不翻身。

　　我自己也不止一次买了一些不熟悉领域的投资书，按图索骥在市场稍稍测试一下后看似效果不错，到实盘作战时却没过多久就迅速亏损掉数以百倍计的金钱。而且我往往会遇到书中没有提及的市场变化，或者碰上市场上很少发生的特殊情况。我的本科修的是经济学，研究生修的是专业会计，理应算是受过系统性财经训练的专业投资者。但我开始个人投资后，很长时间内仍认识不到投资世界只有一位名叫"市场"的真实老师，所有的书本知识都只能用作参考。你只有不断学习并跟它交手切磋才能获得真正的投资能力提升，别无他法。而且这位老师心情非常不定，时而风和日丽，时而暴跳如雷，一旦当你做错决定的时候，这位严厉的老师最喜欢给学生来一顿当头棒喝。

　　我在投资旅途上最初连续数年赚了一些钱，曾经有一段时间过度自信，却在日后的市场波动之中接连多次被资本市场这位真实的老师打倒在地。老实说，一次跌倒要爬起来还不算难，连续被打倒就很难说了。当你自问不断努力地再学习，买了差不多全世界最著名的投资书回家，看了几百本中、外文书，拜读了大量投资大师的著作，拿了数十年的数据做回测，看盘研究公司资料看到眼都差不多花了，最终得来的却是惨亏的结果，真的万分沮丧，失败得令自己怀疑人生。

我用了很长的时间才发现我最大的问题是学习了太多"信息"，被太多财经书中提及的简单因果关系所蒙蔽，却没有把其消化并吸收成适合当下市场的投资智慧，没有认真评估该理论或策略是否仍然适用。分析时不应只用回测工具，也要用上前瞻性评估，不应只考虑基本面，也要考虑交易面的因素，包括市场对冲行为，去杠杆强制平仓等因素，而且要认识投资工具的背后隐藏的风险。认真理解历史走势对将来走势预判的限制性，以及评估资产价格走势关系破裂的因素，比如由加息较快引起2018年美国出现的股债双杀现象。慢慢地，书还是继续买，但看了任何内容也只会用作参考；测试还是继续做，而不会全信，不断累积更多的经验。所以我很鼓励读者对我书中以及任何其他投资书中的内容及分析方法抱怀疑精神，要小心评估是否适合当下的市场后再考虑是否应用。独立思考判断，是一个优秀投资人的必要精神。

新手投资者往往喜欢买著名投资大师的书，比如股神巴菲特之类大师的书。其实巴菲特从来没有亲自出版过一本教你投资的书，只有一封巴菲特致股东的信是他自己写的。你买到的大师著作其实都是别人参考他的投资方法写的。而且书中往往是对崇拜偶像的歌颂，很少有人提及大师的败笔之作。又比如买了本宏观交易策略大师索罗斯所著的《金融炼金术》回家自行修炼，看着那些1980年代的陈年案例，估计你依样画葫芦连烂铜也炼不出来。

许多投资书里面的有效养分很少，而且更危险的是不少早年有效的交易方法因为市场环境变化早已过时，一般没有丰富投资经验的读者如果没有指导很容易消化不良。比如买价值投资之父格雷厄姆的《证券分析》去参考，书中分析公司经营的部分直到今天仍然有一定的参考价值。使用书中价值投资的概念在1960年代前可以轻易拥有超额回报，不过你现在去美股捡便宜找到有安全边际的股份多数只会捡到垃圾，因为现在不是以往美国散户横行的年代。现在美股中的对冲基金及机构投资者已完全占主导地位，市场上仍遗下的沧海遗珠很可能只是鱼目混珠。其实格雷厄姆1955年就认为股价太昂贵，卖光持股享受人生去了。

又比如你看了1980年代的《海龟投资法》一书，以为人人都可通过学习成为趋势投资大师，很可能最终只是亏成"龟仙人"了。你知道这位出书的丹尼尔所管理的资金在1980年代末出现巨亏并被投资者控告操作失当，最终要赔钱和解。其后在 1990—2000 年间多次再尝试开展资产管理业务，终因大幅亏损以失败收场。即使你阅读了非常优秀的著作，比如全球最大对冲基金桥水创办人达理奥的《债务危机》一书，学会了关于债务周期及危机的深刻分析，如果没有对市场交易的深刻理解，你只能看到危而看不到机，你又怎样知道应用交易策略去获利？

我可以肯定绝大部分的读者没有时间及精力会去尝试消化数以百计的投资书，所以化繁为简的能力对学习投资也是非常重要。有没有想过你自己看过多少书最终把全部内容都遗忘了？大多数投资者参与投资时获利主要靠的是市场波动本身，而非学习一些数学套利模型或学习造市商的获利原理。这种学习对个人交易者而言并没有重大的增值作用，除非你是业内人士。有许多投资学书籍是没有中文译本的。那些经典的证券、货币市场等的投资书往往都是近千页的厚度，还配有很多复杂的概念和正常人不会有心情弄明白的数学公式，看一会绝对令人昏昏欲睡，更难的是如何从书中汲取有效养分并应用在真实的投资中。

自学投资对一般读者而言谈何容易？反而是那些标榜即学即用，买股必定赚一类的书籍平易近人，一个下午就能轻松学完，不过如果跟书中战法依样画葫芦，除非遇上大牛市买什么都能赚一把，否则估计在波动市中，交易者一上市场作战没多久就没有然后了。我写这本书的目标是减轻读者从各书中或机构论文等信息中找出基本养分的难度，把大量的投资概念化繁为简，并加入一些金融历史中不应被遗忘的真实案例供读者参考。诚如很多投资前辈所言，研究那些极端的市场状况可以帮助投资者在将来的市场中长久生存打下良好基础。

金融市场博大精深而且永远是动态的，没有人能完全认识整个市场的不同环节，也永远学不完。对一般投资者而言，学会找出大行情的机会，往往比不断关注大量短期的小目标更有效果。目前不同投资市场的精细化专门书籍已经很多，直接翻译外国著名投资家的书也不少，但配合中国国情并同时能系统性学习国际金融系统知识的书却很少。其实投资界早已进行了复杂分工，很多金融界业内人士的真实工作只是负责分析专门的一个细分市场，比如专门交易股指期权的，比如专门交易国债期货的，又或者交易单一行业股票投资的。很少专业人士的工作是整合并理解货币政策、股市、债市、汇市、商品这些金融市场互相紧扣的环，不少专业财经书以学术或场外的高冷视角配合冷冰冰的数据及公式模型，一般个人投资者难以通过阅读对真实市场交易行为获得更立体的认知。以上这些，令一般的个人投资者跟市场上主要专业的参与者有巨大的知识及能力差距。我希望这本书能启发没有太多金融基础知识的朋友及年轻新一代去认识真实的金融投资世界。为免太过沉闷或用数学公式吓跑读者，我尝试把本书写得简单易懂、更人性化，跟读者朋友们分享一下金融交易的见闻及想法。

金融交易没有必胜之法

我多次提到金融市场短线交易是一个零和游戏，没有必胜指标或方法，常用指标必然是有时能用，有时失灵。而且一旦失灵时，往往是新手投资者蒙受重大损失的时候，因为他们坚定地相信做的交易部位是对的，误以为自己是交易之王，看过几本书，做了一些获利的交易就洋洋得意，这样不中埋伏才怪。市场往往会很耐心培养短线投资者对自身获利方式的信心，当投资者被培养得信心满满，差不多想去歌颂他的投资系统如何超越牛熊成就传奇时，就差不多到了被收割的时候了。短线交易的学费非常昂贵，要认知市场是不断进化的，混沌并且没有固定章法，唯一不变的章法是市场短线会不断尝试不同的波动方式令最少的人能一起获利，这是零和游戏的精髓，尤其是期货市场及杠杆持股，往往做十次赚的钱一次错误就连本带利送回市场去。

所谓的盈亏同源，就是你获利的方法和思维，也是导致你将来产生损失的根源。比如一个牛市思维的交易者会在熊市中失手，因为当熊市真正来到时他会认为这是牛市的调整。一个波动率做空交易者可能会被突然的波动率急升打败。一个做空型交易者可能在熊市中获利满满然后遇到熊市中强烈的反弹而受到彻底重创。你必须有不断进化的市场认知，验证当前市场环境是否适用，随时准备好适应市场变化，而不是期待市场去适应你的交易系统。

主动交易者除了要不断适应市场，还要克制自己的情绪，对一般人而言太难做到。如果你是个普通人，不明其理乱做交易却幸运地在短线交易上大赚了一把，如果可以，请拿这些钱离开金融市场，有多远走多远。这些钱就真的是你的钱，你可以招这些钱去用在生活上。如果你舍不得离开市场，往往不用多久，你就会连本带利把钱送回市场，甚至亏得一无所有。

交易亏损漩涡

当你把自有资金长期投资用作退休储蓄，最坏的情况只不过是亏损一定程度的本金。如果长期定投美国的标普或中国的深沪300，即使会在狂牛市时买了贵货，但由于买入的金额占总投资比例不会太多，损失仍是相对有限。如果采用了股债混合型投资，或再进行其他资产的风险分散，投资组合一年内出现30%以上亏损的可能性不太大，而且市场环境转好后组合亏损就会自我修复。

真正会令交易者陷于困境的交易，往往是由主动式交易引起的。活跃的投资者往往在牛市中获得厚利，看着账面的资产净值不断上升，心中一定是乐开花了，舍不得手中的投资净值有一点的下跌，就是要看着数字在升升升之中。投资者往往在市场过热阶段，会把自己所有能动用的个人资金，甚至把节衣缩食每月能省下来的开支都投入到市场之中，生怕错过了一次大行情机会会，令自己抱憾终生。更激进的杠杆投机者会进行大量场外借贷，投入资金到股市中，再利用证券商的保证金账户把交易杠杆放大，希望把回报提升到最大。

新晋的短期投机赢家最终遇上亏损重创通常有一个相似进程。如果投资目标上升太猛，他获利卖出持有股份安全地退出市场后，很快就会忍不住加仓再买回去，尤其会在回调或者出现价格突破这两个关键点位杀回去。大致的过程如下：

初试啼声

小试牛刀买入，心中仍存有风险意识。
快速赚了钱后加仓投入，之后越赚越多。
在一次回调或认为市场上升太快后理智地卖出。

获利雄心

卖出后持有现金感觉非常失落，再没有了追涨杀跌的快感。
再次紧盯不同的目标，心急地等待再次入场的机会，要再一次狠狠地获利。
你认为市场就是为你这样的天才交易者而设立的，已准备在下一次机会中投入更高的金额。

全仓买入

当市场再次出现调整或突破时，认为机会再次来临，动用主力资金入市。
买入后市场出现下跌，为了尽快平手，使用杠杆或一切可动用的资金在较低价企图去摊薄买入成本。
如果市场走势顺利，亦可能在上升时加杠杆买入更多股份希望能在升浪中赚尽。

坚定持有

市场开始下跌，认为是正常调整，不考虑止损或先行减持作观望。

遇上市场出现反弹，更加坚信自己对市场走势的判断是正确的，选择继续持股。

一败涂地

市场再次下跌并跌穿之前的低位，没有杠杆者内心非常恐惧，但每看一次报价就恐惧一次。用高杠杆的投资者就会出现爆仓被抬离金融市场。如果只用自有资金，当市场继续下跌至未预期过的幅度，投资者很可能因受创太大对市场走势已经完全无反应了，任由投资账户亏损扩大而无力作出决策反应。这些高位买入的投资者承受了市场下跌过程的大部分损失，最终有一些人忍不住持续下跌的痛苦，选择在低价卖出了持仓，永久离开了金融市场。有一些投资者认为反正都下跌这么多了，就这样把股票留在证券账户上，却再也没有进行过交易，也没有再留意市场变化，升华成了佛系投资者，用无尽的时间去等今生是否有缘能解套。

专业投资者如股神巴菲特也会在下跌时选择坚守，关键差别是是否对投资的项目有深入的理解，并确定市场恢复时价格能自我修复，而不是买入了毫无基础价值及长远成长能力的泡沫资产持有极长时间也不可能再恢复。遇上下跌周期是否仍然坚守，关键在于投资项目的长远投资价值。这就是被迫升华的佛系长期投资者与专业的长期投资者的根本性差异。

持仓压力

交易者面对亏损的仓位时，很易后悔当初买入时买得太多，或者面对上升中的仓位后悔买得太少。问题是你根本不可能早知道这些行情。有时候看见上升中的市场忍不住加大持仓以捕捉潜在利润，反而引起持仓压力过大，心理上无法把持，对市场的波动会变得非常敏感，抗压能力变得非常差，无论持有项目升或跌，对个人投资者来说最大可能仍是失手。因为个人投资者忍受不了一些逆向波动，跌了一点就感到非常痛苦，而这些平常不过的上下波动很可能令你快速地中止交易。无论之后市场是真的上升或下跌，过大的仓位令你很易被市场的小波动震出。如果心理上承受不了压力，仓位过大就是输家的游戏。投资者一定要知道，能安心持有的交易仓位才是好的仓位。交易者买入后吃得开心，睡得安稳，升升跌跌生活如常，保留充足可用的生活费，才可以从容应对市场的波动。

贪婪与自信是风险的源头

投资者要留意当金融市场出现大幅下跌前,其实是有大量的时间给个人投资者撤退的。无论是 1929 年的美国股市大崩盘,1987 年 10 月的单日暴跌,2008 年的金融危机,2018 年底的大调整,在正式放量下跌前市场都只是先有小幅度的下跌,而且之后市场会持续一段时间的上下波动,下跌一小段往往先有反弹。即使是变化速度极快的中国 A 股,2007 年大跌前在高位形成不对称双顶依然支持了近一个月的时间。2015 年下跌前亦有 6 个交易日在高位停顿,而且下跌初期不断出现强劲的单日反弹,在这期间即使资金体量大的个人投资者也能轻易全身而退。

那为什么股市大跌时许多个人投资人却总是损失惨重?因为许多投资者有一个交易心理陷阱,他们不能接受一定程度的账面损失,认为曾经拥有的账面盈利数字就必须要持续维持,不能容忍一点点的账面交易亏损,认为必须要再赚回来,否则就认为自己是失败者。而之前错过了上涨行情的交易者往往迫不及待地在急跌后的强劲反弹中冲入市场,因为对他们来说追回失去的潜在利润的机会到了,他们一直焦急地等待机会入市,他们一直很后悔没有在之前的一波行情中采用全额持仓,赚少了钱的感觉就像亏了一样。但他们没有感到市场的风险,没有看到各种估值指标早已极端不合理,甚至把许多公司 100 年以上的潜在利润都透支了,或者选择无视这一切,也许他们坚信这就是牛市,也许他们认为在市场中买贵了但没有买错,也许其实他们什么想法都没有,就是想赌一把赚快钱。

最初个人投资人仍会有一定的风险意识,对市场能否回调会非常小心,可是如果出现实际的账面损失,他们或许能忍痛短暂地卖出了持股,但他们仍会继续天天密切留意市场,急于找个近期的买入机会把账面上的损失追回来。投资者最初卖出持仓时的损失可能不大,但当跌市出现后再次追入时,一旦遇上市场下一波的中幅下跌,投资者的账面亏损就会令人非常痛苦,他们想从资本市场中找机会赚回的念头开始会盖过最后的一点理性。

他们看着图上的价位与历史最高位已经有一大段距离,心中想只要股票冲回去我就可以把损失的都追回来,我一定要把损失的都追回来……他们无视市场向下跌向无底深渊的风险,心中只想到往昔风光无限好时的股票顶峰。急于求胜的心往往会迫使交易者孤注一掷,无论是借来的、还是券商融资杠杆贷来的钱,全都押注到市场中,期望能短期反弹回升。而等待他们的,往往是眼巴巴地看着股价由一个价位滑到下一个更低价位的痛苦。从最初内心仍然挣扎是否卖出平仓，尝试接受巨亏，到最后对亏损变成了完全麻木，交易者脑海一片空白，已经完全无力发出平仓指令，甚至把投资相关的一切信息屏蔽。交易者看到蓝色的天空也认为是灰色的，吃到的东西已经分不出任何味道。而用了借贷杠杆投机的朋友，等到的往往是证券商发来的追加保证金通知，最后很难逃过爆仓巨亏的命运，贷款投机者的名字最终往往被加进了破产或老赖名单之中。

其实贪婪与自信的交易心魔一直存在于所有投资人的心里，只是投资老手会极力克制自己。他们知道一旦市场走势逆转，市场中的多头交易就难以再获利。无论是买入还是做空都很可能因为混乱无序的市况而失手，进行频繁交易只会大概率把损失扩大，所以账面上减少了的面值就让它随风飘散，果断撤离市场，尽量保持资本实力等待下一次的机会。交易老手懂得把损失控制在有限的范围，并接受损失而不去追回，这是在市场进行主动交易想长期生存下去需要学习的重要交易态度。有时你查看自己一系列巨亏的交易，其实最初只是由小幅度的交易亏损引起的，但如果你尝试在短期内根据市场变化尽快把损失交易回来，往往会导致更大的损失，形成可怕的亏损旋涡，最终引起难以承受的损失。1995年的霸菱银行巨亏事件，也是由于最初的少幅损失开始，引起被称为天才交易员的利森失去理性加大注码去卖空日经225期权，在缺乏充足的内部监管的情况下，最终亏掉了整个银行的资本金。专业交易者也可能犯此等错误，个人投资者就不要高估自己的心理质素了。因为当你陷于交易亏损之中时往往是完全失去理性的，如果你没有采用风险对冲手段去限制最大损失，请尽量不要参与主动型的短线交易，因为你可能在一次的熊市或波动市况中因为杠杆及多空来回交易损失大部分的本金。

赌徒陷阱

为什么很多人明知在金融市场进行高风险博弈的胜算很低，许多资金面并不充裕的投机者却不能自拔地参与其中？因为他们往往相信，如果手中没有太多资本，工作的收入也不可能大幅增加，要翻身改变命运就只有在投机中博一把。他们认为只有参与高风险博弈才有机会可以快速地翻身，从此不再为钱所困。他们相信不去赌不去博想发达就没有什么机会了。

可是大量参与了不同投机热点投资的交易者，最终只有很少人在早期参与并获利后退出，大量的后来者最终都变成了"韭菜"被收割了。这就是金融投机交易中为什么会出现越穷越赌，越赌越穷的现象。此等投机行为背后的投资项目可能完全没有基础价值，项目也毫无真实的获利承载力，一些人的获益是从另外一些人的亏损中而来。就好像参与了彩票游戏，大多数人出现不同程度的损失，令少数人拿到了特大奖金，这种游戏只能令少量的投机者得益，但你有绝对的自由可以选择不参与，如果被暴富获利的想法主导了思维，你就会忽略眼前在工作上、在实体业务上可以有能力改善的并增值的地方。金融投机可以令少数人暴富，却不可能令大多数人获得长远的利益。如果你赚了一笔不少的钱，希望你不会变成一位惯性赌徒，迫不及待参与下一场投机，然后最终一贫如洗。

一般人并不理解贫困型赌徒的交易思维，他们长期受到看不到出人头地机会的绝望压迫，希望用投机或赌博去证明自己，去尝试一次翻身，可是即使赢了一次，却很难收手不再赌，最终无疑在投机项目中出现了巨额亏损。赌徒的命运早已注定，赌神永远只是一个传说。剧中的赌神有谁不是孤注一掷大赚特赚的？真实世界里，这样的赌神终有一天变成输神，而且相信不用太长的时间。赌博的负和游戏没有什么人可以例外不亏损的。想当"估"神或赌神的朋友其实也不用看这本书了，难道运气可以学习或累积的吗？如果你并不富裕却幻想能投机致富，我只会真心建议你脚踏实地改善眼下的能力和生活状态，开始储蓄并投资在自己的个人能力建设上，慢慢积累资本，这才能实实在在过好日子。

波段交易的风险

如果采用资产配置组合进行长期投资，我们便减少了很多操作上的风险。不过很多人不会甘心接受被动投资的有限回报，这亦是为何书中加入许多主动交易的参考，希望读者们能吸收一些投资人的经验与教训。对于主动型交易者而言，不只面对市场的风险，也要面对个人交易者自己的操作风险，而且操作风险有时远比市场风险高，你可以在熊市中亏钱，也可以在牛市中亏钱。因为只要你不断犯错而未找出问题所在，亏损的命运难以改变。

波段交易有多重亏损陷阱。你的错误操作足以在一个下跌20%的行情中损失50%的本金，因为你可能在股市行情的震荡波段不断来回交易，频繁买入卖出引发多次亏损，造成自有资本的重大损失。如果你买入后，持有一会儿又随机卖出，然后错过了大升浪，在更高位的价位买入，而买入后股价又再次下跌，你就会受到更大的伤害。所以，采用波段交易的总损失可能超过买入并持有的最大损失。

你可能因为一些不确定性的因素卖出，在负面因素被消除后你才高位追入，有时你太想保留少量利润，看到账面由正变负非常沮丧，就会没有心情持有。如果信心不足，建议在建仓时以轻仓去抵抗大波动，这会减少急升追高的风险。因为上升时，已建有的仓位有浮盈，就算再加仓心理承受会较强，下跌时大不了平手出场。如果一旦追高，小幅下震可能就会令你非常不安，连原来持有的仓位也会一并卖出。

如果卖出后等待市场再下跌再买入，很可能在牛市中等来等去，看到股价一骑绝尘，心中十分痛苦，非常想再次买入加入获利的阵营，之后往往会选择了高位震荡时买入，因为看似比最高位便宜了一点，买入后也许真有一点上升，随后却发现股价没有突破上次高位，而在未预期的情况下快速下跌。你认为这是震仓行为，却最终发现这次真的当了接盘侠了。升市没赚到多少，跌市却跌个正着，是许多股民心中的最痛。对追热点这种需要大量运气成分的交易，要么你就低位时已经买入，否则高位介入必须考虑对冲可能，因为止损在追热点时不太合适。高位个股经常上下剧烈震荡很容易出现频繁止损，其实高位介入被热炒的个股真的很难跟进获利。这不是一种技术活，其实只是一种赌博。

预测与无知

市场的未来走势永远是不能事前预测的，投资者没有办法能避免风险，只能去控制。其中一些投资者确信他们有持续预测大市升跌的能力，只要预测总是正确就能控制风险。可实际在交易市场上，基本面的因素非常混乱，同时有好坏两种因素存在，不同交易者的多空力量互相角力，有时会不分胜负。很多人能正确预测未来一段短时间内的波动，1997亚洲金融危机，2000年科网泡沫，2008年金融危机爆发前，其实也有很多分析师能正确预测，可是这些分析师往往错误地预测之后的风险事件，而即使知道风险存在，亦无法事前得知风险爆发的准确时间，以及爆发后影响的程度。这样对大多数的交易者而言并没有太大的参考作用。其实没有人能长期持续准确预测市场时间及波动幅度——一个也没有。投资界的前辈一起观察了近百年的市场参与者，除了吹牛者或骗子之外，从未找到过什么预测大师。不过有一些交易者总相信自己有特异功能，能够预测股市，甚至有准确的点数及时间。如果不幸地有一两次真的估中了，就很容易误信自己真的有特异功能。尼森所著的《随机骗局》一书很好地解释了这种交易者的认知误差。交易者往往要为自我膨胀付出很大的代价，必须要小心认清自己的真实能力。

有一些关键的财金会议，如美联储的议息会议，经济数据如就业水平的变化会引起市场出现剧烈波动，而事前无人能预计结果。又如美国的非农业新增职位，或者一些双方力量相当的选举，又或者一些国际谈判能否达成协议，你只能选择不参与或赌一把。而且即使预期结果正确，市场的实际反应可能跟你想象的完全相反。比如特朗普在2016年当选美国总统的当天，美股期货在亚洲交易时段先出现暴跌，其后再在美股开盘后出现倒升，市场剧情反转的速度比翻脸还要快。投资者其实很讨厌不确定性，但却无法绕过不确定性去获取较大利益。获巨利者总是在风险当口勇于承担的交易者，但勇于承担过大风险总是很容易"上得山多总遇虎"，热爱高风险交易很难长期在市场中生存下去。过度相信自己的预测，可能会令你无视判断错误的风险，承担了不能承担的实际风险，引起重大损失。

纸上谈兵

相信有不少投资者都经历过投资中不断买书学习充实自己，却越看越亏的情况。这个陷阱的循环是努力买书学习，看书时头头是道，感觉自己已经尽得投资大师真传，是时候在市场上一展身手，可是上市场作战没多久又败兴而归。怀疑自己学错了门派，又再买另一本投资书籍，继续尝试依样画葫芦，又去实践作战，又再灰头土脸，陷入了不断学习与不断亏损的旋涡之中，痛苦得不能自拔。究竟是哪里出错，那些名著流传了几十年，是骗人的话没有可能留存在今天，是我错了吗？还是市场是错的⋯⋯其实谁都没有错，而是时代变了，市场的交易者与交易行为变了，以往成功的策略已经没有用武之地了。很多人都知道股神巴菲特的师傅是1934年出版了第一版《证券分析》被视为价值投资之父的格雷厄姆，却没有多少人知道格雷厄姆在20世纪50年代时已经认为市场被过度高估而无法投资，解散了自己的投资基金并卖出所有股份。巴菲特的投资事业就是在老师介绍了不少客户后得到快速成长的。格雷厄姆则去巴黎寻欢作乐去了，余生都离开了主流的资产管理行业。

投资大师巴菲特后来受到成长股大师费雪《怎样选择成长股》一书的重大影响，以及合伙人查理·芒格的影响而改变了整个投资风格。不再以雪茄尾的股份为投资对象，"雪茄尾"形容那些只余下一点超额价值的个股，只要吸一口就没有了价值的低残股份。巴菲特开始以合理估值的成长股为主要的投资对象，才维持了往后数十年中强劲的绩效。

可是巴菲特也敌不过2009年后资本市场的风格转变，由于市场利率太低，令各路科技股及成长股的价格不断冲向新高,而巴菲特的投资从2009开始,计算10年200%总回报只大约与标普500指数持平,而远低于纳斯达克指数同期350%的总回报。当然,纳斯达克指数成分股中许多过度被热炒,科技股高增长、高估值的市场不会是价值投资者巴菲特的投资首选。巴菲特到了近年才买入苹果公司股票,也许因为苹果公司已过了成长期,估值变得更合理,但其实股价成长空间已大幅减少了。

但许多知道市场口味变化的基金经理却能轻易获得更好的业绩。当利率持续降低,市场口味会变得相当重,什么较高风险的股份都会大量吃进。投资者会说这些是陷阱,是的,不过这种口味变化是可以预测的,而且不同2000年那一波来去如风的科网泡沫,这次的上升持续时间非常长。时代变了,坚守原则是一种选项,没有对或错,只是绩效不一样。你可以期待巴菲特式的投资组合波幅会比市场低,同时的代价也是回报会变得平庸甚至比总体市场低。大家要认识到金融市场这种风险与回报的交换是永远不会改变的。

有一些投资书存在严重的幸存者偏差的问题,如果你没有足够的市场认知,很可能误以为自己找到了交易之法。比如在美国非常畅销的市场怪杰系列书,对交易者而言是有相当的可读性,书中有大量与不同交易领域顶尖交易者的访谈,你可以了解一下他们的交易想法。问题是书中的主角都好像童话或超人故事中的主角一样,遇上了重大挫折后必定能挽回损失,而挽回损失的方法就是做出更多正确的交易。情形就好像你去访问一些刚在赌场中赢了大钱的人,他们总会告诉你他们怎样最终获胜的。不过这些方法其实并不可以复制,因为市场的环境每天都在改变。

如果你买了达里奥的《原则》及《债务危机》等著作,一定会被其深厚的金融体系认知所折服。大型对冲基金橡树资本的霍华德·马斯克出版了非常著名的《投资中最重要的事》《掌握市场周期》等著名专著。可是两位大师都曾在公开的预测中出现误差,达里奥在2018年2月时仍认为投资者可继续投资美股,因为持有现金毫无回报,没过几天,美股却遇上几个交易日10%的重度下跌;霍华德·马斯克在2018年10月表示美股目前只是调整,可是两个月后,美股不同指数已经自高位下跌超过15%至20%,进入特大调整。罗杰斯在2018年下半年出了书提及做空美股是绝佳投资,他预测中了一半,美股市场真的在2018年底出现了短暂的剧烈调整,却没估中2019年初的市场大反弹。若跟从建议做空美股的投资者没有随机应变及时退出,很可能会亏损惨重。如果连对交易周期有如此深入了解的人都无法预测股市变化,你认为你看了他们的著作后就能轻易掌握市场周期了吗?

市场总是变幻莫测。许多投资大师并不预测股市,他们会赢在跟进市场的变化而不断修正自己。美股只占桥水基金总投资的一部分,而且在2月市场出现变化后桥水基金大举做空欧洲金融股,老手总是会寻找危机中金融体系最脆弱并有充足流动性的部位去做空,并获得丰厚利润。桥水基金旗下一只主力基金在全球股市负回报下2018年大赚超过14%,羡煞同行。你若只看到了大师建议的一部分,不明白别人的真实部署,并且没有学会跟随市场变化进行自我修正,你看了许多大师的书其实什么真本事也学不到。

投资书永远也跟不上市场的变化,大师的评论也不可能跟得上当下市场的改变,而且预测往往是错的。如果你自我认知到自己的交易能力一般,还不如学习组合式投资,利用股票、债券等多种资产配置,承担市场风险赚得市场回报来得简单。很多人都有高估自己投资能力的倾向,我也用了很长时间才发现自己跟其他投资者没有什么分别,即使学习能力再强,也没有什么特殊的能准确预测市场变化的能力。

如想获得更高回报,必须用上时间并承担更大的市场风险。万一遇上市场突然逆转,你在市场的仓位跟投资大师在市场中的仓位面对的亏损并没有分别。投资世界是一个有趣的地方,这不是一个纯粹论智商高下的地方,非常重视投资者的认知能力和执行力。这里天天喊成功学的口号是一点作用都没有,只有知己知彼才能百战不殆。金融市场更多时是一个反映深层人性的一个地方。谨慎行事者得到的是受控制的风险与市场回报。犹豫不决者永远不会参与其中,不用承担风险却永远没有回报。贪婪的人可以得到贪婪者的巨大风险与回报,贪小便宜者可以得到贪小便宜的小额回报与冒上不成正比的巨大风险,他们若不能及早觉悟改变投资行为,只要运气用尽,终将把从市场得到的一切转手连本带利交回市场。

认知与偏见

投资者要认识到人性中对事物认知的偏见,我们会认为近期发生的形态必然会继续重演。比如你观察到市场过去3年间是每逢下跌后必再上升,翻查过去10年纪录大致也是跌后必升,你就很可能会确信市场下一次跌后必然会上升。你会无视一些相反的案例,比如30年过去了,日本股市还是回不到1980年代末的高位,或者美国股市在1960-1980年代极长期的停滞期。我无意对任何股市、房地产市场或其他资本投资能否上升作出不在能力范围内的猜测,我只想明确地告诉读者,任何有内在价值可产生现金流的资产都有其一定时间内的上升极限。就算任何类型的投机泡沫长期存在，在一波暴涨浪潮后，往后长期年化回报率终会下降。最近包括越南等小型股市，三、四线的房地产项目长期停顿，就只有1年的火爆，又再归于沉寂，很长时间都没有上涨动能。因为估值的上升不可能无限推升市场，市盈率上到40再要翻倍就是80，然后就要升到160倍才能再翻倍。除非持有资产的实质业务盈利能力年年倍升，能够合理化过高的股票估值；或者一个城市的居民收入极速上升，令房地产价格有实质的支持；否则泡沫就算不爆破，已被透支的投资项目也很长时间不能带给你实际回报。风起时猪都可以飞天，但是地心吸力是不能改变的。投资世界的地心吸力是永远存在的，只是有时候时间太长了力度太猛，太多人已经累积了市场只升不跌的认知，人们大都已认为地心吸力不再存在了。

全职交易难以维生

可能部分读者都听说过身边有朋友全职炒股，尤其在大牛市期间有更多人会有动机辞去工作，全职短线炒个股，以追逐市场热点、获得最大利润为目标，因为短时间内账面赚到的钱可能高于全年的工资收入。一些日内主动型交易者更会尝试炒期货及衍生工具为生，为了控制交易风险，会选择不持有任何交易仓位过夜。这样做的最大好处是避免了重大不确定性的发生，只以日内由交易者持续交易的波动去获利。我跟大家提过资本市场的获利原则是承担风险，获得较高的预期回报。如果市场在牛市阶段，日内交易者往往会错过大行情而只是吃了小波幅。

交易者可能从不同途径听说过有人以数万元的少量资金在家作交易就能变成上千万、上亿身价的交易大赢家。我知道买彩票也有机会能获得超级大奖，不过99.999%的机会不会是你跟我能获得的。如果市场上的钱有那么好赚，大家都不用工作了，天天安坐家中就可以了。如果听到人说日内交易能每个交易日稳定盈利，还能连续10年跑赢大市穿越牛熊，遇上吹牛故事或者骗子的概率比真有如此幸运的人大得多，大家对虚构的故事不要太认真，假的真不了。就算假设真有其人，等他把必胜获利之道传授给你及其他人时，由于参与者太多，潜在利润被透支已经变成无效方法了。

美国、中国金融界有影响力的前辈没有一个建议投资者进行日内交易。他们很多人直接警告初入市场者，约翰·博格直接说这游戏烂透了。我最初走入金融市场时也不相信没有办法操短线，不就是出现了趋势或形势跟上去嘛，试过一段时间天天看盘天天交易，因为趋势真亦假时假亦真，钱来得很快也去得

第二章 个人投资者的角色

很快，时间越久，越觉得日内交易是一个长期无法获利的游戏，眼中看到的只是市场在短期的买盘和卖盘之间出现的小摆动，就好像不停跟市场上其他参与者玩剪刀石头布，不断猜测对手下一步的行动，却什么也学不会，也完全找不到长期有效的方法。我知道我无法三言两语影响到热爱此道的交易者，赌场天天开门，有人赚也有人赔，只是这种对赌方式对大多数读者而言是毫无效益的方法。少数交易者可能把概率上的好运解释作技巧高超，从而沉迷此道不能自拔，这类短线交易者如不能及早抽身离开，结局往往是一事无成兼一贫如洗。

全职交易或成为日内交易者最好的方式是成为投资机构受薪的交易员，因为交易就是他们的正职工作。无论市况波动，炒输炒赢，工资都不会是负数，赢大了还往往有巨额花红，万一交易失败出现巨亏，也不用自己掏腰包赔偿损失，大不了被人炒掉再转行而已。而自持个人资金的日内交易者则大不相同，他们不但没有每月基本的收入支持生计开支，而且一旦发生巨亏损失大部分资本有可能永远不能翻身。而且即使交易偶有获利，个人的心理及生活面的代价也是非常巨大。

我也曾经有一段时间深陷短线交易之中，所以我有最真实的交易经验和感受，天天在交易时段把自己封闭在多个交易系统面前，看尽一切可看到的海内外新闻，不停与毫无人类感情反馈的自动化交易市场作对赌，生活面是如此之窄。而且一旦日内建立重仓，你连洗手间也不敢乱去，生怕盘中有变，分分秒秒盯着市场的变化，而且还要找点位日内平仓，否则就可能要高危地持仓过夜，或要进行风险对冲部署，人不累心也累，双眼中就只剩下不由你控制的市场波动，心情随其高低起舞，时而如痴如醉，时而痛苦万分。睡觉中也在迷糊中想打开外盘报价，梦中也是非常警觉，睡不安稳，一醒来先察看昨晚市场变化。在甜品店，口中吃着雪糕，眼睛只盯着手机中的交易报价，都不知道雪糕是甜的还是咸的。

全职的交易者在夜深人静的时候细问一下自己，多久没有留意过天气变化，窗外的景色，多久没有好好跟家人安稳吃一顿饭，享受旅行生活的乐趣。如果人生只剩下交易场上的短暂输和赢，我情愿做一个快乐的输家，也不去赢这种痛苦钱，却把自己的人生及生活输得一干二净。全职交易说不定付上了青春、精力在赚赚亏亏中最后连老本都全赔，你却除了学会如何在金融市场上赌钱外什么别的生活、工作技能都没有，连人力资本的价值都失去了。希望所有读者听到别人辞工全职炒股的成功案例不要头脑发热，即使赚到了的也是巨大代价的痛苦钱，而且很多人选择全职交易时往往是牛市攀升期，离顶不太远。一旦你习惯的行情结束，你会发现你很努力学会并建立的投资策略全部失灵，等待

27

你的只是何时被抬离金融市场而已。

　　大家千万不要以为在家买卖交易，就是坐在家中不需要受气，完全自由兼能稳定获利只是一种空想。交易者的心灵往往是不自由的，为什么当你买升时市场就跌，卖了股份不久市场又升，而且市场走势跟预期的落差往往令人相当痛苦？当你的投机事业彻底失败又没有正职工作时，真的令人沮丧得令人怀疑人生。真想全职炒股，除非你家有几千万以上现金，买债券及高息股组合收4%~5%股息安坐家中已经年入百万现金，把那些闲钱投机一下，赚了是多余，亏了不影响生活+——那你早应该算是财务自由了，做不做全职工作就视乎你工作上能够获得更多满足感。可是大多想不劳而获的投机者往往只有一百几十万本金，有些资金甚至是来自长辈的辛苦积蓄甚至是退休金，如果以市场年化回报平均值的情景去算，一年赚到的回报也不太可能够支付家庭开销。多数投机者肯定不会那么老实地去做长期投资，看几张图用上几个技术指标就认为自己是技术派大师，市场上什么高风险的策略和工具都很可能会尝试，追逐涨停板敢死队，杠杆资本玩期货期权，什么高危的投机玩意都学齐。如果"不幸地"投机路上先赚来钱，很快就会失去风险意识，之后特别快亏得一干二净。

　　如果你还年轻，我劝告你尽快远离短线投机。不过我当然知道劝告是没有用的，因为我当年也是雄心万丈的，根本无法阻止。只好希望投资者在本金很少时遇上巨亏，并吸取到市场的教训，学会如何保护自己辛苦得来的资本，把时间用在提升自己的工作及生活能力，老老实实在职场、在生意场上磨炼打拼，把资金稳健地投资保值就很好了。刚开始投资就赚上大钱有时并不值得庆祝，因为很多交易者很快就会自我膨胀变成过度相信自己，最后陷入万劫不复的境地。我是交过巨额的金钱与时间的学费才写出这些体会的，希望你们能领悟到投机交易的风险，不要在将来出现的狂牛市中迷失自己。

投资前制定交易计划

　　主动型交易者在进行交易前先作交易计划，评估最坏情况可以是一个很好的风险控制习惯。在设定好的条件下进行买入股份或卖出股份的计划。当条件触发时就会按计划卖出股份获利，或在下跌到某一主要价位或幅度时止损。由于计划往往赶不上变化，许多交易者最终无法确实执行其最初的计划。在上升市况中赚少了还好，一旦陷入快速下跌状况不做止损可能引起本金的重大损失，投资者最好在建仓前先设定最大的损失可能。

　　投资股票在没有使用借贷或杠杆下，理论中的最大损失是100%本金。实际上对全球主要股市而言，年波幅大概率在上下30%以内，许多时候更常见是全年的波幅只有15%。当然某些年份，比如A股相关指数在狂牛市中用一年时间可以超过100%涨幅，不过不久后多会出现超过50%的快速下降，实际指数返回起步点。其实其他年份很多时年波幅也不超过20%附近，尤其是市场人气消散的年份。

其实对于个人投资者而言，单项投资项目的损失严重程度由投入的总资本比例以及投资的时间长度决定。投资的总本金比重高，面对可能的损失自然会较大，如果是孤注一掷式投资，单次交易出现重大风险的可能就会很大。而分散式投资的每一笔投资就如轻仓的投资者，虽然下跌的比例跟重仓可能差不多，但是单次损失的本金却很有限。

持有时间可以增加单一项目的总亏损可能，在最坏的情况是单一个股最终出现退市，或损失超过95%本金以上。而采用分散投资就可以大大降低单一笔投资的影响。如果分布式投资每一个项目的本金并不多，而且价格走势的相关度并不一致，总投资金额的波动风险就会被降低。我们会在组合式资产管理的部分作更详细的解释。

而参与做空、期货及衍生工具交易的最大亏损可能远超投资本金，所以最好事前先利用如期权等风险控制工具锁定最大损失水平。比如交易者可以控制3个月内总资产最大损失在10%之内，代价就是为投资组合购入期权作保险。当然，如果可以容忍更高风险比如接受最大20%损失的投资者，可以选择保障力较差但成本低廉的价外期权，只需付上很少的成本，已经可以防范特发事件发生对投资组合的重大负面影响。投资界中经常提到墨非定律，凡是可能出错的事就一定会出错。投资者必定要小心，如果长期进行投资交易，要警惕超低概率事件对投资策略会否带来不能承受的亏损，并考虑采用衍生工具等去控制最大损失风险。

有一些投资者会采用长期资产大类分散投资的方法去分散风险而不理会个别资产项目的价格波动。最著名的有桥水基金，他们非常推崇以不同资产波动的差异，令投资在同等风险暴露中获得太高回报。但对大多数个人投资者而言，要执行如此复杂的主动式资产配置组合计划需要太多的专业知识，不容易实行。而且即使风险被分散，回报的不确定仍是很高的。在2017的牛市狂欢中，桥水其中一只基金的回报接近零。

对一般的个股投资者而言，如果投资者没有为投资组合买入任何如期权等保险，并没有制定止损计划为限制最大的损失，就可能会在剧烈波动市况中遇到非常重大的损失。总括而言，单笔投资的风险由金额及投资时间长度决定。

对风险控制而言，方式主要有止损计划，衍生工具风险对冲，分布式低相关性资产投资组合三种主流方式，当然，即使你计划做足并不代表每一年都必然有好收成的。

对投机者的一点建议

有些主动交易者在市场上获利后非常兴奋，拥有巨大的交易快感，恨不得向全世界宣布我赢钱了。当一项交易完成后，就会开始急于寻找下一个项目，否则就会感到强大的空虚失落感。他们交易的目的由最初的赚钱变成了追寻刺激。无视市场变化不断参与其中获利的绩效一定是不稳定的。而且越刺激的东西多是越大风险的项目，在追涨杀跌的过程中迷失自己，最终变成了一个交易场上的冲浪者，只为了追求刺激去交易。变成了惯性赌徒就没有什么好结果了。

没有什么比安坐家中交易落盘就能获利更轻松的赚钱方式。不劳而获对多数人来说形象不好，但真有不劳而获的机会放在眼前时你就会发觉大多数人都按捺不住了。看着股票或任何可交易的工具的价格不断上升，不断看到身边的人加入其中并成功获利，一般人平静的外表下内心都很可能会翻江倒海。当你赢了钱与众同乐后，你的风险意识会一直下降，尤其你看到身边的人都一起获利有钱赚时，只是你不会想是谁把钱亏给你的。赢得越容易，把全部或更高比例资产押注的风险就会上升，最终出现个人资产巨亏的风险就会上升。如果你时常告诫自己赢和输是一个硬币的两面，是连在一起的，那等待机会避免过度交易方为上策。不过这真的是知易行难了。

我知道一心想参与投机的朋友是阻止不了的。如果你真的忍不住参与在未来的任何投机浪潮之中，请尽量控制投机仓位在总资产的5%内，准备好这部分的投机资金可以承受100%的损失。并尽量不要在升势的尾部参与，即全民都狂热地谈论其中的时候，购买力已经被彻底透支的时候。还有一点，绝对不要融资参与！想也不要想！因为当看错市场后很可能极速输到一无所有。没有人强迫你去投机，只有投机者自己因为贪念能把自己推向这种投机困境。

我知道，如果投机项目卖出后真的赚钱了，你心里就会后悔没有做全仓，只用5%总资产投资，如果变成用上了100%总资产，回报不就多20倍吗？是的，不过你其实承受了20倍的风险，可能随时输到一无所有，只是你自己没有察觉当中的分别。在事后来看什么赚钱的项目都应该加杠杆，自然能大赚特赚。读者朋友，这是事后已确定已发生结果的概念，等于说如果你知道彩票开什么号码预先买了一定赚钱的道理。如果事后的亏损是100%，你就会非常庆幸自己只做了5%或者根本不为所动没有参与其中。我知道零和游戏中一定有人赚钱，不过大多数人都是输家，不受贪婪驱使参与其中绝对不会是坏事。因为投机是会上瘾的，赚得越多越浮躁，就有很大机会倒在下一个浪潮之中，连本带利归还给投机市场。

资本市场苹果园

在开始金融市场原理及各资产大类的解释之前，我想用一个简单的苹果园比喻让大家简单了解一下整个金融市场的运作。

有一个名叫金融市场的苹果园，园中果树会结出金苹果。人们可以投资这里的果树，果苗，甚至种子，更可以为果树投资买衍生产品保险，无数参与者在一起交易，热闹得很。在果园之中，最稳健的投资当然是那些生长得很好并放在温室内种植，早已果实累累的名叫国债的果树。这个品种的果树每年定时都会结出果子，而且风雨不改。还有一个名为中央银行的管理员悉心照料，保证果树不会生虫枯萎，收成几乎是肯定的。你能看到树上早已挂满了还未到期成熟的苹果，只需等一些时间就能成熟获利。这种几乎用时间就能赚钱的果树由于太受欢迎，要投资很多钱才能买一棵，而且价格很贵，但获得的额外收益非常有限。

一些更进取的投资者就会把目光看到那些种在温室外也能每年定时结出果子的企业债果树。它们在温室外受一点风吹雨打，偶尔也有一两棵被虫蛀或枯萎，但多数也能有收成。位置好，生长不错的果树会有监察员评估一下收成情况，并作出信用评级(Credit Rating)。高评级的果树由于风险跟温室的果树差不太多，而且价格稍为低一点，获得的投资收益比国债果树高，也很受投资者欢迎。而一些种植在位置比较差，或易受风吹雨打虫害影响的名为垃圾债或高收益债的果树，监察员可以给予非投资级别的评级甚至不愿置评。不过由于价格便宜，只要该年天气不太差没有明显虫害，就能获得很好的超额收益。不过一旦遇上坏天气，就只好自叹倒霉，投资人很可能要承受巨大损失了。

果园中有另外一种品种的果树，叫股票开心金苹果。这种果树有时可以成长得快而且可以长得非常巨大，有时连续结果，收成好得惊人。有时多年都不结果，甚至有时会突然枯萎，收成充满不确定性。虽然不少股票开心金苹果的种子和果苗都很难最终得到果实收成，不过只要遇上一段风和日丽，雨水(流动性)充足的日子，总会有很多开心金苹果投资人获得成堆的果实收益，令投资温室国债果树及企业债果树的投资者都非常羡慕。

| 投资的机会在哪里

股票开心金苹果在坏天气的季节总是没法结果，而且有不少更会永久枯萎（公司倒闭），令投资人面对最高100%资本损失痛心不已。所以在坏天气时，市场有很多持有该果树的投资人愿低价卖出，他们很担心这些果树最终会在坏天气下枯萎。一些敢冒风险的投资人会在这时选择相对优质的果树作低价买入，他们承担果树会进一步枯萎的高度风险，相信只要等到好天气再来时，总有一些果树就可能再次长出大量果实。真等到有那时候，总有很多其他的投资者愿出超高价想收购他们的果树，这就可以赚到非常丰厚的回报。不过总是有一些不太幸运的勇敢的投资者买的开心金苹果树在坏天气中倒下了。

风雨过后总是有晴天。那些位置较佳，生长情况较好的果树总是第一批再次长出果子。机会往往是给有准备的人，那些勇于在坏天气选择优质生长开心金果树作投资的人往往获得很高的回报。而总体长期而言，股票开心金苹果的出果量最大，投资回报最高，只是短期总要面对很大的不确定性，最坏的情况是整个市场5至10年都没有收成。

市场上还有一些开心金苹果的种子投资人。他们知道大多的种子都不能成功长成开心金苹果果树。但如果投资足够大数量种子，只要有一两棵成长了就能获超额回报了。他们被称为种子投资者（创投）。他们期待种子成长后能在市场卖出好价钱。如果市场运行畅顺，他们总是获得非常丰厚的利润。

除了直接投资果树和种子的人，还有为果园投资者提供风险承担保险服务的投资人。他们设立了名为果树期货及衍生品市场，为市场提供了不同的投资风险解决方案，间接地促进金苹果的投资及交易。本来有很多投资人因为风险太高不敢买入股票开心金苹果，这些衍生产品交易者愿意在投资者付出一定的保险成本后，替其投资的最大损失进行保险。比如对位置较佳的果树只需付出了开心金苹果树价格15%的费用，买入一年期的开心金苹果期权保险后，保险者就会保证投资金额95%的本金安全，即投资者在计入15%的保险成本后一年内的最大损失不会超过投资本金20%，投资者在付出了成本后获得风险分担的效果。从而令很多风险看似很高的投资得以在衍生工具的风险对冲后进行交易，令更多的种子及树苗获得了投资和成长。这就是期货及衍生产品市场的实体作用。

没有期货及衍生产品市场，市场的投机者就没有了足够并有能力分担市场交易风险的交易对手。不过这个市场有时会过于热闹，参与衍生产品的交易者太多，承担风险后没有获得足够的回报（衍生产品波动率太低的时候），往往变成了资本投资者对资本投资者的零和对赌博弈，一旦天气突变，总有一大批风险投机者会遇上大幅亏损离场。相反，如果期货及衍生品市场内的交易者太少，承担风险后若能获得高额的回报（波动率定价偏高的时候），会吸引更多的风险承担投资者重新入场，令市场再次恢复均衡交易状态。

　　欢迎大家来到金融交易苹果园的大门口，苹果园的大门永开敞开欢迎大家入内参观。很多投资者入内转了一圈后不明所以就出来了，根本不知道果园中专业的投资人是怎样获得收益的。有些人进到果园先拿些钱胡乱买些果树赌一把，选择买了再去学，最终往往亏损离场。金融市场永远是有人辞官归故里，有人漏夜赶科场。总有很多投资者幻想着不久后就能在各种交易中大显身手，但金融投资哪有这么容易，否则金融市场早就应该改称为金融提款机了。下面让我们从金融市场基本原理开始认识金融市场的风险与投资机会。

第三章　金融市场基本原理

　　金融市场有着把不同资产进行证券化的功能，能令各种实体资产证券化重新组合成不同的金融交易工具，并能以很低的交易成本在全球主要交易市场中流通。在古代我们的祖先能投资的不外乎房产及田产。现代的投资者在投资账户中下达一个指令，就可使资本驰骋在国际资本市场，如在同一天内买入美国的苹果公司，中国的茅台，日本的丰田汽车，韩国的三星电子股份。金融交易的好处是低交易成本，高效率，不过同时也因为复杂性而陷阱处处。你可以买入稳健的中短期美国国债、中国国债，获得稳健的资本增值；可是作为海外的投资者也可能因为证券化不幸地在金融危机前买入美国的住房抵押债务（CDO）的相关投资而蒙受重大损失。证券化是一把双刃剑，可以帮助你捕捉全球机会，也可以令投资人承受意想不到的损失风险。

　　理论上资产是指一项能令我们获得将来收入的经济资源，实际上只要买入后将来卖出能获持续或一次性现金流的都可以算是资产，比如零息国债等等。金融交易体系有一只巨大的无形之手。手中持有货币的机构或个人，考虑把手持现金买入合适资产以获取更高的预期资本增值，就会增加了金融资产的需求；已经持有金融资产的人如果想卖出资产换成货币，以等待机会去投资另一项更佳回报的资产，就会增加金融资产的供给。当一段时间内金融资产的需求上涨幅度大于供给，资产的价格就会上升。而这个由机构及个人投资者组成的买入、卖出的行为就形成了推动全球金融交易市场运转的核心力量。

　　只要投资项目获得的收益率超过通胀率，投资者就能通过金融投资在将来获得更多商品及服务获取更多购买力。有兴趣认真理解金融市场的读者们，让我们一起由货币开始认识金融市场的运作。

认识货币

　　货币这种人类发明出来的东西最大的作用是促进交易可能。在以物易物的社会，我们需要直接用实物交易，没有了货币作为交易媒介参与其中，许多的交易便无法实现。比如你想用薯仔去换一条鱼，而拥有一条鱼的交易对手只想要面包，交易就无法达成。货币是现代经济体系中最主要的交易媒介，替代了没有效率的以物易物交易。我们可以简单地以货币购买所需的物品及服务，而不需要背负沉重的粮食或其他实物去寻找愿意交易的对手。货币的出现促进了社会的复杂分工并提升了生产力，因为生产者只需专注于生产一种自己较擅长的物品或服务，便可以赚得货币买到其他生活所需，社会总体能生产出更多物品及服务，促进经济成长。

货币除了用作购买商品及服务，亦可以作为储存价值以及作为金融资产的交易用途。人们除了直接储存没有利息的现金，也可以存放在银行里，如果当时央行没有推行负利率，偶尔还可能收到一点利息。投资者亦可以把货币用作购买房地产等的实体资产或股票债券等的金融资产，当资产价格上升时就可以卖出部分资产获利，投资者就可以用赚到的钱购买更多物品及服务促进经济成长，这就叫作财富效应。不过如果投资者在金融交易赚到的钱只是用来不断地追逐更多账面数字的财富增值，这种纸上财富并没有改善投资人的生活水平，必须舍得花钱消费才能真正地改善生活水平。大家要理解纯粹金融交易是不能促进社会的生产及服务增加的，但金融交易会间接帮助企业发行股票或债券获得需要的资金，养活许多创投基金去鼓励新企业成立和发展。个人逐利的投资行为却间接地促成了社会及经济的发展。

金本位制

金融交易的基础是现金货币与不同资产之间的转换，没有货币就没有金融交易的可能，所以，简单认识货币十分重要。现代的主流货币都是信用货币，简单来说就是没有任何实质的物品去支持货币的内在价值。大家相信货币的价值是源自货币发行国的生产力量，个别国家的货币是以整个国家或采用相同货币地区（如欧元）生产的物品及服务的价值背书货币的信用，大家天天上班很辛苦去赚的钱，中央银行印出来便有了，理论上想印多少都可以，但没有大家工作所创造的物品及服务的价值支持，货币其实只是一张废纸。所以，优秀的中央银行会视乎经济情况决定货币供应的增减并用利率调节，确保经济旺盛时提供足够的货币作实体经济交易，不会引起物价的太大波动。

在1870年后金本位制曾经流行一时。在金本位制下，一个国家的货币发行理论上都必须有充足的黄金支持其价值，国家的货币发行总量直接与黄金挂钩，流通的货币价值必须要黄金储备的一定倍数。国际收支平衡（主要为对外贸易净收益以及资本净流入）以黄金为结算。国家与国家之间的汇率是固定的，按各自货币兑换黄金的比率去定价，央行不能随意增加货币供应。如果一个国家拥有国际收支顺差，就会有黄金流入其中，引起货币增发，最终会引起通胀并导致出口的竞争力下降。同样地，如果一个国家出口不济，出现国际收支逆差，黄金会流出，令其国家货币总量下跌，引起物价持续下跌的通缩状态。物价下跌会令国家的竞争力重新回升。理论上这种黄金的流动可以自动调节国际收支平衡，但实际上当时的央行主要利用改变利率来改变国际收支平衡的问题。只要利率上升便可以吸引海外资本流入，持有货币的利息回报会更高，同时高利率也会压抑消费及投资，令国内物价下跌。所以即使在金本位制下，实际上国与国之间的大额黄金实物流动并不常见。

金本位制于1934年美国大萧条时代被取消，因金本位制并不适应政府需要用强力财政政策刺激的衰退年代。一旦经济陷入衰退，金本位制会制约政府刺激经济的能力。例如政府想在经济放缓时以发行公债加大公共建设速度来提升社会总需求，央行却无法提供发债所需的货币作支持。大家要理解采用金本位制其实会制约政府经济刺激政策的灵活性，经济复苏所需要的时间就会大大加长。金本位制产生的货币政策僵化问题与1930年代的大萧条与当年的货币政策有重大的关系。美联储有大量研究承认当年犯了重大错误，任由地方性银行倒闭而不迅速支持，令很多无辜存户损失了毕生积蓄，银行体系受到重挫。直到今天，美联储的决策者仍牢记当年的教训，面对危机决不再会选择袖手旁观。比如在2008年金融危机发生后，采用各种激进的货币刺激去挽救银行间的流动性，这部分我们在后面会再加讨论。

金本位制亦不适合经济活动加速的年代。因为一旦经济增长较快，生产力有所提升，而货币总量受黄金制约不能满足社会经济扩张需要，货币的购买力就会不断上升，可能形成通货紧缩。由于黄金的开采速度相对有限，而经济活动生产的物品及服务却增长较快，黄金或等值的货币持有者就能什么也不做地增加购买力，他们可以不断付出更少的钱去获取同等的生产物品及服务，劳动者的收入相对黄金而言却会不断萎缩，人们不愿花手中的货币去购物，商业投资因而减少，这会很大程度制约一个国家的长远经济发展。

布雷森林体系与信用货币

美国在第二次世界大战末(1944年)建立了布雷森林体系，作为金本位制的变相延续。美联储保证其他国家央行可用持有的美元以官方价格兑换成等值黄金，成员国的本国货币和美元直接挂钩，实行可调整的固定汇率制度。这令美元成为主要的国际结算货币，所以美元也曾被称为美金。但是布雷森林体系下并没有要求美国发行美元时必须以足够黄金支持，当时美元发行实际上并没有完全等值的黄金支持，美国只准备部分黄金，数量足够供其他国家平常存取便算了，但如果同时间有很多海外国家都想拿美元转换成黄金，美国的黄金就不够用了。

自 1960 年代开始，美国不断流失黄金储备，美国开始想办法减少他国想提取的黄金。最终，1971 年美国总统尼克松决定停止按照 35 美元每盎司黄金的价格兑换体系内其他国家的美元，正式中止了布雷森林体系，并引发了当时美元相对主要货币的大幅贬值。这导致当时美元的利率需要大幅度上升以控制通胀，超高的市场利率水平令美国股市在 1970 年代初受到重挫。

法定信用货币

目前全球的主要经济体系都采用了没有实物或内在价值的信用货币作为本国的法定货币。由于法定信用货币并没有发行限制，相对金本位制有较大的政策弹性，在需要时可以大幅调节利率，并发行充足的货币以刺激经济生产活动，可以更好地支持经济发展。采用信用货币制能更有效保障以本国货币为主要存款构成的银行体系应对危险的弹性。没有了金本位制的约束，令货币政策更灵活，中央银行就能随心所欲地随时印钱，接管资不抵债银行的资金缺口；政府直接接管银行营运，因为没有人需要担心本国的大型银行会因缺乏本国货币出现银行体系崩溃。只有银行原有股东的资本完全被蒸发掉而损失惨重。银行将来被国家接管或注入本币资本，而银行体系内的客户存款及贷款状态则能保持不变。

前面提过美联储有大量关于 1930 年代大萧条的研究，吸收了当年货币政策不灵活的教训，会在任何主要银行出现危机时毫不犹疑地为银行体系提供充足的资金，这样做的代价是可能引起通胀升高。可是 2008 年后，央行的印钱行为却一直没有引发一般物价通胀，因为一般民众不能直接受惠于央行的印钞行为，实质工资根本没有什么上升，真实的影响只是引起了包括股票、房地产资产价格的暴涨，工资远远追不上资产上涨幅度，形成了全球资产财富的拥有权更集中。

放弃布雷森林体系而采用信用货币的另一好处是，自由浮动的汇率会协助调节国际间的不平衡。比如贸易逆差太多的国家较容易出现货币贬值，却会重新因为贬值改善出口的竞争力，再次达至对外收支的平衡。即使某些体量较小的国家想滥发货币亦会因为本国货币会在外汇市场会出现大幅贬值而受到制约。

但在信用货币制下采用固定汇率的国家，一旦滥发货币并且过度举债，尤其借入了大量的外币债务，就会非常危险。当一国出现外债累积后仍继续尝试把汇率维持在较高水平，在短期是可以做到的，但是在长期必然是不可能的，并很可能会引起区域性的金融危机，比如1998年的亚洲金融危机。在权衡利弊后，目前几乎全世界的央行都是采用信用货币制。我会在本书有关外汇交易的部分再加以解释滥发货币对国际汇率的影响。

创造钱的机构——中央银行

中央银行的角色。中央银行就是一个国家的本国货币发行及管理的最高权力机构，它们可以发行货币以增加货币供应，或者收回货币以减少货币供应以影响经济生产活动及金融交易活动。中央银行最重要的使命就是必须维持物价稳定以及帮助经济持续成长。由于现在大多数国家都是采用信用货币制，理论上想印多少钱就可以印多少钱，实际上制约中央银行印钱行为的最大考虑因素就是通货膨胀。因为一旦物价开始不受控制上升，央行必须收缩货币供应并提高利率以避免出现货币失去购买力而沦为废纸，并引发因社会生产及交易无法有效进行时出现经济崩溃。

通胀与通缩

通胀是指一般物价在一段时间内持续上升。一般理想的通胀率是 1%～3% 之间，因为温和的通胀率有利刺激消费和投资。当消费者预期物价会慢慢增加，会倾向实时消费有利促进经济生产活动。

通缩则是指一般物价在一段时间内持续下跌，对经济会造成很大的伤害。试想，如果消费者认为想买的产品会越来越便宜，很多人就会选择推迟消费，等等再买更便宜嘛，生产商更难卖出货物，投资成本因为越卖越平而难以收回，商业投资也会因而减少，伴随的代价往往是失业率上升，薪金较大幅度减少甚至裁员升高失业率。所以央行会利用一切它们可用的金融工具去尝试把通缩控制在目标范围，避免出现通缩或高通胀。

当社会的生产活动需要更多钱时，央行就应该提供经济体系足够的货币以促成更多商品及服务的交易活动。而当经济活动出现过热时，比如大量公司使用借贷投资一些很难回本的投资项目，大众借入许多超越个人还款能力的信贷以作短期消费，中央银行就应该收紧货币政策以减低经济过热风险。因为家庭和企业的债务负担超越还款能力将来会形成大量潜在银行及信贷体系的坏账风险。

央行的货币性政策工具

对中央银行而言，控制通胀及物价稳定是最重要的工作之一。如果通胀过高，央行就会尝试收缩货币政策，如加息等工具去收紧信贷，冷却经济活动。如果经济出现通缩，即一般物价持续下跌，会影响消费信心及商业投资，央行会推行刺激性货币政策，如降息及量化宽松（即间接印钱投放到金融市场）等方法去提升信贷，支持经济活动扩张。

调控政策性利率

为了防范信贷风险以及控制通胀，央行最直接的方法就是调整政策性利率，比如美国的联邦基金利率。理论上利率是借用货币的成本，同时亦会影响储蓄的回报。当市场利率上升后，会鼓励更多人去储蓄，因为存款的利息回报率在上升。私人消费开支好像借钱买新车买新房，会因为借贷成本上升而减少，而商业投资也会因借贷成本上升而减少新增的投资项目。社会总需求因为加息受压后，通胀压力一般就可以缓解。当然，大家明白实际的央行政策利率并不等于社会的存款及贷款利率，银行借贷利率和我们的存款利率亦有明显的利息差距，我们会在货币市场的章节再进行更深入的讨论。

如果央行任由通胀加剧，就有可能引起恶性通胀，一旦通胀严重失控，可能引起货币崩溃，社会经济陷入动荡。这是一般社会付不起的沉重代价。所以防范恶性通胀也是中央银行一般情况下首要的使命。当经济过热或有潜在过热风险时就会加息，直至达到中性利率状况，即利率对经济没有刺激作用，减少引起经济过热的风险。但在某些金融危险时期或经济动荡期间，央行很可能以刺激经济为最优先考虑而容忍通胀率在一段时间内超过一般3%上限的目标。

其他货币政策工具

除了加息，中央银行的货币政策工具还有调整存款准备金，这样可以间接影响货币供应。存户每存入100元到银行，银行必须要保留最低的存款准备金水平以应付客户正常提取需要。存款准备金降低后，银行可以保留更少储备，借出更多手中的储备作贷款，刺激经济运作。降低存款准备金等于间接增加货币供应。不过投资者必须留意央行有没有其他同时影响货币政策的措施，如收回一些短期贷款资金，我们要留意的是新增货币的净投放影响。其实现代金融体系中的货币政策非常多类性，有很多不同的定向放贷工具。比如中国央行的各种称为麻辣粉类定向信贷投放，即金融机构向小微企或指定目标贷款可从中央银行获特惠贷款利率。欧洲央行在2014年推出了定向长期再融资操作（TLTRO），其目的也是令银行贷款流向指定目标群体，令银行向指定目标放贷能更有效刺激实体经济，而非纯粹把资金买入金融资产或房地产价格，银行因为贷款利率的诱因也会有动机借出更多定向贷款。

读者会疑惑为什么中央银行不直接对特定的群体发钱，要间接向银行体系输送资金。因为银行在进行放贷时必须考虑借款者能否还款，不会胡乱放贷给没有充足抵押品又没还款能力的对象，否则要承担坏账的损失。而派钱则很可能引起道德风险，即借款人借入资金后根本没有打算还款，反正拿了钱花了才算。历史上一些央行试过采用直接印钱给政府支持财政政策的行为，几乎无一幸免地引起了金融及经济混乱。试问钱印出来以后，为什么政府还要自我约束财政纪律？想花就花，当然会变得非常慷慨。问题是由谁来真实地生产商品及服务，如果需要从外国输入商品，大家可以想象没过多久该国的货币在外汇市场就会出现大幅贬值。引发通胀升温，经济及生产活动陷于混乱之中。

量化宽松及直升机撒钱

2008年金融危机后，许多国家的央行推行了激进的货币政策，比如量化宽松，即中央银行大量印钱在二手债券市场中从银行手上买入长期国债券压低长期借贷利率，同时令银行体系有更多超额储备资金可供贷款、消费及投资。这样可以进一步降低企业及政府进行长期融资的成本，并且鼓励更多长期投资行为。央行大量创造信用货币后却并没有明显拉升通胀率，其中一个原因是许多国家仍然有一定的财政纪律，比如欧洲国家的负债水平在2011年欧债危机后已有一定的改善。而且各地的银行也不敢胡乱借贷以免再次由坏账引起自有资本的重创。反而美国的财政赤字却不断扩大，尤其特朗普推出了税改后，可见美国的财赤不断加大，美国最终有可能走上货币财政之路。使用如美联储前主席伯南克曾提出过的直升机派钱的选项，即美联储直接印钱支持美国政府的财政赤字，美国政府可向全民派发现金福利或支持大量的公共服务扩张，最初的效果总是美好的，结局往往是残酷的，要么是令通胀上升过快迫使央行中止政策，要么美元兑主要货币出现大幅度贬值令美元不再成为全球主要结算货币。

滥发货币还想要保持汇率稳定，除非美国央行能邀请全球央行一起参与这个疯狂印钱派对，全球货币在主要央行一起滥发下，汇率反而可能出现异常的稳定状态，直至某一大国率先结束派对收紧货币政策，引起其他国家汇率出现相对的大幅贬值，可能再次触发全球金融震荡。对于这种前所未见的可能情况，估计太多的剧情并没有太多的意义，只是如果真的发生，大家只能尽量持有实物背书的资产保值，股票及房地产等名义价格也许会继续上升，购买黄金及商品也能在一定程度对抗超级货币滥发风险，不过，如果做了长期银行定存，或买了长期国债的朋友应该哭晕在地上，因为那些产品如果一直持有，在产品到期后估计都没有什么购买力了。

银行体系与货币供应

银行体系是金融交易系统的基石，几乎多次的金融危机都与银行和信贷有不同程度的重大关系。无论是 1929 年的大萧条，或是 2008 年的国际金融危机，要理解金融市场的运作，我们必须要对银行体系的运作进行基本的认识。

一般人的理解，银行的功能就是接受了我们的存款，并把贷款借出给有需要的个人或企业，银行的主要利润来源就是存款与贷款之间的净息差，再加上不同种类手续费以及佣金收入。很少人理解其实银行是一门金融杠杆生意，风险并不少的。在 2008 年全球范围有为数不少的中大型商业银行出现破产或被接管，比如英国的北石银行就因资不抵债而倒闭。不少国际大型商业银行即使能活下去，原有股东的资本也损失惨重，长期投资于银行股以收息支持生活的投资者蒙受了巨额资本损失。冰岛的全部主要银行都相继破产，海外存款者的存款 100% 化为乌有。

银行要做生意首先要有自有的资本，股东拥有的净资本就是银行的最基础的资本。银行的最高贷款总额必须要根据银行的自有资本大小而决定。银行吸收了存款后，在一些国家需要把部分存款存入中央银行的账户，称为存款准备金。不过即使把存款准备金率降至零水平，银行可增加的最大贷款可能还是有限制的，因为最大贷款受银行自有资本的大小限制。比如一个有 1000 亿资本的银行，在符合目前银行界最低的监管要求下，在预留一点的缓冲资本前提下，大约可以做 10000 万亿左右的贷款生意，当然实际这要视不同贷款风险加权而定。因为在银行每笔的贷款都要有相应的风险准备金，简单理解就是银行放出贷款前要准备一定比例的自有资本去预备为万一出现的风险买单。如果银行放出的贷款被归类为较低风险的类别，银行同一银码的贷款就可以占用较少的风险准备金。因为房地产的按揭贷款有充足的抵押品，并且贷款人往往要准备 30%~50% 的首付，即使楼价大幅下跌 30%，银行仍不会有本金损失。故此按揭贷款被归类为低风险贷款类别，能占用较少的风险准备金。如果银行评估当前楼市没有重大的能引起坏账而出现下跌的风险，银行往往很乐意做这种低成本、低风险的生意。

如果银行体系遇上了如2008年重大的金融风险事件，当年美国采用次级按揭贷款购房首付比例可低于10%，当楼价出现较大幅度下降，放贷机构持有的房地产抵押品价值便可能低于贷款总额，致使银行自有资本出现亏损。如果同一时间出现大量不良贷款引起的亏损，银行有可能在监管要求下出现资本缺口，需要减少对外借贷出现信贷紧缩状态。政府及央行必须要尽快行动去补充银行的资本金，或者考虑直接注资银行，政府成为银行的主要股东，令银行体系的信贷功能运转能恢复正常。

读者必须留意央行的利率与我们在商业银行做定期存款的利率跟贷款的利率并不是同一个概念。央行的利率是商业银行向央行借贷的利率，你可以理解为一种商业银行向央行借款的成本价。商业银行之间还有一个银行同业借款市场，如果同业的借贷利率比央行低，银行就不会跟央行借贷，而是用较低的利率从同业间融资。而我们的存款利率则是银行给予我们账户内利息的回报，除非这个利率会比银行同业的贷款利率低，否则银行就没有动机从储户中吸收存款，而会直接在同业市场获取资金更便宜。而银行账户中的活期存款及往来账户则是银行获得最廉价资金成本的来源，银行给予储户的年利息往往低于0.5%甚至为零。只要银行的资金构成中有较多的活期及往来存款，银行的利差就会较好，并比其他同业有较大的盈利空间。

个别银行不断进行的接受存款及放款的过程最终会令金融体系出现信贷创造。试想想你存了10万元到A银行，A银行在保留一定准备金下把8万元借出，这8万元存款存入了B银行。你在A银行的账户中显示仍有10万元，而B银行的账户上则多了8万元的存款。这多出来的8万元就是银行体系创造出来的存款。2018年年中国的基础货币大约为30万亿人民币（见下图），而我们的包含现金及银行体系存款的广义货币供应(M2)超过180万亿人民币，你就可以知道银行体系创造存款的威力。

读者们可以想象一下这些创造存款主要去了哪里，其中相当部分流入了房地产市场。房地产被定义为优质的抵押品，银行可以用此等房产的估价升值进行信用创造。如一套北京城区的20世纪90年代建成的老破小住房在建成时只值不到30万元，如果持有到今天已值数百万。如果你自己住在自己的房子并没有对金融系统的任何影响，但如果这时有人愿意以高价买入你的房子，银行就会愿意借给买家数百万元的借贷去买入你的房子。你30万元不到买来的房子在银行体系不断信贷创造的过程已经可以换得数百万的贷款，过程如武侠小说般神乎其技。当然大家会说房地产市场是供求行为，楼价上升很大程度是受惠收入上升及经济发展。这是对的，但信贷创造在资产价格上的助力当记首功。中国从 2000—2018 年的 M2 增速跟一线城市房价增速十分接近，平均大约每年以超过 10%~15% 速度上升，当然有些年份快点，有些年份慢一点。有估计 2018 年中国的房屋总价已达 40 万亿美元，比美国全国房子总价 30 万亿美元还要高，而且差距还在扩大之中。这就不能单从经济及收入上升的角度来解释，必须考虑信贷高速扩张的重要影响 (图 3-1)。

如果一旦银行体系无法正常运作，银行就无法提供出社会生产活动所需要的贷款，或者储户无法提取账户内的存款，社会的实质生产活动就会受到严重冲击，引发非常严重的经济衰退及社会危机。这种情况曾经在 1930 年代出现及 2008 年的国际金融危机中出现，称为信贷紧缩状态。1930 年代的信贷紧缩，由资产价格的下跌引发了银行危机，并引起百年来最严重的经济萧条。所以吸取了以往的经验教训，各国的政府及央行都不会对银行危机坐视不理，它们在 2008 年的国际金融危机发生后果断迅速采取行动，以积极的财政措施以及超级宽松的金融政策，如暴力降息及大增货币供应等避免了危机的进一步扩大。

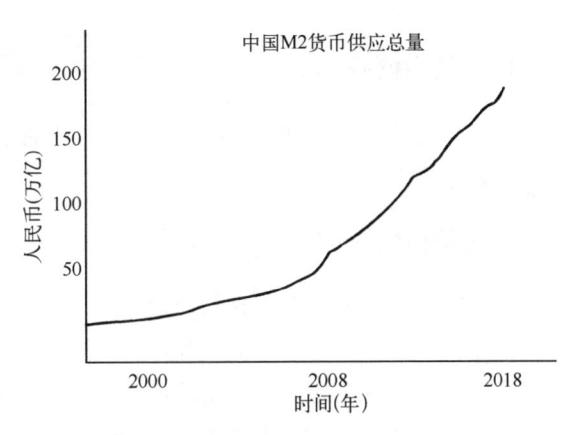

图 3-1　中国 2000—2008 年 M2 货币供应

不过令人意想不到的短期救市措施变成了长期刺激，而且刺激手段越来越激进，量化宽松印钱一轮过后又一轮，日本央行印钱买资产买到连股票都不放过。这些措施形成了一个长期的超低利率以及货币泛滥时代，促使全球各地出现新一轮更广泛的资产价格暴涨。直到今天，欧洲许多国家和日本的储蓄存款仍是维持在零利率，而房地产及股票等资产价值在危机 10 年过后早已比 2008 年低位升翻天，大多数欧美国家的股指都升过了 2008 年危机前的最高水平。没有对银行及金融体系的理解，就很难明白我们的金融市场为什么会走到今天的特殊状态。

总货币供应

认识到银行体系如何能创造存款，即自行创造更多的货币供应，在分析经济系货币总供应时，我们会把货币供应细分为不同的货币供应定义：

广义货币供应 M1

主要代表直接交易用途的货币，包括市面流通的现金以及银行一般没有利息的往来存款。

广义货币供应 M2

包括直接交易用途的货币(M1)，再加上银行体系内的各种存款，包括活期存款、定期存款等等。

广义货币供应 M3

在 M2 的基础上加上非银行金融机构存款。

由于 M3 的总量在大多数国家跟 M2 没有重大差异，我们分析货币供应时多数只会直接考虑 M2 的增长。新增的 M2 的货币供应有两个主要的流向，第一是流向实体经济活动，第二是流向了金融市场以及资产市场。你可以观察到中国的 M2 在 2008 年后加速上升，10 年间由 40 万亿人民币升到了 160 万人民币，增长近 300%。而同期的中国经济的总量大约只上升了 100%，而剩下的增长很多都是流向了不同的资产市场，支持了中国股市的扩容，债券市场的发展，房地产市场的总值大幅上升，形成了多个巨额吸收新增货币供应的资产池子。

通胀与购买力损耗

对个人投资者而言，通胀就是我们现金储蓄的最大敌人。当通胀率为正数时，便会持续蚕食货币的购买力。如果我们不做投资，假设每年通胀率温和地维持在 2.5%，9 年过去后，你持有现金的购买力只余下不足 80%，损失了 20% 购买力(见下表)。

时间(年)	1	2	3	4	5	6	7	8	9
购买力	97.5	95	92.7	90.4	88.1	85.9	83.8	81.7	79.6

如果你持有资产的回报每年不足2.5%，你的实际购买力就会持续下降。这可称为通胀税，通胀无声无息地拿走了大家现金储蓄的购买力。所以，拥有储蓄完全不投资的个人或机构几乎肯定会变成通胀下的输家。

名义回报与实际回报

当我们了解通胀率的影响后，在作出投资时就可以从金融数据的名义回报找出实际回报去判断我们有没有获得购买力的上升。即：

投资市场的名义（市价）回报率−通胀率=实际回报率

假设一个国家的长期通胀率是3%，在该年度投资股票的回报是7%，扣除通胀3%，实际回报便是（7%−3%）= 4%；投资债券的回报是3.5%，扣除通胀3%，实际回报便是（3.5%−3%）= 0.5%；银行定存的回报是0.5%，扣除通胀3%，实际回报便是（2%−3%）= −2.5%；现金或活期存款的回报是0%，扣除通胀3%，实际回报便是（0%−3%）= −3%。

你会发现不同项目扣除通胀后实际回报差异巨大，而且银行定存及现金等项目均出现负回报，即投资者的购买力被通胀蚕食，扣除通胀率后出现负回报。即使到了2019年，欧洲国家及日本的主要银行提供给存户的存款利率仍为零，即只要有少许通胀发生就会令储蓄者的购买力损失。

当银行的主要利率回报下降至低于通胀率，就会出现负实际利率现象，即拥有银行存款储蓄者的购买力在不断减少，感觉就像被低利率的货币政策惩罚。通常出现负利率时，不少资产的价格会出现持续上涨。当然，不是任何的负利率状态都等于资产必升，要视是否出现过大的泡沫而令资产价格被透支，以及政府及央行有没有限制性政策。在一般情况下，借款者在负利率下往往得到丰厚的奖赏，他们借入贷款投资各种资产后往往不断获得购买力上升，成为负实际利率环境下的大赢家。

大众对金钱与购买力的认知有一个很有趣的偏差。假设当前有3%的通货紧缩，如果有人从你银行账户中的钱拿走了1%的储蓄，然后跟你说你的真实购买力因为物价下跌而上升了，你一定会非常愤怒——谁人偷走了属于我的东西？如果银行每年给你1%的利息，不过通胀率是3%，你却可能认为自己没有吃亏，反正钱就是增多了嘛。我们的财富心理账户往往非常关注金钱的绝对数量，而不是钱能买到多少东西的相对购买力。大众对通胀有很强的忍耐力，即使通胀到了10%，只要他们账户里的钱增加了3%~5%，多数人不会感到愤怒和生气，反而感觉自己的钱多了好像还不错。所以政府利用温和的通胀就能解决很多金融及资产泡沫的问题，只要一个泡沫地区的房产价格不再上升，每年5%的通胀就能在20年内把不能负担的楼价变回合理水平。

不断换算实际购买力是一件很烦人的事，只要通胀上升不要太有感觉，一般人并不会把通胀当成重要的事。美国的房地产价格总体不断上升，可是直到2002年至2007那一波引发国际金融危机的上涨前，美国房产价格扣除通胀的实际波动竟然在数十年间维持在基准年的上下15%左右波动，即美国房地产的价格相对收入水平长期没有重大变化。当然近年在货币宽松政策下，房地产相对居民收入水平出现了大幅上升，这是实际购买力的上升，所以全球都非常热衷房地产交易。但如果货币政策没有出现重大逆转或出现重大经济衰退，这种现象就很难出现逆转。而较高水平的通胀是否发生就是迫使央行货币政策转向的关键，所以认识通胀对理解国际金融及资产市场运行也是相当重要的。

经济增长

实质经济增长是指经济体系内生产的物品及服务的总产值在扣除通胀影响后比上一年上升。经济周期理论预期经济会自行由衰转盛、由盛转衰。影响真实经济运作的因素多得可以写一本厚厚的教科书，有内部增长、贸易及国际影响。

主要能影响经济总需求改变的因素为以下四个因素：①社会总消费；②总投资；③政府支出；④对外贸易净收益（总出口-总进口）。

中国是典型的大型大陆型经济体，其实对外贸易的依存度并不高。改革开放时，第一批发展起来的是对外加工业，吸收了最初发展所需的资本，令很多民众潜意识中仍认为对外贸易是经济命脉。在中国经济的增长过程中，投资占经济总量的比例往往在40%以上，而且对经济增长率的贡献比例一直非常高，有些年份对当年经济增长率的贡献甚至超过50%。基础建设投资、生产设备建设、房地产投资都是过去推动中国经济的主要马车。当经济发展进入平稳阶段时，新增的投资需求就会放缓。比如一个地方已经建设好满足社会需要的公路网络、机场及高铁、城轨网络，并且有充足的住宅房屋供应，由于存量资本及基建已经基本充足，未来就会减少对新增投资的需要。如某地方已建好的机场足够应付未来十五年的预期使用需求，再建设第二个机场除了花钱，对社会而言并没有实际的作用。欧美等发达国家投资经济的占比会低于20%，因为投资主要用在设备的折旧以及一些改善型建设，较少再需要大规模基建。

展望未来，中国最主要推动经济增长的引擎会是社会消费增长，这必须要社会大众的可支配收入上升，并且有充足的消费信心才可以拉动。随着中国中产阶级不断壮大，消费转型及升级是将来的一大增长亮点。对外贸易的净影响会渐渐减少，中国的对外贸易净额在2008年前曾经一度贡献中国经济增长率超过10%，但由于2008年的国际金融危机引起了外贸的突然巨幅萎缩，当年的出口下滑了近半，对经济影响其实远比2018年中美贸易冲突的潜在影响大得多。在此以后，中国经济的重心改为发展内需，近年再发展以服务业为核心的产业替代策略，不断减少对外贸易的依赖。中国国际收支平衡顺差占经济总量的比例已经由以往超过10%下降至1%，内需为主的大陆型经济体可以更有效地抵抗外部冲击。

  国际经济的外部环境波动只能有限影响到当前中国的经济，但外部环境的变化在心理层面的影响远高于实际层面。如果人们因为消费信心受损，投资信心受损，就会对经济产生可以观测到的影响。在危机时信心值万金，中国经济跟国际主要经济体系最大的分别是政府相关企业占经济的比例非常大，在危机时，大量的国企及民企可以获得非常宝贵的银行信贷支持，能大大降低信贷紧缩风险。这是一个有力的稳定器，可以利用中长期信贷缓解外部的冲击，直至社会总体信心恢复。有些人会担心这种信贷膨胀会引发高通胀等等，这就要视刺激政策的力量及时间的集中度，如果不是短期信贷大量溢出居民手中，短期货币政策与通胀的关系并不明显，大家可以参考美国、日本以及其他国家激进型货币政策的真实影响，最危险的反而是引起了资产价格泡沫，这可能需要一些行政措施去帮助控制，我们会在后面再作讨论。中国经济抵抗外部冲击的韧性其实相当强。

  影响长远经济变化的因素：一个国家的潜在产能是由其生产物品及服务的能力决定。房地产股票等的二手交易对经济活动不会构成直接影响，真正能影响一个国家真实经济发展的因素只由三个主要的供给侧因素去决定：人口总量及质量（如能力及知识水平）；资本总量，包括基建及生产设备等；生产力水平提升，这受研发及科技创新等影响。

  如果一个国家最初资本及设备等比较少，比如刚刚改革开放后的中国，资本及人力的新投入会快速提高经济总量。因为经济总量的基数少，只要稍微增加生产设备总产出，相对以往就会大幅上升。但当经济发展到一定的水平，增加的基建、生产设备及产能提升只能有限度增加国民生产总值，所以大家就会观测到中国经济的增速由以往的10%以上降至8%，再降至6%，最终会慢慢降至发达国家1%~3%的长期经济增长水平。对于大型成熟的经济体而言，在扣除通胀后，有2%的实质增长已经是非常之好的状态。

中国及美国等大国的出生率正不断下降，即使未来提升了生产力及资本设备，如果无法尽快逆转人口下降趋势，长期的经济增长就会受到很大制约。未来会膨胀的行业就只会是医疗、养老及中介家政服务等，大量人口变成了依赖人口后，消费能力及意愿会下降，而新的劳动力不能补充社会发展需要。这是日本等国家早已开始出现的问题，最终结果会演变成社会经济停滞，退休年龄需要不断被延后，退休福利被持续削减，人口日渐凋零。这是非常值得重视的问题。在日本，很多小城市的房地产是难以养老的，人都没有了，还有谁会买你的房子？北海道一些地方即使把地价降为零也找不到人去入住、去开发。

人口过多，社会资源未必能承载，可是年轻人口比例下降太快也会严重影响社会经济发展。日本的国债已达到全球主要国家中最高的水平，负债超过国民生产总值的250%，已经无力进行偿还，需要不断进行货币增发维持局面。日本央行增加的货币多数在本国流通，较少直接影响到外汇市场。如果有一天日元出现信心危机，大量资本外流引发短时间大幅贬值，日本央行需要考虑是否要收紧货币政策以稳定汇率，日本经济就可能陷入危机之中。

一个国家的真实经济及生产活动增加，人民的生活才会有所改善。要提升长远实质生产能力，必需要人口、资本设备及生产力三个因素一起提升配合。单靠任何货币化的泡沫投机，只会引起资产价格上升，而不会直接增加社会的真实生产能力。当然，资产价格短期暴涨往往会引起短期的消费上升，资金泛滥也会促进短期投资，可是往往会出现无效或过度投资，把资本用在没有效率的投资项目，最终只会引发经济及金融风险。比如20世纪80年代尾至90年代初的日本就经历了股市及房地产泡沫年代及随后的经济衰退，其相关后遗症影响至今。

经济周期

一个经济体系往往会有繁荣及放缓或衰退等周期性变化，其中最核心引起自我循环的因素是：政府政策及监管改变；消费者及生产者信心变化；利率及信贷环境改变；外部经济环境影响。

政府政策变化对经济有非常重大的影响，比如减税会刺激消费，收取高额的资本增值税可以冻结股市的成交。信心是促成消费者消费量改变的重要因素，即使收入上升了，但是没有信心，就只会增加储蓄而不敢把赚到的钱花出去。而企业在有盈利的情况下，只要缺乏信心也不会进行投资，经济就难以提升。如果一些政府积极引进投资，进行一些政策转变，可以引起巨大的影响。如澳门特区的赌博及旅游事业已经发展了数十年，2002年时，因为澳门特区的开放牌照引进竞争政策，令澳门特区的经济出现翻天覆地的改变，由2002年开始用了15年时间，GDP翻了4倍。这是相当惊人的增加，新的旅游及酒店投资功不可没。所以不要低估供给侧政策的长远影响，当政府提供利好经济发展及投资的经济政策，市场就会发挥好其角色，促进经济发展。当消费者及生产者的信心增加，社会的总需求就会不断上升，形成正向经济影响。

信贷则是经济增长的助燃剂。当消费及投资信心旺盛，配合低利率时代的融资成本，企业就会更有动机去进行借贷，引起经济增长。然而物极必反，当过度的信贷引起大量的超额消费和无效投资，最终引发经济由盛转衰。好像房地产投资热潮时在荒芜之地建数十层楼高的度假村，附近什么配套都没有，最终建好后也没有人去住；一些公司不断增加的生产设备并没有真实并充足的需求，引起产能过剩问题；比如中国的钢铁生产能力远超过中国的需求总量，新的生产线在建设后并不一定投入生产。美国也有相关的过度投资问题，比如在2008年前次级贷款最盛时，美国有大量新屋在荒地上兴建，当地并没有完整小区，也根本没有真实的居住需要。当过度生产引起了财务风险，最终信贷、消费、投资也会同时出现收缩，引发经济衰退。如果经济收缩是因为太多金融借款引起的资产投机泡沫，收缩的过程就会称为去杠杆过程。关于信贷与危机，我会在书中的其他部分有详细解释。

其实利率的升跌跟经济活动总量没有绝对关系。通常来说，当经济向好时通胀率会上升，利率就会相应上升以降低经济过热的风险，所以经常出现利率上升周期中经济持续向好的现象。真正对经济形成负面影响的是预期以外的快速利率上升。如果中央银行以金融市场预期以外更快速的路径进行加息，这就很可能影响到商业活动及投资信心，企业可能也不得不放缓其投资活动，使经济活动放缓。而且过快的加息也有可能会引起资产市场的短期暴跌，而这种暴跌会产生强烈的财富负效应，令社会的消费活动快速下降。所以投资者必须明白非预期的大幅加息才是影响经济的负面因素，而非加息本身会对经济造成负面影响（见图3-2）。

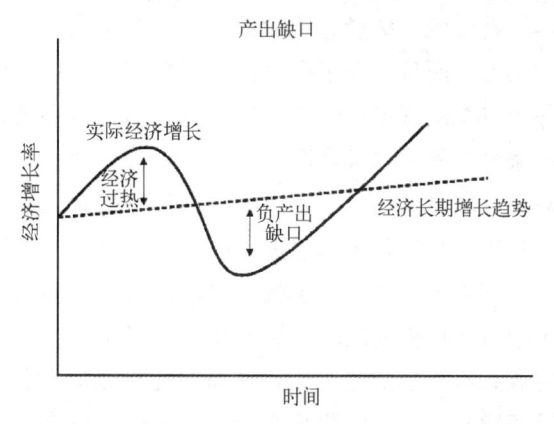

图3-2 经济周期趋势

投资者要留意中国经济长年都没有出现过负数并不代表经济从来都是表现平稳。其实投资者判断经济形势要留意的是有没有产出缺口，其概念是如果一个经济每年的增长率是6%，今年的经济增长率只有3%，已经会出现产出缺口。这代表经济中的消费及民营投资受到很坏的影响，个人及家庭的可支配收入下降，失业率上升，企业盈利减少。所以2008年当中国GDP由10%以上急降至6%左右，你就可想而知当时产出缺口有多大。实体经济状况其实非常差，所以才有了4万亿财政刺激政策，并大幅增加货币供应以刺激经济，由政府的支出上升把中国经济总需求的缺口填补，并提振个人及企业的信心。当然任何政策也是有其代价或副作用的，由那一年开始，中国的房价就进入了加速上升的轨道，引来私营及公营层面不同的过度投资问题。但当年如果没有强刺激，中国经济更严重的衰退几乎不可避免。所以在中国投资，对政策变化的掌握往往是获取超额回报的关键。

由于全球经济相关度比以往变得更高，外部经济环境变化也会对经济活动产生重大影响。比如美国及欧洲经济出现衰退时，对进口货物及服务的需求就会减少，令美国的贸易伙伴出口到美国的商品及服务总值可能会大幅下降，对这些国家的经济产生负面影响。而外部环境变化对投资信心的影响往往更快，因为一旦主要国家出现衰退，不同国家的商业信心都受到负面影响，商业机构就会推迟甚至减少实质的投资计划，令经济发展速度减慢。国际游资的流出也会对经济形成威胁。一些新兴市场国家经济体往往在全球衰退时要面对高比例的资本流出，可能影响到本国货币出现较大幅度贬值，如果该国的政府及企业借入了大量的外币债务，甚至可以引发地区性金融危机。

比如2008年的金融危机是由美国的次级按揭贷款引发的。美国人的房子被热炒看似跟中国没有重大关系，但由于当年美国的消费深陷危机中丧失了大量购买力，而且出现了全球性的信贷紧缩，影响到全球经济衰退。当年中国的对外出口总额近乎腰斩，大量沿海的出口企业暂停经营甚至倒闭。所以除非一个国家没有外贸并且金融市场并不对外开放，否则无可避免受到外部经济环境影响。比如贸易冲突也会对中国出口造成负面影响，但对外贸易的变化对中国经济的实际影响并没有想象中高。

理解经济周期对于我们去认识金融交易有重要意义，一般来说，股市会先于经济活动提前反映市场变化。如果市场预期经济衰退的风险增加，多数企业的盈利水平会变差，尤其是周期性行业的股份，如汽车股、消费类股份。明白经济增长速度的变化长期会必然减慢，也有助于我们正确解读当前的经济状况是好还是坏。其实经济跟股市有相关性却没有必然关系，我会在后面有关的部分再加解释。

理解金融交易的本质

在开始对金融交易工具逐一解释前，我们先去理解什么是交易及交易的本质。在短期进行股票及金融资产买卖交易是一个零和游戏，一个赢家背后必须有一个输家。你口袋中的钱在买货后变成我手中的钱，只是一种财富的账面转移，没有什么经济生产活动。但长线的公司在实体经济中利润增长及派息等，可以把零和游戏变成长线赢家的游戏。

短期股票交易的零和游戏

假设市场上只有三个交易者在买卖一只股票，当你以 100 元卖出股票给买家甲，100 元就会由买家甲的账户转到你的账户。当股票上升中，买家甲 120 元卖出股票给买家乙，120 元就会再由更高价买入的买家乙的现金账户转出到买家甲。假设不幸遇上市场大跌，买家乙恐慌不已低价 60 元出给你，你现在重新获得到同一张股票，另外多了 40 元。整个交易流程中社会上股票跟银行账户的钱从来没多没少，你幸运地赚到了 40 元，买家甲赚到 20 元，买家乙巨亏 60 元。你和甲赚到的钱全都是买家乙亏的钱。市场上资产价格的一场暴涨暴跌只是一场你口袋的钱变成我口袋的钱的财富大转移运动。

长线股票交易有可能变成赢家的游戏

如果你持有的股票不是一张卖不出就赚不了钱的纸，而是背后拥有一个经营良好公司的股权，该公司卖出的商品及服务非常受欢迎，创造很好的利润，并且每年都向股东发放不错的股息（分红）收入，最初的投资者以合理价钱卖出股票后，新买入的投资者也能持续分享到公司的利润和长线股价增值，股票的价格也越来越高，这一切都有实体经营活动在背后支持。持有股份的投资者在买卖之中总体能获益，收到的派息亦越来越多。这种有实质经营活动支持的股价上升就不再是零和游戏而变成了赢家的游戏。

信贷与资产价格

我们说过短线的金融交易基本是零和游戏，有人赚钱就要有人赔钱，钱只是在不同的人的口袋中流转，那么为什么会引发金融危机呢？假设你以 1000 万卖出一只股票给买家甲，1000万货币就会由买家甲的账户转到你的账户。当股票上升时，买家甲以1200万卖出股票给买家乙，买家甲净赚200万。

若果买家乙自己只有250万本金，当地的金融机构缺乏监管令他成功向场外金融机构借入950万元进行高风险杠杆投资，不久后市场出现大跌，买家乙出现资不抵债陷入恐慌，为免损失进一步扩大，以低价600万卖出给你，你现在重新持有同样数量的股票，却多了400万现金。整个交易流程中你赚到了400万，买家甲赚到200万，买家乙巨亏600万。由于买家乙自己只有250万，他的借贷资金的损失缺口是350万。

这时会出现两种可能的情况：

情况一：如果买家乙的现金收入足够每月偿还贷款，买家乙就可选择继续供款，可能要用20至30年时间还清350万借款及相关利息。但可悲的是，他或许要以一生的工作或生意的收益去填补这次交易损失的亏损，到老时仍一无所有，一生辛勤工作成果只变成了高位卖货者的利润。

情况二：如果买家乙根本无力偿债，他的欠债就会变成借出款项的金融机构的坏账。如果在有个人破产法的地区，大多数情况下买家乙这类欠款者会毫不犹疑选择破产。在数年的个人收入大部分给予债主偿债后，欠款还不清也不用再偿还。那么这些坏账是由谁来买单？其实真正承受350万损失的就变成了借款者。借款者可能是银行，可能是其他贷款机构，它们的账户上出现350万的坏账损失。如果银行或放贷机构同时有其他客户都出现无力偿债的情况，在最坏的情况下，银行自己也可能因出现大量亏损个案令自己因为资不抵债而最终破产，如果整个银行界也出现相似情况，就会引发整个银行体系崩溃的系统性金融风险，随时连你手中的1000万存款也会因为银行出问题而取不出来，你费尽心思赚来的钱竟然也化为乌有。这种金融体系崩溃的情况会对实体经济造成重创。因为银行出问题而引发的社会经济总损失将远超过你跟甲赚到那600万。这就从零和游戏变成负和游戏，即大众都是输家了。

信贷周期、股市周期与金融危机

大家明白了金融交易及债务风险的本质后，现在大家应该理解为什么绝大多数金融危机都是由债务引发。资产价格的升跌一般只会涉及财富转移。当利率长期在低位，会鼓励个人及企业进行借贷，形成债务累积周期，投资人就会更有动机去借贷投资获取更高回报，这就称为杠杆投资。当银行或其他金融机构的大量信贷助推资产泡沫成长时，便会吸引更多投资者加杠杆，当最终资产价格上升太急无以为继时，资产价格深度下跌就会引发银行体系大量坏账，并可能引发重大金融危机。

当然，如果资产价格是以缓慢的速度下跌，企业经营还有长期成长空间，我们便可在控制泡沫膨胀下，以长时间慢慢把资产泡沫风险缩小并化解，如能以这种方式去杠杆能很好地避免金融体系的动荡。可是资本市场一旦陷入恐惧，就很难实现缓慢去杠杆这种最佳解决形式，因为一旦市场失去信心，迎接投资者的往往只会是暴跌收场。

货币供应与中国股市周期无必然关系

过去代表中国银行体系总存款的货币供应(M2)每年增长十几百分比以上，这些新资金主要投到了房地产市场，一线房地产价增幅跟 M2 呈甚高的相关性，房地产成了增发货币 M2 的最大吸收池。而中国 A 股看似不常能分一杯羹，其实不少人忽视了中国 A 股的扩容，2009 年到 2017 年上证指数都是 3000 点左右水平，总市值却由 20 万亿升到 50 万亿左右，因为有很多新的股票在这期间发行上市，亦有很多已上市股票增发股票，虽然股票的价格没怎么上升，但 A 股市场却不断提供新上市公司需要的资金，对社会经济发挥价值。只是一批又一批的老股民直接享受不到这些成果，他们虽为利而来，却最终不知不觉间变成了上善若水的善者去造福上市企业。他们默默无闻地通过参与股市支持各类企业的成长，水善利万物而不争，在历史洪流之中留下了自己无形的脚印。当然，我们更希望将来的股市参与者更多的是能与企业共同成长，共同分享企业发展的成果，而不是成为资本市场的先烈。

以往几次的中国股市大牛市往往需要受政策性利好影响启动。一旦有强烈利好股票交易的政策出台，配合金融监管以及货币政策放松的环境，大量货币在信贷支持下去争夺有限的股票，就很易出现短时间内由慢牛到狂牛行情，一直升不停，直到许多交易者迷信股市只升不跌，然后迎来的又是另一次泡沫爆破（图 3-3）。慢牛行情在中国实在比较少见，中国的资本市场经常出现一放就乱、一乱就

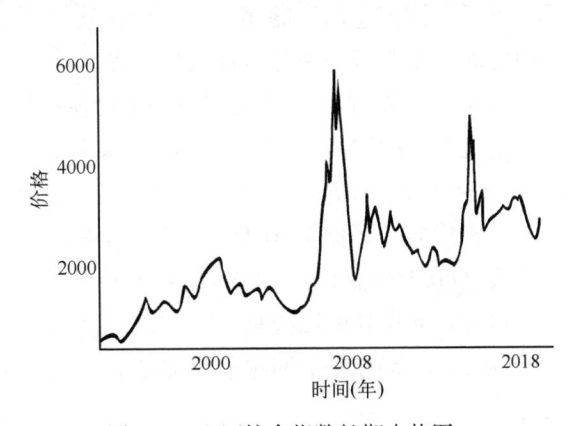

图 3-3 上证综合指数长期走势图

收、一收就死的周期,然后周而复始。

美国的资产价格与利率周期的关系

其实经济和股市背驰也不是A股的个别现象,美股在20世纪70年代经济总体还在增长中时股票出现大跌,个中原因除了股票的创新及利润增长不够吸引外,更重要的是在1970年代利率长时间维持在较高水平,最高甚至达10%以上,令股票投资相对货币市场而言不吸引,引起资金撤出股市。到了20世纪80年代初,由于通胀太高,美联储曾最高把利率提升至20%的极高水平,最终成功控制通胀,但股票市场在1980—1982年间出现24%的持续下跌,在通胀率达每年10%以上的年代,这代表2年间股票投资人的实际购买力损失超过40%。

美国股市的大周期与利率周期有很强的反向关系,当市场利率太高,股市投资就会变得乏力。相反,当美国的利率维持在低位一段时间,而且企业盈利保持增长,股市的表现往往相当不错。因为长期低息环境下,资产价格一旦上涨,投资账面上的股票或房产等资产价值上升,这就成了借贷机构眼中的优质抵押品,投资者可以轻易以其抵押品从券商或银行增加借贷去做杠杆投资。不过当资产价格的上升趋势持续发展下去后,最终股市、债市或楼市等资产市场可能产生了大量借贷,形成过度信贷引起的投机性资产泡沫,最终发展成一个新的金融危机。

通胀与实际资产回报

不要以为买了股票及债券就一定能抵抗通胀。就好像2018年的国际资本市场正处于美国加息周期的尾部,可能出现股票及债券同时下跌的股债双杀,在一段时间内主要资产中只有持有现金才能获得正回报。

假设通胀率为2%,看看以下的资产模拟情景:

投资股票的回报是-10%,因为加息后投资者去杠杆卖出股票,扣除通胀后2%实际回报是(-10%-2%)=-12%。股票投资者会有较大亏损。

投资债券的回报是-0.5%,因为利率上升引起债价下跌,扣除通胀后2%实际回报是(0.5%-3%)=-2.5%。债券投资者会有较股票轻微的亏损。

银行定期存款的回报是3%,扣除通胀后2%实际回报是(3%-2%)=1%。

现金或活期存款的回报假设是0%,扣除通胀后2%实际回报是(0-2%)=-2%。

当时,就只有银行定期存款的实际回报是正数,这种情况就是投资界形容为"现金为王"的时刻。但大家要注意，现金或活期存款的回报仍是负数。

读者必须注意，银行定期及货币类投资并不是很好的长期投资之法，只能比纯粹持有现金而言减少一定的购买力损失。长期来说，实际回报往往连通胀也追不上。由于近年美国等的央行喜欢采用激进的货币政策，令实际利率变为负值，把银行定存回报长期压在零甚至在技术层面出现负利率的超低水平，鼓励人们把钱转出银行账户消费或投资。中国央行在2018年的信贷投放大幅度压低了中国的利率水平，明显可以看到长期国债利率由4%降至3.1%，令中国的债券市场在2018年迎来一波大牛市。而大众很喜欢用的余额宝等利率快速跌破3%以下，展望将来，除非出现经济过热，否则很难期望利率再次有大幅上升空间。我会在本书利率及货币市场部分再作详细解释。

虽然危机发生时持有现金能很大程度保存资本安全，但银行定存获得额外的实际回报率仍非常有限，只能提供财富保值而不能达到财富增值。不过，投资者必须留意"现金为王"的时间不会维持得太久，一般不会超过2年。当央行的利率再次降低并大幅度使用货币政策去刺激经济时，货币类投资及银行定期存款等的实际回报又会再次变回负数，而持有现金的回报会再次大幅跑输其他资产。投资者须考虑在危机有结束趋势前开始增加股票及债券等较高风险资产的配置。

如果一个国家出现货币购买力危机，出现严重的通胀或是由滥发货币引起资产性价格急胀，应对的最佳方法就是购入实物资产，例如房地产、有实际资产支持的股票及房地产信托基金等，以及如黄金等商品。因为真实的资源及资产是有限的，而信用货币政府要多少，央行就可以印多少。当然，并不是说买入实物资产一定能获利，而是在货币滥发下的自我保护方式。除非央行印的钱全都滞留在银行体系无法借出，否则要么引起一般物价通胀，或是资产价格暴涨。如果资本没有管制，借贷亦可能流出到全球不同的金融市场，资金泛滥引起全球资产市场同步上升。从2008年的金融危机后，除日本以外，几乎全球国家的主要国际城市的楼价都大幅上升，而且这种上升都是远超同期的居民收入上涨幅度，令社会出现了有资产和无资产两类人。即使今天你获得了学术界最高荣誉的诺贝尔奖，奖金也只够在一些国际热点城市买一间老破小二居室。在历史上，这种全球实物资产的同步上升非常罕见，大家要知道背后的成因——我们都是被动地受这种货币洪流的影响。

当美国这种金融大国采用滥发货币或汇率大幅贬值以应对国内危机时，美元的购买力会下降，实物资产的美元价格便可能出现较大上升，2003—2007年的商品大牛市与当时美国的布什总统采用了弱势美元策略，令美元兑主要货币大幅贬值有很大的因果关系。无论一个国家的货币如何贬值，实物商品及实物资产仍会保有价值，但金融类资产如现金存款、定息债券等就难以发挥保值作用。所以大家必须留心一些宏观政策性改变。当美国的牛市及经济周期见顶，美国政府的债务高企进一步财政刺激的力度有限的情况下，央行将会担起刺激经济的重任。虽然美国在2015年开始了货币紧缩周期，在可见的将来，在任何经济危机与金融危机的影响下，美国的货币政策只会更加激进；除非其他国家的货币政策比美国的更激进，美元的全球影响力才终将会减弱。

金融监管、货币政策与国际金融危机

当利率长期维持在低位，资产市场的价格表现又比较好，投资者很可能会不进行借贷累积更多债务杠杆以加大投资。投资的资产项目产生的回报现金流如租金、股息等无法支付债券的借贷成本，必须要资产价格的持续上升去抵销借贷成本。当资产价格最终出现较长时间的高位波动并无法再创新高，更多借入贷款的投资者选择抛售资产，以应付现金流需要并减轻超额的债务负担。沽售的压力会引起资产价格开始下跌，更多持有资产的人注意到价格下跌形成趋势，纷纷加入沽售行列，市场上的潜在买家却因为下跌的预期而变得越来越少，这会再次引发资产的加速下跌。大量的借款人无力偿还欠债，更多抵押品的价值低于贷款额，最终变成银行及金融机构的坏账。资产价格崩溃令信贷市场出现系统性金融风险，甚至可能引起银行及信贷体系崩溃或风险，最终爆发金融危机。这种由信贷积累最终引起资产价格崩溃的现象称为"明斯基时刻"。

中央银行有防范资产泡沫、确保金融体系正常运行的责任。很多人相信中央银行能准确预警并防范金融危机，然而事实却是，即使是美联储在多次金融危机发生前仍低估资产泡沫形成的风险，迟迟没有加息去控制信贷泡沫，在金融危机真正发生不久前仍错误地认为不会有大问题。2000年的科网股泡沫爆破后，美联储大幅减息刺激经济以稳定金融市场，由2001年初的6%利率到年底时已经大幅减到1.75%，利率又进一步下降至2003年的1%，在2004年中才开始加息去控制过热的经济，可惜一切已经太迟。当时美国民众对科网股暴跌的经历仍记忆犹新，资金没有大举涌入股市，美国民众把投资的目标转向房地产市场。大量廉价的信贷涌入房市，形成了美国房地产只升不跌的神话，1990—2000年用了十年才升了25%的美国房价在2000—2007年就升了90%。这还只是全国性的房价，部分热点城市的同期涨幅超过150%

以上，而且近乎往往没有重大调整，几乎是只升不跌。美国房地产成了只有买贵没有买错的泡沫市场（图3-4）。

由于2000年初的美股纳斯达克指数为代表的科网泡沫引起了金融市场的巨大动荡，美联储采取快速降息以稳定市场。同时，美国大幅放宽对房地类贷款的限制，金融机构可以大大增加次级按揭（Subprime Mortgage）借贷给较低还款能力的贷款者，而且由于可以收取高额利率，银行乐此不疲地增加此类贷款。但银行或贷款机构的自有资金有限，为了获得更多的利润，银行及放贷机构把这些房贷打包成金融产品，经过复杂的金融包装把这些次级（劣质）按揭债务包装成按揭抵押债务（CDO），并在统计学及会计手段进一步修饰下变成最高安全级别的AAA债券评级，然后把这些垃圾贷款的金融产品卖向全世界的养老基金，以及各地的机构及个人投资者手中。由于利率较同级的AAA债券高，机构投资人相当乐意购买这些毒债。因为金融界的朋友最喜欢的是按表面数字交易，很少人去查找数字背后隐藏的风险。即使是中央银行，由普通职员十年如一日向上级呈交的市场风险评估报告，对这些复杂的金融创新预警非常有限，因为在数字上看不出背后的问题，只要楼按断供没有大面积发生，世界安好如初。

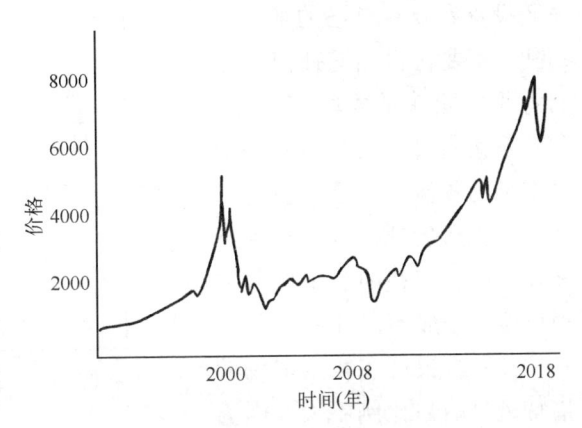

图3-4 美股纳斯达克指数长期走势图

2001年开始持续的超低利率引起了大量资金涌入楼市，楼市每年以十几二十的百分比上升，而且在2001—2006年持续地上升，形成了美国楼市只升不跌的神话，不买房子是傻子，敢买就会赢，买了房就是买了印钞机，可以天天不用工作赚钱。在缺乏金融监管下，大量资金借贷给并没有还款能力的楼宇借款人，你只要付出5%~10%首付，无须任何收入证明就可以轻易获得贷款。有兴趣的朋友可以看《大空头》这部经典的金融题材电影，能够较有趣味地了解一下金融危机的来龙去脉（图3-5）。

2007年，美联储主席伯南克仍认为美国不会爆发系统性金融危机，而且他提到美国楼市从来未出现过全国性大幅下跌，相信当时的系统性风险可控。大家都知道，2008年就发生了50年来最严重的国际金融危机。其实央行对市场走势的判断经常是错的，而且它们往往就是泡沫的制造者，这就是为何我一再强调投资者要有自己的观点与判断，不要盲目相信任何专家的意见，即使是美联储主席。我鼓励读者怀疑书中所有对金融市场的预测，自己在当时的环境下进行验证，因为市场不断在变化，有些旧有金融预测很可能会变成不合时宜。

其实，银行在股票市场的借贷风险敞口比例不大，因为银行把股票归类为风险资产，

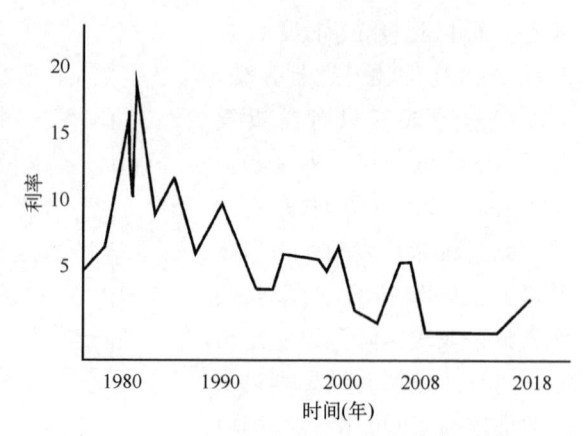

图3-5　美国联邦基金利率主要趋势图

有完善的风险管理措施。但如果同一情形发生在楼市，往往杀伤力更大，因为房地产被归类为更优质的抵押品，更易获得银行信贷。一旦经济衰退而出现购房者无力偿还每月供款（现金流断裂），同时因为房价快速下跌会令大量不良贷款涌现，即使银行收回房子拍卖仍可能是资不抵债，形成银行体系大量坏账。当银行自有资本金损失严重低于法定要求，却无法在金融市场动荡下补充资本，银行需要发行更多股票或长债补充资本却找不到市场买家，就可能出现倒闭风险。如果是个别银行发生，这只是单一金融事件，如果在经济体系内大多数银行同时发生，这就会爆发系统性金融危机。最坏的情况是，原本毫无风险概念的无辜储户损失全部或部分存款。当全球经济深陷危机时，消费及投资会大幅萎缩，经济陷入严重衰退。这亦是为什么大型金融危机出现时，政府及中央银行往往须要果断拯救银行体系以避免出现经济崩溃。

美联储在2004年至2006年进行了持续加息，引爆美国楼市只升不跌的神话。大家可能会问，央行不加息不就没事了吗？不加息会加速经济过热，导致更高的通胀及日后需要更快的加息，而更快速地加息会形成强大的短期卖出压力，更易刺破资产泡沫（即更大危害）。那聪明的读者又会想，是否美联储加息太慢引起了资产泡沫？事后看来是的，但你想想，在2003年或之前，股票指数刚刚走出低谷，当时通胀没有明显压力，经济也是温和扩张，只是楼价升得较快，央行太早加息不会被各方人士责难。过热的楼市最终被持续加息冷却，请留意，息口见顶是2006年，楼市下跌是2007年，金融危机是2008年，这就是金融政策工具的传递时滞效应，加息就好像温水煮蛙，每年6%~7%利率成本相比15%以上楼市升值并不足以阻止人们继续投机。一旦楼市停止上升，6%~7%的利息成本就会迫使最无还款能力的人卖出房子，而一旦成交价持续下跌，

会迫使更多高借贷的业主加速减价卖房。房价在2007年开始下跌,并最终引起美国楼市的次级按揭泡沫,大量的次级按揭贷款变成坏账,参与其中的金融机构出现巨大损失,最终引爆了2008年的全球金融危机。

在2009年金融危机后,美联储采用激进的货币政策去刺激经济,把利率降至接近零。而且这次持续的时间更长,由2009年一直到2015年底才开始第一次加息,加幅非常温和,还采用了更激进的量化宽松政策去进一步刺激经济,即印钱去购买商业银行持有的债券,令银行有更多的资金可贷出,从而压低长期借贷利息,鼓励长期的投资及借贷。我会在本书有关债券交易部分再作详细解释。全球的股市及楼市因而累积了大量新的借贷,形成另一个大泡沫。当美国的利息不断上升至一定的临界点,就会挤压不同资产市场的泡沫,造成金融市场的巨大震荡,引爆下一次金融危机。

目前在低利率下,美国的企业已累积大量债务,并不断以现金回购股票推升股价。当企业盈利下降,自由现金流减少,并且因为加息而导致融资成本上升,企业难以继续维持每年5000亿美元以上的回购金额。当这个大买家不见时,大量的ETF投资者同时撤出市场,市场缺乏买家可引起大幅度下跌,大家在交易时必须要小心。

理解利率与金融危机的关系后,大家会发现,无论是1998年亚洲金融风暴、2000年美国科网爆破、2008年全球金融危机,还是2018年的美股大调整与新兴市场剧烈波动等等,都有相似的发展规律。了解借贷周期对于我们防御重大金融风险非常重要。投资者要非常小心留意这种现象,每当一个资产市场的杠杆累积到一定程度后,需要评估下一场危机是否会如约而至,并及早作防御性部署。

但过去的经验不一定是有效的参考,许多人看到美股高昂的估值后预测美股可能出现2008年式的大跌。可是在2019年初,当美联储因市场下跌把加息预期改为观望时,市场以罕见的报复性反弹作庆祝,由2018年12月始,在低位只花了一个月时间便回升了15%以上,之前以为美股大跌市将至,累积大量做空仓位的投资者仓皇逃生,而较早前卖了股份的投资者都纷纷赶回市场。美股早先的股价已经透支了税务改革等利好的基本因素,能推升股价的只有靠估值上升。既然美联储如此悉心保护股票市场,重视降低市场波动,美股高估值的维持时间可能超过以往的历史认知水平。长期而言,纯粹依靠估值上升是不可持续的,把泡沫延后爆破,会把将来的长期回报透支或消耗,除非有更激进的货币政策刺激,以及有多企业盈利不断能超预期成长,否则美股未来的长期投资回报空间将不断降低。如果过往的经验是股票回报长期高于其他资产大类,投资者必须要小心由于未来的长期回报已被目前的高估值透支,长期持有股票的回报将下降至更低水平的新常态。美国股市投资的基调很可能变成个股及板块间的轮动，而不再是以往的整体市场全面上升的状态。

中央银行货币政策的局限性

其实，中央银行很多时候并不是不知道风险来临，而是有时身不由己。央行的首要目标是维持物价稳定及促进经济增长，但控制通胀和促进经济增长这两个央行政策目标本身就是互相冲突的，央行减息增加货币供应就会刺激经济，很可能最终引发通胀。如果央行加息太快，就会引起资产价格的急剧波动，并可能因利率影响减少消费投资，导致经济衰退。如果没有经济过热等数据支持，央行进行预防性加息会面对巨大的社会压力，一旦加息过快引起经济放缓，更会成了众矢之的。美联储的目标是，经济稳定增长，通胀温和上升，资产泡沫没有形成巨大风险。中央银行驾驶经济这个庞然大物时，只想用放松油门缓慢调节政策利率来刹车，非万不得已出现高通胀时不会以快速加息踩刹车。最大问题是，经济并不是踏了油门就会加快，而是不知过了多久才会突然加快，刹车也是不知道要多久才能停，所以非常难掌握好平衡之道，往往会出现经济真正过热后才急忙踏刹车，最终引起衰退。比如2005年至2006年间的快速加息，最终导致了2008年的金融危机。

中央银行并不讨厌资产泡沫，如果泡沫不会破裂，买家都能赚钱，产生财富效应，社会消费就会提升，经济就会成长。2009年后，美国进行每月850亿美元的量化宽松买债计划，不就是要让一部分度过了金融危机的机构及个人先富起来？就差没有用广播器向资本市场大喊：大家一起来买债券，买股票，我印钱给你们买，借贷成本年息都不高于1%，大家只管借钱买，发财的机会到了。中央银行真正担心的是由信贷引起无以为继的泡沫，引起银行体系大量坏账出现重大金融风险。大家要知道的是，股市价格并不是央行政策的关注目标，它们在意的是实体经济及信贷市场有没有受资产价格剧烈波动的冲击，并尽力保持物价平稳。

读者可能会感到奇怪，明明是央行引导资产市场上涨，但是当资产上涨后，不就会形成资产泡沫最终爆破，那央行不是自己设了陷阱自己踩进去吗？其实央行心中有一个如意算盘：这些放到资本市场上的钱总有一部分会被实体经济利用，企业增加投资达到稳经济的目标，如果金融市场上升到泡沫仍不算太严重时，美联储来个慢刹车，慢慢加点息，一点一点地刹车，泡沫就不会破裂，经济仍继续增长，有钱人继续增加。可是这些年来，这个如意算盘在美国从来没有打响过。

投资者都有追涨杀跌的本能，一旦牛市吹响了集结号，资产市场一年15%以上的年回报率哪可能是央行0.25%或0.5%的加息幅度可以刹停的。大家要注意的是，央行的官员更有动机面对通胀苗头初现时按兵不动，因为一旦加息，经济放缓明显，就很容易被社会大众千夫所指。反而任由市场泡沫存在，即使最终破裂，央行还可以化身成"救火英雄"对市场进行拯救。市场上的大量干柴是他们自己放的，有时火还是他们间接鼓励投机者点的，"救火英雄"当然还是由他们自己去当。

这些不时做出事后看来是错误决策的央行官员本身其实很精明，他们不停研究历史上不同的经济危机以及评估应对之策，大家可以上美联储的论文库看看那些文章，虽然对直接用在交易上的作用是有限的，很多文章也很有深度及养分。决策的难度在于，美联储需要在提早加息避免经济及资产市场过热与保护经济发展之间尽量取平衡。不过事后看来，这几十年来在预防风险方面，美国央行经常犯大错，如何成功平衡两者始终是央行一道最难解之题。近期来看，他们从历史教训中学会了尽量作预防性加息，利用缓慢的加息减弱每一次加息周期对市场的震荡。你看看在特朗普的强大压力下，美国央行最终仍维持渐进加息，你就知道美国央行在吸取了上一次的教训后在尝试修正自己。

央行深知再让泡沫膨胀就会令金融体系陷入越来越危险的境地。一般情况下，能获取大额借贷在金融市场用杠杆交易，或者在房地产市场进行大量投资性买房获利的人都是人口中的少数，不会超过总人口的5%，他们增加个人消费对社会总体通胀影响是有限的。当然，你会质疑这样做美联储不就是引起社会财富不公平的推手吗？是的，因为它们从不把贫富均衡作为优先的政策指标。它们把存款利率压至零就是把储蓄者的增值都拿走了，以补贴有钱或敢于借贷的投资者用超低息进行金融及房地产投资，然后赚个盆满钵满，产生正财富效应，却没有引发通胀（因为大部分的人仍是没有钱）。因为央行最优先的目标是控制通胀及促进经济增长，其次是调节货币汇率。你手上股价升跌从来都不是央行的关注重点，所以股市正常下跌并不构成救市理由。只有当股市出现暴跌引起金融系统可能发生重大风险，商业及消费信心有可能受严重冲击时，央行才会考虑救市。

当经济成长最终引起美国出现全国劳工薪资收入快速上升的状况时，就是美国央行货币政策被点死穴的时间。当央行持续的货币增发最终传递到实体经济，总需求上升，大量公司因为要扩张生产而聘请更多人手，可以观察到劳动力参与度升高，即更多人加入劳动市场参与工作，超低的失业率，想找工作的人大多都找到，非农业新增职位快速上升，即企业加快了招聘的步伐，这最终会引起广大工薪阶层的收入加速上升，市民大众的口袋里越来越有钱，大家需求越来越多的东西，总需求不断上升，可能会引起一发不可收拾的高通胀水平，从而逼迫央行必须更快速地加息以控制物价。如果这个加息速度大超金融市场原本预期，大量资金就会由股市撤出到持有货币或其他货币市场工具。股市出现短时间大量的卖出盘，可能会引起金融泡沫快速破裂及导致经济衰退。投资者一定要留心这个泡沫被刺破的条件，看到以上信号后，尽量不要去赚市场上升周期尾部的那一点钱，在市场崩解前，减少风险资产持仓保存获利，撤出到货币等安全资产，等待下一次机会。

当泡沫爆破引起经济的负面连锁反应过大，出现重大金融事件，央行便很可能再次进行救市。央行救市的第一步是减息，而且是采用快速下降息口的强刺激以稳定金融市场，间接鼓励投资者重回市场。如果效果还不够，第二步是推行量化宽松政策大量增加债券购买计划，释放大量现金到银行体系以支持借贷，这时很可能是债券大牛市的开始。若市场失效严重，持续再不能止跌恢复正常交易状态，央行就可能推出更激进的股票直接购买计划。日本央行已有先例进行较温和的股票ETF购买，令日股维持在较高价位。若央行这个持有无限货币的超级大买家积极出现在股票市场进行大量购入计划，这样的投资机会不把握就是浪费。因为就算央行没有拉升股价，而是挂卖出价慢慢吸货，下跌空间已经非常有限，这种情况，市场信心恢复后，资本市场一拉升就弹起来了。

在2008年金融危机过后，全球主要央行包括美联储、欧洲央行、日本央行、英国央行都先后推出了量化宽松政策，其主要运作原理是央行印钱购买商业银行手上持有的债券，主要是国债，之后是政府相关的企业债。最大的效果是大幅压低了政府及企业借贷的成本。在最疯狂的年代，买入德国十年期的国债收益率是负数，即投资者借钱给德国100万欧元，十年不但不收分毫利息，而且十年后只收回99万本金，连本金都送给德国政府无偿使用。如此难以想象的事情是在金融世界真正发生过的，而且商业银行乐此不疲地做这种看似愚蠢透顶的交易。在金融交易世界之中，确定必然亏损的交易是没有投资人会做的，商业银行根本不会傻得长期持有这些负回报债券，它们知道，无论债券利率如何被印钱疯狂扭曲，也可以在买入这些负回报债券后，以更高的债券价格卖给欧洲央行这个市场上的最大买家继而获利。有些央行如瑞士央行已近乎把本国的债券差不多都买光了，最激进的日本央行直接印钱买入日本的交易所买卖股票基金（ETF）。

这是一个货币政策近乎疯狂的年代，最奇怪的是，如此大规模的印钱为什么没有引发通胀从而迫使央行中止行动呢？因为这些印出来钱主要都不会流到大众的口袋里，而是在金融市场进行资本交易，没有流出实体经济，不太影响到大众的消费水平，这样就不会轻易引发通胀。一家央行看了邻居操作得这样好玩，当然自己也想试试，央行的决策者几乎看不到印钱对经济的实时副作用。如果政策能令一些人得益，其他人没有损失，何乐而不为？各国的资产因本国不同的政策，央行印钱后价格上升的资产类别有差异，有些在债市，有些在股市，有些是房、股、债各市场全面上升。

所以，认识货币政策对投资者而言非常重要，令你可以选择合适的金融市场工具以抵消央行的货币政策把财富从你的储蓄中转移。如果你选择在低利率的通胀环境下只持有货币，就好像是纵容小偷持续从你家中偷走购买力。当股市恢复正常，央行仍没有减少货币刺激政策，慢慢地新的金融周期又会再次开始，资产价格再次持续上升，越来越多的资金重回股市，慢慢形成下一个泡沫，然后再次等待下一次爆破，又再一次救市。金融交易的大周期就是这样形成的。

外币贷款与地区性金融危机

有时，有一些投资机构在资本市场中的贷款不单只使用本国货币贷款，而是在美元息口便宜时借入大量美元贷款作融资。由于新兴市场国家的本国货币贷款利率很高，往往在5%～10%，而当美国降息时，采用美元融资的企业贷款利率可能只有本国货币利率的一半，比如3%～6%之间。而且美国降息周期中，美元的汇价往往疲软，更有利于新兴市场国家的企业借入美元后以本国货币进行还款。大量的新兴市场国家的企业以至国家发行以美元为结算货币的企业债及主权债，获得廉价的美元资金。

当这类美元计算外部的贷款持续累积，新兴市场国家的企业却没有在生意转好时居安思危开始偿还债券减少负债水平，一旦美国开始持续加息，并且开始上升到形成债务压力时，有可能倒逼新兴市场国家的中央银行亦要跟随。新兴市场国家的借贷者之前借入大量债务后可能将要偿还更多的利息，而且美元对本国货币升值也会造成新兴市场国家的借贷者还款更困难。因为他们要以更多的本国货币才能偿还同一笔的美元外债，造成企业的现金流变得紧张。即使新兴市场国家的企业采用固定利率借贷或较长年期的债券，并非常精明地对汇率进行对冲，债务到期后却再难以在市场上进行再融资，因为到时的市场利率可能变得非常高，发行美元债券的票面息率往往在8%～10%以上，难以在可负担的利率下获得融资，而且还不一定吸引到投资者去买。而且外汇对冲成本亦会变得更为高昂，令外汇借贷变得更为困难。

新兴市场国家的企业或政府相关机构必须在债务到期前卖出部分或全部资产，以支付贷款利息及偿还贷款。最雪上加霜的是，本国的央行为避免汇率大幅贬值须要加息以捍卫汇价，令本国货币的融资成本都要被逼上升，一些企业须要破产清算。一些新兴市场国家的政府或须寻求国际货币基金会的紧急贷款以渡过难关，并接受严苛的政府财务约束以获得此等国际援助，所以，过度借贷的代价往往非常沉重。1998年的亚洲金融风暴，2018年土耳其等部分新兴市场国家货币大幅贬值，都是源自此等交易行为。

20世纪90年代初，美元的利率偏低引起了亚洲地区新兴市场国家（如马来西亚、印度尼西亚、泰国、韩国等）大量以低利率借入美元债务，当美国息口上升及美元汇率上升时，这些国家渐渐无力偿还相应的美元债务。同时部分国家出现了进口超过出口，贸易性外汇不断流失，要靠借贷及投资等资本性现金流填补。以索罗斯为首的金融投机者看到市场有巨大机会可乘，大举冲击亚洲国家汇率，引起货币大幅贬值，大量企业破产，引爆了1997—1998年间的亚洲金融危机。

美联储快速局部降息缓解亚洲金融危机对美国的影响，反而令美国股市不受亚洲崩盘影响而一枝独秀继续上升。在当时低于中性利率的刺激下，更多资金加紧涌入股市尤其是美国的科技股（互联网那时初起步成为新兴的热炒概念），大量毫无业绩天天烧钱经营的网络股上市，并持续暴涨。美国央行再加息已阻止不了股市的狂热，最终引起了1999—2000年的纳斯达克指数为主的科网股泡沫及随后的科网泡沫爆破（反映科技股的纳斯达克指数由2000年3月的4700多点跌至2002年10月的800点左右）。

资产泡沫是否一定会爆破

资产泡沫是否一定会爆破其实并没有标准答案，要视推升的燃料是什么，亦要视泡沫的相对资本市场的资金总量的大小。能够产生将来现金流收入的才合乎学术定义上的资产特质。其实，历史上投机泡沫的交易目标更多时候只是可交易的商品而并不合乎资产的定义。即使是真实的资产，如果价格不合理地上涨，也会引发泡沫，而且很多人认为自己是在投资真实资产而不是在参与泡沫，所以有时对经济影响而言危险性更大。由信贷作燃料推动的大型资产泡沫在历史上没有例外都会出现爆破，唯一的问题只是何时爆破及有没有什么特定触发因素的问题。因为信贷是有成本的，亦是有还款压力的，只要资产价格不再快速上升，或者还有钱可买入的投资者都买入并借尽信贷，在燃烧耗尽后，就很难长期抵抗地心引力。

　　信贷成本会影响资本燃料消耗的速度，所以加息对资本市场泡沫有很大杀伤力。如果投资不能吸引更多的新加入者去增加资产上升的动能，在原有资本在高利息环境下被消耗得太快，泡沫燃料提供的动能无法再抵抗卖出资产获利的下跌压力，泡沫就会开始自我引爆，因为大量泡沫资产爆破下跌时，没有可能融到足够数量的傻钱去当接盘侠，想买入的人早买入了，还有多少人会愿意拿真金白银过来接火棒？这就是为什么传统智慧上，当街边小贩、出租车司机等普通人都对股票充满热情时，就是必须离场的时候。

　　一个由信贷引起的大型资产泡沫，必须要有源源不断的资本持续投入才能维持，否则只要有一部分投资者想卖出持有的资产离场，就会推低资产价格，引起连锁反应。相反地，如果泡沫规模不大而且没有太多信贷投资，而是交易者自有的长期资金作投机，这种小规模的泡沫就能形成并维持一段长时间，即使出现价格大幅下挫也不过是像打牌或麻将有赢家就必然有输家的零和游戏，钱从一些人的口袋流到另一些人的口袋之中，对社会没有太大的影响。这些情形较常体现在就是那些个别中小型股票的异动，总离不开平静、拉升、出货离场的剧情。

　　如果一些流动性较低的资产一旦形成下降，往往会自我加强。除非采用非常强劲的行政措施，否则难以再缓解。不过行政措施可能会导致问题的持续恶化，比如把泡沫的程度加剧，这样，市场在将来崩盘的风险就更大。行政措施也可以冻结泡沫，比如限制卖出房产，在买入资产后相当长的一段时间内不允许卖出，或以高额的交易税费来减少交易的可能。这种行政措施能减少交易上卖出的卖压，但同时也会对潜在买家的需求产生很负面的影响。如果在一些业务周期较长的行业，比如房地产行业，对未来的房地产开发活动就会受到很大的压抑。在保护价格不变的情况下，代价就是实体经济上的相关生产活动也会受到影响（图3-6）。

　　其实，我们所理解的资产泡沫不一定以爆破形式终结，可以出现缓慢解决的情形。比

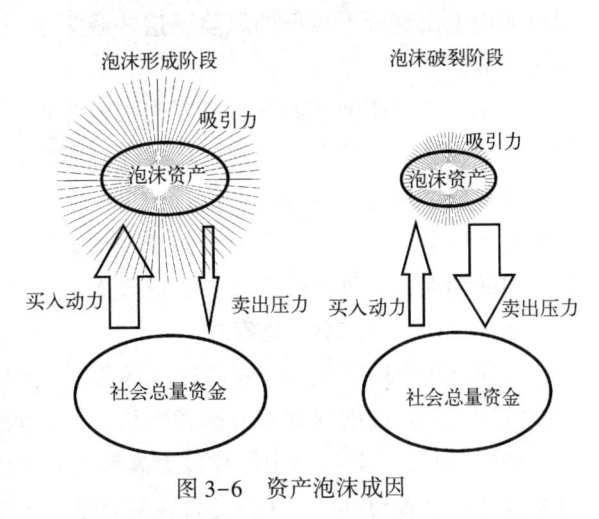

图3-6　资产泡沫成因

如某些资产市场因买卖限制被冻结后，如能用上较长的时间以通胀及实际收入上升是可以稀释泡沫的。这种情况下，你可以观察到名义价格没有上涨，由于缺乏赚钱效应，过一段时间后成交量开始萎缩，但价格不一定会明显走低，只是出现缺乏买卖流动性的情况。比如想买入资产的人不多，但卖出的人没有太大的短期还贷的压力，市场上不一定会形成明显卖压，只是买卖的成交量会变得很小。如果泡沫发生在股市，理论上如果公司经营状况良好，通过公司盈利的长时间上升也可以缓解资产泡沫。但实际上，股市的泡沫爆破往往非常迅猛，根本原因是投资者在股市投资中使用的融资都是短期贷款而且利率是浮动的，一旦资产价格下跌，会使每日的市场价变动而出现被强制卖出平仓的情形，所以股票市场下跌时往往无险可守，引起资本杠杆的连环断裂。而房地产开发商发行企业债的周期多在3~5年，即使到期，如果当时资本市场资金充裕，还可以轻松地选择发行新债以偿还旧债进行资金展期(Rollover)。不过，如果到时资金面非常紧张，借贷的风险偏好大幅减少，房地产企业就会出现资金困难，必须尽快卖出手上的存货(房子)来填补现金流的缺口。偶然听到开发商亏本卖房多就在这种时间。

　　房地产个人买家的借贷周期一般长达20~30年。即使房价大幅下降，房地产的持有者只要能偿还每月供款，仍旧可以坚守资产不用卖出。虽然银行理论上可按抵押品价值下跌而追收差价，但这做法很易引起借款者的恐慌而引起资产价格大跌，最终引起银行抵押品价值大幅下降，甚至账面上资不抵债引发银行危机，所以多数银行都不会笨得用石头砸自己的脚。2008年国际金融危险发生后，美国就允许银行不用按最新的估值评估抵押品(房地产)的价格，以减低银行账面上出现资不抵债的风险。这些政策手段都是降低泡沫爆破时对金融体系的影响。

　　对于一个资产泡沫而言，只要流入泡沫资产的资金比流出的多，资产价格就会一直膨胀。一项上升中的资产很少会有投资者立即退出，想卖出套现的人少，资产价格就可以维持在高位。如果一个资产市场泡沫的体量比较少，而且不断有新资金或不断被注入更多信贷，形成更大的泡沫，泡沫可能仍会在很长时间内继续成长，直到最终注入的资金无法持续，有时持续时间长达十多年至二十年令你认为泡沫会永远存在。

　　一项泡沫资产爆破后，在新闻媒体报道当中，我们经常会经常听到多少财富被蒸发了。看过前面章节的读者应该理解，泡沫资产在不同交易者的买卖之间价格被抬升，钱其实是由愿意以更高价买入的人手中流到卖出持货者的手中，只要没有信贷参与其中，这种交易其实只是一个纯粹的零和游戏。银行存款中的钱还是那些钱，并没有被蒸发掉。买卖的资产或商品也没有消失掉，变化的只是人们认为这些实物对应金钱价值的变化。真正变化的是，有限的金钱在不同的买卖者手中的流转，有人成了赢家，有人成了输家，赢家赚的钱都是输家亏出来的。这些被蒸发的财富其实不是真的蒸发了，而是这些所谓的账面财富价值根本没有存在过。那些持有泡沫资产的人银行账户中的钱并没有增减，只是持有泡沫资产的人认为市场上必须有人买他们的持仓，所以自认为持有该资产就好像已经拥有了真实的钱。这种所谓财富蒸发只是大家之前认为很有价值的东西现在变得没有价值而已，银行体系里的钱从来没有因此蒸发掉。除非一些金融体系大比例参与其中的信贷泡沫，出现资产泡沫爆破信贷紧缩后，社会上的货币总量真的变少了，这亦是为何由美国楼市爆破引起的2008年国际金融危机有巨大杀伤力的原因了，因为个体信贷体系都受到了真实的严重损害。

✤ 庞氏骗局与马多夫骗局

庞氏骗局又被称为层压式骗局。美国在20世纪初有一位名叫查尔斯·庞济（Charles Ponzi）的著名骗子，他宣称能以倒卖邮政票券而获得丰厚的利润，并承诺投资者能获取高达50%的丰厚回报。他以新投资者投入的资金作为支付给旧投资者的利润，只要能不断获得新客户，骗局就可以持续。但骗局的极限是当社会大部分人都参与其中时，就再也找不到更多的新客户了，骗局会因无法偿付投资收益而自动爆破。另外一种可能是，大众因某些信息突然意识到自己上当，然后许多人同时想卖出变现，骗局因没有足够的现金偿付而爆破。而最新加入的投资者损失比例会最大，因为他们没有收到多少分红就爆破了，但他们往往仍将信将疑，损失有限。完全相信并沉迷其中不能自拔的投资者损失最大比例的个人财富，因为他们会把自己手中所有可变现的资产都投入其中，投资者认为找到了一个轻松赚钱的方法，在最终庞氏骗局爆破前不会听从任何劝说者的意见。

于2008年爆破的马多夫（Bernard L. Madoff）骗局比庞氏骗局更高明，连国际投资银行都能中招，涉款高达600多亿美元。马多夫曾担任纳斯达克的主席，在金融界有深厚的人脉关系，他从不主动邀请他人投资，是投资者主动找其管理资金，而且不一定受理，必须要无条件信任其投资的神秘策略。其设立的马多夫对冲基金每年都能稳定地提供10%左右的合理回报，其卖点是几乎每一个月的交易都会获利，每一年的交易回报都是绝对正回报，没有任何重大回撤。这种神乎其神的交易表现令其投资者认为他掌握了某种神秘的套利交易策略，反正数十年来都有回报，没有什么人怀疑到这是一个巨大的骗局。其客户包括大量的投资银行及国际性金融机构，你很难理解为什么投资银行的风险部门没有查证投资的真实性。负责其审计是一家名不见经传的蚊型会计师行。马多夫的骗局竟然能在美国证监局等的监管底下长期未被察觉。

骗局最终在2008年时因为金融海啸爆发、客户需要大额提款而爆破，马多夫最终被判入狱150年。一个500亿美元的巨大骗局竟然可以维持20年，投机骗局可以维持的时间有时可能超过大部分人的想象，只是假的真不了。

大型投机泡沫若使用了巨额的短期信贷推动，很容易无以为继出现爆破，这就是为什么股票市场较易反复发生股灾，因为支持股市上升的钱多是短期资金。美国当年的楼市次级按揭危机的泡沫其实膨胀了很多年才爆破，由于借贷合约中以短期浮动利率计算每月利息支出，泡沫最终在短期利率急速上升、短期还款压力大增而被刺爆。这是因为，如果在泡沫年代楼价没有不断上升以抵消借贷成本，还款压力的增加会令全国房地产市场短时间内出现大量信贷违约个案，引起信贷市场系统性风险，并最终波及全球金融市场。

相对而言，有财政纪律的大型主权国家发行的国债及优质企业债等由于价格波动较少，泡沫事件较少发生，而垃圾级企业债及新兴市场国家的主权债往往轻易在周期性利率波动中爆破。这些新兴市场国家或偿债能力一般的企业只有在金融环境宽松时才容易借贷到长期债务，一旦金融环境收紧，旧债一到期就很易出现债务风险了。大家应该理解，短期还款压力引起的沽售压力就是引发泡沫爆破的关键因素。

第四章　股票投资

　　股票是各种金融资产中最复杂、短期最无稳定获利法则的交易品种。在全球的资产大类中，股票的长期回报在过去30年完全击败所有主要资产大类。中国A股虽然呈现剧烈波动，但市场的底部总体仍是在上升中，而且盈利水平也有提升。如果考虑已在中国香港及美国上市的中概股，如阿里巴巴、腾讯等，长期获利水平也不差。理解股票市场的运作及价格形成机制，对你全面理解金融市场的运作非常重要。股票的相关知识太多，写本数百万字的书也未必能解释得完，但参与股票投资又太容易，只要开个账户就可以。怎样投、投什么是很多新手投资者的最大疑问。

　　实践是检验真理的唯一方法，这原则用在主动型股票交易是非常合适的。我在前面解释过利率与资产大周期的宏观景象，但用到股票实际操作，还是要对股票的特性进行深入的理解才可以进行真实的市场交易。美国股票是过去数十年来所有主要资产大类中长期回报率最高的，但单一年度的最大损失也可以达到40%以上，中短线交易的风险亦是非常巨大。即使选择长期投资，如不幸在2000年时买入美国的科技股，也可以持续亏损10年以上仍拿不回投资本金，更不用说1929年美国市场大崩盘后，投资者用了25年时间才回本。千万不要误以为美国股票市场遍地黄金随手可捡。相对美股投资者而言，能持续参与中国A股10年以上生存下来的投资者都不简单，他们多有自己的一套生存法则，否则早就在周期性暴跌中被抬离场了。

　　投资股票也可以采用组合式基金投资，比如主动型股票基金及交易所买卖股票基金。如果你采用基金投资，其实本书中证券交易部分有不少对个股分析及评估的内容你都可以自行省略。其实，主动型的投资也不一定能打败被动型基金投资，我会在本书中介绍许多不同国家的指数基金，令读者更易理解投资股票的多种方法。

　　如果你想成为资深的主动型股票交易者，在场外纸上谈兵或开个虚拟账户自娱永远都学不到交易的真本事，因为你无法虚拟出市场会大幅下跌，挂出的卖盘没法成交。你也虚拟不出你在市场挂出市价卖单后，买盘可以突然消失无影令你怀疑自己是否出现幻觉。更重要的是，你的交易会与市场出现互动，你参与的资本可能会变成别人的猎物，市场其他的交易者可能会制造不利于你的趋势先把你吃掉才继续原有的行情。投资者必须认识到交易市场是动态的，而且永远充满不确定性。就是因为有这种不确定性才能令股票的回报比其他资产高，因为很多保守的投资者都被吓跑了，不和你争利润了。但要在股票投资中长期获益，当中最难克服的不单是市场本身的变幻无常，更重要的是克服交易者人性中的贪婪与恐惧。

股市没有秘籍

不少人最初投入到股市中，有时因为幸运遇上牛市而获利甚丰，自以为已得交易之法洋洋得意。却往往没过多久便被市场打得一败涂地，连本带利都赔上了。最惨的是这些剧情周期性地在个人投资者身上不断重复上演。有交易经验的人都可能感受过，花了时间、金钱、精力，到最后才发现自己是市场中的大笨蛋，是多么的痛苦。不少金融交易书告诉你出现一些买入交易信号后跟进便能轻易获利，为什么到你在真实市场上使用时变成买入即下跌，苦苦被套牢，因为金融书的案例是精选某个交易信号能成功发挥效用的时间段作解释，如果你把时间轴拉长，你就可以发现同一个买入或卖出的交易信号经常都是错的。还有些书叫你去修改参数，修改后就能解释之前的交易为什么不准。是的，不过你怎么确定修改参数后就能成功应用在未来的市况？你知道有多少市场交易者利用技术信号设计陷阱，先拉动股价引导其他投资者买入去接盘？

交易大户早就知道你们花了一百几十元买的技术分析书的全部套路。你的交易行为早已被人看清，被收割不过是迟早的事。技术面有套路，看基本面不就行了吗？令人沮丧的是，基本面分析用在短线交易也没有什么用，只有长期投资才较有参考性。投资教科书上根据归纳历史上金融事件的市场反应判断，在未来的同类事例中往往是失效的。例如，传统上降了存款准备金增加货币供应应该利好股市。2018年10月，中国央行大幅降低了1%存款准备金，消息发布后的第一个交易日，A股由开盘跌到收盘，主要股票指数沪深300下跌超过4%。这是因为在市场缺乏信心的状态下，根据市场历史剧本作交易判断很容易会做错决定，必须同时权衡当时市场状况是否合适，即使是股神巴菲特也会在2008年国际金融危机前低估油价下跌的幅度而蒙受一定的投资损失。资深交易者的交易智慧总是来自一次又一次与市场的真实碰撞，花了很多交易亏损的学费，经历非常痛苦的实践才学得来的。

不少读者可能曾经幻想过投资界有什么武林秘籍、神秘大法学了就能独步市场。只要你看看绝大多数国际投资大师的儿女没有谁能继承衣钵，没有什么祖传大法能独步市场，就知道可以省了寻找神秘投资策略的幻想。为什么投资技能无法有效代代相传，因为金融市场从来没有固定剧本及长期可跑赢的必胜策略，只有适者生存是唯一不变的市场法则。你采用价值型投资，会在市场偏好成长股及动量投资时严重跑输大市，甚至亏损连连。你选择追涨杀跌式的动量投资，在大升、大跌趋势时必然会大捞一把，可是到了双向波动市况就会被左右打脸，无所适从。如果你用量化高频类投资，只要有相似策略的跟进者众多，就只会快速把潜在利润吸干，然后一起自相残杀。量化高频类盈利的关键不是靠回测结果与概率，而是需要考虑同业参与竞争者的数量。

如果你会不断地根据时代背景改变自己的投资策略与偏好，你应该可以变成投资大师了。不过别高兴得太早了，历史上从来没有出现过这种不断改变风格的精神分裂型的投资大师，却有大量尝试不断改变交易风格、被打到一蹶不振的投资者，比如在2000年科网泡沫顶峰才决定跟进买入科技股的投资经理。这就解释了美国基金界前辈约翰的统计，即使最顶尖的交易者或基金经理都会随时间而变得平庸，即使是股神巴菲特及金融大鳄索罗斯近年的每年净回报表现还未必能跑赢美国标普指数。基金管理大师彼得·林奇选择在1990年业绩巅峰时急流勇退，而曾叱咤风云的债券大王格罗斯则因热爱交易而最终晚节不保。

其实，短线的金融市场波动就像随机漫步，只有长期市场变化有一些规律可以参考。如果我们对金融市场的变化规律加以学习，小心分析当下形势作出应用，还是可以在市场上立足的。比如参考央行的利率政策、债券市场的孳息曲线变化等等。市场总体股利的成长水平以及估值水平，都是很有用的交易参考。本书会尝试把一些有点深度的基础知识介绍给各位，希望读者们的投资知识能有所增长。

什么是股票

股票就是公司的股份，持有股份者就是公司的股东，你买了股份后便是公司的拥有者之一。有限公司是指拥有独立法人地位以及享有有限债务责任的商业组织。公司的拥有人称为股东。一家私人有限公司的股份并不可以自由转让，要得到公司的董事会批准，股份交易及流通非常不便。股份制有限公司或称为公众有限公司，可以允许公司股份自由买卖及流通，不用董事会批准及同意，大幅增加了股权交易的流通性。而证券交易所的成立，就是提供了公众有限公司的股东以及投资者进行股份交易的平台，在有规范约束下进行股份交易及结算，促进资本市场的发展并支持实体经济活动。

股票是为了满足社会上对高风险生产活动投资的融资需要，以及拆分资产部分拥有权进行交易的需求而诞生的。股票市场的出现为业务充满不确定性却又有相当获利可能的初创企业提供了无可替代的股权融资，获得足够的资本以支持其发展。银行融资及债券市场融资都需要企业有一定的盈利基础，尤其银行大额融资更需要充足的抵押品支持。如果没有股票融资，初创产业没有办法直接上市融资，令初创股东不可轻易地向大众卖出原始股，无法建立初创资本退出渠道，必须等到企业有实际盈利并进行分派时才能收回投资本金。许多最初没有太多盈利甚至常年在亏损边缘的创新型企业包括腾讯、亚马逊等公司最初也都难以获得资本去快速发展，甚至因融资现金流不足可能倒在黎明前的黑暗之中。

近代的股票交易始于17世纪初，起源于大航海时代的融资需要。当时欧洲航海技术的进步使海外贸易成了迅速获得巨额财富的途径。可是组织商船船队需要大量的资金，而且要冒恶劣天气、海盗以及土著袭击等风险，没有单一的投资者甘愿冒大笔资本损失的风险去博取高额的回报，于是以股份集资进行航海贸易的方式就应运而生，如果商船满载而归，投资人则可按股份投资的比例进行分配。即使航海贸易带来了亏损，损失也会平摊在不同的投资者之间，令个人承受的风险在可接受的水平。

1602年，荷兰东印度公司股票发行是近代历史上第一只公开交易的股票，并创立了近代世界上第一家令投资者可自由交易公司股票的阿姆斯特丹证券交易所，令荷兰东印度公司的投资者（即股份持有者）能把持股轻易变回现金，大大改善了流动性，即使投资期内公司未能分红，投资者在没有分红收益时仍能通过卖出其股份获得资本增值。东印度公司获得资本后迅速发展，拥有大量的商船，数万的雇员甚至军队，并为其股票的股东创造了巨大的分红利益，令参与其中的投资者获利甚丰。其他商业机构也争相仿效，越来越多的股份制有限公司出现。今天一些没有盈利却垄断市场的科网企业被热炒，买入股份的投资者的考虑跟数百年前并没有多大的分别。如果没有股票市场，亚马逊一类创立后长期未能盈利的企业未必能得到如此规模的发展。

但并不是所有企业都必须要上市去借助资本市场的力量，就像卖调味品的老干妈一直以私人公司经营，中国的电讯科技龙头企业华为一直以员工持有公司股份的方式经营，公司没有考虑上市。因为公司上市的最大好处是能发行资本融资，获得充足的资金支持业务发展。如果公司不需要融资，又没有计划让大股东或员工的持股上市后以高价卖出套现，公司其实可以选择一直保持私人有限公司的方式。公司不用公开财务数据以及受上市条例约束，经营的自由度和灵活性反而更大。

普通股与优先股

  公司的普通股股东拥有投票权，股东可以在股东大会上选举董事，由被选举的董事组成的董事会就是一个公司的最高权力核心。实际上对个人交易者而言，由于持股不多对公司几乎毫无影响力，绝大多数投资者都不会参与公司的股东活动。谁控制了董事会就拥有了控制公司的最高权力，董事会有权任免所有员工，包括首席执行官（CEO），首席财务官（CFO），公司内什么人都可以被炒。董事会可决定是否派息及派息比例，收购合并其他公司，发行新股给指定机构摊薄原有股东的控制，甚至可以解散公司主动清盘。董事会权力之大可见一斑。如果股票上市地的监管不够严密，你买入了董事会滥用权力与机制来损害小股东的公司的股票，还傻傻地进行长期持有，不亏本才怪。

  优先股则是一种介于债务与股票之间的证券。不同交易市场允许优先股股东的权利并不相同。通常来说，优先股的投资人会享有每年指定的股息回报，而相关的股息须要优先于普通股的股东派发。换句话说，股份的盈利水平较低时，优先股的股东仍可享受股息，剩下的盈利才派发给普通股股东。但持有优先股的代价是能获得的股息多数是固定的，并不能分享公司业绩成长而获得额外的收益。优先股股东被视为公司的股东而非债权人，而相对于公司发行永续债务，公司即使不派息给优先股股东，股东也不能对公司申请清盘，只能等待公司盈利改善时补回派息。一些优先股会设有附加保障条款以吸引投资者，如果公司不能按协议派息，优先股的股东可以获得投票权，甚至直接转换为普通股。如果公司破产或清盘，清算后的款项会最先偿还给债务持有人，然后到优先股股东，最后才到普通股股东。大部分在交易所上市交易的都是普通股，优先股多数由机构性投资者在交易所外进行场外交易，在全球证券交易所内间接以信托形式上市或买卖交易的相对很少。

同股不同权股票

  一般来说，大多数上市公司的普通股股东持有的股份都具有相同的投票权益。但是一些创新型公司的股份结构可能采用同股不同权结构。好处是，如果公司的成功是因为拥有优异的管理层，采用同股不同权结构后无论其他投资者买入了多少股票后也无法夺得公司控制权，保证管理团队的稳定性。当然你是否参与买卖这种股份是你自己的选择了。

近年涌现了许多同股不同权的股票，如港股的小米、美团，美股的谷歌、脸书等等。这些同股不同权股票的公司通常是创新型科技公司，大股东或控制团队拥有绝对的投票权，他们持有的股份的投票权往往是其他普通股东的10倍以上，大股东只要持有10%股份就能完全控制公司，普通股股东的投票权被稀释。有一些公司如阿里巴巴设立了合伙人机制，只有合伙人可选举董事，主要理由是专业管理团队确保公司由最合适的人营运。普通股股东买了多少公司股份都不能控制公司的董事会。

虽然从股权结构上似乎有点对普通投资者不公平，而且在不少国家的证券交易市场仍不允许同股不同权股票的存在，但股权结构这些都是公开数据，在交易所这亦是股票交易市场上清晰信息下的明买明卖，投资者"萝卜青菜各有所爱"。交易所的目标是提供更丰富的选择给投资者，在有规范约束下进行交易。对证监会等市场监管者而言，企业管理有没有落实，投资者的利益有没有受到保障才是关注的重点。长期而言，投资者的眼睛是雪亮的，如果他们发现这一类的股份结构令其利益受损，比如控制者不断以各种合法名义发行大量股份及认股权给主要管理层，该等股份交易及股价自然会下降。投资者会"用脚投票"卖出股份以示不满，该等公司因为名声败坏日后也难以在资本市场上融资。

其实股权结构不一定会损害投资者的利益，比如美股谷歌等公司的股东受惠于公司的成长而获利甚丰。即使是同股同权的公司，损害投资者利益的事也多不胜数，但其中关键是企业管理水平，企业是否重视弱势股东的利益还是把他们当摆设，这跟股权结构没有绝对关系。大家清楚了解不同上市公司的股份结构及风险后，应该实际考察不同公司的企业管理、股息政策、股份回购等行为，自行决定该股份是否适合自己的投资风格。

证券投资的回报，风险与现金流

在一个不断涌现创新并富有竞争力公司的大型股票市场进行长期投资，回报率是各大类资产中最好的。长期回报率能超过债券等各类资产。美国的标普500指数长期平均回报超过7%，扣除通胀后仍能获得很好的实际回报。如果作为退休金准备资产，投资期超过15年，美国的股票投资是过去50年表现最佳的资产大类之一。但我们不应盲目地认为美国的股市投资回报能持续。在不同国家股市的长期回报率差异极大，比如日本及欧洲国家股市等成熟市场长期回报比较有限，因为当地上市公司的股息没有太大的成长空间。中国股市总体股息是有成长的,不过你必须留意在境外上市的中国公司,才能更好地衡量中国的整体市场表现。A股牛熊更替太快,股市的估值变化压力在短时间内集中释放,而且很受政策影响,往往形成强烈的暴涨和暴跌行情,不太适合应用简单的长期投资法则。我们会在本章详细解释投资不同市场的考虑因素。

  股票投资风险。股票的风险可以分为个股风险以及系统性风险(又称为市场风险)。如果你买了一只酒店旅游个股,旗下酒店遇上了风灾要暂停业数月进行维修,对股价会构成比较负面的影响,这就是个别股票的投资风险。短期个别股票的价格非常波动,在没有涨跌停板的市场,一个月升跌达30%的例子比比皆是,一天内下跌90%的个股也偶有所见。所以,孤注一掷式的个股投资其实风险甚高。高位买入无投资价值股票后打算长期持有则可能有巨额亏损风险。有些毫无业绩的股份可以自高位损失95%甚至退市。公司都倒闭或退市了,你连想当个佛系投资者期望今生有缘能翻本也不行。所以投资高风险个股或在股市泡沫期间才开始高位建仓都是非常危险的行为,我会在后面的章节详细讨论。高位买股票指数投资还不算最危险,因为,如果你能快速止损,总亏损未必很大,持有股票的最大金额损失为本金的100%。如果有融资或者借贷,下跌30%~50%可能已经要被强制卖出了,杠杆投资者往往倒在一次寒冬之中永远等不到春天的到来。

  采用组合式投资可以降低个股风险(图4-1),如果投资者把资金平均分布投资到10只不同股票之中,每只股的最大损失就只会是本金的10%。理论上,当你把投资平均分散到15至30只价格相关度不太高的股票,单一个股的下跌风险就会被投资组合内的其他股票有效地分散并化解,因为组合内有一些股票在上升,抵消了一些下跌股票的影响,投资者变成了只用承担系统性风险,对股票进行组合性投资无法减少系统性风险。关于投资组合应用部分,我会在本书的投资组合分析部分进行更详细的解释。

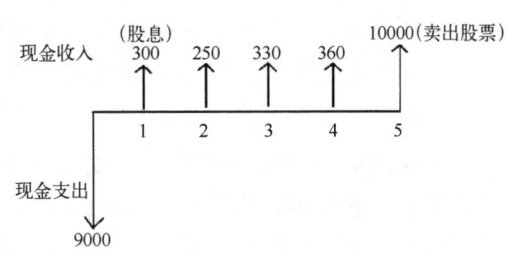

图4-1 组合式投资

现金流及流动性分析

  持有股票后获得现金流回馈主要有两个途径。第一是在市场直接卖出股票,如果卖出价较买入价高就出现资本增值,如果卖出价较买入价低就出现资本亏损。大部分的投资者投资股票的主要目标都是从资本增值获取一次性的现金增值。第二是股票派发的现金股息(如有)，这些股息可以用来消费或再投资。有一些股票持续每年派发 5% 以上股息，就算长期持有不卖出股票也能在若干年后完全收回超过投资的本金。不过现在因为大家都偏好快速的资本增值，越来越少的人以收取股息为投资目标。而且读者必须留意不同国家对股息的税收政策，股息税率太高的话，投资回报就会大打折扣。我会在后面关于股票相关的税务部分再解释。

股票的流动性(卖出变回现金的能力)往往非常好，尤其是中大型的股票。全球主要股票市场的个股卖出后 3 个工作日内大多能结算完成提走资金，不用担心资金不能退出的问题。小型股因市场不活跃，一旦大量买入，退出时可能引起价格下跌，有时买价和卖价的差价可达股价的 1% 以上。例如你买入价格为 100 美元，盘面不变想实时要以卖出价(99 美元)出售已经会损失 1%。交易时的差价成本非常高。由于流动性比较低，价格波动大，所以我不建议初级投资者涉足流通性低的小盘股。

开立证券账户的种类

要买卖证券，首先要在证券公司开一个股票买卖账户，开户成功后存钱到证券公司的指定账户，证券公司确定资金到账就可以开始买卖。一般在证券公司开立的普通现金账户，这是有多少本钱买多少股票的账户，操作风险比较低。

大型的证券公司还提供保证金交易账户，提供融资融券甚至做空等服务。简单来说，就是容许客户以股票抵押借钱作杠杆投资，比如 1:2 的融资比例代表 100 万元本金可以融资买入 200 万元的股票。美股部分证券商视你购入个别股票资产的流通性，100 万美元本金可买卖高达 500 万元价值的股票。赚钱的时候数倍上升，亏钱的时候自然也数倍亏损，一旦遇上个股大波动，可以一个交易日爆仓输得精光。

一般投资者只宜开立普通现金账户，最大的亏损就仅限于自有本金，不会出现借钱炒股后遇上美股缺口崩跌或 A 股连续跌停，令投资者陷入资不抵债的困境。

开始进行股票买卖

当你准备好证券账户，存妥资金，你就是市场上的准买家。你在市场上挂出买单并成交了，便开始了第一笔真实的证券交易。证券市场的参与者，不断在持有现金或持有股票之间切换。持有现金者在等待时机买入，持有股票者在等待时机卖出。下面有关交易盘面的内容是为新手而设，有经验的投资者可略过。

只要用证券账户下单买入一只股票，比如 16 元买入 10000 股，第二天 17 元卖出 10000 股，账面利润便有 1 万元[（卖价 17- 买价 16）元×10000 股]，扣除股票经纪佣金及税费（A 股主要是交易印花税）及一些杂项（交易所费用，如交收费等）就是净利润。目前 A 股是 T+1 交易，当天买入股票后要下个交易日才能卖出。而港股及美股是 T+0 交易，买入股票后可以实时卖出。

由于 A 股采用 T+1 机制，投资者卖出了已持有的股票后，股票账户账面增加了的可用资金，可以选择当天买入其他股票，但是投资者若当天买入了股票以后只有等第二天才能卖出，形成了 A 股一有风吹草动，大量短线投资者会选择同时先卖出股票以作观望，视情况再考虑是否入货。因为 A 股投资者买入股票后无法当日逃生，很多时候只有当市场一段时间形成较稳定上升形势时，才有较多投资者敢于追入。最惨的是当你追入后却遇上阶段性顶部，形成交易上的亏损。比如投资者 18 元买入一只股票 10000 股，第二天市场下跌，在 17 元止损卖出 10000 股，账面亏损 1 万元，再加上佣金及税费等成本，实际亏损会超过 1 万元。

同样道理，如果在某一交易日出现一面倒急升，新买入股票的投资者并不能当日沽货，所以当日的回吐压力不大。在大升过后的第二天，更要留心市场是否有一些数量的获利卖盘出现。高价追入持股不一定有回报，要在股票市场上赚钱并能长期累积资本其实并不容易，每一次亏损你也要检讨是什么因素导致的，学习并修正自己，否则亏损的学费就白交了。

股票交易的场所

证券交易所是股份有限制公司的股份进行买卖交易的主要场所，多数个人投资者都是在交易所直接进行交易。全球不同的国家有许多不同的交易所，如中国 A 股有上海及深圳两个主要交易所，美国主要有纽约及纳斯达克交易所。其实美国实际上有十多个交易所同时在竞争，只是大家比较熟悉前面两者而已。

近年除了在股票交易所内交易，国际市场上场外交易以及黑池交易也占一定的交易比例。场外交易是指证券的交易者在交易所外进行证券买卖，买方和卖方采用一对一交易，没有经过交易所公开的竞价机制，比较适合较大金额交易，以免在市场上放出巨额买卖盘后引起市场震荡。黑池交易也是场外交易的一种，由证券商或投资银行等机构设立的交易平台为机构投资者及大额个人投资者买卖双方进行较大金额的匿名配对股票交易。黑池交易的好处是买家与卖家的身份无须曝光，这类交易多数是机构性投资者的大手买卖，相对而言透明度较低以及监管难度较高。传统股市买单很难避免大量买入而不拉升股价，卖出时也难以不对交易盘面形成压力，因为就算挂出被动的买单及卖单，只要数量庞大很容易会影响到股价变化。黑池交易最大的好处是交易的买卖盘不会对股市交易价格造成直接冲击。要留意的是不同国家对黑池交易有不同的监管制度，有一些国家并不允许黑池交易。

市场上不同的交易者

交易者/投机者

捕捉短期的市场变化而获利，较注重短期的价格波动。方向性买卖交易为主，主要做多市场，比较少参与做空，目的是在短线交易中获得正的投资回报。中国A股比较多的个人投资者，甚至机构投资者也属于短线的交易者。A股的交易者在获利时总是以短线交易者形式出现，只是有时在亏损被深深套牢时才会被迫变成长线投资者，以时间换取解套的机会。私募基金和对冲基金多有短期业务压力，也往往是市场中的短线交易者。

投资者

捕捉长期的市场变化而获利，较注重估值及资产的长远升值潜力。长线投资的个人投资者、保险资金、退休基金、海外长线基金、政府机构或主权投资基金都是以长期投资获利为主要目标，不太注重市场短期的交易变化。

套利者

做市商和高频交易等套利交易者并不理会市场的升跌变化，它们只是利用市场买卖差价或低风险套利机会获利，尽量不承担市场的风险，净交易仓位亦会控制在较低水平。

一般证券交易所接受的订单种类

在了解长线影响股票变化的基本因素以及由历史股价推演的技术分析之前，

我们首先要认识股票价格的形成机制，即交易盘面。不同的交易者会在交易所内下达不同种类的买入及卖出指令，我们先理解买卖指令订单的种类。

限价单

限价单是按特定的价钱买入指定数量的股票。正常来说，限价单会定在市场的买入价或更低的价钱期待能以较低价入货，但要视当时的卖家有没有人愿用较低价卖给你。如果限价单定在市场的卖出价，便会实时对盘成交。有时当买单的数量较大，把同一价位的卖盘都买光，就会抬升盘面的买入卖出价。例如原来的盘面买入价是10元，卖出价是10.1元，大额的限价买盘把盘面提升为10.1元买入，10.2元卖出。如果一个错误价格的机构性大额限价单出现，以错误的超高价买入或超低价卖出，就可能出现股价突然暴涨或暴跌的乌龙指事件。

市价单

市价单是按指定的股份数量不问价钱进行买或卖的交易。当市价单买入指令到达交易所，会优先以当时市场的最低报价的卖盘价买入，如果未能买入足够数量，会向次高报价的卖盘买入相关数量，如此类推。市价单其实是非常危险的一种订单，因为无法确定最终成交价。在市场流动性低、成交较稀疏时，输入市价单可能令最终成交价大幅偏离目前的市场价，引起相似于乌龙指效果的暴涨或暴跌效果。所以投资者使用市价单时必须非常小心。

竞价单

竞价单是指在一些交易市场开盘前或收盘前的集合竞价时段不问价格的买入订单，在交易对盘时往往有优先成交权利。不过交易风险就是你事前根本不知道最终的成交价格，使用时有一定风险。

竞价限价单

在一些交易市场开盘前或收盘前的集合定价时段指定价格的买入订单，在交易对盘时的对盘次序会低于竞价单。并不是所有交易所都有这类交易指令，要视交易所采用的开盘及收盘的定价模式。

功能性交易订单服务

交易者如想买入较大量的股票时，如果不想引起股价的大幅波动，一些专业的证券交易商或相关的交易服务提供商会提供智能型下单服务。

自适应算法/自动生成订单

下达买卖指令后，会由证券交易商的系统自动把订单分为较少份额，如每次以100~500股交易，系统会自动在订单设定的最大买卖差价范围内尝试以较佳的价格买入成交。例如系统会先以较低价位的限价订单出价，如果等待后仍无法成交，系统会再次把价位向上移。在整个交易过程中，系统会自动跟随最新交易价格行情变化而移动买卖交易的区间，并在交易指令中设定好的价格范围内尝试完整执行整笔交易。这类系统化的下单形式，目的是要减低大额落盘时对市场盘面的影响，尽量减少订单因买入数量较大而大幅影响市场交易价格的情况。不过这种下单形式对于资金体量小的个人投资者作用不大。

分时自动订单

有一些机构交易者如出于指数成分股改变等原因，需要在某一段交易时间买进足够数量的个别股票，它们有可能采用不问价钱，每隔一定时间就向市场下单买入指定数量股票的方式建仓，务求把成交价接近于当日该股票的平均价格，降低短时间内大额买盘可能快速抬升市场的价格的影响。

相机裁决的订单

相机裁决的订单较常用于机构性的大额买卖交易，机构买家给予指导性的买入数量及价格区间，由证券商的交易员或自动化交易系统去执行。比如某基金想于合理价位对某一流动性一般的个股入货，执行买入的交易员或系统会尝试以低于当日平均成交价格去购买股份，并以买盘不会大幅影响市场价格为原则，有相当大的时间及价值弹性去完成订单。有时候交易者甚至会尝试沽出手中的持股以压低市场价格，再在较低位买入，令总体持货成本下降。同样地，想卖出某持股时，机构会有较强动机营造交投活跃、价格持续上升的气氛，令卖出持股时的价格能以偏高的价位完成交易。当然相机裁决的订单对是否能达成买入目标有一定的不确定性。

股票市场价格形成机制

股票市场实际交易时，报价盘面会同时报出买价及卖价。

假设股份名称为黑洞科技，其报价盘面如下：

买盘数	买入量	买价	卖价	卖出量	买盘数
10	100000	10.5	10.6	60000	8

买价是买家想买入的价格，买货建仓时当然想越低价越好，所以买入价是指交易盘面中价格较低的报价，即卖家能实时卖出股份成交的价格。买入量的数字 100000 股代表股份在这价格实时可卖出的股票数量。但留心实际交易时，买家可能突然极速撤单，令你在 10.5 元这个价位实际可卖出的股份数量低于 100000 股。

卖价是卖家想卖出的价钱，即盘面中报价较高者，这是买家能实时买入成交的价格。上表中右面的数字卖出量 60000 是在这价格实时可买入的股票数量，但留心实际交易时卖家亦可能突然极速撤卖单，令你在 10.6 元这个价位实际可买入的股份数量低于 60000 股。

市场最新的成交价（可以是买入价或卖出价）称为市价。比如你以 10.6 元价格下买单，买入 5000 股，最新市价就会显示为 10.6 元。

如果你想买入 10000 股黑洞科技，你可以用卖价（较高价位）直接实时买入成交，这种买入方式盘称为主动买盘。或以买价（较低价位）挂出订单等待市场有没有人愿意用较低价卖给你，这种买入方式称为被动买盘。同一价位不同卖家挂出的卖单会进行排队，时间上先挂出的订单会优先对盘成交。

中国 A 股、香港股都有相似的盘面制度，交易时可轻易参考买卖价附近的盘面，比较易看到市场买家卖家的部署。当然这些盘面的阵势有可能只是假象，只在营造市场气氛。美国部分股票设有主力提供买卖盘面流通性，一般打开盘面很少看到买卖价外其他价位的排盘，主要看得见的买卖盘都直接显示买价和卖价这两个价，所以交易美股时你不容易看盘面知道其他对手的部署，而且美国有很多超高频计算机交易去赚取盘面中的买卖差价，这就是为何上面盘面表中所说有极速撤单的情况出现。有时你看不到它们存在，它们却在你下单后以毫秒计的速度与你对盘成交，所以美股除买卖价及参考最新成交盘外，没有太多信息可参考。

股价上升时的交易盘面

在证券交易所的交易盘面设计下，同一只股票会同时出现买入价以及卖出价。而最新成交的价格则被显示为最新报价，或被称为市价。可是这并不代表你按这个市场价输入买单就能成交，买入的时候必须要以当时的卖家提供的卖方报价才能成功对盘成交。而卖盘报价的股份数可能低于你想买入的数量,比如市价为16.2元只有30000股的卖盘,假设同一时间没有其他投资者抢先买入,你用16.2元的价格只能买到30000股,你可以按当前的市场卖盘的更高价买入,或者选择于16.2元挂出买盘。我们称这种买盘为被动卖盘。

看看以下虚构的盘面状况。假设股票名称为黑洞科技,没有做市商及高频交易者介入买卖,刚刚有卖家以16.1元主动卖出了10000股给买家,所以黑洞科技市价最新报16.1元,现在市价16.1元还剩下25000股买盘,从盘面来看,买卖双方基本势力均衡,股价没有出现较大波动,见下表所列。

买盘数	买盘	黑洞科技	卖盘	卖盘数
		16.3	20000	6
		16.2	30000	10
3	25000	16.1(市价)		
5	10000	16		
8	50000	15.9		

这时突然有新闻消息报道黑洞科技最近销量火爆,预期盈利水平会上升,交易市场内持有现金准备买入股票的交易者认为机不可失,愿意提升价格立即入货。他们看到目前市场盘面16.2元还有30000股卖盘,为免错失股价上升机会,投资者立即以16.2元的限价盘买入全部30000股,市场最新成交价格就会由16.1元升至16.2元,交易盘面如下表。

买盘数	买盘	黑洞科技	卖盘	卖盘数
		16.3	20000	6
		16.2(市价)		
3	5000	16.1		
5	10000	16		
8	50000	15.9		

如果有另一买家听到消息也想买入30000股,他可以选择使用限价盘挂盘在16.2元,或者立即用16.3元的价格实时购入20000股。如果买家为免这20000股被别人买走,立即以市价购入,并以16.3元挂出10000股买盘看看有没有其他卖家愿以16.3元卖给他,最新盘面变动如下表。

买盘数	买盘	黑洞科技	卖盘	卖盘数
		16.5	15000	4
		16.4	10000	2
1	10000	16.3(市价)		
		16.2		
3	5000	16.1		
5	10000	16		
8	50000	15.9		

你可以看到市场成交价已经升至 16.3 元，最新的买盘价 16.3 元出现了 10000 股的买单。更高的价格卖盘也不多，一旦其他投资者闻风跟进买入，原有的被动卖盘，比如上班族开盘前就设好限价卖出订单的，就可能被主动买入的投资者全被吃掉。而原本有卖出股票打算的股份持有者往往看到市价急升就会急忙撤单，尝试在更高的价位卖出，获取更高利润。这样市场就会出现市场价格持续上升的状态。

股价急升的盘面

股票急升从来不需要理由，只要有利好的市场气氛，而市场出现了一定的上升形势，开始有赚钱效应，市场就有了暴涨的潜质了。有消息面、政策面助攻就更好，只要当时很多投资者早已摩拳擦掌，准备好资金随时入市，累积越来越多投资者看好股市，却想等待市场调整才入市，这些场外等待的资金形成了潜在的购买力。早已全仓入市的人是不能再拉升股价的，他们只是市场中潜在的卖出者，有时他们会在各股吧讨论区摇旗呐喊。只有其他投资者愿意以更高价下买单才能拉动股价上升，一般投资者的资金来源不外乎投资者场外存放在银行中的资金以及用融资借贷加杠杆的资金。当更多人一起关注市场，市场的情绪开始兴奋绷紧，没有多少人愿意卖出持股。最新盘面如下表。

买盘数	买盘	黑洞科技	卖盘	卖盘数
		17.2	4000	2
		17	18000	4
		16.8		
		16.6		

投资的机会在哪里

续表

买盘数	买盘	黑洞科技	卖盘	卖盘数
		16.4		
		16.2(市价)	5000	2
82	260000	16		
6	80000	15.8		

如果这时市场比大家原来预期中更快地上升，一天过去，两天过去，还是继续上升，场外等待的投资者都沉不住气了，后悔没早点买入，越升越懊悔，越升越痛苦，仿佛唯一能解决痛苦的就是发出买入指令。等待中的回调还是没出现，但这时卖家好像都不见影了，市价16.2元的卖单就只有5000股了，估计没过多长时间就会被人抢光。说时迟那时快，更多投资者决定立马以市价买入，看到17元还有18000股也立即吃进了。股价就这样从16.2元跳至17元，原先挂在买盘价的买家看价格被人抬升了，把报价挂高在17元。买盘已经急速由16.2元跳上17元，看到如此好的时机，卖家都封盘不卖了，不过他们都不知道市场能到哪里，准备再继续观察一下。既然手中的股票是抢手货，完全不用急于卖出。场外的买家们由于手中的货量不多，个个如狼似虎，生怕被别人捷足先登，向还可以买入的盘直接扫货。每一口价都在往上升，下跌了一两个价位中途休息的机会转瞬即逝，没多久又被四面八方的买盘拉升了。

中国A股及很多新兴市场的特色是要么了无生气，要么一飞冲天。有时你会怀疑炒股的朋友们是否都是火箭动力学家，众志成城令股票上升竟然真的会令个股价格反地心引力地加速，越升越快。同时许多人也变成了交易界的哲学大师，许多在场外的准投资者突然顿悟出勇者无畏的交易心法，认为大好牛市机会在眼前，我不入股市谁入股市。不怕买贵了就怕买不到，立即加入买入大军。市场上充斥恐慌式买入者，"狂牛"就是这样练成的。

在有涨停板机制的A股，买入者都生怕停板了就买不到货了。往往这个时候大家都不断把股价推向涨停，投资者的涨停板预期被自我实现。唱歌，喊口号，看股价猛涨甚至一字涨停，市场参与者心中都乐开花了。也许他们心中唯一的遗憾就是买得不够多，杠杆加得不够大。

似乎即使经过了长时间的演进，A股市场追涨杀跌的本质从未改变。慢牛在过往似乎一直不适应中国股市的水土，历史上只有狂牛和漫漫长熊是比较适应A股的生态环境。也许将来市场的环境会改变，令慢牛也可能成长，令持续参与者都能获利而不是总在追涨杀跌，不过似乎真的需要更长的时间才可能看到市场的生态环境出现根本性改变。而且投资者教育的普及化亦是非常重要，不是指学习 K 线图技术分析的投资者教育，而是真正理解资本市场长期涨跌运行逻辑的投资者教育。如果更多的投资者看到股价上升并不感到兴奋，而是看到市场未来回报被透支，当市场暴跌时并不悲观，而认为是长线买入机会，部分更进取的投资者以小比例持股创业类股份，形成市场健全的资本市场生态系统。

价格下跌的盘面状态

每一个买入股票者都是潜在的卖出者，所以有一句投资界的老话叫"多头不死，空头不止"。越高价追入股票的投资者由于持货成本较高，在下跌时的止损压力往往更大，当越来越多的多头投资者一起买入，这种越拥挤的交易就越危险。当他们打算卖出持股时，就会转身变成市场空头，升得越高最终出现崩跌的机会就越高。去过游乐场的朋友都应该知道，过山车总是升高了才滑下去，而且升得越高的过山车向下滑得越狠。假如黑洞科技被热炒过后，股价开始无力再往上升，目前的交易盘口如下表。

买盘数	买盘	黑洞科技	卖盘	卖盘数
		18.5	15000	4
		18.4	10000	2
1	5000	18.3(市价)		
6	20000	18.2		
3	5000	18.1		
5	30000	18		
8	50000	17.9		

假设当前主要股票市场指数出现较明显下跌形势，而黑洞科技股价仍未开始下跌，已持有黑洞科技股票的一位投资者想沽出持股获利离场，他打算立刻卖出 20000 股，为了快人一步卖出选择用市价交易，即不管最终成交价格在市场上立即卖股份给愿意买入的买家，因为最高价位的 18.3 元有 5000 股的买单，他的市价卖出订单首先以 18.3 元的价格卖出 5000 股。次高价位 18.2 元有 20000 股买盘，市价单会再以 18.2 元卖出 15000 股，完成交易。这笔订单会把市场的交易价格由 18.3 元压低至 18.2 元，最新的盘面如下表。

85

买盘数	买盘	黑洞科技	卖盘	卖盘数
		18.5	15000	4
		18.4	10000	2
		18.3		
6	5000	18.2(市价)		
3	5000	18.1		
5	10000	18		
8	2000	17.9		

最新的市价下降到18.2元，买盘量只剩5000股，市场的买盘变得比较脆弱。如果再有卖家选择卖出，很容易就会导致股价继续下跌，同时你会发现最新的买价和卖价之差距由0.1元扩大至0.2元（18.4元-18.2元）。

如果有其他持股者想卖出股份，又不想用18.2元这么低的价位成交，他可以尝试用限价盘以18.3元挂出卖盘，等待看看有没其他投资者愿以18.3元买入10000股。交易盘面现在最高的买盘价为18.2元，卖盘价为18.3元，买卖差价就会重新收窄为0.1元（18.3元-18.2元）。买卖差价越大，交易成本越高，因为投资者买入卖出之间差价也是交易成本的一部分。如一只股票有较大的买卖差价，比如卖盘价为18.4元，买盘价为18.2元。你以18.4元买入，并以18.2元卖出已经会实时每股亏损0.2元，这还未算上税费及经纪佣金等交易成本。

做市商与个股主力

当然有些读者可能想到如果我能以18.2元买入并用18.4元卖出，不就可以赚到这0.2元的差价吗？是的，美股等很多股票市场上的专业做市商就是合法地专门赚取这些差价去获利，因为很多个股你想卖出时也没有什么买单同时出现，难以成交，做市商会在一定买卖差价下愿意担当买家或卖家的交易对手方，并尽快把持股卖出平仓获利。做市商的出现其实帮助撮合了买家和卖家，提供了股票市场更佳的流动性，在美股交易中非常普遍。如果交易活跃买卖价差小的股份，做市商不存在也没什么影响；但是如果交易不活跃的个股，有时真的找不到什么买盘，买入后都不知找谁来卖出。所以交易所其实是很欢迎做市商的出现，往往有不同程度的合作，以增加市场的流动性，吸引更多投资者参与其中。中国股市由于实行T+1交易，买入股份后要第二天才能卖出，持仓风险太大，所以股票市场的做市商并不普遍。中国的做市商类的交易者较多时只出现于交易所买卖基金或期货市场之中。

做市商并不等于 A 股投资者所熟悉的个股主力。因为大家认知的主力是为了方向式买卖作交易，比如主力如想在一只股票的上升中获利，往往经过股份收集，开始拉升，震荡及再次拉升，最后到达目标价位区间，成功保持高位一段时间，最终卖出持股成功获利。其实原理跟地摊小贩在不同渠道入了些货，在市场上较高价转手一样，如果最终货物卖不动，小贩也会亏损。只是股市小贩的货物变成了股票而已，而他们卖货的手法由市场的叫喊、摆放，变成了在图上用资金画上看似完美的技术分析图，以及在市场上形成一定的轰动效果，吸引更多投机者加入。而做市商的角色则简单得多，他们尽量不持有任何个股到第二个交易日，保持净仓位为零，只为赚取市场交易中间的无风险差价。做市商与个股主力采用的是两种完全不同的获利手法。

在真实的交易中，如果你想买入比较大金额的股票，专业的投资者在建仓入货阶段会选择把买单拆细至不影响市场价的水平去交易，以免购买意图惊动其他市场参与者。当然在入够货后拉升股价阶段，他们往往会在市价下挂出一定没有成交意图的买盘去虚张声势，并且会使用主动买盘去拉升价格，他们会观察当时的市场是否有其他投资者的买盘一齐配合拉升行动，如果市场不配合，通常会等下一次机会。否则贸然拉升股价不但大量消耗了资本，而且股价拉升后不企稳随时倒跌收场，变相被其他交易者"剪羊毛"。大型的个股由于参与的机构众多，大部分的参与者都是价格接受者，没有单一投资机构拥有股票价格定价权。如果是中小型个股，由于买卖流通量比较小，一两家机构的介入往往已经可以对股价造成重大的影响，可以变成该股票的价格制定者。

限价单与市价单对盘面的影响

前面的章节提过股票买卖下单时分限价单及市价单。限价单只以某一指定价格挂出买单或卖单，市场价则按照目前市场的买卖盘面不问价购入或卖出指定股份数量。看看下面这支黑洞控股的盘面。当时市价是 10.3 元，卖出量是 40000 股，如果你想买入 100000 股的货，最粗暴的买入方式是输入市价，买数 100000 股。假设同时没有其他交易者输入买单，你下单后交易所对盘会先对走价格为 10.3 元的 40000 股，再对走 10.4 元的 32000 股，再对走 10.5 元当中的 28000 股，你的买单一口气抬升了市场的 2 个交易价位(见下表)。

买盘数	买盘量	黑洞控股	卖盘量	卖盘数
		10.5	98000	17
		10.4	32000	6
		<u>10.3</u>(市价)	40000	8
21	50000	10.2		
3	80000	10.1		
51	155000	10		
8	20000	9.9		

如果是机构投资者，正常市况下这样作出交易指令下单的交易员应该很快就被开除。因为机构入货时是以压低平均买入价为目的。交易员的目标就是如何以较低的平均成本价入货，他们会首先把每笔交易拆细，用限价单每次500股，1000股这样在10.3元市价慢慢买入，不要令其他投资者发现他们的行动。如果发现市价已被其他投资者先行抬升，他们可能会先按兵不动，等待更有利的价位再建仓。解释相机裁决订单时已提及过在部分流通性低的股份，交易员甚至会先沽出手上持股，压低了市价，令其他持货者恐慌卖出持股，他们再以较低价钱慢慢买入收集，当收够目标数量后才再次拉升，此亦称为大户震仓行为。但是如果个股的流通性高，你一卖股压低价格，其他大型机构就吃掉了你卖出的便宜股份，就会变成"偷鸡不成蚀把米"的局面。资本市场有时真亦假时假亦真，投资者千万不要在股市升至相对高位时把每次市场下跌都解释为震仓行为，因为总有一次真的是"熊"来了，尤其是股市上升周期的尾部。

如果在大牛市中，你在交易盘面经常会发现大笔大笔的市价盘买入单，或者大笔大笔的市价盘卖出单，这就代表持有大量资金的新手投资机构或有钱的大韭菜投机者进入市场了，他们完全不同于一般专业投资机构交易的行为，一眼就会被其他老练的交易者们发现，一般难逃先吃点甜头赚一把然后被收割的命运。这时股市的涨幅多数已经走不了多远，因为韭菜们高价追入后很难找到更傻的交易对手，这时是专业交易者减持离场或做足对冲部署的时间了。

投资者要留心缺乏流动性，即买卖盘面不活跃的个股交易非常困难。市值较小的股份盘面中缺乏买卖盘，买卖差价比较大，机构投资者一般不会考虑参与，因为流动性太低时，想在市场多买一点股份建仓时股价很易被快速拉升，但当你一旦想快速沽出持股获利时，股价却往往因买盘不够多而出现快速下跌。这类股份往往成为市场上的游资及投机者的乐园，因为不用太多资本就能明显地影响价格走势。有时投机者们成功拉升股价,并配合一些市场消息成功在高价位派发给其他投资者,但有时拉升股价的投机行为也会被其他交易者识破并利用,其他同样以较低价入货的交易者在主力投机者拉升时先行沽货,到主力拉升股价后想高位出货时却发现无人承接,甚至出现股价跌停。这种主力拉升股价被其他投机者埋伏并深套其中的故事也经常在资本市场内上演。

当然,如果大家投资的是市场上的大盘股,任何一家机构都不太可能长期拉动股价,必须跟随市场众多机构形成共识的主要力量去作交易。一些每日成交额随时过百亿的个股,游资的钱放进去不消一会已经湮灭在市场的交易之中,对价格没有什么影响力,股价相对难以操控。所以我会建议初入市场的朋友在考虑估值及价格是否还有上升空间后,先从大盘股或大盘股指数基金入手,以免博弈技能不精时在小盘股被快速消灭,很快就含恨离开股票交易市场。

股市快速下跌的盘面状况

我们来看一个市场失常的情况,即市场因缺乏流动性(缺乏买家)而出现价格崩跌,会是怎样的情形。同样是虚构的黑洞科技股份,经营业务正常,遇上市场整体暴跌,许多个股跌停,股票买家好像被黑洞吸走了一般。

假设你持有 50000 股黑洞科技想先行止损,一看盘面触目惊心,买盘只有很可怜的几个,数量极少,卖出持股异常困难。看到盘面上远有排山倒海的沽盘,挂在市价 12.2 元的盘已有 8 个,再下卖单排在对盘次序的第 9 位还不知何年何月才卖得出,担心大市出现大跌,于是决定狠下心止损逃走,把看得到的买盘都吃掉。第一个对盘卖价是 12.1 元的 5000 股,第二个对盘卖价是 11.9 元的 2000 股,最新市场成交价会变为 11.9 元(见下表)。

买盘数	买盘	黑洞科技	卖盘	卖盘数
		12.3	50000	10
		12.2	62000	8
3	5000	12.1(市价)		
		12		
2	2000	11.9		

在你的交易指令成交后,现在盘面如下表。卖盘数量仍然很多,买盘少得

89

可怜，出现滑价可能，即股价因缺乏买或卖盘而快速向单边移动。一旦有其他卖家想逃生，愿意用买盘价(较低价位)11.9元成交2000股，价格就滑向11.9元，然后再有卖家想卖出就更会滑至11.6元成交(见下表)。中间几个价位都没有买盘了，更低的市场价令更多在卖家恐惧不已，每一口价都向下跌，他们都忍不住争相以更低价卖出持股逃生，而能否逃生的关键在于买盘数量是否足够。卖家心想，我都已经割肉求售了，买家快点报出买盘来救救我吧。买家就是市场上手握现金者，他们持有的现金在不考虑通胀下是绝对的安全资产，在暴跌时往往选择安全至上，而不会轻易把自己置于危险之中买入下跌中的股票。

买盘数	买盘	黑洞科技	卖盘	卖盘数
		12.3	50000	10
		12.2	62000	8
		12.1(市价)		
		12		
1	2000	11.9		
		11.8		
		11.7		
1	1000	11.6		

所以一旦市场出现快速下跌，个股往往会以接近全日最低位收盘。那些老练的市场参与者会等跌势停止后才考虑入市，因为他们知道这种高风险的钱不是他们可以赚的，不去接强烈下跌趋势的沽盘是避免短时间内出现重大损失的生存哲学。除非你确信现在的价位有强大的安全边际，并且你愿意不计较短期的继续下跌而长期持有，而且已经准备好股价继续下跌的应对交易计划，比如预留有资金在更低位买入或拥有风险对冲方案，否则不要胡乱参与此等交易。

被动交易与极端盘面

极端盘面是指市场上几乎一面倒只有买盘或一面倒只有卖盘的情况。在正常的市况下，同一时间会有不同的交易者都想卖出持货，而同时又会另一批交易者想买入，大家会有不一致的交易预期，不断有买有卖，股价虽不断波动，但是想买的人可以在现价买入，想卖的人可现价卖出，这才能形成交易市场。即使大家看到的信息是一样的，但还是会有不同的想法。有些投资者觉得赚够想获利了，同一时间有其他投资者认为短线还有操作空间选择买入，这样就形成了有买有卖、价格有升有跌的正常盘面状态。

可是在极端的交易情况下，市场可能出现一面倒疯狂买入，称为融闪的状态，因为害怕今天不买明天更贵。又或在恐慌时出现一面倒卖出逃生的崩盘状态。在下跌过程中，一旦出现一面倒逃生，期货及期权会出现巨大差价难以有效对冲，短线投资者持续撤出，导致盘面遭受全面的巨大卖压，却找不到太多买家。美股近年大量资金投资到采用被动投资策略的交易所买卖基金（ETF），一旦投资者大量撤出资金，这些基金会被动地不问价沽出组合持股。美股可以出现盘面一面倒下跌的可怕状况。最可怕的是因股价太低引起更多交易者出现强制平仓，在市场上继续出现不问价卖压，能把恐慌推到极点，只有亲历其中的人才能真正体验其中的感受。交易市场中有句话叫"跌到你怀疑人生"。除非下跌中途有政府及央行用真金白银强力救市，市场才会快速恢复正常，否则要直至市场只剩下自有资金交易者，这种暴跌去杠杆行动才会自行结束。

跌停机制

当整体市场出现剧烈波动时，平日会捡便宜货的投机者不见了，基金投资者不见了，高频交易者不见了。而所有以债务杠杆去借贷入市（自有本金杠杆借了几倍资金入市）的人或把股票质押给财务机构的大股东，都会很恐慌，因为一旦市价跌至某一价格便会被强制平仓，而且往往是不问价钱被强平。在A股市场的个股就会出现连续跌停板（股价每天价格限上下10%波动，不能低于跌停板价卖出，所以就会有大量卖盘聚积在跌停价。然后第二天一开盘又可能跌停，完全没有成交或只有极少量的跌停买盘。第三天开盘继续跌停。投资者每一天的资金以10%在滚动下跌，却完全无法沽出持股以终止损失继续扩大，眼看损失每天不断扩大却无法止损离场，是一个很痛苦又很可怕的交易状态。

如果在中国香港股市和美国股市，因为个股没有涨跌停板制度，个股出现巨大的跳空式下跌，即开盘的第一口价已经大大低于前一天的收盘价，或者交易日内一天股价极度崩跌90%也不算奇闻。要留心个股崩盘的机会远大于市场指数崩盘。

我对新手投资者的建议是，可以先尝试买指数基金参与交易，个股交易时要控制仓位，不应过度集中。更重要的是不要以任何借贷进行财务投资，因为你们对市场认识不足，往往缺乏逃生技能。专业交易老手们在察觉市场不对劲时忍痛都能果断卖出持仓，而且可能有各种紧急应对方案，他们知道生存在市场中保留资本活下去比一切都重要。新手们往往忍不住纸上财富烟消云散而选择等等看，幻想很快就能解套了，一旦用上了杠杆，股价崩跌抵押价值不足，到时就会被证券公司强制平仓(强行卖出所有仓位)，随时一无所有。就算例子中的黑洞科技升回16元，你已经没有机会拿回本金，只有泪流满面。切记杠杆很危险，新手最好不要碰。

A股跌停板的例子

即使是大型个股短线亦可以出现跌停。2018年10月29日的贵州茅台股票，作为主要权重个股，因为业绩不及预期，开盘后便封死跌停，除了开盘前对盘成交的部分，开盘后只剩少量买盘以跌停价入货，全天成交了4.9万股，其中3万股都是头2分钟成交的，在9:32后，输入卖出指令后都没有什么机会能卖出，因为股价完全封死没有反弹。排在跌停价549元前面还有几万股的卖盘，你想当天卖出股份也没什么可能成交得了。同一天，沪深300指数下跌了3.05%。

连大盘股贵州茅台都能偶现跌停，小型个股及部分特别处理的(ST)股出现连续跌停的机会就更大。目前A股最大的跌停纪录是个股连续29个交易日跌停，买了该股票的投资者想卖也不卖不出，真是欲哭无泪了。所以，资金集中去投资少量个股的投资者还是要非常小心出现连续跌停的风险。谁都知道下重注赌单只个股爆升有可能赚大钱，也许总有人能在赌博中赢大钱，但是更多的人是亏得一败涂地。所以对一般交易者而言，如果你想在市场交易中长期生存下去，学会分散投资风险是非常重要的一项技能。我当然知道集中持股兼用杠杆是获得快钱的最佳途径，不过这也是交易者破产或被套牢的特快捷方式。大家一定要谨慎保护自己的资本，不要账面赚了快钱躺在账户还未花，转头连本带利又变成了市场的点心。

活用盘面运作进行交易部署

大家学会了以上的盘面分析后，就会明白其实股市上升下跌很可能是没有特别理由的。媒体总喜欢说某某因素导致今日之大跌或大升。有时驱动市场波动的因素是很明显的，如政府救市，公司的业绩大幅好于预期。有时却找不到什么好理由只为做标题配上一个升跌的理由。

其实股价升跌的最大因素只是某一交易时间有较多投资者选择买入或选择卖出股票。如果同一时间有较多交易者想买入股份，他们追逐市场有限的在现价附近挂牌卖出的股份，股价就会被快速拉升。当股价拉升时，很多原本已挂出卖盘的持股者选择提高卖价或索性撤回卖单，股票的供应就进一步减少，而想在升浪中大分一杯羹的投资者出价会更进取，令股票的买单部分涌现出大量买盘。大量的流动性出现大大加强了持货者的信心，他们看到以目前市价沽货有大量买盘在跟进，可以随时卖出获利而不会压低股价，就会更安心地等待更高的价位才考虑是否减持。

股票市场往往在一段长时间的小波幅中没有什么行情，却往往在股价出现某次突破后短时间内展开巨大升浪，之后又会再次归于平静，没有什么交易者会想错过一个大升浪。上涨明显而且流动性较佳的个股会吸引不少机构投资者也会参与其中，机构往往有着业绩不能大幅跑输同行的压力，有时即使明知股价高得不合理，但若无跟进交易市场热点个股，投资组合的回报率就可能会大幅跑输其他开足马力追投机热点的同行。不是什么人都像巴菲特那样有大量可作长线投资的自营资金，股票基金等机构投资者若业绩不佳，很可能被投资者赎回资金，持续表现不佳，最坏的情况是要解散基金，迫于不少资金管理者的生存压力，即使理性的机构投资者也可能要被迫参与投机而追入市场热点之中。所以涨势明显的股份往往会自我增强，并不需要什么基本因素的支撑。这时候所有的坏消息都可以变成好消息，媒体可以解释为坏消息出尽了，明天只会变得好了。利好的消息更会变成了超级兴奋剂，这些时候看媒体的分析报告最大的作用是测量市场的反应，如果热炒的个股对利好消息没有什么反应，交易者必须非常警惕市场的购买力是否见顶，必须要关注盘面的变化，留心买盘的流动性有没有减少，或者开始考虑是否先行减少仓位或退出交易，如有合适的交易工具，亦可对交易风险进行对冲。

热炒个股上升的故事开始时总有不同原因，结局多数总是相似的——购买力耗尽并引发下跌。即使强如腾讯（香港交易所：700）的股份由首次上市开始十多年间升值了数百倍，也在2018年时一度出现近40%的巨额跌幅。一些勇猛追热点的杠杆投机者口袋中的钱可以一次清袋。一批又一批在下跌初期捞底，在下跌中期搏调整反弹的投资者当了阶段性的接盘侠，都变成了短线股市零和游戏中的亏损一方。

大家要理解股价下跌的时候也往往没有什么基本面或消息面的理由。如一些被热炒的股票，到最后总是会出现购买力透支，而且有可能出现大量的杠杆式投机者参与其中，这些借短钱的投机者的持股能力非常脆弱，当市况稍有波动时便很易被迫强制平仓离场。这种在下跌时强迫卖出的力量往往是导致市场在某些出现了少量下跌后，突然出现放量剧烈下跌的原因。而且交易者必须要留意在市场下跌的初期，仍有相当数量的买盘愿意逢低买进持股，他们是相信牛市未完的抄底者。可是当市场价再进一步下降，一批又一批的接盘侠都中了埋伏后，市场上的买盘就会越来越稀少，而高位买了货追热点或下跌时接了盘的投资者都会越来越心急，眼看买盘能提供的流动性越来越少，他们的内心都是焦急万分，卖了又怕市场可能会见底回升，继续持货又怕再跌下去是无底深渊。当有投资者被强制平仓，本来已经脆弱的盘面，有限的买盘立即被消耗，股价滑向新低，更多的交易者出现恐慌，更多人选择投降自行卖出平仓。可是市场上还有多少买家敢于接下跌的股份，一波又一波下滑，令更多杠杆投资者被强制平仓或自行卖股去杠杆。当你亲身参与交易时，发现那些以往活跃的热炒中小盘个股的买盘量比起牛市时连五分之一也没有，真的令人心中一寒。你心中不禁在问，买盘都去哪儿了，好像被黑洞吸走不见了。只剩下一个又一个挂在反弹关键位排山倒海的卖盘在等待卖出，心中不禁冷冷地在想，股价要多大的买盘力量才能打破这些铜墙铁壁的卖盘，想不面对现实也不行了，股价再也回不到往昔美好的时光了。

读者不要执着于找到了什么跌市原因的媒体标题，最重要的是判断中长期真实驱动行情的因素与预期，加以利用来评估未来的行情走向，并参考市场的盘面状况才作出最后的交易决定。当整体市场在长时间运行到底部并企稳一段时间，你会发现市场上的卖压已显著减少，没信心要卖的早已卖了，被强行平仓的也早已被抬离场了，市场开始对坏消息不为所动，VIX指数等波动率参考指标也已经回落到较低水平，市场接近阶段性底部的机会大增。这时如果股价开始小幅上升，发现市场的卖压仍不强，这代表市场会有较大机会向上升方向运行。但由于看空市场的投资者仍然众多，上涨幅度往往不强，牛市往往是在怀疑中诞生就是这个道理了。

有时一些股票的交易异动，其实是有迹可寻的。比如股票被加入了主要指数成分股后，就会有跟踪指数的主动型和被动型基金的买盘的必然跟进。中国A股加入MSCI、FTSE等国际指数后被视为利好因素也是这个道理。可是在A股加入MSCI指数的2018年，虽然外资净流入了2000亿以上资金，却是几年间表现最差的一年。因为当市场因为贸易战及美股暴跌影响整体气氛不佳时，加入指数引来的资金相对A股数十万亿人民币的容量只是杯水车薪，没有什么有效拉力。如果一旦市场气氛转好，这些不问价而被动买入的资金就会有助推升股价，所以也不能片面地说开放市场对A股的盘面没有积极的作用。投机大师李佛摩说过，市场总会沿最小阻力的方向前进。大家可以留意到以深沪300为首的大盘股在2018年末开始的一波上涨比以中小盘股为主的中证500幅度大，外资配置的心理及实质影响不可以忽略。当然在市况不佳时，我们亦要反向思考外资流出对盘面的负面影响。

活跃于市场的交易者往往会留意一些影响股份交易盘面的供需异动。比如大股东及员工持股解禁期，大股东有没有股份质押以及需要被强制平仓的水位。因为这些情况会大大影响盘面的卖盘数量，可能会引起股价的短线大幅波动。如果股票什么时候将被加入指数成分股或者股票加入海外交易者可交易名单等，则是交易需求面的影响。如果一只对市场有影响力基金解散或破产，我们亦会预期该基金重仓持有的股票有巨大的卖压，残酷的交易市场往往会再做空一把把交易价压向更低点，再在低位大量买入对手强制卖出的股票获利。有时观察交易市场的行为往往感觉有点像看非洲草原上的野生动物片，尤其在博弈更激烈的期货及衍生产品市场，这里多数的参与者只信奉丛林法则，异常残酷。

✥ 小米科技在 2019 年因股份解禁的股价异动

小米公司股票于 2018 年上市后，为期 6 个月的主要股东及员工持股锁定期将于 2019 年 1 月 9 日到期，估计有 30 多亿股股票被解禁，相当于已发行股票的约 19%。在股份解禁前一天的 1 月 8 日，A 股上证轻微下跌 0.26%，深沪 300 下跌 0.22%，港股恒指上升 0.15%，市场没有重大波动。而小米集团的股价却出现了 −7.5% 的大幅下跌，并以接近全日最低位收盘，收盘价 11.1 港元创了上市以来新低。在正式解禁的第一天，股价曾下跌至 10.5 港元的更低位，盘中因当天市场整体大升曾经收复跌幅，最终仍下跌至 10.3 港元，再以全日最低位收盘。相比 17 港元的上市价，半年时间小米已经下跌接近 40%，如果从高位算更是下跌了 50% 以上了。

像小米股份解禁这种交易现象事前是可以预估并有迹可寻的，可以见到一月初时不少市场交易者早已先知先觉，预先卖出持仓。小米的下跌不应该只归咎于股份解禁，其中也有基本面因素。但不可否认股份解禁的因素对股价也构成了负面影响，并加速了股价下跌的过程。

个股的长期核心驱动力量

个别股票的内在长期核心驱动力量，第一个是每股盈利增长影响以及股息再投资的回报，这部分被认为是内在性的股份价值（面粉），第二个是市场因为心理、利率等外部原因影响整体估值水平的升降，这部分是观测市场整体市盈率变化的市场的投机性股价部分（发粉），两部分对股票价格的影响配合时间的作用，就形成我们今天看到的市场股票价格（面包）（图4-2）。

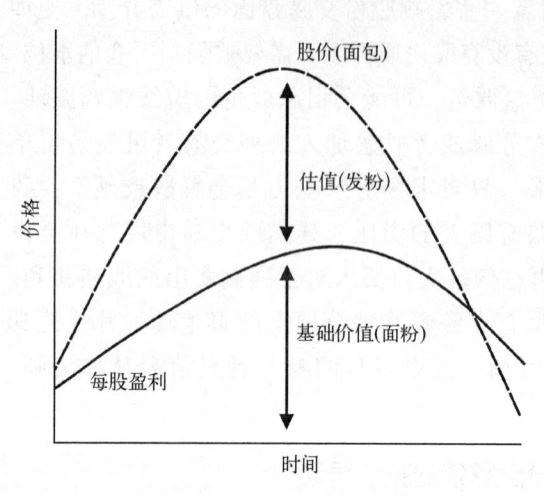

图4-2 个股长期核心驱动力

一些成长股因为基础价值不断上升，连同估值也一同上升，形成个股的长期推升力量。最经典的案例要数2003年上市的腾讯，十多年升值超过500倍。腾讯2018年的每股盈利比2003年时亦上升了约180倍。大家就可以明白股王多数不是只靠资金炒出来的，有相当比重是由基础价值上涨引起的，因为公司的业绩长期上升，被视为超级成长股，估值上升亦是推升股价的重要因素。如果腾讯的业务扩张到达市场容量的极限，就算盈利等基础价值仍是上升中，股价已经可能因为估值的下降而掉头下跌。因为市场评估该公司的增长率减慢时，估值水平就要相应降低。

明白了这个道理，大家就可以理解全世界的主要股指中，为什么美国的纳斯达克指数在2000年科网泡沫爆破一败涂地后却能卷土重来，再次升过2000年泡沫的峰值。反而日本的股市在长期零利率及货币政策强刺激下用了30年仍回不到1989年的顶峰。因为纳斯达克指数成分股不断更新，成分股的总体盈利在科网泡沫爆破后出现了明显的上升，比如出现了苹果这类大获成功的公司。大量的互联网企业由只有流量没有收入，变成了可以获利的商业模式，谷歌、脸书就是其中的代表。而日本股市的公司仍是缺乏长期盈利上涨动能，而且不时受外部经济环境冲击，指数总是难以推进。中国的公司其实盈利也在大幅增长，只是很多最具活力的创新型中国公司没有在A股上市，比如阿里、百度等等，又或者如华为这种没有上市的高成长公司，令大家低估了中国企业的盈利成长。而A股历次的大暴涨主要都是由估值拉升引起的，而不是由基础盈利上升引起的，这种空中楼阁总是难以持久，而且需要消耗非常大量的短线资金才能维持。因为推升出来的估值必须要有持续的资金投入，否则就无法持续应付投资者获利卖出股票的压力而轰然倒下。

经济增长很可能会令上市公司的总体盈利不断上升，但如果公司同时不断发行更多新股票，新发行的股份就可能会抵消了股份每股盈利增长，令股价成长停滞。当每个股票能对应分配到的每股盈利(面粉)被摊薄了,面包自然很难发大。如果新上市的股份定价已透支未来的回报,跟进的长线投资者也不可能获益,这道理就给使面包狂加发粉,烤出来又大又好看,经时间冷却后就势必打回原形。

国债利率这种无风险利率上升时,就好像冷风吹向已发胀的股市,很容易令估值发胀过度的股价(面包)缩水,除非是真材实料由盈利驱动的股市上升。当无风险利率比较高时,货币类投资的回报有可能比持有股票更好,很自然减少投资者对股市的兴趣,尤其一些大型机构投资者有兴趣加配货币类投资。而且股票也不像房子般是必需品,当股票市场提供的回报缺乏吸引力,参与的交易者在股民中就会越来越少,市场人气日渐下降,估值就会降低。

如果在市场深陷熊市的持续下跌周期中,市场可能演变成存量资金博弈。残留在市场中的交易者为了获得短线利润进行了互相厮杀,互相追逐热点并极速切换,争夺对方口袋中剩下的那点钱。这是非常残酷的博弈,要等到下一次的牛市再来,整体估值上升,大家才能一起获利。

新股上市与创投

新股上市前阶段。前面提到现在很多新成立的公司,尤其科技类及互联网类的公司最初成立时都获得了创投资本和私募的股权投资。创投资本在本质上和私募很相似,只是创投更专于创新企业的投资。而私募的业务类型更广泛,它们还参与企业并购、业务重组改造及资产管理等不同业务。当前最出名的私募有红杉资本、凯雷资本、黑石集团等等都是手握千亿资金的资本巨头。当你成立了新公司并获得创投或私募的首笔投资,市场称为天使轮投资。因为没有这些资金,这些企业就没有钱去开展业务,就不能成立及壮大。天使轮投资人往往认同创业者的业务模式才会开始投资,因为这一轮投资获得原始股份的成本是最低的,获利空间是最大的。不过,投资的100家新企业中还不知有没有10家能捱得过头3年就倒闭了,所以创投是以大量小金额投资初创企业去分散风险的。只要100家有5家成功的初创公司能卖出股份获利就可抵消投资95家倒闭公司的损失。

当一家公司的业务开始成形,虽然很可能仍处于烧钱吸客的亏损状态,但是开始获得一定的活跃用户基础,有实际销售业务,公司就会需要再次融资,以进行业务推广。多数公司会以发行新股去吸收新资本,原本的天使投资人亦可能继续参与其中。如果天使轮投资人没有跟进新一轮的投资,他们的股权比例就会下降。比如最初公司有 10000 股，天使投资人以每股 1000 元总投资 200 万元买入其中 2000 股，第二轮融资再发行 6000 股，每股 2000 元进行 A 轮融资 1200 万元，天使投资人的持股比例便会由 20% 下降到 10%。但是天使投资人并没有损失，因为按第二轮的出价，其手持的股份已经升值至 400 万元。如果公司的业务顺利，销售额市占率不断提高，下一轮融资的股份价格往往倍数增长。

随着公司开始建立好经营基础，客户人数开始增长，业务需要更多资本参与进行扩展，就会进行 B 轮融资。等到 C 轮融资，代表业务已开始走上轨道，业务模式已被验证，需要更多资本去抢占市场份额，并达至规模经营，甚至称霸行业，这时期加入的新投资者往往需要比 A、B 轮投资者付出更高的每股成本去获取相同的股份。再往后如有 D 轮或以上融资，就近乎是价高者得的游戏，往往投资者的出价会非常高，就算公司能上市也不确保他们有很大的利润空间，要视当时新股市场的气氛而定。

首次公开发售

新成立的公司通常吸收了多轮资本后，最终的目标就是做大做强，然后上市，称为首次公开发售（IPO）。因为上市前 A、B、C 轮投资该公司的原始股股东（一级市场投资者），在市场气氛良好时上市往往能以一个很好的溢价卖给首次公开发售时愿意买入的公众投资者（二级市场投资者），有时能卖高的价格以倍数计算，A 轮或以前的投资者有时获利可达百倍以上。所以一旦公司成功上市，最初的投资者大多可以欢天喜地地卖出股份获利离场。不过等到 B 轮、C 轮甚至 D 轮以后的投资者能否获利，就只是靠天吃饭了，因为越后期进行，上市前的投资人往往要付出更高的价格，不少热炒的拟上市公司早已透支未来几年的成长空间，甚至透支到行业的增长极限，要在 IPO 时以超高价卖给二级市场中的机构投资者也不一定是件容易的事，所以上市前入股的投资者并不是稳赚不赔的。2014 年 10 月参与小米上市前 E 轮融资的投资者，按小米公司 450 亿美元的估值入股，到了 2019 年小米上市后的估值只余下 300 亿美元左右，参与 E 轮投资的淡马锡、厚朴投资等著名投资机构的该批持股经过多年仍落得亏损，持仓要等到 2020 年科技股大牛市才有盈利。所以创投并不是一门稳赚不赔的生意。

通常来说，准备上市的公司会在首次开公发售（IPO）时额外发行公司原有股本 10%～30% 的新股票进行集资。这样做虽然会对旧股东拥有的股权进行了稀释，但同时因为能以较高的价格发行新股吸收了新资金，旧有股东大多不介意自己的股权被稀释的影响，因为他们往往更在意能否在证券交易市场中以更高价位卖出持有的股份，获取丰厚的现金利润。有部分的新股上市是原有投资者卖出了持有的原始股去套现，甚至亦有只上市不集资的案例，上市目的只是为了让股份可以在证券市场交易。2018年上市的小米在进行上市发售以21.8亿股集资大约400亿港元，新股及旧股份分别占65%及35%，即发售的股份中除了新发行的股票，亦同时把旧股东持有的股份直接放售给投资者。投资者应该要小心考虑为什么原有的投资机构或高管会考虑放出股票，如果他们认为股份是只会生金蛋的鹅，应该一股也不卖给你，最简单的解释当然是他们想保留资金另有发展或完成交易获利退出，投资者应自行思考此等股份有没有长期持有的价值。

　　投资者除了要留意该新股上市前原有的创投及投资机构有没有在公司 IPO 上市时直接售出旧股给公众，另外亦要留意上市时主要持股的大股东股份有没有设禁售期。在禁售期到期前往往出现两种现象，如果股份的交易量大，市场流通股份众多兼股票表现平平，禁售期到期前后一段时间很可能出现较强卖压，因为机构投资者会选择先于大股东等股份解禁前先套现再观望，如小米于2019年1月份股份解禁前后一段时间大跌超过20%。如果股份的流通性不高，持股者比较集中，主要机构参与者就会有较大动机在出货前力托股价，因为在他们售出解禁股份前若出现大跌，就很难再卖到好价钱获利，如果股份的流通性低，只要很少资金就能力托股价，再慢慢在较高位进行分派。

　　如果参与上市前投资的机构股东没有股份出售限制，他们往往会选择在股份刚上市流动性最好时快速卖出持股套现。因为一旦过了上市初期交易较活跃的时期，市场每日成交额往往非常小，就可能出现有价无市的情况。一家市值百亿美元的公司可能每天的成交金额不超过2百万美元，这种情况下，如果机构投资者想卖出持股，采用了被动卖盘不想尽量压低卖出价格，一年也卖不出多少持货。在香港上市的海底捞（6862）在上市后市值近千亿港元，但上市后交易金额少的时候一天交易额连两千万港元都没有，主要股东想要在场内卖出大量股份套现并不容易，在场外配售亦不容易找到愿出高价的机构性买家。海底捞于2018年12月10日纳入了上交所港股通名单，A股的资金可以直接加入买卖，成交快速回升，数天后又再归于沉静。所以也不是说公司上市了、股价上升了就代表真的是赚到钱了，还要看是否真的卖得出股份持货收回现金才算完成交易能落袋为安。创投这一口高风险高回报的饭也不是人人都有能耐能吃到的。

员工持股与禁售限制

　　国际上新股上市的热门目的地主要有三个：美国股市，中国香港股市和中国A股市场。如能在A股上市通常估值最高，即能卖最高价钱。但因为A股上市的难度较大，规则较多，时间最长，不确定性最高，所以很多中国相关企业的新股都选择在美国或中国香港上市，而且价格在市场畅旺时也能卖得很好的价钱。像阿里、京东、百度都选择在美国上市，而小米、美团等在中国香港上市。上市的时候，原始股的股东就能高价卖出股份获利。不过有时大股东及员工持股可能有禁售限制，如果股价能挺一段时间，比如阿里上市时，很多中高层员工卖出股份后都能变成小富翁了。拼多多用了3年时间成立公司由零开始，到2018年在美国上市融资时获得240亿美元估值，老板身价一跃上了中国50大富豪榜，所有参与其中的创投及私募基金应该都乐翻天了。

初创公司的员工原始股或期权也有可能发财梦碎的，最主要原因是公司未必有交代清楚上市的股本安排，你获得的期权或原始股票可能在公司上市后被严重稀释。比如公司上市时，25股原始员工持股才能合成1股在美国上市交易的美国存托股份（ADS）。员工即使获得上市前的股份，但能获得的利益就会非常有限，甚至有一些员工自己拿钱投资了公司的原始股票，却不知道这些股份最终有合并的可能，投资回报率比定存还差，这时心里应该会很受伤。而且一些初创公司拿出看似巨额的公司期权奖赏，往往期权的行权价定价甚高。当公司真正上市后，除非股价能大幅上升，否则未必有机会行权。例如公司只批了10万期权，上市后25倍稀释，只有4000股ADS每股赚1美元，还要面对很高的所得税等支出。扣完了税及交易成本，几年打拼的发财梦钱就只够买几件家电就没有然后了。打工者抱着上市发财梦，辛苦打拼几年后最终发现没什么真实回报，应该内心会感到十分沮丧。当然，你若幸运地加入了阿里、小米等公司又成功分获相当数量的内部原始股等到上市，就真是令同行羡慕透顶了。不过提醒正打算在找工作或想换工作的读者，公司上市后，所有发放的股份及股权会直接计入公司经营成本，所以一般已上市公司不会慷慨派发股票及股权的。加入该等已上市多年的公司工作，若不是晋升为高薪的高管，已经不能再复制该公司老资历同事能在公司上市时发大财的好事了。

新股发行与分配

认购新股的途径主要有国际配售以及公开发售两种。国际配售的对象是机构投资者以及在投资银行的超高净值个人投资者，他们是主要的定价者。在中国香港，一般90%股份会配售，10%会公开发售，如果市况非常热烈，公司可能会把公开发售比例上调至20%~50%，令更多散户投资者参与其中。好处是交易状况会变得更活跃，而且散户往往愿意不看基本因素高价追入上涨中的个股。因为上市前负债承销的投资银行会进行路演推介股份，吸引全球各地的投资者落盘参与，投行会先给出参考定价范围，例如8~10元一股，然后不同的投资者对此出价竞投。如果市况淡静，投资者的出价可能会变成限价8元并收缩认购额，或者放弃竞投。这时投行和拟上市公司就要考虑是否要调低招股价，因为投行跟新股上市有包销协议，如果一旦股份在市场上卖不出去，承销的投资银行就要用自己的真金白银买入以确保成功发行，而且上市后亦会有一定时间的价格稳定期，投行可合理地对股价维稳，以确保交易有秩序进行。投资银行不会那么笨做亏本的生意，它们会因市场波动而中止股份发行计划。

如果市况旺盛，一股难求，即使机构投资者追入货，公司大多会按上限定价，在新闻中就会出现国际配售获得非常大额超额认购，而公开发售时散户亦大多会大幅超额，这时大家就等着新股上市首日上升多少获利。投资热门新股上市一般很少会短期内跌穿发行价，近乎是一种稳赚不赔的生意。如果上市后股价大升，新上市公司多数还设定了一个超额配股权，即上市后可定向增发股票一般10%~20%的新股，公司就能获得更多的增量资金。但由于参与者众多，大额认购1亿还不知道能否分到50万的股份意思一下。就算升值了20%，也是获利甚微。如果要借入资金炒股，热门新股往往赚价蚀息，所以专注买卖新股其实是很难赚大钱的，只有买了当时人人认为是垃圾的股份，过了几年脱胎换骨被人发现是宝藏，新股二级市场的买家才能发家。如2003年的腾讯，当年上市时只有用户，盈利模式一直打不开，连其大股东香港电讯盈科也忍不住赚点小钱卖股给南非NASPER公司，谁想到这批股份如今市值万亿，升值数以百倍计。

A股由于新股有市盈率限制（目前是23倍），相对已上市股票估值有较强的吸引力，往往新股一上市就暴涨，上升1倍至数倍是等闲之事。科创板的新股由于融资体量小，即使没有什么业绩参考，只要有赚钱效应，投资这类新股一般是一股难求。但是由于投资者众多，所以每人能分到的利益是非常有限的，运气差时一手也分配不到。但对资金量大的投资人，在A股打新股或参与科创板的分配量太少，没有可能获得大额收益的可能。新股上市因为体量少，流通股数少，上市后的持续暴涨往往成了游资的乐园，不过大家在新股上市后在二级市场追高一定要非常谨慎，因为涨停板背后的老搭档就是跌停。一旦股份跌停被套，想不损失也很难了。即使是大型新股一旦打开涨停或升势中止时，往往已经极度透支。如2007年的中国石油，2015的中国中车，2018的工业富联，而这三个时间点刚好都差不多是中国股市由一波牛市到熊市的转折点，投资者必须小心注意风险。

美股的新股认购一般不向个人投资者开放，因为美国监管机构认为新股对个人投资者而言风险过高，很多美股证券公司都没有直接提供新股 IPO 服务。即使有提供服务的，对客户资格亦有严格的限制。美国是承销的投行与拟上市公司自行决定新股分配，分配方式不受约束，一般分配给投行最有价值的机构或个人大客户，所以你会发现新股上市第一口价往往已大幅超出美股上市的发行价。二级市场的投资者必须小心思考是否用自己的资金高价追入别人手中的货。从事网上贷款的趣店（QD）2017 年在美国上市定价 24 美元，首日开盘价 34 元升 43%，但之后股价快速回落，一年后股价跌到连 5 美元都不到，高位买入的投资者亏损 85%，上市时 24 美元入股的也损失近 80%。2018 年 9 月，趣头条（QTT）以 7 美元一股发行价在美国上市，开盘首日盘中最高涨至 20.39 美元，最高涨幅超过 190%，可是上市后第二天就无以为继大跌 41% 回到 9.41 美元，而且新发行 300 万股的流通股票两天换手率达到了惊人的 13 倍。读者应留意到近年明显地有不少中国资本活跃于美股市场，炒作手法跟 A 股非常相似，很可能是系出同门一脉相承。

IPO 投资也是高风险投资

在美国新上市的公司出现业绩亏损的其实非常多，有统计在 2018 年上市时亏损的公司近 80%。但是买入这些亏本的公司股票，仍有可能获利，因为只要有短线炒作空间，市场上就有很多资金追逐这些短期利润。这些长期投资人看似是丑小鸭的股份，其实也是投机者眼中会生金蛋的鹅。市场上的投机者从来只会认真地看有没有人愿以更高价买入。如果有，什么样的资产哪怕真是垃圾一堆，他们也认为是发光的金子。这过程会一直持续，直到有一次他们找不到更笨的投机者，而他们发现自己做了接盘侠，就会卖出亏损股份暂时离场观望，等待下一次的新股大牛市的机遇了。

在不同的股票市场上，新股上市第一天就跌破发行价也并不罕见。2019 年 5 月，优步（美股：UBER）在美国上市首日即跌破发行价，是近年大型新股上市最大的首日亏损案例之一。优步的上市发行价为 45 美元，上市第二个交易日就曾一度跌至 37 美元左右，令投资其中的新股投资者大叹中了埋伏。其实，近年美股、港股不时出现新股发行第一天就跌破发行价的案例，很多股份其实上市第一天只是接近公开发行价平收，扣除手续费所剩无几，运气不好重仓投了当时的不受欢迎的行业，如 2018 年的美国医疗股，也可能头一天损失 20% 以上。

即使往往有中资海外资金热炒的中概股也不是必胜，360金融（QFIN）头一天开盘后全日只能收平于招股价16.5美元，并在不足一月内下跌了20%，除了头一天逃脱的投资者，后来卖出的投资者都出现了亏损。当然也有像趣头条（QTT）这种集资额小（1200万美元）第一天便升了1倍以上的小型股案例。这种交易跟赌博开大小分别不大，而且市场容量非常小，你买了货后就不知道可以卖给谁了。要谨记新股上市热闹过后往往成交非常疏落，就算股价有上升，你手中的股份量多，也很难找到足够的买家去买入你股份。没有足够的流动性是投资小型新股的一个巨大风险。

2018年全球新股集资额最高的中国香港市场，新股上市第一天便下跌10%以上的股份并不罕见。单是香港新股市场2018年的8-9月两个月上市当天即下跌15%以上的已有7只，有一只更是第一天便下跌30%以上。而2018年7月至12月在中国香港上市的公司，在2019年1月时已有12只出现50%以上跌幅，30%跌幅的更是比比皆是，即使重磅的小米及美团都分别下跌超过了30%及40%。所以港股、美股等新股市场跟A股新股近乎必赚的状况还是有很大的差别的，别以为任何市场能买到新股就一定能赚钱。虽然新股投资的长期投资的亏损风险相当大，不过当中的短期回报也是非常诱人，而且刚上市时部分有故事可吹牛的股份往往还有一轮炒作。虽然该类新股的股份流通量不高，但股票拉升的过程往往迷倒众人，令短线交易者抵挡不住参与其中。妖股不够妖怎么吸引投资者？三几个交易日拉升个20%~30%是等闲之事，许多人能从中获利，看的就是谁当了最后的接盘侠而已。近年没有盈利不断消耗股东资本补贴销售增长却仍能成功上市集资的要数拼多多和瑞幸咖啡（美股：LK）。原本拼多多3年上市已是资本传奇，而瑞幸只用了大约一年半时间，就能不断烧钱开店，卖一杯咖啡亏一杯去快速扩张，就能成功赴美上市集资数亿美元（上市估值为42亿美元），更令人啧啧称奇。作为投资者，不合自己口味的不投资就好了，千万不要乱交易，时间会证明资本市场的判断是对还是错。不过这种以烧钱补贴销售增长的故事似乎近年很受资本市场的欢迎，瑞幸咖啡上市首日在开盘初段曾最高爆升50%，首日收盘价仍保有20%涨幅就是最佳例证。可是只用了4个交易日，瑞幸咖啡的股价就跌破了17美元的发行价。新股发行游戏是巨大的风险与机会共存，有少量不起眼的新股最终会茁壮成长，更多的只是参与游戏的交易者之间的博傻游戏，热炒期后该等股票便会乏人问津，大家又会追逐下一个热点。你现在应该明白了，为什么明知新股交易风险是如此之大，为何仍有这么多投资者愿意参与其中。

投资新股的风险与考虑

有些投资者会考虑买入业绩优秀的新股作长线投资。我们在投资前一定要考虑公司上市的动机，想想一家经营良好的公司为什么要上市卖股份给你分享公司的利润，最合理的理由是公司需要资本去扩张业务，赚更多的钱，那样就能创造更高的股东权益回报（EPS）。其实有一些新股只是市场过热时想多补充营运资本，以应付将来的经营环境逆转时好过冬。亦有一些新股上市的目标是让主要股东或以及早期的创投及私募基金投资者想在市场炽热时卖出股份套现离场获利。虽然主要股东有禁售期，但一些早期投资的创投及私募基金通常没有。如果市场气氛不错，上市后拉升股价能以更高价卖出，回报就能更可观。其实就算经营真的良好，优质公司的优势早已反映在股价上，甚至透支了公司未来几年的经营成长预期，一旦上市后业务增长没有惊喜，股价往往也没有什么再成长空间。

投资者长线持有新股须谨慎。其实参与新股的投资者大多知道长期持有新上市的新股大多数都没有什么回报。但是参与新股上市初段的短线交易却往往有高额回报，而且短期内风险有限，不少新股还在上市初期有保荐人（投资银行）合法护盘去维持价格的稳定，所以新股交易经常是资本市场的焦点，因为有钱赚的地方，就有交易机会。虽然很多新股都有先弹升再下跌的典型"弹散"行情，但谁会理会那么多长线短线，而这个看似风险不小的新股市场却滋养着一代又一代杰出的创新型公司成立和成长。没有了新股市场，创投及私募基金就会出现项目回本困难，缺乏冒险资本，许多初创公司就不再存在，阿里、腾讯、亚马逊等公司就不可能有今天的发展，经济也就会缺少了创新的动力。下次你投资新股时都可以想想，嘿嘿，我也有为社会发展作出贡献。虽然大家只是为了短线赚钱，但这就成就了股权融资这一个融资渠道，要了解金融市场凡事都有正反两面影响的。

美国的新股发行采用注册制，监管者的角色只是确保新股发行市场是公开而且透明的，不允许做假及欺诈。至于股份是否有价值，公司经营状况是否良好，就不是美国监管者的职责。美国监管者认为市场能自行判断，所以有一些美国新股的财务状况相当差但仍能上市。可是历史上大多数新股的长期表现都非常差，因为新股投资的高风险，一般个人投资者在IPO时未必能被允许直接参与。不同的证券商会对客户参与新股发行采取不同政策，首先要视乎发行新股的发行承销商的声誉。另外，客户的资产往往须要达到某一水平，以及过去一年的交易数量达数十次，被视为能自行判断风险的专业投资者才能参与。有一些美国的证券商甚至完全不提供 IPO 服务，即使新股上市后过一段时间仍未必能在二级市场进行买卖该等新股。大家要知道，美股是全球最成熟的资本市场，其发行制度只可以为其他资本市场参考并不应该照样复制，因为每一市场专业投资者的参与程度不同，此等由市场自行决定的政策必须有深厚的市场运行的经验累积为前提条件。尤其是成熟市场的参与者已经历过各种失败项目的沉痛教训，专业投资者比例不高的市场若完全开放，经验不足的个人投资者参与此等注册制新股游戏只会令很多人当了接盘侠。

科创板或创投类上市版块能增补原有资本市场融资功能的不足，以往许多未获得盈利或同股不同权却有潜力的公司都到了美国或在中国香港上市，但普通投资者必须非常警惕长期重仓此等科创类股份的巨大潜在风险，可以预见，在一段时间内科创板的股份由于流通量小，很易被热炒。个人投资者决定是否参与时必须警惕若在超高价位买入后，时间不会帮助你取回本金，因为股份可能已经被透支了几十年甚至几百年的潜在利润，买入后获利的唯一可能要靠找到下一个比你更疯狂的买家。打开融资的渠道是一件有利资本市场发展的事，并且有利公司进行新投资促进社会经济发展。但参与其中的交易者必须要知道对高风险投资项目进行分散投资的重要性，并认清盲目追高热炒个股的风险。

借壳上市

有些公司为了避免繁琐的上市程序，而且没有太大的上市集资需要，选择买入一些成交量非常低的上市公司的控股股权，俗称"买壳"。买入了上市公司的壳后就会开始大量发行新股票以收购新注入的上市公司资产，并稀释原有持股股东的股权，市场俗称为"注资"。新的控股股东在注入资产后往往会更改公司名称及业务类型。由于注入的新资产往往盈利质素不错，即使持股的控股权可能稀释，原有的公司小股东多数会非常欢迎此等间接收购行为。此等股份资产在停牌暂停交易被注资后能获得非常高的股价增值。A 股的顺风控股就是借壳了鼎泰新材而上市的。2016 年 5 月 1 日，A 股深交所上市公司鼎泰新材（深：002352）发布公告，以全部资产和负债与顺丰控股股东持有的股权的全数等值进行置换。消息公报后，上市公司鼎泰新材的股价出现连续涨停板。顺丰控股公司（深：002352）于 2017 年 2 月注资重组完成后出现连续涨停板行情，数个交易日内由 40 元左右升到 70 元左右才见顶。所以，注资交易是市场上重大的交易机会之一，投资者一定要留意。不过亦要小心不要追高连续涨停或暴涨被透支前景的股份。顺风控股在2018年已回落至40元以下，之前追高长线持有的投资者都账面亏损了。

非流通股与禁售期

流通股是指在证券市场可自由交易买卖的股份，非流通股指的是已上市公司股票中不能在交易市场上自由买卖的股票，这些股票可能是国家股、国有法人股等等，除了不能在交易所直接买卖，其他权利和义务都和流通股是完全一样的。非流通股一般在获得监管机构批准下可以通过拍卖或协议转让的方式来进行买卖。近年通过股权改革，大多数A股上市公司的股票已变成全流通。

前面也有提过新股会有禁售期安排，是在新股招股的常见安排。新股上市时，大股东及公司员工持股的禁售期一般为6个月至2年之间，此举可以增加新股投资者的信心，因为大股东短期内无法卖出持股，主要股东会有动机在禁售期前维持价格的稳定。如果股份在禁售期过后出现较明显下跌，投资者应该非常谨慎。

配股集资与分拆业务上市

公司在上市一段时间后并不代表没有融资需要，有时为了业务再拓展，或是资金使用量大的公司，如银行及房地产企业要扩充资本，这时便可能需要进行配股集资。发行新股份集资的最大好处拿到的资本是永远不用归还的，只有在公司获得利润后选择是否派息给全体股东，不像债券会有到期还款日，还不了就被债权人清盘解散公司。上市公司增加发行股票主有向普通股股东供股集资及定向增发两种形式。如果选择向原有股东集资，股东必须投入新资金才能保有原来的股权比例，否则其拥有的股权比例就会被新发行的股票摊薄，原理可参考前面上市前各轮融资的股权变化解释。

对多数股东而言，付款去供股还是任由股权被摊薄都不是什么好事，所以多数公司宣布供股后股价多数下跌。如果是定向增发，很多时候是引入战略投资者或战略股东，只要该配股价没有大幅低于目前的市价，对股份价格的影响则比较轻微。

母公司分拆子公司业务上市是指母公司已经上市再把旗下的子公司业务独立分拆上市，最大的好处是，当这家子公司上市时的卖出价若较其会计成本高，差价就会直接计入母公司的利润。如果子公司上市后仍持有的股份将来价格继续上升，就可以计入投资股份的公允价值变动获利，母公司变相做了创投资本的角色，自己创造不同的业务再逐个卖出获得资本获利。分拆上市最出名的当然要提腾讯系的相关公司，每一次有业务分拆上市都往往能对母公司当年利润有正面影响。但问题是，业务卖出后便会减少了持续经营利润，所以母公司卖出时往往定价非常贵，甚至透支了几年以上的投资空间，你再加入其中长线其实很难再获利，不过短炒的利润空间还是照旧吸引无数投机者参与，看谁走得慢变成接盘侠而已。

证券交易常识

以下这部分是股票交易的基本常识，目的是帮助完全没有股票知识的读者去了解更多股票交易的常识及要注意的地方，如已有一定投资基础的读者请略过这些基础部分。

收取股息（分红）

如果你持有股票的公司业务经营良好，有利润可以分派股息，投资者就可以获得股息收入。公司会公报每股股息分派金额，在除权日在股东名册上的所有股东都能获得现金分派。但是除权日的股价会做相应调整，比如每股派 0.5 元股息，除权日后一天股票价格会相应扣减 0.5 元。当然，如果市况很好，后一天股价涨幅达 0.5 元以上，你就看不到除权对价格的影响。有一些股票因公司卖资产去派息，该年度的息率可以非常高，其实公司的净资产已越来越少，你就会看到股价在除权后往往走势会偏弱。

如果公司是初创型，业务高速扩张需要保留资本作投资，股份完全不派息股价也可能上涨。但当公司业务到稳定期，持续获得利润没有什么新投资，却还没有什么分红，这种俗称"铁公鸡"的公司就可能有公司管理问题，要小心考虑是否适合作长期投资。在港股中有很多长期低于资产净值 60% 甚至低过净现金水平的公司，股价却 5 年、10 年也不会上升，这种公司除非控股股东持股不足 51%，被大型投资者进行狙击夺取控股权，把公司资产卖出分派投资者，股价才可能出现一次性暴涨。

在中国股市，如果公司提升分红比率通常都会很受投资者欢迎，消息公报可能被热炒一轮。但高价追入的投资者必须考虑为什么公司不再用现金进行投资而是进行分派，是否主营业务增长差不多到顶了？所以请谨记派息率高的公司不一定是好公司，根据经营现金流及投资需要合理进行派息的公司才是好公司。

　　如果投资者对持续派息丰厚的公司进行股息再投资，长期投资这类牛股的回报率往往是不会太差的，但你必须确定这公司的业务经营前景稳定，比如拥有长期经营权的地区垄断性供电或燃气类股份。因为，若你不断用股息投资同一家公司，一旦业务迅速恶化，就会变成"股息滚存数十年，一亏回到解放前"的惨况。2009年汇丰银行的股东就受到了巨大的伤害，股价由2007年的140港元以上到2009年3月最低时只剩33港元。如果投资者选择继续持有9年多，到了2018年末的股价仍只回到65港元左右，计算利息只能在账面上勉强平手，却浪费了整整10年的投资时间。而花旗银行由2007年的50美元下跌至2009年3月的不足1美元，巨亏97.5%以上，长期只集中投资少数个股而不作风险分散的投资者就可能面对个股业务逆转的巨大风险。

股票分拆（分派红股）

　　公司有时会选择自行把股份拆细，令原来持有的股东持有的股份数量上升，但持有的权益保持不变。比如1股拆5股，投资者看似多了4股，其实每股的实际收益也是同等比例拆细。原本每股收益（EPS）是5元，一拆五后每股收益也只剩1元。当然股价也会进行1拆5调整。

　　分拆红股的原因有好多，较好的原因是因为公司股价上升，每手（市场上最低交易股数）交易的金额可能太大，不利于个人投资者交易。像腾讯在2014年因股价涨幅太高，进行股份一拆五。如没有这次分拆，每手100股的交易金额在2018年时最高可达20多万，非常不利于一般股民交易。

　　但有时候分拆活动只为取悦投资者，公司的股价死气沉沉，管理层这时来个股份分拆行动（送红股活动），刺激更多投资者关注消息参与投资，令股份的交易更活跃，达到推升股价的目的。如果公司的业绩跟不上，股价过了一段时间还是会打回原形的。

股份回购

　　美国股市上升的其中一个最大的推手就是股份回购。公司把手中持有的现金直接在市场买入公司股票，买入股份后市场上流通的股份会减少，同时每股收益（EPS）会因而上升。如果回购金额庞大，自能吸引更多投资者想参与这个股份升值获利的机会，股份想不升都难。

　　问题是为什么上市公司不把钱直接用作派息，而要乐此不疲地进行股份回购呢？这就跟美国的所得税法有关。美国公民持有股票收取的股息是要交利息税的，而公司进行股份回购后提升每股收益是不用交税的，股票持有人只需在最终卖出股份后才一次性地交一笔资本增值税。如果你是长线持有的机构股东，相对派股息而言，你会更喜欢公司管理层进行股份回购，这就是为何近年美股的年度回购金额均达数千亿美元，甚至接近上万亿美元。投资者要留意公司的回购会在业务公报期前或某些时间被短暂禁止，比如美股在 2018 年 12 月的暴跌过程中体现出买盘的脆弱性也是因为当时有很多公司处于进行业务公报前的敏感期，令很多回购活动被暂停。在平日倒是没什么大问题，如果刚好遇上市场气氛差劣，沽盘一旦涌现而买盘却减少，股价就可能快速下滑。汇丰银行在停止回购后往往也会出现一波的快速下滑，所以股份回购行为对股票有很直接的影响。

中国 A 股目前也开始鼓励上市公司进行合理的股份回购以提振股价，可以想象将来更多公司会参与股份回购的大潮之中，投资者可留意当中的机会。

股份回购其实也有副作用。通常公司在经营状况良好，现金流稳定时才作出回购，但是一些公司的管理层为取悦股东，公司负债不断上升时仍进行股份回购，等于借钱去市场上拉升自己的股价。如果公司的经营现金流不足以持续支撑股份回购，一旦信贷环境收紧市场利率上升，企业再融资变得困难时，公司回购就会无以为继。在经营现金流不足甚至公司出现持续亏损的情况下，公司可能要考虑变卖资产以降低负债水平，就会考虑财务报表上一切可出售的资产，包括已经回购的股份。试想当股价下跌时，公司还想在市场上卖出自家股票去取回现金以支撑实体经营，卖压就会变得很强大，这亦是美股大牛市尾部面对的一个巨大风险因素。

股份质押与强行平仓

投资者用融资的方式买入个股，比如以 100 万本金买入 200 万市值的股份。证券公司借贷给你时除了会收取利息，同时会设立强制平仓机制。一旦股价下跌，抵押品（股票）的价值低于最低保证金（比如 120 万）水平，客户又未能实时补足现金抵押品，就会出现爆仓，即抵押品价值不足的情况。爆仓后证券公司多会执行强制平仓以控制风险，证券公司会强行替客户卖出全部或部分持仓股票以控制最大损失风险。因为如果股价再下跌并低于 100 万贷款总额，你又无力偿还差额，亏损的部分就会变相由证券公司承担，影响证券公司的本金及经营稳定性。

上市公司的大股东在市场上卖出股份是要在交易所作出公开申报。当市况不佳时，大股东减持对投资者的心理有很负面的影响，如果股份没有现金可作派息，大股东虽持有很多股份，自己口袋中可用的现金也未必多，他们就可能把持股抵押给一些金融机构获得贷款，有时亦可能以此类贷款作为公司发展的资金。而贷款的金融机构也明白这些中小盘股价格波动性很大，一般只会借出股份市值50%甚至更低去保障自己，而且会设定强制平仓条款，一旦市场价格低过某一水平，便会触发贷款者可以任何市价强行沽出被抵押的持股，这对本来流动性就不高的中小公司的股价可能是毁灭性打击。目前监管机构亦开始加强监管及化解这种金融风险。

国企与民企

我们可以买入的上市公司股份主要是国营企业以及私营企业两大类。中国在改革开放初期没有活跃的民营企业，第一代市值大的上市公司主要都是国企为主，股市承担为国企提供长期资本的重要角色，并且因为公司引入外来股东对公司管理方面亦会加强，提升国企的经营活力。后来大型的国企几乎都已经上市，国企改革阶段性的历史任务已近乎完结，市场上新上市的企业中，民营企业的比例越来越高，近年创投资本越来越活跃，许多科技类及互联网类的公司涌现资本市场，令投资者可以选择的股份更多，当然投资陷阱也是越来越多，大家必须学会基本的分析技巧，以协助判断打算投资新股的长远投资价值。

各类型中资股

A股市场是中国最主要的股票市场，最初只允许中国境内投资者参与，并以人民币交易及结算。为了吸引境外资金参与中国资本市场，中国在境内设立了B股市场，允许部分公司在B股市场发行股票向境内持有外汇的投资者或境外投资者进行交易，深圳上市的B股以港元交易，上海上市的B股则以美元交易。到目前，B股的历史使命已基本结束，成交并不活跃，基本已淡出中国股票市场的舞台，所以大家会明白中国股市为什么经常被称为A股。ST股代表因为业绩非常差有退市风险，对股票交易者发出的风险提示。

其实中国公司因为在海外上市的地点不同，出现不同的股票俗称。比如在中国香港上市的中资股票称为H股，比如中海油、建设银行等等。而在美国纽约直接上市的中资股称为N股，比如阿里巴巴等公司。在新加坡交易所上市的公司称为S股，由于估值较低，并且新加坡市场没有如香港市场有港股通等直接投资渠道，近年中资已很少在新加坡集资。

美国预托证券(ADR)

ADR 则指为中资公司在美国发行的预托证券,每一份的 ADR 代表一家美国以外的企业一定数量的股份,比如 20 股原始股合成一份 ADR。海外公司的股份会寄存在主要是美资银行的金融机构之中,发出单据作为寄存证明。美国的银行对股份进行包装变成一种可在美国市场流通的证券,而买卖单据的过程不涉及海外公司股份的直接买卖,而只是拥有权在海外持有者之间流通转手。在美国国内直接发行股票的成本很高,而且监管比较严格,美国发行的预托证券的制度允许境外股票能够间接地在美国市场流通买卖。而且由于交易成本比直接买入境外股票低,也一定程度受投资者的欢迎,比如中石油、中人寿等中资股都有在美国发行 ADR。

由于中国股票市场对私营企业的限制比较高,比如需要一定的获利水平才能上市,而且对行情有一定的限制。即使公司条件符合上市要求,选择在 A 股上市集资往往需要较长的时间才能成功集资,对短期有资金需要的公司不利。而且 A 股市场的牛熊周期变化比较快,一旦熊市来临,很多时候新股上市活动又会被暂停,所以中国的投资者要理解为什么这么多的中资公司会需要在境外进行集资。

中国预托证券(CDR)

2018 年初,中国股市开始考虑发行中国预托证券(CDR)去吸引已在海外上市的大型而且有竞争力的中国科技类公司回国内间接上市交易。此举有助吸引中国有竞争力的公司回归本国资本市场,令中国的投资者也能分享到此等公司成长的红利。可是由于当年股票市场的波动太大,出现熊市,令发行计划受到搁置。

这理论上发行 CDR 对已在海外资本市场上市的相关中国概念股科技股构成利好,因为 A 股市场的估值往往较高,投资者可能会考虑先对相关的个股进行提前部署重要政策。但是投资者每次对这类看似很强大的交易理由时,往往会忘记了进行第二重反向思考:这个推论会不会是错的?什么情况下不成立?应该在什么的情况下果断中止交易?比如投资者要留意 A 股市场波动引起的推迟或取消发行的风险。另外如果 A 股上市的 CDR 与美股并不存在套利机制,A 股与美股的差价便可以像香港上市的 H 股与深沪上市的 A 股长期存在巨大的差价,有趣的是 A 股与 H 股之间差价并不如大家原先设想那样,在开通了深港通沪港通等资本互通机制后差价便会一直收窄,而是差价大小视乎 A 股是处于牛市还是熊市，大牛市时可以拉阔至50%，而熊市时收窄至10%以内。所以只要套利交易不成立，投资者就无法肯定提早买入CDR相关中概股能轻易获利，这种情况下尽量做轻仓交易以降低风险，事实上许多相关中概股在2018年自高位曾经下跌了近50%。投资者一定要小心自己收到消息后头脑过热的风险，必须冷静判断市场的走向是否与自己的预估相同，并作出策略修正。

交易成本、税收对交易行为的影响

在进行国际股票投资时，许多投资者往往会忽略税收对交易行为的重大影响。交易印花税会直接影响交易成本，令高频率交易变得不可行，甚至可以直接冻结市场交易行为。试想买入卖出同时收取0.4%的印花税，一买后想卖出已没有了0.8%。几乎没有什么短线交易的空间，投机者都消失了，令市场交易行为渐渐凋零，整个市场的流通性就会大降。而股息税则会影响公司的派息选项，公司可能会减少派息而改为用股份回购，部分股市持有超过一年的股票免除利息税会鼓励减少股市的换手率，不过若该市场像A股那样本来股息就不高对交易行为就没什么影响了。如果一个国家想毁灭股市，只要把各种税费不断提高，股市就会变成一潭死水，自行毁灭。大家可能不明白个中的代价：股票市场最大的功能是令公司可以进行股权融资，而这些资金是资本市场中最慷慨的，愿意支撑创新精神的公司。虽然很多公司融资后并没有什么作为，但市场上最成功的公司包括苹果、微软、阿里、谷哥等无一没受过股权融资的养分而壮大。如果没有股权资本的出口，私募及创投基金能支撑创新企业的资本也会大幅萎缩。许多有潜力的新企业就无法茁壮成长，社会的经济活力也会最终减慢。

印花税

印花税是指资产买卖交易时政府所征收的税种。以往一些政府会在重要的公文如楼宇买卖契约盖印花代表政府承认买卖合约的合法性，并收取税费去支撑政府收入。比如在香港进行股票交易买卖都会收取千分之一的印花税，单是买卖一次股票的佣金及交易所征费便要千分之四左右，即买入股票后需有0.4%以上的回报才能平手。而投资者如果采用了衍生工具如窝轮及牛熊证等的交易则能省却印花税。印花税的交易成本影响间接地促使香港成为全球交易所场内挂牌衍生工具交易最活跃的市场之一，有时单日衍生工具的成交已可占当日交易所场内成交总金额的20%，交易者无须开立任何期货及期权账户便可以轻易地参与各种由不同发行商运营的交易所挂牌衍生产品。

由于交易成本较低，所发行的窝轮(衍生权证)及牛熊证等交易产品很受日内或短线交易者欢迎，产品杠杆由 1 倍以下至上百倍都有，部分产品成交非常活跃，有时甚至出现衍生工具的日成交金额超过相关股票的成交金额的情况。香港每天的股票及衍生产品市场交易有很重的短期博弈的味道，主要的博弈都集中在流通性高并有大量衍生工具参与其中的股份。A 股市场中经常热炒一些中小型个股，而在港股中那些数量庞大的冷门小盘股票往往乏人问津，一天成交额连 50 万港元也不到。投资者亦要留意由于发行商有买入正股对冲交易风险的需要，有时衍生产品的交易太旺盛时，反过来会直接影响到目标股票价格，甚至有时会因衍生工具平仓引起价格大幅波动。

美股由于没有印花税，而且股份交易的佣金非常低，交易成本每次低至 1 美元，交易股票时往往只需要一个价差便能获得正收益。超低的交易成本助长大量的高频交易，大量超短线的交易者聚集其中，形成非常热闹的交易市场，亦是目前全球流通性最好的交易市场。

买卖差价成本

很少投资者注意到买卖差价也是影响交易成本的重要因素，尤其买卖交易不活跃的股份买卖差价会较高，令交易成本上升。因为买入与卖出的差价是投资者无法绕过的交易成本之一，一些活跃的个股差价往往只有 1 个最微小的价差，视乎股价高低可能是 0.1 或 0.01 元。但不活跃的股份差价可达 10 个价位甚至差价超过股份面值的 1% 以上。如果买入后想短期内快速卖出逃生几乎肯定会出现账面亏损。

资本增值税/资本利得税

资本增值税是指如果买入股票后股价上升，投资者为价格上升的部分需要向政府交税。而资本利得税则是按投资价格增值收取，并不计算股息收入。投资者买卖股票的价格获利扣除交易成本直接就是净收益。

美国公民持有的美股会被征收资本增值税。是否长期持有会影响税率，一般持有 18 个月以下视为一般收入按个人所得税税率征收。而 18 个月以上只收取长期资本利得税，税率在 10%～20% 之间。美国公民在股票投资上遇上亏损可享有税务扣减，每年有扣减上限，超额亏损的部分可留到下一年再扣减，没有年期限制。

但非美国公民无论是直接投资或是间接买入基金投资也并不需要缴付此等税项，所以海外交易者在交易美股时有很大的税务优惠，不过若出现亏损就不能向自己国家的税局要求减税优惠了。

股息税

非美国公民一般收取10%股息税，但对不同地区的税率有不同安排，一些没有跟美国签好相关协议的地区，比如中国香港的投资者可被收取30%的股息税，成本非常沉重。

股息收入被一些国家视为入息的一部分，会按入息税征税而不是收取资本利得税。香港上市的公司进行现金派息没有任何股息税，不过在香港上市的中国国内公司（H股）在分派股息时会被中国税务局征收10%股息税。中国A股目前则对持股超过1年的股民免除股息税，而对持股一年以下的股东收取的股息会按比例计入个人所得征税。

股息税与股份回购行为

在美国收取股息会被美国政府按入息税收取，或者海外持有者被收取高达10%~30%的股息税项，所以无论是美国本地或海外的股票持有者，高息股对投资者在税务考虑下非常不利。他们情愿公司一直把钱保留，等业务壮大后将来一次性卖出获利，只需缴一次性税率较低的资本增值税，也不太想每年被利息税剪一次羊毛。海外投资者更不愿缴资本增值税，所以美国有相当高比例的企业倾向较低的派息率（2%以下），并把业务上多余的现金在交易市场中进行股份回购，因为股份回购没有直接税务成本，投资者会受惠于回购后流通股数减少，每股盈利增加的资本增值，而且公司股份的价格往往在回购进行中有很好的支撑，故此股份回购非常受美国投资者欢迎。

香港市场并没有任何股息税，一些经营良好现金流充裕的公司都倾向派发高比例股息。对投资者而言只要没有税务影响，直接收到现金往往是最直接的资本受惠，所以不少香港的上市公司维持很高的派息比例，每年派发50%利润作股息的大型公司很常见。被称为"铁公鸡"的公司，拥有一定的经营利润及现金储备，并不是准备用作投资为股东增值，又不向股东派发或进行股份回购，这就跟税收无关，而跟公司管理有关，管理层未必以股东利益为最优先的考虑。

退休金投资税务优惠

美国民众的退休保障计划主要由公营及私营两部分组成。美国的社会保障局设立有类似于中国社保的全国性退休金计划，同时亦有大量由保险、基金公司等不同金融机构管理的私营退休保障计划,为美国资本市场提供了稳定的长期资金。其中最著名401(K)退休金计划,是一个对金融交易及资产管理行业影响十分巨大的退休保障计划。因为该计划根据《美国国税条例》第401(K)条订立,因此大众多称为401(K)计划。该退休金计划允许私人公司的顾主向政府申请设立账户后,雇员每月可把该月收入中一定比例(1%~15%)的金额存至其退休金账户,政府设定了15%的最高收入上限,并对每年最高可拨金额作了限制;而公司亦可按照员工供款的百分比给予一定比例的顾主额外供款,两部分款项一起存到退金账户中,一般不超过工资的5%。这些存入退休账户的收入将获得一定的递延税务优惠,可于该年的应课税入息中予以扣减,变相减少了该年度应缴的税金。

私人公司会由顾主与金融业者合作发行不同的投资计划供雇员作长期投资,规定公司最少要提供数种不同风险与回报率的产品供员工自行选择。要注意的是政府不会保证退休计划中的投资收益,无须对投资进行补底,但在过去的数十年间,在美国股债市场进行20~30年每年持续投入式长期投资的退休金项目极少出现亏损的。

民众因税务优惠而自发储蓄在退休金计划之中的款项,假设每月能存下工资的10%~15%,年回报率只需有5%,到将来退休时便会有一笔为数相当可观的等于数年工作收入总和的退休金可以调用,这会大大减轻政府对民众的退休福利开支的负担。存入退休基金的款项一开始并不需要课税,能增加可投资的金额,投资回报可得到很大程度的提升。

假设你每年能投资10000美元到401(K)计划,现行税率是25%,20年后退休,如果每年的投资回报是5%,20年后到你退休时总资金滚存可达到330000美元。美国民众目前在到达59岁半时便可以提取这些退休金,只需按年老时提取退休金当年的时间才须缴纳个人课税。由于年轻高收入时要负担较高税率,获得税务优惠到年长时才提取退休金,在税务支出上会有很大的实惠,因为只有在取出退休金时才按当年取出的数额交入息税。如果不是一次过大额提取,可以享受相对低的税率。如以一个退休家庭有两位老人计算,退休金提取时除各种个人入息扣除,每年提取3万美元左右,实际入息税率支出低于5%。整个提取过程的总税负不会超过15000美元,这还未计算退休开始后退休金继续增值的部分。

如果每年的投资回报是8%,20年后到退休时,总资金滚存可达到457600美元。每年投资1万美元是许多普通中产家庭力所能及的水平,在中国中产家庭能作出类似供款的家庭不在少数,如果能通过每年的定投有效改善退休生活,

115

会大大减轻政府的退休金支出负担。虽然很多中国的投资者会怀疑新世纪开始后中国股市的长期回报似乎达不到8%，但投资者不要忘记了中国债市的长期正回报，过去10多年要达到5%回报并没有什么难度。

我们再看看如果不选择储蓄计划节税，课税年度直接被扣除25%的税金，再以税后的金额作相同的投资计划，投资的金额就是每年7500美元。

如果每年的投资回报是5%，20年后到你退休时总资金滚存可达到248000美元。

如果每年的投资回报是8%，20年后到你退休时总资金滚存可达到343000美元。

大家可以比较，即使按5%的投资回报，330000美元在扣除提取相关税费的金额后正常不会少于315000美元，而如果被直接扣税的再投资只余下248000美元。由于投资计划是相同，风险是对等的并不存在回报差异的问题，应用退休计划节省下的60000美元是实实在在的可支配收益，可以去支付退休生活费用。大家看到这中间的差异，就明白为什么401(K)及相似的退休金计划在美国能如此受欢迎了。

只要长期投资的回报不低于通胀率，因为获得了税务上的优惠，一般雇员也可以在计划中获得正收益，增加退休时的购买力。由于不少民众加入了自愿的退休保障计划，政府也乐于节省大笔的退休福利开支减少了沉重的财政负担，计划对各参与者都有益处，同时大大鼓励了美国的资产管理行业的发展。时至2018年，401(K)计划的管理资金已达到5.6万亿美元以上，而且超过了60%存入了共同基金之中进行管理，为美国的资产管理行业带来大量的长线资金，可以用于长期的股票及债券投资，有利资本市场的进一步发展。这些资金有良好的稳定性，即使在熊市也未必会有大量资金进行资产转换，是非常稳定的市场资金来源。

中国也开始进行了退休基金的建设，并开始了在部分地区引入个税递延的税务优惠以吸引民众更积极为退休开支作更充足的准备。虽然退休基金投资计划对大众仍是新鲜事物，目前参与的民众不算多，但若有更多的民众能认识到其实惠，会有更多人参与其中，无论是股票型、债券型或是混合型基金，都会很好地为资本市场提供重要的长线资金。这些不会在市场短期波动下突然撤走或乱追热点的长线资本将促进中国的资本市场长远发展。当然我们不要对退休金在短期对资本市场的影响力有过高的期待，在相当长的一段时间中退休基金的建设仍只是处于起步阶段，相信能推广普及后将可以成为中国人应付退休支出的一个重要资金来源，能减轻政府退休总开支及未来年轻人的税务负债。

遗产税与财富传承

由于中国香港并没有遗产税，投资港股及相关资产在遗产继承的过程一般没有任何税务成本。当然投资者本国的税务机关是否另外收税要视当地法律了。

很多海外投资人不知道直接投资美股只要超过一定金额（目前约为6万美元），将来下一代的承继人需要付最高达30%的遗产税才能继承遗产。而且继承的过程非常复杂，往往需要付出法律费聘请美国律师处理。投资者不要以为在中国香港、新加坡等地的银行或证券公司开立的有美股交易功能的本地证券账户就能免税，美国的国税局对海外持有者的美国证券资产也会毫不客气地收取遗产税。

资金额较大的投资者往往会以信托形式或以有限公司形式持股去规避美国这种遗产税项的风险。由于有限公司等在法律上是独立法人身份，这些海外的股份由始至终都是买入在公司的名义之下，遗产的继承者就可以通过继承公司的拥有权而完全规避美国的遗产税。不过投资者亦要留心本国的法律及税务制度是否会把公司的投资回报归类为经营利润需要付税。另外，若投资账户有较多的交易亦可能要付出较高的每年强制的会计核算服务等成本。

如果你是一位只拥有一般资金水平较年的长个人投资者，想避开额外为美国证券资产付遗产税的风险，其中一个可行选择是进行间接投资，做法是买入本国交易所上市的海外投资基金，或在本地的银行或金融服务机构买入在本国销售的开放式基金，由于基金是以信托形式保存，遗产继承一般是以当地法律为准而不需要再付美国的遗产税。当然，买入基金会有手续费及管理费等因素，投资者选择投资目标时要一并考虑。

股份停牌及摘牌

股份停牌指上市公司的股份暂时停止在交易所进行交易。股份停牌的理由有很多，比如有重大事项要宣布，公司有对股价敏感的消息需要公布；比如公司进行或拟进行重大的供股或配股等企业融资活动；公司被清盘或涉及重大的诉讼或调查等等；又或者上市公司因各种理由无法按时提供年度财政报告，或无法符合交易所维持上市地位的要求。要留意即使是公司拟进行重大交易也可以申请停牌。在国际市场上，如果日内价格大幅波动而没有任何因素影响，也可由上市公司主动要求或按交易所要求暂停交易，以澄清有没有影响股价大幅变动的因素。

股份摘牌是指股份永久终止在交易所买卖，并撤销上市地位。股份摘牌不一定令原有的股东出现损失，反而可能因此获利。有些股份摘牌是因为股票被大股东成功进行了私有化，可能是大股东想在别的交易市场上市。大股东多数会以比目前市价高的现金及等价物以吸引股东赞成私有化方案，当股东大会通过议案后，股份就会在指定交易日后撤销上市地位，原有股份不再可以在股票交易所流通买卖。比如奇虎360公司（QIHU）在美国摘牌后在中国A股借壳江南嘉捷（SH：601313）上市交易，市值获得倍数计的上升。而美股的股东2011年以14.5美元购买，到2016年时能以77美元被私有化卖出，奇虎360公司（QIHU）的美国股东在这次交易上亦有非常不错的收益。

不过同样是遇上摘牌交易，如果投资人买入在香港上市的阿里巴巴网络股份公司（港股已摘牌：1688）的股份就没有这样好运气。该股2007年以13.5港元上市，2008年最差时只余下3港元多，2011年股价约有9港元左右，阿里母公司选择退市，对当时仍持股的小股东用13.5港元进行回购，这看上去比当时市场价9港元左右有大幅溢价，正常的投资者当然会接受计划，但考虑股份上市时一直持有投资者投资五年的回报近乎零，感觉就是免费借出了资本。读者要留意这间公司只是阿里的商业对商业（B2B）业务，此业务重新归回阿里集团旗下，并于2014年与阿里的一些主营业务一起在美国进行首次公开发售股票，变成大家熟悉的阿里集团（美股：BABA）。

有部分公司被摘牌是因为公司经营不善，被交易所强制撤销上市资格。比如A股因持续亏损或股份价格过低而被摘牌，港股停牌半年以上的股份也引入了自动摘牌机制，而美股则较常遇到公司破产并最终摘牌。美股有大量的亏损公司上市，一旦部分经营持续变差，某些行业的热潮过去又没法再融资（比如2000年初美股的科网热潮），此等公司只有等待什么时候摘牌的命运。持有该等股份的股东很难在交易所外的场外交易市场找到买家，所持股份很可能变得毫无价值。

上市股票的基本面分析

基本面的分析非常博大精深，没有任何一本书可以解释得完。你得了解会计学、经济学、管理学、法学、统计学、地理学、天文学、生物学、化学等等。没有任何人可以精通所有上市公司的行业。但要在市场上获利，也根本不需要懂得那么多知识。优先学习一些简单而重要的准则对一般人来说实际得多，基本分析会助投资者去找出经营优异的公司。但基本面或股票估值却很难判断股价可以升到多高，因为股价由市场的资金与盘面决定。我参与市场很久后才认识到价格是市场交易出来的，所以股价是不可能由静态数据分析出来的。不过有持续经营风险的公司却比较易在基本面被过滤发现，这就降低了我们长期持有垃圾资产的风险。

大多数没有会计背景的读者无须执着于理解公司财报上的每一项目，每一个财务比率，因为这对判断投资增值其实往往非常有限。因为绝大多数情况下，拿着资本跟你在真实交易市场进行追涨杀跌的交易者都是不太理会这些数据的，很多时候只是简单看看数字比较一下做判断，然后就冲到交易市场上撕杀了。投资时不要迷信基本分析，详细分析了财务报表不代表你的投资不会中埋伏，投资者作投资决定时一定要配合市况及交易盘面判断。

虽然估计很多读者阅读基本面资料时会大打瞌睡，不过我还是要写下这些沉闷的基本知识为初级投资者提供一点参考。如果纯粹从学习知识的角度来看，基本面对你认识一家真实的公司的财务运营还是很有帮助的。

从上而下，从下而上

股票分析主要有从上而下分析以及从下而上分析两种方向：

(1)从上而下分析法是指以宏观分析为主，先判断不同国家市场的总体经济情况，再到不同行业的大模拟比较，最后是个别股票的基本面分析。

(2)由下而上的分析法是先以个股的基本面进行分析，再到行业分析，最后再分析宏观经济状态。

其实投资者没有太大必要执着于分析的次序。对于远离我们日常生活环境的海外股票市场，面对数以万计的上市公司采用先下而上的分析法简直是浪费生命。你最可能以投资基金的形式参与该类市场，只需分析宏观经济状况配合估值指标就可考虑是否加入投资组合。

如果投资者选择对特定市场进行从下而上的分析，就要对公司的行业特性及基本面有较深入的认识。建议读者只选少量自己身处的行业或非常熟悉的个股进行详细分析。资本市场并不是一个你付出了十分努力去研究就给你十分回报的地方。天天埋首研究追热点的交易者也不见得比对主要股指进行长线投资的回报高。高效率、能提升回报的分析，才是好的分析。如果你喜欢以股票分析来消磨时间，则另作别论了。

投资的机会在哪里

经济周期与股市

　　股市与经济表现其实不一定相关。很多投资者错误地以为股市是经济的晴雨表，其实现今的全球股市，表现却与经济增长无必然关系。传统理论上经济在繁荣上升周期失业率会下降，个人收入水平上升，总产出不断增加，公司的盈利就会上升，继而股价就能增长。相反地，经济在衰退期失业率上升，经济下跌，股利减少，公司的股价就会下跌。

　　如果这种关系成立，2009—2010年美国失业率高达8%～10%时，美国股市为何在同期迎来了50%以上的报复性反弹上升？而中国经济每年都有可观的增长，以这种国民生产总值的增长率去评估，A股市场早就应该一飞冲天。可是大家看看A股市场的长期表现就知道，中国市场发展了十多年仍未再次突破2007年的高位。经济增长与资产价格，尤其是证券化资产价格，其实并无绝对正关系。很多有持续盈利增长的非上市公司，比如华为、老干妈等，股票市场的投资者是无法投资其中的，也分享不到它们的利润增长。而且当经济旺盛时，很多鱼目混珠的烂股票也跟随上市，这些公司并没有什么利润可以分享给投资者，往往有一些财务上的坑洞需要投资者的资金补充。中国公司的总体利率水平是不断上升，不过中国A股上市公司的每股盈利在长期却并没有明显增长。由于股票发行的许多限制，盈利增长快的公司未必在A股市场上市，或者不在A股市场上市而选择在中国香港或美国市场上市，比如腾讯及阿里等。又或者一些有总体盈利增长的公司大幅增加股票的发行总量，摊薄了原有股东的每股收益，令A股市场的投资者未必能大比例地分享到长期经济上升的果实。

　　虽然说经济增长与股市没有必然关系，但全球股市在经济由盛转衰时的下跌关系非常明显，所以经济好市场未必好，经济由盛转差时市场就不会太好了。但是往往经济还未好转时，股票市场已经筑底回升了。2020年的市场在全球经济衰退下上演逆转上升行情就是新的例证。我们会在后面解释引起股票的内在长期核心驱动力，这样你就会更好理解为什么股市和经济表现的关系并不是完全相关。

上市公司财务数据基本分析

　　财务分析是非常沉闷而且复杂的分析工具，实际对短期投资的参考作用却非常有限。财务分析最大的效用是把垃圾股剔除在投资组合之外。投资者对一家上市公司的基本财务分析通常会看不同的估值指标，而这些指标的数据来自公司年报中的三大报表：损益表，现金流量表和资产负债表。我们首先针对损益表项目及指标做分析。

在损益表中，最重要的结构如下：

损益表

	销售收入	卖出的商品及服务的总价值
-（减去）	销售成本	直接的销售成本，如人工，零件，分销商折扣等
=（等于）	毛利	
-（减去）	其他经营成本及扣减	税项，折旧，非直接经营成本，如行政开支等，少数股东股权益等等
=（等于）	股东应占溢利	这是理论上落到股东口袋中的钱

我们对销售进行分析：

销售

一个公司的基本分析中最简单的就是销售总额，如果公司运营良好，其销售应该是一直上升的。投资者比较重视的不是销售额本身，反而是销售增长的动力。如果每年销售增长30%以上，就会被视为成长股，就算盈利水平一般，往往也很受投资者欢迎。

销售水平参考指标

$$每股销售收益指标(Sales\ per\ share) = \frac{总销售}{已发行股份总数}$$

每股销售指标越高越好，而且更重要的是有没有增长。近年很多大公司都会在业务公报时加入营收指标，令投资者能更了解公司管理层对近期公司业务变化的看法，作出投资判断。

对互联网公司如阿里、京东、亚马逊等，我们亦会参考以下两种销售相关指标。

每月活跃用户人数（MAU）

活跃用户当然是越多越好，但投资者更看重的是活跃人数的增长率。增长率下降代表市场可能快见顶了，如果用户人数见顶，只靠每月用户的消费额推升销售是很困难的。所以如果个股之前股价上升透支严重，往往在MAU增长变慢时迎来大暴跌，看看美股脸书在2018年公报业务后的大暴跌你就明白当中的风险了。

网站成交金额（GMV）

做互联网销售的网站如阿里、京东、亚马逊都会参考这个指标，因为有很多交易金额是平台提供给第三方交易商直接向客户交易的，比如是淘宝网的小卖家的生意，会计处理上，这些销售金额不会直接计入公司的总销售（Total Revenue）。所以投资者亦会参考 GMV 这个指标判断公司平台上生意的蛋糕有没有越做越大。但是投资者使用 GMV 必须要注意转化率的问题，即这些在平台上促成的生意究竟有没有帮助到公司的业务及利润。如果很多卖家只是利用了销售平台，而却没有什么真金白银的贡献，比如愿意付钱做广告，提升竞价排名等，这些 GMV 的含金量就会非常低，做投资决定时必须要参考更多其他数据。

股东应占溢利

股东应占溢利可以简单地理解为公司的净收入或净利润。最简单的概念就是公司的总销售及其他收益减去总生产成本。当然因为国际会计准则非常复杂，有很多不同的项目需要调节或增减。例如母公司为控股股东的子公司的业务损益是完全并入母公司的损益表中的，但这些子公司也会有其他股东持有部分股权，归属这些子公司小股东的利润部分，便要以少数股东权益项目在母公司的损益表中的股东应估溢利中扣减。利润的来其实有很多可能性，投资者最好分析一下利润来自经营性利润还是资本性得益，而且投资者亦要留意可以合法利用会计准则改动短期业绩的空间其实并不少。

最优质的利润来源应该是经营性的利润来源。比如你是经营火锅店的，火锅卖多了营业额就上去了，成本上升速度较销售慢，销售上升时经营性的利润就会快速成长。许多上市公司的业务并不如餐饮业这么简单，投资者要留心公司销售上升的同时会否突然出现很多应收账。应收账是指东西先卖给你，费用以后才收取。有做生意经验的人都知道应收账有时真的是收不回来的。如果公司有大量的应收账，而同行的公司却没有相似现象，投资者便要较小心了

如果公司持有一些投资物业，当楼市上升时其公允价值上升，这些物业在该年度虽然没有买卖交易，会计上也会把这些未实现的增值计入公司的利润之中。有一些上市公司亦会持有股权投资，公司自己去炒股或投资行业相关公司的股份，如果股价上升也会出现公允价值上升的账面利润。在房地产开发商中很常见的交易是把已建好的酒店、商厦等项目卖给自己开设的房地产信托基金。只要母公司持股房地产信托基金不超 50%，或者在该国会计制度下被视为没有

绝对控制权,就不用合并财务报表。简单来说卖给自家的信托基金的房产项目在会计处理上就是卖给了外人,直接计入母公司利润,就算将来子公司持有资产下跌,也不会直接影响到母公司的报表。这样做的好处是母公司的负债率会下降,更易进行市场融资。

有时银行对不良贷款的处理手段亦会直接影响利润。如果在经济状况不佳时,银行的贷款中就很可能会出现较多逾期贷款,银行会对这些不良贷款做拨备。这些拨备在会计上会变成银行的支出,减少该年的利润。但银行有时也有动机做超额拨备,好处是当经济复苏,不良贷款减少时可以减少超额拨备水平,这种回拨的金额会变成该年的银行利润,所以银行可以拨备增减令不同年份的利润水平变得更平滑。

无会计背景的读者可能会发觉不易掌握股票背后财务状况的真实全貌,但我可以肯定地告诉你,即使你是上市公司的执业会计师甚至财务总监也无法单靠另一家同行业公司的报表就能确定有没有隐藏风险。因为有上市公司有可能存在不少表外交易,指的是公司在财务报表要申报的范围以外的交易,更是完全没有办法从报表中得到半点线索的。上市公司与其他非上市公司比如老板亲友开的公司的业务往来,外人是无法从财报或任何公开信息得来的。我们只能从财务分析防范一些可见的风险,大家要认清财务分析绝非万能,不要以为自己看了看财务报表就把自己当成了股神巴菲特或其搭档查理·芒格,因为他们跟上市公司最高层有很多合法的互动及掌握公司经营详细信息的办法,而普通投资者绝对没有可能得知的。

基本面投资者除了要理解了公司的利润来源,亦要理解公司的成本结构。公司最简单的成本来源是持续经营业务的成本,比如人工、租金、从银行及金融机构借贷的融资成本。前面提及过,如果公司销售增长不断上升,而经营成本的上升速度较慢,公司的主营业务利润就会增长。相反,如果经营成本不断快速上升,就算生意越做越多也可能亏损。这在互联网公司中非常常见,不断上涨的获客成本,令经营的生意越多就亏损越多。大家有时用手机程序买东西或打车会有免单优惠,这些优惠的成本相当一部分落在公司的股东头上。所以大家会发现有些时候网上订购的物品及服务太便宜了,有时甚至免费送给你,可以想想是谁在贴钱给你花。

有些公司的成本结构比较稳定,比如火锅的食材价格波动有限,而且有替代食材。但有些行业如航空公司面对的单一最大成本可能是油价,可是油价波动异常,所以航空公司的成本控制非常困难。即使采用对冲策略,也可能因为油价大幅下跌而出现对冲亏损,国泰航空就是其中一个著名的亏损案例,所以很难对其盈利水平作出准确的预估。如果一些公司有大量的经营成本是利息支出等财务支出，你就要小心一旦公司业务转差，公司的财务状况可能迅速恶化，因为利息支出是无论生意好坏的必要性开支，若持续有债务累积，往往将来的利息开支有增无减，除非公司主营业务产生的现金足以快速减少债务水平，或能成功卖出大量资产套现才能渡过难关。

商誉

收购合并也会往往大幅拉升企业的成本，而且可以形成长期的负担。当一家上市公司以高价收购另一家公司，收购总价超出被收购者的会计价值的部分就会变成收购者的商誉资产。大家听到是资产时不要太开心，先看看以下例子，比如A公司以100亿买了会计账面只值20亿的B公司，多出的80亿就会计入商誉，这个商誉在过去是需要每年折旧计入公司经营成本的，在现今会计制度下则是要进行每年减值评估。对于如何评估被收购对象有没有减值，这个争议就大了。

中国的证监会明确上市公司收购合并形成的商誉每年必须进行减值测试，评估被收购公司的业务及现金流等是否符合商誉价值。上市公司并不可以用各种理由不进行商誉减值测试。要求公司合理判断并识别商誉减值迹象，主要需要进行商誉减值的现象包括现金流或经营利润持续恶化，被收购方未实现承诺的业绩，产业政策的不利影响等，因此，大家就要明白为何有些公司经营还是挺正常的，却在该年出现业绩大幅下滑甚至亏损。如果大家留意，阿里巴巴收购饿了么，美团收购摩拜都有大额商誉的形成，这些业务往往变成了一个烧钱的坑洞，因为收购后合并了报表，业务损失会直接反映到母公司的财务报表上，而且还要准备商誉的减值。虽然收购时总解释为业务战略扩张需要，增加母公司业务的使用流量，但造成的负面财务影响不可谓不小。

✦ 盈动2000年收购香港电讯

盈科拓展一家在1993年在新加坡上市的公司，该公司于1999年获得香港数码港项目的发展权，于1999年把业务注入名不见经传的香港上市公司得信佳公司（港股：1186）借壳上市，并把公司改名为盈科数字动力。盈动的股价在1999年12月的1个月内从6港元左右攀升到12月28日的19.5港元。由于香港当时开始开放电信市场的竞争，香港电讯的盈利前景不乐观，2000年时英国的大东电报局有意出售持有的香港电讯的控股股权，最终由新加坡电信和盈动进行竞投，盈科数字动力最终出价较高赢出。

盈动本来的自有现金量很少，其股份也没有盈利及太多资产作融资。管理层在迅速利用当年旺盛的资本市场配股集资 10 亿美元，并获得银行界 110 亿美元的银团贷款以作收购，最终以现金及合并后的新股份等以总成本达 380 亿美元成功收购了香港电讯。并于第二年合并改名为电信盈科，盈动完成合并后撤销上市地位。

香港电讯原本是一家每年稳定盈利派发 5%~7% 股息给股东的稳健电讯公司，于 2001 年合并成电盈后首财年已出现 69 亿港元亏损，其中最重要原因是要应付庞大的银团利息开支及各种收购成本。而且收购后形成了巨大的商誉项目，要在日后按当时的会计准则每年把巨额的商誉进行重估或减值处理，单是 2004 年的商誉损失就达 130 亿港元，这极大地限制了公司的盈利表现。电盈的总资产一度低于总负债，股价一落千丈，同等股权的价值由 2000 年前合并前超过 140 港元于 2004 年跌剩不足 5 港元，合并后追入持货的投资者即使持有 10 年后连 5% 本金也拿不回。堪称公用类股份的经典亏损案例。

这案例亦再次警告投资者，如果不断地把股息重复投资个别股票的巨大风险，一旦公司的经营出现重大转变，投资者必须果断作出应对，出清持仓，因为你投资的已不是"现金牛"，而是变成了负债大王。公司辛苦赚来的营业利润只够还利息是很痛心的。对投资者而言很重要的是，你其实事前有绝对足够的时间改变部署，因为此等收购往往会引起股价上升，如果持有香港电讯这类被购对象的投资者在合并后短期内沽清持仓及收取现金，往往能有很好的获利，但投资者明知没有长线持有价值了，却还迟迟不卖出股份，这就是有投资基本面知识和没有基本面知识投资者的巨大差距。这些教训是市场上的投资人以数以百亿元计的亏损得来的，而大部分较年轻的投资人根本不知道这些经验教训，也是为什么我在书中加入一些案例解释影响基本面出现根本性变化的因素。

通用与非通用会计准则（GAAP & NON-GAPP）

科网公司如腾讯、阿里等多会同时向外提供美国通用会计准则（GAPP）的盈利和非通用会计准则（NON-GAPP）的盈利供投资者参考。由于科网公司的业务经营比较特殊，往往有大量收购合并，需要受很多投资收益重估，投资减值，以及对公司高管及员工发放认股权等等不会在该年度影响经营业务现金流的影响。非通用会计准则排除了非现金项目及并购交易的影响，方便投资者评估公司主营业务的核心经营状况。比如以非常高价格的收购了另一家科技类公司，在通用会计准则下可能会在往后年份的财报中产生巨额的商誉减值，而采用非通用会计准则就可以不用计算此等非现金项目的每年变化额。

不过有时通用与非通用会计准则两者之差距极大，科技公司一年可以动辄派发数十亿甚至上百亿的股票及认股期权等予公司员工，这些绝对是公司的重要经营成本。假如一家公司在财务年度发行100亿元等值的股票奖励公司的高层，在通用会计准则下当然会变成巨大的不利因素，因为这100亿元是要直接计入公司的损益账成本项目，甚至可以因分派股份项目计入成本而令公司业绩出现亏损。但在非通用会计准则的粉饰下，公司的主营业务仍可以是盈利的。长期投资者对不断强调非通用会计准则的公司需保持应有的戒心了，而且必须参考通用会计报表状况一同作投资判断。

税息折旧及摊销前利润（EBITDA）

税息折旧及摊销前利润（EBITDA）和非通用会计准则都是一些经过改动后的财务分析数据，使用的时候仁者见仁，智者见智。EBITDA代表未计利息、税项、折旧及摊销前的利润，其实这些未计的项目都是企业的重要经营成本，一般进行公司业绩分析必须考虑其影响。但有些行业如电讯业、广播行业等最大成本是一开始的一次性资本投资。因为这类一次性的资本投资在日后有大量折旧支出，但是扣除折旧等因素后，公司的经营现金流可能早已是正数，只是被最初的巨大投资产生的折旧所累，使用EBITDA指标更能反映当前公司的现金流及财务健康状况。

EBITDA在商业上最大的用处是用在杠杆收购时评估公司最大可用作支付债务及利息的现金流。但是利息和税绝对是减不掉的成本，在股东会或投资推介会中强调EBITDA的公司往往经营状况不算太好的，大家要留意这类公司将来是否会真正获得实际利润，还是长期需要在EBITDA调整下才能粉饰其真实的财务状况。

现金流分析

由于公司的利润来源复杂，很多分析员及投资者都会很小心分析经营活动净现金流的水平。这是指公司今年实际的生产经营活动现金流，出现水分难度较大，比较有投资参考性。如果持续是正数代表公司的生产活动有足够的现金支撑投资及派息等活动。如果经营现金流已足以覆盖投资及融资的现金流支出，公司的经营风险相对较低，而且到年底时公司持有净现金水平还会比年初上升。

投资活动的现金流

正常来说公司投资活动的现金流多是负数。你要投资一个生产项目，建设新的基建项目，都要先大量投入资金才能建成。获取土地、建设厂房全都是现金流出，所以一家正常有投资项目的公司投资现金应该为负数。如果你察觉其投资现金比上一年大幅上升，可能是公司加大投资力度的反映，不一定是坏事。但是如果业务已经经营不佳，公司还大手笔增加同行业的投资，你就得怀疑这种投资建成后的，从经营活动获得足够现金流偿还这些融资成本的可能性了。

融资活动的现金流

融资活动的现金流最主要反映公司在银行或其他财务机构是否有新增借款。公司发债等活动亦会增加融资活动的现金流。如果公司连续多年不断需要由融资活动提供现金流，而无法由经营活动产生正的现金流，你就得怀疑公司长期经营有没有风险。除非公司是处于资本密集性行业如房地产等，而正处于业务的上升期，你相信借来现金发展的项目都能得到很高的回报，否则太高比例的融资现金流并不是一个好的现象。

如果一般行业的公司经营现金流长期出现负值，但其公报的业绩又经常是赚钱的，投资者便要小心查找是什么原因引起比等差距。但对现金流的分析真的要视乎行业，最好做同行业的比较。比如银行的经营现金流经常是负的，因为要贷出贷款。房地产的经营现金流也经常是负的，如果公司不断增加开发项目，很可能每年的经营及投资现金流都是负数，而每年的融资现金流不断上升越来越多代表借的钱越来越多。这种情况在大型房地产公司中出现也是很正常，不是行内人很难从报表中直接判断谁好谁坏。2017年中国房地产股价呈倍数式大升，上升得最快的恒大、碧桂园、融创都是融资需要最高的公司。因为地产市场上它们布局最广，生意最大，地产市场上升时它们受惠最大。所以你看报表时单纯由现金流去看往往是判断不了其股价走势的。不过成也风云败也风云，一旦市况逆转，这类公司总是下跌得最快。

财务报表分析最有投资参考价值的是用在债券投资分析上，因为现金流对企业能否偿债非常关键，用在股票投资上只能做参考，因为股票投资者更重视的是长远增长。如果你看现金流，美股表现较佳的股份如亚马逊等现金流并不吸引，股价却长升长有，你完全不明所以为什么赚不到钱的公司股价却在上升。因为股票买的是未来，你认为该股份估价值不合理，最多自己不买，千万不要去尝试做空。因为市场上的买入交易者没多少会纯粹参考现金或估值模型做交易，你尝试做空强势高估值股份亏到被抬离股票市场时，该股份的价格仍未必开始下跌。

股票现金流或股息折现估值

有一些很喜欢找寻股票基础价值的投资者会尝试评估公司的现金流去得出一个内在价值的价格与公司的市场交易价做比较，方法也不难明白，有兴趣深究数学定价模型的读者可参考本书最后的附录部分。

自由现金流折现估值

投资者先要算出公司未来每一年的自由现金流，并对股价进行折现计算，问题是现金流的形成与增长有很多会计上的可能，如果一家公司不断卖出资产，自由现金流也会上升，但这不会增加公司的生产及竞争力，反而可能削减公司未来的盈利能力，可是看上去公司的自由现金流就会上升，并引起折现评估高估公司价值的错误。

股息/现金分派折现估值

只要你考虑美股派息会计入个人入息税，公司情愿直接在市场回购股票，而只作有限度派息，就知道利用股息去评估股价的方法没有什么真实的判断力。

股息增长折现估值

这方法通过评估公司的股息成长率对回报进行折现，计算方式就是把预期本年度的公司股息除以（折现率减股息增长率）。明显地，这种模型漏洞百出，因为市场的折现率即市场最低要求回报是动态的，只要加息就会对股票的估值造成毁灭性上升，而减息又会把公司的估值推升至接近无限大。公司的增长率根本不可能是固定的，而且经营生意面对大量的不确定性，比如经济衰退风险、贸易战影响等，很难事前作出评估，这些因素左右分析的质量。

本书中多次强调股票的价格是交易出来的，并没有一个绝对的公允价值。股票的合理价格存在一个非常广阔的区间，比如市盈率在15至25倍都是合理值，那么你怎样相信用数学公式计算出来的公允价格会直接影响到市场的真实交易行为？如果市场的交易者完全不理会这些折现模型，你却认为自己用公式找到了打开盘场宝藏的锁匙，这种闭门造车的行为对获得投资回报并没有太大的帮助。参考价用来参考一下就是了，不要太执着与认真。

公司倒闭与现金流风险

有很多原因可以导致公司最终倒闭，最简单的理解是经营不善长期亏损所致。但事实上资本市场存在大量长期不盈利甚至持续出现亏损的公司，很多美国及中国香港上市的新股也是长期没有盈利的。一些不盈利的公司上市集资后，过了一段时间后仍活得不错，股价上升并且能持续获得融资。其实很多时候引起上市公司倒闭破产的最大原因是现金流断裂。我们知道经营良好的公司能从经济活动中产生正现金流，并能以经营活动的资金支撑投资活动以及公司发展，无须增加负债水平，这类公司经营非常稳健，出现破产的可能性非常低。

一些公司的负债率较高，有可能是因为业务扩展需要大量资本，比如房地产开发的企业。也有一些负债率高只因公司经营持续困难，需要不断向股东融资以及借贷去维持企业的生存，一旦资本市场的资金面变得紧张，投资人不愿再持续投入资本，而公司也无法从经营活动中获得正的现金流支撑，公司的储备现金及可变卖流动资产耗尽仍无法支付基本营运开支或偿还短期债务，公司就有可能因现金流断裂而倒闭。例如一初创企业需采用烧钱方式吸引客户以获得销售增长，假设公司每年最少要消耗 10 亿营运资金，而公司只余下 5 亿现金，由于此类公司多数没有充足抵押品及经营现金流支撑去获得银行贷款或在债券市场发行债务，如无法持续获投资人的股本融资或尽快上市，公司的现金流会在半年内耗尽而倒闭。2000 年美国互联网泡沫破裂后，大量毫无盈利基础兼无盈利模式的初创上市公司大多在现金流耗尽后倒闭了，只余极少数有盈利或生存能力的强者，如亚马逊、苹果公司等生存下来。

如果一些较具规模的上市公司从银行或各种贷款机构借入了大量债务，必须要留意债务的到期日会否过度集中。一旦高负债型公司的主要借贷到期，公司的经营状况转差，原有的贷款机构对贷款不予展期，公司必须要在到期日前筹集足够资金还款。如果公司声誉不佳难以在资本市场发行更多股票或债券去获得补充资金，公司便很可能会在主要债务到期日出现违约，最终很可能被债权人申请破产清算，公司就此关门大吉，所以投资个股时亦要留意一下公司的债务结构。有些公司即使没有违约，却可能因为主要债务到期日临近，投资者规避风险卖出股票出现股价下跌，如果该公司的大股东对持股进行了较高比例的股份质押，一旦出现股票大跌时，短时间内没有办法筹集足够的现金可以实时补仓，就可能因为触发因大股东质押股份被贷款的金融机构强制平仓的风险事件。比如香港股市在 2019 年 1 月 17 日出现过部分中小型房地产开发商的股

投资的机会在哪里

价大暴跌，个别股份的单日最高跌幅达 60%～90%，而且暴跌引起了股票市场上的共振，令一批同类型股份也因心理因素影响下出现单日 30% 以上的下跌。所以投资者不得不对公司的主要债务到期日加倍留心。

每股盈利（EPS）

我们前面已详细分析过公司盈利的来源及质量，现在要再把公司的总盈利计算成每股盈利，这个看似非常简单的计算其实亦有要注意的地方。

理论上公司的盈利越高，每股盈利自然也会越高。如果公司的股份受到一些财务活动影响如股份分拆，每两股送一红股，即使公司的总利润在上升，公司股份的每股盈利仍可能会变小。如果我们参考了过时的交易所报价数据，以旧的每股盈利去观察现在的股价，并没实时反映拆股后每股盈利的变化，就可能会误以为个股市盈率(P/E)很低很便宜。所以当股份出现了分拆，或公司增发新股后，最好自己动手计算一下新经调整的 EPS 测试有没有错。每股盈利是判断股票投资估值的重要参考，尤其用于股票指数分析时有很好的参考性。

$$正常的 EPS = \frac{最新的财务年度盈余（利润）}{年度平均已发行股份总数}$$

由于在美股中公司股份回购经常发生，每一天的实际股本数都不固定，所以就会使用年度平均已发行股份数去计算 EPS。如果公司大幅度回购自家股份，已发行的股份数就会下降，这就会提升 EPS 水平，并能降低公司的 P/E 指数。

$$经调整后 EPS = \frac{最新的财务年度盈余（利润）}{经调整的最新的已发行股份总数}$$

这个经调整后的 EPS 亦可能在公司报告中被称为全面摊薄后的每股盈余。

因为原来投资者股份的盈余被新发行的股票分薄了，在大多数情况下，如果公司向某些机构定向增发股票引入更多资本，你持有的权益就会被新来的投资者分薄了，一般来说原有投资者也不会太开心，除非新增资金可带来重大的业务增长，长远可获利更多。另外由于每股盈利是以上年度的盈利数字为参考，投资者往往亦可参考投资银行提供的预期盈余（利润）去评估股份的估值变化，计算出最新的预期每股盈利做参考。

市盈率(P/E)

市盈率(P/E)也称"本益比"，是某种股票每股市价与每股盈利的比率。

静态市盈率

把最新公司股价除以公司最新已公布的财政年度全年每股盈利，就能得出股份的市盈率，这是资本市场上重要的估值参考指标，一般来说越低越好。

$$市盈率 = \frac{公司股价}{每股盈利(EPS)}$$

由于一般网站计算市盈率是以上一个财年的收入做计算，并未能跟上公司最新业务的变化，故一般网站显示的市盈率被称为静态市盈率。

动态市盈率

以股票的最新四个季度已公报的盈利作计算，即包括最近期财务季度公报的利润数值，这比静态市盈率能更紧贴公司最近的利润变化，相对而言有较佳的参考性。美股和A股都有季度业绩的公报要求，但很多其他地区的上市公司未必须要公布季度业绩，如港股的上市公司只需公布全年及半年业绩。滚动市盈率的更新周期会根据需要调整。

预期市盈率

$$预期市盈率 = \frac{公司股价}{预期每股盈利(EPS)}$$

投资者有时亦会参考投资机构的最新每股盈利预测计算，以便更紧贴公司最新预期盈利及估值水平。通常预测市盈率是综合了不同的投资银行的券商对公司未来盈利的数字作估算。中小型个股若没有被机构分析师覆盖则没有预期盈利可供参考，所以无法以预期市盈率作评估。投资者必须留意预期市盈率只能用作参考，因为预期往往跟不上变化，一个政策转变，或宏观经济出现变化，预期的利润就要被大幅修改。

理论上，市盈率或预期市盈率等指标数值越低，代表估值越便宜，但使用P/E指标作投资参考其实是一门艺术，而非科学或数学统计那么简单直接。前面解释过盈利的来源有多样性，我们以经常性盈利作主要参考。由于P/E往往只反映盈利水平，没有反映盈利的质量，比如果公司卖出了员工宿舍、公司的办公大楼等获得一次性盈利，投资者就会怀疑公司获得盈利的持续性。有一些公司进行资产重组时，卖出部分资产予同一大老板的系内公司，也可能会获得大量账面利润，这些左手交右手的财务变化并没有改善公司的实际经营水平，所以有些P/E低的公司未必是真的便宜，而是一个看似便宜的陷阱。亦有一些大股东差不多想退出经营,把主营业务卖出,往往获得一次性高额利润。大家要留心这种低 P/E 的公司其实已经变成了没有主营业务的空壳公司,因为大股东变卖主要业务资产后有时会有大额分红,有时这种公司会经历一番炒作,如果股价炒作至大幅高于分红及经评估剩下业务的价值,就不要去参与投机了。

除了盈利变化,股价变化也会影响 P/E 数值。有些低质的公司业务不断收缩毫无增长动能,这类公司的股价往往持续下跌,P/E 就会被动地变得越来越低,没有太大的投资价值。初入市场的新手投资者往往吸收了陈年股市经典书中的价值投资学说,喜欢投资超低 P/E 个股,但是很多股票持有多年仍不会上升,而且更多时候是你买入后股价继续下跌。

有些公司看似盈利不错,却是一毛不拔,不把公司的经营利润分享给股东,往往 P/E 也会很低。比如公司没有重大资本开支需要,又没有投资或并购其他公司需要,经营也有良好现金流,手持的现金越来越多,不过完全不派息给投资者或进行股份回购,你长期持有没有任何现金收益,股价却慢慢走低,市盈率就会由看似有价值变成股价超有价值,再变成极有价值。价值投资者买入后等来等去也等不到春天,买入该类股还不如做定存,长期投资真是浪费资本。我在研究 P/E 指标上交了大量的学费才学会便宜莫贪的道理。

同行业的横向比较是 P/E 最有效的比较之一,公司经营相似的业务,盈利能力相近,负债及其他参考指标差不多,P/E 较低有可能是真的相比便宜。但是同行业 P/E 高是否就等于真的贵,要看看机构投资者对股票的未来盈利预期。因为如果其中一家公司 P/E 较高是因为投资了很多新的设备或商业项目,支出部分自然会上升,但这也代表公司将来会更有竞争力。比如澳门赌业股中的银河娱乐(港股:27)老是行业中 P/E 较高者,因为其不断开发新的酒店及旅游项目。银河娱乐往往是同行业股票中在牛市中第一只弹升的,而且在跌市中有较强抗跌力。当然博彩娱乐类股份有很强的周期性,大家投资时必须判断是否在长期上升或下跌走势,往往一跌持续几年以上。

经济变差时市盈率亦会大幅波动,因为公司的盈利会大幅下降,影响投资者的判断。例如在经济扩张周期的尾部,一家公司的 P/E 可能由以往的 15 倍升至 20 倍,由于盈利有增长看似仍然合理。然而当短时间内经济转为衰退,公司产品的需求下降,盈利会突然快速下滑,令 P/E 暴涨由 20 倍升至 40 倍甚至更高。而且一旦公司陷入亏损,我们便无法以 P/E 进行判断,因为没有盈利就无法计算 P/E,报价上只会显示 P/E 不适用(N/A)。这时候投资者便需要用其他指标,比如市账率指标(P/B)做价值评估了。

如果一家公司的盈利来源稳定,对其市盈率进行不同时间比较就可以帮助估计熊市的低位。当其 P/E 不断走低到多年低位并开始稳定下来,其业务仍是稳定没有重大不利影响时,你可考虑是否开始建仓。但我再次提醒任何投资者尝试在股市低位建仓都像黑暗中探索,我们无法评估跌市可以跌多深的。不要认为比上次低位便宜便立即全仓出击。为一旦全部资金被套,市场继续下跌,你就会像去到大卖场看到心仪的产品又便宜又好时好想买货,摸摸口袋中却没有钱了,这种感觉真的会令投资者沮丧万分的。

周期调整市盈率比率

由于公司盈利在经济周期中非常波动,经济向上时盈利当然大升,经济一旦向下盈利往往急跌。所以有时我们会采用 10 年长期平均的每股收益,而不是只用当年的每股收益去推算股价在经济周期中相对价格的高低。这个指标就称为周期调整市盈率比率。由于此评估方法是由诺贝尔经济学奖得奖者席勒教授发明,有时亦会称为席勒市盈率指标。

这指标的作用是协助我们推测如果以目前价格买入后估值的增长空间。如果比率已经远高于平均值,即代表股价可能已被严重透支,长线投资的价值已大幅下降。在 2018 年美国标普 500 指数的周期调整市盈率已达到 34 左右,而长期平均值只是在 16.5 左右,股市可能在将来遇上重大的调整才能返回平均值。这亦代表你若长期持有的预期回报率会变得没有吸引力。

但投资者亦要小心使用此指标,因为如果近期有大幅减税等一次性措施,周期调整市盈率估计的平均收益就会大幅低于目前的实际收益,比如在特朗普上台后推出了税改令美国公司因减税在 2018 财年有明显的盈利上升,在盈利大升时,使用以长期平均盈利计算的周期调整市盈率比率时就可能会高估当前市场的过热程度。而且如果指数内有大量高增长公司,它们以往的收益会比目前低很多,计算平均数时就会低估其盈利能力。所以在每股盈利成长稳定的市场周期调整市盈率可能是一个很好的参考。如果用在纳斯达克指数这类反映高成长股票的指数,使用周期调整市盈率只会经常出现高、非常高和极高的信号。除非出现金融危机式大跌,否则 5 至 10 年都难以等到均值回归,没有太大的参考作用。当然我绝不是建议大家去胡乱交易超高估值的股份或股指,因为一旦遇上崩盘可能跌得很惨。只是大家使用此指标时一定要参考其他因素,而且绝不能因为估值高便对股市进行做空,否则很易在市场未爆破前你的投资账户已经亏损爆破。

市盈率相对增长比率（PEG）

有时投资者亦会把长远的增长率配合市盈率进行分析。

$$PEG = \frac{市盈率}{盈利增长比率}$$

如果指标在 1 以下，代表公司的盈利增长不错，相对于其市盈率估值来看比较合理。采用 PEG 对增长型公司的比较有其一定的参考价值。指标理论上越低越好，因为代表股票有良好的成长，其市盈率长远可以进一步降低。

但是 PEG 使用时有两个大问题。盈利其实每一年的波动都很大，而且公司的增长率变动非常快，我们难以确定公司长期的增长率。投资者只能靠以往数据配合现有业务开展情况来评估。由于评估的参数变动太大，PEG 只能是配合其他指标一起用时的一个参考，而绝非是决定性指标。

综合而言，市盈率是正常经济周期下一个很有用的参考指标，不但能协助我们去观测目前的股价估值是便宜或是昂贵，还可以协助判断公司的盈利前景被透支的情况，从而评估长期持有的基础获利空间。如果股价已透支公司未来 5 年、甚至 10 年的盈利增长，投资者长期持有该股票不会有太多升值空间，长期投资者必须远离该等被热炒的股票。

我必须要强调目前股价增长最快的都是盈利水平很低甚至没有盈利的公司，而且在大牛市中节节上涨，支撑其价格的理由层出不穷。比如最经典的销售增长，即使是亏本销售，市场仍有大量资本非常乐意买入，因为有成长才有幻想空间，才能编写美丽的投资童话故事，股价上升才能增加基金收益。如果一项资产明显地高估甚至毫无基础价格，也不会妨碍市场对其的追捧，因为牛市中大家只会关心有没有赚钱效应，即使是投资基金经理也很可能会参与其中，因为不买了就会跑输同业，真出事暴跌时比谁跑得快就可以了。所以一旦有投资项目被炒热，就自然有资本会主动及被动地跟进，直至泡沫破裂，股价一沉不起，游戏才会结束，然后又有新的热点，新的热炒板块。

资产负债表分析

我们了解了盈利及现金流方向的分析后，开始对资产负债表进行分析。

股东权益

股东权益指公司股东对公司所拥有的全部资产清偿所有负债后剩余价值的所有权。我们有一个简单的公式去拆解资产负债表的三大项目。

$$公司总资产 - 公司总负债 = 股东权益$$

无论公司有多少资产,如果公司负债非常高,公司的股东权益就不会太多。

股本报酬率(ROE)

股本报酬率(ROE)是衡量上市公司赚钱能力的重要指标。ROE 能反映出公司每一普通股股本的投资报酬率,即代表了公司自有股本的赚钱能力。ROE 越高反映每一单位的股东权益能创造更多的收益,是专业投资者常评估公司基本经营质素的指标。

$$ROE = \frac{净收益}{年度平均股东权益}$$

理论上 ROE 越高就越好,因为 ROE 高代表公司的盈利能力高,用相同的本金可以获得较高的利润,公司经营的生意有本少利大的特性。所以 ROE 较高的股份通常能获得较高的估值,市盈率往往会比较高。一般公司的 ROE 若能超过 15 已经是很好的状况。相反地,如果一些公司的生意在经济繁荣周期时仍只有个位数 ROE,即代表此等公司的盈利能力非常差。而且需要大量的资本金才能获得同等利润,公司业务模式的获利能力比较一般,除非以非常便宜的价格买入,否则持有此等股份难以有超额回报。

我们用 2019 年 1 月几家公司的指标做一个比较(见下表):

	苹果(美股) AAPL	腾讯(港股) 700	碧桂园(港股) 2007	中国石油 601857	格力电器 000651	贵州茅台 600519
ROE	49.3	27	27.8	1.5	26.4	23.7
P/B	6.8	10.2	1.8	1.1	2.7	8.2
ROE/PB	7.2	2.6	15.2	1.4	9.8	2.9

由于 ROE 每年都有一定变化,投资者亦可以 5 年平均的 ROE,以及经营周期中最好年份及最差年份的 ROE 作更详细的评估。有时你会发现不少公司都有强者恒强,弱者越弱的市场观察。中国石油最近 5 年的 ROE 没有一年能超过 5。腾讯最近 5 年的 ROE 没有一年低于 23。而碧桂园最近 5 年的 ROE 则在 14 至 27 之间大幅波动,可见房地产行业的周期性比较明显,而且受政策性因素影响

颇大。

ROE用途如下：

● 用同一个公司不同经营年份的ROE变化比较，评估公司的盈利能力变化。

● 用相同行业公司同时间的ROE比较，评估同一行业公司的盈利能力差别。

投资者要小心不同行业的ROE不应拿来直接比较，不同行业的ROE可能有天壤之别，因为不同行业需要的资本及经营状况有巨大差别。比如经营银行需要充足的股东资本才能相应地放贷，所以一般ROE很少超过18%。如果偶然高于此数，该银行可能是出售了某些业务，而非持续经营性收益。但经营状况恶化的银行如汇丰银行，其ROE从2008年金融危机前的双位数降至近年平均只有5%~6%，但汇丰银行的子公司恒生银行的ROE一直保持双位数水平，盈利能力的差别反映在股价上。恒生的股价早已追回了2008年金融危机前160港元的最高位，并持续给股东每年超过4%的利息。但母公司汇丰银行却只有金融危机前130港元高位的一半水平，十多年过去了股价仍在65港元附近，即使多年收息大约也只能收回本金，用十年时间取回自己的本金的投资者难道还要庆祝吗。股东想想这十年的通胀购买力损失就已经够痛心，更不要说如果把钱投放到其他投资项目上的潜在获利。

所以投资者作投资决定时不要被过往的投资经历蒙蔽了，必须留意公司的经营环境变化。不过读者须要留意ROE是一个滞后的指标，一家公司的经营环境恶化到反映在当季的盈利指标需要好几个月时间。并不适合在经营环境急速恶化时用作直接投资决议，因为当季的经营状况会比想象中更恶劣，股价会在数据未公报前已经大幅下跌，千万不要看了滞后的财务数据去捡便宜。

如果一家公司不断增加负债投资，只要生意获利的回报率高于借贷融资成本，借入更多的资本可以让其ROE上升。中国的龙头房地产企业的ROE往往能达到20%以上，但这并不代表每一个开发的项目都有高额获利。如果你认识真正参与房地产开发的人员，他们会告诉你每一个项目除了要支付高昂的地价，还有大量不论赚亏都要缴纳的税费。除非项目的土地是以前低成本时早已买入的，否则净利润是相对有限的。而ROE主要来源于高额的杠杆，总资产相对股东权益超过8至10倍的开发商比比皆是。使用大量的财务杠杆是可以提高ROE，但是必须要留心公司的资金来源是短期还是长期借贷，而且利息成本是固定还是浮动利息。

负债过高的公司一旦遇上融资成本上升，公司有大量的短期融资到期，或大量浮动利息的长期负债，一旦利率较大幅度上升，再融资变得困难，这家公司的经营就可能陷入危险的境地。杠杆借贷提升 ROE 对于公司的财务而言是"水能载舟亦能覆舟"，所以使用 ROE 分析时仍须要对公司的负债状态进行分析。另外有些公司在连续亏损后股东的权益可能下降至较低水平，一旦业务开始盈利，ROE 看上去就会很高，这并不代表公司是有竞争力的。

我们在参考 ROE 时，其实必须要同时考虑市场的估值水平。如果一家获利水平甚高的公司已被市场热炒，再好的公司在投资上也会变成坏投资。比如一家公司的 ROE 达到极高的 30~40，但是股份已经被市场热炒，PB 升到 20 倍以上。除非你确信公司未来的利润会极速成长，否则你用 ROE 除以 PB 去观察，即把 40 倍的 ROE 除 20 倍的 PB，超高的 ROE 已经被冲上天上的股价摊薄至只有可怜的 2 的水平。你用如此高的溢价购买，长期获利可能就会被大大降低。当然，上表中 ROE/PB 最高的碧桂园是否就代表很便宜，这就必须要考虑公司的盈利是否见顶，另外我们必须从高负债率思考为什么市场给予目前的估值水平。因为如果盈利是大量的高杠杆借贷经营支撑，将来的盈利不确定性就会较大。

投资者千万不要因为看到一个指标发出便宜的信号就买入任何股票或资产，必须要全盘考虑该股份的综合质素。纯粹的低市盈率、低市账率或者比市场高的 ROE，从来都不是必然买入的理由，投资者不要误坠估值指标的陷阱。而且通常买入热炒的股份的投机者交易时从来不会看估值，所以你用估值去判断此股份的短期走势是毫无参考性的。预期股价继续上升往往是投机者唯一的买入理由，而不是估值的高低。不过没有实体估值支撑的股份一旦上升动力减弱就会自动掉头下跌，因为空中楼阁没有支撑最终是必然倒下的，但要多久才倒下就没有人可以事前回答你了。

负债比率

一般来说，一家公司的债务比率越高，公司的经营风险越会增加。因为公司借入了大量的债务后，每年都有利息支出，而且还债的压力也会上升。我们评估债务的重点不在债务总量，而是要考虑债务相对公司的资产总量的相对水平去判断债务风险。

常用的参考指标是资产债比率。

$$资产负债比率 = \frac{总负债}{股东权益}$$

这个比率理论上是越高越坏。如果资产负债比率上升到 90% 以上，代表公司的经营脆弱性较高。但我们去做投资评估时不可以单纯说公司负债比率高便一定不值得投资，要视行业的资金需要。如果做餐饮业的轻资本行业，高的负债率当然不合理，如果是房地产公司的负债率则很少低于50%，因为地产公司发展得较快时必然会采用银行融资等手段增加投资项目。如果配合适当水平的借贷，只要投资回报率高于融资成本，便能够提升股东的每股盈利回报。

我们在讨论ROE时已提及过，大家要留意公司的这些债务是长债还是短债较多，而且利息是否固定还是按市场利率浮动。如果一个公司有较高比例的短债作融资，一旦在加息周期债券利率上涨，公司便无法再以低廉的利率去获得经营性借款，公司可能需要以甚高的利息成本发行新一批债务去进行融资，这样财务成本就会急剧上升，并大幅度蚕食公司的利润。一些房地产开发商支付的融资利息远超过公司全年利润的情况并不罕见，所以有没有长期稳定利息成本的融资，对资本消耗较大行业的利润水平有关键影响。如果公司同一时间有大量中短期债到期，却无法在市场上成功融资进行债务展期，通常会尝试尽快寻求机构性买家，公司把一些项目或业务的拥有权以低于市价卖出迅速套现，亦会考虑出售任何仍可变现的流动资产还债。面对债务风险时，已经不是赚还是亏的问题，而是企业能否活下去的问题。若仍然无法获得充足的资金填补，最终结果难逃破产清算或被其他公司以低价整体收购的命运。

一个公司负债率高是不是一个坏的指标，这就要看身处什么时代了。如果遇上了政策风口，负债率最高、冒最大风险的企业会吃上"大螃蟹"。比如2016年至2017年的一波在中国不同城市上演的房地产上涨浪潮，令高负债的、开发总量最大的巨型房企乐开花了，单单在2017年，恒大地产、碧桂园、融创中国等的股价都升了3~6倍，反而经营杠杆较低的万科只升了1倍。所以不能说负债率高就是坏的投资，你必须看清楚你身处什么时代，在风起时，高负债、市场占有率高的企业通常会跑赢。不过一旦市场冷却，业绩又会急速恶化，投资者必须认清"水能载舟亦能覆舟"的道理，必须要适应市场环境变化改变部署。

公司如何美化负债率

公司为了降低负债率，最直接有效的方法就是出售资产。一些大型地产公司曾进行了大规划的主营业务资产出售计划，最大的动机都是把负债率降低，减少潜在的财务风险。如果不想平价卖出优质资产，公司也可以选择发行股票、优先股或永续债券去补充公司资本。

优先股是一种特殊的公司股份，同时拥有债务工具和权益工具的特性。视优先股的条款，在部分公司的会计处理上，优先股可以视为公司的债务，而非视为公司的股东权益。优先股的股东在公司破产清算的受偿顺序排在债权之后，优先于普通股股东获得清算补偿。优先股的股息通常按一个已协议的股息率发放，但是优先股通常在股东大会上并无表决权。由于优先股的条款变化及派息情况等有很大弹性，亦可按发行条款决定能否提早赎回。许多公司会把优先股归类为公司的权益，因为这样能降低公司的负债率。

永续债是一种没有到期日期，理论上可永久存在的债券。这种永久债券按期（通常是半年或一年一次）支付债息直到永远，发行人会在一定条件下，比如最短在发行3年后，设有可提早赎回债券的权利，当然发行人不一定要赎回。有时为了补偿投资人长期持有的耐心可以设定在某些年期过后把息率提高，以吸引更多投资者认购。在中国香港上市的房地产企业不少都有发行永续债去补充股本，有一些更达数百亿甚至上千亿的规模。欧美的银行在金融危机后亦有很多采用永续债补充资本。永续债在公司财务报表上可视为公司的股本，而不一定归类为负债。所以发行永续债有可能降低公司的负债比率，而又不会降低主要股东的控制权，问题就是有时息率要定得很高才能吸引到投资者。

房地产开发商采用共同合股开发个别地产项目时也能达致降低负债率的效果。如果几个房地产开发商一同发展一个较大型地产项目，比如几家发展商每人只占25%项目股份，项目便没有单一控股方。该项目在上市公司会计入账时会变成投资在联营公司的项目，而不用把该项目的总体资产及负债合并计入房地产开发商母公司的资产负债表之中。该项目发展的盈亏只会直接计入损益账。所以房地产开发商的表内负债水平就可以因为合资安排而降低。

投资者要留意无论你如何细心阅读财务报表，仍无法察觉很多公司真实营运的问题。所以我才会强调不应过度集中持股，因为很多风险不是可以事前预计的。最经典的是公司隐藏了表外负债，令投资者防不胜防。我们可以看看下面安然公司的案例。

✤ 安然公司在2001年的倒闭事件

安然（美股：ENRNQ-已摘牌）是一家创立于1933年位于美国得克萨斯州休斯敦市的能源类公司。安然公司2000年时被《财富》杂志列为全球500强公司的第16位，拥有2万多员工，是当时世界上最大增长最快速的电力、天然气以及电讯公司之一，2000年披露的营业额达1000亿美元，却在2001年轰然倒下宣告破产。事件更间接令当年全球五大会计师行中最进取的安达信被吊销牌照并最终结束营运，使得现在会计界只余下四大会计师行。

安然的破产是典型的财技案例。在2000年前公司的管理层使用非常积极的会计手段去增加公司的营业收入，比如把只收中介人费的服务项目，整笔计入公司营销，把公司签订的项目以最大的可能的经评估金额计入当期的销售及利润，即使项目根本未开始运营，公司也把项目将来能产生的潜在利润先行透支在当年的财务报表上。安然背后还成立了很多合伙公司，这些公司大多被安然公司的高级管理层所控制。安然利用这些公司进行表外借款，即把真实的借贷项目放在非上市公司的主体外进行，这样借入的贷款及负债就成了表外负债，不会直接反映到公司的资产负债表之中，安然高达130亿美元的巨额隐形债务就无法被投资人所察觉。

财务报表经过美化后，公司的业务销售不断上升，公司的利润也水涨船高。公司的P/E被炒到近70倍，P/B达6倍。这在平淡无奇的天然气行业是极高的估值，而证券分析师大多建议买入及持有。可是安然的首席执行官及不少高管却一直在抛出手中的安然股票，卖出别人眼中会生金蛋的鹅并获得丰厚的收益。2000年8月，安然股票达到历史高位每股90美元，随2000年互联网泡沫爆破的市场调整，股票价格开始无以为继一直下滑到2001年中只剩下40美元，而且纸终究包不住火，安然公司的财务做假新闻及资料开始出现在公众视线，许多投资者意识到公司的财务真的有问题，股价在2001年11月只剩下不到1美元，公司并在不久后宣布破产。

所以投资者对个股进行大额投资时，公司财务的真实性评估也是非常重要的。一家传统行业的公司能迅速成长，利润不断上升，你就没有怀疑过利润是怎样赚来的？如果你只用一般量化分析，你的系统可能会告诉你安然是升班马，量化系统就算可以衡量公司财务数据的不合理性，也无法判断其真实性。好多时候大型投资机构对生产型企业做重要决策时，除了会晤管理层，亦会派一些人去生产及销售现场调查，看看汽车进出，用电水平变化，物料消耗是否合理等，这些往往是更有力的证据。不过对个人投资者而言，如此一番折腾并不切实际，更简单的执行是进行分散投资，并剔除业务高度可疑的个股。要知道我们没有任何方法可以完全排除财务造假的问题，投资人只能尽自己的能力进行合理的规避，对美丽得不太真实的公司业绩保持一份警觉。

资产回报率（ROA）

资产回报率（ROA）也称资产收益率，是用来衡量每单位资产创造多少净利润的指标。

考虑到负债水平对股本报酬率（ROE）往往有很大的影响，一些投资者亦会采用资产回报率去分析究竟公司业务的盈利水平是否由大量借入没有太高效益的资本去获得。

$$ROA = \frac{净收益}{年度平均股东权益}$$

比如你是一个开发商，开发了大量的项目，看上去 P/E 及 ROE 等都不错，如果开发公司是以大量低利润项目配合大量借贷才做出的业绩，ROA 指标就可能会非常低。这反映了公司的业务是以大量低成本信贷去支撑，盈利能力一般。所以 ROA 相对 ROE 而言更能反映该行业的投资项目在不考虑借贷因素下是否容易赚钱。

其实我们可以得出以下的关系：

$$ROE = ROA \times L（杠杆比率）$$

即使是一个利润率较低的生意，在用上大量的借贷后，这种财务的杠杆会提升了 ROE。但其实公司业务的获利能力一般，一旦借贷成本上升，利润水平就可能大降，所以这种高负债的公司在同等获利水平（ROE）下的经营风险会较高。

速动指数（QUICK RATIO）

速动指数用来评估公司的现金流安全性，指标超过 1 代表公司资产的流动性很好，短期的高变现能力的资产比起短期要支付的负债多，流动性资产处于安全水平，短期内没有太大因资金不足而倒闭风险。实际此指标更多用在债券投资的风险评估，除非是经营状态太差有倒闭风险的公司，速动指标对评估公司股价并没有太大的参考价值。

$$速动指数 = \frac{流动资产（现金或等价物，应收账，包括已回购股份等可出售证券）}{流动债券（一年期或以下的短期债务）}$$

如之前面的债券讨论中所述，如果公司有大量的负债会在一年内到期，而流动资产又不足以应付还债需要时，必须要观察金融市场的融资环境有没有急速恶化，以评估公司的负债有没有不能展期的现金流危机甚至出现倒闭的风险。

市账率（P/B RATIO）

市账率指每股现价除以每股账面值所得的比率。

公司的账面价值是指其总资产减总债务，账面价值是越多越好。一家公司的账面价值基本等于股东权益。

$$市账率(P/B) = \frac{股价}{公司每股账面价值}$$

2019年1月23日几家公司市账率如下表所示：

	特拉斯 TSLA	摩根大通 JPM	百度 BIDU	工商银行 1398	中国石化 600028
ROE	−33.9	12	18	13.5	5.4
P/B	10.9	1.48	2.34	0.81	0.9

市账率(P/B)指标反映了股价相对于公司会计账目上的账面净值的溢价。P/B是衡量股份估值的重要静态参考指标。通常成长型股票或市场热炒的股票市账率会比较高，10倍至20倍的市账率在美股科技股中也很常见。可是当熊市来临或陷入经济衰退时，企业盈利很可能会出现较大幅度下降甚至没有盈利，市盈率(P/E)对于股份估值的判断能力就会大幅减弱，这种时候应用P/B可以看到股市的市值有没有跌到极便宜的水平。新兴市场的指数20年牛熊周期市账率的低点在1倍左右，除了1998年接近0.8，即使是2008年的全球金融危机P/B也不过是1倍左右。P/B在熊市估底是一个很有用的参考指标。

市账率在牛市中的参考价值就很一般，因为当股市在快速上升阶段，P/B只会越来越高，你不能以P/B高低判断市场的走势。在美股大牛市中，大型科技股如亚马逊(AMZN)的市账率可以由5倍升到10倍，再由10倍升到20倍。如果只选用P/B指标判断股票价格走势，在牛市中就会进退失据，因为市账率越高的股份往往是市场上最热炒的股价，股价升到你不敢相信为止，以市账率作参考你可能在升市的初段已经认为市场非常昂贵，可能会错失许多个股上升的机会。如果不幸以估值指标作参考尝试做空你认为高估值的个股，结局很可能是股份继续上升令你的做空仓位发生巨亏，黯然离开资本市场。初级投资者可能学了"半桶水"的价值投资理念，认为任何市场里都会有既便宜又有安全边际的个股，买入了连在大牛市都升不起的低市账率股份，以为自己是股神巴菲特接班人，要当长线的价值型投资者，其实只是买了升市无你份、跌市一起跌的垃圾个股，中了价值认知陷阱的智能型接盘侠。

公司的业务模式分析

对个别公司的业务模式分析是对个股投资的重要参考，尤其是成长股的业务模式分析特别重要。评估公司的经营首先是分析其所在行业的动态市场容量，即市场目前究竟有多大，预测未来几年可以成长得多大。这是公司的发展极限，比如中国的手机及汽车市场每年的销售都是有极限，因为人口总量是相对固定的，当产品或服务销售数量达到市场极限时，最大可能的销售总额及利润增长来源就要来自产品的价格提升。问题是价格不可能无止境上升，而且除非公司以往经营管理不善，否则经营成本一般也难以出现大幅下降去改善利润。大家可以观察到近年苹果公司的手机产品销售数量虽无增长，但产品却越卖越贵令盈利不断维持增长。就算利用手机内容如音乐增值服务等销售也是有容量的，所以苹果公司慢慢地就不应视为成长股，而应被视为价值型股份。公司的股份回购行动减少了流通股数充当了每股盈利成长的来源，在经营利润没法持续增长时，估值会被市场下调就很正常了。所以分析其业务的潜在增长空间，对分析公司的盈利前景非常重要。

公司的成本控制能力，也是投资人的考虑之一。有一些公司扩张非常快，但成本上升的速度比销售更快，成本急升不只会蚕食盈利，甚至可以拖垮公司的业绩，因为日后要为关店进行一定程度的损失入账。新东方以往曾因为扩张过快而出现年度亏损，因为每开一家店就会增加资本开支，而且会涉及折旧等成本。如果发展太快最终经营不善而需要关店，开业时以资产入账的装修、设备等成本最终结算时很可能需要直接计入损益账中作为经营损失。对公司的盈利报表非常不利。所以，合理扩张当然是好事，但盲目的亏损式扩张只为增加销售增长往往得不偿失。

评估公司的业务有没有高门槛也是业务分析的重点。有些公司的产品及服务拥有很强的竞争力，主营业务没有太多有威胁的直接竞争对手，有很高的行业门槛，投资界便会形容公司的经营拥有业务护城河保护。这类公司的中长期利润会比较有保障，比如芯片行业的龙头股台积电，操作系统及办公室软件的龙头微软。中国的银行业有很高的入行门槛，尤其大银行在资金面有明显的规模成本效益，在以往年代形成了很强的盈利能力。互联网的腾讯、阿里都是有强大竞争力的公司，很难有公司能与它们竞争，因为没有谁有几千亿的资本可和它们争夺主营业务。没有业务护城河的公司如航空业，往往很易受油价等成本影响，利润的不确定性很强，长期获利能力一般。

互联网公司出现原本以为是增加了商业社会的竞争，但实践证明互联网是一个有严重自然垄断性质的行业，赢家通吃，输家败走。比如经营搜寻服务的谷歌和百度，市场上虽有很多其他的竞争者，但竞争的差距非常大。无论用户怎么骂公司提供的服务有多不好，仍然继续使用，因为没有找到有效的替代者。比如腾讯是最大的社交媒体以及互联网的流量进口，阿里是最大的网购的流量进口，京东及拼多多虽有威胁但很难动摇其龙头地位。如果某一网上销售平台要求商家只能选择单一平台做销售，商家只能放弃其他较弱但收费较有吸引力的渠道。这就是互联网的垄断威力了，亦是公司盈利的来源。在当今强调公平竞争并设立相应的法律情形下，投资者也要注意其变化。

美国的视频网站网飞（NETFLIX）、音乐网站声田（SPOTIFY）都是自然垄断的代表，它们能以比其他竞争对手出更高价买入版权，并把服务平台设计得更多功能更多内容及选择，同时能用更低的服务费用提供给消费者。这对想看视频或听音乐的消费者并没有什么理由抗拒这项选择，而不用其他收费更高却只能提供更少选择内容的供货商。当更多的消费者使用单一公司的服务时，会进一步增加平台的规模效益，令平台的平均客户服务成本降低。这种自然垄断是互联网竞争模式中不可避免的影响，百家争鸣最后一家独大。除非平台违反了当地的反竞争法，否则这种互联网强者恒强的模式将来仍会长期存在。

公司治理也是投资者进行长期投资前不可忽视的一环。良好的公司管理层按公司股东的最大利益行事，而不是按管理层自己的利益考虑。其实投资者一般并没有任何对公司治理的影响力，不当行为很多时候也有办法利用制度规避，比如引入独立董事等手段就能避免。投资者更重要的是要带眼识股，观察公司管理层长期在派息、薪金及成本控制、股份增发或回购方面的政策，员工持股或发放认股权等方面是否合理。如果是新上市的公司，就很难事前评估，要看的是主要管理层的操守及诚信，但是事前判断又谈何容易？

投资者可以对一些已经上市，却有非常多不良资本操作纪录的公司避而远之。比如避开一些不断用财技不断进行增发新股、供股集资、合并股份等等的公司。不过这等公司的股价变化往往非常迷人，有时出现连续上升，很多个人投资者明知个中风险仍会参与其中。"明知山有虎，偏向虎山行"，因为他们总是认为自己可以战胜主力，看书店有多少教授如何跟庄获利的书籍出版大卖就知道。我只提醒一下，没有太多投资经验的市场参与者就不要去高估自己的投机能力了，长期投资的股票必定要考虑公司的管理水平，如果公司的大股东换出，并以高价卖给另一投资机构，必须要小心评估公司的经营风格及公司管理会否大幅改变。

再好的业务模式也可能是坏投资

　　传统投资学总是认为有业务护城河的好公司值得投资。是的，不过前提是用合理的价格买到，长期投资才比较可能有回报。但其实那些业务稳定增长又财务表现优异的公司如早被投资界公认是优质股，股价很可能早已被热炒到严重透支状态，你再追入时不再容易长线获利。有一种很危险的投资概念叫有买贵没有买错，这种极低智慧含量的想法却往往在大牛时获得许多投资者认同。他们只看价格是否继续上升，什么都不理，还引述什么市场人士的观点。我无意去阻止大家去淘金，而且即使有人怎样苦口婆心跟你说某某热炒个股这个价格已没有投资价值，被获利想法冲昏头脑的交易者心里只会叫劝告者滚开，谁也不要去阻我发财。2007年的中人寿在香港热炒，还记得一些财经专家们指出全中国只有中人寿（港股：2628）业务不可估量，股价热炒到50港元以上。可是热潮褪去后，股价一落千丈，在2009年时只剩下高峰期的三分之一，中间经历了2015年大牛市也推不回去之前的高位。选择长期持有的佛系投资者到了2019年初，股价仍是只剩16港元左右，仅有多年收取的约4港元的股息能帮补一下损失。信奉"有买贵没有买错"的投资者不知道人生有多少个十年可以这样消耗时间和资本？美股中热炒过后一地鸡毛的案例也多不胜数，比如美股的英伟达（NVDA），有玩电竞的朋友应该很熟悉，受惠区块链概念被热炒，从2016年初20多美元爆升到2018年9月的280美元。简直是股价高处未算高的经典教材，不过2018年末只用了3个月就由280美元滚下山坡到150美元。在2017年下半年任何时间买入英伟达并选择长线持有的投资者都有账面亏损，大家能比较的只是输多还是输少而已。英伟达的股价在2020年的芯片股大牛市中再次突破历史高位，但更多曾被热炒的个股就没有这么幸运了。

公司主要股东结构与总市值

　　大家投资个别上市公司时要必须留意一下公司股东的结构，首先要留意大股东及其关联人士的持股。如果是股权非常集中，比如主要股东控制接近70%流通股，股价被控制及操作的可能性就会比由数家不同的大型机构投资者作为主要股东的公司高得多。

　　不过由于流通股份少好炒作，一旦被拉升，涨幅可以达非常惊人的幅度，一年之内上升100%，你以为到顶，再升到200%，你认为是幻觉，再突破加速升到500%问你服了吗？中国恒大在2017年前常年只在5港元左右，到了2017年连升了10个月，一口气升到30港元。如果你使用估值去衡量股价，并作出做空行为，不先去评估多头交易对手的力量及驱动上升的因素，想不巨亏平仓都难。在交易市场一定要知己知彼，才能百战不殆啊。

有一些个股已被原有的主要股东卖出大部分或全部持股，就要特别小心。大股东比谁都更了解公司的业务状况，更重要的是他们往往有能力预期业务大约何时到顶。他们不会选择真正到顶才卖，因为那时已经卖不动找不到买家了。所以留有余地是一种很有智慧的交易哲学，尤其当你是市场主要参与者短时间内退出并不容易。有智慧的大股东会选择股价仍有上升空间的时候下开始卖出。基金等机构在市况好时不介意分批买入大股东手上的股票，基金相信公司的业务模式可以持续获利，而且股价上升中也很容易卖出获利。往往过了一段时间大众才认识业务已经到顶了，公司管理层却再也不能力挽狂澜，业绩缓慢下滑，股价一落千丈。曾经是香港恒指成分股的思捷环球（港股：330），大股东一直在2008年金融危机前股市不断上升时一步步卖出股份，而且股价还能越卖越升。在大股东清仓后，股价最终由2007年115港元以上跌至2018年的不足2港元，所以大股东的交易行为对个人投资者而言很有参考性，因为没有什么投资人会比大股东更了解自己公司真实价值。市场及媒体总会告诉你这次不一样，股价仍很有上升潜力，但我就只会相信大股东用脚投票的答案。

基本分析的作用

基本分析最大的作用是把没有基础长期投资价值的个股剔除。基本分析在数据获取上往往是用过往数据的静态分析，最有参考性的未来数据亦只是上市公司业绩的前瞻指引，得出来的评估往往来不及跟上市场变化。如你去评估航空公司时，很重要的一个成本因素是燃油成本，燃油的价格却会随国际油价大幅波动。2018年时，油价2个月的升跌波幅往往大于20%。你怎么可能在某一时间点得出准确的静态定价？就算区间定价也没有太大意义，因为区间太阔了就没有实际操作的参考价值。

基本面无法判断短期波动

你怎样能评估消费者市场对手机巨头苹果的反应？消费者在以往总是愿意不断以更高价买入其手机——在2015年如是，2016年如是，2017年出售价过万的iPhone X系列如是，2018年却卖不动了。你怎么能事前估计得到？如果你从 iPhone 网页找出到货时间评估超额订单不足时，你准备做空（先融券卖出再买回）苹果股票，价格却由 9 月中发布新机时约 220 美元水平一直维持了半个月，最终上升到 10 月的 230 美元。正常做空的投机者都会考虑止损，因为市场看似不买账，即使你坚持持有到 11 月 1 日苹果股价仍是照旧维持在 222 美元，很多短线做空者都会放弃了。这时市场却有消息说苹果新机订单下跌，第二天开盘已跳空下跌到 207 美元左右。这时再行动你就要冒股价再被拉升的风险去做空，而且因为波动率太高已经无法有效使用衍生工具对冲了。股价在之后几天再下跌后不久再次回升至 207 美元水平，在 11 月 7 号又升到 209 美元。在保持盈利平仓的哲学下，应该在股价升回到 207 美元左右平仓赚一点点，然而这时在基本面没有新消息下，苹果的股价在不到半个月的时间内一直下跌并跌穿 180 美元。试问你怎么可能从基本面预测到股价的短期波动？

基本面认知陷阱

基本面在长期可以反映股票的价值。但是什么才是长期？要多久才反映？是 1 年、3 年、5 年还是更长时间？如果你判断错了，那么你就陷入了基本面认知陷阱之中。坚信没有上升潜力的个股有投资价值，并长期持有，以基本面的理由安慰自己，认为是市场走了眼。其实市场的主要驱动力是资金，而持有资金的机构主力大多有追逐短期利润的本性，即买升不买跌，卖弱不卖强。而基本面分析长线的资金往往购入后便不再交易，对盘面无持续拉升效果。投资的价值最终必须由现金收息及股价增值来反映，如果投资项目长期持续没有产生回报，对交易者而言就是一个烂项目。

市场资金流向与股价没必然关系

投资者总认为股份或个别市场有资金流入就必然利好股价。2017 年大量游资流入了中国香港股市，恒生指数、MSCI 中国不断创新高。可是 2018 年外资流入了 2000 多亿元到 A 股，A 股当年表现却接近全球最差。2018 年美国的股份回购创纪录新高，美国的全年股市回报水平也是 2008 年金融危机以来最差的。

我曾经无数次被资金流向影响了对投资项目的判断。其实资金流入不一定会对股市产生短期利好作用，尤其是那些选择采用挂出被动式买盘入货的长线资金，他们买入股份后并不会持续进行买卖，也没有提供持续买入力量，只是把更多可交易的股份冻结，不再参与市场的主动买卖活动，这会令盘面继续交易的活跃流通股份数量减少，却不一定能提升股价。股份回购也有相似原理，被动式买入的资金有助于稳定及承托股价却无助于快速推升股价。我花了很长时候间才认清资金流向因素对短期市场盘面的影响非常有限，市场的交易气氛往往才是中短线盘面表现的主导因素。

基本估值与股价关系扑朔迷离

股票市场的交易价格状况经常完全脱离基本面。投资教科书上假设市场上股票价格的不合理状况只会在短期出现，长期而言股价会发生均值回归并最终能更准确反映其基础价值，可是这个预想情景往往很长时间也没有发生。没有太多实质盈利的股票价格却可以长期维持在高位，比如亚马逊（AMZN）。看似盈利较高有价值的股份继续在低位，比如美国的银行股，中间的差距就是业务增长的速度，亚马逊业务看似不会到顶。投资者会发现在相当长的一段时间，你好像看不到价格偏高的个股出现均值回归的苗头，因为没多少投资者会沽出处于明显上升轨道的股票。对信奉价值为主的投资者而言，面对这些市场其他投资者用钱去投票的结果时，往往感到十分困惑。

短线市场的异动则更难以用基本面解释了。2018年11月20日苹果（AAPL）下跌5%，京东（JD）下跌7%，拼多多（PDD）竟然逆市上升17%。以当天计算拼多多的市值为253亿美元、京东的市值为280亿美元作简单分析，两者市值只差10%多点。我们先看一下它们11月20日的静态基本因素（见下表）。

	股价（美元）	EPS	P/B	GMV	年度活跃买家
京东	19.49	0.13	3.1	3948亿人民币	3.05亿
拼多多	23.14	-0.91	18.7	3448亿人民币	3.85亿

京东的销售增长放慢，活跃人数减少，虽然没有亏损，部分收益还是由投资了英国Farfetch公司获得公允价值上升收益。主营业务短期亦难以盈利，盈利及增长空间受限。而拼多多的活跃用户数、年销售的增长率等都明显强于京东，除去增长率，可以见到销售额其实差不多。两家公司的盈利状况是"五十步笑百步"，拼多多出现更多亏损，这种微利甚至持续经营亏损状况在互联网企业很常见。但当你比较营业收入时，就会感觉到两者的明显差异，拼多多的平台收益三季度只有30多亿元，京东的营业收入却高达1048亿元。其中原因是京东自营的销售额是直接计入营收，而拼多多销售只计入服务费收入。但怎么看也是差距巨大。如果一看P/B更是震撼，京东只有3.1倍左右，而拼多多的估值已到惊人的18.7倍。你必须考虑京东在全国物流建设包括物流中难度最高的冷链物流建设，科技研发能力的投入与拼多多的差距。然而资本市场认为两者的价值是差不多，在2019年初时，拼多多的市值甚至一度超越京东——你只有

感觉到资本市场有时口味比较重,非常偏好于销售增长型股份。

如果你是基本面投资者,两个公司中必须选一个,你几乎肯定会选择京东。作为投机者,如果两个公司必须选一个,你有可能选择拼多多。这是因为顺势交易买涨不买跌是许多短线交易者的投机哲学。基本面较佳不是买入原因,必须要有市场走势配合。市场价格往往像钟摆,有时高得疯狂,有时低得心寒,在下跌趋势未有止跌回升迹象时,不要贸然买入。虽然在2019年1至2月间美股回升时,两个公司的股价都上涨了,到4月份京东估值再次领先于拼多多,但其实短线的走势事前谁也没多大把握。但在2021年初,两股均比2018年有数倍升幅,拼多多的市值反而比京东多了近50%,反映出市场仍偏好成长。

如果一家公司股价虽然不断上升但长期投资价值并不明显,是否打算进行投机有时也要考虑对冲成本才能决定。如对于对冲策略没有认识的读者可参考本书后面解释对冲策略的章节。拼多多当时的期权交易不活跃差价又大,隐含波动率(IV)近乎98%,要以超过10%股价成本才能大概对冲30天的下跌风险。当时30天认沽期权行权价22.5元,买入价2.35元卖出价2.6元,对冲成本异常昂贵。如果无法以合理成本有效进行对冲,参与投机交易就是更纯粹的赌大小了。资本市场上的老交易者很少会参与这类纯冒险游戏,潜在的升跌空间只能留给市场上的勇士去赚(亏)了。

经过了美股2018年12月的一轮暴跌后,我们以2019年1月18日美股收盘价比较一下美股的科技股龙头苹果和亚马逊这两个公司的股价、估值及经营状况(见下表)。

	股价(美元)	EPS	P/E	P/B	销售增长	盈利增长	总市值(美元)
苹果	156.8	11.9	13.2	6.9	11.5%	23%	7417亿
亚马逊	1696.2	17.8	95	21.2	30.7%	27.9%	8294亿

你可以看到美股中苹果公司与亚马逊公司的巨大估值差异,而最值得留意的是这时期的市场已经历了大幅下跌。两个公司在2018年下半年都曾经达到接近1万亿美元的估值,可是亚马逊的高估值并没有令其在熊市下跌中出现股价崩溃,反而苹果在同期的下跌幅度比亚马逊高。以基本面分析难以理解估值及盈利表现差距如此巨大的两个公司,为什么亚马逊股票的总估值及股价走势竟然会优于苹果。

其实市场交易上有一个很有趣的交易逻辑:如果一个公司已经停止成长,即已经完全没有幻想空间,其股票的估值水平必须要下降。苹果的成长已经差不多到顶了,而且业务模式相当透明,没有太多幻想空间,盈利水平也差多达到了市场的极限。相反地，如果一个业务快速成长的公司，即使盈利很少或完全看不到盈利，投资报告上用个量化模型作推演，只要假设业务增长率能保持增长3至5年，业务就会有倍数计的巨大成长空间，假如能把业务转化为盈利的话，盈利水平就会暴涨，令不合理的价格变得合理。而且发表报告的投资银行会对公司的业务成长设定一定目标，只要稍微调低实际目标，然后等业绩公报时说公司的业绩指标大胜预期，再用点资金在交易市场上推一把，股价又能再创新高了。

理性的投资者想想就知道，每一个行业都有其增长极限，增长率不可能长期维持，而且当增长率无法转化为盈利，高估值股票的"国王的新衣"的故事最终还是会被大众认知道，尤其是总市值已经达到一定程度的公司。市场总量是有天花板的，就算公司有超强竞争力把所有竞争对手都打下去，吃掉了大部分的市场份额，当市值升至完全透支市场极限时，股价根本是无以为继并不可持续，凭资金堆上去的空中楼阁必然会倒下，但是这个过程需要的时间却无法估算。如果你因为高估值而做空个股，通常都会率先破产。因为泡沫存在的时间往往超过你的想象，但坚不可摧的股价却可以突然间进入暴跌周期。就像2000年的科网热潮，上升时势不可挡，下跌时一泻千里，下跌时间事前不可估计，下跌幅度事前也不可估计，令做空交易非常困难，大家面对疑似泡沫爆破时不参与就好了，不要去乱做空。

大家必须要认识到在资本市场中，主动型基金或对冲私募的目标是创造同等波动风险水平下的超额收益。要获得超额收益靠没有增长的低估值股份是没有用的，除非是熊市大底时以超低价买入，赚取由交易机会产生的策略收益（ALPHA）。真的在熊市大底时更有暴涨能力的股份比比皆是，投资经理往往有更好的选择。所以资金管理者要跑赢大市必须要找热点甚至自己去创造热点，高增长股份就是他们资金互相追逐的游乐场，因为这些充满未来业绩幻想空间又有神秘感的股票无法有效去计算估价，这样的投资故事才有吸引力，才有股价能不断上升的幻想空间。这是不能逆转的市场现象，我们不可能返回到20世纪50年代格雷厄姆运用价值投资大放异彩的年代，市场的有效性比当年高得多，很难再捡到什么便宜了。投资主题变成了用时间换取成长及潜在盈利，因为这样才有超额收益的空间。

大家投资时一定要认识到市场对成长股的偏好。在熊市时，低估值股票的下跌幅度通常会较成长股低，但只要成长型公司在衰退中没有倒下，只要牛市一来临，成长股又会再次大放异彩，而低估值股票只会进行修复行情，然后继续其黯淡无光的行情。除非低估值股票能持续提供给你相当多的现金流支撑，如每年稳定并持续有高比率的现金红利等直接收益，否则不应该单单因为估值便宜而选择股票进行投资。在交易上有句话——它便宜是因为它真的很烂。大家不要在资本市场上贪便宜，尤其是牛市时的便宜货，除非你确信板块轮动很快会推升到你持有的便宜个股，否则长期持有连牛市也推不上的个股真的没什么获利的希望了。

基本面投资者的参考信息

投资者做出投资决定前，通常都会对拟投资目标进行信息收集，不过大家总有一个错觉是信息越多越好，感觉就好像读书时，只要功课做足了考试就会得高分。其实信息收集是要做，但真不是越多越有用，反而很多时候你收集的资料是互相矛盾的，比如一些数据看涨，一些数据看跌，看得令人头昏脑涨。读者如果是普通的个人投资者，而不是职业的市场交易者，应该没有可能有大量时间去做分析。如果你有全职工作下班后仍乐此不疲地分析，你的人生应该除了股市什么乐子也没有。大量消耗时间精力在股市，对个人投资者的人生幸福感体验来说几乎肯定是得不偿失。其实，除了少数超长线持股者（如巴菲特），绝大多数在交易市场内手握大资本的参与者都不会对个别股票进行太过详细的基本面分析，因为实际负责操盘的投资人的目标往往是要跑赢大市，市场上哪儿涨上去了，估值贵不贵都照样加仓，否则没有回报表现，投资客户就会流失。

很多时候，短期获利的关键是你敢不敢对不确定性事件冒风险下注，如美国议息的结果及息口前瞻指引变化，比如美国总统选举结果，国际贸易谈判的变化，业绩公报前部署……估中了就能吃一波行情，估错了就认了吧，这些钱都是勇于冒风险的大胆投资人才能赚的，与你获取基本面信息没有什么关系。

长线投资人只需要一定的信息作参考，尤其在指数化股市，长线投资要准备的资料更简单，比如利率及经济成长，评估市场估值水平以及留给投资人的获利空间，最后参考技术面做出投资决定。投资者愿意接受市场回报的不确定性，在合理价格买入，等待长期投资的回报，并不需要大量的分析信息。当然对个别股票进行加仓配置的投资者仍是需要较多的参考信息。其实投资的心态往往比信息更重要，你对持仓有没有信心，是否买入后惶惶不可终日。交易者更需要在没有投资机会时保持耐心，不打无把握之仗，身心休息充足、精神饱满，才是个人投资者较佳的作战状态。

公司年报

如果你的人生太悠闲，看看市场中数以千计的年报是消磨时间的最佳方式。年报内容非常冗长，而且往往千篇一律，负责做年报的员工往往都是机械式地完成任务，你多认识几个上市公司负责编写年报的朋友就知道他们自己都不太想看自己写的东西，只是一定要完成上市条例的任务。当然有一些很注重投资者关系的公司会把报告写得很详细，还有公司前景及业务预测，这些就比较有养分，能判断行业发展的因素，并评估一旦这些预期因素出现变化时对此等公司的影响。但投资者必须谨记年报上的数据是极度滞后的，我们只可用作参考，而绝对不应是判断当下是否入市的唯一依据。

新闻及盘面信息

很多投资者习惯每天早晨先看一遍财经新闻，这是很好的一种习惯——去掌握一下刚刚发生的金融及国际事件，同时留意各地市场对事件的反应。如果交易者的时区是中国的亚洲时区，早上第一个开盘的应该是日股，但是日股有点像日元汇率反射器，跟A股及港股的相关性不大，投资者应该留意的是昨晚美股的收盘状态，以及早上亚洲交易时段美股标普指数期货（ES）及纳斯达克指数期货（NQ）的最新变化。无数次美股下跌而亚洲区不大跟随的情况都是早上期货比昨天的暴跌收盘价有轻微上升，因为如果亚洲区的投资机构想影响市况，在亚洲时段拉升美股期货其实只需用很少的资金，却能造成很大的心理因素影响，至少其他的交易机构都会看到期货市场企稳后未必出现"一面倒"看淡。如果早上美股期货比昨天美国收盘价仍大幅下跌，市场情况就会十分凶险。往往亚洲各地股市一开盘时已大幅跳空低开，大家一齐沽货逃生。

不过投资者要留意，亚洲时段的美股期货对同日美国市场开盘后走势的预测能力非常差，往往亚洲时段估升，到美股开盘时段变成暴跌。同样情形亦发生在美国上市的A股类交易所买卖基金，比如跟踪深沪300指数的ASHR基金，往往美国股市交易时估计第二天A股能再升，第二天A股的交易时段出现大跌。两个市场隔日交易差价1%~2%是等闲之事，而且不是升跌幅度估错，连升跌的方向都估错，所以大家要认识到真实市场真的是变幻莫测的，期货市场的预测只能作参考。

基本面信息的重要性

参考基本面信息时往往会发现好与坏的因素同时存在，例如销售快速增长时成本上升太快导致无法盈利。投资者把年报看了又看，左验证右查证，上网把分析师报告，连股吧朋友的评论全看一遍也不会提升太多额外回报，有时还适得其反，参考得太多变成不知所措。

说了很多基本面分析在交易时不足的地方，我其实还是要强调认识基本面的重要性。因为基本面始终是决定整体市场内个股升跌的长远最大单一因素，而且无论牛熊市况中，基本面良好，估值合理的个股最终大概率再次跑出，但是对股份的短期走势没有太大启示，而且我们个交易时亦必须配合市场实际走势作判断。另外投资者也不能忽略宏观的金融环境，比如目前的利率水平及央行货币政策的变化。我初入市场时看过很多似是而非的基本面报道分析，什么PB 0.5，PE 低于 4 倍，有潜在的上升空间，后来往往发现市场给出如此低的估值通常是有理由的，这股票有很多数据看不出的问题，比如利润并非可持续，公司管理非常差等等。大家不要学了一点分析技能或指标就以为自己半桶水的武功能够轻易打败市场，亦千万不要执着基本面或技术面的方法谁优谁劣。取各家所长，建立一套能在盈盈亏亏的交易中总体获得盈利的方法才是好的方法。

除了自己进行分析，我们有时亦可以参考投资机构的报告，以及不同的策略师经济学家等分析。近年还流行许多自媒体股评人或独立分析者，大家参考数据时必须小心谨慎。资本市场从来没有天上掉下来的馅饼，持续免费的东西一定要有收入来源去支撑，投行报告的收入来自机构投资者的交易佣金，经济学家策略师等是受薪的员工。如果提供有用的信息，却找不到其收入的来源或模式，对金融行内的人都会很疑惑，因为许多行内人都知道免费的东西往往是最昂贵的。当然像桥水达理奥这种已经不用为钱做任何事的人是例外，大家可以在他的网站免费正版下载他达数百页长的债务危机一书的电子版，这些大师追求的是不朽于世的个人影响力，期望能造福社会。

参考投资银行的分析报告

大型投资银行会在市场上提供股份分析建议及信息的报告。投资银行的卖方分析员会负责撰写报告，大多数写好的分析报告是首先给投行的客户参考，等其可以成为建议时才作部署。投行卖方报告赚钱的方法是按照其客户跟其建议买入证券后产生佣金收入而间接获利的。基金等客户消化完投资报告后就可以免费发放给其他使用者。为什么免费送信息给你？因为信息已经过期了，或是部分机构跟从建议低位入货后，总需要有其他投资人一起参与从而提升股价。如果大型股升势持续，跟进买入了不一定会亏钱，因为往往还有更多更勇猛的接盘侠跟进；但若发生在中小型股上，往往拉升后后劲不足，就比较容易当了真正的接盘侠。

我们看到的大行报告的建议往往像是用倒后镜开车，当市场开始上升时个个喊升，当市场开始下跌时却没有什么人会能预先建议你离开。大行报告的价值在于事实的分析而不是观点，比如他们找出行业的运营信息，公司财务状况等等，你可以参考做自己的判断，而大行定出的目标价就最好不要理会。在大牛市中，目标价会一个又一个的达成，分析师会被捧上天。然后下跌来临时，分析师的报告就好像过期了的报纸，被弃一旁。资深的投资者知道不少新晋分析师大学毕业没多少年，牛熊周期都未完整经历过一个，就像大学时交作业那样写出一个样版式的报告，堆上一个有创意的目标价（定价前往往先参考一下其他行家的价位）。很少有机构或行内人会完全相信他们的购买建议，因为盲目相信别人往往要付出很大的代价，大家就不要对投行目标价太认真了。

拿两只大家较熟悉的股票在2018年的走势做例子：

腾讯（港股：700），2018年大跌40%以上，股价2月最高超过470港元，到10月份最低回到260港元。市值减了2万亿港元以上。按理说这史诗式的下跌，分析员应该有可能察觉到，提早给出逃生建议。

实际情况如下：

2018年5月，当股价开始下跌到400港元附近时，主要国际投行仍然给出买入建议，目标价全在500港元以上，你取个目标价中位数520港元，10月股价最低时260港元刚好跌到目标价的一半左右了，没有一个沽出建议，也没有一个估价低于400港元。

阿里巴巴（美股：BABA）是另一经典例子，而且下跌时跌势更急。

2018年6月，股价达210美元，2018年10月，最差时就只剩下130美元，4个月时间跌去了2000亿美元，和腾讯当时的命运没有多大分别。我们如果找出持续下跌期间的大投行报告，一面倒是买入建议，平均目标价超过240美元，而即使在下跌期间的7月、8月，甚至10月，最新出炉的大投行报告目标价仍超过220美元。

虽然市场回稳后，腾讯及阿里的股价不足3个月时间从低位反弹了近30%，但即使到了2019年3月，两只股票仍与大投行的目标价有一定的距离。大投行对市场的预测能力跟一般人并没有太大的分别，不要高估任何人对市场走势的预测能力。大家要明白连中央银行预测经济走势都经常是错的，就不要对各种预测太上心了。

不过偶尔大行报告也会在市场中形成巨大的杀伤力，尤其在股市暴涨阶段和股市震荡下跌阶段。2018年11月17日，纳斯达克指数的芯片股龙头英伟达

(美股：NYDA)开盘跳空下跌19%，盘中大跌近20%，收盘仍下跌达18%。交易中段股价没有明显拉起反弹，前一天买入的投资者完全逃走无门，因为开盘第一口价已跌了19%。下跌主因是一家华尔街顶尖投行发出了报告称已将英伟达从其"确信买入名单"中移除，报告称在这只股票上明显判断错了。英伟达的业务不及财报预期，此前大大低估了库存增加及游戏业务的调整。在市场信心虚弱时，一份吹响逃生号角的大行报告出来，投资者就真的会四散逃命了。

股市的合理区间

2019年3月，《证券时报》的头版新闻标题令不少投资人眼前一亮。报道指出，要让投资银行报告中的卖出评级成为常态。文章中指出要尝试改变投行报告只当市场啦啦队的角色。同月，另一头版又为股票做空机制平反，解释其在股市中可发挥稳定器的作用。其实要建立健全的市场生态，就要有买有卖，不在于股市短期是上升还是下跌，而是股市能否反映基础价值。个股偏离基础价值在全世界的金融市场也很普遍，但总体市场大幅偏离基础价值，就很难避免出现市场暴跌作终结。杠杆及风险融资的监管是否到位，投资生态完善可以帮助防范系统性风险。短期而言，市场必有很多交易性的股价活动，但长期而言，总体市场跟基础价值就有极强的相关性。

长期投资人没有什么回报，只有追涨杀跌才能获利，理性地无视股票的基本因素，令市场变得十分短视。如果没有真实的业务及盈利，任由市场建立巨大的空中楼阁，结果只会引起快速的暴涨暴跌周期循环，整个市场陷入疯狂上升或一片死寂就很难发挥资本市场的长期投资、股权融资的功能，只会变成了投机乐园。虽然还有很长很长的时间才有可能改变市场生态，但市场的长期投资人都非常乐于见到这种改变。

我们要明白市场价是市场交易出来，而不是有标准或能用什么数学公式算出来的。股票并没有一个真实固定的合理值，只有一个广阔的合理空间。熊市时10倍市盈率是合理的，牛市时20倍的市盈率也是合理的。牛熊切换阶段，数月内20%~30%的波幅也是常有的，为什么三个月前10元的股票乏人问津，三个月后同一只股票升到14元后盘面却非常热闹，越升越买。公司还是那一家公司，股份还是那些股份，改变了的不过是市场的预期和信心而已。2007年美股到达金融危机最高位的CAPE P/E只是在正常水平，却在2008年遇上百年一遇的金融危机。2016年的CAPE P/E远比2007年的估值高位还要高，但是在之后的2017年却遇上了天天上升的大牛市。如果股票市场有一个简单的升跌公式，那个就不应称为市场，而应该称为提款机了。

一般投资者要留心免费获得的分析报告或分析投资建议往往是最昂贵的。因为个人投资者是以真金白银在投资，投资者为自己的投资错误所付出的代价可能以十万甚至百万为单位。大家要了解分析员这份工作的核心是使用分析报告刺激相关的投资交易而得到收入，这就是他们的工作，至于报告使用者有没有钱赚，不是他们能力可控制的范围。他们之前的预测被事实打脸后，只要在新的报告中提出之前的报告是看错了，修改预测降低目标价就可以了。你如果乱跟进建议盲目建仓，万一遇上巨亏，未必能翻身再来了。即使是国际顶尖投资大师的建议，也只可以参考，因为他们会快速修改自己的判断，却不会在媒体上公开提醒你他们已经更改部署了，谨记：永远保持独立思考、判断。

看看金融市场用脚投票的变化

除了观察期货市场及资金流向，在美国上市的中概股表现也很能反映当前的国际市场对中国类资产投资氛围，因为代表有资本想流入或流出中国类资产。如果投资者早上看到全球股市下跌，美元高息债、新兴市场债等风险资产也下跌，只剩下美国国债上升，这就代表了全球市场进入了避险模式，投资者争相卖出风险资产，并买入低风险国债避险。因为你卖出股份后可以持有现金等待机会，如果你觉得近期没有股市的投资机会才会考虑转到国债类投资，因为持有国债在股市表现好转时往往回报差劲，大量资金从股市撤向债券市场中最安全的国债，就代表投资者在用脚投票表达他们对资本市场的变化判断。但是如果这现像只维持一两天往往参考性不大，因为资本市场是非常反复的。同一时间总会有很多个人及机构看升，又有大量机构看跌，但是一旦持续发生并形成一个趋势，比如你看到美国长期国债的价格持续上升，而其他风险资产的价值总体走低，市场就很可能进入了避险模式。

汇率也是一个要留心的因素。国际金融资产多数以美元定价，如果一旦新兴市场货币对美元有大幅度贬值，或形成了持续贬值预期，该等资产的卖出压力往往很大。主要的新兴市场货币有中国人民币、巴西里拉、南非兰特、俄罗斯卢布，印度卢比等。其实，目前新兴市场货币在国际汇率交易市场的占比仍非常小，但也是投资者要留心观察的一个投资风险因素。2018年的土耳其里拉贬值风暴，导致以美元计价的土耳其基金(TUR)自同年高位下跌达60%。所以投资者亦须小心留意汇率的变化。我们会在本书汇率部分再详细解释汇率的变化分析。

有时交易者亦会参考资金流向及成交量去判断市况。市场清淡时的超低成交量是无法做假的，因为你没有办法劝其他人去交易，所以低成交量现象必然代表市场清淡。但资金流向对盘面的判断往往并不明显，因为有外部资金流入也可能有内部的投资者卖出抵消。如果在大升市，有资金流入当然是好事，但在大跌市中少量的外资流入只是杯水车薪，一点作用也没有。而且这些往往是长线资金，以被动买盘不推升股价去买入股份，没有太大拉升市价的力量。大家亦要小心那些外部资金其实来得快走得更快，往往早两天成百亿资金流入，过两天就变为净流出。你心中不禁想大喊，说好了的长线资金，才下跌两天人都跑到哪里去了？你看看2018年下跌前的港股，净流入速度很吓人，但当市场开始滚动式下跌时，那些外部资金净流入都不见了。

分析员、策略师与经济学家

分析员的角色

投资银行的卖方分析员只是一份工作的头衔，主要任务是撰写分析报告促进投资机构相关的股票交易佣金收入。投资机构如基金公司内提供内部交易建议的买方分析员，他们也没有股市的"水晶球"，你不应该幻想他们的建议一定是准确的。其实，行内真的有一些敬业的分析员天天辛勤地实地考察企业，与高管会面，从财务数据、侧面营运数据如用电量、运输出入情况等了解经营情况，给了许多外行人不能了解的信息，对股市良好运作也是有很大的价值。

大家要理解分析员工作压力非常大而且稳定性不高，熊市来临时许多分析员都会降薪或被裁掉，能够做到成名的分析师十个中都未必有一个，不应对每一份分析报告的结论太认真。而资深的交易者永远只应把分析报告当作参考，不会是唯一的交易根据。还是那一句：个人投资者须对自己的交易结果负全责。因为没有人会帮你的错误买单，不要把自己的错误决定归咎于他人，做决定时要小心权衡，要学会从信息中抽出有价值的部分增加自己知识，才能把自己的投资能力变得更强。

策略师的角色

策略师扮演投资策略预测者的角色，直接给予投资者资产配置的建议，他们往往并不会直接涉及实际的交易面，即不会像交易者般会真金白银地进行投资，只是出报告推介交易策略及进行资产配置建议，有点像军队中参谋的角色。读者朋友如果认真地看这本书，应该知道金融市场的不可预测性，而他们偏要担当预测者的角色，把没法把握的金融交易预测在媒体中变成公开策略。

可想而知这份工作的压力十分大，因为策略往往都是公开的或留有文字纪录的，很易被其他人评估到是否有误，很多时候都要拿自己的声誉押注，也不是一份好工作。

谁需要策略师的投资指导及建议？投资机构有自己的基金经理，基本都有自己的专业观点，除非有一些很新的观点及证据推翻了原有判断，否则不会参考策略师的意见，最大可能是投资银行的个人客户用作资产配置参考。大家只要统计一下你认识的策略师的建议，会发现往往对错参半。大家要留意，如果一个有效的交易策略公开给大众，会因为涌入者太多而分薄利润，往往不会有太高的回报。因为别人早已部署完成，就差要多找些接盘侠过来推高一下以完成策略。所以个人投资人对接触到的免费投资建议必须小心使用，吸取其中的养分但必须保留自己的判断，因为免费的东西往往是最昂贵的。

经济学家的角色

银行或投行内的经济学家主要对利率及经济运行作出预判，他们会把复杂的经济数据变成正常人可理解的报告供银行内部及客户参考。他们可能在危机形成前发出预告，可是却给不出危机发生的时间及破坏力的准确评估。比如你收到报告认为2005年开始美国的次级按揭有风险，那么看了警告是否应该立即离场？2006年及2007年却是极好的股市投资获利年份。经济学家往往提出很多不同类型预警，这些预警却很多时候没有发生，即使真的发生了，实际发生时间往往误差达3~5年。这么大的时间误差，基本没有交易参考价值，令交易者无法从此等报告中得到有价值的交易建议。经济学家涉及利率预期等分析得更精彩，简直是百家争鸣，你预估加息3次，我预估加2次，他预估加4次……经济学家要扬名出报告就要预估市场上的极端值，要保命就尽量预估市场的中间值，洋洋洒洒数页至十数页的报告，你看了究竟信哪一个？他们谁都试过预估中，但除了新入职那位外谁都有过严重预估错。投资最终还是要凭自己的判断，或者直接不做预测只根据股票基础价值做长期部署，或进行长期组合式投资。

❖ **经济学大师费沙破产的故事**

经济学家费沙是经济学界大名鼎鼎的人物，他毕业于耶鲁大学数学系，后来转到经济学界发展。除了建立了费沙定理等重要的经济学理论，费沙也在指数化建构及相关专利中赚到丰厚的收益。他热衷投资并曾经大获成功，在1929年之前就拥有当时的1000万美元资产，这些资产足够他花十辈子也花不完，他应该可以问鼎当年最富有经济学家的宝座。

但是令人意想不到的是，他在1929年美国股市崩溃后，于20世纪30

年代初陷入破产。在1929年股市崩盘前，他坚信自己的股市计量模型是正确的，发表了著名的股市高原论，认为股票价格已经升到一个可持续维持高位的高原，更把自己全部财产押在股市继续上升之中，最终却一无所有。他在晚年连一间自己的房子也没有，要靠耶鲁大学买下一间房子再转租给他，好让他有个容身之所。他一生都未能摆脱破产的影响，并在晚年时贫困地度过余生，无法再次东山再起。

为什么费沙如此富有还进行高风险投机？也许他只是想证明自己是对的，而赚得更多的钱就是最好的证明，去告诉别人自己就是市场的大赢家。人性的贪婪及各种弱点不会因为你聪明透顶就可以消除，这亦是为什么很多非常聪明的交易者最终却在金融市场的博弈当中一败涂地。过度自信是投资的最大风险。无论你的投资模型及理论是多么的坚实，在市场盘面走势面前其实都可能是不堪一击。因为只要市场没有采用跟你相同的逻辑去交易，你一旦用上了杠杆借贷去投机，就可以一次破产。市场永远只有走势，没有对错之分，投资人对市场的认知如不贴近现实情况，要付出的代价往往非常之沉重。

经济分析对投资决策的有效性

经济学在解释经济运行上很有解释力，经济量化模型也会帮助政府决策者理解某项政策对经济指标的预计影响。把经济学用在预测长远经济走势及股市走势却是有心无力，因为同时影响经济及资本市场的有大量如市场信心等不可预先量化却对经济表现具有关键性影响的因素。所以有人打趣说，如果你找10位经济学家作预测会得出11个不同的答案，虽有点夸张，但事实却真的如此，你看看不同银行及投行的经济学家对市场利率走势的报告便知道了。伦敦大学政治经济学院（LSE）对数十年来英国政府做过的经济预测曾经做过统计，大多预测都是上一年经济较好就预计来年也差不多，经济学家的计量模型预判往往是滞后于经济危机的发生，当真的有危机出现时才急急随真实变化而向下修订预测，其实多数情况下经济学家事前完全没有办法预测经济危机的出现。有多少经济学家敢在2007年预计2008年有严重经济衰退？如果有，我相信同一位经济学家会在往后的年份不断无中生有地天天预言经济衰退，你跟他的分析去进行交易只有自求多福了。读者朋友，那些经济计量模型最大的功能是用来做学术的，不是用来做交易的。

经济学家在资本市场的角色就像古代帆船站在船顶观察台上放哨的水手，

他们不时会对资本市场这艘大船发出警示。虽然经济学家高瞻远瞩，不过千万别以为他们也是交易场上的好手，他们只是扮演危机的预报者的角色。如果投资者完全听从经济学家的风险预报建议，对过热的市场进行做空，不知道交易者要破产多少次。因为过热可以变成非常过热，再变成沸腾。1996年美联储主席就提出当时股市可能出现非理性繁荣，实际上要到2000年股市泡沫才出现爆破调整。基本面估值对实际股市盘面产生影响的时间滞后太严重，很多时候根本无法作出有效交易？所以有经验的交易者不会傻得纯粹因为股市或个股的估值过高而做空股市，最多先撤离市场不参与，因为他们深明个中危险性，不会胡乱跟市场作对。

我最初开始投资时仍有大量经济学知识的包袱，总是认为某项如加息预期的因素变化会对市场有特定影响，投资结果亏损连连，在检讨亏损交易时才发现问题所在。我认识到如果自己想在金融市场生存下去，必须先抛弃大学时代所有经济及金融学对市场的所有认知，重新确定什么理念是合适当下的市场。抛弃所学知识重新再学习，是一个非常痛苦的过程。你几乎怀疑已学会的一切看似专业的技能都是毫无作用的，要虚心地接受市场老师的真实指导，不再执迷于自己的错误认知之中。对数据的过度信赖是经济学家型交易者的心魔，这只会诱使你成为建立疯狂交易头寸的狂徒——你确信市场走势是错的，而且错得疯狂。也许你的分析真的是对的，只是市场在如你预期的暴跌之前先来个持续时间及幅度令你意想不到的大升浪，一旦在错误的时间用了错误的交易头寸，无论你赢了多少次，最终惨败的命运往往早注定。因为你的命运在你信奉经济数据或预估模型作决策的第一笔交易时已经被决定了。不理解市场，而相信自己的经济或投资模型是智能型投资者的重大风险来源。

经济学分析用在投资上的最大真实帮助是看到如资产泡沫等危险是否存在的，却没有办法判断危险爆发的时间以及下跌幅度，用在交易盘面上没有太大的参考价值。因为在经济学家判断危机会爆发之前往往先出现强劲上升，并且持续一段你想象不到的时间，即使危机真的爆发，下跌也不是如许多人心中所想的直线式进行，而是不断有猛烈的反弹，跟进做空的投资者可以短时间内损失20%~30%。许多人只知道2008年爆发了特大的国际金融危机，股市大跌，却很少人提到其实整个2008年的巨额跌幅主要分布在6个星期的时间内，全年其他46个星期的市场交易状态主要呈上下波动，而不是一直下跌的。在2008年中在大部分时间作日内或短线做空一样亏损连连。即使是深陷危机的2008年10月也出现了单周15%的涨幅，以为在熊市中做空股票可以轻易赚钱的人就大错特错了。

第四章　股票投资

　　市场只有交易出来的行情与走势，从来没有对与错之分。坚持认为市场走势是错误，代表投资者只认同自己的观点是绝对正确的想法，这是极度危险的一种偏执想法。我年轻时也受一些投资书的影响，误信逆势投资可成大事，以一己之力建立跟市场走势相反的仓位同市场作对，最终亏损连连形同自残。投资大师在书中总是说得不清楚，他们当时如何确认周期尾部，而且市场开始调整，盘面对他们开始有利才尝试捕捉市场逆转趋势，而且必须做好逃生计划，因为每次市场真正大逆转时多数伴有强劲反弹，而且也甚有可能出现判断错误被止损。这根本不是适合正常大众参与的交易策略，却说得好像轻而易举，一切在事前就在掌握之中。如果股市交易有那么容易，你跟我都不用工作了，问题是你想想你赚的钱是谁亏出来的，很多时候你视股市为提款机，市场却视你为一棵韭菜而已。

　　多少投资者以基本因素分析市场后，认为目前有机可乘，最终被市场杀个片甲不留，巨亏出场。比如你认为市场暴跌恐慌时买入，认为市场已经严重超卖，是近年低点的买入机会。用了杠杆借贷冲入入市场，却先遇上近十年最大跌幅力量，账面出现大幅亏损要在最低位去杠杆平仓。2016 年初 A 股出现很难事前预计的二次探底行情，借贷捞底者很可能要止损离场。你总不能事前知道下跌会有多深，当被迫要在最低位减仓或平仓时，那种看到隧道出口的光芒却没法走出去的痛苦绝非笔墨能形容。

　　2000 年初时美国科网爆破，纳斯达克指数从最高点 4800 点附近大幅下跌了40％，当大部分人预期市场会继续一泻千里，首先迎来的却是在同年 5 月至 8 月间指数大幅反弹上升了近 30％，最后在 9 月份才开始了二次暴跌，纳斯达克指数最终用了一年时间由 4000 点暴跌至 2001 年 9 月的 1200 以下。这种暴跌前的强烈反弹行情可以轻易把做空交易者夹至重伤甚至破产。

　　如果你在 2018 年末跟从许多投资大师建议做空美股，你会捕获了 12 月份一波近 15％的特大下跌行情，但市场却并没有如许多大师预期那么样出现终极下跌，而是出现了快速反弹，3 个月内完全收复 12 月时下跌的部分。美股市场的最大主力美联储改变了货币政策预期，暂停了加息的步伐，大幅提振了美股及全球股市行情，中美贸易冲突风险的缓和也有一定正面影响。面对新的因素改变，你必须快速自我修正，认为自己的观念是绝对正确并固执己见是非常危险的投资行为。不要盲目坚持原有的观点，投资市场上唯一不变的定律就是不确定性永远存在，只有适者生存才是资本市场不变的法则。

股票市场技术分析

技术分析其实就是一种利用历史股价波动去推测未来股价变化的分析方法，背后并没有什么复杂或神秘的技术。相信技术分析有效性是假设股票价格波动会不断用相同或相似的历史形态重复发生。可是交易价格的真实波动往往没有跟从历史发展，而是出现了一些新的形态。但我们不能否认参考图在辅助交易判断上仍是有一定的参考价值，只是不应该当成唯一的交易根据。

有关技术分析的书籍多不胜数，比较著名参考书有约翰·墨菲的《金融市场技术分析》，另外马丁·J. 普林格的《技术市场分析》也是很畅销的参考书。我曾经有考虑过本书中不加入技术分析部分，后来想了想，如果缺少了谈技术分析，就好像投资分析学习的拼图中缺少了一大块，会有严重缺失，就放弃了删除这部分的念头。我在本书中加入了技术分析的环节并不是我对那些图形势及指标有什么创新性发现，这部分的内容在许多投资书籍分析都能见到。我只是担心一些没有深入理解技术分析的读者，要么直接无视，要么迷信其中。所以我除了简述一些重点，会把注意力放在应用技术分析的考虑要点与限制性，避免大家看了一些技术分析书就以为自己捡到了武林秘籍，希望帮助读者理解市场预期变化与技术形态的一些关系。

技术分析的技巧被认为可以在不同的市场应用，比如分析股票的技术分析技巧也可以应用在期货市场、外汇市场。不过读者必须留意实际交易上纯粹使用技术分析的风险非常大，单一技术指标的准确度往往不足 45%，即你看到一个技术形态跟进获利概率跟掷硬币决定买卖没有太大分别，混合指标应用只会给你无所适从的交易信号。而且跨市场的技术分析应用风险更是非常大，因为尝试跨市场交易的初级交易者根本不知道不同市场盘面的差异。你必须非常熟悉你所交易的市场的特性，以技术分析去辅助判断市场的情绪及盘面状态。如果以为学了一些技术分析之法自己就可以纵横各交易市场的朋友，估计最终都要付上高额的学费。

其实当一个市场内相信技术分析的投资者越多，就会有更多投资者因为技术指标被触发而引起相似的交易，从而令技术分析的参考价值变得越大。比如许多交易者会同时观察股价是否突破阻力，在突破时，大量同类算法交易一拥而上，造成价格快速上升，直至新的阻力价格出现。又例如交易者以市场的相对强弱指数(RSI)跌穿 30 为抄底入市指标，当市场真的运行至 30 附近，大量抄底买盘就会因触发技术指标而进行抄底交易，并且真有可能形成底部。这种现象可称为技术分析的自我实现。

技术指标只是一种观察市场运行的手段，其有效性视市场中有多少参与者相信并作出交易指令。但如果市场上有其他因素限制了交易者的行为，比如趋势交易者在前一轮的市场波动中爆仓被抬离场令信奉技术指标的交易者比例减少，又或市场上有新的重大负面消息出现令下跌幅度远超预期，令原先在技术指标附近抄底的投资者受到重创，甚至出现不少杠杆投资者被强制平仓，令市场有大量不问价钱、不理指标的强迫性卖盘，技术指标便会在此时彻底失效。

市场上交易者持有不同的交易理念，才能保持市场上有买有卖而不是一面倒的交易行为。如果市场上的大多数交易大多根据某些量化或技术指标操作，市场的交易行为就会趋同，市场上数量甚多的活跃交易者会同一时间进行相同的行动，快速消耗量化或技术信号能产生的获利效果，甚至可能出现上升过猛严重透支股价的潜在涨幅，没多久又会出现快速下跌的市场洗牌行为。所以有时依赖技术分析进行投资会产生一些交易信号的陷阱。

投机原理

在详细解释技术分析以及对冲交易概念之前，交易者必先要对金融投机交易这个概念有所理解。对衍生工具及对冲原理不太认识的读者，我在本书较后的章节会对期货及期权等的市场风险对冲工具有较深入的解释。金融市场内的机构性投机者如对冲基金不等于我们传统认知上的赌徒，而是专业的金融市场统计学概率游戏的赌徒，他们只有在预期概率对自己有利时才去交易。

投机交易指可以使用任何可交易工具，包括股票、期货、期权、任何金融交易合约等进行交易，不太理会市场的基础因素，只以预期能获得盈利为交易判断的交易行为。投机行为是推动短线交易以及对冲交易市场的重大驱动力量，没有了投机者，市场的流动性就会大幅减少，你想卖也未必卖得出持股，因为你很可能会找不到交易对手。

投机绝不适合大部分的个人投资者，因为没有长期交易基础，时间也不是你的朋友，更多时更像纯粹的赌博。投机的老手会尽力站在统计学概率对他有利的地方进行投机，控制单个项目的最大损失；而股票新手只会在市场上乱试手气，有时连连幸运暴利，自我膨胀认为自己是投资大师。如果新手认不清获利的随机性，误信自己是交易战神没有及时收手，最终的结果当然只会是把本利归还给市场，这不是会不会发生，而只是什么时间发生，因为你不知道当前市况预期盈利概率早已不是站在你投机的方法一边。

投机者获利的三种法则：

(1)赢多于亏。

投机交易的平均赢利率比亏损率高，每笔盈利金额与亏损金额相当，预期投机回报是正数。

此策略不只用在套利或投机，很多投资者也会采用此原则去进行投资。比如股神巴菲特的集中持股投资就是采用此赢多于亏的概率策略。采用此策略的投资人会精选投资项目，在有很大的把握获利时才会进行重仓投资。对一般投资者而言采用这策略的最大问题是，你自己的投资眼光有没有那么准。

(2)赢大亏小。

投机交易的平均赢利率和亏损率相同，但平均每笔盈利金额比平均每笔亏损金额高，预期投机回报是正数。

很多投机者应用此策略于趋势交易上，亏的时候快速止损，赚的时候让利润奔跑。听起来很易执行，操作起来其实经常会遇上频繁止损无法获利的情况。

(3)一注翻身。

投机交易的平均赢利率远低于亏损率，即输多赢少。但平均每笔盈利的金额远远比平均每笔亏损金额高，预期投机回报仍是正数。

天使投资及各类的创投也多是利用一注翻身的概率优势获利，即使10个创业项目中有9个全亏，只要有一个项目回报20倍仍能获得厚利。有些投机者亦会应用此策略在期权及波动市场之中。使用此策略的关键是投资的项目数量必须足够而且能够分散风险，决不能孤注一掷。最终获利与否其实很靠运气。

即使专业的投机者有时也不会掩饰他们的投机行为其实就是赌博。但跟赌场中的大众赌客的预期盈利概率多是负数不同，投机老手只会选择预期赚钱概率较高的项目。所以如果市场的交易成本如对冲成本上升太快，投机者就会考虑中止交易了。有时如果市场的波动率上升太快，投机者判断卖出对冲工具(期权)有利可图，他们可以立即由风险保险的买家化身成风险保险的卖家，并不拘泥于原先的部署。

我不得不提醒读者，许多投机老手的战法是先以资金拆成不同的小份额，并以每笔相对总本金不大的资金对不同金融工具进行交易，以较高的交易频率获取概率上的预期优势获利，而绝对不是孤注一掷。投机者知道每笔资金也面临巨大损失风险，有时要对赌成功也要靠事情是否如预期概率发生的运气。其实一般个人投资者千万不要想赚投机这些痛苦钱，因为紧贴市场行情投机是很累人的，天天浪费时间看盘面K线一条又一条移动，一天可能只有半小时有行情，有时几天、几星期也没有行情，望着多个监视器看毫无意义的上下波动，感觉就是在浪费生命。而且亏损也是常事，时间又往往不是投机者的朋友，如购入认购期权等衍生工具，时间更可能是你的敌人。学习这些复杂的金融交易及投机技巧已经很难，更难的是真正的投机经验是必须由真实交易痛苦地累积。

虽然投机者看似在市场上没有创造任何价值，但是投机者也是市场参与者的一部分，他们在市场上逐利的行为增加了市场的流动性，减低了金融工具的买卖价差。没有他们存在时，市场上就会缺乏交易对手，有时你想对冲风险也未必找到卖家，只是如果一个市场只有短线投机者而没有长期投资者，交易市场就会变成一个短线交易零和游戏的大赌场。

技术分析与超额获利

如果市场上大部分交易者都不使用技术分析，而根据技术分析信号交易却能在该时段产生较佳的获利，就可能被少数的技术分析者分享。在数十年前，股市交易图分析并不普及，因为当时需要人手按每天的股价进行绘图，必须花费较高的制作成本，获得图信息的要么是投资大户或机构投资者，个人投资者没有多少能参考图，投资大户就可以利用图的信息优势去更有效地评估其他交易者的部署，利用图可以获得一定的交易优势便可以被理解。但时至今日，信息如此泛滥，任何人在免费的网站都可以轻易获得大量精准的图分析，配合数以百计的技术指标进行分析，想利用图分析获得超额收益就会变得异常困难，因为你懂的，别人也都懂。

在人工智能活跃于市场短线交易分析的时代，任何技术指标在主要股市指数及个股中出现超额收益都会被计算机分析系统轻易发现并加以利用，超额利润很快就会被榨干。当你辛辛苦苦分析图，精研数十年的图形态，到你交易实际应用的时候可能就发现赚不到利润了。市场每天都是有升有跌，任何技术指标都会不断出现有效获利或错误亏损的结果，很多人十分容易找出利用技术分析获利的案例，不过同时也很容易找到亏损的案例，只是书中没有一一提及。一个根据有效技术分析指标的投资组合不只需要获得正的预期回报，也要考虑到交易的手续费成本，技术指标投资组合正的预期回报应该高于同期买入并持有的投资才有参与的价值。

在美国 2009 年开始近 10 年的大牛市中，你买入后长期不动持有的回报已经非常丰厚，不用看盘也不用付上交易成本。而在市场不断进出的朋友计算税费及交易成本后，有多少可以打败标普的回报，更不用说打败纳斯达克指数了。在牛市中安心赚取市场回报(BETA)已经很可观，往往回报大胜于频繁买入卖出的交易者，所以市场有价值投资大师巴菲特，有宏观策略相机裁决交易大师索罗斯，却找不到一位单靠技术分析身家上百亿美元的技术派交易大师。不过技术分析对我们判断盘面还是有其实际参考价值的，不过大家最好不要幻想仅凭学习这些简单技巧就以为自己可以打败市场了。

要评估技术分析是否能获利，我们要运用投机获利的概率原理。如果一个技术分析指标组合能在最近一段时间获得超额收益，很多的量化交易者的自动测试模型应该会发现并加以利用。当太多交易者采用同一策略交易就会把原有的获利可能迅速吸干，令策略快速地变得无效。没有任何单一技术指标是长期有效的，很可能会经历有效—无效—再次有效的周期。有时当策略交易者放弃使用时又变得有效，这种有效性非常随机，所以运用技术分析的交易者很难在一个牛熊周期内顺风顺水，往往会突然出现持续策略失效剧烈亏损状况。

管理百亿美元级数的投资大师没有谁是纯粹依靠技术分析获得业内名声的，一个也没有。规模较小的中小型资金有可能获得超额回报，但资金量一增大则无法有效管理，因为市场上留给技术分析的超额回报空间及持续时间并不多。你可能根据技术分析大赚一把，却没有可能长期内持续获得厚利，除非同一市场内数以千计的机构交易者的自动化交易系统都是故障或没有自我学习功能的。用同等的数据及人工智能策略仿真想获得超额收益的难度，就好比你在进行数学考试在允许使用计算器的情况下，只测试简单的加减数计算想长期高分超过其他一同使用计算器的同学。

如果看看量化及技术型投资的美国期货管理基金（CTA）的表现，你会发现表现最佳的往往都是迷你型基金，一般规模连1亿美元都没有，许多只有不到1000万美元。一年回报超过150%也不出奇，往往3年不发市，发市抵3年，但这往往是以年度50%以上最大基金净值回撤做代价。其实许多CTA基金未等到发市，已经中道崩殂，投资策略在某些持续时间因市场环境不合适而出现重大亏损需要解散基金了。

而且超低概率事件是真的会发生的，1987年10月美国前所未见地出现单日下跌超过20%的股灾，这是一个概率上超20个标准偏差的不可预期的意外事件。但往后30年却再也没有发生过第二次这种单日暴跌式股灾，连一天收盘时10%的跌幅也没有再发生过，只有再发生过一些快速闪崩但收盘时的下跌仍低于10%。历史只有相似性，并不会完全重复地发生，投资者只能参考历史形态的发展，却千万不要尽信。正如1987年的单日暴跌也是史无前例的。

不过对于股市短期的盘面分析，或者没有资产性现金收益的市场，如黄金、石油等商品市场，技术分析指标仍是重要的参考，只是我们使用时必须要清晰认知技术分析只是投资决策的参考因素之一，而不应是你入市交易的唯一原因。

市场预期与道氏理论

一百多年前，创立美国的道琼斯股票指数的查尔斯·道被誉为技术分析之父，他在1900年前后在其创立的《华尔街日报》上撰写了一系列有关股市观测的文章，形成了技术派投资者熟悉的道氏理论原型，其核心概念是股市每天看似无序波动的背后隐藏着市场总体趋势变动，投资者可以对趋势的变动进行分析并得到交易上有参性的指引。道氏理论至今仍影响着很多投资人的投资决策行为，当中有很多关于趋势、支撑位及阻力位等理念在交易市场上广泛被投机派投资者应用。道氏理论中的阻力、支撑位其实也有行为金融学的支撑。如果一个高价位之前有很多投资者被套，升到该价位前便会有大量沽盘想平仓拿回本金，形成股价上升的阻力。作为趋势判断的工具，技术分析仍是有其交易的参考价值(图4-3)。

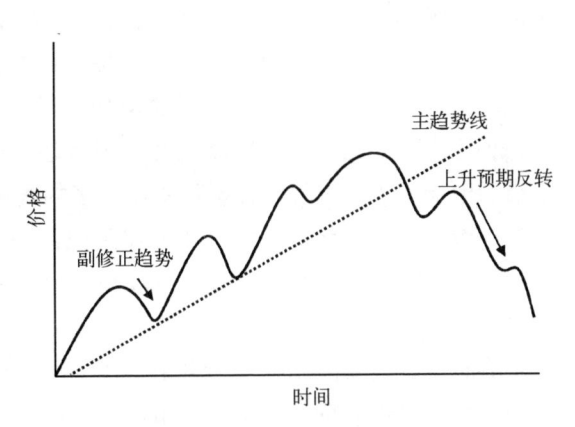

图4-3 道氏理论解释图

道氏理论认为市场趋势分为几种形态：

主趋势

以年计算的主要市场变化，比如美国在2009年开始的大牛市仍未结束，主要股指由低位上升了3倍以上。主趋势出现时，指数会主要在主趋势线的上方运行。参考图中的上升预期反转形态，当主趋势结束时，股价会处于趋势线的下方，并以股价下跌后反弹的高位无法突破上次的最高位，再次掉头下跌确认主趋势结束。

副修正趋势

以月计算的中短期市场修正变化。如果主趋势是上升之中，当上涨幅度较大时，因为有一些交易者会想先行卖出获利，所以市场会在上升一段时间后往往往会出现技术性修正式下跌,或称为技术性调整。

每日波动

以日计算的短期波动。市场的日内短期波幅往往是难以预测的,因为交易者的随机买入或卖出是没有明显形态的。我曾经浪费大量时间去观察不同市场的日内波动,在多数时间你并不能得到什么有效的交易信息。你可以很容易在日内波动中获利,也很易出现亏损,只是这种随机性令我们难以有效事前分析,观察日内波动并尝试据此交易没有太大的意义。大量的自动化交易系统会利用任何统计学上有价值的日内波动变化去获利,一般个人尝试参与其中估计连粥水都不易喝到。

道氏认为个别股票形势主要有收集、拉升、派发、下跌等主要阶段。这个观测直至今天仍适用于很多个股的走势解释。除非有趋势反转的信号确认,否则趋势仍未被推翻,这是判断上升或下跌趋势的一个重要参考。不过道氏理论在描绘市场中短期走势方面提供不了太多的线索,而且事前也无法判断高低位,只能等市场形成了新低反弹,才能找到拟似底部形态,并需要更多的时间去确认走势。而到你确认了走势时,市场往往已经不再便宜了,故道氏理论在实战中只能作为一个参考。

前面提过其实使用技术分析在配合基本面分析时还是很有其参考价值的,只是不要盲目相信技术,变成了市场上的技术陷阱点心而已。因为基本面看到的交易因素,最终也会反映到价格走势(技术面上),如果盘面一直不配合基本因素的推测,我们就要重新评估基本面的分析在当前市况的有效性。可是技术指标的数量数以百计,不是用得越多越好,有判断价格的指标才重要,我挑选几个最常用的指标给大家参考。

K线图(阴阳线)

K线提供每日的开盘价、最高点、最低点及收盘价这4点信息。投资者使用K线图去判断短期的时场气氛。K线图对长期股价走势没有太大的预测能力,只有一定的方向性及支撑、阻力位置的参考价值。

阳线

盘面上红色(或空心)的阳线代表收盘价比开盘价高,当天开盘时买入的投资者有账面利润(图4-4)。上影线顶反映最高价跟收盘价的差距,上影线越长代表当天较多高位买入的投资者对比收盘价有账面损失。下影线底代表当日最低价与开盘价的差距，下影线越长代表股票当天出现过较高卖压，股价曾比开盘价大幅下跌，不过其后收复失地并拉回升。较多低位买入的投资者对比收盘价有账面利润。

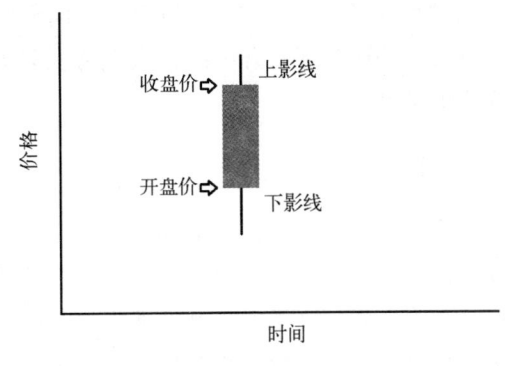

图 4-4 阳线

在一段时间内，超过 60% 交易日出现阳线，而且交替有出现大阳线(日内上升 1%或更高，这代表市场的买入力量相对比较强。许多资金在开盘后持续进入，如果整体交易价位持续上升，代表跟进众多，赚钱效应较强，市场保持较佳的投资气氛。单独的阳线没有太多参考性，要以盘面一同分析。如果在上升趋势中，打开三个月至半年日线图上，最近期的一只大阳线(单日 1.5%涨幅以上)底部是很强的撤出参考点，因为在市场气氛旺盛后追入的投资者都出现了账面亏损，再次上升的卖压就会大幅上升，阻力重重。

阴线

盘面上绿色(或实心)的阴线代表收盘价比开盘价低，当天开盘时买入的投资者有账面亏损(图 4-5)。上影线顶反映最高价跟收盘价的差距，上影线越长代表当天较多高位买入的投资者对比收盘价有账面损失。下影线底代表当日最低价与收盘价的差距，下影线越长代表股票当天出现过较高卖压，不过其后收复部分，到收盘仍处于账面亏损状态。

同样在一段时间内，超过 60%交易日出现阳线，而且交替有出现 1%代表市场的买入力量相对比较强。许多资金在开盘后持续进入，如果整体交易价位持续上升，代表跟进者众多，赚钱效应较强，市场保持较佳的投资气氛。单独的阴

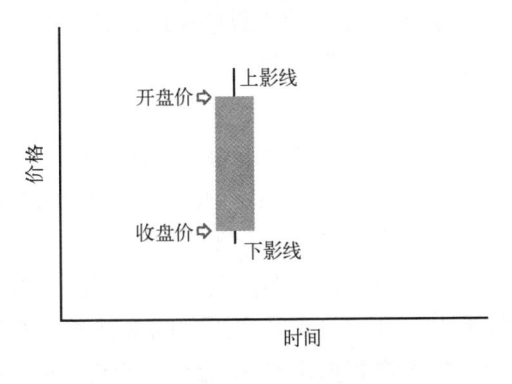

图 4-5 阴线

线也是没有太多参考性的,要以盘面一同分析,日线图上对上一只大阴线(单日1.5%)的顶部被升穿时有可能代表趋势反转开始上升,投资者可考虑买入,空头要考虑平仓。

三连阳/三连阴

三连阳或多连阳,代表市场气氛非常好。每一交易日的日内交易收盘价都比开盘价高,而且每天的收盘价都在上升之中。但投资者亦要留意一旦这动能减弱,此等涨幅就会无以为继。遇上一面倒拉升买入的市况,大家要留心短期市场的购买力量是否已被消耗或透支,即所有想买入股票的交易者早已满仓持股,如没有更进取的交易者跟进,等待高位进入交易者的只是市场的沽盘涌现而已。所以高速上升的市况之中,交易者往往会参考最后一支大阳线的底部才为卖出指引,因为这代表大量在最后一个大幅上升的交易日后追入的投资者都面临账面亏损。如果一旦跌穿此位置,就会形成一定程度的卖压,交易者往往会选择先撤出再观察(图4-6)。

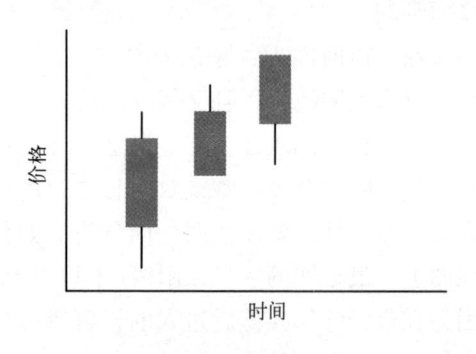

图4-6 三连阳

三连阴或多连阴,代表市场气氛非常差。每一交易日的日内交易收盘价都比开盘价低,而且每天的收盘价都在下跌之中,投资者使用时要留意下跌力量有没减弱或止跌迹象。在大盘市场比较少出现连续几天的大幅下跌,投资者要留意下跌有可能是透支性下跌,即市场上出现过度恐惧,做空投资者必须小心市场透支性下跌后出现剧烈反弹。如在2018年2月的美股急速调整到了第三天的下跌就已经见底了,1987年10月的美股大暴跌,也是一天就跌到底部,再也没有什么下跌空间,选择在市场出现恐慌时才跟进做空的投资者都很易受损。

如果市场企稳重新回升,我们会以市场价上升并越过第三条阴线的顶部作为市场企稳的参考信号。而且如果在底部运行的时间越长,拉升的参考性越高,因为在底部入市的投资者都能获利,而且代表上升时卖压不大。但我必须提醒投资者在下跌市况中股价往往非常反复,经常上升一会又再寻底,往往会多次尝试寻底又多次出现拉升。一旦股价再次上升后又再跌穿连阴的最低点,看好股市会见底回升的投资者必须小心考虑是否需要撤出市场,因为穿底后就没有了参考位置,亏损可能很凶险。所以一旦跌穿此等关键位置,就会形成相当大的卖压，交易者往往也会选择先撤出再观察。

十字星

十字星代表多方同空方在当天势均力敌（图4-7）。很多书本说上升时出现十字星代表转势下跌可能性增大。如果在上升趋势中有十字星出现，代表市场有较大的盘整压力。如果在下跌的趋势中有十字星出现，代表市场的卖压在当天出现放缓。我在十字星图形上吃过不少亏，以为真的见顶或到底了。大家必须警惕出现十字星可能是上升途中休息一下，转头又再升，或者下跌的停顿之后又再跌。单独的十字星不能提供很有价值的信息，必须参考其他因素作综合判断。

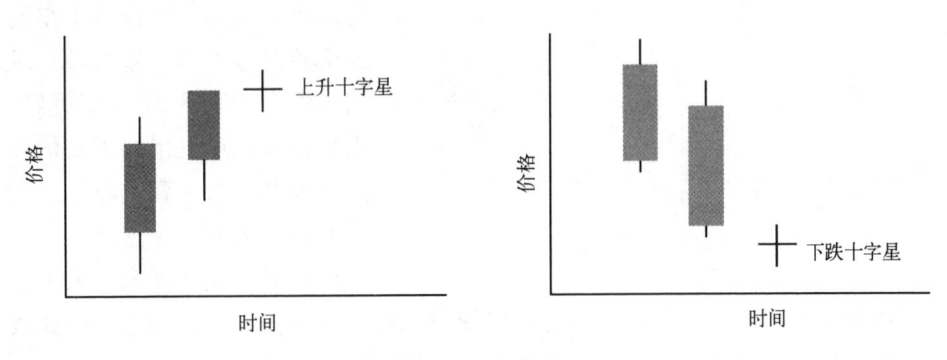

图4-7　十字星

缺口

缺口代表市场多空受到强烈的改变，在开盘第一口价已强烈上升或强烈下跌（图4-8）。缺口分为上升缺口或下跌缺口。上升缺口代表一开盘时想买入的投资者已迫不及待以大幅高于昨天收盘价的价位追入股票，而已经持有股票的投资者没有大幅获利，抛售的力量不强，引起开盘价格能大幅上升。下跌缺口的原理相同，代表一开盘时想卖出持股的投资者已迫不及待以大幅低于昨天收盘价的价位恐慌地卖出股票，而已经持有现金的投资者没有想抄底买入的意图，引起开盘价格能

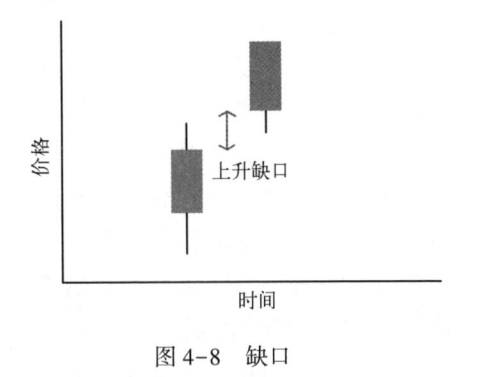

图4-8　缺口

171

大幅下跌。

　　缺口回补是指当市场缺口上升后，市场维持在高位一段时间后无以为继，下跌并低于缺口的起步点。一旦缺口被回补，短期上升的力量就会受限制因为缺口上方的所有新买家都面对账面亏损，看多投资人往往要考虑是否需要平仓，以免面对进一步的损失。

K线图的使用价值

　　K线图（图4-9）是帮助我们了解当日及近期市场交易状况的有用信息，比较多用作短线交易参考用途。如果做长线的投资者少看K线反而更好，因为K线图中发出的买卖信号陷阱太多，如你看盘面连续出现大阴线陷入一片恐慌，过两天市场又生龙活虎来个大阳线

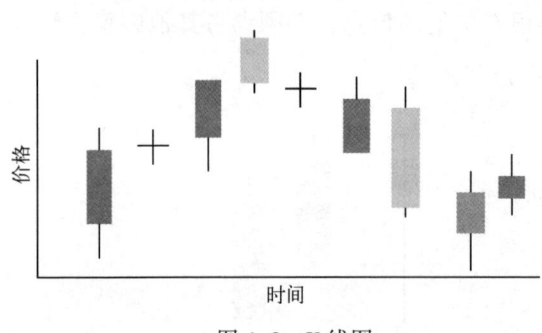

图4-9　K线图

上升收复下跌幅度。有很多主力用K线图布陷阱令其他投资者入圈套，例如假突破阻力位等你追买入，或假跌穿支撑位吓你恐慌卖出。

　　把K线图中的每天收盘价连起来，就是我们平日常见的股票价格走势线性图。而且提供开盘、收盘价及最高、最低价信息，对短线交易而言比传统股价线型图更有参考价值（图4-9）。尤其是市场出现暴涨时，移动平均线非常滞后于当前市价，以缺口或最近一条大阳线底部作撤出参考点。一旦市价低于最近出现的大阳线底部，这代表最近追入的投资者都出现账面亏损，短线交易者会有很大的止损压力。

　　但是K线图最大的缺陷在于无法有效预测未来的走势形态，长线走势的判断能力非常低。但观察一段时间如半年的K线图，你就可以参考当时的市况下买卖双方的气势。K线图有时会清楚告诉你现在是牛市或熊市，因为大牛市时天天红色阳线上涨，出现绿色大阴线的比例会较少。如果一段时间内持续出现较多阳线，代表投资者积极日内买入。大熊市来到时经常出现长长的绿色阴线，卖压强劲，持续下跌很易判断，但是一到横盘震荡市，K线就没有用了。有时如果出现价格抬升的阴线，可能出现了有投资者拉高出货格局，投资者就要加倍小心。还有一种牛市多长阴的说法，尤其是牛市初期时参与者的信心不稳，

总是害怕会重回熊市，望着上次市场形成的最低点不寒而栗，大幅下跌时立即跳车逃生，形成长长的下跌阴线。当发现市场没有太大的后续卖压，投资者又再次重回市场，展开快速修复行情，这就形成了牛市初期的形态。如果等牛市接近到顶阶段，大家都很恐惧见顶下跌，又不舍得放弃眼前升市，投资者的心理比较脆弱。大家都不知道哪里是顶，无论是2007年还是2015年的A股，在见顶前都出现过数次较剧烈的大调整。反而牛市中段如2017年连一次像样的强烈调整也见不到，市场的波动性会比较小。

K线图用在日内交易亦令投资者较易观察到日内趋势高低点，判断支撑及阻力位，做短线交易时很难不用K线作参考。不过真亦假时假亦真，这就是短线市场零和博弈的难度所在。不少日内交易者用的5分钟图是参考日内盘面的图，而期货市场因为要迅速应变，参考最多使用的是1分钟图。有时个股的大户会刻意制造技术形态引你买入。我在利用技术分析时交过很多昂贵的学费，大家一定要小心应用。不要迷信任何必胜技术形态，你必须有自己的个人判断，谨慎评估当前市场况是否适用。

移动平均线与趋势分析

移动平均线非常简单易用，只是把过去交易日如最近20天的成交价取其平均值建立参考点，把不同时间的参考点连起来就成了移动平均线。移动平均线反映了一段时间内交易者的大概平均持货成本，对实际交易决定的最大价值在于评估同一时期的交易者较多处于账面盈利还是账面亏损。盈利多的投资者风险承受能力会较强，他们通常越战越勇。当价格持续低于移动平均线，代表亏损者众多，持续时间越长，他们的心理就会越来越脆弱，逃生意识越来越强，甚至成为惊弓之鸟，一有技术卖出信号便集体逃生，引起短线暴跌。

日内交易形态

日内交易主要参考1分钟及5分钟移动平均线，并留意成交量的变化。日内交易多出现在期货市场或采用T+0交易的市场如港股及美股等。投机者进行日内交易，无异于赌博，因为趋势跟踪赌的就是市场的走势会持续，但问题是市场走势往往并没有连续出现。我们难以事前预测，日内形势在统计上也没有多大的意义，这是哪怕多花100年时间也做不好的事。如果要你玩掷硬币游戏，估中结果的概率是50%，你把这些掷硬币的结果连成交易图，去估计将来的掷硬币结果是毫无意义的。我对投资者的建议是远离日内交易，对没有办法去累积经验和能力的投资形式，最好一开始就不要参与。如果你有幸获利，能中止你继续交易的只会是巨额亏损。投机者遇上巨额亏损被抬离金融市场可能只是什么时间会发生，而不是会不会发生的问题了。

短线交易

主要参考当日的价格与短线移动平均线 10 天、20 天线等的变化。股价升穿及保持在移动平均线上方继续持有，跌穿移动平均线或跌穿某百分比平仓止赢或止损。一般短线交易不会参考 25 天以上的平均线，因为如果要捕捉短期行情滞后就会很严重（图 4-10）。实际应用时股价跌穿 20 天后

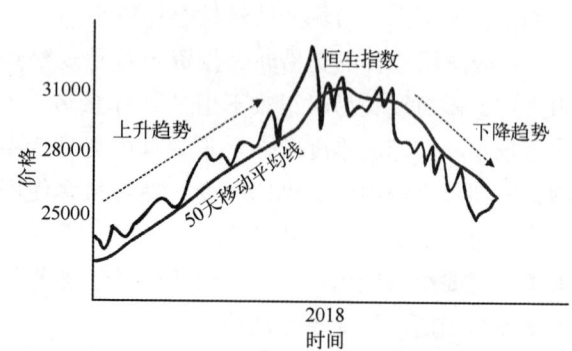

图 4-10　2018 年前后恒生指数走势

往往又再升弹，但在大牛市中仍可捕捉到某些波浪。利用移动平均线交易，在市场平静时难以获得很有价值的判断，只有大型趋势市才有参考价值。

其实短线交易的逻辑主要就是追涨杀跌。偶然有些交易者喜欢逆向投资，真是初生牛犊不怕虎。如果市场总体是上涨，只要一次判断错误逆向投资就可以引起非常巨大的损失，比如做空了股票却遇上股票大升被强制平仓等。专业的投资者也没有多少个是以做空获利的，因为长期而言被抬离金融市场的可能性非常高。大家不要看到什么交易大法就胡乱尝试。

中长线交易

50 天、200 天线等归类为中长期移动平均线。持续向上升即上升趋势，长线移动平均线主要用来判断现在大市是处于长期上升趋势还是下降趋势。如图 4-11 所示，恒指在 2017 年的大升浪中，股价一直高于 50 天平均线，只是偶有轻松触碰。在牛市中逢低买入的策略往往是以移动平均线为标准，并尽可能以最近一个支撑位作止损参考。当市场一段时间出现无法突破高位，移动平均线转平，就要小心市场很可能出现转势。在下跌趋势形成后，指数往往升至 50 天平均线后就无力再升，直至市场寻底过程完成，下跌趋势最终出现逆转（图 4-11）。

在实际的股票及大盘分析，并没有一个很有效的移动平均线组合可以及

时发出买入卖出信号。有一些书会建议A股投资者以20天线升穿50天线出现金叉为买入信号，并以20天线跌穿50天线出现死叉为卖出信号，用在2017年香港股市大牛市看似有点用，其实是因为把时间拉长，实际在出现20天线碰到50天线时，港股已自高位下跌了接近10%，投资者要损失了3000多点后才开始止损。其实，在跌市时的滞后问题十分严重，很多时候要忍受8%~15%跌幅才出现卖出信号。而卖出后市场却出现了反弹，令投资者无所适从。所以只有在单边升市出现时，移动平均线才是好的交易参考。

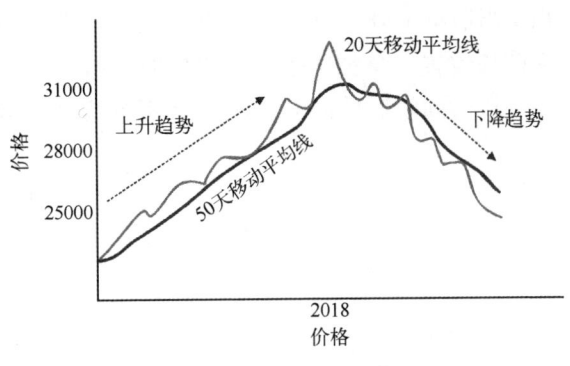

图4-11 恒生指数走势

　　同样原理，由于A股的波动比较快，很多时候股价触及50天线已经很滞后，卖出信号出现时已大幅下降，除非市况改为慢牛，否则参考价值不大，如改用20天线就会出现频繁的止损，很难以此作获交易信号。美股由于波幅较小，以50天线升穿200天线为金叉，同样道理50天线跌穿200天线为死叉作为卖出信号。这方法应用在美股纳斯达克指数2016年5月出现买入至2018年11的卖出信号，中间不做买卖已可以获利40%多一点。这策略的操作看似非常简单，信号出现后一直持有就可获利，可是这方法只有几年中遇上大牛市的一阵子有效，其他时间错误连连，往往买入信号出现不久就大跌，而且大多数移动平均线双交的交易信号出现时，市场早已上升或下跌多时，买与卖都进退两难。不过在美股中，如果一些股票上升比较慢如每年涨幅15%，股价跌穿200天线是很强的卖出信号，就尽量不要碰这类股票了。

　　我再次提醒读者，A股由于波动比较大，移动平均线发出的交易信号滞后得很严重，只能作有限度参考。不过在大牛市中，你会看到股价一直远离长期平均线，如果你用日线升过20天平均线一直持货，并以跌穿20天线平仓中止交易，在2015年A股大牛市用作波段交易效益很好。但在其后几年，20天线不断错误地发出买入或卖出信号，所以投资者要不断地考虑对当前市况合适的参考指标，不要因为以往用这一方法获利就认为可长久使用。

支撑位及阻力位

　　股价久攻不上某一价位，在该价位附近买入出现账面亏损的投资者就会累积，当股价上升至再次接迎阻力位时就会出现卖压。市场必须要新的力量去突破该位置，令卖压减少。如果股价被一些资金以短时间攻破阻力位，并且在一段时间没有跌回去，股价就算企稳并突破成功，原本卖出的投资者依然会选择观望，看股价能否再上。投资者要留意，如果股价最终看似无力上升，许多人会选择在之前的阻力位上方附近卖出股价欲避免再次陷入账面亏损，形成股份很快被卖压再次跌破阻力位的典型的假突破现象（图4-12）。

同样地，如果股价出现卖压后下跌至某一水平后不再下跌，想逢低吸纳的投资者就会在低位时亮出买盘，形成阻止股价进一步下跌的支撑位。当市场在暴跌后，估值变得合理，而且形成了支撑位，一些长线投资者就会考虑缓步入场，尝试在较低位建仓。当然，若股价再次跌破支撑位就会进行再次寻底。A股在2018年就多次跌穿各种支撑位，最终在12月形成阶段性底部，并开始反弹。底部是事后才知道的，事前我们只能观察，并按自己的风险承担能力去考虑是否在较低位建仓，这是一项高风险和高回报的交易策略，因为当市场陷于恐慌时，底部可以完全不合理，并不断创造近期历史新低，实际操作时心理压力其实很大，远没有你事后看图得出结论那么简单。

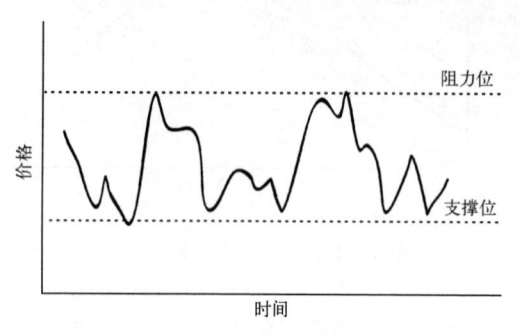

图4-12 支撑位及阻力位

阻力位变支撑位

如果股价上升并突破了阻力位后，出现一定的获利投资者想卖出股票的回吐压力，引起股价出现一定下跌，称为技术性调整。如果股价在上次阻力位附近出现买盘支撑，上次的阻力位就会变成新的支撑位。市场如果守稳，许多参与者就会预期股价可以更上一层楼，直至遇上新的阻力位或股价突然跌穿原有支撑位令上升形态中止（图4-13）。

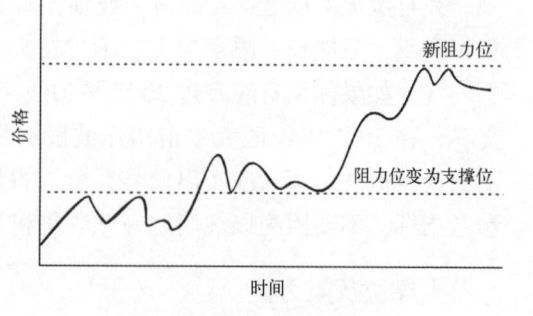

图4-13 阻力位变支撑位

上升轨及上升通道

从图中股市起步最低点开始，

把每个股价调整的低位连接，便会形成上升轨。而再把同一时期的每一次拉升的最高点连成一线，便形成上升通道。在真实的交易时，上升轨应用在热门个股中也有其参考价值。因为很多市场参与者会同时应用此图方法，市场走势往往很神奇地沿上升轨及上升通道移动达半年之久，也许这是技术分析的市场自我实现。即相信技术分析的市场交易者众多时，令交易信号能驱动真实的市场交易形态(图4-14)。

下降轨及下降通道

把整个图由最高点开始连接每个反弹高位阻力点，便会形成下降轨。如果我们再把同一时期的最低点连成一线，配合之前画好的下降轨，便会形成下降通道。在真实的交易时，一旦陷入熊市，市场大幅下跌出现反弹后往往到达下降轨附近时会遇上很大阻力，因为很多投资者都想趁反弹浪时以稍高的价位逃离股市。很多时候市场往往连下降轨的底部都能快速击穿，所以熊市时下降轨的参考价值较差(图4-15)。

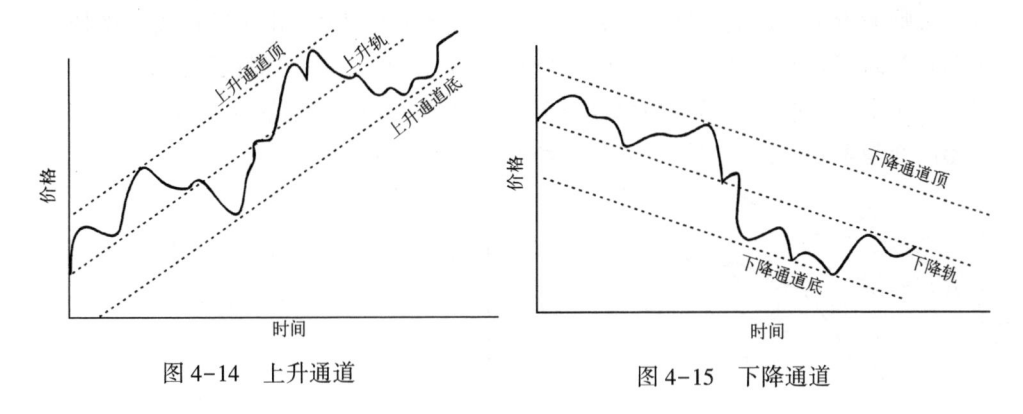

图 4-14 上升通道

图 4-15 下降通道

特定图形态分析

除了趋势线，很多时候市场还会走出几种常见的短线图形态，也有一定的盘面参考价值。但必须留意很多时候形势是事后才能看到，尤其是市场的底部是由市场交易出来的，而事前是不可以预测到的。预测绝对底部对投资者的实际操作并没有太大的价值，因为我们没有任何工具可以事前判断出市场内所有力量交杂下的准确交易结果。投资者真正要考虑的是现价是否有吸引力，有没有长期投资价值。如果决定介入，再考虑用多少资金进行参与以及后续的交易计划。股价走势虽然不能给我们明确的判断，但是一些走势其实在一定程度上反映了市场主力的交易活动和行为。投资者可以利用此作短期交易参考。当然投资者亦要留意这些走势是否是主力设下的图形交易陷阱。

观察短线的日内交易，市场拉升后可能出现三种不同形态：

价格有效拉升站稳

股价上升并在高位成功整固，没有遇上重大回撤（图4-16）。主力往往会利用挂出买盘营造气氛，并以盘面中的卖出价买入股票，只要引起市场上其他交易者的跟进，大家争相买入，价格就会被抬升并吸引各路资金跟进买入。如果气氛够旺，甚至一天内可以翻起超过一次的大升浪，变成浪接浪上升，而且赚钱效应强，差不多大多数跟进交易者都能获利。

价格无效拉升

主力尝试推升遇到重大阻力放弃行动，或者受交易员的乌龙指错误下单等因素影响股价出现短期暴涨后，后继无力并遇上重大回撤。由于回撤过程太快，之前拉升时买入的交易者快速蒙受账面亏损（图4-17）。很多时候回撤的幅度甚至会大于上涨幅度，引起价格出现下降，赚钱效应弱，只有在主力拉升时快速卖出的交易者获利，其他跟进的交易者大多出现账面亏损。

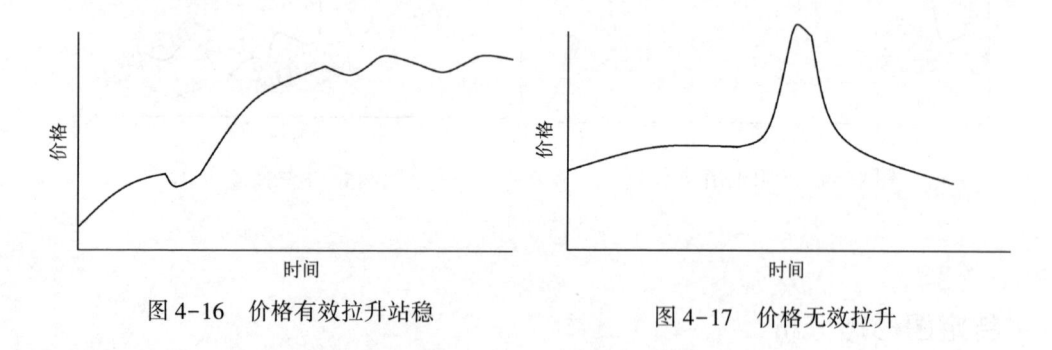

图4-16 价格有效拉升站稳　　　　图4-17 价格无效拉升

价格在拉升后逐级下跌

主力尝试拉升，拉至高位后有一定的阻力，但沽盘的力量不算大，主力会尝试控制卖压，慢慢地卖出持货（图4-18）。由于主要的持货其实在拉升前已累积，只要股票价格缓慢下降，其卖出的平均价仍会远高于其买入价而获利。有时候主力也会尝试使用上升缺口，只要开盘的第一口价大幅高于昨天的收盘价，股价慢慢跌落的过程已经可以成功比买入均价高而获利了，使用缺口抬价比起盘中拉升消耗的资金较少，但是主力用缺口拉升出货前，必定于前一个交易日已经买入足够的股票，你如果在缺口抬升后才跟进买入，其实未必有什么短线获利空间，反而很容易成了短线接盘侠。

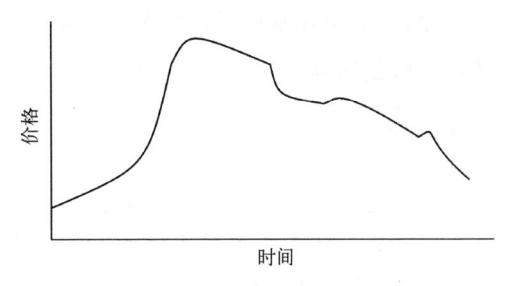

图 4-18 价格拉升后没下跌

中线阶段性见顶形态

尖顶

尖顶代表股价受短期力量快速推升，令股价短时间内剧烈上升。当此等短线买入力量完结，市场交易价格就会快速回落（图 4-19）。在熊市中亦有可能出现一些卖空盘交易者紧急平仓（俗称轧空）的强制性卖盘形成尖顶。当市场在一段时间内无法再次突破价格顶峰，即形成一个明显的尖顶形态。其实尖顶跟无效拉升的形态很像，只是尖顶多是以日线图作观察，而无效拉升多用来观察日内交易。

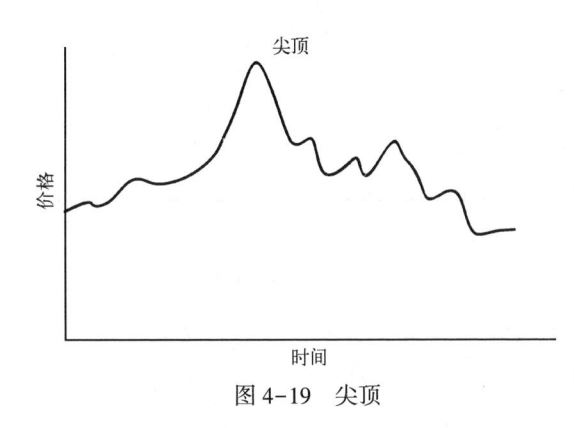

图 4-19 尖顶

双顶

当股价运行至高位，市场出现一定的沽盘或获利回吐盘，出现技术性调整。当股价回落至一定水平后，引来不少趁低吸纳的买盘及之前高位卖出的资金抄短线底部进行波段交易，当股票由一批预期目标价较低的投资者换到另一批预期股价更高的投资者手中时，股价再次出现回升。但是，第二次上升趋势到上一次的高位附近时无法突破上次高位，这代表市场上有较多的投资者缺乏信心，把卖盘安排在上次高点附近，形成巨大卖压。市场再次下跌后形成双顶

179

（图4-20）。如果市场尝试冲顶的次数较多，可能出现三顶或多重顶现象，视市场能否突破创新高。

头肩顶

头肩顶是一个典型的阶段性见顶形态。图4-21上先出现了左肩，然后价格创新高出现头部位置，市场价格遇上阻力再次回落至颈线附近有买盘支撑。市场再次尝试破顶，但无法成功并掉头下跌，最终出现右肩形态，代表市场的气氛开始逆转，很多投资者预期价格在一段时间内难以上冲。在市场上升的趋势跟古时的兵法相似，总是一鼓作气时最强大，然后就会再而衰，三而竭。一旦下跌的预期形成，市场就很难在短期内再次组织进攻，因为之前高价追入的投资者出现账面亏损，拉升时的卖压会相当大。除非有大资金拉升迅速突破阻力位，令想沽货者看到强劲势头时变成观望，才有可能扭转下跌趋势。

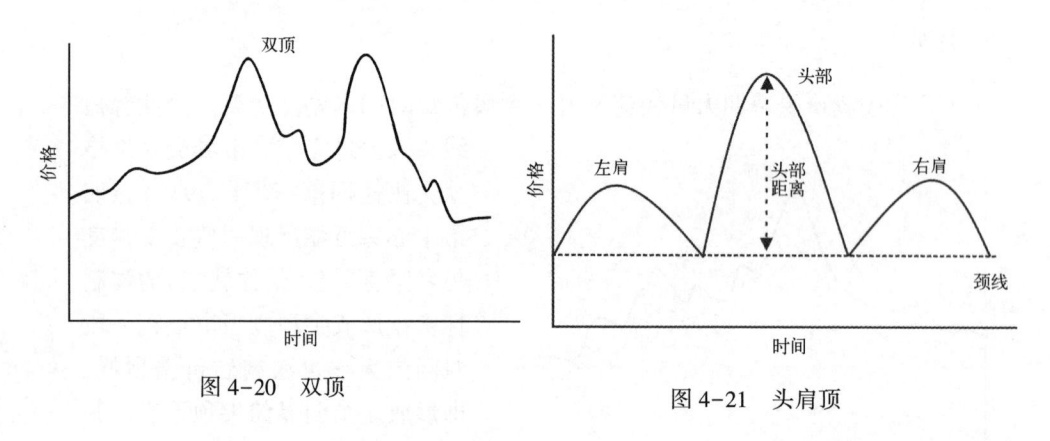

图4-20 双顶

图4-21 头肩顶

对个股而言，出现头肩顶形态后，除非有重大基本因素或政策性改变，否则很难短期再次拉升。股价跌破颈线时会出现卖出信号，投资者要考虑是否卖出持股，估计下跌幅度以头部跟颈线的距离作推测。要注意此形态只有在大型趋势市中才较有参考价值，在小波幅的市况中并不适用。

下跌形态

缓慢下跌

缓慢下跌是一种温水煮蛙式的下跌，每天下跌的幅度都不大，卖压不强，但却没有明显的反弹，毫无起色。投资者必须小心长期持有缓慢下跌的股份，总损失也可能很大(图 4-22)。

振荡式下跌

振荡式下跌(图 4-23)多出现在股市自高位下跌后的状态，每下跌一会儿又再出现强劲反弹，但始终未能突破最初高位，每次在阻力位前就掉头下跌。如果久攻不破，市场上的买方就会减少，更易出现较大幅度下跌。

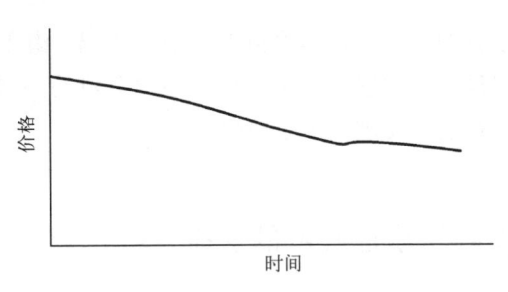

图 4-22 缓慢下跌

过度超跌

过度超跌(图 4-24)指股价受到一些恐慌性因素影响而在短时间内出现剧烈下跌，然后市场开始自我修正。通常回升至之前的高位附近会有一定卖盘出现，形成阻力，要多花一些时间才能再次突破。

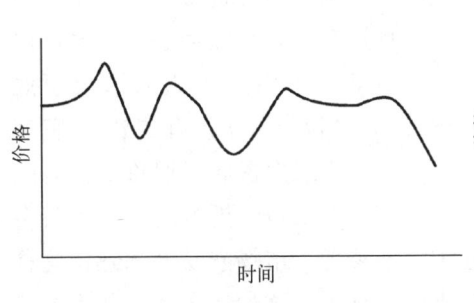

图 4-23 振荡式下跌

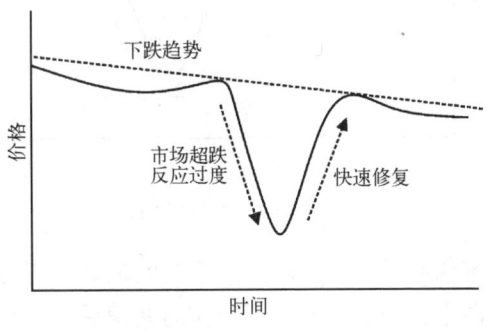

图 4-24 过度超跌

跳空低开

跳空低开指市场受重大因素影响而出现开盘价大幅低于昨天收盘价的情况(图 4-25)。许多公司公报了不及预期的财报后就会出现跳空低开，如果用线性图显示就会如图(图 4-24)般出现直线下滑。前面提过出现缺口时，K 线图就会观

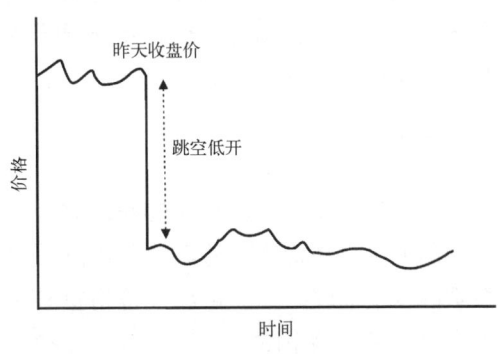

图 4-25 跳空低开

181

察到两个交易日的价格出现明显距离。由于昨天以前买入的短期投资者全部都出现账面亏损，卖压沉重。除非有新的因素出现，否则股价不容易在短时间内被拉起并突破昨天收盘价。

中线阶段性底部的形态

V型底

V型底指市场先出现急跌，形成短暂的底部后，出现价格快速拉升（图4-26）。首次出现V型底时我们无法判断会否出现二次或三次探底。V形底是一个事后的概念。V形的出现并一次见底通常是拉升的因素被投资者广泛认同，比如政府以资金救市，同时央行有货币政策配合，因为买方资金面已改变，一旦拉升很难再跌回去。大家可以留意一下急速下跌后形成了底部，当反弹时会有二次探底现象，当二次探底后股价仍没有跌穿上次低位，更多的投资者就会有信心买入，并以上次下跌的最低位附近作止损参考，市场交易者都熟识这种图形，如市场形成了交易的共识后较易形成后续升浪。这种形态在一些市场趋势反转时比较易观测，当然市场出现二次探底等情形也是可能，而且也可能出现后续反弹力度有限的情况，实际操作时仍是非常困难。这亦是我并不鼓励利用图交易的原因，因为你长时间分析掌握的方法用在当下市场仍很可能是错的，我们在事前无法确定任何事。

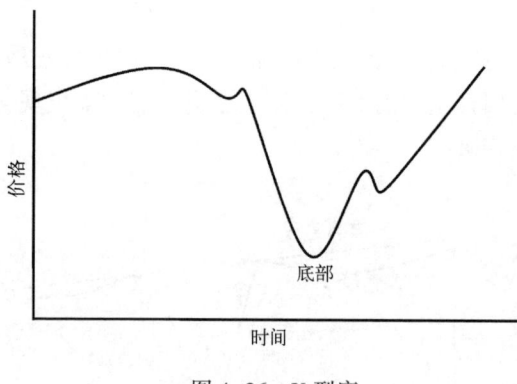

图4-26　V型底

W型底

市场先急跌，形成短暂的底部后，出现价格快速拉升，却后继无力，并再次回到上次交易价格的低点，但守稳了低点又快速拉升（图4-27）。通常没有太特别的基本面改善下，市场在价格拉升后对后市的看法分歧比较大。拉升不久无力再上又开始下跌。市场要自行守稳底部并再次拉升，更多的参与者认同短线到底部已出现，在基本面没改变时，二次探底拉升时是很好的技术信号。但投资者必须小心不要在市场仍下跌时追入，因为无人事前知道市场的绝对底部在哪里，一旦市场信心不足，跌穿之前的底部再次下探，就会引发大量资金跟随，引起再次急跌，抄底者有资金被套的风险。

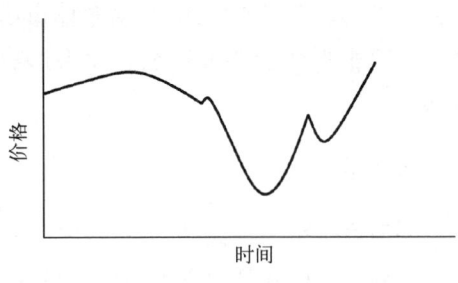

图 4-27　W 型底

估值修复行情

当市场出现大跌后估值偏低，长期投资者会开始入市。市场形成一个底部，但投资信心仍弱。见底回升后不久又再次下跌，不过二次探底的底部比上一次提升了。大家就会对市场已经见底形成更大的共识，当市场第二次拉升时，投资者往往就要持有至价格恢复到下跌前水平附近，等待市场完成估值修复（图 4-28）。跟 V 型底最大的区别是二次探底时间较长并更接近上次的底部，当市场再次上升时往往朝下跌前的水平进发。

L 型底

市场下跌后没有再升回来。要等待市场上新的力量出现，如果市场估值已经非常低，投资者可以考虑是否开始建仓。如果下跌是因为之前的估值已非常高，现在估值只是返回正常水平，你就很难期待股市可以反弹回之前的泡沫状态（图 4-29）。

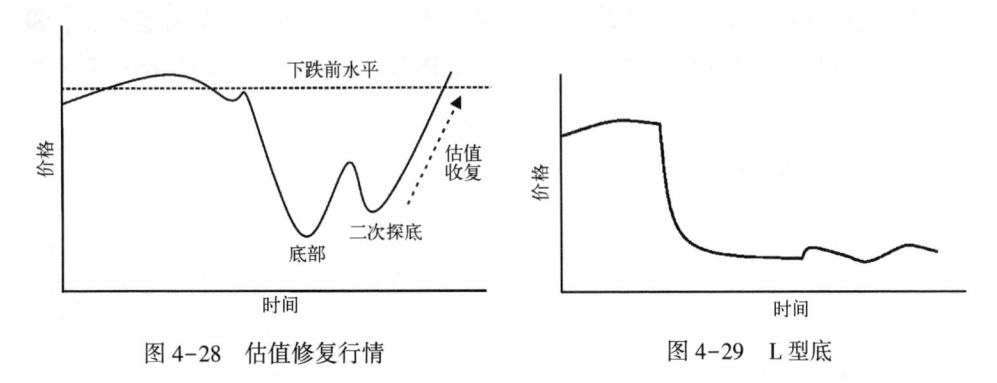

图 4-28　估值修复行情

图 4-29　L 型底

圆底

圆底是指市场到达底部后不再下跌也无力反弹，在长时间交易后形成一个

183

近似圆形的底部(图4-30)。对整体市场而言，只要公司的盈利有上升趋势，总体的估值水平就会不断改善。如果形成底部的时间越长，确认见底的可能性越大。

头肩底

头肩底也是一个典型的阶段性见底形态(图4-31)。图上先出现了倒转的左肩，然后价格破新低出现下跌的头部位置，市场价格开始反弹并再次上升至颈线附近有明显卖压。市场再次尝试寻底，但并没出现新低。最终出现倒转的右肩形态，代表市场的气氛开始好转。股价升破颈线时会出现买入信号。要注意此形态只有在大型趋势市中才较有参考价值，在小波幅的市况中并不适用。

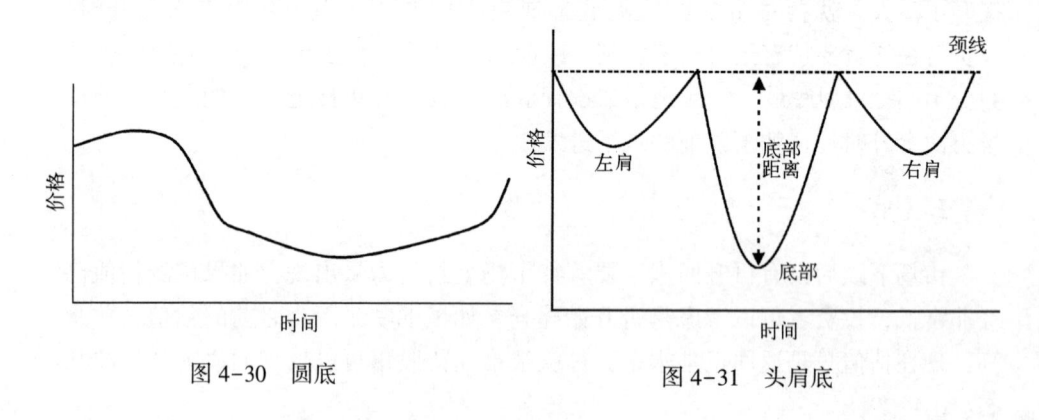

图4-30 圆底　　　　图4-31 头肩底

上述的图形只是一种很印象式的参考。事实上，图形真亦假时假亦真，没有太高的准确度。投资者使用时只应用作有限参考，而不应直接以图形为交易根据。

观察成交量变化

很多投资者也会观察每天成交量的变化。成交量较大代表市场人气旺盛。市场缓慢下跌兼成交量小代表市场了无生气。投资者要留意成交量上升是比较易营造，因为只要用不同账户同时买入及卖出，基本只会消耗一点交易手续费就可以完成大成量交现象。

但成交量低迷则必然是市场自我反应，没有可能做假，因为主要市场参与者无法操纵其他散户不进行交易。所以一旦个股了无生气，投资者应考虑远离该等股份，因为缺乏流动性的个股会缺乏机构投资者参与，股价往往长期低沉，偶然有短暂拉升，往往还是后继无力，投资者应该要小心。

技术量化指标分析

相对强弱指数（RSI）

RSI 是一个简单易用的测量市场走势强弱指标，其运作原理是比较一段时间的升跌幅以分析市场买卖双方的力量均衡。RSI 的最大值为 100，最低为零，以 50 为中性位置，即买卖双方形成均势。

RSI 主要采用 14 天或 9 天作为主要测量时段，以 14 天为例：

$$RSI = \frac{14 天日内的上升平均数}{(14 天日内的上升平均数 + 14 天日内的下跌平均数[绝对值])} \times 100$$

简单理解，如果 14 天内全部交易日均下跌，RS＝0。

如果 14 天内股价上升交易日的上涨幅度平均数为 80，14 天内股价下跌交易日的下跌幅度平均数为 20。

$$RSI = \frac{80}{(80+20)} \times 100$$

$$RSI = 80$$

RSI 低于 30 代表市场可能出现超卖，投资者过度悲观，逆向投资的投资者可考虑是否抄底买入。RSI 高过 70 代表市场可能出现超买，投资者过度乐观，逆向投资的投资者可考虑是否需要卖出。如果到 80 代表极度超买，到 20 代表极度超卖。

但 RSI 在实际使用时有很大的风险。如果大家对股市变化进行观察，RSI 跌到 30 附近多有反弹，RSI 升过 70 后往往有调整。但 RSI 是不能量度下跌或上升的幅度，实际使用时最大的缺陷是市场在下跌的过程中可以是超跌完再跌。经历过 2015 年大跌的交易者应该对在 2016 年 2 月那一波的再次下跌有很深刻的经历。如图 4-32 所示，香港恒生指数在

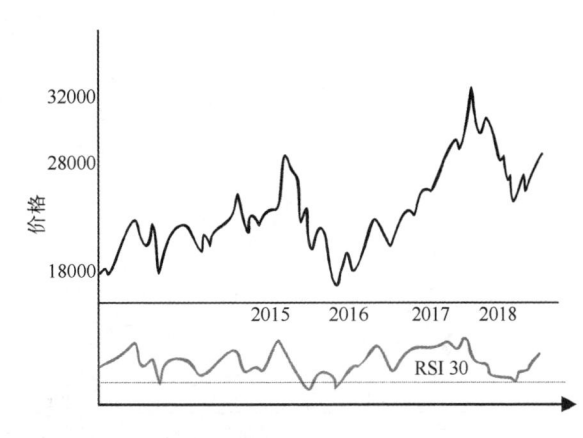

图 4-32 香港恒生指数趋势图

2015年底时很多指标都显示市场超卖，很多有交易经验的"老鸟"也入市抄底，市场真的迎来了一小波的反弹。令人意想不到的是2016年1月，由于国际上很多市场上也存在熔断机制，即交易异常时在一定时间内暂停交易等市场修正（解释交易盘面时用过的2010年的美股闪崩例子，就是被美国股市的熔断机制暂停交易后，当日出现强劲修复反弹的），没有想到此机制引进A股后出现严重的水土不服，令市场出现大幅下跌，而且最可怕的是越跌越深，RSI到了35，可以再跌到30，然后再跌到25。谁能告诉我们哪儿是底。RSI有时令你获利连连，却会在市场一面倒大跌或大升的情况下令你犯错而泥足深陷。

指数平滑异同移动平均线（MACD）

指数平滑异同移动平均线（MACD）是一个交易者经常接触到的交易指标，亦有不少的自动化交易系统会参考MACD的变化而构成交易信号。但是MACD发出错误信号的次数亦相当多，只有如大牛市或大熊市中出现明显的单边行情，MACD才能发出较准确的买卖信号。在区间波动市中，MACD的错误连连，参考此指标作交易很易亏损惨重。

指数平滑异同移动平均线（MACD）由两条不同时间长度的平滑移动平均线（EMA）的价值改变演化而成。平滑移动平均线（EMA）会将过去某特定时间内的价格取其平均值，此平均值的计算比重以平均线的时间长度设定，愈近期的收盘价因为对市况影响愈重要，所以在平均线中的比重会增加。如较之前时间的收盘价数据没有明显移动再加上权重较低，对平滑移动平均线的影响就会较少（图4-33）。

MACD其实就是通过量度两条指数移动平均线12天移动平均线EMA（12）和26天移动平均线EMA（26）的差距，找出股价变化显示的中期趋势性改变以及评估市场上升动能。

除了直接用在图分析上，MACD也可以采用差离值的数量分析。由于非常容易由计算机识别及发出交易信号，所以很多入门的量化交易者都会不

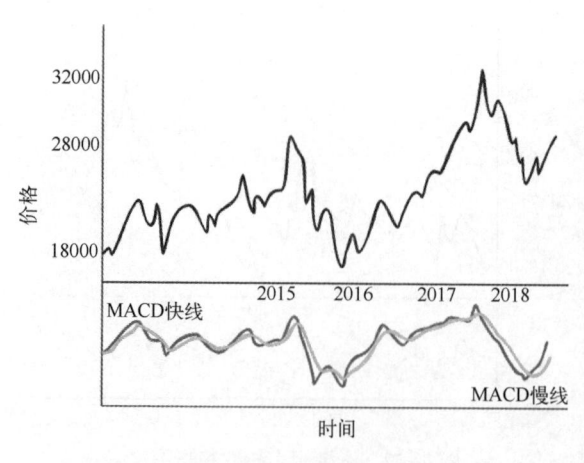

图4-33 MACD指标

断以 MACD 作为量化学习的重要基础指标之一。

我们以 2015 年 A 股急升时的上证 A50 指数作参考（图 4-34）。以周线图来说明 MACD 在波动市中经常会发出信号，如果在单边市况中波动不明显，MACD 就会产生较佳的效果。在 2015 年大升市之中，其实回撤也是经常发生，所以使用 MACD 也会出现多次止损的信号，只有单边上升或下跌时 MACD 才能有效发挥预测效果。RSI 在低位反弹看似有点参考价值，但如果有二次下跌，RSI 低于 30 以下也不代表不亏损。而如果 RSI 在升至 70 后卖出，你应该在上证 50 指数上升的初段已经卖出，后面绝大多数的升浪与你无缘了。其实有的技术指标有效性很一般，投资者只能用作参考而不应作为直接交易根据。

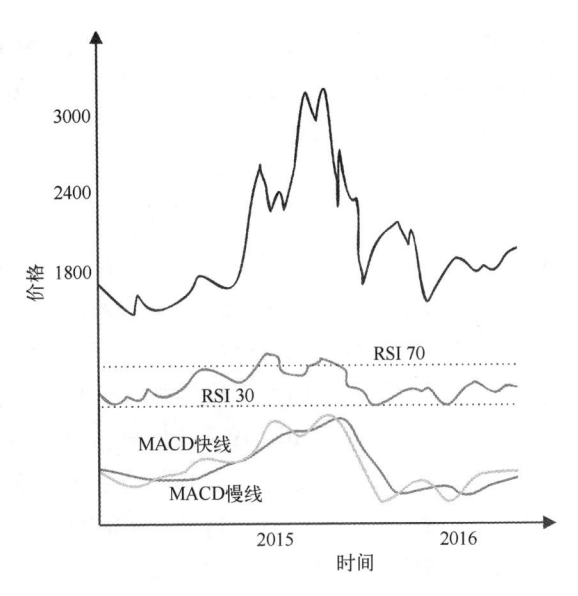

图 4-34　上证 A50 指数急升

差离值（DIF）

差离值（DIF）= EMA12 数值 − EMA26 数值。如果股价在不断加快上升中，DIF 就会一直升，但当涨幅减速，就算股价仍未出现明显下跌，DIF 已经会一直下降，甚至降至零以下发出卖出信号。相反地，如果不断出现恐慌式下跌，DIF 就会一直升，但当跌幅减速，就算股价仍未出现反转上升，DIF 的负值已经会一直减少，甚至重新上升至接近零附近发出买入信号。其实差离值等于零，就是刚刚好 MACD 的快线与慢线相交的一点。

观察市场上升形势的动能变化是很有趣的，即使是一直上升的指数形态，其每一天、每一周的边际上升速度，看上去都是上升的形势。其实动能减弱时再跟进买入，已经无太多的获利空间，MACD 就可以帮我们去观察这种变化。MACD 听上去很神奇，实际用起来时而获利连连，时而亏得惨不忍睹，最关键的是对市况的判断。是不是大型趋势市，事前谁也没有绝对把握，所以这不能算是很有效的入市指标，在不同市场的测试中，往往命中率不高。但你参考一下 2007 年、2015 年的 A 股数据及 2018 年的美股的纳斯达克指数就会发现，

MACD似乎是非常有效的交易参考，应用MACD在2015年A股最后一浪上升阶段（由DIF是明显正数到DIF降到零及负数）是2015年6月15及16日，这差不多是准点发出卖出信号。

这其实是站在事后的角度看MACD在2015年A股高点发出了准确的信号。但如果A股当时未到顶，而是再多一个升浪才停，你就会责怪MACD在6月时发出错误的信号令你过早出清持股，因为在上证指数大约3300点时MACD亦出现过一次卖出信号，4500点左右又再发出卖出信号。所以世上没有绝对准确的指标，事后人人都可以扮交易大师。有一点必须提醒读者，MACD用在股指的信号有参考价格，但用在个股上须分外小心，由于个股股价易被人为干扰，往往有时市场会出现假MACD买入信号，但等你入货后却发现中埋伏了，根本是一个圈套。另外由于参考MACD的交易者太多，容易引发羊群效应，一旦大家一同采用相同指标发出逃生信号，随时出现暴跌行情，你不一定能在有限损失下卖得出个股。因为A股可以出现跌停，美股、港股等可以是缺口低开或日内剧烈滑价。

而且MACD经常被批评是一个滞后的指标，必须要股市下跌一定程度才能触发，尤其暴涨市时DIF值是较高的正数，如突然遇到坏消息市场出现急跌，DIF往往需要遇到连续几天急跌后才能跌到负数发出卖出信号，你可能已经输到两眼发直了。在2015年5月28日及5月29日，A股曾在两个交易日内大幅下调达10%左右，而MACD仍是正数没有发出卖出信号，如果你在5月的最高位附近买了股票，等到MACD发出卖出信号时才沽货，估计已损失达15%~20%以上。

如果你把MACD跟市场指数的3~5年长期走势作比较，有时可能很惊讶地发现信号在某些时段的准确性。当市场单边大升或大跌初时，MACD有时真的会发出信号，并在一波主要行动差不多结束时，MACD又会发出卖出信号，看似预测能力简直接近完美。其实你忽略了大量MACD在其他时段发出的错误信号，在单边上升或下跌的大行情出现时，MACD发出的信号总是对的，而在其他时间，尤其是波动市，则经常是错的。你怎么事前知道这段时间是波动市还是单边市？当然事后看图时一定知道当时是什么市况。你在场内实际操作时，MACD发出信号后准还是不准，你什么把握都没有，只是时间过去后你才知道自己是遇上了波动市还是单边市。比如在2015年中的A股或是2017年的美股，遇到了单边市大赚时当然要逢人说起，认为MACD是神指标。如果在2013年至2014年用MACD在A股交易，估计早已气得把技术分析书销毁，然后周围跟人说技术分析都是骗人的。许多投资书上只是很机械地提供你指标的形势及使用方式，却很少提及技术分析指标的各种应用陷阱，没有经历长时间市场实战洗礼的交易者是不易掌握的。这就是为何我在书中一再提醒读者学习到任何指标或分析工具时也不可以盲目相信，必须先作一定的实际观察及测试才能开始用作交易参考。

有些交易者会利用技术指标如前面章节中提及的 RSI，MACD，或移动平均线等等的变化触发交易信号，并以计算机进行量化交易，由计算机自动作出相应的部署去捕捉市场机会。但是到目前为止的实证研究判断技术指标的准确性不高，往往是一半时候是对的，另一半时候是错的。交易者很难依靠技术指标去长期获利，要视市场中其他交易者是否也一致地根据技术指标进行交易判断，而且也要视当前是趋势市还是震荡市。必须提醒大家，技术指标是经常地出现随机有效的情形，即打开交易图很易找到有效的技术指标案例，却同时也可以找到大量技术指标无效的案例。初学者总会以为自己如入宝山中，找到发财的真谛，可是应用起来却被左右打脸。我建议把技术指标作交易参考，而不应成为主要的交易判断。

技术分析的限制及陷阱

技术分析因为简单易学所以在市场上大行其道，由于使用技术分析作参考的交易者众多，我们不能否定技术分析对短线市场反应提供的参考价值。很多时候普通投资者买一两本技术分析的书，学了几个操作技巧，配合上网看看市场图以为就可以上手做交易了。我自己最初进入资本市场时亦买了大量美国、中国内地及香港等地著名的技术分析书进行学习，书中提过的技术指标过上百个，学习的时候看书中案例头头是道，进入实盘交易时却状况百出，亏损不断。其实技术分析准确度一般只有 35%～55%，提供的交易信号往往是对的，但也经常是错的，跟掷硬币赌大小的概率差不多。但有些人就是会对某段时间成功预测变化的分析指标深信不疑。打开 3 年、5 年的大市图很易发现很多交易信号出现，而且看似跟从交易真的能获利，可是当你再把时间拉长一点，就会发现信号错误的情况大量出现。大家想想，如果在股市交易那么容易，买几本技术分析书，打开 K 线图找出信号，市场上的钱就好像等你来搬走似的。若真有这么容易，还有什么人会天天辛勤上班工作，不都去炒股、炒期货赚大钱去了？

股市的短线交易是一个零和游戏，你所赚取的钱必定是别人亏出来的。从长期来说，只有股票市场才能反映公司每股盈利、股息水平及市场估值水平变化（风险喜好程度）。其实你从技术分析学来的本事，早已经被市场交易大户了

认识市场预期

市场预期自我实现是驱动短期股票市场价格波动的核心力量(图4-35)。

说到这里,读者应该对股票的技术及基础分析有点基础认识,我们来讲一点较深入的交易的基础哲学。现在以及将来也不可能有任何理论能完全解释并能预估市场的变化,因为市场参与者、交易策略及市场预期天天在变,能对市场行为进行局部解释并提供有限的参考已经很不错。股价预测学说其实很像古代的百家争鸣,主流的如有效市场假说、随机漫步假说、预期理论、反身理论(市场的观点会自我实现)等等。大家不要执着于理论面,能帮我们应对市场的才是重点。

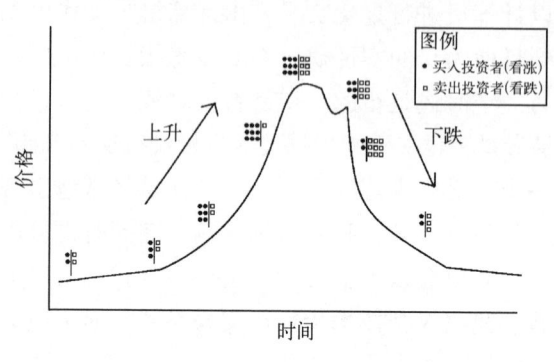

图4-35 市场预期

活跃的投资者以及机构交易时引发的小型价格波动,令股价出现随机漫步式的小幅波动,短期内任何正常的资金买入卖出操作已能引起市场的小幅波动。有时这些小波幅是有意制造的,因为如果主力机构确定趋势能引起跟随者介入,就会有机会在建仓完成后尝试拉升,测试盘面的沽盘力量,但有时一些投资者的随意买卖行为也会影响短期盘面。

当同一时间有较多投资者对短期趋势产生较一致的预期,随机地同时做相似的交易行为,就会形成短期的交易趋势。在市场上等待趋势跟踪交易信号的交易者就会发现相关信号,并且会进场交易,形成交易者预期走势的自我实现。当价值向单边走向时,更多的传统网络及个人社交媒体就会加入报道,更多投资者会察觉到信号,也作出相似的股价上升预期。如果配合一些如公司业务上升等好消息的出现,即使对盈利的实际影响有限,都会令等已持股的投资者更坚定地持股。场外累积了一批等待下跌机会就入市的投资者,价格就更难下跌,更多人确实获利的赚钱效应吸引更多潜在投资者密切关注市场变化,参与交易的人数就会大幅增加,不断有场外新资金涌入,趋势也会自我增强。

投资者通过最初预期→影响走势→走势确认→加强上升预期,实现预期投资的自我实现。

当公司每季度公报的营运数据都比预期较好时，就有实质盈利的支撑，只要股价被透支的程度有限，继续参与者众多，形成一个巨大的获益群体，对社会经济就会有正面的影响。可是如果没有重大基本因素改变，股价走势在上升一定幅度后动力自然减弱，股价的涨幅会减慢，并且出现较剧烈的上升下跌状况，这是因为大量相信股价仍会上升和大量预期股价已到顶的交易者在进行激烈交战，市场无法突破高位创新高，需要有新的力量才能再次拉升，否则只会有波幅而没有涨幅。

只要股市升不上去，许多投资者就会失去耐心，渐渐地更多投资者选择沽出，股价开始见顶，可能会有几次反复的破顶尝试，一旦徒劳无功，市场就会形成更强烈的下跌预期，即使再有反弹，也无法回到上次高位，更多投资者沽出持股选择逃生，想买入的投资者更少，形成短线剧烈下滑。更多投资者出现怀疑，也有一些坚定持股不折腾。更多的就是越来越怀疑，盘面在心理上出现脆弱性。这种脆弱性可能被市场的短期交易行为突然放大，美股在1929年黑色星期四和1987年黑色星期一那种单日大暴跌前夕并没有任何重要的新闻信息出现，在其后很多次的闪崩中都是没有明显原因便出现下跌。大众事后急于想寻找下跌的原因，却不知道下跌本身形成的自我下跌预期就是崩盘的原因。

如果行情看涨，市场仍有很强的上升预期。但当市场在高位整盘一段时间，却无法再创新高，很多的乐观者就会渐渐变成怀疑者，看上去似乎仍只是高位盘整，其实早已脆弱不堪。没有太多人认为下跌时就是买入机会，更多人在等待下一波上涨就卖出持股。苍蝇不叮无缝的蛋，大崩跌前都不一定有明确的新闻或消息，但几乎每次大跌前市场中都有投资者对股价继续上升预期已经很怀疑，至少在主要的市场交易者心中出现了对价格能否维持上涨的怀疑，这种怀疑会在市场开始小幅下降时开始加强，一旦股价出现快速下跌，怀疑就会被确认，引发盲目大量抛售的市场逃生行为。

当市场人气持续低迷时，股市无力大幅上升，由于市场经历过大幅下跌，主要卖压已被消除，如无更坏的因素市场不会继续走低，可能会形成存量资金博弈的状态。市场上剩下来的主动式投资者不断在市场热点中切换，好像旱季时非洲草原上的小水洼聚集了大量生存下来的动物争夺有限的水源。

有时消息面或一些政策性因素也会强烈影响市况。如果有巨大的市场事件发生，大量投资者的预期就会在短时间内被改变，交易力量迅间逆转。比如2008年9月15日雷曼兄弟公司宣布破产，市场短时间内陷入极度恐慌。大家要留意的不是已发生的事实，而是预期的改变。投资股票是投资未来的收益，过去的收益已成历史。如果我们只根据事实如公司上年已公报业务交易，就好像驾驶时只看后视镜开车，投资者必须拥有其他观察能力，去分析、去判断、去感受未来的市况变化。在盘面引起主要市场波动的主要力量就是投资者对市场预期的改变。

市场有一个很广阔的合理值，美股 P/E 在 12~14 倍是合理的，牛市时 P/E 在 16~18 倍也是合理的。我们并没有任何方法得到确切的合理值。早年曾获得《机构投资者杂志》中国股票最佳分析师名衔的张化桥亦多次在著作中表达对股市合理值并无有效评估，因为市场可以长期接受偏高和偏低的估值。大家要知道均值回归是一个合理的预期，但依靠均值回归做交易，最大缺点是我们无法预测到发生回归波动的时间。没有了时间点的掌握，根本难以做交易决定。在市场较低位置作长期持有可以是一种方法，在较高位时做空是非常危险的行为，如没有强大的内心与预留充足的投资持有时间，不容易从中获利。

了解市场的总体预期很重要，投资者原先的预期在一定时间后仍无法实现，市场上的交易情绪就会被新的下跌预期所影响，很多投资者变得没有信心想卖出离场。观测市场对消息的反应是一个可以间接地评估市场预期的方法。一个好的消息出现，市场由跌转升，即代表市场对好消息有反应。同样一个好消息比如公司的年度业绩成长得很好，市场却不为所动甚而下跌，即代表市场已预计事情的发生，并把利好的因素在消息未发布前计入了股价，这样好消息被确认后反而有很多投资者选择趁好消息时出货，因为他们认为股价已完全反映了预期，甚至透支了预期了。市场对公司业绩的反应，不是因为新闻报告或大型机构的分析报告分析出来的，而是由市场内的交易者用真金白银交易出来的。投资者要留心市场对好的消息有没有反应，如果在熊市底部，比图更有价值的是观察市场对消息的反应，如果市场持续对很坏的消息都没反应，代表熊市中仍然生存的投资者的持货能力已经非常强，很可能就离市场的大底不远了。

牛市

我们在本书开始时解释过利率与市场大周期的关系。读者们现在也有了一定的基本分析及技术分析，以及预期理论的基础知识，因此我们就可以更好地了解牛熊周期的交易面变化。我们都知道牛市是指市场在上升中的一个过程，市场呈一浪高过一浪的上升之中，每一浪价格的低点在不断提升。牛市的开始点就是熊市的最低点，因为之后的股价只有比最低点高，没有更低了。但最低点是一种事后的概念，对当时交易没有太大的帮助。一般动态交易中判断牛市的技术形态是出现双底或一浪高过一浪形态开始。A股及香港股市波动太快，用升穿移动平均线测试底部太滞后；美股多用日线升穿200天平均线作评估。要留意美国牛市的时间可以达10年以上，而中国A股较常出现只有2年左右的快牛市。

参考图示确认牛市的趋势性上升

打开5年或8年周线图时会观察到市场处于上升状态，调整的低点总体一浪高过一浪，连起来形成上升轨，上升轨很少被打破，市场形成较强的上升共识（图4-36）。如果在牛市中后段，长期移动平均线持续上移，短期的移动平均线持续高过长期移动平均线，代表市场买力很强，卖压不大，成交量在市场上升时呈总体上升形态。美股因波动性较低，趋势持续比较久，亦有不少投资者参考200天平均线是否向上升，并以升过200天线代表牛市开始，并有成交量不断上升配合。

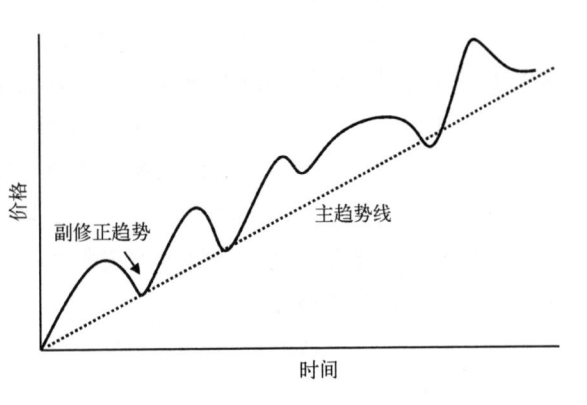

图4-36 牛市趋势线

美股的牛市多诞生在危机后的低利率环境，伴随信心不断增加，借贷投资及各路资本开始投入。一开始市场信心仍然不足，涨幅往往不大，波幅不高。慢慢更多的资本加入，进入缓升急跌的慢牛状况。跟进初期牛市的资金很谨慎，场外的投资者很多早已闻股色变，甚至立誓永不入市，所以上升量能不足，在跌跌碰碰中向上升。一旦市场再次较快下跌，部分低价入市的投资者会选择获利离场，少数融资盘也会立即逃生。由于低价入市及融资盘本来就不多，下跌清洗一次没有信心的持货者，就能吸引之前一直等机会长期入市的资金，你会发现市场很快止跌，但也没有实时快速上升，这些长期资金并不急于追逐市况。有时市场会再次下跌到上次最低点附近出现W形双底甚至多重底才真正进入拉升阶段，之后市场的走势越来越明朗，更多场外资金因为股价上升而被吸引入市。

市场指数不断上升，直至下一个下跌调整，把一部分缺乏信心或持货能力较弱的投资者洗走，换上一批预期更高股价、不到高价不卖出的投资者。当市场上升去到狂牛阶段，股市已经吸引各路人马同时杀入，股票的换手率会变得非常高。大家想想市场的股票供给总量大致固定，天天有新开股账户，或买入股票基金的新投资者涌入市场，他们只有货币，没有股票，只能用更高的出价利诱现有的持股者卖出心爱的股份给他们，好让他们能从狂牛盛宴中分一杯羹。一旦市场有震荡，这些投资新手好像终于等到大特卖一般，一见价位比高位便宜了，见到价位跌后开始爬升立即一拥而上把之前跌出的坑快速填平，就会出现市场下跌调整速度越来越短，上涨拉升的速度越来越快的现象。

MSCI 中国指数由 2017 年刚开始连升了 13 个月，每一个月的收盘价都没有下跌。美股在 2017 年几乎是风平浪静地升，投资者坐着不动就能闷声发大财。这种市况分析跟不分析都没有分别，敢买就会赢。这是一个勇者的世界，暴走大叔、广场舞大妈的股票收益率能轻易完胜股神巴菲特。这时候律师、医生、会计师、理发师、菜市场阿姨都在谈论股票，连出租车师傅都在听股票财经报价。再不时听到某某人发财的事迹跟风开个融资账户，一百万本金做满仓二百万。满脑子都是憧憬发财后的日子，想象如沐春风。当大量这样的融资借贷者跑步入场，市场就离顶不远了。

留意一下牛市中亦有追星效应，如果一些上升中的个股涨幅不断慢于大市，就会被市场遗弃。在牛市中大家都不会有耐心，看看别人家的股一天 5%、10% 的涨幅，投资人只想找到更快的马车去跑，更快换出手中跑得慢的个股，尤其基金经理持有跑不动的个股就会跑输同业，他们往往也是身不由己地去追星。中国移动（港股：941）的股价往往在港股牛市时大幅跑输大市，有时甚至在大升市中出现小幅下跌，就是因为这种追星效应。

短期股市上升从来不需要理由。市场交易者总是买升不买跌，当股价上升时就算所买的股票没有盈利，几百倍的 PE，甚至有没有业绩都不重要。只要价格持续上升，不断有新买家想买你手中的货，就是最好的买入理由。因为买入者永远在想今天买了，明天能以更高价卖给下一个接盘侠。这种情况会持续直至最后的恐惧性买入——人们担心今天不买，股明天升更高，参与者都忍不住满仓操作，省吃俭用把省出来的一分一毫货币都投到股市去。等待我们的是股市会在哪一天开始爆破，而不是会不会爆破。要知道短线暴走资金最缺乏耐心，即使没有下跌只要不再上升，投资者也不想持有，想立马换还跑得动的个股，渐渐大盘耗不动了，精明的投资者走了，不再快速升的个股便开始跌了、牛市就真的到顶了。

不过大家亦要留意牛市最高位有时可能维持一段时间，不一定是尖顶式到顶，而可能是先经历一段时间的高位波动，市场被支撑在较高价位，让大部分资金高位卖出主要持货后再下跌。有时这种高位反复状态可以维持 3 至 6 个月。

牛市中的喷泉热点效应

　　一般大型牛市的尾部，交易市场总是非常人声鼎沸，大量新手投资者抱着发财的幻想冲进股市，市场出现了典型的人傻钱多状态。这时候大量的钱会依据当天升什么就去追热点，由于不同个股的每日交易量不同，流动性就好像喷泉管道的大小，如果有一些流动性较低的个股被资金热捧，就好像大量的水要通过狭窄的管道喷出，可想而知喷发力度有多大，股价会出现持续涨停或爆升。投资者会选择在股价上涨动力减弱时切换到下一个热点，出现快速的热点轮换。由于市场中有大量的新手投资者，他们很喜欢逢低买入，感觉曾经到达过的高位股价是如此的真实，只要较低位买入，这个与最高位的差距好像手到擒来，认为市场必然再次带他们到更美好的高点。他们不理会完全不合理的估值，不理会市场的动量，心中只有对快速发财的无限憧憬，还认为自己逢低买入是"价值投资"。所以热点出现后往往不是立即暴跌，而是出现高位盘整波动。更精明的资金早已撤向其他热点，而一批新晋的投资者决定追入或作坚守。

　　不过牛市过后，这些热炒股票的长期持有者大多会经历暴跌的洗礼，心中只余下回忆往昔的美好时光的感叹，心中无数次闪过如早知道就卖掉那股份的痛苦懊悔，但如果你未知结果，时光倒流一次回到最初下跌时，你真心会舍得亏损卖出逃生吗？你脑海中很可能想明天可能会上升呢，再升一点不用亏本本我就卖了。巴菲特对狂热投资曾经说过一组很发人深省的评论——"交易市场就似上帝一样会帮助自力更生者。但和上帝不同的是，交易市场不会原谅那些不知道自己在做什么的交易者"。我不断强调个人交易者做投资决定时必须要谨慎，因为市场上没有人会为交易者自己的错误行为埋单。

牛市调整与熊市的分别

　　牛市调整的时间较短 1~3 个月，跌幅在 5%~15% 左右，回到高位时间多不用 6~9 个月。熊市持续时间多为 1~3 年之间，跌幅在 20%~50% 左右，回到高位要 2 年以上。如果一些特大级别的泡沫市，比如 20 世纪 80 年代末的日本股市，甚至 30 年后也不能回到之前的高位。

　　调整市跟熊市在最初下跌时并没有明显分别，我们往往要事后才能判断哪一个是调整，哪一个是牛市的终结。比如 2018 年 2 月美股急跌近 10%，事后看不过是一个调整，而真正的高位出现在同年10月。不过通常熊市出现前往往已出现一定的高位震荡，除非是很突然的消息及因素出现，很少出现牛市高位尖顶后便急速下跌，立即陷入熊市。因为大量看涨的投资者不会那么轻易就放弃他们对牛市的信念，要经历一些时间及市场的动荡后，才会有更多的投资者放弃了牛市信仰，决定离开市场，最终形成熊市。对股票牛市运行的形容，没有谁比投资大师邓普顿所言更精警：牛市总在绝望中诞生，在怀疑中成长，在乐观中成熟，在兴奋中死亡。

熊市

牛市到顶后很少出现长期横盘的形势，往往都是熊市出场的时间。传统熊市的定义是股市自最高位回落20%以上，便确定进入熊市。

通常当牛市最后的买入者发现没有人比他们出更高价，股价没有再上涨，但他们相信牛市不会亡，看了心灵鸡汤投资书后认为现在是技术性调整（指涨幅太急而出现因部分投资者获利套现的合理下跌整盘）。很多牛市顶部的情况是最初只出现了小幅下跌，却引起了部分高额融资投机者的平仓涌出，价格再次下跌，更多投资者自愿及被迫平仓，一旦市场恐惧情绪蔓延加上趋势投资者加入平仓做空，高频交易者因为市场波动中止提供流动性。对冲持货风险的成本不断上升，更多投资者选择观望，形成了向下急跌的条件。

参考图示确认熊市

熊市的趋势性下跌（图4-37）。1年期日线图显示市场处于下降轨，并有多个下跌幅度较大的交易日。长期移动平均线持续下跌，短期的移动平均持续低过长期移动平均线，成交量由较高位开始下跌，换手率渐渐下跌，市场人气渐渐萎缩。

在整体股价开始下跌时，市场盘面中可能会突然出现缺乏买盘却有排山倒海的卖盘，引起闪崩式暴跌。同时因为有杠杆投资者爆仓，他们的自有资金已完全亏蚀，持仓被证券公司强制卖出以偿还借款，由

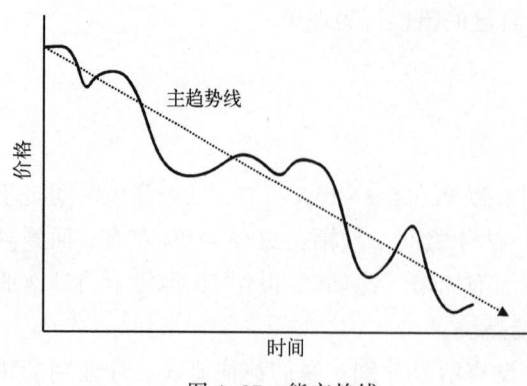

图4-37 熊市趋线

于卖出股份的钱只够用来偿还债务，他们已经亏得没有本金了，被抬离资本市场。即使再有反弹机会，他们没有办法参与抄底搏反弹了。这时能继续在市场的交易的资金就越来越减少。市场开始缺乏了买盘提供流动性，盘面变得更脆弱，卖压再出现时便出现整体下跌。

参与过市场直击过熊市持续崩跌的投资者都可能会记忆犹新，A股那些跌停板或国际股市上出现的巨幅跳空式下跌，令已持货没有足够对冲的投资者损失惨重。跌停板时的基本思考也是多余，只有等待什么时候才能开板，看看是否需要开板时当场止损。比较常见的大幅跳空式下跌，由于开盘第一口价已大幅低于前一天收盘价，最近的买入者账面已经产生重大亏损，无法像平日正常交易状况下那样能在下跌中途卖出持股减低风险敞口，已持有股票的投资者必须直接承担股价下跌的巨额损失，并要在开盘后痛苦地考虑是否要割肉求生，还是继续坚持看看能否反弹，但面对的可能是无底深渊的下跌，尤其是买入了已经被热炒高高在上的个股，这种卖与不卖的痛苦纠结，没有投资经验的人是很难明白的。市场本来就是有升有跌，下跌本身并不可怕，但是持续不断的大幅下跌，每一次拉升后都站不稳再跌，日内不断刷新最低价，主要个股几乎没有例外地跌，并以接近全日最低位收盘，真的令人丧胆。而且往往暴跌后稳定了数天又来新一波暴跌，急速反弹几天又暴跌，令投资者士气全失，这时就形成了熊市暴跌旋涡了。

✥ 苹果公司 2019 年的盈警与缺口

股神巴菲特的受股苹果公司在 2019 年初发出盈利修正预警，称因为中国市场的销售大幅放缓，公司的业务指引要向下修订，消息在 1 月 2 日收盘后发布。1 月 3 日开盘后，苹果股价便跳空低开近 9%，由前一个交易日的收盘价 154.9 美元开盘时下跌至 144 美元。虽然盘中有 3% 左右幅度的反弹尝试，但仍以几乎全日最低位近 142 美元收盘，全日下跌了 9.96%（图4-38）。单日资本蒸发了

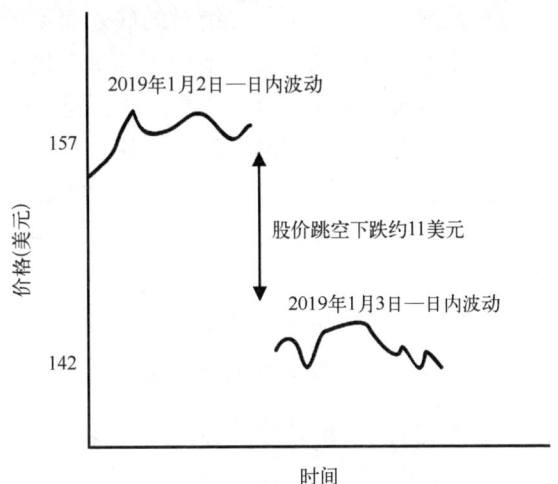

图 4-38 苹果公司股价跳空下跌图

700多亿美元，并且触发了美国证监会的禁止做空令。这种多数出现在小盘股的做空禁止令竟然会发生在苹果这种盈利丰厚、手握1000多亿美元现金、富可敌国的公司上发生，不得不感慨世事无常。

滚动式熊市

投资者要留意不是每一次牛市到顶后都有暴跌，也有可能是缓慢并持续有升有跌的滚动式熊市，只是每次跌的幅度往往比升的大，出现持续长时间波澜不惊的漫漫熊途，市场人气渐渐散失。

图形态

1年期日线图显示市场处于下降轨，长期移动平均线持续下跌，短期的移动平均线不时来回上穿过长期移动平均线，市场价格大幅度来回震荡，而且市场的多头并未放弃反攻，交易者对熊市的观点比较分歧，只是交易价格的轴心慢慢向下移，成交量亦一直时高时低。

熊市底部

熊市是自牛市的最高点开始的，之后每一个交易日的最高价都无法再突破之前市场的最高点，市场在下跌的过程中呈一浪低于一浪的走势，每次升浪价格的高点在不断下移。熊市底部永远是一个事后的概念，只有时间可以告诉我们哪里是绝对的底，要寻找绝对的底才交易的人几乎可以不用交易。因为市场底部多年才出现一次，而且事后才知道。投资者能在相对底部建立仓位，等待数年后牛市再来时在相对高位卖出，已经是难能可贵了。

有时出现持续市场崩溃的情况往往引起政府或央行短期内去救市，熊市的持续时间会缩短。如没有政策干预，只能等价格下跌至吸引到场外资金重返市场为止才能恢复有买有卖的交易状况。如果是滚动式熊市，因为交易状态正常，政府及央行很少会直接干扰，只能做一些供给侧利好，如适当减低企业税项，利用政策鼓励引入更多长线资金入市。这种慢熊市况由于下跌持续时间太久，要重建信心，总要花很多时候间重建。

熊市也有不同的投资机会

熊市相对牛市的价格波动相对剧烈，而且存在短线暴涨暴跌交替。一般美股熊市持续半年至3年左右，A股熊市可达到1至4年。但因为熊市持续时间差距太大，没有太大交易上的参考价值，有时熊市下跌第一波达到15%~20%后可能有强烈反弹，甚至可以接近之前的最高位附近，出现M形顶形态，然后再次下跌，投资者较常以主要以市场下跌后出现反弹的最高位是否低于之前顶部位置并掉头向下去评估是否进入熊市，因为等到下跌20%时，其实股价已经跌了很多，再追入做空没有太大胜算。当然如果一旦市场再次上升兼越过之前的高位，我们便要修改对市场是否进入熊市的判断了。

熊反弹/熊挟

熊市中并不是一面倒的下跌，而是会交替出现非常强劲的反弹，有时可达20%~40%涨幅，这时会令做空股市者出现重大亏损。正常在熊市中，有越来越多投资者相信股价会持续走低，除了已持有大量股票的投资者会沽出持股撤出股市，做空交易者亦可能会进场进行做空交易。做空者相信熊市中股价会不断走低，先交上一定的抵押金从证券公司融券借入别人手中的股票，在较高价位卖出，等低价时买入补回股票，赚取其中的差价获利。

可是行情总不是跟预期相同，股价可能一段时间内都没有再创新低。相信牛市未死的投资者仍在，高位沽出持股的投资者现在持有很多现金很想再入市再战，还有高位接货的交易者想用低价再买股票摊平持货成本。当各路人马开始重新入市，股价企稳并拉升，更多投资者加入其中就可能会出现一轮快速上升的行情，做空者可以出现极其严重的账面损失，市场称之为挟淡仓(Short Squeeze)的状态，如没有充足的抵押金，可能做空者会被证券商强制平仓，而且当证券行强行平仓时为控制风险，往往会以当前市价不断追价买入股票以完成平仓，造成股价更快速上升。所以别以为在熊市中做空就稳赚不赔，其实也是有很高风险的。不过一般这种熊挟行情一般不出两三个月便后继无力，当大家发现行情无法突破之前最高位后又再次调头下跌。

阿里巴巴自2018年中从210美元高位下跌，2019年1月已跌至130美元的低位，股价跌入熊市区。创2017年中以来最低位，如果你认为阿里的股价够残，尝试做空，等待你的很可能是极速止损平仓。阿里股价在2019年1月4日收盘大升7%，空头夺路而出，不过读者要留意阿里股价的涨幅是在交易时段的首个半小时完成，之后追入的交易者完全没有日内获利空间。熊市中的波动往往就是如此的快速，令人难以跟进，而且很易做错决定，无论是买入还是做空，都容易被触发止损，还很可能出现多空双杀的双向波动，前一天大升了2.5%，后一天就可以倒跌3%。交易的感觉就像赌场押注买大小，没有什么分析可言，做对了的人会跟你说自己有盘感，能感应到市场的波动；做错了的人就会说市场是骗人的。其实往往成败关键在于运气，突然的盈警，央行或政府的救市行动，最新数据变化，都不容易事前评估。尤其就算你估计到有救市行动，也估计不到时间。这就难以利用短线如期权等工具捕捉，因为在熊市中一直持股是一件很危险的事。就算苹果公司一个盈警单日就可以下降10%，其他个股的跌幅更是巨大。如果你是中短线交易者，只宜交易个别机会或反弹波段，不宜久留在市场。除非你决定了进行长期低位建仓，而且这须建立在股票组合而非个股，因为部分个股会在熊市受到毁灭性打击，跌幅95%以上。除非好像亚马逊（美股AMZN）在2000年科网爆破后基本面有突破性进展，否则牛市再来时股价也没什么可能再复原。

熊市中的短期绿洲效应

　　大众认知的熊市总是一片暴跌，惨不忍睹。其实大量主动性基金仍在千方百计自救，只要投资者的钱未实时撤出，他们便要用尽力量去追踪硕果仅存的上升热点，以及抗跌力强的股份，以跑赢市场指数的跌幅。这时候部分流通性不错而且故事性强的个股，可能会受到一些不是算利好的消息刺激，令主动资金一拥而上，推升股价，令投资者啧啧称奇。

　　在2018年之前的港股市场下跌周期中，腾讯往往成为跌市的绿洲，抗跌力非常强。但由于2018年投资故事走了点样中伏者众，绿洲的地位就要让给其他个股。小米在2018年11月公报了季度业绩，投行的分析报告指小米的业绩稍比预期好，未来业务不确定性仍大。市场绿洲个股小米却能两天股价反弹14%，由13港元升至14.7港元。11月20日小米股价图是呈标准的追入式上升形势，一天的成交额高达22亿港元。而同一天全部主要股指是呈滑梯式下跌，A股及港股市场大跌近2%，明显地是机构投资者调动余下资本去追逐绿洲。如果大家见过非洲草原旱季（跌市时）时，剩下的小水源（有流通性的上升个股）都是如此珍贵，因而聚集了大量的动物（机构投资者）一起去喝水，热闹非凡，那么对市场有深入认识的投资者应该明白，外行人看不懂的上升很多时候受市场的交易面因素影响，而不是你看媒体时得出的所谓原因。所以熊市中的短线波动机会也是存在的，而且反弹力度又快又强，只是难以用长期投资策略，必须跟随市况，随时准备逃生。

　　但是短期的绿洲效应并不等于长期会上升，很可能过了不久市场资金就会从一个绿洲转到另一个，如小米的股价最终升了三天之后就展开了大跌浪。

所以投机者要留意跌市中的绿洲有时如海市蜃楼，经常会突然出现和消失无形的。

市场横盘震荡

市场横盘震荡，只有波动没有趋势。

长期移动平均线趋平，时而轻微向上时而轻微向下，没有明显短期的移动。出现存量资金博弈，短期平均线来回移动，仍有短期波幅。交易热点稀缺，成交量低迷，市场毫无人气（图4-39）。

这只是一个很概括的描述，投资者不要花太多时间纠结目前是横盘震荡市还是牛市开始，因为两者最初的形态很相似，要较长时间观察才能较好分辨。对趋势做交易时宜采用留有余地法则，不企图把整个趋势都吃掉，只吃其中最易吃的部分。如果你是长线投资者，早已在较低位入了货，你只需留意市场是否仍保持在上升轨，并对牛市尾段的狂牛市保持警惕，在越升越急并越升越快的狂牛市，出现轻微震荡后已可考虑离场，尤其资金体量大的交易者，需要一定时间才能完全撤出市场。而且一旦撤出后，十有八九股市仍会继续升，不过除非你使用好了风险对冲，限制了最大损失，否则可以一段长时间内不再持仓，不去吃尽市场最后一点的利润，许多高位退出的交易者都会被困于熊市抄底的路上，因为他们卖出的价位太好，持有大量资金总是想再做交易。学会不贪和忍耐是在交易市场活得长久的生存哲学。

A股2018年下半年的波动，在一个相当窄的交易区间内持续上下波动，而且交易轴心在3250点附近，短线突破交易经常出错。真正的突破在1月才发生，在近5个月的时间里，市场一直没有起色。有时牛市前的熊市阶段就是如此令人难以预先掌握变化，你看图根本不可能预计到牛市快来了，多次的反弹都是无功而返。图预测市场走势其实并没有太大的作用，反而敢于在低估值期间建仓的就能获益。低估值不等于就可以回升，这数个月的时间已经算回升得太快。A股在2009年展开修复式上升后，便开始了漫长的下跌周期，把投资者

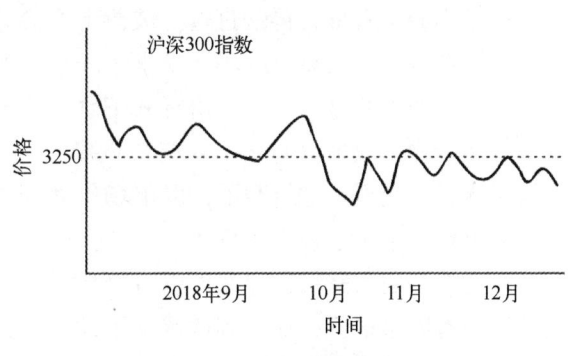

图4-39　市场横盘震荡

的耐心都耗尽后，却于 2014 年中展开巨大升浪。在 A 股中，投资者往往要捱过漫漫的熊市，才能遇上短暂而强力的上升行情。

交易信号陷阱

我先举个例子，比如教科书上教的突破平均线追入形态，给你来个假突破等你及其他投资者追入，等你们买货后发现升势无以为继，他们反转沽出压低股价，你立即恐慌不已，盯盘再盯盘看着市场每口价的变化；看着股价开始下跌，继续再跌，心中仍相信眼前一切是大户营造的假象，要坚定持股；可是当股价跌过你的买入价，再跌过这一波段上升的起步价，你真的会恐慌了——书中不是说形势不对劲要止损吗，求求市场给我升回一点我就沽出平仓，这时市场往往给你送来的是一个快速滑梯式下跌，你的心中恐惧透顶，背后是凉冰冰的，好痛苦啊，似乎只有卖出才能中止痛苦——好吧，什么价都卖了——你已经慌不择路，受不了这折磨了，以市场价立即沽出并完全成交。唉！叹一大口气，心灵暂时中止了被市场折磨。

可是故事还未完结，你沽出以后只会得到片刻的平静。因为你卖出后往往会持续查看股票报价，如看到股票又下跌一点，还会有点劫后余生的感觉，心想还好，我逃得快。可是最捉弄人的是，没过多久股价来了一波绝地反击。股价迅速突破你之前的卖出价，你非常后悔，痛苦懊恼——早知我就不卖出啦。看下股价，又坐不住了，心想在哪里跌到，就在哪里爬起来，又再次追入了，只是这次追入的价位更高；股价真的又升了，你又再次高兴起来；没开心几天又再次无力下跌了。这次你又再次恐惧出逃，二次被市场"割肉"。你心中骂，市场这个没心没肺的东西真坑人。其实市场没有坑你，是你对市场的认知坑了自己。你对市场的认知就从几本投资书中得来，却没有认真验证过是否适合当时的市场就应用。没有人逼你去买股票，是你自己上了自己的当。为什么我这么清楚？因为这些都是我的亲身经历，被多次打击时感觉非常痛苦。

市场每每真正拉升前都可能有多次假突破，有时是有大户作势，有时是正常的交易行为。即使是熊市在突破性下跌趋势形成前，都可能有数次低位震荡拉升。港股在 2018 年 2 至 6 月持续上下震荡近 4 个月，经历 5 次 5%~10%以上的拉升，6 月第 6 次下跌才真正出现突破性下跌——是你自己学艺不精以为一次突破就会一直单边上升或单边下跌。交易的难度就在这里，真跌和假跌的技术形势都差不多，你看了 5 次假跌后不相信第 6 次会真跌时，市场就真的暴跌给你看。

交易者若只使用技术分析进行交易就好像用倒后镜驾驶，你怎么可能用倒后镜估计未来几个月的大走势？随机估中却误以为自己已经掌握交易真理，就更危险，因为你会高估自己交易策略的准确性。技术分析其实每一个单项指标的准确率不高，评估对及评估错都很正常，单独技术指标并不是一个很可靠的方法，混合多种技术指标往往只会带来更混乱的信号也不见得有什么准确度提升。投资者在使用技术分析时最好能配合基本面的前瞻性判断才能发挥更佳的使用效果。

投资价值与长线投资策略

理解了这么多的分析方法，我就开始讨论一个决定投资的关键判断，我们的投资究竟有没有投资价值？投资价值又是基于什么的理据？

作为一个投资者，买入一只股票后，我们便失去了手中的货币以及以这些货币去投资更高预期回报项目的机会。只有当公司派出现金股息（分红）或我们自己选择卖出股票持仓变回现金，我们才能在买入股票后再次获得货币。拥有良好的经营状况，业务有强大的竞争优势，有充足的现金流，并能持续以现金股息以及股份回购回馈股东的个股就是拥有基础投资价值。如果市场的股指有大量这类公司，并且不断引入创新的更有竞争力的公司进入股票指数，这个股票市场就很有基础投资价值。

我要提醒读者投资价值判断不等于传统价值投资派的观点。传统价值投资派的目标是把一样值100元的东西以50元去买，买入后要有充足的安全边际。迷信此法，投资者几乎会错过这时代最主要的大型投资机会。这个世代已不同于美国1950—1960年代格雷厄姆写《证券分析》的时候。目前主要盈利增长最快的个股都是得益于技术革命，无论是美国的纳斯达克指数成分股，还是中国的腾讯、阿里、百度，他们从来没有"便宜"过。如果真的100价值卖50时，很可能有新的技术或替代力量出现，你那时买到的便宜股可能等于当年陨落时期的诺基亚和黑莓，当了个接盘侠而已。

如果说基础投资价值是面粉，市场给予的估值水平就是发粉，混合起来焗出来的股票价格就是面包。我们判断投资价值不只是基础投资价值而来，也要顾及市场给予的估值水平有没有太过分。下太多发粉（市场估值过高）的面包（股价）在冷却后会很快收缩（下跌），即使面粉（基础因素）是优质的，咬下去（长期持有）都是空心的。

无数华尔街的老前辈们验证过美股数十年的大市长期运行规律，长期的个别股票波动的最大投资驱动力量来自每股盈利变化。股票基础价值的王道就是每股收益的变化。但大家观察股市，股价上升得最强劲的个股往往不是每股盈利很高的股票，而是市场热炒的个股。这就要看你是否相信老股神巴菲特的一句话：退潮的时候才知道谁是在裸泳。没有盈利支撑的个股，也可以大升，不过只是当市场燃料用尽，趋势逆转时第一个下跌。你知道当年亚马逊（纳斯达克：AMZN）未有盈利能力之前在2000年科网爆破后从高位最多下跌了99%，后来有了盈利模式用了10年时间才修复下跌能拿回投资的本金。

无风险利率水平与股市估值

影响股票市场估值的一个很重要因素是无风险利率，低的融资成本配合一个无风险利率的环境就是股票市场的干柴，而等待的就是市场心理转变的一把火，把大牛市燃烧起来。如果长期无风险利率很高，比如10年期以上的国债提供4%~5%利率回报，投资者就会有较大的动机从股市把资金撤出，直接投资到国债市场。大家只知道2008年金融海啸，却很少有人知道20世纪70年代的美股下跌的惨烈度毫不逊色。从1964年到1981年的投资美股道琼斯指数的指数投资回报是零，投资者只能收取少量的股息而且一沉不起，期间还要经历20世纪70年代的石油及美元危机等多次股市震荡，在市场中生存下去的美股投资者大都没什么好日子。连美国的《商业周刊》杂志在1980年代初的也出现过"股市已死"的封面标题。当时长期国债利率都在5%以上，最高时达到1980年代初的15%以上。投资者想也不用想更喜欢投资在债券市场，获得稳定而且较佳的回报。但是随着市场在20世纪80年代中期利率持续下降，美股迎来了一个黄金时代，直到1987年的单日崩盘出现。

交易A股的朋友是否感到此等情景似曾相识，目前中国的无风险利率比较高，在4%以上，股票资产的相对吸引力有限。往后的中国股市有因为长期利率大幅下降而出现股市的一个结构性投资机会，大家就要拭目以待了。

估值是一个动态的系统，永远不是静态的。不过我们可视预计的投资期长短，采用一个国家的10年或30年期国债利率作中长期投资的无风险利率作参考。我们可以据此评估债市的利率回报会否制约股市的表现。由于美国10年期国债利率的近年波动比较大，投资者可以采用美国的30年国债作评估，假设30年期国债利率是3.5%左右，我们可以找出无风险投资的P/E相对参考值。

$$\frac{1}{30\text{年国债利率}} = \frac{1}{3.5\%} = 28.6$$

这就代表用债市去评估无风险 PE 是 28.6 倍的价位。如果股市的每股盈利 EPS 增长期停滞，股市的 PE 也刚好是 28.6。考虑到股票投资相对债券投资由于有更高风险就会变得毫无吸引力，也就是说在该价位股市没有长期投资价值。因为债市的利率派出的全是现金，股票的盈利只是账面利润，有没有财务水分不太确定，而且不太可能全部利润都派息，更要面对业务的长期不确定性。所以股市指数 PE 最少得打个六到七折才算合理一点，原理跟风险定价模型（CAPM）相似，不过用起来更简单，一算下来股市 PE 就跟 16~20 倍差不多。这就是美股合理估值的上限，否则不想在市场中搏杀的机构投资者会慢慢转战债市。最奇怪的是，美股从 2009 年开始看似一直升值不停，但其实标普 500 这几年牛市的年度预期 PE 大约在 14~20 倍之间来回，到 20 倍左右就跑不动了。

但是这方法并不适用于所有的股市。用在香港及中国股市都不太合适，中国的无风险利率在 4% 左右，用无风险利率 P/E 打折估算合理 P/E 在 15 倍左右。因为两地股市的成分股中有大量低 P/E 的银行股，导致看上去指数估值很便宜。你看看深成指数长期都是在 20~40 倍左右来回。所以采用任何书本的评估建议前必先结合实况才能做出有价值的判断。在日本，国债近乎没有利息，无风险利率接近零，理论上股市的市盈率可以无限高，其实近年日本股市 P/E 在 10~17 倍之间来回震荡。

公司利润增长与估值

如果大家拿美国纳斯达克指数去看，P/E/估值经常远超 20 倍，要留心的是纳斯达克的 EPS 增长也是非常快，如果有投资者以透支未来 3 年的盈利增幅去买入也是可以理解。不过如果你在高价买入了已经透支了好几年的股价组合，一旦市场上升动能减弱，风险就会巨大。因为当实际盈利及业务增长不能高于或最少合乎预期，市场就会以暴跌来表达他们的担心。建立在巨大升值想象的股票上升是如此的迷人，他们升得非常完美，只是一旦趋势易转变脸，你再也找不出他们往昔股价的美妙上升身影。更危险的是有些交易者把没有盈利上升动能的个股当作成长股般去炒作，还去中长线持有。如在 2015 年的 A 股大牛中，不少中小盘股透支了未来 10 年甚至 50 年的利润，即经营者要赚 50 年甚至 100 年的利润才能支撑股价，这种股份就明显缺乏投资价值了。

有强劲业务及盈利升值潜力的股份，价格在很长时间都不会跌进安全区间，价格早已透支未来多年收入增长，你要么等到天荒地老去等下一次金融危机发生时买进，要么与此等股无缘。高估值的股份往往是市场上升得最快的个股。

好的经营故事再配合好的营运数据就能跑出一个超高估值的股价。

参考下表，如每年 EPS 增长 30%，目前历史 PE 是 50 倍，而且增长可持续 5 年以上，PE 就会大幅下降到 15 倍以下。如果增长有很强的确定性，即使现价是 50 倍也存在投资价值。高估值不等于真的一定是泡沫，投资者可考虑是否局部加入投资组合（见下表）。

时间（年）	现在	1	2	3	4	5
股价	100	100	100	100	100	100
EPS	2	2.6	3.38	4.39	5.71	7.43
PE	50	38.5	29.6	22.8	17.5	13.5

腾讯在 5 年内盈利由 2013 年度的 155 亿港元升到 2017 年的 722 亿港元，令我们明白成长股的高估值不一定是没基础支撑的。只不过大多数成长股都过度透支其成长潜力而已，而且增长永远有一个到顶时刻，到时候时间也不再是你的朋友。使用市场整体估值分析时，你得评估经济一旦放缓甚至衰退时，每股获利(EPS)是否会大幅下降。投资成长股不能买入后就不理不睬，要判断业务再上升的空间够不够。比如拼多多的活跃用户数超过京东达 3 亿多人次时，剩下的就只能靠每用户的消费金额上升拉动业务，大家可以自己想想再上升的空间有多少。投资人也不要把什么高估值个股都当成是腾讯或阿里巴巴，它们当年开发中国这个充满发展空间的市场的发展轨迹是不可能再被复制的，除非有任何的未知的革命性新技术突破。

其实 FB、APPL、JD、腾讯等高成长股都在 2018 年经历了市场暴跌的洗礼。2018 年初时上升如日中天的投资界明星个股，不出半年自高位下跌 20% 以上。最可怕是全都经历了跳空下跌，即持有的投资者即使在开盘后第一口价卖出已大幅亏损，FB 更以单日市值暴跌 1200 亿美元刷新世界市值单日跌幅纪录。所以被热炒的高成长的个股不是不可以买，但完全被透支多年成长空间的就尽量不要去高位追货。此处还必须要紧密追踪公司业绩是否跟得上市场的预期，因为一旦公司盈利有风吹草动，用投机游资钱建立的空中楼阁就会崩塌，有时什么消息也没有，只要股价的上升动能被透支，就可能突然下挫，短线投机风险甚高。

思考交易策略

理解了基本分析及技术分析的基础后，我们就开始讨论想要在股票投资中获利最重要的交易策略制定问题。如果投资者只选择在熊市低位期间进行建仓交易，你可能有极长的时间不用参与市场。美股牛市有时持续10年以上，等了一年又一年熊市都不来。而且跟西方吃饭次序有头盘、副菜、主菜有点相似，通常牛市的头盘不是很华丽，最初的投资回报不是很高，当市场进入持续拉升的主菜阶段多是出现在牛市的中后期，因为多数的牛市周期是一浪比一浪高，中间充满中途参与的机会，不会错过某一低点就无法参与投资。投在低点只会令你心理上更舒适，但没信心持货错过了日后的涨幅也获利有限。所以我们不一定要在市场的最低点才投资。

大多数时间尽量不要做逆势交易，即使是抄底也不要在下跌进行中去抄，等等有没有多重底等代表跌停或有新救市政策出现。我进行投资初期看了很多投资书上吹捧逆向交易者者的勇敢睿智和高额获利的故事，看得津津有味，对其中信念深信不疑，却在实际操作时惨亏得一败涂地。自以为聪明的交易者总是要接受金融市场的再教育才能成长。请谨记这些交易方法只是参考，绝对不是必胜法则，大家看书时一定要保持独立思考。

没有一成不变的交易策略，我前面已经交代过技术分析的局限性。其实任何一个策略只要被大多数人知道后跟进者太多就会没有赚钱效应。所以如果有个交易大师出书，教你跟他操作就赚大钱，你应该很怀疑，这个策略早已被大众熟悉，还有谁当你的交易对手把钱亏给你，还是你已经上当了陷入了别人设的信讯陷阱而自己却不知道。

市场的交易参与者不断改变，比如A股2007年，2015年大牛市的大众交易者和2014年、2018年低位运行时期仍活跃市场的交易"老油条"已大不相同。而将来的A股交易者不可逆转地会有更多机构参与，交易风格将会慢慢切换，交易策略有效性亦将不断变动。人是会进化的，交易场上的策略进化来得更快，资深投资者作出投资策略判断时必然会先了解你的交易对手是谁。

我在书中一再强调在短时间内进行买卖交易就是一个零和游戏，交易策略的目的就是打败目前和你一同在市场的参与者，利用各种信息，价格信号及陷阱，把交易对手股票账户中的钱赚到自己手中。只有选择长期投资，把资本投资在优秀的市场或个股，它们不断在实体经济中创造更多的商品及服务，赚取真实的收入，并以股息及持续股价上升回馈股东，才会变成赢家策略。

假设没有太多新增股票供应情况下，来了一个牛市把全市场股票价值总由40万亿升到60万亿。但市场交易者的总获利会超过20万亿，多出的部分是其他参与者亏出来的。即使在大牛中也有人在较高位入货后遇到大调整然后亏钱。他亏的钱就变成其他交易者的利润。

股市中比较惨烈的状态是存量资金博弈。市场上资本只剩下很少，大多数参与者都离开了，剩下来的都已经是生命力特别顽强的老手，由于还有不少如对冲基金私募基金是有业绩压力的。他们要互相厮杀，比如卖出一个行业版块去拉升另一个行业版块，令一些人在追热点时犯错，套下对方的钱。所以有时明明市场都已又低又残还是不停来回震荡也是很正常的。

我看过很多投资书让读者自己参透交易策略，这也是对的。但是作为一本入门书，总得把一些历史上曾经有点效的方法拿出来给大家参考。虽然不一定经常都成功，或者在当前市况已经失效，至少可以有点参考根据，配合当时市场实况尝试建立个人的交易策略。

首先我们会分析长期交易策略的应用，持有什么资产有投资价值，持有时间越长获利确定性越高的资产就是有长期投资价值的资产，持有这些资产，时间就是你的朋友。

优质组合，合理价买入，等待时间成长

增长力良好、有充足价值基础的股票指数组合，在牛市运行中以合理的价格持续购买。此方法比较合适用于投资标普 500 指数。

首先评估市场的周期是否到尾部。息口须仍然保持在低位或在加息周期中未到央行的预期加息顶部。一旦到达加息周期顶部，如美国国债 10 年长债息率低于 3 个月票据息率，出现息口倒挂，中止交易部署并视情况沽出已有持股。

股市的每股盈利 EPS 必须有温和成长空间（5%~15%），股市价格呈慢牛格局。我们平常可考虑持续建仓买入股票，只要价格稍低于平均值时就可以考虑收集，比如牛市中的调整买入技巧。这就好像做生意买了不错的货，不愁销路，只要买货价格稍低，仍是有预期的获利空间的（图 4-40）。

美股 PE 长期在 14 倍，牛市运行期估值在 15~20 倍运行，只要在股市调整估值偏低时，就可考虑是否投资标普 500 指数相关基金，因为你买入后只要熊市未到，时间还是你的朋友，大概率能运行得更高。运行到 20 倍附近时遇上

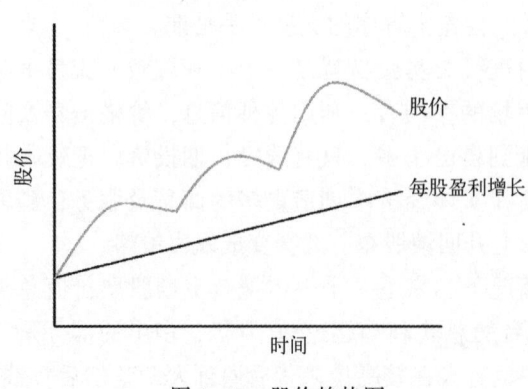

图 4-40　股价趋势图

跌就先行获利。

如果一旦判断牛市结束,即出现一浪低于一浪形态,最好结束交易仓位。美股标普 500 陷入金融危机式熊市时运行期估值接近 12 倍或以下,而且 P/B 会接近 1 倍的时候,投资者亦要小心过早抄底的风险。

对于一个股利持续上升而且估值合理的市场,可以考虑采用长期平均成本法投资。这个方法是最简单的投资法则,有时亦称为懒人投资法。因为投资者每月固定金融买入指定市场指数基金或相关投资目标,不理股价升跌,不间断持续收集,升市时买的股票量会较少,跌市时同一笔钱能买更多的股,长期下来成平摊平,等待长期资本增值,多数人以此方法用作退休储备的累积。此方法最大的危险是你必须确定你投资的股票市场穿过牛熊周期后始终长期走势上升中,公司的 EPS 要不断上升,还最好有估值上升助推股价。如果你投错了毫无活力的市场,比如 20 世纪 90 年代时投资持续下跌的日本股市,时间就不再是你的朋友,长期想不亏损都很难。

如果你在美股应用此法,在以往能取得相当好的回报。因为美国市场总体处于上升之中,很多书提到即使你在最坏的 2008 年开始进行每月持续投资退休金储蓄,由于美国人采用 401(k) 退休储蓄计划有税务优惠,所以很多美国人也持有证券及债券类的基金投资以作退休储蓄。当年买入股票指数组合后当年下跌了 40%,但到了 2011 年已经平手,还未计入 2009 年及 2010 年买入后获利的持股。听上去定投神乎其神,似乎可以穿越牛熊,买美股好像不会亏损。大家一定要留意在 2009 年后出现了移动互联网革命,智慧手机及相关产业产生了大量如苹果(AAPL)等科技企业的超额盈利。社交网络兴起带动了脸书(FB)一类公司极速发展,数字内容革命亦令奈飞(NFLX)等公司高速成长,网上购物的盛行引爆了亚马逊(ANZN)及阿里巴巴(BABA)。问题是你看看这些公司的增长——其实就算美股长线增长也差不多到头了,你还能以 2008 年初网络相关市场空间增长无限大去看待现在市场潜力吗?

投资者还要留意有没有足够的时间穿过牛熊,如果你只有数年就退休,你的资产遇上一波大熊市,你很可能亏损,并因为生活需要资金而必须卖出持股(图 4-41)。一个投资美股纳斯达克指数的投资者在 2000 年前后入的货,到了 2008 年仍然亏损超过 60%,人生有多少个 10 年可以这样亏损?大家看书的时候被书中的时间段取样误导了,以为长期持有必胜,但你看看 1990 年的日本股市,持有到现在近 30 年也从未能拿回本金者比比皆是。你用了 30 年就是为了收回本金的吗?为什么要玩长期投资这种笨蛋游戏?看清楚你的投资目标有没有上升潜力再考虑是否长投,不要以为时间是垃圾资产的灵丹妙药,时间只会令垃圾变得更垃圾，因为坏的公司会亏损摘牌。

读者们如果把此方法稍为改良，首先选择一个持续、有创新公司不断成长的市场，以想投资的目标设定的正常估值（以 P/E，P/B，预期 EPS）为基础，设为偏高估值和偏低估值三组（图 4-41）。

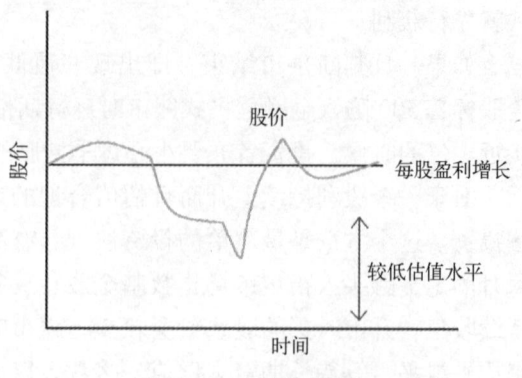

图 4-41 股价趋势图

假设在正常每月会投 100，偏高时只投 0~50，偏低时投 150~200，不断在低价累积较多的投资，然后等待退休前的一波牛市进行减持，把资金转向波动更小的资产类别。当然投资者必须对长期的估值作判断，网上很易找到整体市场的预期市盈率及市账率资料，把 10 年的周期取平均数，平均值上或下 15% 为偏高或偏低区间，设定增持及减持空间，并尽量避免在上升市场的尾部，即大牛市的尾部再次增加持仓配置，这样才能更好穿越牛熊，发挥定投功用。

平庸的组合，特价买入，等待均值回归

增长动力一般的股票指数组合，以基本因素判断是否在熊市较低位入货。

有一些股市的每股盈利（EPS）已没有什么成长空间，股市价格总体横盘震荡。我们平常较少会进行持续收集，只会等其价格大幅低于平均值时才考虑收集。这就好像做生意时买入质量较差货物，如能用极低的价钱进货，市况好转时转售图利仍是有获利空间的。

香港股市是一个缺乏成长的成熟型新兴市场，其黄金时代已经完全过去，新上市的创新型股票不是看不到盈利前景就是估值奇高，完全透支未来的获利空间。不是说这些公司经营不善，而是以现价买入没有什么长期获利空间，却很容易被深套。欧洲股市也经常是大升市时升得慢，大跌市时一起跌，除非出现欧元危机或金融危机令欧洲股市大平卖，否则以总体市况而言没有什么长期投资价值。

中国的熊市比牛市长，但也没有超过 5 年的长熊，当沪深 300 PE 低于 12 倍，PB 低于 1.2 已比 10 年均值低出相当一部分，会有一定的投资价值，当然没有人能知道是否是底部，我提醒读者很多次，底部是一个事后的概念。如果

你不介意长期投资，可以在 P/B 1.2 以下开始逢低收集建仓。中国股指 PE 长期低于美股但并不等于中国股票特别便宜，而是因为低估值（PE 低过 10）的大型国有银行股占股指较大比较，如果考虑中小盘股为主的中证 500 指数，估值会高过美股的平均水平。

在熊市中虽然有很多长期投资机会，亦要给自己多留点安全边际及不要太快用光手中的现金。中国股市散户参与度仍太高，一旦恐慌时，若无政策出手支撑，无法估计底部。近年政策上更倾向少干预，以供给侧改革为主改变股市的监管，加强保护小股东的权益，对短期波动的容忍度较以往高。如果不是市场的系统性风险出现全市场无流动性式崩溃，不一定会有国家队出场。下跌 20% 是熊，下跌 50% 也是熊，给自己留一点弹药度过漫漫熊途，牛市会在多数人绝望的时候开始再次出现。

2007 年，香港上市的富力地产被炒到 45 港元，之后遇上金融危机股价最低只余 2.3 港元。公司的经营没有重大问题，只是负债水平较高，十年过去股价计及利息仍未回到当年的一半，但如果你在金融危机后买入，回报则以倍数计，所以买入时的估值及价格水平才是长期能否获利一个重要考虑。

出现技术革命，长期买入相关市场指数投资等待升值

出现技术革命，买入相关股市指数等待指数升值也是一种长线策略。指数能有效分散单一个股的风险，因为不少新技术的公司最终会倒闭，个人投资者难以事前预测出谁是能跑出的"黑马"个股。指数投资最最有价值的机制是会不断吸入最有盈利能力的创新公司并会剔除经营状态一般或没有增长并且市场流通量低的原有指数成分股。所以一旦拥有新技术的公司持续纳入指数成分股，股市指数就会充满活力，而且自动汰弱留强，公司盈利的增长就会大幅跑赢经济增长率。只要买入时市场的估值不是透支太多，长期对相关股指投资也是不错的选择。

20 世纪 90 年代是计算机及互联网革命的年代，大生产前所未有地上升，伴随的股价上升也是最猛的（图 4-42），

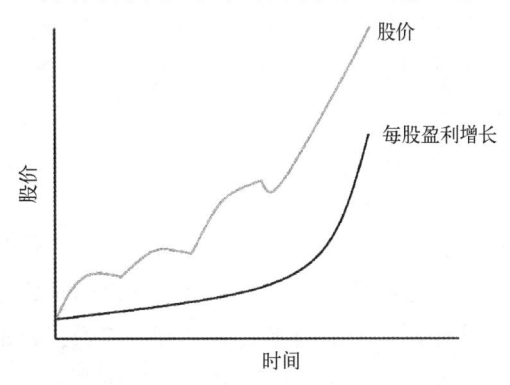

图 4-42 新兴产业股价表现

美国标普 500 指数在 1990—2000 年间上升了超过 400%,是美国牛市中最长、涨幅最大的。2009 年金融危机结束后直到 2018 年的大牛市,涨幅也达 300%。主要驱动力量,除了美国的货币政策大量印钞,投资者也不可以忽略由 2010 年前后智能手机普引起移动互联网的革命,产生大量的产业明星,包括我们熟悉的苹果公司就是这时间快速成长的。互联网收费内容的革命,以及各种社交媒体的兴起,也带来许新多公司的盈利有爆发式成长。当然,当估值去到不合理状态,或盘面不再支撑,你就要考虑卖出,因为科技股透支一旦下跌的时候的幅度可以很大。

虽然技术革命很可能产生巨大红利,投资者仍要留心技术革命的红利在股市有否被透支,尤其如果红利不是由已上市公司获得,而是由新上市的公司获得,当业务变得较成熟时,以相对高的价位在市场进行首次公开发售,投资者能分到手的益处就未必多了。那么读者可能会问,中国的互网联及技术革命红利分配在哪里?其实中国有大量的人因为技术革命受惠,而且也获得非常巨大的利益,但是一般大众无法通过交易股票买卖分享得到。大多数的中国互联网公司的红利落在创业者手里,并同创业的高级管理层,公司的员工持股,以及天使轮、A、B、C 轮融资以廉价获得股份的资本手中,他们冒着不小的风险同时获得非常巨额的利益。阿里上市时,数以千计的员工获得千万级数价值的股票或认股权,创造了大量员工成为小富翁。当然还有很多在平台上做生意获利的小卖家,他们也是技术革命的实际得益者。小米、京东、美团、拼多多的故事就不再叙述了,创业的大老板都进了富豪排行榜了。而这些公司在新股上市时的定价往往已经很高,上市后再买入的二级市场投资者获利的空间已经大减,而且即使长期有涨幅的个股,股价在持股过程中的波幅往往非常大。牛股如阿里巴巴,2014 年上市后真正出现上升的年份就只有 2017 年,而其他年份都是表现平平,而且下跌时间长,下跌幅度又大,难以把持。我们作为二级市场投资人不像是公司高层或创投能低成本获得股份,追高又往往中埋伏,大多只能望洋轻叹。

2003 年以 3.7 港元上市的腾讯是一个例外。其股价在上市后升了几百倍,在 2018 年股价高位时未计股息股价已变成了 3070 港元,即使在下半年后有明显回吐,公司上市后在股票市场买入并长期持有的投资者都能赚翻天。但读者必须要留心很重要的投资细节:腾讯当年跟近年上市的科网相关新股有很大的根本性分别。腾讯当年上市时是一体量很小的公司,上市时是为了获得资金生存和发展,并且当时没有很强的盈利模式,2003 年上市时亦遇上科网股票估值的低潮期,上市集资仅 2 亿美元,整个公司的估值只有 6 亿美元。如果腾讯完全没有资金压力等到近年高价时上市，你想想定价会有多高，到时再追入还有多少升值幻想空间。

华为是少数仍未上市的大型中国科技公司，一直有上市传言但从未成真。你若认识早年入职华为的中高层，混得一般却仍能生存下去未被淘汰的老员工，他们在公司内部股票价值在千万级数的很常见。混得好的高层每年分红早已过千万，你可想而知他们的股票价值是以多少个亿去计算。不过作为二级市场的投资者，如果华为有一天要上市的时候，你应该小心思考公司融资的目的——是获得资本还是让原始股股东退场。这时候很大可能是整个通讯产业发展差不多到顶的时候了。所以即使出现了技术革命，如果无法在公司的成长期参与，而只能在其业务成熟期高估值上市后买入，就很难有太多的回报空间。

读者还要留意，如果整体市场因技术革命被彻底透支，许多股价都一飞冲天。比如2000年的美股科网泡沫，正所谓"风起时，猪都能飞天"。当市场信心一旦逆转时，市场上的投机风潮停了下来，高成长的股票指数的跌幅可以非常巨大。就像美股纳斯达克指数的低位就很难评估，很多纳斯达克指数股票在2000—2002年间下跌90%以上，当年的亚马逊也曾自高位下跌近99%。经过多年的货币宽松，加上科技业出现不少技术革命，纳斯达克指数持续高速暴涨，在2018年时，PB已到5倍，如果假设要PB回到3倍，也要自高位跌40%，所以，一旦市场出现下跌趋势，风险十分之巨大。

但是，单凭单一静态评估对场内交易者并没有什么价值，因为此等热炒股指交易以技术面参考为主。如此高估值的市场一旦下跌，往往会出现钟摆效应，即由一个极端跌到另一个极端，底部位置就只有等盘面交易出来事后才知道。虽然我们不知道绝对熊市的低点在哪里，但如果真的出现持续暴跌行情把泡沫去掉后再现投资价值，没有持仓的投资者可考虑跟进，只要仓位轻能捱过冬。美股30年来每次熊市不出三年，冬天过后往往就是春天，因为美联储会用尽一切可能方法恢复市场稳定，是金子的就会再次发亮，不过不要太早就当了接盘侠就好了。

牛市下顶级股王：若股价透支有限，局部加配跟进

除了对股票指数进行投资，投资者亦可考虑对盈利增长前景好的但估值较高的成长型股份进行策略性加配在投资组合。首先要确定其技术面维持强势，评估其盈利上升空间仍充足，考虑在控制风险下投资，如选择对股份进行风险对冲。由于股份稳定上升，对冲成本不会太高，交易者可考虑以部分资产买入

作投机性增配。如果其现价只透支短期内如 1~2 年的潜在的盈利涨幅，而且确信其业务有持续成长空间，即使估值较市场平均昂贵，却可能以在 2~3 年的盈利增长下变回合理，时间也会是这类表现优秀的公司股东的朋友。

投资者很难期望此类股王能快速下跌或出现极大幅调整。这就好像做生意找到罕见的优质货物，卖家也知道是优质，你以不便宜的价位买入后去赚的是往后时间的升值潜力，再卖给将来愿更高价买入的投资者。但此方法仍有相当的危险性，在一段时间内资金被套牢的风险并不小。

投资此等高成长股票要较紧贴市况，一旦出现业务结构性转坏，或者无法有效对冲风险，便要考虑果断放弃持仓，因为一旦高估值股价下跌将无险可守。当股价进入急速上升阶段，可以在极少波动下持续往上冲，这种涨幅很易出现大量投资者杠杆参与，因为他们的杠杆持股没有被股价下跌时洗走一部分，而是一直有更多人跟进累积，这时期股价出现下跌时波动往往比较大。所以持有高成长股作长期投资时还是要比较警惕的，一定要留意市场变化。

投资者亦要留心千万不要贪便宜买过气的成长股，诺基亚、黑莓都是以前非常热门的手机成长股，但面对苹果及安卓手机大行其道时，故步自封业绩不断下滑，股价持续大跌。投资想捡便宜交易此类已过人气的股份，等待你的往往是继续无底洞式的下跌而不是见底回升。

长期收息组合策略

在股票市场中选择业务经营非常稳定、现金流充裕、派息高而稳定的个股作收息。这种策略有点像投资永续债，以不断获得的利息为主要收益，不太理会整体市场波动。这类高息股份多数没有太大的成长空间，利润却十分稳定。多数是公用事业股如供水，供电相关，收费公路，房地产信托基金等。一般投资者会选择息率在 5% 以上，并会在一旦股价上升太快息率不诱人或行业出现政策性风险时沽出。如果息口长期维持在 5% 以上，持续购入高息股用股息来建立退休后现金流保障也是一种投资方式。

但是中间有一个比较大的风险是股票价格的波动，还有就是政策性影响，比如很多国家对公用事业有利润管制，而且政府过了一段时间就会检讨最高利润率，很多都会收紧最高获利率，令投资人的投资回报减少。另外一个考虑就是政府会否开放市场，引进更多竞争，比如受保护的金融业。投资者要留意一旦公用股的股价突然上升得太多，可能要考虑停止收集股份，因为公用股的利润很透明，一旦股价透支未来利润，股份并没有什么升值幻想空间，大概率要回调。

垃圾股交易

在美国，20 世纪 90 年代曾流行过对当年道琼斯指数最高息率的 10 只股票进行投资，代表股票下跌最深的 10 只，期待股票有较强的反弹。要留意道琼斯指数本来只有 30 只股票组合，在那时发现，其比直接持有指数有超额回报。

有一些资金体量小的投资者或小型对冲基金喜欢买入暴跌后 P/B 超低的小型股作投机性持有。在中国，投机有重大财务风险的 ST 股或亏损严重个股的投机者也是类似的策略。他们的哲学就是垃圾堆中寻宝，并以分布式投资押注是否有新的白武士型投资者收购此等垃圾公司进行重组。有时只要一个疑似重组消息，不一定真正有什么事情发生，在极低的股价下，一个短线涨幅往往非常巨大百分比的回报，令垃圾投股投机者能获利甚丰。

这种策略的运作重点是你必须知道垃圾堆中的股票绝大多数无论你持有多少时间也不会有回报，所以他们就会大量分散资金去持有大量不同行业的垃圾股。比如垃圾被别人收购了，或重组了，或有新投资者注资了，或有资金炒作了。一旦垃圾被回收再造，利润可以按倍数计。希望总有一些垃圾可变成金子。如果不幸满手垃圾也真的只是垃圾，投机者就会损失惨重。但实际操作上困难的是就算有倍升股，但其他大多数垃圾股仍在下跌甚至退市，你也很难获利。而且垃圾股的流通量很少，你买的股票的量一多就难以在市场上卖出，因为你大额卖货时往往会引起股价大幅波动，少额卖出还不知道要等到猴年马月才卖得出持仓。

顺势交易策略

顺势交易策略其实是一种很简单的交易策略，原理就是追涨杀跌、跟风炒作，是可以在大行情来临时能获利满满的交易法则。首先我们需要一个买入信号，这个信号可能由移动平均线相交，如 10 天线升穿 50 天线或股价持续高于 50 天线等触发。又或熊市时，股价升过 200 天平均线买入等。MACD 的快慢线相交也是一个很多交易者参考的趋势交易信号，我高度怀疑 MACD 的信号在将来的获利可能，因为市场上跟风者太多，跟进交易时价格已很大概率存在被透支的可能。因为在很多市场 MACD 经常滞后，或跟进时已无法获利。采用时必须视你的交易对手是否是连 MACD 都不认识的韭菜，否则当韭菜的可能是你。

大行情趋势就是由资金及交易者的集体心理状况驱动。而由于近年程序交易及量化交易等大行其道，一个趋势形成后就会引入很多其他跟从趋势交易系统跟进者，进而自我强化。而且在衍生工具大行其道的今天，一个明显的趋势会降低波动率，因为波动率再降低对冲成本，令更多投资者在最大损失有限后安心跟进其中。直至市场最终出现趋势逆转，对冲成本急剧上升，引起投资者难以在风险中在低成本对冲下跟进。市场就会由上升转入动荡（有波幅没有实现涨幅），甚至出现下跌。

趋势交易最有利的就是大牛市中的低波动性上升，因为很少有沽出信号出现，可以很安心地持仓，就像2017年的美股，2007、2015年A股的大牛市。

跟踪趋势策略的缺点时不可避免失去首尾的利润，因为此策略是需要市场先行上升，触发交易行为，你没有可能把握在更低位买入的机会，然后等待市场运行，直到市场走势逆转，你亦无法把握在更高位沽出的机会，策略必然等到明显下跌时，你已经账面利润回撤了一大波，等到出现交易平仓的信号后，执行结束交易。

趋势策略其实有另一个更危险的缺点，就是当市场开始下跌时，图及盘面状况往往层出不穷，而且无法从历史数据中事前认知到危险性。在A股市场可能出现持续跌停板，但你做数据回测时假设可以迅速平仓控制风险。理论上市场下跌时可以用做空股指货进行对冲，但是2015年千股跌停时，在一段时间禁止了新建立做空仓位。本来回测历史认为可用的风险控制工具可能也会突然失效令交易者异常崩溃。

即使在美国市场也会对单日下跌过急的个股进行做空限制，一旦美国证监会作出做空限制，空头在当时就被动变成潜在买家，只能选择在什么价位买入股票平仓，而不能再加仓位。2008年9月金融危机时，美国亦禁止做空数百只金融股，却造成意想不到的市场流动性进一步降低，股票交易差价大幅加大，短线交易更困难，令下跌时更易出现滑价暴跌，投资者逃生更困难的境地。你如果没有对金融市场有深厚的认知，胡乱写个程序交易，以为在家中放了个会自动赚钱的聚宝盆，不幸还遇上风平浪静市况赚到点少钱，沉迷此道不能自拔，其实不过是在家中放了定时碎钞机，一旦危机来临时，你会方寸尽失，到时才上网找数据，紧急看书想找出逃生方法已经太迟。专业交易者应该有意识事前去预防交易异常状况，比如先行降低交易仓位，因为危机发生后往往无法补救。

在美国早有很多采用趋势交易策略的CTA基金，一直发展到今天，其实不少美国CTA基金的获利能力不算突出，而且绝大多都跑输大盘的标普500基金。大家采用趋势交易策略必须想清楚前面多大机会有大行情出现，市场上没有大风起来的时候，很易出现市场趋势快速逆转交易不停止损的困境。

逆势交易策略

抄底交易，调整市追入，高位卖空，都是逆势交易策略。因为这等交易都是对当前市场的中短线趋势进行逆向交易，获取超额利润。但采用逆势投资比起顺势投资的错误概率往往更大，一旦错误，损失可以非常巨大，因为你跟整个市场的大势进行反向博弈。初学投资的交易者往往看投资书时就会被鼓吹做逆势交易，打败市场获得快感。但投资连交易获利的顺势操作都未学会就以为自己才是大智者，看不到的错误，损失惨重痛苦离场是大概率的事。美联储主席在 1996 年形容当时的股市有非理性繁荣，如果你认同主席的想法，并以真金白银在股市做空支撑你的论点，你就会先行亏爆离场。因为美股牛市的结束点是 2000 年 3 月，其间指数再上升 50% 才开始下跌，没有什么长期做空者可以捱得过此升浪生存下去（图 4-43）。

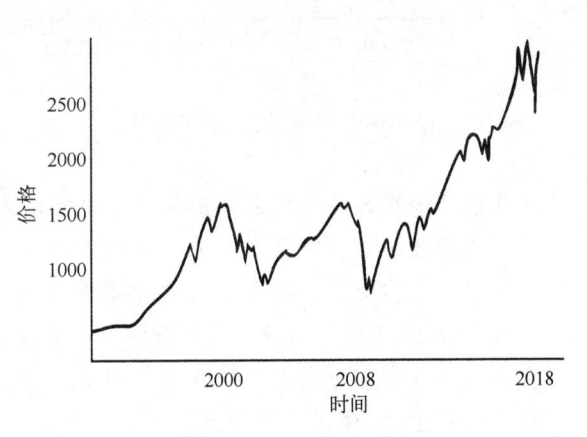

图 4-43 美股标普 500 指数长期走势图

抄底的核心不在底部运行时的最低点买入，因为当市场的卖压未消除时，你永远不知道市场会送你到哪一个新低点，这种万丈深渊的感觉令人很难安心持仓。股市的底部形态有尖底、W 型底、多重底、圆底等这么多种，盘面根本难以判断，所以寻找绝对底部这从来不是交易老手入市的目标，而是底部形成参考点，开始缓慢或离开的时候，可以考虑开始第一笔的入市，并以跌穿上次底位某百分比考虑跟进行动，止损或按计划加仓。

✥ 2018 年 12 月的美股大调整

美股 2018 年末陷入了大调整，从 12 月 13 日开始到 12 月 24 日连跌 8 个交易日，许多交易日都出现了开盘上升，日内上升，最后都逃不了下跌的命运。每一天的抄底交易都会亏损。你怎么知道哪一天是底？比月初的起点下跌了接近 17%。在过去九年多都没有发生过，就算你知道美股有下跌压力，又怎能知道一个月的跌幅就把美股打到接近熊市。下跌的幅度及时间长度就算你是市场的老手也是不能事前判断的，即使你早已知道美股在货币政策、贸易及政治风险下会下跌，也很难想象到熊市一年的跌幅可以在不足一个月内完成。

不过你又怎样知道下跌了8个交易日后，第9个交易日（2018年12月26日）的反弹幅度也是过去九年多最大的，标普指数一天反弹约5%（图4-44）。如果交易者之前继续看空后市做了做空，应该会损失惨重，而进行短线抄底的交易者则成功获利。但是你又有多大的可能在前8个交易日看到上升苗头时动也不动没有入市，却在第9天开盘后市场仍然摇摇欲坠时买入？美股在当天开盘初段先出现升浪，随后快速出现倒跌，日内交易搏反弹的交易者都出现账面损失，很可能采取了止损。谁又知道11点开始出现超强劲升浪，一直拉升到收盘，中途只有小幅度调整？请告诉我你怎能事前知道当天11点后会暴涨，如果你等待有日内突破信号，在上升2%以上时才追入，当天只余下2%多一点的上升空间。而且这种幅度的涨幅9年才出现一次，过去此等信号出现时追入往往都变成日内高位接货，你又敢不敢追入？

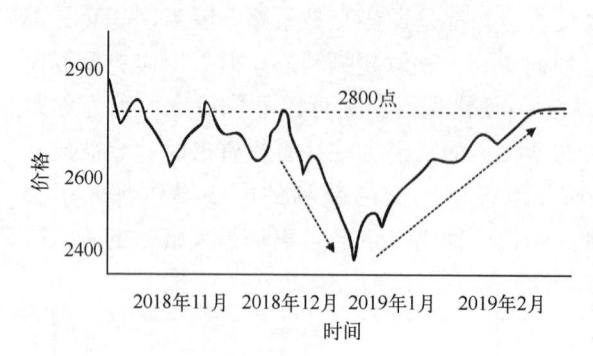

图4-44 美股标普500走势图

所以博短线反弹能否获利的关键其实是运气，中间没有太多技术可言。连跌三天是超卖，连跌6天是超卖，连跌8天也是超卖。第9天可以继续下跌，也可以平盘而收，谁能事前知道？交易者一定要小心，不要冒高估自己能力的风险，如果你获利的因素是幸运，你却认为是自己眼光独到技术高超，往往要在日后在市场上付出连本带利的代价，这些账面利润很难留住的。

其实当你准备抄底时，十次有九次都抄不中，因为底部是事后概念。每当市场急跌后连续几天企稳开始上升，你以为市场的大底到了，出手抄底，没过几天又返回原点，并且再次跌穿买入价，陷入痛苦之中。其实抄底并没有必胜之法，最稳健的做法是你确定目前的投资目标有充足的投资价值，愿意长期持有。你准备好购买计划，先把预备投资的资金分为3至5份，要制定方案（如每下跌10%再加注），确保当你第一次投资后若失败仍有充分的修正余地。

切忌在抄底失败后复仇，因为持续盯盘被小幅波动吸引，在股价小幅下跌（1%~3%）后立即全仓追入，希望在更低的价追入，却令自己完全丧失了货币资本去应变市场的变化。一旦股价再次剧烈下跌，这时你只有选择忍痛卖出或痛苦地持有，无法在更好的价位介入，你已经完全丧失了主导权，任由市场摆布，只能听天由命了。

投资者亦要留意经济及股市周期尾部的误导性的低估值假象。因为生意的周期扩张到尾部，历史利润水平是以对上一财年的最佳表现为根据。而一旦经济逆转，看似较低的估值会因为利润快速下滑而变得更昂贵。股市在低位时上升可能很急，但后继上升动力往往有限，不是获取丰厚利润的时机。投资者可改变抄底交易想法，相对低位作长线进入点并保留资金作持续入货，储备一些低价入货的资产等待下一次大牛。

寻找有用的交易策略久了，突然想起了辛弃疾的词：众里寻他千百度，蓦然回首，那人却在灯火阑珊处。其实机关算尽，最简单不过又能赚钱的策略不过是在市场低谷时持续把闲置的自有资本不加杠杆吸纳市场的大盘指数股投资，在看似深不见底的熊市中，有大批大批卖家因为恐慌愿意把自己已亏得很严重的持仓倾囊卖出。而只要你买入后有足够的耐心持有，将来牛市回来的时候往往有可观回报，因为到时有大批大批的人愿意用今天想象不到的价位买你手中的股票。不过前提是你所在的股市有明显的牛熊周期而不是只跌不升的一潭死水。

市场总是会给以合适的价格持有优质资产的长期投资者不错的回报的。因为长期投资是各大策略中最少人实践的，机构投资者都有短期回报压力，未挨到长期回报，基金先要解散了。而一般投资人在熊市中不是早已满仓被套，就是信心全失，发誓不再相信股市了。很少人认识到底部是一个区间，认为值得买入时（可分段买入）入货就坚定持有。还有一些自认聪明的短线策略王天天估哪个是最低点，一下跌又平仓等更低点才买，真拉升时手中却无股了。所以大家可想而知能一直生存到熊市仍有大量资金可用的交易，并确切执行这套简单策略能获利的交易者其实没有多少。

摆动交易

摆动交易（Swing Trade）适用于趋势不明显的震荡市（图4-45）。静态摆动，移动平均线趋平，股价持续在50天平均线下10%波动。沿平均线动态摆动，移动平均线平缓地向上升，股价持续在50天线上下10%波动。找出当时的相对高

图 4-45 摆动交易

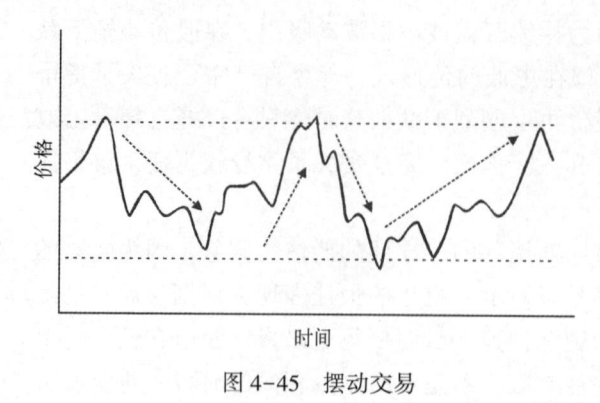

位及相对低位，震荡的上下幅度最好有10%左右，否则容易出现频繁止损。

(1) 当市场下跌到相对低位企稳并开始反弹时介入做多，到相对高位附近卖出。

如果介入失败，市场突破低位区间(1%~3%)要考虑是否先行撤出。

普通投资者较易应用这方法获利，因为动作是买入并卖出，只要仓位控制不要太大，没有爆仓风险。

(2) 当市场下跌到相对高位企稳并开始回调时介入做空，到相对低位附近平仓。

如果介入失败，市场突破高区间(1%~3%)可考虑先行撤出。

普通投资者比较难做空个股，如用股指期货期权等，应用难度较大，风险较高，只较适合专业投资者。

区间突破跟进交易

如果在一个大牛市中，突破跟进也是一个捕捉大升股的短线交易方法。一旦股价突破之前的阻力，甚至创出新高，去高价跟进，以市场价跌破20天线，考虑撤出。突破形态主要有区间突破，楔形突破等等。除了上升的突破，亦会有下跌突破形势。突破的准确率不高，经常遇上假突破。但是遇上一次真突破的投机回报十分可观。投资者可以参考近期突破形态的概率与回报比例作参考，根据投机原理估计作多次交易后有没有获利的胜算。

如果处于暴涨状态，平均线已经远远滞后股价。这时投资者可以考虑以对上一个股价缺口位置或上一条上升阳线的最低点做撤退参考。因为一旦市价触及这些价位，大量最近高位追入的投资者的账面已是亏损，他们有很大的心理压力去卖出。除非有更大新消息或新的力量介入，否则股价不容易突破上次高位。尤其如果高位出现高原顶，即持续一段时间在高位平稳运行，这样高位被套的投资者就会非常众多，就算股价没有快速掉头下跌，要再次突破上次高位就会很难。

除非是整体市场从低位出现突破，有基本面的估值修复配合，一般情况下其实区间突破中伏的风险很高，尤其当市场已经处于热炒之中（图4-46）。由于暴涨股的回报很可观，这会吸引许多短线投机者。许多出现区间突破的个股早已脱离基本面，只是升到你不信，再升到你迷信。看看股价由2017年升到2018年初的腾讯（港股：700）或亚马逊（美股：ANZN），不过两只股在该年都遇上重大调整。跟进突破位置买入的投资者应该在股价上升时上移获利位置，当股价上升后下跌至某一水平就先撤，以保存利润。很多书叫大家克服对股票的畏高症，不理基本分析形态，只看资金及盘面，坚定持股不折腾，还配一句要知道这是大牛市的口号，真的不知道背后承担了多少风险，明显地这种赌博式投资就不合适长期投资者及基本面的投资者了。交易这类股份最重要的是控制投资金额，必须分散风险，这些不断突破的股份每每间断地出现真假突破，往往令投机者真假难辨，进退失据。下了止损就被触发，卖出没多久又再上升，一次又一次突破，令很多深信该股只升不跌的朋友在真正下跌时受到很大的损失，一般投资者没有准备承担巨大亏损风险的就不要胡乱参与了。

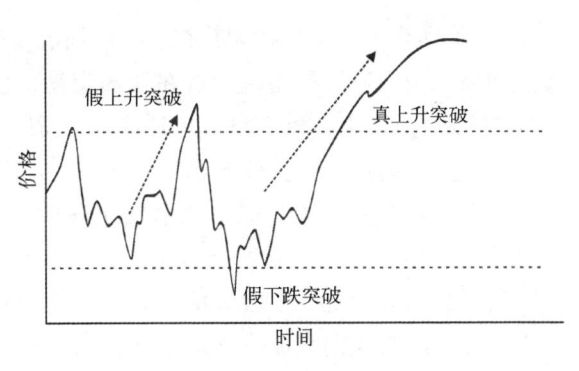

图4-46　区间突破交易

事件性交易

开盘前突然发生重大事件，比如有大的政策利好出台，因为有大量投资者拿着钱想追入概念，第一口价往往大幅高开，价格已经完全反映了好消息的影响，留给你日内交易获利的空间往往不多。在买入后持续盯盘下，不断看到价位冲高无果，心灰意冷，平仓损失离场——高兴而去，败兴而归。如果连续涨停，涨幅一旦透支过度，打开停板时追入往往只剩下一地鸡毛。就像2017年的雄安新区概念股，许多涨停板个股，比如金隅集团，在2018年的股价比起2017年暴涨前的起步价更低，追入的交易者损失者众。大家要知道事件性追入是一个高难度动作，许多时候日内追入的交易者最终出现亏损。

有时大家认为是一条坏消息，最终可能被市场解读成好消息，这种称为市场认知错误风险——最初的市场认知事情出错并最终被市场自己推翻。如2016

年11月美国总统选举，特朗普在意外的情况下当选，当点票差不多确定是特朗普胜出后，美国道琼斯指数期货在亚洲交易市段大跌800点以上，香港恒生指数大跌1000点以上，谁也没有想到这竟是特朗普大牛市的开始。如果你坚持看空并做空美国市场，在美股开盘后当天由跌转升的幅度已经足以把你亏个底朝天，转变之快令人目瞪口呆。之后的全球股市展开了十多个月浪接浪的上升，全球股市一片欢腾，直至2018年2月才出现重大调整。

所以投资者一定要学会灵活变化，评估最新的事情发展，不要盲目坚持自己的观点。因为我们只能去适应市场，市场是不会等我们去适应或改变的。在市场生存得久的投资者多有较好的认知能力，如果是自己错了就会毫不犹豫地认错并改错，认为坚持就会成功的想法绝不适合市场交易。如果你把每次错误都推给市场（如消息面的错、错信专家等等），从不查找自己的不足，你的投资水平就难以进步。

参考不同市场走势作判断也往往会得出错误的判断。2018年12月26日，美股大幅反弹上升，美股道琼斯指数上升1000点，创历史最大涨幅，主要指数涨幅接近5%。第二天，亚洲股市开盘后全面上涨，日本股市升了3.6%左右，你又怎能想到中国A股开盘时先升1%多一点后，竟然在如此看似利好的国际市场盘面下在收盘时相对前一天下跌了0.6%？交易之难在于大众所认为必然发生的事不一定会发生。大家认为有相关性的价格走势，实际走势也不一定接近预期。对事件性交易的判断，一定要有第二重思考。大众事前预期的走势是否会发生，必须要由市场的真实盘面去确认，不要盲目事前有先入为主的主观判断。

套利或错价交易

套利交易是指交易者利用不同市场之间的差价，不同时间之间的交易价差，或者市场持续交易期间的买卖差价等机会交易，以较低风险套取利润。如果你听到某交易策略有90%以上赢率，多半是采用套利交易策略。套利听上去又是高大上的东西，其实金融市场发展到今天，高额利润的套利机会早已不太存在，平日剩下的都是蝇头小利，一不小心还要冒上风险，只有有时出现严重的市场失效会有较大机会。比如2015年A股千股跌停时，有一个交易日香港的A股基金出现洗仓式下跌，跌幅25%，令基金的报价较当时的基金净资产（NAV）低20%以上，差不多要连续3次才能跌到这个NAV水平。这种错价幅度只在市场极端的情况中发生，几年也未必有一次，第二个交易日基金恢复正常价值上升了20%以上。有时资深投资者判断市况异常或有交易机会就会果断出手，并作出最大损失的评估。虽然交易判断往往在短时间内确定，但对市场认知及交易的信心是长时间养成的——记住，机会是留给有准备的人的。

量化交易

量化交易是以基本分析及技术分析等数据进行数量化分析并量化分析结果为交易判断基础，并作出系统性交易决定。量化交易者通常会设立一些数量投资模型进行交易决策。量化交易会使用数据回测等手段利用历史行情走势变化辅助设定交易策略，并配合自动化系统进行交易，可以不受交易员的人为心理影响判断。亦有一些机构会以数据量化产生交易信号，再以交易员做最后的把关进行决定。把投资决定的参考因素进行量化有助于高效率地进行数据分析，是一个很有效率的数据分处理方式。

没有深厚的经济学及金融学基础，由纯粹统计学找出量化指标进行交易，很易陷入量化陷阱之中。有价格相关性的东西不一定有因果关系。比如在一个比往年寒冷的冬天，雪糕销量下跌的同时，油价因为取暖需要而上升。这并不代石油与雪糕销售有任何反向因果关系，交易者因为错误相信市场上存在一些因果关系而建立的交易策略非常危险，交易者亦无法判断影响因果关系成立时所需要的经济及金融条件，比如低利率或宽松的货币政策是否存在，统计大师型的量化交易者往往不明所以就亏了大钱。

第一是以数据回测去测试你认为有用的交易策略，是建立在过去的历史很大可能照剧本重复发生的假设上。大家如果熟悉历史的话都知道过去发生的事可以启示未来，但事情发展的轨迹不可预测。有些交易者沉迷于量化交易，以为把不同的数据，不论基本面的、技术面的，混合起来发出交易指示就能战胜市场。当然可能发生，因为价格运行有其随机性。用回测打中交易大回报是有可能的，但很可能是因为幸运而不是技术较佳，而且股价的运行方式不可复制。

第二是数据的可靠性，量化分析假设包括公司提供的所有数据都是真实无误，而且数据的质量要非常好，没有太多水分或统计误差，而且要有连续数据。比如股份经常停牌，或数据出现时间上的不连续都会大大影响判断的有效性。而我的读书应该从基本面分析之中知道数据被修饰甚至做假的可能性层出不穷。绝对相信数据是量化判断模型的一大缺陷。而且很多因素无法有效量化，如你无法事前量化评估地震发生的可能影响，因为假如地震周期约为200年，可能仅会在上一次地震后的150~250年间的某一天发生，但发生时对市场的影响非常大；你也难以评估台风灾害产生的影响力，比如2018年的台风季把香港许多数十年的老树连根拔起。套用在金融市场上，就是量化判断的限制性：有太多因素无法量化，即使可以量化，以往数据上预测的结果并不准确。你预计树木不会倒下，因为以往没有倒下的历史；你想想，2008年的美国全国系统性房价崩溃在过去100年从未发生，但不等于不会发生。大家应该明白，天灾、货币崩溃等低概率事件影响量化判断的有效性，而且一次错误足以引起重大亏损，如长期资本管理公司（LTCM）在1998年因为量化策略事前没估计到俄罗斯出现债务危机而轰然倒下，因此投资者必须对纯粹的量化策略保持一定的警惕，因为市场总是变幻莫测的。

第三是如果某一个量化交易策略能从中短线交易中获取超额回报，这个超额回报一定是有限度的。相当于买彩票最大的奖金必定低于总投注金额，你赚的钱是别人亏出去的钱，如果太多人以同样方式下注并同时中奖，即使中了最大奖奖金仍是相当有限。观测目前市场上大多数量化交易基金的绩效并不好，基本都是弱于大盘，合乎这几个假设的判断。

市场上专业机构投资者利用的人工智能或自动化系统对所有市场交易组合回测数十年的详细数据，找出看似交易之神的过往最佳交易战术，看和另外一家专业交易机构计算机分析的交易战术是否很接近，如果一旦战术已经被挖掘，即信号一出现，大家就会一拥而上推升价位，买入后已无获利空间。一旦有卖出信号，大家按自动化系统提示又争先恐后逃走平仓，最终兵败如山倒。这种游戏最终就会变成卖方的人工智能预估买方买入信号而设立陷阱，然后对手发现上次被埋伏后，再以其人之道还治其人之身，变成真真假假的博弈。其实到头来，大家都没什么利润，最开心的只有交易所可收取可观的交易服务费了。

量化是一种高效的数据处理手段，而且对投资来说也是有十分实用的参考价值。只是投资者必须认清量化分析的用途，不要迷信其中，也不要以为使用量化策略是稳赚不赔。广义来说，其实近年非常流行的交易所买卖指数基金，不少也采用的指数化被动投资策略也有相当程度运用了量化投资的分析，不过这个量化辅助建立的指数被定义为行内基金表现的基准指标。你要用主动的量化策略去击败基准指数就要靠天吃饭了，这要看你和你的交易对手谁比谁更适应当下的市场了，或者大家斗到难分难解，然后大家混战一轮都分不到任何超额收益。

回测还有另一个危险的缺陷，我们往往假设我们的交易行为没有影响股价，但其实我们也是真实市场交易的一部分，因此我们的投资行为同时会影响其他交易者，也会影响到市场价格。很多量化交易的网站上有很多非常漂亮的回测结果，只要你不停地修改参数，你一定可以找到一个打败静态历史数据的交易方案，看着模拟交易的收益曲线不断上升，心里万马奔腾，觉得自己通过简单的量化策略已经领略到市场真谛，可以在市场大杀四方。也许，你每次只买入一两手股票，做一两手期货，你的策略仍有可能在一段短时间内有效，但只要你做的量多了，你就很易察觉策略效果会走样。如果整个市场的交易者都信奉同一套策略，那么你赢的钱是谁输出来的？你还记得市场短线交易是一个零和游戏吧！

量化分析亦无法预期突发性风险或意外事件。2019年5月全球股市一片太平，5月5日美国突然宣布加关税，事前毫无预警。第二天5月6日一开盘，美股期货市场跳空大跌2%，中国A股市场大跌近6%。一旦消息出现后已经没有什么工具可以助交易者全身而退，你须要痛苦地在等待或止损之间做决定。最无奈的是前一交易日的收盘大部分期货市场仍是呈升水状态，标普VIX指数还下跌了10%，市场事前丝毫没有异动。请问你如何事前能量化这种毫无数据迹象的风险事件？但这种风险事件真的会引起短期重大的投资损失，对杠杆交易者的打击更可能是毁灭性的。

我必须提醒初入市场的交易者，量化交易的真正好处是能帮助处理大量信息，许多专业投资者会利用量化模型分析各种数据，评估及预估各种数据及市场变化提供投资决策参考信息。而且量化分析没有受恐惧等感情影响交易判断，并且能以比人手快得多的速度自动下盘。不过因为买入及卖出信号往往同时发生，大多数基金是参考而非依赖量化信号。但是投资者不要迷信量化策略的有效性，其实在美国一个投资者什么都不做就只持有标普500指数相关基金3年以上，已经能打败95%对冲基金及量化基金的回报率。量化交易当然有可能获得超额回报，但必须要建立能超越其他对手，并要有能从其他交易对手的错误中获利的交易策略，这些技能是无法通过学习获得的，而且由于交易对手不断进化，原本有利的量化策略却会在某些时候失效，而且有相同技能水平的量化交易对手在增多。僧多粥少时，超额回报难以实现。在金融交易世界，大众看不明白高大上的东西总是如此迷人，却往往不一定有真实长期获利的能力。

✤ 量化投机大师维克多·尼德霍夫

维克多·尼德霍夫是传奇的量化投资者之一，他毕业于哈佛大学，并在芝加哥大学取得博士学位，在加州大学柏克莱分校任财务系教授。其创立的对冲基金于1996年获得全球对冲基金主要评估指标MAR比率（即基金回报率除以最大回撤比率）的第一名，著名投资者索罗斯亦曾经委托他管理部分资金。尼德霍夫在1997年出版了《投机者的教育》一书，可是其交易之路却因遇上1997年亚洲金融危机而一败涂地，基金最终解散清盘。他在几年后东山再起，其新成立的基金在2001年至2006年的5年间获得每年接近50%的回报，并于2004年及2005年的获得全球商品期货基金最佳回报率大奖。2003年他出版了新书《华尔街的赌局》，书中有解释其东山再起的心得，并以数据及事实揭破很多错误的投资认知，包括对捡便宜股的讥笑批判。其新基金采用了多元时间序列等量化分析工具去捕捉金融市场小幅度的波动而获利。可是他最终再次于2007年因美国的次贷危机初期引起的巨大波动而遭遇重挫，基金净值损失超过75%，因而再次关闭了基金。

这种顶尖聪明人设立的量化基金的超额回报与爆破其实有一定的轨迹，这跟债券市场长期资本管理公司（LTCM）爆破事件有许多相似之处。首先是基金持续数年平稳而高额获利，每年有20%~50%以上的净回报，并且可以三至五年间毫无亏损纪录。这种不受市场升跌环境影响的全天候超额绩效，好得令人迷信其中。然后突然出现量化模型无法预测或有效化解的风险事件，短时间内巨大的市场波幅引起亏损而最终巨亏。

这种巨亏与沽出VIX期权策略的美股XIV票据在2016年至2018年初获利高达7倍（20美元升至140美元），却在2018年2月一天暴跌90%的进程有很大的相似性。一些在平常日子里看似无懈可击的交易策略其实在特大波动市况下可以不堪一击。投资者或交易者往往在量化模型中看不出这种风险，或者认为发生的概率太低而选择无视这种小而极巨破坏力的风险。聪明的读者又会问，那么在建立交易策略时做好风险控制就能把损失控制在合理水平？是的，不过金融市场有一个风险与回报的交换原则，减低风险的代价就是减低回报水平，基金的业绩回报会变得平庸，投资者最终亦会撤回资金，过于稳健的量化基金最终难逃解散的命运。参与其中的投资者不应该长期大额押注单量化策略基金，如有较高比例获利后必须考虑撤回部分投资，并必须转投其他类别资产之中，并切记不要把全部资本不断再投资其中，以免出现单一风险事件而出现巨额损失。

尼德霍夫的父亲是著名的警察并获得法学博士，他从小告诫儿子不要接触赌博及投机。因他作为警察亲眼见过太多曾叱咤风云的投机大户的晚年凄惨景况，一些人因为投机最终一无所有，在贫民区孤独地离去。他在晚年时仍然告诫儿子，那些量化分析不可能把所有风险计入其中：火山爆发、选举结果、战争爆发等基本因素都是不可预计的。他认识许多投机大户一生在统计资料之中钻研，却最终贫困潦倒离开人世。这是一个拥有智慧的父亲对儿子最真心的告诫。当然许多人会认为自己能把所有风险量化，直至风险事件出现才猛然醒悟，然而一切都不可以重来，投资者不可不察也。

高频交易

　　高频交易和量化交易有相似性，但是竞争的重点是斗快，要抢在其他交易者之前获得交易。多数的高频交易其实属于套利交易的一种，希望以速度竞赛获得短时间内的无风险获利。使用高频交易有时往往就只是争取买卖差价的微少获利，积少成多，能否获利的关键往往就是斗快下盘。高频交易者会以超高速计算机系统下单，使用高速的网络并位于交易所网络系统的近距离位置，力求把自动化交易的时间降至最短，竞争的是以千分之一秒计算的时间差距。高频交易每次的持仓时间极少。有时会大量发送及取消订单，但实际持仓数额不会太多，所以即使遇上亏损情况一般单笔交易损失不会太大，并尽量在每个交易日收盘时保持空仓以降低风险。

　　美股的股市上有做市商的存在，他们是传统的高频套利交易者，利用股票的买卖差价获利。比如，同时有不同的交易者以 10 美元卖出及以 10.2 美元买入 1000 股，做市商跟他们对盘就可以获得 0.2 美元的无风险利润。美国的高频交易就是利用这中间的差价获利，有时他们会有助于收窄市场的买卖差价，令市场的成交更活跃，流动性更佳。当市场盘面不佳时，他们又被责咎影响市场运作，干扰交易价格并增加交易成本。美国的高频交易非常活跃，首先美国股市采用 T+0 交易，交易者可以在买入后实时卖出，而且交易费用非常低，另外也没有股票交易印花税，令低至千分之一以下的买卖差价就可以获利。而且美国监管机构并不禁止高频交易，只是不允许一些利用快速撤盘的虚假订单等操纵市场的行为。美国实际有十多个不同的交易所，如果一个美股交易者通过证券经纪以全国最佳报价交易，需要在不同交易所的报价中找出最低报价者进行交易对盘，比如你想买入一只价格是 98.7 美元的股票 500 股，目前的盘面如下表。

买盘数	买盘	超频科技	卖盘	卖盘数
		98.9	500	2
		98.8		
		98.7(市价)		
		98.6		
3	600	98.5		

227

上一笔成交价为98.7美元，如果你想要实时买入股份，要付98.9美元，你想尝试以较低的价钱买入，比如你以盘面买卖价格的中点98.7美元挂出报价，就要看看有没有卖家愿意用这个价钱卖给你。如果你等得不耐烦，想直接交易，决定用98.9的价格直接交易，但当你输入了订单后，奇怪的事发生了，之前的卖盘不见了。见下表。

买盘数	买盘	超频科技	卖盘	卖盘数
		99.1	800	3
		99		
1	500	98.9（市价）		
		98.8		
3	600	98.7		

然后你再往上加价，终于成交了，成交价却在没有看得到卖盘的99美元，而不是99.1美元。这中间有可能有高频交易者在你在98.7美元下单时发现你的订单在搜索全国最佳报价时捕捉到你的买盘订单，抢先在电光火石之间比你先行在卖单所在的交易所买入股份，你的买单就会扑空。当你往上修改价格时，高频交易者又可能会迅速地选择比市场排盘价稍便宜的价格优先和你成交。这样就能在极短的时间内完成一对买入并卖出的交易，赚取15美元的差价〔(99-98.7)×500股〕，交易成本不会高于2.5美元，高频交易者就获得了利润。这些看似微不足道的利润却是积少成多，就好像鱼塘中靠不断吃微小生物维生的小鱼，有时还是过得很滋润的。如果中间有傻钱用了市价订单进行大额交易，因为市价单会按全国最佳卖盘价自动成交，做市商能早一步买入并抬高一点卖价卖给这大买家而乐开花。高频交易偶尔的盛宴通常会引起多个高频交易者争夺，所以高频交易的最大对手就是其他高频交易者。在高频交易的世界里，天下武功，唯快不破。

高频交易者不只会利用买卖价差进行做市套利，也会对交易所买卖基金及期货与现货市场进行套利交易。其他常见的套利形式有统计套利，去捕捉市场短暂出现的错价或价值偏离的交易机会，当然这要视市场有没有快速地出现均值回归现象。方向性套利则会通过预测市场对一些事件及信息的变化，付费从更有效率的新闻机构优先获得信息，利用计算机快速分析新闻标题并评估其影响，率先在市场上做出买入或卖出的决定。前提是他们要成功预测市场对信息的解读以及价格走势的方向。所以统计套利及方向性套利往往要比传统做市套利行为要冒更大的风险。

高频交易的品种及范围非常广泛，只要有获利的土壤，它们就会自动出现。在中国股市 T+1 机制下，进行高频交易非常困难，不过还是有一些机构成功利用交易所买卖基金以及在期货市场中进行高频交易，中国证监因此对一些在 A 股交易所买卖基金进行高频交易的机构处以亿元级的巨额罚款。所以交易成本，交易所系统的先进程序，监管机构的处理都是决定高频交易能否存在的因素。至少目前在中国允许高频交易的空间不算太大，主要有一些私募基金及少量对冲基金在尝试，虽然竞争者偶尔会有套利空间，可是一旦游走在监管的灰色地带，处罚的金额可以远超获利金额，大家不要对国内的高频交易有太多的幻想。

理论上高频交易者不用理会市场的基本面，他们不断在市场的日内上下波动中穿梭，而且会严格控制持仓总量避免承担过大风险，听上去是有技术又稳赚不赔的生意。但是一旦市场陷入混乱之中，出现强劲滑价以致难以找到交易对手进行交易平仓时，高频交易者就有可能陷入损失之中。如果市场的波动持续时间较长，高频交易者往往会选择在一段时间内中止参与市场。因为他们不愿为了微利面对巨额交易损失风险，这时市场的流动性就会进一步降低，所以一旦市场出现单边下跌时，往往更难找到买家，价格可以下滑得更快。

✥ 2012 年骑士资本的交易系统崩溃事件

骑士资本是美国主要的做市商之一，利用计算机系统对美国上市过万只的股票提供买卖做市活动。2012 年 8 月 1 日，骑士资本因系统改动后出现交易服务器出错，不断在交易所乱出订单而出现单日巨额亏损。骑士资本一天内因交易错误，几乎倒闭，交易所只对小部分的成交进行取消交易。

导致骑士资本出现重大亏损的是其中一台交易伺服器出现软件上的交易程序错误，不断以高价追入股票并以低价卖出，每分钟的指令可以重复执行高达过千次，而且不断重复，极速消耗资本最终导致了 4.4 亿美元的亏损。对进行无风险套利为主的做市商来说，面对如此巨大金额的损失，已经令其面临破产风险。虽然事后受到金融界的各方救助，最终骑士资本仍难逃被收购的命运。

出现了俗称乌龙指或自动化交易系统的错误，交易所不一定接受其作为取消交易的理由。交易所认为机构投资者必须要小心对自己的交易指令负责，即使指令出错也要承担错误的结果。一般投资者不要胡乱在家中尝试高频交易，因为一个小错误，甚至你的大楼出现电力故障或网络故障，在没有后备电源及网络系统的情况下，后果不堪设想。还不用说软件有没有错误你也不容易弄得明白，以为在家中安装了高频量化交易的聚宝盆，其实是安装了一个纸币粉碎机。

其实一个市场可以容纳高频交易的盈利是有限的，如果同时只有少数机构对单一个股或衍生产品交易，大家都可能同时盈利，这些盈利主要是由其他交易的价差或犯错而获得的（就像人民币找换店赚的价差）。但一旦同时参与者太多，每人分到的生意额就会太少，会出现连维护成本（昂贵的计算机及通信设备，交易设计者及程序员的薪金）都支撑不了的局面。这是就要看谁本金少最先离场，由其他生存者分食余下的份额。如果你没有深厚的行业背景及经验，买了几本程序交易的书就想学高频交易，想在成熟的交易市场分一杯羹，这种行为就好像民兵想学习如何用步枪打爆坦克。我建议你把时间花在学习如何做好自己的本职工作或发展其他技能上可能更有收益。

相机裁决交易策略

相机裁决的交易策略其实就是凭交易者自己的市场判断因时制宜作投资，没有一成不变的机械准则。有一些金融投资的大师，有时没有明确的交易系统，而是以自己的经验对市场走势产生的感觉作判断，感觉来自对金融市场、政府政策、政治变化、国际形势变化的认识，不是无中生有的。这有点像金庸武侠小说中的超强武功"独孤九剑"——无剑胜有剑，无招胜有招。

很多投资者相信交易系统的概念，而且似乎到了迷信的程度。如果看在网上的讨论，交易系统一直是神一样的存在，就好像世界上有一个能打开股市财富的奥秘，只是你没有发现。其实我在书中提过的交易策略，已经是许多的交易系统的原型。但真正应用时效果相当参差，必须根据市况调整，比如牛市中用趋势跟踪就赚翻天，到了震荡市时升跌形成趋势后都乏力，趋势跟踪只是被人左右打脸。未来必然是旧有交易系统不断被更新更强的交易系统取代，大家不要相信有什么可以持续打败市场的又不用改变的交易系统。如果有人看过20世纪80年代海龟交易法的相关书，可能不知道他们当中大多的交易者不多久都被市场淘汰了，现实就是这样残酷。建立过于公式化的交易系统，可能在一段时间有效，但很快又被淘汰，有时候太依赖交易系统，与什么系统都没有未必有很大区别。

相机裁决让投资者会冷静判断因国际事件及金融环境的变化而产生的交易机会。就像英国脱欧、谁会当欧洲某国新的领导而引起的财政政策改变及连带冲击。美日会否有贸易谈判，对国际汇率的影响。2017年、2018年热炒的CDR的概念股也是一个相机裁决参考例子。最初CDR的准备工作已差不多，投资者有明确的交易基础，但因为市场急剧转坏，投资者判断交易的基础已经不存在，在6月份还可以平手果断出逃，之后就只有被深套的命运。

美国利率上升对不同新兴市场的冲击也是一个好例子。美国加息周期期间，新兴市场的股市并不一定会下跌，有时反而在上升。例如2005—2007年的加息周期，简直就是新兴市场的狂欢派对。那么为什么2018年初美国在加息周期的中段，新兴市场就溃不成军？因为只看数据的人没有细思数据背后的市场环境差异。

美元加息会对新兴市场之中拥有较高美元负债及国际收支平衡是赤字的国家率先造成汇率及股市双重冲击。而2005年前，新兴市场刚刚从1998年亚洲金融风暴之后的去杠杆中复苏，国外负债率相对并不高，但是从2008年美国为应对金融危机大降利率并量化宽松大印钞票开始，全球各国都习惯了长期超低利率环境，不少国家及其企业大量借入以美元为本位的债券或负债，包括中国香港的银行亦大量以低利率借贷给国内的企业，因为在当时人民币持续升值的环境下，以美元计的融资成本随时是国内的半价以上。2010年时，深圳楼按供款利率是5%左右，而香港楼按供款利率竟然低于1%，只隔了一条河就便宜了4%是多么疯狂的借贷利差，香港楼市亦进入了快速上升状态，渐渐形成一个巨大的楼市泡沫。

这时期国际上不少大型公司都会考虑借入美元作长期贷款。一旦美国加息到比较高位，一些问题就暴露出来了，海外借贷成本已开始不便宜了，如果贷款到期后就可能不能以低息发新债续期，要么以高得多的利息发新债，要么视情况考虑是否能转到国内融资。有一些小国的情况更糟，它们的债到期后可能根本不能以可负担的利息水平做续期，须要尝试在国内以本币融资并在外汇市场购入美元以偿还以前的美元负债。这些小国的外汇市场本来流动性就差，一旦大量出现卖出本币买入美元的交易盘出现，就可能会大幅拉低本国的币值，造成金融风险，2018年的土耳其货币崩跌就是一经典案例。

交易策略的共通盲点

我们订立交易策略总是基于历史走势，对从未见过的市场变化没有足够的防御，一个连续数年不断盈利的交易策略可以在一个交易日毁灭。

相对2015年的A股大熊市，2016年的1、2月间的下跌对许多投资老手来说杀伤力更大。投资老手早就认识狂牛市场的面貌，并知道狂牛会后一定会有崩盘，早已做好风险控制。没想过在风暴过后以为有好日子到来时，市场会突然再出现高强度暴跌。在高风险时，老手很少会满仓；在市场深跌抄底时，很多老手都有机会来到而不把握在交易场上就是白活了的感觉。如果只动用自有资金，大不了就是深套。但老手有时还忍不住内心的强烈感觉加了点杠杆，出现在市场底位因为杠杆爆仓被迫在自己认为有巨大投资价值的位置强行部分或全部平仓的惨剧。这种深深的痛苦只有亲身重仓参与过市场的人才能明白，你明明看到黑暗隧道尽头的光芒，但你的交易仓位却让你等不到看见光明的那一天而倒在黎明前的黑暗之中。

你可能不知道市场上其实会有交易对手风险，你的交易对手输到破产了，就有可能出现无法赔偿给你的情况。2008年许多国际金融机构出现倒闭风险，而部分交易对手如雷曼兄弟这种百年大行也会倒下。如果你有跟他们对赌的投资合约若未完成交收，能拿回多少本金都成问题了，要等破产清算。你亦可能想象不到1987年10月26日香港股市在美股大暴跌后停市四日再开盘时，恒指期货却出现了40%跌幅。期货交易者多数只有8%不到的按金，香港恒指期货公司因为跌幅太大，好仓损失62亿超过期货保证公司的承受能力，需要香港政府外汇基金等挽救保证公司。而在内地的期货交易所，其实有极端市况紧急平仓的权力，可以在必要时强行令买卖双方以指定价位平仓，在以往部分商品交易持续停板时亦曾执行过，以避免出现交易对手无法履行合约的风险。这些都是新手投资者或热爱数量化一切交易现象的交易者想象不到的交易风险。

其实不少交易者也可能巨亏在低概率事件上，比如你在连续6个月上升的市场中买入做空期权，相信总有一个月市场会调整能获利，结果2018年2月之前连续13个月MSCI中国指数都出现每月上升。等到第14个月真正下跌时，你可能已经没有本金或信心继续参与了。另一个低概率事件的例子就是2018年11月原油市场出现50年来第一次13个交易日连续下跌，投机者任何一天抄底赌期油见底反弹都会损失，如果你根据历史经验满仓投机交易，估计已经壮烈牺牲了，从此离开了资本市场。

投资领域从来没有长期必胜的交易策略，投资者须要根据盘面及基本因素判断当前的市况，作出合适的策略部署。由于市场的变化往往是不能预估的，新手交易者可以不谨慎地作出投资决定，但在市场上生存得长久的交易者必然是谨慎的交易者。

投资者必须有自己的判断

时机的判断是不可能绝对准确，对牛熊的判断也不可能绝对准确。投资者要学会绝不把自己置于巨大风险之下。很多美股的老前辈在写投资书时，老是强调不问价格、不选时机、长期持有股票的概念，但是他们成书时也许没有预计到特朗普上台之后美股的股价能强劲上升到 2018 年的水平。假设现在股价已透支未来 10 年的成长，你用现价买入持有 10 年的预期回报的可能就会极低，而且一旦投资环境改变，长期持股仍可能会出现亏损。

如果你在 2000 年投资科网股指数，10 年后到了 2010 年还未能取回 50% 本金。如果不幸在 2009 年卖出，持有 9 年仍未能取回 30% 本金。很多投资书中多是以 2016-2017 年纳斯达克指数大升后计算科技股年平均回报有多少，而且还选择在科投股爆破后的起点 2003 年开始计算。回报率自然极高。这种抽取数据的取巧，会令很多新手投资者迷信长期投资必然可以穿过牛熊，获利满满。

一旦超高位入货，人生有多少时间可以这样去浪费去等待一个不知道还会不会回去的价位，又有多少人经历纳斯达克指数 2000 年至 2009 年的 9 年巨亏后你还有勇气持仓有到 2017 年。在市场中做投资，认知能力和执行能力真是很重要。有很多善良的人很用心并不计较回报地写书教你如何去投资，我拜读了许多国际及国内著名投资人的相关著作，有一些前辈甚至还回测了 100 年的市场数据，他们的出发点是好的。书中建议的策略直到出书当时也是合适的，可是往往不再适合在当前的市场环境去应用。因为许多前辈从来没有见过美国股市能在如此高估值下维持这么久，当时美国经济不断高速成长，股市以可持续的股利增长为主要增长力量，而现在的股市却以不可持续的估值上升作为增长力量。

传统长期投资，让利润奔跑的概念必须重新检讨，等待在合适的位置或估值下降出现的机会开始累积仓位，而不是听从大师之言在任何时间及估值只管继续持有。投资者必须留意全球范围内的机会，新兴市场及各个仍有创新及成长活力的股市，并留意地区性货币及金融危机出现时带给我们的投资机会。我在书中不断提醒读者，没有一成不变的投资原则，学习如何观察并测量市场，适应环境，把自己的投资技能不断进化才是长久的生存之道。

第五章　组合式股票投资

大家理解了股票投资的基本面和技术面并理解对冲原理后，就会进入挑选好股票的阶段。我们打开股票的报价系统，真的不知从哪只股票开始投资。对于初学投资的朋友，我的建议是直接买入股票指数基金，因为如果一个大牛市整体市场在上升之中，该国家的主要市场指数必然上升，我们就不必费心去考虑太多个股持仓的问题，同时得到持股风险分散的好处，不用担心单一行业的政策性风险，是一个很简单好用的投资工具。股票指数相关工具是全球许多顶尖投资机构及专业投资者的核心持仓，他们会在指数基础上对持仓进行增减及对冲，获取超额回报。而重仓持有个别股票尤其是中小型个股的投资者以缺乏经验的散户投资者或个别游资大户为主，并不是投资界的主流。

但理解指数内的行业分布，对投资全球各地的不同股市有重要的参考价值。因为你会发现不同国家股市的主要行业非常集中，而且一个国家内不同的股市指数的表现也有很大差异，尤其中小型股指和大型股指的差别非常大。交易这些股指以交易所买卖基金为主要交易工具，我会先解释一般基金的运作及购买相关投资工具的要点，然后我会再介绍全球主要的股票指数以及相关的市场交易工具。

认识股票指数

最早期被广泛参考及使用的股票指数是于 1884 年由查尔斯·道（Charles Dow）创立的美国的道琼斯运输指数，1885 年查尔斯·道又创立了道琼斯工业平均指数（Dow Jones Industrial Average Index），直至今天仍被投资者广泛参考并应用。指数反映 30 个美国最具代表性的大型上市公司股票的价值变化，最初指数其没有按不同股份的市值权重调整，后来不断改良、修正，时至今日，当年 30 只最原始的美国道琼斯指数成分股已经全部被剔除、更换，更有活力的公司进入其中。最后一个原始的道琼斯工业平均指数成分股美国通用电气在 2018 年 6 月被剔除。指数成分股的更替反映了没有永远经营良好的公司，时代的变迁会令当年的明星股份最终变得暗淡无光，不少公司的经营状况会不断改变，甚至倒闭，而股票指数却因为能自动地新陈代谢，把表现没那么好的股票，更换成表现更亮丽、市值不断上升、流通性更好的个股。如果把个别股票视为赛跑选手，股票指数的作用是能把市场上跑出一定水平的选手加入其中，观察其日后的成长情况，更换了跑不动的选手。股票指数就是一个有生命力的系统，不断反映该市场内有力跑出业绩的公司股票的价格变化，时至今日，资本市场的相关股票指数多如繁星，不同国家都有其相关的股市指数、行业指数、衍生产品的相关指数等等，并不是什么指数都有参考价值，投资者只需留意成交最活跃的指数的变化。

最初股票指数的应用并不广泛，主要是机构投资者用作投资参考。真正把指数化投资引入零售投资领域并影响大众的是领航基金的创办人约翰·博格（John C. Bogle），他设立了根据股票指数被动性运作的基金，只收取较低廉的管理费，帮投资人省下了昂贵的投资管理费用。近年被动投资在美国日渐普及，市场的份额不断上升，也引进了更多的新资金投入其中，主动型基金的市场份额缓慢下降，形成一股资产管理形式的改变大潮影响深远。当然我们亦要留意被动投资普及带来的新风险以及市场价格发现的能力会否减弱。

虽然指数化投资有很多好处，而且非常流行，但投资者必须要留意到对成熟市场而言股市的长期回报率不断下降。如果要推升一只股票的价格，只需要一点资金就可以，要长期推升整个市场主要个股必须有企业盈利增长的配合，如果每股盈利无法提升，单靠市场炒作推升估值并不能长期推升整体市场回报，就好像只有一点的面粉加入大量的发粉把面包发大了，没多少时间就会冷却收缩。爆炒资金市只会引起大型波动市的出现，伴随了泡沫的形成和爆破，如果你所投资的股市的盈利增长已经很少，你可能要评估市场10年以上的长期回报有没有4%，如果可能性不大，就只能等待估值下调的机会，利用市场估值下跌的低位加强部署去获得回报，而不再适用于最简单的长期投资法。如果承担了股市波动的风险却只有太低的回报，投资者应考虑加大比重风险更低的短期债券及其他投资。

股票基金投资

基金是由专业投资机构管理的投资计划，让个人投资者可通过基金投资接触到全球不同的金融市场。大多数股票基金的投资组合会分散投资相当数量的个别股份，以达到分散风险的目的。投资者投资单一只股票指数基金已经可以有效分散个股风险，只需面对整体市场的系统性风险。基金投资的投资金额亦相对易于负担，有利个人投资者参与其中，你只需要数千元就可以投资买入一个风险分散的投资组合。而且基金亦可以突破个人投资限制，比如可以在美股市场买入全球不同国家的交易所买卖基金（ETF），比如俄罗斯，越南，印度尼西亚，南非等新兴市场国家都可以投资，而你在本地的证券公司是完全无法直接购入当地股票的。在中国境内，投资者亦可通过 QDII 基金投资美国股市如纳斯达克指数及其他国际证券组合，大大增加中国投资者可以投资到全球的证券市场的可能。

有一些投资者认为自己操作股票才是真功夫，这观点就好像旅行时必须要自由行才是真旅行。你有没有想过世界上有很多地方交通不便，法律法规出入境安排等都很困难，必须采用团队游才能到达目的地？基金就有点像股票市场的团队旅游，能令你可以参与到个人无法参与的投资市场或个人资本无法建立的投资组合。买入个股后面对的风险像坐上了小艇，比较易翻船，而股票基金的风险就好像把不同的船只连接起来，能大大降低翻船的风险，较好应对市场的大风浪。当然，基金投资也不是万能的，遇上金融危机级的风浪，面对重大的系统性风险，个股及基金都难以独善其身，这种情况投资者最好及早卖出持仓，持有现金避险，或者耐心等待不知何年何月的下一个牛市周期的到来。

投资界有句名言，如果你不能打败你的对手，就尝试加入他们。即使是全球最大对冲基金桥水以及传奇金融大鳄索罗斯的投资也大量持有不同的交易所买卖基金。基金投资也是拥有大量资本的精明的投资者的投资利器，而绝不是没有投资经验者的投资工具。在资本市场，我们最注重的是能否获利及能否控制风险，而不是用难度最大的方法去获利。当然，市场上的基金成千上万，表现良莠不齐，我们一定要学会评估基金表现才进行投资。不过评估主动型基金最困难的是基金经理的表现往往没有持续性，往往其超额表现在一段时间后变得平庸，这种投资能力均值回归的现象令主动型基金的投资者不容易选择到将来表现最好的。所以近年被动型指数化投资大行其道，因为被动型基金的管理费非常低，美股标普的交易所买卖基金管理费可低至 0.1% 以下，而且流动性非常好。投资者在获取同等市场收益时因为成本低可以获得较高的净回报。

如果一个市场内有大量的机构投资者，而且他们的持仓占了 70% 以上，基金投资获得超额收益将非常困难。他们必须从也是相当精明的基金同行的口袋中获取收益，要想占同行的便宜非常困难，所以能获得的策略收益回报（Alpha）非常有限，只有少数基金能在一段时间内获得超额收益，大多数仍然表现平庸。水塘就这么小，你怎么厉害也不可能获得超过水塘本身的水，所以近年美股基金的回报差异也不明显，基金要打败标普指数（标普 500）还比较容易，因为你只要持有更多跑得更快的纳斯达克指数（纳斯达克）成分股就可以。如果你想要打败纳斯达克指数则非常困难了。其实美国大型增长型的股票交易所买卖基金的表现基本上打败了 80%~90% 的主动管理同行，连桥水达里奥及股神巴菲特在 2012—2017 年牛市 5 年回报也远低于如此简单策略的交易所买卖基金。不过我们评估基金必须要加上波动率及最大回撤去看，不要单纯看收益率，桥水及巴菲特经风险调整后回报仍是非常亮眼。大家评估基金表现时不可以单看历史收益率，这种无视风险及回撤的方法是非常危险的基金投资评估，我会在本章教大家如何用风险回报指标工具去评估表现。

如何买卖基金

你可以通过银行或证券公司等基金分销商购买基金，一般开放式基金（开放给投资者进行买卖）每一个市场交易日都有指定时段可以当日入市购买。如果通过银行或证券公司等金融机构买卖非上市的开放型基金，一般卖出开放式基金大约等 5~15 个工作日就可收回款项，流动性不差。

交易及持有成本

购买开放式基金（公募基金）的主要一次性收费有买入费，主要由基金经销商赚取。这笔买入费由完全免费到收取 5% 不等，差异很大。由于竞争大，许多美股的开放式基金是免收认购费。A 股基金很少收取超过 1.5% 认购费，香港的基金分销收费一般在 1%~2.5% 之间。一部分开放式基金亦有卖出费，大约为 0.5%~1% 之间。基金公司主要靠收取基金管理费赚取利润，主动型基金年度管理费一般为 1%~2% 之间，如果是交易所买卖基金收费更低，一般在 0.05%~1% 之间。基金公司会每一天在基金净值中作出相应的费用扣减。少量投资风格较进取的主动型基金 以及多数的对冲及私募基金亦会收取一定基金表现费（Performance Fee），按年度获利涨幅或累积计算的额外增值收取 10%~25% 为表现费。如果在市场利好之时，这会是一笔可观的费用。

经营基金也是一门生意

经营基金其实也是一门生意，必须要考虑成本和收益。如果一只主动型基金的规模是 5 亿，年度管理费是 1.5%，一年可以收取大约 750 万基金管理费。这需要支付基金经理的薪金，以及多名分析员、交易员及分担其他行政成本。其实此规模的基金可以赚取的收益不太多。如果基金只管理 1 亿资金，就连生存都成问题，因为 150 万的管理费不足以营运主动型基金。基金公司难以用低薪请到有竞争力的基金经理，更没可能维持一支有竞争力的分析团队，业绩会大概率跑输大市，最终难逃结束的命运。

基金界往往强者越强，因为全球大型的基金公司可以共享分析团队，分摊基金会计、法律、分销等高昂的行政成本。当然如一些题材型基金的管理资本是有上限的，因为相关市场的容量有极限，如果资金涌入，基金把流通可买的资产都买得差不多了，基金自己就会变成市场的本身，不可能带给投资者额外的回报，所以一些基金设有募资上限。如果是对冲及私募基金，由于资金体量小，即使收取每年2%管理费仍不能支付开支，往往需要争取追求较高回报以获得表现费收入，这样会导致基金表现的波动率增加，每年开立和结束营运的小型基金数量都是非常高。由于表现费很多是按基金净值的额外增值去计算，比如一只基金开始时净值为1元，曾经升值到1.2元后遇上投资失利暴跌至0.8元，基金净值需要大幅上升50%以上，在基金净值再次突破1.2元之前不可能收到管理费收益。而且不少投资人也可能撤出资金令基金的管理费收入进一步减少。如果基金的营运成本较高，考虑基金净值未来难以快速突破以往高位，很可能出现持续入不敷出的状况，基金就可能需要解散，平掉仓位后把资本返还给投资人。

近年美国非常流行的被动型基金由于可以减省很多分析员及管理等开支，很多规模较大的基金年度管理收费在0.5%以下仍能盈利，超大型基金跟踪标普指数的指数基金管理费甚至可以低于0.1%仍能营运。不过也有一些类别较冷门的美股交易所买卖基金因为乏人问津，买卖差价大，成交又不活跃，基金单位流通金额只有寥寥数百万美元，过了一段时间还是要结束营运，所以较冷门的指数化基金也是有生存压力的。

指数化投资的兴起给传统的基金管理业界带来巨大的压力，如果不能为客户带来超额收益，收取较高管理费的主动型基金就难以获得更多客户资金以壮大。在中国A股以及其他新兴市场的主动型基金由于市场的效率较低，而且往往炒股不炒市，主动型资产管理仍有不少超额获利的空间，不少主动管理者的绩效在过去仍能明显地打败市场指数。不过随着未来市场的成熟程度增加，更高比例的机构型投资者参与其中，相信超额回报的空间会慢慢收窄、减少。

封闭式与开放式基金

开放式基金是指基金在设立后，基金单位或者股份总规模并不固定，可开放给后来的投资者参与其中。当有更多投资者想投资到基金之中，可以灵活地向投资者出售基金单位或者股份，吸收到的新资金会在金融市场上用于更多的相关投资。如果投资者想赎回基金份额，只需通知基金公司赎回要求，基金公司就会把赎回时的基金净值退还投资者，基金的总份额就会相应下降。不过要留意一些基金会对买入及赎回都有一定的限制及手续费用，而且不一定每一个交易日都可以赎回，有一些基金每月甚至每年才有指定的日期可以赎回。基金的净值是按当基金在赎回时持有资产的市场价格作计算，如果有部分资产出现停牌等没法直接评估价格的状况，基金公司会按公司的既定指引对资产进行既定估价程序进行合理的估值。投资者要留意的是资产管理公司对停牌资产的估值有很大的处理空间，可以按场外交易价格或停牌前100%、50%、25%，甚至为零的估价作处理。国际资本市场上对停牌资产的估值保留很大的弹性，即使如美国等成熟市场亦会允许基金公司基于诚信及公允原则来评估那些已停牌、在市场上难以持续获得交易价格信息的证券进行合理估值，再按此估值定出当天的基金赎回价。

开放式基金的资金管理需要有较高技巧，因为投资者随时可以加入或赎回，即使在最坏的市况，面对投资者的赎回指示，基金经理仍需要不问市场价格在当天被迫卖出相关数量的金额。在市场波动大时，这种强制赎回往往会加大整体市场下跌的风险。同样道理，交易所买卖基金亦有可能因为投资者大量撤回投资而需要在市场上卖出相关的股票投资组合。当市场下跌形成后，被动卖盘是引起跌势加速的一股重要力量。而且这些沽盘因为是强制卖盘不会考虑任何估值或价格水平，所以金融市场在兵荒马乱的日子里，股价的波动可以超越你的日常认知。你现在应该明白有时候股价已经非常便宜了，为什么还有交易者在不断卖出股份，被动强制式卖盘是金融市场中最凶猛的下跌推力。开放式基金亦会在交易所内买卖，许多在国际市场上交易活跃的品种都是开放式基金，它们的交易差价非常大时，基金的价格即资产净值的差距也非常少，否则套利空间出现很快就会被投资者利用并赚取无风险收益。

封闭式基金

封闭式基金的投资份额是固定的。多数是交易所买卖基金（ETF），只能在证券交易所内直接进行买卖转让交易，基金单位不会因为市场内的买卖出现赎回并注销。投资者必须留意在国际市场中，许多交易所买卖基金的份额并不是固定的，他们也可以随投资金额的多少而变化。投资者必须要留意封闭式基金的价格是按市场内的买卖需求而决定的，而不一定会跟基金的资产净值的走势相同。有时候在市场过热时，大量投资者追入相关资产，基金价格比资产净值可以有2%~5%的高额溢价，在市场低残时，基金交易价格远低过资产净值的也经常出现。2015年A股市场出现大幅下跌时，香港的上市A股基金曾经试过单日的基金价格大幅低于资产净值的20%以上的特殊情况，不过这种情况在第二个交易日便大幅收窄。这是很罕见的短线金融市场拾贝机会，在市场错价时敢于入市的投资者第二天卖出的回报就是20%。留意封闭式基金跟基金净值的差距对投资者而言非常重要，这种差距应该越低越好，买卖盘越多流动性好的封闭式基金，才值得考虑是否值得投资，否则工具本身的交易缺憾过大，就应该考虑其他投资方法的可能性。

基金投资风格

以中国基金为例，有一些基金是专注大型股，有一些专注中小型股，有一些只专注投资创投类股份。而按其投资风格就可分为增长型和价值型。一般来说大型增长型基金是正常牛市上的明确受惠者，因为牛市中一马当先的会是这种流动性好兼增长幅度有吸引力的股票，而到牛市尾部的狂牛阶段往往有一波中小型股及创投型股的大爆升。这现象在A股比较明显，在美国由于个人投资者较少，机构投资者对中小创类股份兴趣不大，反映中小盘股的罗素2000指数在2017—2018年大牛市中连标普500都跑不赢，下跌时更一马当先，投资表现平平。港股在2007年大牛市中小型股大爆升，但到2017年的大牛市主要上升股份变成腾讯、平保等大股，中小股在狂牛中的爆升力已大不如前，究其原因是大量个人投资者撤出市场，取而代之的是更高的机构投资者参与度，以及更多的中国资金通过港股通参与其中。所以投资者要留意，不但不同资本市场的口味差距大，而且同一个资本市场的口味差距也是随时间变化的，参与A股的投资者一定要留心长远的机构投资者参与度增加的影响，这是一个往后5年、10年不可逆转的大趋势。

控盘者的风格

有时一些小型基金的经理在一段时间内表现突出，但被挖墙脚 转换到大型基金后表现平平，因为管理的资金量一大，就没有办法用小型股的投资技巧，如在流通量小的股份进行买入并快速拉升等方法，应用在流通量大的大盘股上就不行。因为大盘股参与机构众多，你无法影响股票的价格，你只能跟随市场价格的波动，表现变得平庸就可以理解了。股神巴菲特的持股平淡无奇，几十年来他能平稳地穿越牛熊，只是由于他的基金体量已经非常大，早已成为市场的一个重要部分。他已没有太大可能大幅超越市场。他的基金最辉煌的年代是早期的时候，往事只能回味了。

基金选择的投资基准指标

开放式基金的交易目标以基金净值变化量度的风险及回报指标能打败参考的基准指数为交易目标，简单来说就是要跑赢大市。大多数的开放性股票基金都是主动型基金，他们会主动买卖市场上的个股以追求更高获利，并会设定一个参考指标，例如MSCI中国指数。基金希望做到上升的时候赚得比市场指标多，跌的时候比大市跌得少，可是股票型基金多有90%资金必须持仓的限制，市场下跌时难以避免有所损失，为减少整体损失水平，部分主动型基金会在市场恐慌时从高风险个股撤到防守型个股的避险活动，你往往看到一些公用股股价在市况不佳时却站得很稳，甚至轻微逆市上升。

在中国A股市场由于散户较多，属于不完全竞争市场（Imperfect Market），令主动型基金仍有不少跑赢大市的机会，这就是我前面说在零和游戏中赚交易对手的钱。要留意的是，传统大型基金很少采用快速拉升股价出货的策略，因为它们资金体量较大无法及时在炒作中抽身，较多会选择长期持有较优质的股份，分享长线投资的回报。它们卖出持有个股多数不是为了持有现金，而是为了购买更有上升潜力的个股。交易者在市场上遇到快速拉升个股股价出货获利就暴走多是游资及小型对冲基金，因为资金体量较少及没有现金持仓上限。如果像美国这种成熟的市场由于市场有效性较高，主要交易对手都是机构投资者，大型的主动型基金要赚到超额回报非常困难。

交易所买卖基金(ETF)

近年交易所买卖基金大行其道，美国投资者投资这类被动投资的资金已经比主动投资要多。交易所买卖基金可以直接像股票那样在交易所交易，而且税费往往比直接交易还要低，故深受市场欢迎。

交易所买卖基金的交易目标

交易所买卖基金主要是被动型投资基金，它们的投资目标是为了准确跟踪相关基准股票指数的每日波幅，不加入其他主观积极买卖元素 不会追逐市场个股的短线升跌交易。运作良好的交易所买卖基金会在交易时段，持续为市场上的买家及卖家提供良好的流动性，尽力降低买卖的差价。

因为美国股市的机构投资者参与度已经非常高，要打败市场的难度已经非常难。大家参考经典的投资书如格雷厄姆，彼得林奇，把他们的案例看得如痴如醉时，其实在现在用近似的策略在市场拿超额回报已经没什么指望，现在投资环境比 1960—1980 年代要打败大盘难太多了。

买了主要市场 ETF，比如中国的沪深 300 指数基金，美国标普 500 指数基金，就解决了一般投资者应该买什么的问题，因为这些股指覆盖了 50 至数百只股票的持仓。如果你看好股市，投资交易所买卖基金是最简单的选择。

交易费用及成本

投资者可以直接用证券账户在交易时段买卖交易所买卖基金，要付出的主要费用是经纪的买卖佣金及因买卖差价引起的购入成本。基金公司亦会每天收取基金管理费，一般费用在 0.3%～1.2%之间。美股个别大型 ETF 管理费低于 0.1%，尽管成本很有优势，可是在美国等成熟市场要打败市场的可能性低，所以近年被动投资非常流行。

贝塔系数(Beta)

在分析基金投资表现时，投资者必须认识两个重要的回报来源，市场风险(BETA)及风险回报超额获利(ALPHA)。

贝塔系数(Beta)代表了市场风险与回报。如果以深沪 300 指数作为基准，在一段时间内投资者的 A 股投资组合如果跟基准相同，承担的风险就是等同市场基准的风险，BETA 的水平就是 1。同时投资者也会获得同期的投资回报 BETA，你可以理解为风险与回报是同源，承担市场风险就会得到市场收益。

如果投资者的投资组合加了杠杆，比如进行了借贷去买比自有本金更多的股票，BETA 就会大于 1。如果你借了 1 倍本金，BETA 就接近 2，市场上升 20%，你的投资组合在未扣除融资成本前回报就会成 40%。但市场一旦下降，BETA 为 2 的杠杆组合亏损就会惨不忍睹。

市场如果投资者只以 60%的资本买股，BETA 就成了 0.6。其实要获得 BETA 收益非常简单，只要买入交易所买卖基金就可以获得非常接近 BETA 的收益。所以在投资界中获得 BETA 比较廉价，基金管理者的薪金也不会太高。但 BETA 虽然廉价，但并不代表回报低，事实上市场上大部分参与者的投资回报都是由如此简单的投资方式获得，而不是更复杂的交易策略。2007 年中国股市大牛，在香港市场买卖的 H 股相关开放式基金排名第一的并不是由什么明星基金经理管理的神奇组合，而是名不见经传的恒生指数 150 策略基金，该基金采用期货等杠杆把100元的资金加杠杆成150元去投资。就这么简单的策略，回报直接秒杀一众明星基金。可是水能载舟，亦能覆舟，2008年的金融危机中，该基金立马变成基金排行榜成了倒数第一。在资本市场上获得高收益的快捷方式是高BETA组合，只是这种组合很难适应完整的牛熊周期，有时在熊市中跌至不能翻身。

近年在国际市场非常流行的杠杆式基金，就是以高收益为卖点。但是不少初级投资者不知道杠杆基金的最大风险是一沉不起。传统投资股票，比如你买入100元的股份，价值下跌至30元，只要将来股价回到100元，你的投资名义上并没有损失，只是在通胀影响下损失了购买力。但是杠杆式基金则不同，只要经济严重地下跌，本金就会出现损耗，即使股价回到100元，你的本金也可能大幅受损。这涉及非常复杂的数学原理，简单一点说就是当价值下跌时，因为有杠杆，你的基金就会减少投资的持仓总量，情形就像本来你有一个大雪球，一直累积时看上去是非常大的，但是一旦以3倍速度被曝晒后，雪球的核心也大幅缩水，即使再滚一次也没有以往大了。而且杠杆基金还有一个期货展期的成本，有时要承受一些升水或贴水产生的损耗，再加上手续费。一般来说，交易杠杆基金的持有者多以日内或超短线持仓为主，很少有人傻到做长期投资，我知道3倍BETA的投资组合在牛市回报绝对可以秒杀巴菲特，但一旦判断失误还以为像股票那样可以坚守，就可能要亏得回到解放前了。

阿尔法系数（ALPHA）

阿尔法系数（ALPHA）收益是指风险与回报的超额收益。投资者如果能在相同的风险下获得超额收益，这种承担更少风险获得相对较佳回报的超额收益称为阿尔法（ALPHA）收益。事实上，这种收益一般很难获得而且非常少，而且在美国不少标榜阿尔法收益的基金，或者改称为特纯阿尔法收益的基金多数其实根本没有什么实际回报。资本市场有些时候是很公平的，不承担风险就不用幻想有什么特别收益。唯一看似例外的是套利者，他们其实可以定义为套利生意的经营者，他们赖以为生的就是股票交易中各种微小的差额，承担很小的市场风险，却获得了收益。其实就好像证券公司以佣金收入为主业，证券公司没有承担你的投资风险，当然也不会分享你的投资回报。不过问题是一旦太多人加入其中，这门套利的生意就不好做了，如果考虑人力及计算机程序开发等成本，这门生意亦可以出现亏损。

获得阿尔法收益听上去很高大上，实际操作方式倒很容易。如果你设立了

243

一个时机性交易美股投资组合，在2018年2月股市大跌时卖出，在多个月后的低位买入，再次在11月的高位卖出，然后持有到2019年2月回报非常之高，回撤相对很少，你的组合就获得了大量的阿尔法收益。这不就是A股中的低买高卖策略嘛，是否太过简单？但这种方法用专业名词包装就叫择时交易，再加强卖点可称为量化择时特纯阿尔法交易策略。这个高大上的名称背后只要一个喜欢择时碰运气的赌徒负责操作就可以了。当然还有更多更复杂的阿尔法策略，比如利用投资组合的相关系数优化，令同等风险下的回报可提升。买强沽弱，净BETA为零的持仓等等。有一些人把阿尔法收益推升至至高无上的地位，简直是投资者不可触摸的神秘角落。如果你看一下采用阿尔法策略对冲基金的真实回报，绝大多数5年累积收益连被称为廉价贝塔（BETA）收益的标准普尔500指数收益的一半也没有，策略复杂高大上是一回是，有没有收益却是另一回事了。

其实你赚到的阿尔法收益就是其他投资人亏损出来的，问题就是有没有那么多的投资者可以亏给你。比如2018年12月初及2019年2月末美股的道琼斯指数基本没有重大变化，都是在26000点左右，这三个月的时间美股却经历了冰火两重天，美股跌至2018年12月26日的最低位21700点左右，由同日开始反弹并用了两个月的时间再次回升至26000点。如果你在较低的价位买入，赚的钱就是那些没有预期市场价格会回升、愿意特价卖货给你的朋友的。问题是事前谁能确定知道美股会这么快速地回升。在这段时间股票市场价格没有变，资产总量没有变，在一轮价格变化之中，真正改变了的是你跟交易对手账户中的资金，要么是你赚了别人的钱，要么是别人赚了你的钱，所以说ALPHA赚的钱都是别人亏出来的。你就明白在成熟市场获得阿尔法收益非常困难，没有多少比你笨的交易机构可以剪羊毛，反而被坑的很可能是你。阿尔法之所以神奇，是因为投资的收益率基本不受整个市场走向的影响，因此你就会明白为何有这么多阿尔法投资根本没有实际收益。如果你是个人交易者，关注于市场贝塔（BETA）比关注策略超额收益（ALPHA）来得更有价值。

投资者要留意指数跟踪型基金一般不存在ALPHA，因为基金的回报表现跟市场的实际风险与回报是一致的，所以一般评估被动型基金的指标反而是成交是否活跃，以及表现的与相关指数跟踪误差的大小。

评估主动型基金的表现

评估一只主动型基金的表现，最主要有两个方面：

(1) 回报表现。投资者最喜欢参看同等类别基金近期回报的绝对收益及排名，去选择表现较佳的基金。其实投资者往往必须要参考最大的回撤幅度。如果一只基金在相同获利的幅度下，基金的最大回撤较少，我们可以判断该基金的风险管理较佳。

投资者必须留意我们评估基金经理的表现往往需要三至五年时间，一般短时间的突出表现比较吸引个人投资者注意，却不一定能吸引到专业的机构投资者青睐。保险公司等机构投资需要更长的时间去评估基金的表现。而且在判断表现时会用更严苛的标准。

专业投资者会采用多重回报拆解分析方法。

累积回报分析：比如持有基金的年总回报表现。

年度化回报分析：把总回报进行年化调整计算，公式如下：

$$年化回报 = \sqrt[n]{1(1+r_1)(1+r_2)\cdots(1+r_n)} - 1$$

r_1 代表了第一年的回报；r_2 代表了第二年的回报；r_n 代表了第 n 年的回报。

把每年的年度绝对回报相乘，再把总回报率进行年化调整，我们可以对基金的表现进行详细的回报拆解，观察每一年以至每一月的回报与市场基准的差异，评估相对市场整体而言每月的最大回撤的幅度以及获利水平。假设下面三只基金都有相同的基准指数，基金 C 可以用杠杆借贷等工具，我们来分析一下三只基金的表现水平(见以下三表)。

基金 A：进取基金

年份	1	2	3	4	5
回报率(%)	+10	−5	+30	−40	+40

基金最初净值是 100，5 年后的净值是 114.1，累积回报是 14.1%。年化回报只有 2.7%，最大回撤是 40%，非常之高。基金表现并不亮眼，但部分年份的表现非常好。

基金 B：精明基金

年份	1	2	3	4	5
回报率/(%)	+8	−3	+27	−32	+30

基金最初净值是 100，5 年后的净值是 117.6，累积回报是 17.6%，年化回报有 3.2%，最大回报是 32%，也是非常之高。基金表现并不亮眼，但总体而言

的表现比基金 A 更好。只是该基金比较难登上排行榜首位，但往往会更吸引专业投资者买入。

基金 C：勇士基金

年份	1	2	3	4	5
回报率/(%)	15	−10	60	−80	+60

基金最初净值是 100，5 年后的净值是 53，累积回报是亏损 47%，非常惨淡。可是勇士基金在升市时经常登上年度表现排行榜的第一名。年化回报是负 12%，即每年亏损约 12%。

大家就可以明白一些表现非常不稳定的基金为什么并不受长线投资者欢迎。几年赚大钱，一年就可以连本金一同亏掉。

有时一些基金在长牛市时如果以累积回报或年化回报看可能还算不错，但一旦投资后遇上连续亏损的年份，基金可能就需要解散了。所以看头和尾的表现和平均回报其实并不是一个好的评估方式，专业投资者会严谨分析回报的稳定与连续性。

(2) 风险及波动率。专业投资人对基金表现的评估不会只考虑回报排名这么单纯，因为只要你吃进大量的风险 (Beta)，你就必然在大升市时名列前茅。投资人必定要考虑基金的最大回撤，以及基金表现的波动性，通常会采用市场风险 (Beta) 以及超额收益 (Alpha) 分析去拆解回报的来源，有一些基金经理偏好加仓中小盘，其投资组合的 Beta 即使没有用杠杆下也会增加，因为小盘股的波动性较高。如果选择长线持有杠杆基金穿越牛熊，感慨投资的历程就如南柯一梦，这亦应验了市场交易的一句老话，盈亏同源。如果你看看美股的正反向杠杆型基金，5 年损失 95% 本金者比比皆是。

投资者往往亦会以夏普比率分析投资组合承担的风险水平相对市场的超额回报状态，在下面会有详解。

不少基金的经理经常换人，评估基金经理的长期表现并不容易。如果有一些知名的基金经理能在 10 多年长时间持续跑赢大市，这人早已在业界非常知名，旗下基金产品可以火爆到暂时停止新投资者加入。可是在国际市场上不同的统计研究均发现基金经理的长期回报超额表现总体会随时间下降，情形就好像运动员的表现往往在巅峰过后出现下降。虽然也可能有反弹，不过通常黄金岁月过去了就追不回了。这时我总是想到曾经的债券大王比尔·格罗斯 (Bill Gross)——这位非常牛的投资人在巅峰的超常表现也在 5 至 10 年内消散殆尽。数十年来屹立不倒者寥寥可数，只有巴菲特等少数大师级的人马了。这亦是为何近年美股中被动投资大行其道，因为主动投资在美国占不了多大优势。不过 A 股中因为板块及个股切换非常快，一些出现超额表现的基金还是存在的，只是当国际资金更多地进入 A 股，机构投资者的参与度上升，获取超额收益的难度就会不可避免地越来越高了。

过去的表现并不代表将来，投资事前选择到能在将来跑赢的基金经理并不容易。即使强如股神巴菲特，近年的回报表现也不太亮眼。中国 A 股前公募顶尖基金经理的部分基金项目也会因亏损而解散，更多的基金经理的业绩像流星一样划过。比如 2000 年时业绩以倍数上升的美国科网基金，很多最终都要因亏损而解散。即使是一些明星级的基金经理也会倒霉，也会经历一些无法预测的波动事件而变得业绩平平。所以选择到表现好的主动型基金经理，不只要有眼光，有时也要有一点点运气成分。基金经理是一份非常艰辛、压力大而且不讨好的工作，许多人以及他们的投资团队付出了无数精力、时间去调研、去分析，却仍然难以获得明显的超额收益，因为其他基金对手也拥有非常强大的阵容，往往谁也占不到多大的便宜。

夏普比率

夏普比率是指投资组合在承受预期的波动率下比无风险投资可以获得的额外回报，这是判断基金投资表现的重要指标。前面提过的 ALPHA 是指不用承担额外的投资风险而获得的回报，而夏普比率则是指如果我买入了一项资产而承担了多少投资组合波动风险，就能提供多少超额回报。

夏普比率越高代表持有该资产与同等波动率下比较有可能获得更佳的收益水平。比如承受 5% 风险在该年度可以获得 4% 回报，而你的投资组合的回报率有 6%，你的投资组合就会获得大于 1 的夏普比率。夏普比率越高，代表在同等风险下能获得更佳的收益，是评估基金表现的重要指标。

夏普比率计算公式：

$$\frac{[E(Ra) - Rf]}{\sigma a}$$

$E(Ra)$ 是指预期的回报；Rf 是指无风险利率；σa 是指投资组合的标准偏差，即反映资产价格的波动性。

简单理解，如果你投资组合的回报是 8%，无风险回报是 3%，而你的投资组合的价格波动的标准偏差是 10%，你的夏普比率是 0.5，表现并不算亮眼。

如果你的投资组合的回报是23%，无风险回报是3%，但你的投资组合的价格波动标准偏差是40%，你的夏普比率仍是0.5。你可能会奇怪为什么我获得了23%的回报的夏普比率跟上面的8%回报竟然是相同的，因为你是承担了巨大的风险去获得回报，投资组合的波动率非常高，实际上较高的收益是由冒险而来。对长期的基金投资者而言，这种有巨大回撤风险的组合并不吸引人。

R 平方

　　R 平方的指标是用作量度基金的走势与其参考指数指标的相关性。如果 R 平方的数值范围由 0 至 1，一个交易所买卖基金的 R 平方会非常接近 1，因为交易所买卖基金会被动地跟参考指标调整，基金表现会跟基准非常接近。但是小型交易所买卖基金，存在较大买卖差价。封闭式的基金因没有有效套利机制，也可能存在折让和溢价。虽然交易所买卖基金理论上跟基准有相同表现，实际还是有少量差异的。

　　而主动性基金的 R 平方数值通常较低，比如在 0.6 至 0.9 水平。越低的 R 平方水平代表，基金经理投资采用了与指数配置差异较大的投资组合策略，可以由选股差异或投资比例差异而来。我们很难从 R 平方判断基金表现的好坏，但如果 R 平方很高，代表基金跟指数的波动很接近，当你看到市场指数走势时就大概了解你的投资表现了。

国际市场投资回报的收益拆解

　　如果投资者不是投资个别股票，而是对整体市场进行投资，比如买入一个国家的主要股票指数基金，我们可以把长期的股市投资回报拆解成以下三部分。

业务性收益

　　跟个别股票的分析一样，整体市场投资收益主要体现在每股收益的增长，如果公司的营运出色，每股盈利持续增长，就会提供股票市场能长远上涨的动力。如果以 10 年为周期去看，美国股票的长期投资收益增长率在 5% 至 7% 之间，经济衰退周期时会有所下降，不过也很少低于 3%。长期而言投资者的总收益会反映在股票的每股股东权益变化，以及累积现金股息及红利总收益之中。

　　不过投资者必须留意市场上公司的盈利增长不代表投资者的持股收益也能增长。前面提过如果市场上大比例公司不断发行新股，吸收的资本却没有在长远带来更多的盈利去惠及股东，每股的盈利就会被摊薄并出现下跌，而当公司的派息比率又低，又没有做有规模的股份回购去回馈股东，投资人眼看市场上公司的盈利总体看似不断上升，其投资收益也不会改善的。所以市场上整体的公司管理水平，以及对投资人的利益的重视水平，对投资者的长远回报也有很大的影响。

估值收益

估值的提升会增加投资者的总回报。假设整体市场的盈利水平不变，投资者的风险偏好更乐于投资股市，市盈率由 15 倍升至 25 倍，总投资回报就是 66.7%。如果市场的估值非常高，比如 50 倍市盈率，市场估值下降到 25 倍市盈率，总投资就会损失 50% 的价值。除非估值再次大幅上升，否则即使用十年时间去分摊估值损失，投资者长期投资也难以获得盈利。

如果风险偏好的提升是一缓慢的过程，比如 10 年，这每年的平均年化回报增加就不会多于 6%。但如果是一年内完成风险偏好提升，年化回报就会提升了 66.7%，这还未计算股息及利润增加等影响。在中国 A 股市场，在 2015 年的大升市中，沪深 300 指数估值从 14 倍升至 30 倍以上只需一年时间，然后又用了不足一年的时间由 30 多倍降回到 14 倍。而当时的投资收益并没有发生重大变化，也没有发生经济衰退。如果你是长期投资者，要选择长期投资的买入点，估值是一个很重要的参考。

但投资在合理估值的股市并不代表稳赚不赔，14 倍估值是沪深 300 指数近年的均值，但并不代表均值不会被打破。在贸易战的风险下，投资者的风险偏好大降，市盈率降至 10~11 倍左右，而市场指数却只是在低位徘徊。当市场处于下跌趋势中，估值低是必然的。只要一天市场的信心未恢复，估值就会随股价继续探底。而且因为盈利转坏，市盈率也可能会因盈利减少而升高。对于盈利基数很低或盈利水平周期性大幅波动的市场，我们亦会采用市账率判断投资收益的变化。当市账率也降到 1 左右水平时，一些长期投资的机构及投资人很多时候也会认真考虑是否开始进行部署。因为这是难得的低估值交易机会，就算市场上的公司盈利出现一定程度下跌，只要估值有少量的收复，股市投资者就能获利。

2018 年美国企业因为受惠于税务改革，市场的业务性收益上升明显。可是同年估值却在大幅波动。2013 年至 2018 年间美股的估值由 14 倍升至 18 倍，却由于美股投资者的风险偏好大幅降低，于 2018 年底时急速下跌回大约 14 倍。估值的大幅下跌抵消了企业因为受惠于税务改革的收益，令当年的美股投资回报变成了负数。

外汇收益

本国的投资组合一般并不需要考虑外汇的影响，除非本国的上市公司有大量的海外业务会影响到公司账面上的汇兑收益，否则本国的投资者一般不用考虑外汇收益的影响。不过除非资本市场是完全封闭不允许海外投资者参与，否则对该国股票市场的投资需求必然受到汇率变化影响。海外投资者会考虑潜在的外汇收益，以及如果估计有外汇损失风险须要考虑对冲的成本。在2013年，如果日本投资者持有海外资产，投资的以本国货币计算收益便可能会受到汇率变化因素影响。如果投资者持有一个海外资产组合，相关国家的汇率在同时上升40%，即使投资目标价格没有变动，投资者也可获得不错的收益。

在2002年至2008年，欧元兑美元出现大幅升值，由1欧元兑0.8美元升值至1.6美元。美国的投资者投资欧元资产享有近100%的外汇收益回报，如果加上投资收益及估值收益，当时美国投资者投资欧股回报就会非常可观。日本股市2013年开始受惠日元大幅贬值而大升，从2013年的8500点升至2015年的20900点，上升了超过1倍，股市的涨幅看似非常大，日本国内的投资者应该非常高兴。但若以美元计算，日本股市这一波的上升只有大约30%的涨幅，大部分的涨幅都是来源于汇率变动，海外投资者的回报相对就没有那么亮眼。同样道理，如果人民币在大周期内有较明显的升值或贬值，就会对海外投资者的投资回报产生重大的影响。

以上三种收益中，只有投资收益有长远增长空间。如果一项投资只由估值及外汇收益带动，往往是不可持续的。因为估值的上升是有限度的，新兴股市在熊市中可以跌至个位数的市盈率，在狂牛市中可达30倍以上，中国A股创业板在牛市中到80倍市盈率以上也很平常。但市盈率总是有地心引力般在长期影响市场回到一个宽阔的均值空间，在10~20倍之间游走。从市账率看大约跌至1倍便有较大支撑。

而外汇方面，即使用20年的周期去看多是以现有汇率的上下50%波动为主，日元兑美元的20年波动区间也是1美元兑75日元至1美元兑150日元之间，但在某些汇率单边升值或贬值时影响巨大。长期来说国际主要汇率波动的影响是有限度的，因为汇率是链接实体经济的，但是个别国家的汇率变化可以很剧烈，比如俄罗斯卢布及土耳其里拉等的汇率一年内兑美元贬值50%上也不罕见。但以上分析方法只能用在整体市场，不适合个股分析，因为资金影响长期支撑整个市场的高昂估值，但个股只需有限的资金就能长期维持不合理状态。

中国 A 股的主要指数及相关交易工具

一直以来，上证指数都是媒体最喜欢使用的中国股市指标。时至今日，中国的股票指数品种相当之繁多，其中的沪深 300 指数由于比较全面反映上海及深圳两地的主要上市公司，是很受业界欢迎的基准参考指数。而且沪深 300 有期货及期权等相关交易工具配套的交易性指数。反而大家听得最多的上证及深成指数并没有相关的股指配套，你就会明白哪一个指数在交易上更重要。投资者除了参考中国本土编制的股市指数，亦要留意中国 A 股加入国际指数的影响。

国际股票市场指数编制公司主要有明晟（MSCI）及富时（FTSE）两家。全球许多主动型股票基金以及指数化基金作投资部署时都会很大程度上参考相关的指数成分。所以中国 A 股加入明晟（MSCI）及富时（FTSE）的新兴市场指数，就代表中国 A 股会加入很多国际基金的成之中。而且随着中国渐渐开放资本市场，A 股在国际指数的占比会上升，尤其在新兴市场指数会占有更大比例，这会在长远影响数以千亿计的外资进入中国 A 股市场，令中国 A 股市场的国际化参与程度上升。

影响长远股指表现的因素

投资者要理解影响长远股指表现的核心思维是股利成长率（EPS Growth）。第二个因素是公司的股息分派及股份回购力度，以及无风险利率的长期预期，这部分会影响到指数的估值水平。如果美股并没有明显下跌，2019 年往后 10 年的年化回报就不太可能高于 4%，这会比过去 30 年的年化回报要低。所以说过去的经验不等于将来就是这个道理了。2017 年的美股大升是受到税改一次性的盈利提升，利好已被充分透支了。很多人提出未来在新兴市场，但由于体量太小，还是很可能出现一曝十寒的光景。当估值被充分透支，在新兴市场采用长期持有方式未必一定明智。你开始感觉主要金融市场的核心逻辑了吗？当然我们亦要留意货币政策的影响，因为这已经可以完全扭曲市场自行运行的逻辑了，如果央行疯狂宽松，市场也会跟着开疯狂派对——我们身处的金融世界比以往复杂太多了。

外汇对冲型股票基金

对于海外的投资者来说，投资另一个国家的指数要面对巨大的外汇风险。

投资的机会在哪里

有时候股市上升的波幅几乎被汇率的贬值完全消耗掉，令海外投资人得不偿失。投资者除了自行进行外汇风险对冲，另一方法就是买入外汇对冲的股票基金。举日本股市作为例子，2012年，安倍晋三上台后采取激进的货币刺激政策，没多久把央银行行长就换了，日本股市大幅上升由8千多点升至2015年的2万点，日元汇率却大幅下降，日元兑1美元从78日元一直贬到120日元。大幅抵消日本股市投资的利润。如果你直接买入日本基金（美股：EWJ），大约能从36美元升至52美元，看上去涨幅有近45%左右，但如果你采用日元对冲的基金（美股：DBJP），同期表现是22美元升到44美元，同期涨幅是100%！如果一个国家的股市很大程度受惠于相对汇率的下降，考虑使用有外汇对冲的基金可以很大程度受惠其涨幅。大家可以知道对金融投资的认知差距可以对回报产生多大的影响。当然如果一个国家是内需上升经济向好，或资源出口国受惠石油能源、矿产价上升引起股市汇价齐升，你就不要笨得胡乱去对冲外汇波动，自我减少了投资的净回报。这亦是为什么我会在本书中加入衍生工具及货币汇率等其他投资书不常加入的章节。投资的知识是一个系统，如果你的系统有严重缺失，对你在金融市场的投资回报会有很大的影响。

时机交易的投资组合

我会在本书中的投资组合章节详细介绍投资组合的理论及应用，在这里我先提出一个使用股指投资的时机式交易策略。能承受较高风险的投资者可以用一部分的闲置资金尝试这种策略。这个组合的基础是投资短期货币基金，如果处于超低息周期当时货币基金没有回报，可以直接持有零利率的现金或超短期国债。大致把资本金分为5至10份，耐心等待全球各地股市出现交易机会。

由于新兴市场周期性出现这类震荡，有波幅却没有涨幅，而后往往在市场陷入一片沉寂后突然出现一次大暴涨，吸引大量资金追入快速形成泡沫再爆破，从而呈现出一曝十寒的现象。如果你想参与这种风险交易，除了极高风险的追涨交易外，另一种较低风险的方法是在估值低迷市场乏人问津时建立种子仓位，耐心等待市场突然成长的那一刻。这个概念听上去好像非常容易，执行起来却非常困难。因为你要非常有耐心地等待，可能是1年，2年，3年，5年。机构性投资者因为不少也有短期业绩压力，不可能如此长期等待，所以实际上很少人会进行此等交易，只有拥有可长线投资资本的个人投资者才可尝试。而且绝不可以用杠杆，因为我们真的没有方法去评估市场可以跌到多低。杠杆会迫使我们在持仓出现账面损失时强行平仓，用作逆向交易的风险极大。

252

首先我们要对不同的市场建立一个成长程度及估值认知，把市场分为以下几种情形：

狂热——市场接近甚至超过历史估值的最高位。基本因素对市场已毫无意义，交易面的因素才是市场关键。股神遍地，大众对股市陷入狂热。下跌并引起杠杆交易者减仓可能是压倒市场狂热交易的因素。

高估——市场风格以技术面主导，仍有参与者会考虑基本面，题材切换频繁。部分价值型交易者撤出市场(图5-1)。

中性——市场的主要波动区间，可以持续数年。

低估——市场受负面因素影响出现下跌，估值跌至较低位。

吸引——市场陷入恐惧，估值跌至极低位。

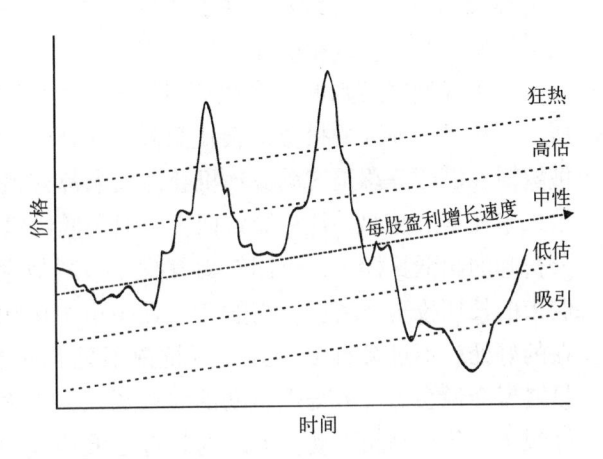

图 5-1 波动型股市指数

要执行此交易策略，须注意以下条件：

第一，投资者必须要使用自有本金，每项目不可多于20%本金。因为市场下跌的幅度可以很可怕，要确保仍有资金投资于其他项目降低总持仓风险。

第二，不要去估底，也不受市场的波动影响情绪，即使持仓继续出现大幅下跌，也不为所动，不要在更低价卖出。

第三，资金最好能拆分为三笔，分次买入单一项目。由于我们无法判断下行空间，持有过程中账面出现的亏损可能性很大。如能保留第二、三笔资金，可在更低位投资，心理负担会较低。

第四，建立仓位的国家股市走势的相关性越低越好，比如中国A股跟美股的波动相关性较低，较少出现同涨同跌的情况，可以减少同步下跌的风险。如果是美股的道琼斯指数及标普指数这些高相关性投资，只可以选一个去投资，因为升跌同步不会改善组合的风险与回报。

当市场出现低估时开始加强留意市场的走势，接近吸引水平可以开始考虑是否投资其中，并制定好买入计划，在跌至什么水平附近再进行加仓。如果市场下跌，按计划进行加仓直至买入计划完成。如果市场出现上涨无法在更低位加仓，投资者可以自行考虑是否在更高位加仓，这需要一点运气配合，因为没有人知道市场会否再创低位。当仓位建立完成后，就好像把米及材料放在酒缸由其发酵，剩下的只有交给市场及时间了。当市场经过一段时间终于开始出现修复行情，估值会返回中性。风险偏好较低的投资人可以考虑开始减持，风险偏好较高的投资人可以等待估值去到高估才减持，在市场狂热时清仓，并头也不回不再看这个市场。就算再升多少也不关你的事，否则很可能就会功亏一篑。因为你变相在更高位买入，你会变得很敏感，并可能在追涨杀跌的过程中大幅消耗账面的利润，甚至引起亏损。

由于我们很难判断一个投资项目最终能否成功发酵，变成可享用的美酒，所以关注多个地区的投资机会比只看一个国家的股市更有利。比如资源类国家俄罗斯、巴西等总是充满波动机会。大家都知道 A 股几年会来一波牛市，透支了未来几年的涨幅，往往又跌回去，但在低位建仓者，看到媒体每天非常悲观，分析师的超低目标价，仍能有勇气吃一口看似烂透的苹果，这些人才往往才是股市的长期投资获利者。当然还有在牛市中成功用股权融资的企业，得到最实在的好处。不过又有多少人能抵抗深不见底的下跌恐惧，在极度低迷时入市？投资者会说会等待市场跌不动的时候买入，当你真的置身其中，很多东西就不好说了。什么是跌不动？下跌的趋势是波浪式的，一个浪静止了，你以为安全了，下一个浪就把你冲到了你未估计到的更低水平，令你惊慌失措；一旦陷于恐慌，投资者就无法做有效判断了，只有逃生的欲望，市场之后的涨幅都与你无缘了，因为你只想快点取回本金走了。

投资者必须认识到由于此组合是纯股市投资组合，其实抗跌能力非常有限，而且一旦遇上全球金融危机，组合中所有国家的持仓仍可能出现同步亏损。这个组合是建立在总投资本金中的一部分，而且策略的核心是一个大国的整体市场是必须有长期价值的，不会因为时间而消失。如果是一些个别小国的股市，投资的本金应控制在5%以下，因为有全损风险。

这个方法完全不适用于个别股票的投资组合，因为策略背书的是一个国家的实体经济及经营活动。而如果是个股，背书的只是一家公司的经营，百年过去了，美国道琼斯指数的 30 只成分股全部被清退出指数——你会就明白股市不会消失，个别公司却会在时代的洪流中永不翻身。你还记得曾经叱咤风云的诺基亚手机吧，如果你家中仍有一部过时的旧手机，可以放在你的交易台的附近或显眼位置视之为"吉祥物"，以警示自己不要高估对公司经营的预知能力。谨慎投资，方可以在资本市场上长久生存。

第六章 对冲，投机，期货及衍生工具交易

理解投机和对冲交易

现今的国际金融市场，如果只理解基本面、技术面，而不理解衍生工具及股票对冲行为对实际股票交易的影响，你就很难对金融交易市场有较佳全盘的认知。有时你可能不明白为什么基本面没什么变化，在交易面上却混乱一片。有时明明高处不胜寒，市场却稳步上升，连波幅都很少，你知道这背后有着期权等波动率市场的变化的影响。

整个期货及衍生品市场的设立最根本目的是用来分散风险的，让有意愿和能力去承担风险的机构以及个人投机者来接受风险，获得承担风险的相应的回报。从 20 世纪 70 年代芝加哥商品交易所的利奥·梅拉梅德由传统的商品期货交易转型引入金融期货交易，对整个金融行业产生了巨大的影响，时至今日，期货及衍生产品市场已经变成现今全球最大的交易市场之一。究其原因是金融市场有充足的投资避险以及投机需求，市场把风险分摊并变成碎片化。大家夏天时可能吃过刨冰，如果市场的总体风险就像一大块冰，大多数人根本无从下手，但如果经过期货及衍生产品市场把风险分散，把冰块打碎成一小块一小块的小冰粒状的刨冰，就变成一般投资者可以接受的水平，因为总体投资风险已经有金融工具可以分散损失，最大损失风险受到控制，令很多不可能的金融交易变得可能。如果期货及衍生产品市场如某些交易者所言只是纯粹的赌局，这市场没有可能在这数十年经历过各种金融危机后仍然茁壮成长。

但是整个期货及衍生产品市场事实上存在非常多的信息不对称，大型投资机构如投资银行及专业对冲基金对其他商业机构的衍生产品定价及设计有非常大的优势。情况就好像大学教授设计好的概率交易游戏找中学生参与其中，即使那些学生也挺聪明，完全理解整个游戏的胜负规则，认为这是一场公平的博弈，实际上学生们往往误解了资产及商品市场价格波动理解，对市场价格的预期认知是建立在对将来价格影响非常脆弱无力的基本面分析及以

过往价格的趋势之中的,而认识不到市场上由交易面驱动的剧烈价格波动风险因素。

你看看2018年11—12月的期油市场怎样从70多美元一桶在不到2个月时间里跌到40美元左右一桶的水平,就不用我再多解释,你怎么用基本分析事前去判断在如此短时间产生如此剧烈的波动。那些媒体上事后孔明的分析可以省掉,在2018年11月前一份投资银行预期油价暴跌的报告也看不到,设立了长期交易合约预估油价继续上升的机构也预估不到。不过投资银行的衍生工具设计者知道,市场在某些时间总会来一场如此暴力的波动,只要合约的设计时间够长比如5~10年,合约中的交易对手出事被打爆仓暴亏只是迟早之事。

对于个人投资者而言,你不一定要进行任何的对冲或杠杆交易以及参与到期货及衍生产品市场之中,但是认识其中的运作原理对你认识整个金融市场的运作有非常重要的意义。若我的读者之中有大型机构中的财务人员,这部分会帮助你认识如何对企业的部分业务或海外投资进行风险对冲,以及了解一些交易工具的风险以及陷阱。要谨记,市场上的风险永远存在,金融市场能帮助我们做到的是付出成本后风险由更多参与者分散承担。但水能载舟,亦能覆舟,如果我们在参与金融市场承担了过量的风险,一旦市场走势大幅偏离预期,参与的机构及个人就要为此付出巨额的代价。

对冲交易策略

对冲交易策略。对冲交易的基本理念是利用金融交易工具把投资股票的持仓净风险降低,同时争取在不同市况获得正回报。要简单理解股票风险对冲机制,就要先理解几个稍为复杂的股票期货及衍生产品交易工具。大部分的个人投资者并不需要用上复杂的对冲交易策略,但理解对冲交易以及期货及衍生产品市场运作对我们认识现今的市场运行情况非常重要。因为有大量的专业交易者以各种对冲方法及工具在市场作为交易策略,不明白这些你就难以理解近年主要股市的一些走势变化。所以我会尝试把这个股票投资上比较艰深的部分也进行一些解释,并尽量以普通人能理解的语言去解释一些比较深的理念,希望读者们能从中吸收到一些养分。

图6-1显示VIX指数与美股上升轨迹,留意2017年和2018年大的两段升浪,都有VIX长时间在低位的现象。你可以理解为期权对冲成本低能够有利股市发展。不过长期稳定在金融市场中会造成不稳定的源头。你看到2017年的超

低波动最终引起了 2018 年较大幅的波动就可以理解两者存在一定的关系。我会在下面介绍几种常见的股票的杠杆以及对冲工具。

股票融资融券交易

要进行股票融资融券交易，个人或机构投资者先要开立一个股票保证金账户，用自有资金买入股票后就可以抵押

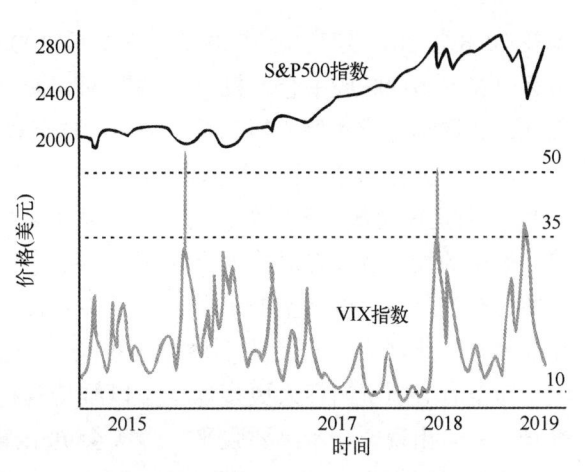

图 6-1 VIX 与美股上升轨迹

给证券公司换取更多账面备用资金额度再作投资。不同个股的抵押比率差异很大，大型流动性高的个股能抵押更高比率。比如投资者只有 100 万元，买入活跃指数成分个股，可以选择借钱加杠杆买入 200 万元市值的股票。即证券公司借出 100 万元资金给你买入这值 200 万元的股票，当然他们也会收取一定利息作为融资成本，并而设立一个最低保证金要求及强制平仓水平。比如他们会设定投资组合蒙受 30% 损失后（即亏损 60 万元），必须增加保证金或证券公司会把你的持仓强行局部或全部沽出以免证券公司借出的资金蒙受资本损失。

卖空

股票投资者除了持有股票后等待升值赚钱，亦可选择卖空股票在股价下跌时赚钱（图 6-2）。卖空（Short Selling）交易亦称为融券交易。首先，投资者的证券公司要有提供保证金账户融券的资质，并提供相应的卖空/融券交易服务。投资者向证券公司借出其他保证金投资者存放在证券公司的股票，即从证券公司借入股票先行在市场卖出，然后等股价下跌后买回填补股票存仓，赚取差价，俗称股票空头。

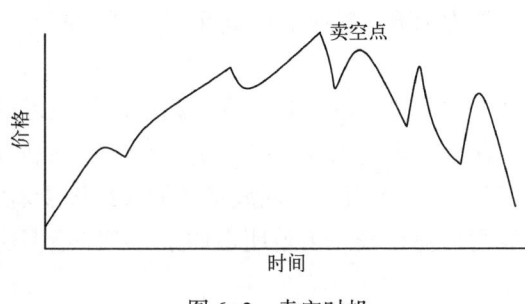

图 6-2 卖空时机

以美股的苹果公司（美股：AAPL）股票为例，如投资者选

257

择在2018年10月较高位，230美元时做空10000股，并在2018年11月，190美元时买入10000股平仓。投资者的账面利润为（230-190）×10000股=400000美元，扣取利息成本佣金等就是净利润，这名投资者短期获取了巨额空头利润。

不过，做空其实是古老而危险的交易方式。因为做空的回报最大只为100%，但是风险却是无限大，可以亏损达本金的倍数。有些股份一年能升值几倍，做空的投资者如在股价上升时不及早平仓可能损失严重。而且股票的多头会留意有没有被过度做空的个股，大量买入拉升股价，迫使空头以很高的价钱才能平仓。此称为逼空行为。做空的投资者一旦被做空，情况可以异常凶险，因为做空者必须不断存入更多保证金以维持其持仓，否则就会被证券公司强制平仓。一旦出现资金不足要强平，多头会更乐意再次拉升股价，因为多头知道这些股票必须有空头去强制买入，不用担心没有买家，空头以极高价位平仓，损失可达原来投资金额的100%以上。

如果做空交易股票遇上停牌而无法平仓，做空亦可能在财务上遇到重大的损失。假设融券的成本是15%，停牌两年已可能引起30%重大财务亏损。如果财务成本上升至股票价格的100%以上，就算被做空的公司摘牌进行破产清算，你的持仓必定巨亏。只要市场交易不能恢复，做空者不能平仓的风险是巨大的。最可行的解决方法是进行场外平仓，即通过证券商寻找已其他持有该股票的客户有没人愿意卖出股票给你平仓，如果未能找到足够数量的持股者愿卖货给你。所以做空流通性低并有长期停牌风险的个股风险甚高，即使你眼光独到看准市场变化，仍可以蒙受巨大损失。

监管机构也会在一些特殊时间禁止做空。2008年金融危机期间，因市况暴跌监管机构一度禁止做空金融股。时间也大多不会是做空投资者的朋友，因为股票长期的波动总体以上升为主，时间越长上升的可能就越大，做空时机的掌握一定要很好。而且进行做空必须排除合理的风险疑点，要基本面技术面配合并无重大疑点才能交易，还要评估长期停牌风险。因为即使做对方向，但交易的时间错了，做空后首先遇上市场的暴力上升，把你打爆仓止损才开始剧烈下跌，做空者的亏损可能大得不堪设想。

其实就算市场进入了熊市或形成下跌形势，跌市时的价格波动性往往远高于市场呈上升趋势的时候。每一波下跌后就出现强劲反弹，呈高密度的剧烈波浪式震荡走势，令你进退失据。你打开美股、A股等不同股指长期日线图看看，观察下跌时的日线图与上升时的日线图形势比较一下就明白的了，所以绝不建议普通投资者参与任何直接的做空交易。

❖ 特斯拉空头大败事件

2020年是电动车股集体大涨的一年,电动车龙头股特斯拉年度的升幅达7倍之多。从基本面来看,由于近年来更多投资者关注环境、企业管治(ESG)的影响,不少资金倾向投资于有高ESG评分的企业。而涉及新能源及电动车的特斯拉(美股交易代号:TSLA)更是最热门的目标。不少风险投资者认为在该等领域有巨大的潜力,现在只是起步阶段,愿意给予高估值。这是任何热炒个股都可以借用的理由,更重要的是,由不理会估值的买入资金推起的行情,上升往往不需要基本面的支持。股价高歌猛进的同时,估值也水涨船高。2021年初更进一步达到1500倍的市盈率及超过50倍的市净率,由成长股被热炒成了投机性股票。特斯拉只有约全球汽车市场1%的销售份额,2020年的销售额只有250亿美元,以市值超过8000亿美元去计算,市值却等于全球其他汽车生产商总和的一半以上。日均成交数百亿美元,换手率奇高且交投活跃,所依靠的只是对未来成长潜力的预期,如此大的市值水平能获得如此惊人的估值亦为投资界罕见。

面对看似难以维持的市盈率及基本面,部分专业投资者认为是卖空的机会,并在大量累积淡仓,目标在股价崩溃时获得厚利。特斯拉的股份持仓中,空头比率最高时曾超过20%,可是崩溃的剧情没有在2020年出现,相反,股价以令人难以置信的速度在上升。一旦特斯拉的股价急剧上升,不只是看涨的投机者想抢买股票,持有巨大空头部位的投资机构也要止损离场。由于交投异常活跃,而且股份占大市总成交的比例不断上升,公司也有可预见的盈利,在2020年12月特斯拉更成为美股标普指数的成分股,这令空头更为绝望。空头比率最终在2020年底降至6%左右,多数卖空者都损失惨重。他们在股价上升时迫于强制买票股平仓,加速了股价上升的速度。其实金融市场挟空头的行情并不罕见,但如此规模的空头夺路却几乎没有什么前例。到2020年底,空头净空仓的亏损估计超过400亿美元。看似不合理的估值,在大成交量推动下成为主要股指成分股,可以理所当然地被大量被动的交易所指数基金持仓,令被动投资的指数基金以更高价位大额买入。由于近年被动投资大为盛行,个别股份被纳入或剔出指数时,对短期股价产生的影响比以往更大,此等现象近来在不同地区的股市都能找到案例,大家投资时亦要留心这一市场现象。

了解了特斯拉空头的巨亏案例,你会明白为什么股神巴菲特提醒投资者不做空、不借钱、不做不懂的东西。部分学习投资的朋友很喜欢像学习科学一样找出一个财务模型,以理性及逻辑进行投资,一切的投资看似都有其合理可计算出来的目标价位，可是在金融市场并没有这样的一个模型可以作为决策的依据，只能用作参考，一切以实际交易层面的情况作判断。所以低估值的股份可以持续几年越来越低，高估值的价格可以越来越高，不断刷新股价纪录。你不认同的投资标的你就不要买，千万不要胡乱学别人卖空去获利，你没有多少学费可以应对这种可以数倍于本金的交易。

股指期货

股指期货合约是一个买卖协议，注明于将来指定日期以建立合约时的交易市价买入或卖出相等于某一既定数量股票指数投资组合的金融价值。

比如沪深300指数期货（IF）价格是3300元，每点值300元，合约总值是99000元/张。按金8%即最低按金只需7980元。实际交易时，期货公司多会因应市场状况收取比最低按金多的实际按金以减少爆仓强制平仓风险。在多数交易日波动不会超过5%，但总有极端交易日股指波幅达8%。8%左右的按金基本足以应对99%的日均波动，很多投机者直接炒期货是为了达到以小博大的杠杆投机目的。期货提供的杠杆最高率往往达5至10倍，可以把资金强劲放大，一旦做错决定当然就会倍数放大损失引起巨大亏损。

期货合约有不同的到期日，每一个到期日的合约可以算是一个独立的赛局，参与其中的人其实是在玩典型的零和游戏，一个人赚的钱必定是由其他人亏损出来的。而且中间必然有交易费用，所以严格来说是一个负和游戏，即参与的人总体来说是有净损失的，不过由于手续费相比其他交易工具非常低，可以低于交易金额的万分之一以下，是一种很有成本效率的风险对冲或加杠杆工具。不过期货由于有时间限制，并不适合作为长期投资工具，如果期货不是活跃的交易品种，或者不是短期合约而是远期合约（如半年以后），往往交投非常冷清，买卖差价大幅增加。在金融交易中，买卖差价就是交易成本的重要部分，尤其考虑期货的直接交易成本非常少，差价的成本往往数倍于交易佣金及交易所费用。另外必须要留意，期货市场有其最大容量，如果同一时间太多人参与其中，尤其连同期权等衍生产品（包括场外交易市场）的价值若远超现货市场时，期货市场的交易者就会有很大动机直接干预现货市场的价格，去达成迫使对手亏损平仓离场的目的。

期货的多方最容易利用买入并拉升价值迫使空方受损，因为期货合约可做空的数量有限，而且做空了必须回补，如果空方吸的期货合约越多，被多方用钱拉升逼死时将无法抵挡。这亦是为何每每熊市的反弹力度迅猛而且凶狠，因

第六章 对冲，投机，期货及衍生工具交易

为一旦空方被挟时往往要夺路逃生，不顾价格地买入期货合约平仓。所以有人比喻期货市场为一个战场，每一次合约到期日前后是多空双方的决战时刻。读者请谨记在资本市场没有永远的多方或空方，昨天的多头逼空头爆仓后，下一笔交易可能已经准备好反身成为空头，利用沽出已买入的期货合约，压低现货价钱，在期货市场再次获利。不明就里的投资者可能很易就被走势所蒙，被多空走势夹杀，所以我不会建议读者利用期货市场作方向性投机，而只利用其避险功能的部分。

谁都知道期货市场来钱快，一个月翻几倍的故事不断上演，只是"一将功成万骨枯"，究竟你是能以一敌百，还是兵败如山倒的一方？我只知道，如果你投机赢了钱不知收敛，极大可能最终把你的账面盈利连本带利送回资本市场。请谨记期货市场是一个零和游戏，对手之间是生死搏斗，对手会不断进化和改良策略，设立更新奇的图或量化信号陷阱请君入瓮，你千万别以为那里是游乐场或提款机，那里没有任何人或任何书可以教你如何活下去，只有永无尽头的博弈。

期货市场对金融市场最大的实际作用是作为股票市场低成本的风险对冲工具。期货市场上活跃的投机者作为交易者，其实不自觉地就变成了风险承担者，购买了股票的投资者可以在股价下跌时选择沽出期货合约为资产对冲。如果你买入了 100 万元的沪深 300 的股票组合，市况短期波动下你想平仓避免损失，你有以下两个选择：

（1）直接卖出股票持仓，结束交易。

卖出后持回现金，市场进一步下跌的损失风险已完全解除，但因为有佣金及税费，如果短期内交易者又再次买回投资组合，就会大大增加买卖的手续费成本。

（2）投资者可选择在期货市场沽出 10 张当月或更长到期日的价值相当于 100 万元的沪深 300 指数期货合约。

在期货合约到期前，你原本持有的 100 万元股票组合的下跌风险已经基本解除。不过，类似卖出股票持仓的交易影响，投资者沽出期货后如果股票市场的价格出现上升，你的总投资持仓也不会因此获得增值，因为你做空的期货会出现账面亏损并抵消了你仍然持有的股票组合的涨幅。

采用期货对冲最大的好处是节省交易成本，如果市场真如预期出现一定下跌后，你想再次入市，只需按当时市场交易价买回 10 张沪深 300 指数期货合约，就会把期货的净仓位平掉。比如你卖出了 10 张当月的沪深 300 指数期货合约，价格为 3300 元，之后买回 10 张当月的沪深 300 指数期货合约进行平仓，价格为 3100 元，而期货合约买卖的差价（3300-3100）在扣除手续费后就会结算成现金获利大约为 60000 元，这就完成了期货交易的完整流程。而整个交易流程中，你在股票市场的持股数量从来没改变，而市场上股价下跌的风险却被股指期货对冲掉了。

✢ 1987年10月美股的大崩盘与期货市场

1987年10月19日（星期一），美股出现了历史最大单日大暴跌（图6-3），美股道琼斯指数单日下跌了22.6%，标普500下跌20.5%。美股在1987年上升得很快，年初至10月道琼斯指数升了超过30%。从1982年开始的升浪开始计算，股指已经上升了1倍以上，估值变得比较昂贵，市盈率指标达到20倍，而20世纪80年代的市盈率均值一般只是14倍以下。

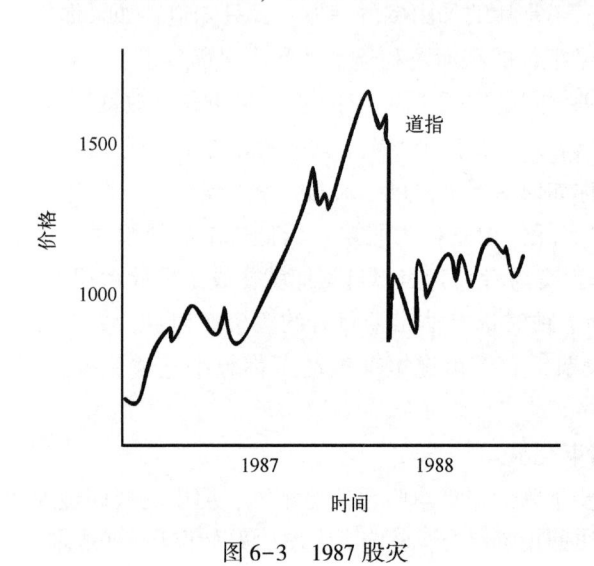

股市在1987年8月份见顶后便无力再破新高位，开始了震荡下行。在10月14日，因为美国政府打算取消企业并购的税务优惠，以及有传言因为美元汇率下跌美联储打算提高利率以支撑汇价，更高利率会增加企业及股市中投资者的融资成本，对股票市场形成负面的压力。在股市已经无力破顶的情景下，更多的投资人选择离开股票市场，道琼斯指数当天下跌了3.8%。10月15日，市场维持下跌趋势，只是下跌幅度减小。10月16日（星期五），美国有较多的股指期权到期，在过去几天的大幅波动中令期权价格大幅波动，很多看涨期权变得近乎毫无价值，而看跌期权的成本则暴涨，交易者难以再次设立新的期权合约去展期以替代原有已到期的期权合约继续避险。更多交易者只好选择了直接在期货市场上做空以控制风险。道琼斯指数周五当天再下跌4.6%，股市的恐慌情绪达到高点。10月19日，亚洲地区包括香港等股市开盘后出现暴跌，港股单日下跌了11%。负面的情绪传递到欧洲，刚巧英国在10月16日因天气影响停市一天，大量的沽盘在10月19日一涌而出，令英国富时指数大跌超过6%。消息传到美国股市后，恐慌情绪大爆发，由于大量沽盘涌现并出现积压，股票市场在早上9点30分开盘

图6-3　1987股灾

后，高达97只标普成分股(约指数30%股份市值)在早上10点整仍未能开始交易，所以指数一开始的显示跌幅不足5%。而美股期货市场显示在最初的交易时段的跌幅则远高于现货市场，但往后几乎一面倒排山倒海的沽盘把指数打落谷底，整天交易中途只有上午11点左右从早上低位出现一次不足5%幅度的反弹尝试，还未到中午收盘很快又被沽盘打下去。所以投资者还是要认真看待不在急跌的市场中当接盘侠的传统交易智慧。下午开盘后跌势加剧，中途只有几波短暂而不成气候的小反弹，最终比上午收盘的跌幅再增加接近一倍，并以接近全日最低价收盘。

从交易面的角度，程序化交易以及为投资组合买保险的对冲方式盛行，对这次单日暴跌也有着深刻的影响。当时自动化交易开始出现，投资机构可以同时对一篮子的股票发出买入或卖出的指令，当市场下跌时，由以往对股票逐一发出沽出指令，变成对盘面的同类股票同时发出沽出指令，在极短的时间内形成市场盘面的系统性卖压。

当时，不少金融机构参考了布莱克舒尔斯模型作投资决策，把投资账户中的股票跟现金比例作自动化调配。如果股票出现较明显下跌时，系统就会自动沽出股票，降低下跌时的风险，而当股票升时，系统会自动买入更高比例的股票令其可更好的跟随股市上升获利。由于直接买卖股票的成本较高，更多的投资机构会选择在市场出现明显股价下跌的时候自动抛售标普500等相关期货以对冲持仓，跟卖出持仓效果一样能降低下跌时的交易风险。当市场下跌趋势明显形成后，股票市场及期货市场都会同时受压，而且由于期货市场的交易很难在下跌时找到对手盘，即找不到交易对手跟你承担下跌的风险，会出现滑价式下跌。

除了上述期货市场出现领先下跌效应，引起暴跌的还有指数套利(Index Arbitrage)的因素。在正常市况下，如果现货的股票价格大幅低于期货，投资者可以在市场上买入股票现货，并在期货市场沽出期指赚取无风险套利。如美股当月的标普500期货为305指数点，而现货市场的成本点数只是约为300指数点，套利交易者就可以买入股份，并沽出期货，因为股指期货是以到期结算日当天股指现货市场价格作结算，中间的差价(305-300)在期货到期结算日会自动收窄，投资者获利相当于这5点差价扣除交易成本的净收益，这种市场行为称为股指期货套利交易。同样道理，在市场大幅下跌时，可以做空现货，并买入期货，扣除提供借货做空服务的证券商收取额外的融券及交易成本后获取中间的无风险利润。可是在极端市况下，做空行为会直接因为下跌太快而被美国证监会禁止而出现无法做空，市场就无法有效自行收窄期货及现货市场的巨大差额，引起期货大幅超跌现货的恐惧，加剧下跌幅度，期货市场的跌幅就会一直领先于现货市场。所以大崩盘当日期货的下跌幅度比现货还深，成交最活跃的标普500期货日内跌幅达到29%，跌幅远高于现货市场的20.5%。

　　如果从上午的盘面来看，除了交易初段大量沽盘积压的强力下跌，也不是整个早上交易时段一面倒直线式的下跌，而是有买有卖、有升有跌的，道琼斯指数上午的损失仍不足10%。交易者并不能把这天的下跌完全归咎于程序卖盘，因为明显地有人为主动卖盘把几波反弹都压下去。当时的交易程序在市场上升时不会主动做空的，从技术上看，下午出现大量融资股票被强行平仓加大了沽售的压力，美股在大型上升期周期时，许多投资者会采用保证金交易投资于大型股票，部分热门股票的保证金低于20%，你可以想象一下，大崩盘当天下跌超过25%的个股比比皆是，高杠杆的投机者如不能实时增加保证金，当天就得爆仓，被证券商强行卖出全部或部分持仓，这会把跌幅自我增强，形成暴跌瀑布。

　　理论上，期货市场的出现其实有减低现货市场沽货压力的作用。因为投资者想控制持仓风险，不用直接在现货市场沽出持股，可以减低同一时间的市场卖压。所以在很多市场引进期货交易后，波动率有所减少。不过事实上，期货市场的大幅波动也会反过来影响股票市场，尤其在期货及衍生产品交易规模大于股票市场的美国及中国香港市场，股指期货的波动有着很强力拉动现货市场波动的影响，两者不是存在因果关系，而是两者互相影响的对等关系。

　　期货市场对投资者而言，另一个重要的功能是跨时区交易，因为一旦在非交易时段出现重大事件需要立即对冲，横跨欧洲、美洲及亚洲三大时区的股指期货是很好的风险对冲工具。比如在亚洲交易时段仍可以持续交易美国的标普，纳斯达克指数等期货，可以对美股进行风险对冲。同样，中国A股（SGX A50期货）及中国香港的股指期货仍可在部分美国时段进行对冲，万一美股出现震荡可以立即应变，降低风险。

　　不过凡事总是有两面，即使1987年的大崩盘已经过去近30年，由交易面引发的剧烈动荡仍继续发生。2010年美股出现的闪崩事件的主角还是期货市场。读者必须留意期货市场快速下滑时会对现货市场构成压力，因为套利投资者可以买入期货并做空股票赚取无风险收益。理论上，套利行为会阻止期货市场的进一步下跌，但如果期货市场因其他市场交易的投机或避险压力出现持续的卖压，不断增加压力会直接对现货市场构成压力，并且可能在市场引起交易恐慌，所以在没有跌停或交易暂停的市场，出现短期大幅度下跌接近底部超过

10%幅度的交易异常状态即使在将来也很难避免继续发生。但如果市场陷入恐慌，即使市场当天暂停了交易，只会把压力在下一个交易日释放最经典的交易案例要数中国香港在1987年停市4天后出现单日下跌40%的奇景。就算有跌市停止交易保护机制，2016年初的熔断机制引发不少个股连续跌停的惨况也是不能避免，只要市场交易者集体向单一方向出现买入或卖出，就会出现市场失常现象，没有什么机制是可以避免此等交易风险的。所以当现在的量化及高频交易大行其道时，被动型的交易所买卖基金占据更大的交易份额，主动型基金以及基础分析投资者越来越少，一旦市场出现暴跌，持有相反方向买入的交易者就会变得很少，买盘的稀缺最终会令市场的下跌风险被螺旋式放大，出现持续暴跌。这是当今的交易者必须非常警惕的交易风险，交易环境从风和日丽转成狂风暴雨的时间会比以往更少，但采用了任何杠杆或长期买入协议（或持续卖出期权）的投资者会比以往更容易得到灾难性结果，因为短时间的波动会突然触发杠杆交易，被强制平仓或卖出的期权账面亏损超过账户内的保证金也会被强制平仓，就算过了不久市场再次恢复，但你已经亏没了没法再留在金融市场了，这是相当痛心的一种交易状态——你没有任何的基本面或技术面的判断，只要市场短暂失常，就能把你账户上的资本卷走，突然变成一无所有。大家看看2018年2月份曾超过20亿美元市值的XIV交易所票据在多年持续跑赢美股大盘后却在一天灭亡的过程就可领略个中风险。我会在介绍衍生工具的部分为读者做详细解释。由于金融市场逐渐被以相同的数据量化或以交易盘面作依据的自动化交易系统取代了，监管者永远跟不上时代的变化。大家作长期投资必须要留意今天的交易市场已经和以往大不相同，作交易时尤其要保证资本的长期安全。

✧ 2010年5月6日美国股指闪崩事件

2010年5月6日，美股市场出现了短期的闪电式崩盘，日内波幅非常巨大。当天开盘以接近前一交易日收盘点位10800点左右平开，开盘至2:32分，美股道琼斯指数出现持续有秩序的下

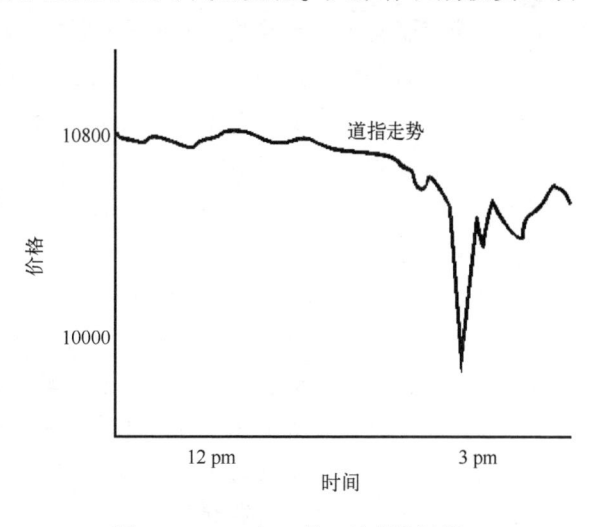

图6-4　2010年5月6日美股闪崩

行，下跌接近2%至10600点左右。突然下跌是在美股交易时间下午2:42分左右，1分钟内下跌了300点，并在数分钟内下跌了近7%（道琼斯指数由10600点左右跌至约9800点，见图6-4）。查看当时的市场状况会发现在2:32分，美股的期货出现明显低于现货市场的现象，尤其美股的标普期货又当了下跌的急先锋。由于市场下跌太过剧烈，根据当时的美国市场交易规则，需要停止交易数秒。之后市场开始快速上升，并在随后极速反弹近9%，道琼斯指数回升了近千点。最终在收盘前，市场收复相当部分失地，以当日收盘10520点算，当日股指大约下跌了3%。其实整个剧烈波动过程只持续了30多分钟，闪跌的过程只持续了10分钟左右。市场开始回升后并在随后的数个交易日完全收复失地，到了5月12日，收盘时已接近10900点。但是读者必须留意市场在2010年6月份已经恢复正常交易状况下，美股道琼斯指数仍再次探底，6月30日收盘时只有约9770点并低于5月6日闪崩时的最低点。换句话说，美股市场当时是真有下跌的压力，只是5月12日仅用了十多分钟就把正常市场要花1至2个月进行调整的时间进行了剧烈压缩，下跌速度过急引起市场短期剧烈震荡。这跟1987年的大暴跌引起的混乱是同一原理，把半年至一年的市场波幅压缩在1天内完成，造成市场的极度恐惧。市场出现过热有下跌压力时，不是经过一段时间有秩序进行调整，而是一跌到位，引起大量日内期货及衍生工具交易出现失常状况。不过在闪崩事件中买了期货在下跌或暴涨中被强制平仓的交易者并没有得到任何赔偿，只有部分在市场交易失常时以极低价格（如报价从几十美元突然低至1美元甚至0.1美元）成交的个股交易被交易所取消。

美国证监会在事后尝试对引起日内交易异常的原因作出调查，发现原因包括有：一个基金公司在当时短时间内对标普500期货进行数量较大的对冲交易，因为该基金在20分钟内发出了比较多的沽盘，压制了期货市场的价格，并引起了盘面的连锁反应。但不少交易者指出，该基金做空时采用了尽量不影响期货交易价格的被动卖盘及分单交易，对该时段总交易量的影响小于9%。高频交易的计算机系统也被视为原因之一，因为股价下跌时，有近2万张的期货合约是由高频交易产生，实际的净仓位只是200张合约左右，高频交易者在不断买入卖出中助推了价格的走势。

数年之后，监管机构又找到一位名叫撒罗的期货交易操控者，他住在普通出租屋内操盘期货交易，主要以芝加哥商品交易所（CME）发行的标普500期货为目标去操纵期货价格。2010年5月6日闪崩当天，撒罗在期货市场交易上千次，对赌市场会下跌，他的主要策略是不断频繁地在期货市场内下单又取消，大额的下单往往会引起量化交易系统的监察。比如大量买单的出现往往会引起一些量化买入盘的追随。而更多被买卖信号触发的交易下单会对市场现有走势起到加强的作用，最终可能引发市场交易盘的共振，出现闪崩式交易。但明显地，一个本金如此少的交易者没有可能背负市场出现1万亿美元损失的责任，他的操纵行为只能算是影响交易面的一个因素，而不可能是导致剧烈下跌的主因。

究其原因是，我们的现代交易系统其实是如此的脆弱。当市场经历了数天的下跌，引起了一定的盘面脆弱性后，一旦市场形成下跌趋势并自我强化，市场在下跌过程中其实并没有自动刹车系统。你会奇怪在剧烈下跌的市场中，这么多的交易机构居然没有足够的力量去阻止短线暴跌的发生，这类闪跌简直是在市场拾金的机会。也许太多交易机构信奉市场行为即合理的有效市场假设，总是假设市场的交易行为一定有其原因，而且很可能是我们不知道的信息，或世上其他地方有什么事发生。当大家发觉是虚惊一场，又一窝蜂地杀回交易市场，引起快速修复。这种市场失常直到今天仍偶有发生，只是程度不同，绝不是单一偶发事件。

读者要留意这种并没有真实交易意图的高频卖单现已被美国监管当局禁止。但规模较小的高频下单并撤单的诱导性交易行为直至今天在全球的期货市场仍非常活跃，因为监管者不容易有足够证据证明谁是真正想下单或只想操纵市场。近年，众多的股市或交易所基金出现闪电崩盘事件，反映现代金融市场即使在系统化及自动化交易主导下，仍没有可能排除交易性风险，平日作为稳定器的期货及衍生产品市场在极端市况就会变成市场风险的放大器。

目前A股的参与者，尤其个人交易者较多用期货或期权等去加杠杆，而不是用来对冲风险，波动率似乎并不如理论般下降。当将来引进更多国际资本，并开放更多期货及对冲工具给境外投资者交易时，有可能加强期货在资本市场中风险管理工具的角色，当然也难保外资来到中国后跟我们一起玩牛熊乱舞，不过以目前进入中国资本的建仓方式来看，是偏向长线投资的。

期权交易

期权就是金融市场中的投资工具保险，但与保险公司卖出的商业保险不同，投资者不只可以选择买入保险，而且还可以卖出保险。而且期权这种风险控制工具同时提供市场上升保险和市场下跌保险，你可以买入下跌保险去保护你的投资组合，你也可以买入市场上升保险去获得市场上升时的利润。当然买保险就要付费用，这个费用就是期权金。

市场上只有上升保险的认购期权和下跌保险的认沽期权，看似结构非常简单，但是不同的行权价、到期日以及以多种期权组合的交易策略则是千变万化，一大本厚厚的教科书也解释不完，我只会集中解释利用期权去降低投资风险的方法，有兴趣更深入研究的读者可参考期权交易的专门书籍。比如劳伦斯·G.麦克米伦的《期权投资策略》，以及CFA协会推出的期权相关教材。相对股票投资书而言，期权类书一般来说艰涩难懂，因为书中总是充满令一般人非常痛苦的复杂的数学模型。该类书相关的书评者不是金融行内人士就是退休工程师之类，对一般人来说，那些数理模型实在太难懂。

但是就算你完全明白了影响期权定价的因素，也认知不到真正影响期权获利的是相关资产的波动，而不是量化计价模型本身，相关资产的变化有很强的幅度及变化时间不可预测性，投资期权的人实际会用很复杂的期权组合去控制最大风险以获利，问题就出在降低风险后回报必然降低，如果要用期权获取高回报人必须利用极低发生概率的事件获利，或者承担巨大的潜在风险，所以在投资界内也没有听说过有什么期权大师能以交易期权发家致富成为一代交易大师。就算有获得一定利润者，其获利的方式并不可以复制，因为期权涉及准确交易时间的计算，可是波动发生时间根本难以事前预计。所以股票界有巴菲特，债券界有曾经叱咤风云的格罗斯，宏观交易有索罗斯，期权交易能广为人知的却不是成功的传奇投资者，而是巨亏事件中的交易员，如1995年的巴林银行倒闭，2004年的中航油破产，2007年的中信泰富的巨亏等全都跟期权合约交易有关。对个人投资者而言，期权是一个重要的风险控制工具，但使用不当却会变成巨大的风险来源，今天的金融市场交易已经不可以无视期权及相关衍生工具对市场的重要影响。我尝试用最简单的方式令大家理解期权运作，期权其实只有两种简单的结构，就是认购期权和认沽期权。

期权的条款

期权的条款可以分为美式或欧式两种，同一交易所会同时提供美式及欧式期权产品交易。美式期权可以在任何交易日行权，行权机会大大上升。欧式期权只能在到期日行权。在金融市场上，较多股票期权采用美式期权，因为期权的行权弹性较高，对交易者而言较有吸引力，而交易所的指数相关期权交易较多采用欧式期权，只有到期日才能行权。

期权的交易场所

期权交易可以在交易所内进行场内交易，这类期权多有合法的主力控制，期权主力（Market Maker）为期权提供报价并提供流通性。但当市况波动时，主力会把期权的买卖报价价差（Bid-Ask Spread）大幅拉大，令交易及平仓的成本上升，一般投资者并无必要参与期权及衍生产品交易。但认识使用期权交易的风险及利弊对完整理解金融市场运作非常重要，而且我希望大家认识到卖出期权策略如没有一定的对冲防护，可引起灾难性结果，不要因为看了某些书说卖出期权好像定期收租那样就头脑发热。在金融市场，无知或一知半解的代价有时非常严重，尤其是在期权及衍生工具市场。不少理应深明交易原理及风险的大型机构也曾在此类交易上蒙受巨亏，甚至引起倒闭事件，更不用说普通的个人投资者了。

期权的价格状况分类

价内期权（ITM）。相关资产价格高于期权的行权价，期权的价格会较高，到期时期权较大可能仍有行权价值，比如股价是150元，行权价是145元的认购期权就是价内期权。

平价期权（ATM）。相关资产价格等于期权的行权价，期权的价格会较便宜，要视资产价格有没有上升才能判断到期时期权的行权价值。比如股价是150元，行权价是150元的认购期权就是价内期权。

价外期权（OTM）。相关资产价格高于期权的行权价，期权的价格会更便宜，资产价格到期时必须大幅上升才有行权价值。比如股价是150元，行权价是155元就是价外期权。

影响期权价值的因素

期权的价值由两部分组成：

内在价值

内在价值即资产价格高于/低于行权价产生的内在价值，例如资产价格为150元，行权价为145元的认购期权，就有5元的内在价值。如果投资者立即行权，以145元买入相关股份，并在股票市场实时以150元卖出，就可以赚得5元的利润。当然绝大多数情况，期权金会高于内在价值，比如当时的期权金是7元，你选择了行权只能获得了5元的利率，却浪费了2元的期权的时间值，所以实际上期权的买家会选择在市场上沽出期权获得7元，而不会笨到立即行权。

时间值（Theta）

时间值即期权的纯粹保险费用。如果股份的价格没有变化，在到期日时，这部分的时间值就会变为零。换句话说，如果股票没有如投资者预期波动，时间价值最终会损耗并消失，就好像你买了股票市场意外保险，没有发生任何意外时，保险费自然就拿不回来了。

评估期权金变化（内在价值+时间值）的主要参考指标如下：

（1）对冲值（Delta）。

对冲值是指当相关资产变动1元时对期权价格的影响。对冲值在0至1之间，数值越高，相关资产上升时期权金上升得越快。如果对冲值太低，相关资产升跌期权也可能不为所动。通常快到期的价外期权，其对冲值会降至非常低，Delta可能只剩0.01。投资者必须要小心对冲值是动态的，比如股价持续上升，认购期权由价外变成价内时，对冲值就会快速上升，这时期权金就会快速上升，令买入期权的投资者获得厚利。同样道理，当股价持续下跌，认购期权由价内变成价外时，对冲值就会快速下跌，令期权金以极高的速度下跌，变成非常低甚至毫无价值。在如果期权在到期时仍处于价外状态，期权金的价值最终还是会变为零。

（2）伽玛值（Gamma）。

伽玛值是用来量度对冲值的价值变化的敏感度。简单一点说，就是当股价上升时对冲值上升的加速度，如果Gamma越大，Detla会随股价上升而增加的幅度就会越大。其实越价外的期权，当相关资产价格快速上升时，伽玛值就会跟随快速上升，期权价值对资产价格的变化就会越敏感。

（3）时间值（Theta）。

只要相关的资产价格不变，买入期权的投资者每天要面对时间值的损耗。时间是卖出期权投资者的最佳朋友以及买入期权投资者的最大敌人。统计数据显示，80%至90%的期权到期后都是毫无价值，卖出期权看似是比较容易赚钱的生意。有交易经验的投资者都知道星期五买入的期权耗损较大的时间值，因为没有交易的假日也会计入时间值损耗的。如果你星期五买入了短期的期权，星期一资产价格不变，就几乎会面对一定的亏损。当然，周末往往可能发生一些不可预知的事件，如政府的政策改变等等，较高的时间值损耗亦会补偿卖家承担的风险。期权交易中，你随时可以切换为买家或卖家，没有谁占谁便宜的问题。

（4）波动率敏感度指标(Vega)。

波动率敏感度指标(Vega)是量度期权价值相对相关资产的引申波幅或称为内含波动率（IV）。如果引申波幅上升，代表期权交易者认为相关资产未来一段时间有较大机会出现大幅上升或下跌的风险，所以他们卖出期权时需要较高的价格以补偿他们承担的风险。波动率敏感度指标(Vega)的升跌不会影响期权的内在价值，只会令期权的时间值上升。换句话说就是，因为承保的风险大幅上升，保险费因而加价，买入期权作保护的时间值损耗会大幅增加。

（5）市场利率敏感度指标(Rho)。

这是量度借贷成本上升对期权价格的影响的指标。如果市场的利率上升，代表了借款买入股票的成本上升。比如，认购期权提供了将来买入股票的权利，期权投资者节省了直接借钱买入股票的财务融资成本，所以当市场利率上升时，期权的时间值也会因此上升，尤其年期越长的期权影响越大。如果市场的利率保持在低水平，市场的利率敏感度的因素就可以忽略，但在加息周期中买卖长期限的期权必须要考虑到市场利率变化对期权价格的影响。

（6）更多影响期权价格的因素。

预期派息影响。投资者会把预期派息的因素计入期权的价格之中，如果股票的现价是 60 元，预计一星期后会进行派息除权 2 元。如果其他因素保持不变，股票在派息除权后只会变成了 58 元，期权的投资者就会考虑这 2 元对期权价格的影响。比如认购期权的价格会降低，以反映预期价格受派息影响下降的影响。

在股指期货中，某些月份会有较多的上市公司同时进行派息除权，这时相关的股指期货就会出现贴水现象，即股指现货价格明显高于期货价格，但这种升水并没有什么套利空间，因为到月底结算时，股指受到除权的影响已反映在现在的期货价格之中。这种股指期货的贴水直接影响到股指期权的定价之中，所以投资者要留心除权影响，不要以为自己捡了市场的便宜。

交易对手风险。期权投资者还要留心交易对手风险，不过大部分的个人投资者都会选择在交易所内进行交易，一般情况下，交易所会保证交易成立，大多数情况下不用担心你的交易对手会出现巨亏跑路的情况。但是很多时候，场外期权就没有交易保障了，如果你的交易对手是某一机构的子公司，万一交易出现巨亏，大不了出现子公司在亏损所有保证金下最后破产的情况，因为有独立的法人地位和有限债务责任保护，母公司正常情况下没有责任为子公司偿还超额债务。同样，那些对冲或私募基金等交易对手万一出现巨亏超过100%本金后，如果是场外交易，基金破产清盘后，交易对手无力偿还欠款也是无法追回的。

影响期权交易的盘面因素

影响期权交易价格的因素非常复杂，除了理论上的价值计算外，也要留意交易盘面的因素。因为期权的交易往往并不活跃，很多股份期权的买卖差价非常大，可以超过期权金的5%~10%，即你买入后很快卖出就已经损失了5%~10%投资金额，而且一旦市况波动时，买卖差价会进一步扩大。所以，除了股市指数以及流通性好的个股外，一般个股的股票期权交易成交量不大，投资者不容易有效地利用期权去建立策，有时投资者会以成交较活跃的股票指数的期权作间接风险对冲，而不是直接用相关股份的期权作对冲。

投资者必须留意期权交易最具杀伤力的都是相关资产的突然大幅度变化，如果你在交易前没有为投资制定完整的对冲计划，可能出现超出预期的巨额亏损，必须要小心利用这种风险控制工具。由于期权金的实际计算方式比较复杂，而且交易系统已经可以自动计算价格，有兴趣的读者可在附录中参考相关的统计学概念以及数学模型。

是否深入理解当中统计学概念以及数学模型在实战交易中并没有多大价值。

认购期权

认购期权提供买家在指定时间内以指定价格（行权价）买入股票的权力。简单而言，就是买了股价上升保险，提供你在股价上升后仍可用较便宜的指定价买入的权利。不过，如果股价没有高过行权价，认购期权就会变得毫无价值，买入认购期权后，你最大的投资损失就是你的期权金。

打个比方，如每加汽油的价格都不太相同，如果油站跟你说油公司有个新服务，客户可以买一张一个月期的汽油定价金卡，只需付20元就可以锁定下个月200公升的汽油价格固定不变，如果每升油价升了0.3元你就能省下下个月的油价开支40元（200升汽油×0.3元-20元金卡成本）；如果油价下个月反而下降，你也不过是损失了20元而且已，无须付出任何额外的损失。可能有不少朋友在油价上升周期都会有兴趣买一张这样的金卡，其实这张金卡的金融功能，就差不多等于衍生工具中的买入看涨期权。你只要付出期权金(20元金卡成本)，就可以锁定一段时间内(一个月)想买入的投资目标物(200升汽油)的最高买入价格。如果金卡可以转手，当油价上升时，你那张只用了20元买的金卡视汽油价的上涨幅度，就可以40元、60元甚至100元卖出，变成倍数获利。买入了金卡为了转手图利投机，就等于买入认购期权投机。

在金融市场，投资者亦可以选择卖出认购期权，如果股价没有升高过行权价，你就会赚得全部的期权金，但一旦股价急升，你卖出看涨期权，可能会面对巨额亏损。没有对冲保护下，亏损金额可达数倍以至数十倍高于期权金，是极高风险的交易行为(见下表)。

相关资产	阿里巴巴(BABA)	阿里巴巴(BABA)
买入日期	11月21日	11月21日
到期日期	12月21日	12月21日
现在股价	149.5	149.5
引申波幅	41.5%	41.5%
认购行权价	150	145
认购证买入价	6.8(卖价)/7(买价)	9.7/9.9

我们看上表中的美股期权例子，以阿里巴巴为例作解释。为了简化持有期权交易期间的对冲值、时间值、引申波幅等的复杂影响，我们先以到期日行权价值去判断使用期权与直接持股的差别。留意一下当时的引申波幅高达41.5%，即市场预期股份短期内大幅波动的风险非常高，因为2018年11月时，美股正好遇上大跌，而阿里巴巴已经自高位跌了超过20%以上。

直接买入持股

如果一个投资者想购入美股阿里巴巴1000股，要花费149500美元，但又担心阿里巴巴的股份可能会下跌，他期望的可接受的损失是7%。设想投资期大约1个月时间，他可以直接买入阿里巴巴股份，不用任何风险对冲工具，花费大约149500美元，美股佣金很低，低于50美元的交易成本几乎可忽略。为了控制最大损失，投资者可以在交易账户设定止损指示价，一旦股价低于139美元(损失大约7%)就触发自动卖出。但市场连续报价交易时段股价触及139美元，你未必能在139美元这口价卖出，你必须考虑作出一些价格下调以成功与买盘配对，比如以138.8美元尝试卖出持仓，或者把止损触发价定在140.2美元，并以140美元卖出持仓。如阿里巴巴股份的买卖盘很活跃，流动性很好，投资者可分批以 200 股卖出或以 1000 股直接卖出成交，亦不会压低市场价格。如果真想止损时，千万不要想省 0.1~0.2 美元的差价挂出被动卖盘，你必须果断地以市场当前的买盘价直接成交，为了这一点的差价可能错失卖出的时机，最终引起巨大的损失。

如果你买入的不是阿里巴巴而是流动性差得多、每个价位的买卖盘只有数千美元价值的股票，你十多万美元市值的持仓需要卖出即日止损，必须小心地分批按卖盘价卖出。而且交易小盘股的人往往十分精明，他们资金量少却对交易状况很敏感，一旦发现有较多沽盘持续吃掉买盘，他们会迅速把买入价调低，测试卖家的底线，当你想较快止损时，很难避免不去压低了卖出价就平仓出逃。所以选择投资目标时，充足流动性往往是专业投资者的重要考虑。

要留意市况波动时有时市场会出现滑价情况，即市场突然从价格 140.3 美元一口价下滑至 139.5 美元，这时你的自动卖出指令设定 140 美元送到交易所时已无法对盘成交，因为市价已是 139.5 美元，除非股价回升或你打算更改卖价，否则你的交易盘在当天已是不能成交。如果股价再次下跌，这可能引起远超 7% 金额的损失。

如果当天开盘前出现了业绩大幅低于预期等情况，或出现重大不利消息，股票市场开盘的第一口价已经大幅下跌投资者即使设立了自动的止损指令其实还是有超额损失的风险。比如你是 149.5 美元买入了股份，某天出现了不利情况下，开盘价已经低至 135 美元的报价时，你的止损指令就会无法保护最大的损失。比如当市场低于 139 美元时，你的自动卖出价为 138.8 美元，而当前的市价只有 135 美元，你的卖出价 138.8 美元变成远高于市价 135 美元，所以不能成交。你必须相机决定要么实时卖出，中止损失扩大的风险，要么等待看看股价能否重返较高位再卖出，但同时承受股价继续下跌的风险，最终可能令亏损持续扩大至不可承受的程度。

投资者如果采用认购期权作为直接持股以另外的一种投资选择，方法有利也有弊，我们来分析一下。

认购期权策略

(1) 可以买入行权价 145 美元的购期权，只要花费 $9.9 \times 1000 = 9900$ 美元的成本，由于现在市场价高于期权的行权价，这种期权称为价内期权，这种策略称为认购期权策略。阿里股价在期权到期日前升穿 145 美元期权就会维持内在价值（股价-行权价），如果一直持至到期日没有卖出，你的最大损失就是全部期权金 9900 美元。比如阿里股价跌至 130 美元，你持有的期权的损失最大只是 9900 美元，而不用损失 19500 美元(计算方法：[(149.5 买入价-130 卖出价)×1000 股])。

如果直接持有股票，只要阿里的股价没有下跌，一直维持在 149.5 美元。你一直持有股票就不会出现账面盈亏。但是如果使用行权价为 145 美元的期权作交易，阿里到期日股价维持在 149.5 美元，你手中期权的价值只剩 4500 美元(计算方法 [149.5 现价-145 行权价×1000 股])。你以 9900 美元买入的期权到期时就只剩下 4500 美元。那不见了的 4400 美元究竟去了哪儿？其实那些不见了钱就是期权的成本，你可以视为购买股票上升保险的成本。如果你认为期权市场这些保费很好赚，没有人阻止你卖出期权去赚这些保险金。期权市场是一个风险交换的市场，你可以选择自己充当保险公司去赚市场的保费或是买入保险博取利润，并不存在一方剥削另一方的情况，因为买方和卖方是可自由切换的(图 6-5)。

(2)也可以买入高于目前市场交易价 149.5 美元，行权价为 150 美元的认购期权，只需要花费 7×1000＝7000 美元的成本，成本会较方法一低，不过要阿里巴巴股价在期权到期日前升穿 150 美元，期权才有内在价值。例如若阿里升至 165 美元，期权的内在价值就会有 17500 美元，扣除买入成本最少可得 8000 美元账面利润。如果当时期权仍未到期，期权金因为还有时间值等多种外在价值，实际卖出的价格会比内在价值高。

其实只要以 149.5 美元的股价买入阿里股份，一个月到期后如果股价没有升跌当然不会有账面损失。但投资者买入了行使价 150 美元的期权却会在到期时把期权金 7000 美元亏掉，因为阿里股价在期权到期日前升穿 150 美元才会有行权价值，只要到期日阿里未能升穿 150 美元就会损失全部的期权金(图 6-6)。

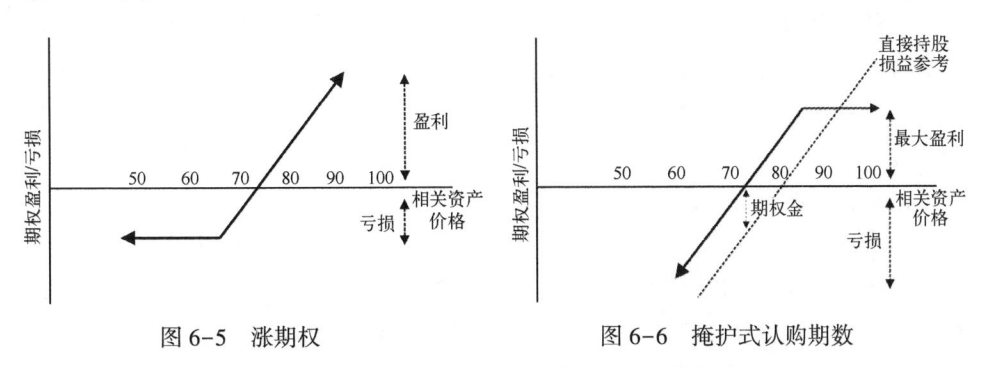

图 6-5 涨期权

图 6-6 掩护式认购期数

(3)持有阿里巴巴正股，并卖出价外的阿里期权赚取期权金，这种策略称为掩护性认购期权策略，这个方法的好处是可以收到一笔期权金，稍微降低持股的风险，并增加了在市况牛皮没有太大波动时的回报，代价是限制了在一定时间内的最大获利可能。交易方法是先以149.5美元买入阿里股票，并沽出一个月后到期行权价为150美元的阿里认购期权，获得7000美元的期权金；如果一个月后阿里的股价仍是149.5美元，投资者就可以获得7000美元的期权金利润；如果一个月后，阿里的股价大升至170美元，投资者只能赚取7500美元（[(170-149.5)-(170-150)+7]×1000股）的总利益，而无法赚得股票价格上升的全部收益。

　　认购期权除了用作投资组合风险管理，有一些公司亦会为其员工以及管理层提供一定数量的股票认股权，该认股权并不可以在指定日期前行权，所以员工必须要较长时间在公司工作才能获利，而且一旦离职后，该等认股权便会作废。对于优秀的员工而言，提供一定数量的期权作为长期工作奖励可能降低员工的流动性，留住优秀员工。一般核来说，这类期权的行使价往往会较现价高，公司的股价必须要有上升潜力，那些员工持有的期权才有真实的价值，所以不是什么公司发行一些期权给员工都代表有价值。

认沽期权

　　认沽期权提供买家在指定时间内以指定价格（行权价）卖出股票的权利。简单而言就好像买了股价下跌的保险，提供你在股价下跌后的以较高的指定价（行权价）卖出的权利。不过，如果股价没有跌过行权价，认沽期权就会变得毫无价值。就像买了商业保险后付出了保费却没有得到索偿，保单到期后当然拿不回保费，你买入认沽期权最大的投资损失就是你的期权金。

　　跟认购期权的原理一样，投资者亦可以选择卖出认购期权，如果股价没有跌低过行权价，你就会赚得全部的期权金，但一旦股票急跌，你可能会面对巨额亏损，亏损金额可达数倍以至数十倍高于期权金。这有点像你只收了别人100元的旅行保险费，却因旅程延误赔偿别人数千元的机票酒店费用。投资者必须留意在没有对冲保护下，卖出认沽期权是极高风险的交易行为。

　　如果你想买入100股阿里巴巴的股票，又担心股价短时间内有下跌风险，你可以选择以现价149.5美元买入正股，并买入认沽期权作最大损失保护，这种策略称为保护性认沽期权策略。比如你买入行权价为145美元阿里认沽期权，在一个月内的最大投资损失已被锁定，即使阿里的股价可能下跌至130美元，你的最大损失只是9700美元 [（现价149.5美元-145美元的认沽期权行权价+5.2美元的期权金成本）×1000股]。而不是买入股票后面对的直接价格损失

19500 美元[(149.5-130)×1000]。买入了股票价格保险后，投资者在期权到期前就可以安心持股，见下表。

相关资产	阿里巴巴（BABA）	阿里巴巴（BABA）
买入日期	11月21日	11月21日
到期日期	12月21日	12月21日
现在股价	149.5	149.5
引申波幅	41.5%	41.5%
认沽行权价	150	145
认沽证买入价	卖价7.4/买价7.2	卖价5.2/买价5

卖出认沽期权的巨大风险

当然，投资者也可以直接卖出认沽期权，可是风险就会非常大（图6-7）。比如上面阿里的例子，如果交易者以5美元单价卖出了期权，获得了5000美元的期权金，可是一旦阿里的股价在跌至130美元后被买入者行权。卖出期权的投资者的损失就会非常大，你收了5000美元却要赔偿别人15000美元。亏损了10000美元，损失可以远远超过本金。

有时甚至会出现只收了1元期权金要赔偿20元以上的惨况，比如2019年2月巴菲特重仓之一的卡夫亨氏（美股：KHC）宣布财报不如预期，并被美国证监会要求说明会计政策，第二天股价出现20%大暴跌。我们看看对期权市场的影响：2019年2月21日卡夫亨氏收盘价为48.18，股价只是轻微下跌-0.08（-0.17%），当日收盘时2019年3月15日到期行使价为47.5的认沽期权买卖价是（买入1.35/卖出1.5）。假设投资者成功以1.5卖出了期权，其损失都是非常巨大。2019年2月22日卡夫亨氏一开盘股价报价为35.85，行使价为47.5认沽期权买卖价升至超过12美元，如果前一天不幸以1.5卖出认沽期权而没有做对冲，一天要亏损超过700%期权金；如果前一天不

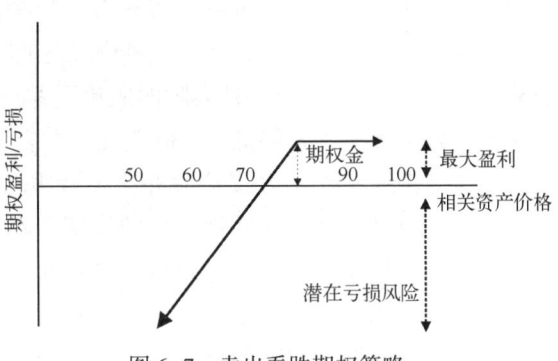

图6-7 卖出看跌期权策略

幸以 0.25 美元卖出了行使价为 42.5 的认沽期权买卖价是（买入 0.2/卖出 0.25），以 0.25 卖出价，开盘实时卖出的报价是（买入 7.3/卖出 7.7），如果你实时以 7.7 卖出。如果没有事前对冲部署，一天的损失可以高达本金 50 以上倍，这种单日亏损幅度实在是非常惊人。大家必了解卖出期权的风险非常高，多数卖出期权的投资者同时会有一连串的交易策略去对冲风险，比如同时买入更价外的期权以降低万一市场大幅波动时的损失。另外一点要留意的是，即使遇上如此大的跌幅，2 月 22 日一开盘，期权的引申波幅只是上升到 25% 左右，没有明显的大幅度上升，即期权金的暴涨是来自相关股票的下跌本身，而非时间值或引申波幅等其他因素。这亦是我为何提醒读者不要沉迷于那些期权计价模型之中，因为交易上真正影响获利多少的关键，往往是不能事前预计的相关资产价格波动。

当然反过来说，你若于早一天买入认沽期权就一天赚 50 倍了。但除了事前有内线知道，又有谁会大举买入低波动股票率远期价外的认沽期权，这种是 95% 概率也会亏损的笨蛋交易。即使你事前知道有坏消息公报，也没谁敢明目张胆在美国证监会眼皮底下对平日成交不算太活跃的个股买入大量认沽期权建仓或大举做空，这种内线交易者估计都是未领教过美国证监会巨额罚单滋味的了。

使用认沽期权保护持仓比设定止损交易大的好处是，你在市场价格深度下跌时仍然不用卖出持股，可以从容持有，静待股市反弹。如果你以 149.5 美元买入阿里，只设立了止损，在一个月内无论你设定止损在 145 美元、140 美元、135 美元、130 美元，都会被实际的股价下跌触发止损。而阿里的在 2018 年 12 月末阶段性低点刚好稍稍低于 130 美元，并在 2019 年 2 月初不足 2 个月内反弹至高于 170 美元。采用直接持股并止损者很可能止损后没有再买回相关股票，错过其后的反弹行情。而使用期权的投资者在期权到期时，仍可从容考虑是否继续买入新的保险或者认为主要风险已解除决定直接持股而不再对冲。在风险控制方面，采用直接止损或以认沽期权作保护的差别其实非常大的，实际交易上，买入了认沽期权保险的交易者大多不会直接行使期权，因为这样会浪费了一定的期权金时间值。他们多数会直接在市场上卖出相关期权平仓，然后把买入期权并沽出的差价计入期权交易收益，对冲直接持有股票的盈亏。

期权作为风险规避工具的特性

期权是金融市场中的一个重要的风险控制工具。但使用期权其中一个最大的问题就是成本。而且期权保护的有效时间也是一个重要的考虑因素，因为任何期权都有到期日。如果购买期权的有效时间越长，保费就会越贵，所以使用期权是一样很讲究时机的交易工具。如果市场风平浪静，保险费用会很低，但如果市场没有重大下跌风险不断买入保险，其实也会降低投资组合的回报。使用期权作风险控制也是一门交易的艺术，并不容易掌握。

期权的最大缺点就是交易成本高，有各种损耗成本。期权投机虽有可能获得数十倍厚利，但99%以上的高杠杆期权却面临着到期后变得毫无价值的风险。在牛市过程中，除非你感觉已经到了牛市到了尾部，否则买期权作保险只是浪费金钱。很少有个人以交易期权发家致富，即使偶有获利传奇，他把赚钱的方法告诉你照学也没用，因为期权策略只对应一段交易时间有效，而同样的时机及盘面却不可复制。有人在闪崩中赚了大钱，你照做几年也赢不了一次，往往首先破产。交易期权衍生产品的投行容易大发其财，因为他们往往先计好了对手跟自己的风险，平日会对交易做充足对冲，只赚手续费，在有明显赢面时才跟客户对赌。可是2008年时连期权交易专家的投行大摩也深受其害。当时因为对次按市场演变的严重程度出现判断错误，卖出了大量看似不可能被行使的期权产生非常大额亏损，真是"上得山多终遇虎"。希望个人投资者理解期权在市场交易中的风险控制作用，但千万不要沉迷其中，钱来得易去得也快。

进行股票期权交易时还有一个流动性不佳的问题。很多股票的流动性未必充足，相关的期权往往乏人问津，买卖差价极大，令更少交易者参与其中，形成恶性循环，令该股票的期权交易最终变成一潭死水。一般股票指数期权或大型个股才有活跃的交易生态。如果你买入了流通性低的期权，有时看似赚到了利润却无法找到交易对手平仓获利，选择直接行使期权又会浪费相当的期权时间值及相关损耗，也会相当无奈。所以投资者必须要考虑交易的流动性风险。

投资者使用期权可用作交易一些较大不确定性的投资项目，如果认为项目有一定的获利潜力，而期权金的成本仍在合理水平，可利用期权进行相关的风险控制手段，参与较高风险的项目。或者像认购期权一样，在持有股票后卖出期权，获得相应的期权金降低持仓风险，当然代价就是放弃了潜在获利空间。

期权组合的交易策略例子

一些活跃的投机者进行期权买卖是为了直接交易获利,并不是为了对冲相关实体资产的波动风险。常见的期权交易组合有数十个,我只选几个经典的形态作解释,尤其风险特别高的组合,旨在让大家不要被一些金融术语迷惑,以为一些很有气势的策略名称就是获利秘籍。其实不少商业上的巨亏案例就是由这些误导引起的,认识期权交易策略的风险对投资者进行风险控制是很有参考价值的。

零成本上下限期权策略(图6-8)

零成本上下限期权策略的核心是对持有的投资组合进行最大波动率风险控制。如果我们买入股票后,虽然可以获得上升时的回报,但必须承担下跌时的损失。但利用期权风险控制的策略,我们如果愿意放弃一定的潜在上升利润空间,就可以不用额外再花成本保护最大下跌风险。

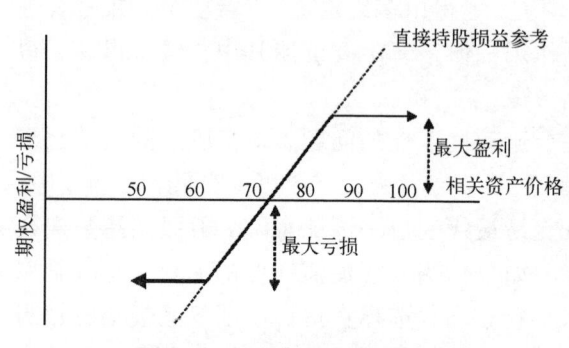

图6-8 零成本上下限期权策略

建立上下限期权策略第一步是首先买入目标投资的股票或投资项目,同时买入及卖出相关的股票期权去控制持仓的波动空间。投资者可以买入10%价外的认沽期权,去保障投资项目最大损失可能只是本金的10%,同时卖出10%的价外认购期权,这样获得了期权金收入的同时放弃了10%上升以外的潜在涨幅(图6-8)。在相同的时间及接近的引申波幅下,卖出期权的期权金可以抵消买入期权的期权金,投资者并没有直接付出金钱成本去买入这种投资保险,只是把投资项目在期权到期日前的最大波幅变成只有10%上升空间和10%的下跌空间。

投资者可视风险偏好调节期权组合,令上涨空间变为15%甚至20%,代价就是卖出的期权金会大幅缩水,无法抵消买入认沽期权的保险成本,投资组合要付出些较高的风险对冲成本。

不过,当你真实采用零成本上下限期权策略进行投资时,在持有的过程中的账面价值变化其实没有书本理论那么简单。因为当你持有的股票价格开始上涨时，你买入的认沽及卖出的认购两组期权都会同时出现亏损。投资组合的对冲值（Delta）同时被两边的期权对冲，组合的对冲值可能连0.3也不到，即股价升10%组合回报才只有3%，当股价出现快速上涨时可能感觉很不爽，因为总是市场涨得多，投资组合只能涨得少。

如果到期日前，目标的价格升至组合上限，这就是你的最大可能获利。你的免费股价最大下跌保护的代价是放弃最大获利可能，并且接受目标价格上升到上限时获利仍被拖累，在期权到期前的获利仍远低于直接持股的获利。当股价快速上升时，你手中的认沽期权会很快跌至深度价外并丧失大部分价值，但你卖出的认购期权仍有一定的时间值，而且期权在深度价内时往往成交并不活跃，有较大的买卖差价，直至认沽期权到期把认购期权的期权金完全消耗掉，或对方行权才能获得最大预期价格。所以这种策略只适合投资者预期股价长期上涨时采用。但短期有较大的不确定性令你不敢直接入市，所以大家要知道每一个组合式投资策略都是有潜在好处与代价的。

长仓组合

如果完全没有持有相关资产，直接买入看涨期权交易并卖出看跌期权，此策略就会变成了高风险的长仓组合。此组合的下跌空间非常大，上升空间也无限，其实跟直接在市场上买入期货或股份在短期获利上并没有太大的区别。

跨价长仓期权策略

如果把长仓的组合策略加以调整，就可变成跨价长仓期权策略（图6-9）。比如石油期货的现价是60元，如果买入65元的认购期权，只要股价升过65元就能赚钱，同时以卖出55元的认沽期权去取得期权金收益，只要油价下跌没有跌过55元就不会亏损。这等于不花费资金就能

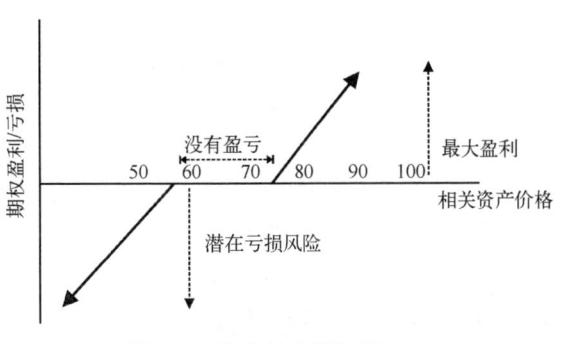

图6-9 跨价长仓期权策略

在市场中买入了油价上升保险，不用担心石油价格大升。以往很多中资公司建立期权头寸时采用了类似策略后亏得人仰马翻，甚至出现倒闭事件。看似

免费的价格上升保险，只需以少量资金投入就能控制上行风险，对采购石油、矿物量大的中资资源类公司或航空公司来说很有吸引力，问题就出在这种交易结构的下行风险非常大，可以倍数于交易的保证金，并且在价格下行时，一旦保证金不足被投资机构强制平仓，会造成重大损失。

因为资产的价格事前不可能预估，尤其商品市场，总是在某些年份非常暴力地升跌，而且波幅往往超越想象，这就造成巨亏的根源了。那为什么以往出现交易状况的案例不少都是中资机构的海外分公司？这中间可能涉及外汇管制问题。如果要直接对冲原料进口成本，最安全的对冲方式是直接购买一个看涨式期权，这样损失最大风险可以完全控制，只是会消耗较多的财务费用，好处是不会出现任何不能承受的风险。采用这种方式，有可能是海外分公司手中可作外汇的保证金并不充足，如果要对较大的贸易额作对冲，卖出期权获得对冲资金的交易方式优势在于资金消耗比较小，所以该类投资者有动机采用这种策略。

铁秃鹰期权策略

铁秃鹰期权策略是非常典型的期权组合（图 6-10）。特点是风险有限，回报有限，短期内的获胜机率不低的交易策略，主要适用于市况比较平稳的情况。由于损失有限，交易者遇上亏损也不会有重大损伤。

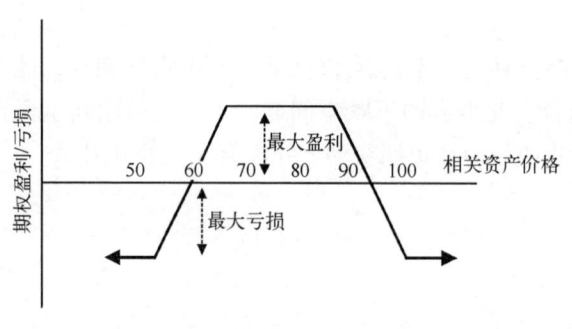

图 6-10　铁秃鹰期权策略

交易的期权组合有点复杂，首先要确定一个预计市场上下波幅水平，比如预期短期内市场的波幅是上下 7%，投资者会同时卖出一个较近价的价外认沽期权，市场不大跌超过 7% 就能获利，再卖出一个较近价的价外认购期权，市场不大升超过 7% 就能获利，因为市场只有上升、下跌或是横盘三种可能。所以这个组合中最坏情况只可能引起单边期权的损失，即市场要么大升超过 7%，或是大跌超过 7%，另外一边的期权金必然落袋平安，问题出在如果股份突然大升到 20% 以上，你卖出期权的单边损失可能是期权金的数倍，引起巨大亏损。所以投资者要为最大损失买保险，比如现价在 12%，价外买入另外一组更高价外的认购及认沽期权。这样万一市场单边暴走，你的总损失仍是被牢牢控制。不过要留意四组期权到期日必须相同，到期时结算，赚的主要就是期权的时间值。这种策略由于胜率较高风险有限，非常受交易者欢迎，只是回报比较有限，策略赚到的回报率远不如简单干脆地在牛市中直接持股——在金融市场中承担了较小的风险当然回报比较低了。

勒束式期权组合（图 6-11）

这是一种平静市况最易获利，市场突然波动可以亏到破产的高风险交易，同时卖出两个市价的期权。市场不升不跌就能获利，市场出现大升或大跌都可能会承受倍数于期权金的亏损。

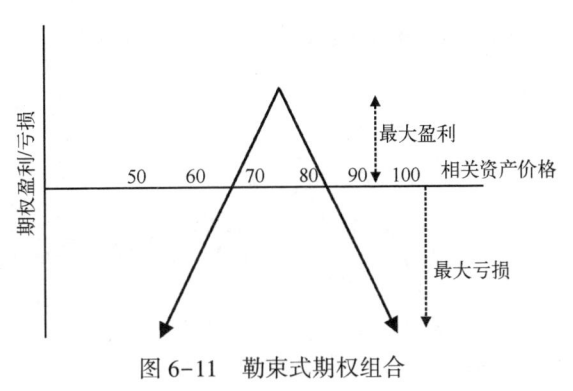

图 6-11　勒束式期权组合

✤ 1995 年的霸菱银行倒闭事件

1995 年的霸菱银行倒闭事件就是被这种策略间接引致倒闭的。1994 年底至 1995 年初，霸菱银行在新加坡期货部门的首席交易员兼总经理利森认为日经指数会稳定地于 19000 点附近窄幅波动，他使用勒束式期权组合（Strangle）在 19000 点上下 500 点附近大量沽出期权，却遇上了 1995 年 1 月中的神户大地震，日经 225 指数在地震头一天下跌了 1% 左右。随后，指数连跌四日，即从 19241 点开始跌至 17785 点。他面对账面损失加码买入日经期货豪赌日本股市会快速回升，之后日本股市真的开始反弹，并弹至 18850 点附近，可是接下来指数再也无力上冲，利森也没有选择平仓离场，而是越跌越买，因为赌徒在面对巨额损失时，认为只有赌下去才有可能挽回亏损，但最终利森也没平仓。到了 2 月份，日经指数已跌至低于 17000 点，结局就是利森留了一张"对不起"的纸条随后跑路，最后他因为涉嫌未经授权交易被捕，并被监禁 6 年。其东家的结果就不用多说了，曾经辉煌一时经营了 200 多年的老牌银行因被亏光了资本宣布破产，并最终以象征性的 1 新加坡元被 ING 收购。

如果把策略稍加调整，就会变成沽出勒束式期权组合（Short Strangle）（图 6-12），获利空间更少，但亏损幅度也稍低。可是一旦遇上重大损失，还是没法逃生。

蝶式策略

聪明的读者可能想到如果卖出了认购及认沽期权后，再买入两组更价外的期权来控制最大损失。这个策略就叫蝶式策略（图6-13），虽然盈利会因为买入了认购期权而减少，但能大大降低判断错误的风险。

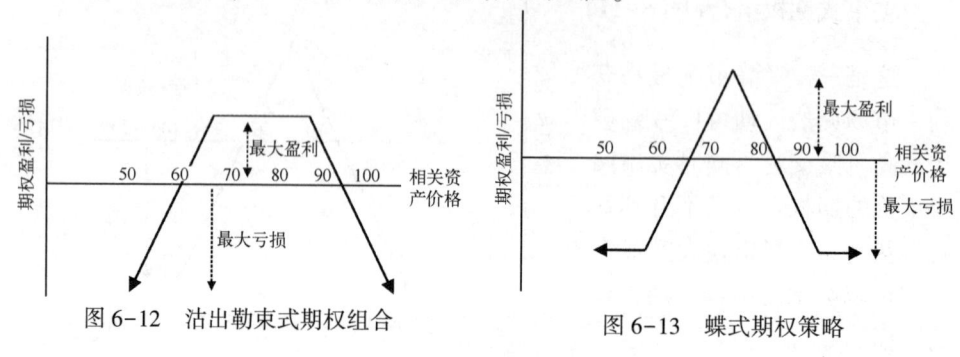

图6-12　沽出勒束式期权组合　　　　　图6-13　蝶式期权策略

我在这本面向大众投资者的书中介绍期权衍生工具这种并非普及的交易工具，是想在知识面上去保护大家，以免大家将来看了不知名的"期权交易好易赚"一类的读物，根据书中之法作出交易后出现无可挽回的损失。

再聪明的交易者也有判断错误的时候，有时当情况急转直下即使你修正了预期也难以挽回损失了，所以任何沽出期权的策略，都要把盈利中的损失封停，令最大损失可以控制。30年来美股只有1987年试过一次一天下跌20%，不过如果你卖出了一些看似不会被执行的价外期权，只要一个交易日就可能破产了。风险控制是本书的主旨，我会带你理解一些看似很易获利，其实却非常高危的风险交易，尽量规避或控制其中的风险。

认识VIX波动率指数

VIX是芝加哥期权交易所市场波动率指数，由于报价的交易代码是VIX因此得名。该指数反映美股标普500指数期权的隐含波动性。由于市场出现恐惧时，期权金的引申波幅会大升，因为投资者不愿在市场下跌时承担过大风险，必须要有很高的保险金作为愿意承保股市上升或下跌的保险，因此VIX指数会在市场恐慌时大幅上升，此指数又被称为市场恐慌指数。

VIX指数的数值是以年化百分比显示，反映出标准普尔500指数在未来30天的预期波动率。如果VIX指数为20，即代表市场预期未来30天的年化波动率为20%。

VIX 并不是领先指标，而往往是滞后指标。低的 VIX 不只是预示将来市场波动率降低，还直接影响到投资者的对冲成本，鼓励更多投资者在便宜的保费下买入相关指数，间接推动价格上涨。所以 VIX 不是预测市场走向，而是影响市场的走向，直至新的因素出现，打破市场上有更多投资者可以不断积累买入的现象。如果你观察目前的 VIX 指数与美国股市表现，你会发现当市场波动 VIX 走高后跟市场进一步的变化没有明显的关系，反而市场暴跌后，如果 VIX 不断走低，市场就比较易出现阶段性筑底现象，因为交易者可以较低的期权保险成本捞底博反弹，这会间接地导致市场上的买盘增加，对价格形成支撑作用。

VIX 是一个新概念，在 2006 年才开始有 VIX 期权交易。VIX 期权跟传统期权的区别是面对非常偶然的风险事件时保费往往更低，因为 VIX 一整年也未必有一次高于 40，大部分时间平静的波动率低于 15，在 2017 年股市单边时更经常低于 10，即市场预期每月波幅低于 2.887%。这种超低的保费助长更多人买入美股相关资产，形成非常罕见的毫无重大波动的连续上升形势，直至市场的买入力量累积太大，长期的稳定性终会被不稳定打破，原理就同借贷形成的繁荣最终会出现明斯基时刻(资产价位崩溃的时刻)一样。

2018 年 2 月，美股突然短期内出现大暴跌，引起了卖出 VIX 相关产品在没有足够的对冲下严重亏损，并引起了相关交易所票据单日暴跌超过 90%，令许多投机者几年来卖出期权的获利一朝化为乌有。2018 年 12 月美股再次出现幅度更大的暴跌，但 VIX 指数在 12 月末开始掉头回落后，美股也迎来巨大的反弹。而且投资者如果留心在指数下跌的日子里，VIX 指数仍是下跌之中，代表期权卖出者预期后市的波幅会降低，间接地为股市的投资者作出实质的廉价保费作支撑，美股以非常罕见的速度只用了 2 个月就收复失地，媒体可以归因美联储加息预期改变，中美贸易摩擦放缓，这些因素应该影响一天、一星期的行情，但持续了数星期不间断的反弹，只要投资者认定市场会升回下跌前的水平，投资人又担心自己的判断错误担心买入保险对冲万一市场再跌穿上次低位的风险。当期权市场保险不断下调，会间接增加买入资金的力量，对市场反弹的助推作用功不可没。不过当市场恢复平静，VIX 在一定低水平波动并不能预示未来行情是上升还是下跌，只代表市场预期的波动率降低。不要高估 VIX 的预测能力，没有人能长期正确预测股市，波动率市场也没有像水晶球般的预测力，波动率市场投资者在面对突然改变的市况时往往被杀个措手不及。

✤ 2018年美国XIV交易所买卖票据的大暴跌

美股由瑞信发行的XIV交易所买卖票据(ETN)，在2017年大幅跑赢美国主要股市指数，靠的就是卖出波动性风险保险(即VIX期权)策略。

大家都知道VIX指数反映标普500指数的波动性，理论上如果股指的波动性越少，VIX指数就会越低，在市况波动小的时候，市场的总体波动率在稳步下跌之中，只要美股一直缓慢上升，虽然偶有波动，但过了一段短时间波动会平息。由于较远期的期权会面对较大的市场波动风险，定价会较高。只要没有发生重大风险事件，随时间过去卖出VIX期权并不断展期，卖出VIX期权就几乎变成看似成为稳赚不赔的生意。由于美股持续上升，VIX波动性在2017年大幅下跌，由往年平均的15~20区间跌至2017年末的8~10历史最低波动区间，XIV基金也水涨船高，年内上升达100%以上，大幅抛离股票指数涨幅，全盛时期有超过20亿美元以上的资金投入其中(图6-14)。

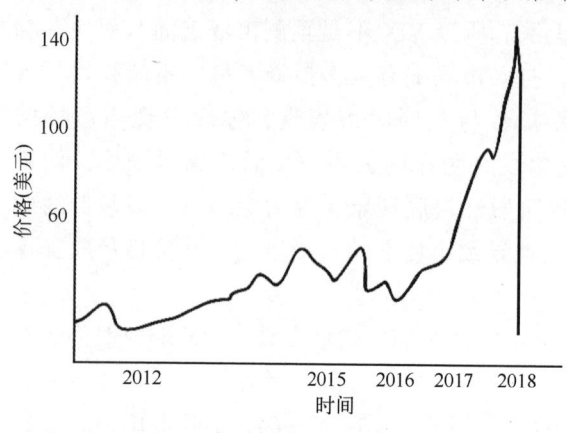

图6-14 美国XIV票据主要趋势

其他以卖出VIX期权相似模式赚大钱的投资者不计其数。可是由VIX波动率指数的卖出者太多，价格基数变得太低，一旦波动性突然上升(如由10升到20)，单日的VIX指数上升的幅度就可能达到100%或以上，引起基金的交易仓位会出现重大损失。2018年2月美国出现短线暴跌，VIX指数由历史低位在短期暴涨数倍，XIV票据出现巨额亏损，价格单日暴跌90%以上，并由于亏损过猛，XIV在2月份当月结束营运。而最可怕的是事件发生后的第一个交易日开盘时，XIV价格已跌去近90%，买入了的交易者完全是逃生无门，投资XIV的买家在2月末产品结束时，最终只能收回暴跌前大约5%的价值。

股票衍生产品相关交易工具

由20世纪90年代开始在投资银行大卖的衍生工具交易产品，一直发展到

第六章 对冲，投机，期货及衍生工具交易

今天，可交易的品种和工具已经超越我们的想象，或者说只有你想象不到的，没有你交易不到的。如果你钱够多，又有天马行空的交易想法，跟投资银行商量一下，他们充满创意的衍生产品经理只要认为跟你对赌有很大的胜算，会非常乐意地制订全新的合约跟你对赌。美国次贷爆破前，债券市场用作对冲风险的信贷违约掉期（CDS）都是由投行客户提出，然后投行根据客户需要制订出来——只要投行能获利的工具，绝对可以无中生有去创作，更何况股票类这种已有交易所上市相关主体，市场有良好流动支撑的衍生工具，投行只要赚取无风险差价及销售佣金已经能获厚利。不过话说回来，近年的竞争大，投行的获利难度不断加大。由于衍生产品有众多不同的结构、时限、条款，并且极其复杂，本书只对一般散户投资者较有机会接触的衍生工具产品作简单介绍。

股票挂钩票据（ELN）

股票挂钩票据是散户投资者能接触到的股票型衍生交易工具。一些银行及金融服务机构也会提供 ELN 的投资服务。其实 ELN 是一种沽出认沽期权的结构性衍生工具投资产品，投资者买入股票挂钩票据时，很多时候并没有买入真实的股票，而只是卖出一个指定到期日的价外认沽期权（图 6-15）。

如果到期日前你卖出的认购期权被行使，你要以行使价买入相关的股份。举例来说，现在你买入某股票的现价是 100 元，如果你认为股价未必大升，但又不担心股价大跌，并愿意长期持有，你就可以选择买入相关的股票挂钩票据，比如接货价为 95 元，如以年利率 12% 计，你两个月的持有期大约有 2% 的本金增值。

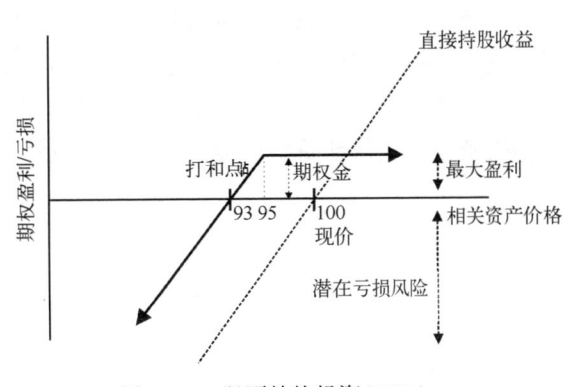

图 6-15　股票挂钩投资（ELN）

如果到期前你要接货买入相关股票，你会比现在实时买入的损失少了 5 元及大约 2 元的利息，成本降低了 7%，大约为 93 元。但代价是潜在收益也大幅下降，如果同期股价升了 5 元，你却只能赚得 2 元的收益了，降低了风险的代价自然是降低了投资回报，这是金融市场的风险与回报交易的必然规律。如果一只股票的引申波幅越大，同等行使价下期权金就会越大。不要贪最高息的股份，因为短期交易中期权金可能只有本金的 2%~3%，却要抵受一个

投资的机会在哪里

月20%~30%的波幅,风险非常高,如果要冒这么大的风险,就失去了在平稳价格下赚保险费的初衷;真的要冒如此大风险不如直接买股票,至少回报也不低。

一些投资者可能奇怪,为什么投资者不直接在市场上卖出期权,这不是更简单直接吗?为什么买入ELN只要投资账户,期权却需要开立期权交易账户,而多数零售银行都没有提供对散户投资者来说较高风险的期权交易服务?因为买入ELN你必须要准备充足的本金,由于本金充足不存在要追加保证金或爆仓的情况,还有一个因素是ELN可以是场外的期权,交易所不一定交易得到的较冷门股份,只要找到交易对手就可以订立合约。

股票挂钩票据是一个承担相当的股价下跌风险,却只能获得有限回报的交易工具。投资者愿意并有能力以比现价稍低价格买入股票,期望收取较定期利率高的回报。投资者卖出了认沽期权,实际上只是承担了股价下跌的风险,你的交易对手也没法分享股价上升的利润。因为交易对手只是买入了你的认沽期权,他们也不会因股价上升而获利的。有时候是衍生工具的发行商利用ELN投资可较低的引申波幅去对冲他们总持体仓的风险,以达至接近中性持仓(Delta Netural)。ELN投资工具能在市场经历牛熊周期,存在这么多年总有其发挥作用的地方,这种工具令一些资本金充足的投资者间接参与衍生工具交易市场。而且由于投资者本金充足,最大亏损风险有上限,不会出现在没有充分对冲及本金准备下卖出认沽期权,引发亏损超过本金的惨剧。ELN投资者最坏的情况也可能遇上个股大暴跌,令资本金受到较大损失,最坏的情况挂钩的股份不幸遇上长期停牌,并且最终摘牌。所以投资ELN亦要切忌集中单一个股投资,亦不应占总资本过大的比重,以控制最大亏损风险。

累计期权合约

累计期权合约(KODA)是在2008年金融危机发生后令很多专业投资者谈之色变的投资工具(图6-16)。这是一种比较复杂的结构性衍生产品投资合约,合约可以和任何可金融大类的产品进行交易,比如外汇、股票及商品等,产品的本身是中性的,有一些投资界

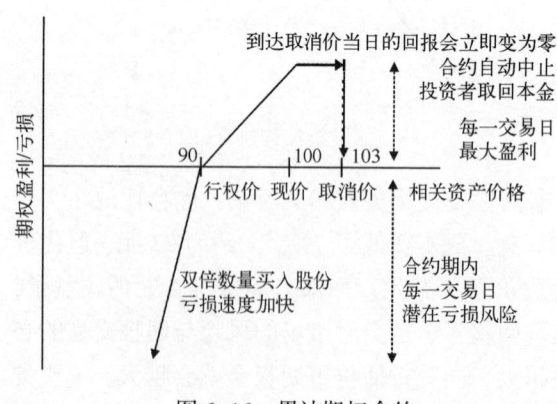

图6-16 累计期权合约

第六章 对冲，投机，期货及衍生工具交易

的人士认为该产品被戏称为"我迟早宰了你"只是看到其负面，在平静的市况下，这种合约能很好地获利，甚至比直接持有股票可能获利更高。累计期权合约曾经在香港大行其道，最大原因是2008年金融危机前香港的股市出现长时间的上行趋势，不断的卖出期权看上去就好像一门没有风险的生意——前提是风险并没有发生！

累计期权合约设有取消价，如果股价上升超过一定的程度，你的买入合约就会自动中止。不过，如果价格下跌并低于行权价，你便要在合约到期前不断以2倍甚至4倍去买入股票。例如你想买入的股票现价为100元，如果使用累计期权合约每天买入1000股，你就可以不断以90元的价格买入股票，每天可以获利10000元，感觉就好像开动了印钞机。不过只要股价升至103元，合约就会自动失效。所以获利的关键是你买入的资产千万不要大幅下跌。因为无论跌至什么低价，你也要以90元买入，如果股价只剩下50元，你也要以90元买入，而且是两倍合约数量每天要强制买入2000股，每天亏损80000元。而且合约期往往非常长，比如250个交易日，如果每天要亏8万元，一张合约可能亏2000万元以上，而且想想股价还能再创新低，还未算交易费用，估计都要哭晕在地上了。

这种合约下你的交易对手亏损有限，盈利却无限，但问题是只要市场没有大幅波动，交易对手也会承受一定程度的亏损，并不是必赚的游戏。其实买家和卖家都不知道市场走势会在近期驶向那一个方向，别老是道听途说有人能准备预测市场走势。卖出累计期权合约交易方的目的是持续参与合约，令时间成为对自己有利的因素，因为就算亏损了3年，只要有一年市况逆转，就可大赚一笔获利了，只要培养了交易对手不舍得离场的习惯，亏掉的钱最终可以赚回来。而且卖出合约的一方也可以轻易作出对冲，因为最大损失风险受控制。而且若场内交易的期权引申波幅较高，卖出价外的认沽期权已经能获得很好的期权金，可以轻松补偿买入合约（买家）的获利，不一定要冒风险从交易对手那去获利。不过如果你经常地赚钱，却从来没想过交易对手是怎样获利的，为什么愿意一直亏，你就很可能将来还得把赚到的钱连本带利奉还市场，因为你没有意识到自己已经处于风险之中。

当你不断卖出超过自己本金承受力的保险，乐此不疲地进行交易，终将在市场逆转时付出沉重的代价，甚至远高于自己的总本金。一些2008年金融危机前的富裕家庭，就是因为参与了这种类的衍生工具合约而最终破产。即使机构投资者中信泰富也因为2008年买入了累计期权合约企图对冲澳元外汇风险，最大对冲得益只有4.3亿港元，却意外地承担了澳元因为大幅减息兑美元大幅下

跌20%的巨大外汇风险，最终因合约损失了143亿港元。如果读者一直看完这本书，你就知道了多少机构掉入了衍生工具的交易陷阱。如果你自己不是自愿走进陷阱之中，没有人会逼你进去，可是这么多年过去了，掉入了衍生工具尤其是期权交易最大亏损陷阱的中资机构不计其数。不理解金融，却热衷交易，始终是巨大的风险来源。无论是机构还是个人，不要高估自己预测市场的能力。做好风险控制，把每笔投资的最大亏损可能做好控制，才是金融交易的长久之道。在金融交易的市场，风险和回报其实并不成正比，如果交易时故意忽略一个看上去很低概率的风险，最终可能出现风险的就必定由这个交易部位引发。

一旦买入了合约，就不能随意中止。唯一的逃生方案，就是当市场反向大幅下跌的初期，你奋力买入不同到期日的认沽期权去对冲，只要市场继续下跌，你的总损失就能在一定程度被控制。这是危机中最大限度"解毒"的尝试，问题是当市场的波动率上升时，期权金往往非常高，而且差价巨大，要对冲也并不容易。很多投资者已经失去了自救的勇气以及执行能力，在亏损的时候还要先花钱对冲令人非常痛苦。除非市场突然快速回升，否则这已是无办法之中最佳的选项之一。对一般投资者而言，如果你事前没有完整的风险控制计划，最好一开始就不要参与其中。

累沽期权合约

累沽期权合约，其实就是累计期权合约的反向版。持有股票的投资者，可以每天用比市价更高的价格卖出股票，如果价格上升并高于行使价，投资者要以行使价卖出双倍数量的股票，如果股价跌穿取消价，合约自动中止。如果投资者本身没有持有足够的正股，一旦股价快速上涨，亏损非常惨重。使用累沽期权合约的前提是你预计股份不会大升，同时你有充足数量的真实持股可供卖出。

我为大家介绍这些复杂的衍生工具合约，是为了提醒大家使用金融工具合约的风险，如果你确定能承担最大的损失风险才可作交易，就算亏损了，最大风险仍会是预期之内。如果你不理解合约的最大风险，承受了自有资本不能承担的风险，在市场突然大幅转变时，可能引起灾难性的结果。

期权市场的预测能力

期权市场是一个偏向以统计及数据量化为定价根据的市场，有时会低估一些价格波动的风险，除非是一些有明确风险的日子，如公司的业绩公报，美联储公报议息日期，美国总统大选日期等会增加风险溢价，否则期权市场对一些非量化因素的风险变化往往并没有明显的前瞻性行为。比如一些事件已经开始发生，市场正在出现初步趋势，但近期价格的波动率未明显上升，期权市场有时会对人们认知上较明显的潜在上风险升视而不见，卖出期权者可能会低估风险发生的可能。交易者可以观测到交易对手报价评估系统的缺失，加以利用并考虑买入相关期权。

举一个简单的例子，A股市场总是在一段沉寂的行情然后出现井喷式行情，而这种市场买盘的涌入时间非常集中，而以市场近期价格波幅统计为报价基础的交易系统有时会低估了实际波幅，在A股出现强劲拉升行情的2019年2月日，期权市场对A股深沪300指数的引申波幅估计仍只有20%左右的水平，即预计当年A股的总体上下波幅只有20%，一个月的预期波幅只有5%多一点，这样的年化波动率计算用在短期期权交易时就会大幅低估短期内的潜在波幅，买入中短期的期权交易胜率就会大幅上升，该月的实际波幅达到14%。2019年2月25日，A股出现了井喷式行情，一天上升了5.6%。因为A股有很强的趋势自我加强特性，单向波动风险明显加强，而期权的报价有时并没有考虑相关特性，否则引申波幅不会停留在原水平，到了月底时引申波幅才上升到30%左右的较高水平，所以投资要留意一下期权市场因为太依赖量化，只有较弱的趋势预见性，无法利用期权变化评估后市变化的。

如果以低价在美股卖出了深沪300基金相关认购期权的交易者就可能会遇上重大亏损。美股的深沪300基金（美股：ASHR）到期日为2019年的4月的相关的看涨认购期权，未平仓合约的总数有数万张之多（每张100股），2月中时的引申波幅大约在20%水平，相反同期的认沽期权基本乏人问津。在期权这种零和市场有买家就必须要有卖家，问题有谁能事前知道A股就是会在2019年4月前大升。相信敢于买入交易者就是押注在中美贸易战缓和后续上升的可能性，而且一月份上升趋势已明显，只是波幅仍有限，他们押注于A股历史上经常出现的单边走势行情。当然这中间仍有很大的不确定性，风险仍是非常大，但对能承受高风险的投机者而言这种预期回报高于风险的投机项目是很有吸引力的。

有时期权市场又会出现一些异动，比如前面提过2019年美股期权的异象。正常来说较近期的期权因为面对风险时要作出的损失与回报不成正比，往往波动率定价会较高。如果远期期权的波动率明显大幅高于短期波动率，比如2019年3月纳斯达克指数从12月的低位大幅回升时，1年以上长期期权的引申波幅超过1个月的短期引申波幅5%，这就代表了市场上的期权卖家察觉到风险的存在，而买家也接受这种风险定价。因为只有卖家加价没有买家是形成不了市场的，既然保险的买家也愿意付出较高的保费，你就能明白有些风险已在被市场预期之中，只是会不会发生、什么时间发生及波动的幅度大家就不能准确预计了。投资者应该参考期权市场的警告信号及早作出部署，避免投资组合承担过大的风险。

对冲与止损

除了使用期权对冲持仓风险，交易者有时亦会使用止损来控制风险（图6-17）。但是频繁止损也是导致交易亏损的一个重要原因，交易者在投资前应思考如何尽力降低在交易止损设定被触及的可能。面对升势非常凌厉的优质股，要么你较早时或升势开始时就已经买入，在利润支撑下才考虑是否浮盈加仓，要么你等股市下跌周期重现，投资价值明显时时作长期投资，否则想以高位追入就要很小心，会否不断出现止损被迫离场的情况。

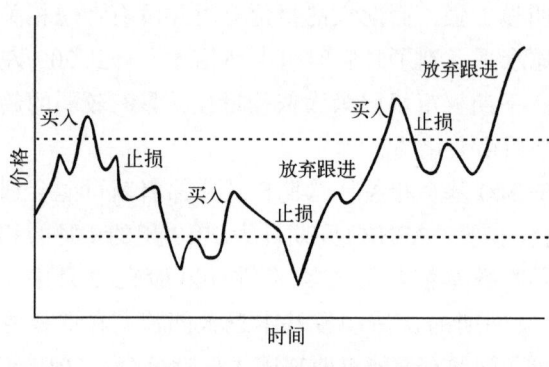

图6-17 对冲与止损图示

有些读者看过一些投资策略建议，在股价狂热时跟进买入，只要准备好止损的准备风险可控就没大问题了吗？如果股票或指数价格只维持小幅波动，并一直上升，这个设定止损的方法是真能获取厚利的。但当你有充足的实际交易经验时就会知道这种操作方法实际执行时非常困难。很多个人投资者都非常聪明，拥有各种高学历，或有丰富的社会工作经验，为什么有时也会变成接盘侠？举个例子说明一下，当你买入个股持有一段时间后，有时会遇上股价下跌触及你的止损价的情况，比如自买入价下跌10%以上或股价跌穿20天线等，不过，在你止损后往往没过多久股价又再次快速上升，你后悔止损太快，持股信心太弱，打开报价看着价位今天升一点，明天又升一点，心如刀割，把心一横再次高位追入，股价真的又升了一点，不过好日子没过多久，又有回调，你又担心做接盘侠，还是止损了，可是又遇到调整而不是转势，股价又再次上升。

就这样投资者若做了两三次止损都只是遇上调整,通常都会很后悔没有坚定地持股。交易者时常看书找灵感,看到美国李佛摩尔的《股票作手回忆录》,想起书中"老火鸡"交易者的名言——"要知道,这是牛市","老火鸡"教大家牛市一定要坚定持股,否则损失没人承受得了,你认定是自己太软弱,没坚持百年来市场牛市要坚定持股的不变真理,市场就是这样一步一步教育"智能型"投资者成为接盘侠的。你会在下一次真正暴跌时再也不准备止损了,因为你确信这次跟以往是一样的,却机关算尽不小心成了知识陷阱的受害者。

那么,有没有方法既可以投资这类上涨的个股,又不用频繁止损?其实现今的市场可用策略已经跟以前大不相同,要追高优质个股可考虑采用期权保护交易。当然关键的因素是要看期权的成本是不是太高,才能判断是否仍有获利空间。但长线投资者最好不参与这种高风险的交易,因为有价值判断的长期投资者一旦忍不住手,追高明显透支盈利增长空间的个股,往往已是市场上升的尾部。持有这类投资亦往往使长期投资人焦虑不安,对个人心理有很负面的影响,这些钱还是留给能承受高风险的投资者去赚好了。

对冲持仓风险

前面提过当市场由慢牛变成快牛进入加速上升阶段,往往是获利最快速的时候,而且上升的个股是完全不用配搭任何理由的,有交易者愿意用更高价买入就上升了。我常跟大家说价格是交易出来的,并没有程序可计算的,同一时间想卖股票的人比想买的少,有买家愿意以更高价买入,股价就会上升不停。

当市场上没有长期投资基础,一直在持续上升的垃圾资产比比皆是,市场的危险性就会一直累积,直至市场狂欢的音乐中止。当市场狂热时,你会发现很多场外的信号,比如一直在市场外从不买卖股票的朋友都忍不住开个股票账户想发财,还跟你聊投资。大妈无心跳舞去了茶楼论股,还要她们的年化回报成倍高过股神巴菲特。如果你是一个交易老手,现在的盘面跟你平日的认知完全不同,即使是优质的股票已大幅透支,你就应该知道危机迫近,但眼前的利润却很吸引人,是否投机?怎样投机?

只要对冲的成本可以接受,预期回报比较高,交易者就可以部分资金进行对冲投机,切忌全仓交易,因为全仓时,你已经没有任何转身的空间,处境非常危险,即使市场只是调整、波动10%~15%,你的仓位就会蒙受巨大损失,心理压力过大会令你无法冷静判断市场状态。

我举一个对冲应用例子,比如投资者想投资100万元到最近期炙手可热的投资理财产品，目前股市大盘指数上升速率是每月5%~8%，而使用买入认沽期权（买入股票下跌保险）对冲下跌风险的成本是每月3%，即买入期权后最大损失是3万元，盈亏比率是1:2，可以考虑是否投机。如果对冲成本只是2%，盈亏率就会升至1:3，卖出股市下跌保险的认沽卖家13个月来都能赚到钱，市场交易者会想第14个月就算下跌也不应太多吧，所以在上升周期尾部买入认沽期权的保费未必昂贵，但市场往往是无视风险的，累积上升的股价明显地提升了整体市场的风险，这个情形老交易者会形容为波动性工具价格被低估的状况。当买入认沽期权的费用变低，会鼓励更多的投机者短线炒作，因为即使股市出现暴跌，投机者的最大损失已经被认沽期权保护。做生意总有盈有亏，损失期权金本身已是交易中预期可能发生的事，投机者会很冷静地平仓退出市场，重新评估市场的力量变化，进行下一次投机，当然在下跌后，对冲的成本会急升，在一段时间内、在同一市场内会较难有交易机会。而同一时间，很多没有投机知识的跟风短炒者，在没有任何对冲保护下因为市场暴跌而亏损严重。

如果利率一直还在较低位，未到中性或稍过中性，就会鼓励投资者借入更多钱增加杠杆投资，令市场上大量的投资者不断借钱投入到股市之中。在大牛市的尾部往往全球主要股市都会有大量资金（加杠杆）杀入场。一旦市场下跌时，大量投资者若没有进行事前足够的防御部署，结局就只能是亏得很惨。杠杆式牛市是非常危险的，因为当市场上有大量的人以借贷作为交易资本时，一旦市场出现下跌，他们想降低风险最直接的选择就是卖出手中的持股。当一部分投资者选择以较低价卖出，会产生连锁反应令其他杠杆投资者出现更大的账面亏损，甚至迫使原来没有打算卖出股票的投资者也恐慌性甩卖，避免出现保证金不足的爆仓惨况。

股票及衍生产品市场的生态系统

股票市场及其相关的衍生产品市场其实是一个巨大的生态系统，一个健康的交易生态是同时有些人预期某些股价上升，有些人预期某些股价下跌，市场存在各种观点及不一致的预期，令市场同一时间内有买有卖，交易畅顺。在正常的交易市况下，股市及期货的卖空行为就像在股市中安装了减速系统，在股市过热时提供一定的反向力量，减低市场单向波动，有助市场平稳健康发展。

如果想象股票市场就像一个大草原，而股票交易者就像草原上的羊，即使草原上没狼或任何其他捕猎者，同一时间草原的承载力也是有限的，太多羊走到草原上就会把草都吃光（推高股价并不断摊薄每股盈利），而且吸引更多的新

第六章 对冲，投机，期货及衍生工具交易

羊加入其中（新开户及冻结账户复活），在没有任何外来威胁下，最终因为羊太多把草吃光而威胁到羊的自身生存。如果大家看过《狼图腾》一书就会明白，狼的出现有助于维持草原的生态平衡，会令草原上羊的总数保持一个动态的平衡，避免因为羊数量太多超过草原承载力引起系统性生态崩溃。

类似地，市场必须同时有买有卖才能畅顺运作，如果大多数交易者的预期是一面倒看涨，市场就会以可怕的速度越过大众认同的目标，最终极可能引发股灾。市场的成长速度并不可能大幅高于草长出来的速度（企业盈利），太多的交易者追逐有限成长的草（企业真实获利），最终只会演变成交易生态系统的灾难。有时政府也会加入，宣扬股市交易，如美国的特朗普总统就很喜欢以股市表现与其政绩挂钩，以股市上升为喜。在市场兴旺时，有时候市场接收到一些信息后有些人就会充满幻想，把一些与官方有关的信息或一些官员的个人看法及目标变成目标去自我实现，这往往会化作泡影。

股票及其相关市场是经济的一部分，但也只是众多金融交易市场中的其中一种而已，股市与经济并无绝对关系。政府相关机构要重视监管，以及加强投资者的保障，逐步开放市场引进更多的市场参与者，引导市场平稳健康发展，形成更健全的市场生态系统，并把一些利用虚假消息及手段干扰市场和利用市场漏洞非法操作的交易者清除出场。但市场参与者从来不会听从指令演绎慢牛行情，行情是真金白银交易出来，而不是指挥出来的，改善公司治理及企业盈利水平才是股市健康的内功，建立健康的市场生态系统包括促进期货及衍生产品工具市场的有序健康发展，但有利于稳定市场的长期发展并减少出现一面倒快速上升的疯牛行情最终又演变成下一次暴跌的起源。

1987年大股灾，真正的元凶不是期货，而是过度投机。市场修正是必然的，只是当时市场修正的速度太快令人意想不到，把半年至1年的波幅在1天释放造成了重大震荡。美股、中国股市等金融市场每一次出现股市暴跌，市场参与者及媒体总想找出谁是引导市场下跌的真凶，却很少有人指出过度贪婪引发的过度投机是每一次股市暴跌的根源。疯狂的投机状况下，股价可以把一家公司未来50年能赚的钱都透支了。大股东本来好好地经营，也忍不住把股份卖给你，因为他下半辈子累死累活可以赚的钱可能都不如这一次在市场上卖出股份赚得多——这种泡沫能维持才怪！没有谁在做空股市，股市也会自行爆破，原理同草原上的羊太多时把所有草都吃光了，把土地的承载力破坏了，还会造成水土流失，把草原毁了一样。那些传播信息大吹大牛市来了，该好好经营公司业务的人都没心思经营，只想怎样在市场上圈钱，这是导致市场暴跌的帮凶。

值得注意的是，近年许多市场个体参与者的活跃度都在下降，美股及港股

295

机构性投资已占主导，这本来并不一定是坏事，可是机构的投资观点也趋向一致，投资观点的多样性开始消失，市场很易出现一面倒行为。而随着量化交易及被动基金投资的普及，会放大市场单边上升及下跌的影响。量化交易往往是市场趋势的放大器，而不是市场趋势的制造者；如果交易者的行为太一致，很易引发市场出现共振，出现可怕的单边行情。美股在2018年12月的波动只能算是预演，更大的波动因为市场信贷的继续累积很有可能在将来发生，能否避免市场的多米诺骨牌效应要视政府的政策及央行采取的行动。

在危机时信心值万金，如果政府设有平准基金，在市场陷入不合理状态时，由国家入市建仓，会直接为市场注入流动性，令交易状况恢复正常。中止短时间剧烈下跌引起杠杆及衍生工具投资者强制平仓的连续发生，避免螺旋式下跌旋涡的出现。平准基金还能像商品交易常见的缓冲库存计划那样在股市估值较高时卖出获利，压抑股价的过度升值，把获利的国家资金留待下一次危机时使用，引导及改变市场的预期并影响交易行为。即使号称"利伯维尔场"的美国，在2008年国际金融危机期间，政府也大量注资到银行、汽车等行业，认购其股份以稳定市场。事后却没有什么人质疑美国政府为什么要干预市场，当然公司要破产由其破产也是可以的，美国就是任由投资银行雷曼兄弟破产，认为其破产对市场的冲击有限，却意想不到引起金融机构拆借市场的极度恐慌，谁都不知下一家倒闭的机构是谁。金融机构都担心借出去的钱随时收不回来，市场出现严重的流动性及信心危机，由此引发了2008年金融危机的暴跌高潮。这个该救不救的历史教训非常深刻。

未来潜在的超级"黑天鹅"情景

期货及衍生工具在平日有市场稳定器的作用，但在危机发生时就会变成风险的助推器。交易者沽出股票后，成了净空头（就是市场未来的必然买家），必需再次买入股票去平仓，期货及衍生工具都有为投资者分散风险的功能，有助市场稳定，但我们必须警惕一旦市场出现短期单边行情有可能引起期货及衍生品市场失灵，比如2018年2月VIX指数短时间快速上升，引起衍生工具的卖方超短市间内出现剧烈亏损而保证金不足，遭强制平仓。

如果日内的波动更大，就会令整个金融市场的稳定器全部失灵，引发超级"黑天鹅"暴跌事件。大部分的衍生产品市场在波幅超过8%～10%左右就会因为大量杠杆交易者的保证金不足而出现市场异常行为，如果市场升至高位后，在一段时间内已经出现了一定下跌调整，盘面出现了脆弱性，而交易日内出现巨额的缺口低开，再出现低开低走，会令大量的股指期货多头卖出期货进行平仓，大量的期货卖空单会压低期货市场的价格，令股票市场出现巨大的贴水。

期货市场跟股票现货指数出现较大的贴水，会引发套利及量化交易者自动地在市场中卖空股票，并买入期货进行套利，这会进一步拉低股票指数，引起更大的恐慌。而在暴跌市况中很多卖出了认沽期权的交易者会因为突然的股票暴跌而出现巨额的账面亏损，必须立即买入认沽期权平仓，这种买压会引起期权价格暴涨，引发波幅剧烈上升。期权价格暴涨就好像股票组合的保险费急剧上升变得太贵，令投资者买不起保险去有效对冲其投资组合的下跌风险，只能考虑是否抛出股票组合，或者沽出股指期货对冲。沽出股指期货又会再拉低期货及现货股指的差价，引发更大的卖压。对冲基金在没有充足的风险控制工具可用的情况下，没有多少敢于逆市大额下单实时去接市场抛下来的飞刀。因为一旦市场再往下跌，其业绩就可能会大幅跑输在更低位入货的同行。

在暴跌之时，买入了交易所买卖基金等被动投资的交易者很可能同时在市场中卖出其基金以避险。标普500指数基金这种动辄涉及数百只个股的组合，大额抛出交易所买卖基金会同时对数百只股票形成系统性抛压，几乎所有主要个股都会出现重大抛压而近乎无一幸免。主动型基金无法通过转换股票组合避险，它们也要考虑是否抛出部分股票增持现金以应付潜在的赎回。而且考虑到做市商及高频交易者在剧烈的波动市中会选择撤出观望，股票的买盘更少，流动性变得更差，买卖差价拉大，一旦再有因强制平仓因素引发的大量市价卖盘涌入市场，就会在交易盘面引起剧烈滑价式下跌。

政府及央行在一个交易日内是没有足够时间组织有效救助，只能为市场打气，说会决心维持市场的正常稳定，有充足的流动性会支撑金融体系。如果政府及央行事前没有准备好足够的随时可动用的资金能及时介入股市，打气对自我崩溃中的大盘根本没有帮助，只能眼睁睁地看着市场下跌的骨牌完全倒下。在美股等没有跌停板制度的市场，这种超级"黑天鹅"市况一旦出现，跌幅可以接近甚至超过1987年的股市暴跌。虽然这发生概率非常小，却非常可怕。这种异常的下跌在未来并不是完全没有可能发生，尤其部分地区的监管者过度相信股票市场的有效性，没有相应的市场刹车机制以及充足的实时危机处理手段，这才是风险所在。认识到风险的存在，才会有意识去控制及化解；否认低估风险的存在，才是最危险的根源。

第七章 货币，利率与债券市场交易

　　前面我们已经对货币进行过解释，利率就是借入货币的成本，同时亦可以指如存款等借出货币的回报。银行会在社会上吸收闲置的存款资金，支付利息给存款者，并把存款放贷到有资金需要并有能力还款的借贷者手中，赚取中间的存款及贷款的息差以获利。净利息收入是多数银行主要的盈利来源，当然银行还有其他的非利息收入，如提供外汇、信用卡、金融产品中介佣金等等不同的服务费用收入。

　　在实际的金融市场之中，借入货币的利率跟实际借出货币的利率往往并不相同，因为有金融中介机构会赚取存款及贷款之间的息差以获取收益。但是如果没有了银行体系，闲置的资金与贷款的需要就很难有效配对，而且也没有了银行体系存款创造的功能。没有了银行专业的信贷把关及各种复杂的抵押担保等专业方式以保护借贷资金安全，个人存款者的钱借出后就可能冒上很大的风险，而且万一贷款出现较多坏账时，银行需要用上所有的股东自有资本去填补放款损失缺口，优先保护存款者的利益。当然，读者可以轻易找出一些银行经营不善的案例，但是在美国20世纪30年代大萧条以后，商业银行体系出现大规模倒闭事件并不常见，即使是2008年金融危机之中被政府接管的商业银行还是少数，而且因为有存款保障计划并没有引发挤兑。倒闭或被接管的多是允许以极高金融杠杆做生意的投资银行。商业银行出现的最坏情况只是股东的资本损失90%~100%的例子，如英国的北岩银行。政府把银行接管，注入新资金就能复活，客户的存款仍然可以提取，只是该银行股东的资本损失可以高达90%甚至出现全损。不过除了冰岛的银行外，全球很少再出现客户存款遭受重大损失的情况。稳健的银行体系对经济的长期发展非常重要。

　　制定货币政策的中央银行会设定该国或经济地区货币的基准利率，商业银行如果需要从中央银行借钱就要支付基准利率的利息。商业银行的实际存款及贷款利率会参考这个基准利率定价，而不同银行之间是可以互相借贷的，这个同业借款市场每天按主要银行的利率报价作定价，是影响最终市场存款及贷款利率的关系。如果同业贷款比央行的基准利率便宜，银行如有资金需要就会先考虑在同业市场进行借款，而不会考虑用更高的利息成本从央行进行拆借。

　　债券就是把贷款合约进行证券化，令本来到期才能收回本金的贷款流动性不高的贷款合约，改变成为可以在市场上买卖交易的债券，投资者可以在债券到期前进行交易，大大改善了贷款交易的流动性，令整个贷款市场变得更活跃。全球的债券市场总值比股票市场还要高，是体量最大的金融市场之一。认识利率及债券市场是理解金融市场运作的必要知识。

即使是债券类投资也会有一定的孳息率差价买卖差价存在，只是赚取差价的不一定是商业银行而是投资银行或基金等其他金融机构，尤其在流通性较差的较低评级企业债市场，没有赚取差价的做市商存在，交易就会变得很困难。债券市场或称为固定收益市场内有大量的机构投资者参与其中，而且涉及大量非常复杂的金融工具，随便一本专业的债券书便是近千页的内容。本书只会重点覆盖个人投资会接触到的利率及债券投资工具。

认识银行间的基准利率

银行在吸收了存款后需要放贷才能赚取收益。银行不只会向个人、企业及政府相关机构直接进行放贷，亦会考虑把超额的储备金借予其他同业，此等贷款称为同业贷款。这种同业贷款被视为银行在正常情况下获取中短期资金而愿意付出的最高成本。银行的普通储户的存款利率理论上不应高于银行同业的拆借利率，否则直接从同业借入资金比从零售客户中获得资金更便宜，没太大动机会提供更高的客户存款利率。除非银行获得零售客户后能从中进行有效的交易销售，比如卖给投资者不同的金融产品赚取佣金及差价。

全球市场的利率总体比金融危机前大幅下降，美国在2015年开始的加息周期有可能终结。如果将来中国也出现同类情况慢慢下跌至2%以下，货币基金将不会是适合对抗通胀的长期投资选择，需要考虑投资不同类资产以获得实际回报。投资者可以参考中国的主要银行拆借利率，即1个月至12个月的上海银行同业拆息。储蓄存户要留意每逢年中6月底时或12月底时银行由于有半年结底的资金需要，同业拆息水平会比平日升高，建立定期存款可以获得较高的回报。

伦敦是全球最大的离岸美元拆借中心，从美元拆借利率来看，伦敦银行同业拆借利率对海外美元的存贷成本有指标性的意义。投资者可以留意1个月至12个月伦敦银行同业拆借利率，它很有参考价值。通常商业银行能提供给你的美元定期存款利率会低于LIBOR的利率。当然如果你选择的银行提供的利率比LIBOR报价低很多，你可以考虑查询更多的银行以获得更合理的存款利率。

不同的货币如欧元、日元等都有其同业拆借市场。大家可以留意到一些货币的利率是负值的，即部分机构间的存款利率可以是负数，究其原因是欧元区或日本对银行等机构存于央行的超额储备部分会收取负利率，可视为当地银行没有借出资金的罚款，部分存款资金会被中央银行没收。

贴现率与基准利率

央行有向银行体系贷款的最后借款者的角色。一般的商业银行有法定的最低的存款准备金要求，如果他们在短时间内出现资金不足，可以向中央银行进行紧急借款。而央行借款予商业银行的隔夜拆借利率就称为贴现率。如果贴现率提高，即代表银行从央行进行借款要交较高的利息，资金成本会较高。当然要想从中央银行借款要以合规的抵押品进行借款，比如国债等等的金融资产作为借款的抵押品。要留意的是贴现率不等于我们日常说的央行加息或减息的政策性利率，通常贴现率会比政策性利率高，银行与其他贷款机构而且不同的金融机构的贴现率并不一致。

美国政策性利率为联邦基准利率，有一定的弹性空间，比如 2.25% ~ 2.5%。中央银行想调节市场利率，有时会进行公开市场操作，即买卖政府债券等手段去控制货币供应及利率水平，但这主要针对的是短期借款市场而言。央行一般不会直接干扰长期的借贷市场，而量化宽松则是指央行通过买入长期国债甚至企业债券等以压低长期债券的利率水平，所以，投资者可以观察到各国的央行执行量化宽政策(QE)后，长期国债的利率都大幅走低。

中国的政策性利率称为央行基准利率，同业拆借市场的每日利率会根据市场的资金供求情况在央行允许的范围内进行定价。央行亦可以通过调整存款准备金影响商业银行的货币供应，如果央行降低存款准备金，银行可以在同等存款下贷出更多的款，增加货币的供应从而压低市场利率水平。中国的央行政策工具比较多样性，有时央行会允许一些银行以一些借出的政策性贷款作为抵押品，以优惠的利率获得央行借款，令金融机构更乐于借贷给特定的行业，比如小微企业或特定行业等，并给予一个较长的借贷年期，利用资金成本较低的诱因引导贷款到特定方向，或者定向对某些符合条件的商业银行进行降准，间接鼓励银行借出政策性贷款。

货币交易市场

货币市场是指一年期以下的货币类金融产品交易市场，亦是最多中国人参与的金融交易市场，各种"宝"类货币基金，以及银行自行设立的货币基金近年都大行其道。短期的理财产品视其性质是否以短期货币类投资为主，有部分亦归入货币市场产品种类。

无风险利率代表投资者在资本市场上承担近乎零风险的投资，但仍能获得回报。在中国，无风险利率可指一年期内到期的国债平均收益，而美国则较多以三个月期的美国财政部短期国债票据息率为指标。

投资者参与货币市场最简单的形式是储蓄或定期存款，大众可以参考当天同业拆息的水平，评估银行给予的定期存款报价是否合理。留意纯粹的银行存款不应该大幅高于银行同业拆息水平，否则很可能是买入了有存款之名，但非存款之实的其他金融产品。正规的银行存款有存款保障，万一银行有经营风险，存户仍能收回存款保障制度下的最大赔偿金额。

进行货币市场投资时亦要留意流动性风险，即投资项目要转换为现金时是否有损失。有些银行的定期存款到期前不可取出，或者丧失全部或大部分利息。短期的投资级企业债也被视为货币市场工具的选项，可是当金融市场出现流动性紧缩时，这类看似很稳定的投资工具也可能在二手市场出现较大幅度的价格下跌。

货币市场基金也是一个热门的短期投资选项。中国由余额宝引领的货币市场基金大热影响了很多投资者的投资选择。天弘基金等货币基金利用其投资优势为投资者获得较银行存款高的回报，而且提取更有弹性，直接提升了投资者短期无风险利率的获利水平。不过投资者亦要留意通胀率的影响，如果通胀率太高，持有货币基金的实际回报就可能变成负数。

如果市场利率持续下降，中国的货币基金就难逃走上美国同行在低利率时期大幅萎缩的命运。美国的短期票据货币基金曾经盛极一时，因为可以提供比银行存款更佳的回报。当央行减息时，货币基金的利率也会持续下降。在极端的情况下，扣除手续费后的净回报会接近负值。由于自2009年起因为美国的短期利率接近零，货币市场基金一般都是负回报，大量投资者撤出货币市场，令货币市场基金大幅萎缩。

债券市场

债券一般是由政府机构或商业机构发行的债务工具，发行债券是一个机构获得资金的方式，用以支撑借款机构的营运及发展。投资债券实际上是直接借款给发债机构。

投资债券的回报较明确，发债机构一般会承诺在指定时间如每半年偿付指定的利息，并最终在债券到期日偿还全部本金。发债机构不论盈利与否都必须于指定时间还款，否则债券持有人可以申请公司破产以取回全部或部分投资。

债券投资者可以确定何时收取多少款项，债券发行机构必须于指定日期付款，并于指定时间偿还全部本金，投资者不用思考何时卖出债券的问题，也不用寻找交易对手，因为一般债券会在指定到期日偿还投资者全部本金。

认识债券的基本条款

债券的投资其实很简单，只要没有违约事件发生，你付出的成本及将来收到的钱都是确定的。如果你买入了上面例子中开发大王的人民币债券，以债券的买入价购买，投资者只需付出了 95.3 万人民币，并付出交易佣金及支付卖家持有债券的当期应收利息后，你每半年收到人民币 2.375 万的利息，直到 2022 年 7 月 20 日到期取回本金及最后一期利息。

如果投资者购买了以美元计价的聚宝银行债券，最低的买入额是 20 万美元，由于债券目前卖出价是 97.7 美元，以折让价卖出，投资者其实只用付出了 19.4 万美元的本金及并支付其他相关的交易成本，每半年便可收取 4250 美元的利息，直至 2026 年 8 月 20 日到期拿回本金及最后一期利息。

如果投资者买了贸易大师永续债券，只需付 77000 美元，每半年可收到 2625 美元的利息。除非债券被发行人赎回，否则会你并不会拿回本金，所以你获得的利息回报是最高的，但明显地风险也更大，因为不知道什么时候可以收回本金。一般情况下，投资者在发行时买入债券的最初价格多为 100 元附近，如果你看到债价大幅下跌，比如，这个例子中贸易大师的卖出价只有 68 元，这 32 元的债券差价是最初买入或之后接手的投资者亏出来的，所以不要以为债券投资是没有风险的，即使没有发生违约，如果中途卖出债券仍可能要蒙受资本亏损。

债券的结算货币

债券采用的结算货币对投资者而言非常重要，购买债券及获得的利息及本金都是以此结算货币计算。常见的结算货币有美元、欧元、人民币、日元、澳元等等。要留意的是一些国家的国债或其企业发行的债务很可能是以美元而非本国货币作为结算货币，因为债券以美元结算会降低外汇风险，能更吸引外国投资者买入。

发行主体

发行商指此债券的借款主体。通常是企业的母公司主体进行发债，发行主体有责任偿还本金及利息，如未能按时支付债券，投资者可以申请把借款主体进行破产清算。有时候一些母公司会以其子公司名义发债，好处是子公司万一出现违约，母公司仍可以独善其身，不用替其子公司偿还欠款。不过这些债券一般不受市场欢迎，除非有充足的抵押品或有母公司进行担保。债券是以机构投资者为主的交易市场，没有多少机构会轻易上当。

票面息率与孳息率

票面息率指持有每份债券的债息收益。比如开发大王债券的面值为100元，票息为4.75%，每半年派息一次，即每持有100元债券面值的债息回报为每半年2.375元。假设投资者最初以100元的面值直接买入最小交易额为100万价值的债券，在债券到期前投资者每半年会收到23750元的债息回报。

票面利率越高，债券投资者在债券到期前越会不断收到现金收益，这些现金利率可以再投资。如果一只债券的票面利率是8%，你用100元面值买入，大致6年后你已差不多收回了一半的投资本金回来，这些本金可以再次以当时的市场利率作投资。所以债券的票面利率越高，投资者越快收回现金可作再投资，对市场利率升跌变化的敏感度就会下降。相反，一些毫无债息称为零息债的债券，因为持有过程中完全没有现金收益，对市场利率改变非常敏感，如果在加息周期，市场利率不断上升中，零息债的价格受市场利率影响会出现大幅下跌。

孳息率

由于债券在市场内的交易价格并不是固定的，所以买入债券时我们需要考虑孳息率，而不是简单的票面利率。孳息率计算需要以下信息：

(1) 投资者买入债券的价格。债券的条款相同，买价越低，孳息率越高。

(2) 票面息率。债券的其他条款相同，息率越高，孳息率越高。

(3) 债券到期时收回的面值。一般收回面值为100元，如有重组等状况可令债券到期收回面值低于100元。

债券的条款相同，到期面值越高，孳息率越高。有一些年期较长的高息债，其实债券买入价可高达120元以上，但到期时只能收回100元。这中间的溢价就会减低了债券投资者的孳息率。

投资者要对以上资料作综合计算才能计出孳息率，可喜的是债券交易商早就为我们计好了孳息率，我们不用多此一举自行计算。大家只要知道孳息率能更真实反映投资此债券实际回报率，是债券投资的最重要的指标之一。

如果你买入了一只一年期的债券，票面利率为5%，而你的买入价为101元，而不是债券的100元面值。你持有债券的实际回报只有105/(1+r) = 101元，我们可以找到孳息率(r)为3.96%。如果买入的价格是100元，你的回报就会变回5%。同样道理，如果债券到期日时间越短，同等的债券价格的上升对我们实际回报的到期孳息率的负面影响就会越小。

有些投资者亦会简单参考当期孳息率，即把票面利率直接除以债价，而不考虑未来价格变化的影响，但这种简单分析对较长存续期的债券的回报评估就会出现较大误差，一般专业债券投资者主要参考的都是到期孳息率。

由于债券市场上个别企业贷的交易通常并不活跃，投资机构报价时都会同时报出以买入价计算的买入收益率，以及以卖出价计算的卖出收益率。

债券到期日剩余时间

债券到期日距离现在越远，债券到期日剩余时间就会越长，即持有债券的时间越长，中间会收到较多的债息。到期时间越长的债券对市场利率的影响也会越敏感，所以当市场整条孳息曲线的利率都上升0.5%时，即代表之前价格买入的债券变得没有吸引力，因为现在买入的债券每年回报升高了0.5%，对到期日越长的债券而言，对债券价格的负面影响越大。在不考虑现金流折现的简化情况下，你可以简单想象，对2年期的国债而言，0.5%的市场利率上升对债券回报的负面影响是1%（0.5%×2年），而10年期的国债就会变成5%（0.5%×10年）。对30年长债而言的影响就是15%（0.5%×30年）。当然考虑到现金流折现及债息再投资，实际的影响会比这个评估数字少一些，但负面的影响还是相当巨大。

所以在加息周期中，尤其是预期市场息口会快速上升的时间，投资者往往会偏好对加息负面影响较少1~2年内到期的短债，以避免持有长债在加息周期中遇上重大亏损，所以债券基金的投资者亦要明白在快速加息周期中持有长债是很难获得收益的。在2017年至2018年加息周期中，持有长期美债的回报都是负值。这些明显看得见的风险其实是可以规避的，你只要等待中央银行的加息预期改变才重回长债投资就可以轻易地避开风险，而央行往往非常"仁慈"地事前告诉你他们的加息路径预期。除非是遇上一些央行事前无法预计需要突然降息的情况，比如 2018 年 12 月的美股暴跌，美联储表示会暂停原先加息路径，先对加息行动持观望态度，债券市场收到央行对息口预期逆转的信号，投资者大举涌回债市，美国的长债价格便应声快速反弹上升。

信贷评级与违约风险

债券投资很受信贷评级影响，因为信贷评级反映持有债券的违约风险，即债券发行者无力支撑利息及本金的情况。如果一些公司的企业债被下调评级，对债券价格会有非常负面的影响，投资者会担心债券违约风险上升而需要较高的利率去补偿其买入该债券需要承担的风险，债券价格就必须下跌。

因为很多机构投资者在投资上有限制，比如一些保险公司及养老基金有投资政策限制，只能投资于投资级别的债券，比如 A 以上级别，或 BBB 以上级别。如果债券的评级被下调，机构投资者必须被强制卖出债券持仓。

不过不是所有债券都有信贷评级。比如许多私人公司发行的债券，或者一些中国房地产开发商的美元债券并没有信贷评级，只要债券发行商有信心债券发行时有足额认购，他们就不需要花一笔钱给评级机构进行信贷评级评定。而且获得的评级也不一定太好看，债券卖得出，最终没违约就成了。问题是买家也不傻，这种债券由于风险较大，往往需要支付较高的利率作为风险补偿。而且由于没有评级，债券在二手市场的流动性往往比较差，若出现违约风险上升时，你很难能卖出债券，或者只能面对非常低的买入报价。

有货币发行能力国家的本地货币债并不受投资评级的影响。比如中国政府发行的人民币债券由于中国央行有无限制的本币发行能力，理论上政府发行人民币债券无违约风险，所以不受国际投资评级影响。同样道理，英国政府发行的英镑债券也不会受到国际评级下降而有重大的影响。不过，主权国家发行的外币债券，比如土耳其、印度尼西亚等发行的美元债券，就会受到信贷评级改变的影响，如果被调低信贷评级，该等国债的债券就会明显下跌，利率会上升以吸引投资者，但太高的利率可能引起国家无法偿还外债的问题，因为该等国家无法发行美元，如果以本国货币大量兑换美元以偿还外债几乎肯定会引起货币剧烈贬值。如果外债占国民生产总值（GDP）比率高，就有可能因此引发地区性金融危机。比如以往的阿根廷金融危机、1997—1998 年的亚洲金融危机、2018 年的土耳其金融波动等，要视国际机构如国际货币基金会能否提供协助以应对金融危机以控制危机蔓延到其他国家。

国际三大评估公司的评级标准如下：

国际三大评级公司的评级标准对照表

标普		穆迪		惠誉	
长期债	短期债	长期债	短期债	长期债	短期债
投资级别债券-高评级债券（High Grade）					
AAA	A-1+	Aaa	P-1	AAA	F1+
AA+	A-1+	Aa1	P-1	AA+	F1+
AA	A-1+	Aa2	P-1	AA	F1+
AA-	A-1+	Aa3	P-1	AA-	F1+
A+	A-1	A1	P-1	A+	F1+
A	A-1	A2	P-1	A	F1
A-	A-2	A3	P-2	A-	F1
BBB+	A-2	Baa1	P-2	BBB+	F2
BBB	A-2/A-3	Baa2	P-2/P-3	BBB	F2
BBB-	A-3	Baa3	P-3	BBB-	F2/F3
非投资级别-高收益债券（High Yield Bond）/垃圾债券（Junk Bond）					
BB+	B	Ba1		BB+	F3
BB	B	Ba2		BB	B
BB-	B	Ba3		BB-	B
B+	B	B1		B+	B
B	B	B2		B	C
B-	B	B3		B-	C
CCC+	C	Caa1		CCC+	C
CCC	C	Caa2		CCC	C
CCC-	C	Caa3		CCC-	C
CC	C	Ca		CC	C
C	C	C		C	C
D（违约/极高违约风险）					

以标普评级为参考，AAA 至 BBB 评级的债券都是投资级别。以最佳的 AAA 债券评级为例，长期违约风险低于 5%，债务发行人的偿付能力非常好。BBB 级别的长期潜在违约风险在 15%~20% 左右，实际违约比例仍相当少，如果经济及外部环境没有重大变化，债券违约风险不大。

非投资级别债券是指 BBB- 评级以下的债券，公司的经营风险较高，而且一旦遇上经济及外部环境变化，偿付能力会较差，甚至出现财务状况迅速恶化的状态。市场主要会交易 BBB- 至 CCC 评级的债券，更差的评级就几乎接近实时违约或极大可能违约的状况，连敢于冒险的投机者也不大敢于买入。BBB- 以下评级债券被市场称为垃圾债，由于投资银行的固定收益部门认为名称太直白影响销售，就发名了高收益债这一个更动听的投资产品名称。

新兴市场债其实绝大多数都是非投资评级。即使是主权债，即国家发行的美元或外币债务，往往评级也是非投资级别比如南非、土耳其、希腊等外币国债也被评级机构评为非投资级别。希腊国债的持有人在 2011 年欧债危机时损失惨重，不过，希腊国债的主要持有者都是欧洲的商业银行，对一般投资者的影响有限。

投资评级有时会有加(+) 或减(-) 号代表投资评级的细分，如果本来债券评级是 BBB，现在变成了 BBB-，即代表债券发行人的违约风险加大，债券有可能变成非投资级别。如果投资机构给出了投资展望是负面，而目前的投资评级是 BBB-，债券就有很大可能最终变成了非投资级别。债券的卖压会较大。如果评级展望是稳定，即代表短时间内没有太大的信用评级变化风险；如果展望是正面，债券有可能获得评级上调，令债券价格上升。

信贷违约掉期(CDS)

信贷违约掉期(CDS)是一种债券违约风险的衍生金融工具。买入一只债券的信贷违约掉期等于帮自己持有的债券买入保险，万一出现违约事件时，本金及利率都能获得保障。听上去是很好的工具，但是，如果一只债券的主要回报来源是承担信贷风险，当买入信贷违约掉期后回报率可能跟无风险的国债利率相差无几，这样，投资回报会变得无吸引力，还不如直接买入国债简单。

CDS 的发行人并不需要持有相关的债券，同样地，CDS 的买家也不一定为了手中的债券买保险，而是纯粹的投机性买入。CDS 是一种于场外交易的金融衍生工具，没有人能保证你的交易对手在债券真的违约时能赔偿你全部本金及利益。实际上，你的交易对手可能在一次巨大的金融风险事件出现时倒闭，比如 2008 年的雷曼兄弟事件。如果你的 CDS 交易对手是雷曼兄弟公司，你的保险就会出现交易对手风险。所以别以为买了保险一定安全，因为金融交易的保险对手也会赔到倒闭的。试想想，只收了几元保费的保险却可能要赔偿保费的数十倍，如果出现许多债券同时违约的系统性风险事件，并不是很多交易对手都可以安然度过危机。

如果风险事件没有发生，卖出 CDS 就好像印一张废纸给人就能收钱那么好赚，这看似利润很高，前提是风险事件不会发生。有一些称为总入息基金类的债券基金，其回报总是比同行高出一点，其中一种策略是同时买卖 CDS 获得更佳回报，这代表在金融危机来临时，这类基金的波动性会比较大。当然，如果基金经理在危机前买入大量 CDS 则另作别论。当年一些对冲基金在危机前买入了大量 CDS，在危机时大赚一笔同行的钱，这种交易手法就不是一般投资者可以仿效的。

似乎 CDS 对个人投资者而言十分遥远，事实上，当年大量的 CDS 产品卖到全球各地的散户投资者手中。2008 年在香港发生的雷曼迷你债券违约事件，就是涉及大量的散户投资者买入了 CDS 而受到重大损失。如果大家听到什么存款利率特高，比如比起当前市场利率高出 1%（100 点以上）你应该怀疑是什么金融工具令投资回报可以高于正常，留心产品有没有跟什么资产的信贷及资产价格挂钩。有时一些很少发生违约可能的公司却会突然出现问题，投资者必须要明白你多赚了 0.5%~1.5% 的利率，承担的是 100% 本金损失的风险。当然风险没有发生时，你的投资回报真的可以稍稍升高，可是在金融市场中，看似不可能发生的风险是实际存在的。美国在 20 世纪 30 年代大萧条后就从来没有发生过全国性、系统性的房地产崩盘，连美联储事前也没估计到房地产的崩盘在 2008 年会演变成这么严重的金融危机，你又怎样能事前知道？投资者千万不要低估低概率事件发生的可能性。

债券市场直接投资

债券可分为交易所上市债券及非上市债券两类。投资者可在发债机构首次公开发售债券时直接向该机构认购债券。一些国家的国债，如美国国债较多采取竞价拍卖方式由投资者进行认购。通常债券发行机构会参考同风险等级的债券在二手市场的孳息率水平，然后提供一个小幅度的利率优惠以吸引投资者。比如同等风险及年期的债券的市场孳息率为 6%，债券发行机构会定价为 6.1~6.2 元令投资者有短期交易获利空间，吸引投资认购。

投资者亦可以在二手交易市场买卖债券。在交易所上市的债券，买卖方式与股票非常接近。对于非上市债券，投资者可通过银行或金融服务机构，如投资银行及有提供债券交易的经纪行进行场外交易。

债券交易的手续费因不同提供服务的机构而有较大的差异。买入的手续费一般为债券价格的 0.1（10 个交易基点）到 0.5（50 交易基点）不等，对派息、赎回等亦会收取不同程度的手续费。债券投资者可以多花点时间细心比较不同的债券服务机构的收费，由于债券交易相对股票交易不活跃，有些投资者买入就持有多年直至到期，债券交易服务的手续费及服务费用有限，很多投资服务机构都不会太主动推介债券投资，而且很少机构只专注债券投资服务，因为能获得的交易收费实在太少，靠这吃饭不足维持机构运作，所以很多如商业银行等的机构都懒得向一个人投资者宣传有债券投资服务。然而债券投资却是稳健累积财富的重要工具，很多专业投资者会把债券加入其投资组合之中以降低投资组合的波动风险，只是不太被个人投资者认识，参与债券市场的较多为机构投资者，个人投资者参与并不活跃。

债券投资的理论定价

传统上债券的定价是以现金流折现模型作分析。把持有债券在未来能获得的金钱进行时间折现，比如以债券利率进行折现换算。其实原理很简单，如果债券利率为3%，明年才收到的100万元，今天的现值就是把100万元除以（1+债券利率3%），大约现值为97.1万元。原理就是如果现在你有97.1万元现金，把资金做一年期3%回报的债券投资，第二年就刚好能收回100万元。现金流折算的模型并不难，有兴趣参考更详细债券计算公式的读者可以参考书后的附表。

但在真实的债券交易市场，价格的变化比较复杂，获利方式也有很大的多样性。现金流折现模型只是静态地评估持有债券，并没有出现任何市场利率改变，以及债券违约风险改变等因素，如果市场利率上升，你持有的债券就会变得无吸引力。比如市场无风险利率是1%，你的债券是3%孳息率，持有债券只要没有违约出现就有2%的额外回报。如果市场无风险利率变成2.5%，你持有的债券就会变得无吸引力，债券价格便要下跌才能吸引其他投资者在二手市场买入。所以，市场利率变化风险是债券持有者面对的重要的风险因素。

而违约风险即指债券发行人出现无法偿还利息或本金等，又或出现重大的公司股权变化等引起债券出现条款性违约。一旦债券出现违约，投资者很可能蒙受重大损失。所以，若你看到债券市场上有一些债券的孳息率达到40%甚至90%以上，千万不要以为捡到大便宜，通常是有明显的违约，原有的债券持有人才愿以看似如此优厚的条件卖给你。一旦违约发生，投资者最大的损失为本金的100%。如你以为自己20元买了值100元的债券，但最终有可能会变成毫无价值，这要视债券在发债主体清算后有没有可能捡回一些剩余的价值。

修正存续期

债券的修正存续期改正了传统麦考利（Macaulay）存续期计算的只以简单加权平均计算到期时间的缺点。债券投资信息中一般直接把修正存续期简称为存续期。存续期并不是指债券的剩余到期日长短，而是指债券对利率上升的敏感度。我们主要采用存续期去量度的是在市场利率改变一定的百分比时对债券的价格影响有多大。如债券的存续期是1.28，如果市场利率上升1%，理论上债券价格就会下降接近1.28%。如果另一债券的存续期是2，市场利率上升1%，理论上债券就会下跌2%。你会到持有存续期越长的债券，在市场利率上升时越会受到较大的损失。因为你买的债券的票面利率是固定4%，买入时的市场利率是2%，你的债券比市场无风险利率有2%（200点）的差价。如果现在市场利率是3%，你的债券在价值未调整前相对市场无风险利率只剩下1%（100点）差价，对其他投资者而言并无吸引力。如果你想到期前直接卖出，就必须以更便宜的债价卖出，令买家的买入利率相对无风险利率保持较高的差距，才能吸引到别人买入。如果你的债券是长债，利率上升周期债价可能出现大幅下跌，因为市场利率上升时，持有该债券会长时间获得并不吸引人的回报。当一只债券的存续期越长，受市场利率上升的负面影响就越大。

存续期受三大因素影响：

(1)债券到期日剩余时间越长，存续期的数值会越高。十年之后才到期的债券当然比三年之后到期债券有更长的存续期。

(2)债券的票面息率越高，存续期的数值会越小。因为持有债券期间可获得较多可以再投资的债息现金，降低利率上升时的影响。

(3)如果债券的到期日距离及票面息率相同，债券的孳息率越低，债券的存续期会越长（数值变大）。

因为这代表买入债券的价格较高，高价买入后，更易受利率波动的影响。跟高位买入股票较易当上接盘侠原理相似，高价买入后债券价格会波动更大就很易被理解了。

债券凸性

债券凸性是指当市场利率上升时，债券的价格敏感度其实也会改变，如果一只债券在利率上升时的价值上涨幅度大于利率下跌的幅度，这种在利率改变时的特性称为债券凸性。

听起来非常难明白是指什么，其实简单一点说，现在的孳息率相同的两个债券，凸性越高的债券在市场利率上升或下跌时都有较好的表现，市场利率上升时会较相同存续期的债券价格受负面影响较小，债价下跌幅度较小。而凸性越低的债券在市场利率上升时表现较差，债价下跌幅度较大。当市场利率下跌时，凸性越高的债券价格上升得越快，所以理论上在同等的存续期下债券的凸性越高，在利率较大幅波动时投资者都会有较佳的表现。比如债券的凸性是120 的债券会比凸性是 90 的债券无论在利率大幅上升或下跌有更佳的表现，所以对投资者而言可能会较吸引。凸性只对 5 年以上的债券价值变化有较重要的参考作用，持有两三年以内即将来到期的债券，凸性的影响往往可以忽略。

投资者要留心一些附有可赎回条款的债券可以有负凸性。因为当市场利率下降时，理论上债券价格会上升，当你正在想着多赚一点时，债券的发行人如果可以在市场中发行更低利率的新债券去融资，他们就会有动机以原价赎回你手中的债券，令你在利率快速下降时反而分享不到高利率的回报，这种可赎回债就带有负凸性倾向。投资者一般不太喜欢这类债券，所以你往往见到这类债券的孳息率会比没有赎回条款的债券高，比如一些银行的长期可赎回债看上去比直债利率高出很多，其实这种高孳息率是市场利率下降时债券被原价赎回的风险补偿。投资者不要只因利率看似较优厚就以为自己捡到宝，要切记投资市场上是往往是风险与回报的交易。尤其是主要只有机构聪明钱参与其中的债券交易市场，这里是金融市场中最难获得超额收益的地方之一，除非是金融市场整体动荡之时。

债券投资的风险与价格变化

如果持有的债券没有出现违约，投资者可以稳赚债券投资的全部利息及本金。如果一只 2 年期每年 5% 票面利率的债券，每年派息一次，发行价为 100 元，第一年会收到 5 元利息，第二年会收到 5 元的利息及 100 元的投资本金。不理会再投资等因素下，投资者两年投资期一共收回 110 元，获利 10 元。无论市场怎样变化，只要债券没有违约，投资人持有两年的总现金流收入是固定不变的，所以债券投资的最大回报是有限的，不像投资股票有获利的想象空间。但实际上，债券的价格有时会大幅度波动，而且会产生不少的交易机会。以下的风险因素改变都会对债券的价格形成较大的影响。

违约风险及信贷评级

发债机构能否如期支付利息及偿还本金，即所谓信贷风险会极大程度地影响债券的价格。公司经营状况改变，负债水平变化以及现金流的强弱都会影响到市场对公司的信贷风险的评估。如果经营环境急速恶化，债务偿付能力下降，影响公司的债务违约风险水平上升，评级公司就很可能降低债券的信用评级，二手市场的价格会大幅下降，并可能因为机构投资者有投资限制，不能持有低于某评级的债券（例如标普BBB级别的投资）需要被强制沽出。当然一些债券甚至完全没有债务评级，比如许多私人公司的债券或中国房地公司的债券都没有评级，债券公开发售时只会有一些对其经营状况有信心的投资者认购，一般投资机构如保险公司都有投资限制，只能买入高级别债券就不会参与其中。

其实，债券市场能获利最丰厚的交易都是公司经营出现风险，债券价格大幅下降。比如一只1年后到期，5%票面利益，票面值100元的公司债，因为市场恐慌时只卖65元。如果公司仍对债券有偿付能力，投资者付出65元一年后就能收回100元本金及5元利息，利润非常丰厚。当然风险也极高，因为在到期日前，你根本不知道公司是否真的能清偿债务，如果一旦违约，而且公司有一些投资者事前不知道的隐性债券或大量的资产已经被抵押，债券投资人可能损失全部或大部分本金。有时一些投机者会持有这些债券但不会持有至到期，他们会博取市场环境变好时的债券价格与面值差价的收益，在到期日前卖出获利，减少持有至到期日出现违约的风险。

很多债券投机者都是在债券暴跌风暴中获取巨大利润的，橡树资本的霍华·马斯克就在2008年金融危机暴跌时大量买入债券，并最终在2009年债券市场恢复正常时大赚了一笔。选择债券交易多是因为只要发债的公司没有违约，持有至到期日时必定收回100%债券面值。一些低评级债券当时只余10%~30%面值，如果公司不倒闭获利可以非常高。而股票在市场恢复时仍未知道什么时间可以返回以往的价位。

但一般投资者千万不要胡乱学习买暴跌垃圾债，因为很可能你买的真是一张废纸而损失100%本金。这些专业的投资者会小心选择倒闭风险较小的公司，并对债券进行组合式分散投资，因为他们深知这些组合中个别债券违约风险仍相当大。如果你没有足够的资金及能力，千万不要胡乱尝试加入其中。诚如霍华·马斯克所说，虽然今天看来当时的决定是正确无误，但如果当时美国政府及央行没有对市场采取足够力度的挽救市场措施，结局可能完全改写，即使获得厚利仍没有低估当中的风险以及运气的成分。从中可见，优秀的投资者都有很强的真实认知能力，不会过度高估自己的能力。

流动性风险

一些低评级的债券二手市场并不活跃，而且交易差价巨大，持有债券后便难以卖出。其实在大多数情况下低评级的企业流动性不高，想短期转手时非常困难，往往要接受较低的价位吸引其他投资者买入。美国国债类的投资一般有极佳的流动性，尤其年期越短的国债流动性越高，价格差距非常小。但亦是为什么很多机构会主要交易国债品种。机构投资长期国债时往往目的不是为了收期利息，而是要赚取利率变化时对长期债券价格的重大影响。比如美国10年国债的利率由3.2降至2.7，看似波动不大，但对债券价格的影响已经超过5%，而这波幅只是在2个月的短时间内发生，一些基金就是利用这些债券价格的变动机会而获利。债券市场也有做市商行为，由于很多债券其实是通过交易所以外的场外交易市场买卖，价值不透明为做市商及债券交易商提供较大的套利空间。如果促成买卖，无风险套利的单笔差价很可能远比股票高，而且客户往往不知道交易对手的实际出价，交易商在信息上有很大的优势。当然，近年固定收益的做市交易利润因为信息透明度的改善及同行竞争加大而减少了，但对比股票交易的竞争程度及效率还是相差很远，仍然存在较多的套利空间。

市场利率风险

当债市的整体利率水平因为加息等因素而显著上升，一般债券的价格就会明显下跌。假如1年期无高等级企业债提供4.5%利息，如果当前的国债利率为3%，企业债如果违约风险不大，企业债的投资就会变得有吸引力，持有一年的利息回报较高。如果市场国债利率上升到4.5%，跟企业债持平，企业债就会变得缺乏吸引力，更多的投资者会选择卖出。

如果企业债券到期日较远期，债券的存续期(Duration)就会比较长，遇上国债利率大幅上升，企业债因为变得无吸引力，很难避免债价下跌。存续期越长的债券因为价格对市场利率变化较敏感，债券价格下跌会比较快。比如10年后才到的期债在市场利率上升时，价格会比3年后到期的债券下跌得更多。因为企业债的回报长时间无吸引力，需要较低的价格才能吸引投资者买入该债券。

如果被动投资者买入此等长年期企业债券，仍可选择持有直至到期，损失的只是把资金能投资到更高利息项目标机会而产生的潜在回报。主动投资者如因借贷买债等原因需要选择卖出，就要面对实时的账面损失。如果投资的债券以基金形式持有，由于基金会根据市场价格调整基金的净值，市场利率上升时会令基金投资的债券组合价值受必然的负面影响，基金的净值会下跌，投资者卖出基金要承受账面损失。而且由于债券基金会不断把到期债券的资金投资到其他债券上，基金净值并不一定能随时间而收窄，要视市场的利率环境有没有改变，以及其他如企业盈利等的因素改变。而直接投资债券者如没有发生违约事件到期时必然收回本金及利息，不会造成账面上的亏损。所以在债券投资之中，选择直接持有或以基金方式持有的同期回报其实可能有较明显的差异。

汇率风险

如果投资的债券是以非本国货币计算价格，投资者必须要留意汇率风险。一些新兴市场国家会发行以当地货币计价的主权债务，如果该国的汇率不断上升，投资该国债券不只有债券收益，还可以获得外汇收益。所以一些新兴市场的主权债在汇率上升周期中非常受欢迎。比如早年人民币升值周期中，兑美元的汇兑收益有时可高达5%一年，加上利率收益回报也不错。相反，如果一个国家的本币汇率非常波动而且没有明显升值趋势，即使该债券的利息收益不错。机构投资者往往要先考虑外汇对冲成本，如需要使用外币掉期等去对冲外币风险，扣除成本后的净收益往往无吸引力。

举一个简单例子，如果一年期美国国债的利率是2.75%，而中国国债的是3.1%，假设外汇对冲成本需要消耗0.3%的收益，美国的投资者买入中国国债的净收益2.8%（3.1%-0.3%）相对直接买入美国国债而言毫无吸引力。相反地，如果一年期中国国债利率是4%，美国国债利率是2%，即使外汇对冲成本要消耗0.4%的收益，投资中国国债仍有利可图。如果该机构的美元借贷成本能锁定一年期2%或以下，该机构就可以借款去买入中国国债进行近乎无风险的套利交易，赚得1.6%的收益（4%-0.4%-2%）。当然这个套利是否可行的基础是需要消耗多少的本金作为抵押，银行不会在无充足抵押时借款，除非是银行或金融机构自行交易，否则我们必须考虑实际借贷的成本。

有一些新兴市场国家发行以美元计价的主权债或企业债，由于并非采用本国货币作为借款，该国需要从贸易顺差或外汇市场交易才能获得美元以还款。当美元兑该国货币出现快速升值时，会导致该国的主权债及企业债出现违约风险大增。这些新兴市场国家的债券价格就会大幅下跌。在2018年，因为美国的加息预期增强，新兴市场国家的货币兑美元出现明显贬值，包括土耳其、印度尼西亚、斯里兰卡等许多新兴市场国家的美元主权债价格大幅下跌，甚至暴跌，直至 2018 年底美国加息预期放缓时才开始出现明显的价格反弹。

再投资风险

如果市场的利率下降太快，你持有的债券发放的利息及本金再投资时就会变得困难。比如你持有的债券每年息率是 5%，假设相关利益每年再投资的回报是 5%，但在市场利率大幅下降至 3% 后，你持有债券的潜在回报因再投资利率下降会有所降低。对于一些有提前偿还本息选项的债券，投资者必须小心债券发行人会有很大动机在低利率环境下提早赎回债券，并以更低的利率重新发债替代。而一些住房抵押贷款也可能因为在低利率下很多借款人可以用更低利率借入贷款出现大量提早偿还个案，拉低相关债券的投资回报，或者需要因应债券结构提早赎回。

通胀风险

通胀是投资债券的投资者面对的一个重大风险。我们进行投资的根本目的是为了获得将来的实际购买力上升，如果通胀率是 5%，而债券投资的回报只有 3%，我们的实际购买力是在持续下降。尤其是在高通胀下持较长期的债券，长期的投资回报不断被通胀蚕食，以往投资理论中债券市场的回报会根据通胀调整，如果通胀升高，债券的价格会下降，令孳息率上升重新吸引投资者投资债市。可是由于金融危机后，国际上许多国家的中央银行都采取了激进的货币政策，压低债券的息率，令债券投资与通胀率的自我调整关系脱钩，投资必须警惕债券投资能否应对货币滥发危机。

被动与主动式债券投资

被动式债券投资

被动式债券投资是指买入债券后一直持有至到期，投资的目标是为了赚取稳定的利息。参与较多的是机构投资者，部分个人投资者也会直接参与债券交易。

主动式债券投资

主动式债券投资是指较频繁地买卖债券，利用债券价格的波动变化来赚取差价。主要参与主动式投资者有主动型债券基金，对冲或私募基金，很少有个人投资者参与其中。专业的机构投资者也采用期货、期权去增加债券投资回报，比如交易不同国家的债息收窄或扩宽等获利，以及利用汇率上的变化获利等，所以有少量债市基金的回报总是跑赢基准利率靠的不是买债收息，而是主动出击，但其实主动式交易非常困难，即使有丰富的专业知识也不代表可以打败大市。前债券大王格罗斯（Bill Gross）最终在近年一败涂地黯然退休，连数十年的投资经验也不是获利的保证，一般的个人投资者就更不要对自己进行主动式债券交易抱有太大的幻想。

但是，主动式债券交易对我们认知整体债市运作非常重要，否则你不可能明白为什么会有人愿意借100元给德国政府在十年后只收回99元的这种看似亏本交易的奇怪行为。

主动式债券交易的获利空间

首先，投资要知道债券的回报好像一条两头被拴住、中间有弹性的一条绳，只要没有出现违约事件，绳的两头是固定的，投资最大回报的想象空间是有限的，但好处是持有收益比较明确。相对而言股票市场则像一条随风飞舞的绳子，绳子的一端跟公司的营运与收益有限地连接，风起时收益真的可以飞上天，风停时收益又可能摔在地上。所以许多偏好稳健投资的交易者更喜欢债券投资的回报稳定性。

但即使没有债务违约，持有债券中途卖出的收益其实可以大幅波动。有时持有债券的收益会被央行货币政策扭曲，机构投资者会利用这些波动去获利。为了简化分析，以下的债券例子会假设为结构最简单的直债（Straight Bond），并且简化存续期及债券凸性以及再投资对总回报的影响，否则同时间要考虑影响价格的因素过多，大家就不容易理解主要风险改变下对债价的影响。在真实的债券交易计算中主要以数学模型计价，连很微小的价格变化都会尽量计入其中，可是债券数学模型永远解决不了三个问题：

（1）市场利率在将来远期的变化，因为连美联储主席都不知道；

（2）真实的违约风险最终是否必然发生，有时公司在最后一刻才成功再融资；

（3）市场的交易行为会否异常，有否恐慌性抛售出现。

数学定价在市场平稳期及较短的交易时间有很好的参考作用，长期债价的变化预测则比较困难，我们只知道如果市场利率上升1%对债价的实际影响，而难以事前知道市场利率在3年后是上升了0.5%，还是掉头下跌2%，所以交易债券的超额获利关键就在这些不确定性上，投资者承担了额外的不确定性，企图获取超额回报。当然专业的交易者亦会利用利率期货、期权、信债违约掉期等工具的价格变化去获利,亦会交易不同国家债券利息的差价,比如同年期的美国国债对德国国债的利率差距是收窄还是扩宽获利,但有时即使经验老到的投资者也会弄巧成拙,反而因判断错误连市场回报也赚不回来。曾经在债券市场上叱咤风云的老债王格罗斯就是经历了一连串的主动交易失误而黯然退场的,一般投资者就不要高估自己的预测能力了。

债券到期剩余时间的关系

理解债券价格的潜在变化幅度与到期日剩余时间是正相关的,因为离到期时间越长,债券在将来收到的利息总额就会越多。

比如每年票息为5%的债券,如果一年后到期,假设债价为100元,持有债券一年后收回的总回报上限是105元,同样条款及价格的债券,如果6年后才到期,在不考虑债息再投资下最大的总回报是130元[100×(1+5%×6)]。我们看看图7-1就能理解为何持有债券的回报好像一条两头被拴住中间有弹性的绳。剩余的时间越长,总收益在中间的波动可能性就会越大(图7-1和图7-2)。

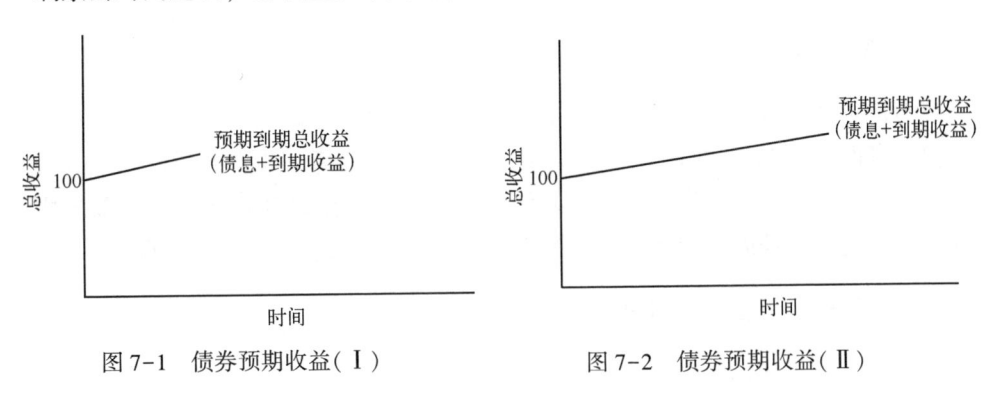

图 7-1　债券预期收益（Ⅰ）　　　图 7-2　债券预期收益（Ⅱ）

违约风险上升的情形

当发债主体的违约风险上升,或出现了重大的负面因素影响,债券价格就会出现重大下挫,持有债券的投资者将面对重大的账面亏损。图7-3所示市场预期债券违约风险上升时,债价已会率先下跌。当市场意识到违约极有可能发生,就会出现债券价格的滑坡式下跌,即使确信违约必然发生,债券仍有可能进行交易,而交易就是违约后债券持有人有没有可能取回部分本金。投资者除

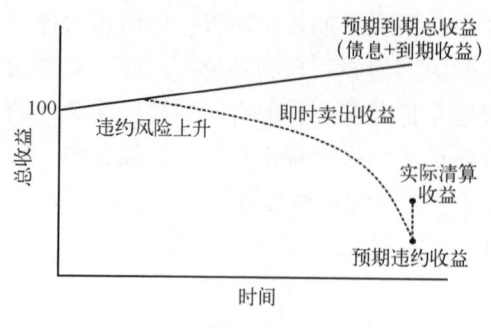

图 7-3 违约风险上升

了已收到的利息外，有可能会面对无法收回本金的风险，债券价格最终会接近零。如果债券是零息债，其收益就会像图 7-2 中那样可能降至零附近，如果债券在破产清算后仍有少量本金能取回。在违约后以极低价买入的投机者仍可能会有一些利润。

企业债类的违约风险通常比较高，有时一些企业破产后，债券持有人最终也会出现全部损失，不是什么企业都是大到不能倒。许多企业在破产后对社会经济面的影响有限，如果企业的负债太重，而经营的持续亏损已经很大，破产后企业扣除了如员工欠薪税费等优先偿付债权后，通常没有什么可偿付给债券投资者。投资企业债时绝不应该只投资单一企业，因为个别公司的经营风险有很多不确定因素，必须要进行组合式投资，并确定投资的企业之间业务的相关性较低，比如你全部企业债都是房地产开发商，这种组合就没有了风险分散能力了。

出现局部损失的违约事件

不是所有的违约都会损失全部本金。不少国债违约事件，如 1998 年的俄罗斯国债事件或 2011 年的希腊国债事件，即使出现违约后，投资者最终仍大约可取回 30%～50% 本金。当市场的交易价格过低，有些投机者就会尝试赚取当中的风险收益，这是虎口中获利，因为面对的是全部本金损失的巨大风险。

突然的潜在违约风险上升

图 7-3 显示了一些突然的潜在违约风险增加时，债券的价格会在正常走势下突然出现大幅下降。如果出现违约，投资者会面对重大损失（图 7-4 中潜在损失的部分），他们可能不介意在仍能取回部分本金下亏本卖出，有时一些风险威胁事件最终会得到解决，

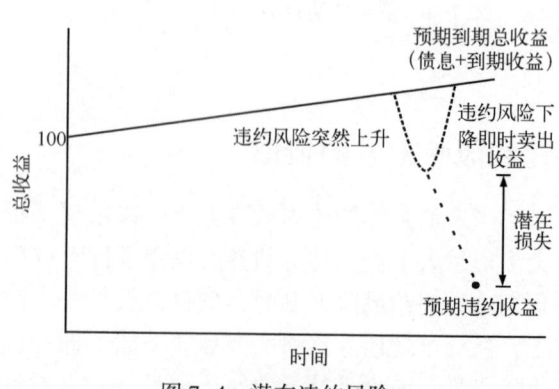

图 7-4 潜在违约风险

比如一些公司获得一些银行或金融机构的再融资，令其看似会违约的债券最终解除了风险。比如 2018 年一家亚洲地区的航空公司发行的相关债券价格曾因传闻违约风险大增，引起了债券价格在到期前 2 个月由 100 元大跌至只剩下 80 元，公司却最终顺利获得了足够的资金偿付 100 元的到期本金给债券投资者。这种风险事件短期，如果最后危机得以化解，年化投资回报非常之高，但如果一旦违约，债券投资者的损失就可能远超 20% 的最大回报可能。这些债券市场的风险投机，就是债市投资的巨大的回报来源。但我必须在此提醒投资者，很多债价无故急跌的公司最终真的会出现违约，一般投资者切勿胡乱参与投机。

2008 年金融危机期间，大量垃圾债被抛售只剩 10%～40% 面值，敢于低位买入的投机者可以获得高达 10 倍回报，问题是你敢不敢承担风险，因为你持有的债券组合遇上全损，也会损失 100% 本金。当然投机者会买入大量的高风险债去分散单一债券全损的风险，可是事前我们很难预估这方法是否真可以能获利。但利润并不总是归于敢于吃进没人敢吃的风险并没有死掉的投机者，因为有时冒了大风险，真的可能会一无所有。一般投资者还是以时间赚稳健的债息收入最为稳妥，对赌违约风险的钱不是一般人可以赚的。

市场利率变化风险

当市场的利率水平上升时，会对债券的价格构成不利影响。因为持有债券的票面息率会变得不吸引，图 7-5 可见到当市场利率持续上升时，债券的价值会不断下降，不过当时间开始接近到期日时，由于存续期缩短，债券对利率上升的敏感度下降，债券价格会重新接近票面值。换句话说，如果投资人不理会市场利率的影响，一直持有债券到期，其实市场利率的升降对你的投资全期回报不会有实际的影响。而影响的是你放弃了卖出该债券而买入其他收益率更高债券的机会。债券投资的好处就是只要你是直接持有债券，比如债券的年期在 1～3 年以内，一直持有至到期没有违约，其实没什么名义损失，只可能损失了其他投资机会，

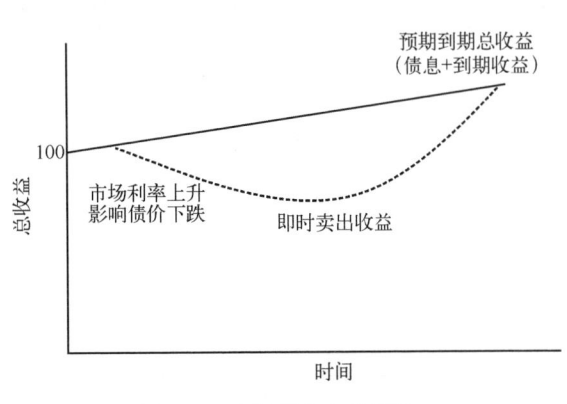

图 7-5 市场利率上升风险

而投资期不长到期后又可以以新的市场利率再投资。所以被动式债券投资对眼光的要求很低，只要坐着不动，等待到期，没违约就跟银行定存差不多。

当然读者会说，那不如直接做银行定期就可以了。其实两者差别很大，抛开违约风险以外，债券的利率是以市场的长期利率定价，而银行定期通常是指一定时间，所以回报是跟随较低的短期利率。如果你做长期5年期定存，中间是不可以取回本金的，或者需要放弃大部分的定存利息，而投资债券，尤其投资级别债券活跃的二手市场交易，你持有中途可随时按市场价格卖出而不用被罚息，所以债券投资对资金调配而言比较灵活，而且息口往往较佳，捡便宜的机会也较多。

市场利率下降

如果市场利率下降，对债券投资者而言是有正面的影响的。因为你持有的债券的票面息率比市场当前利率变得更有吸引力。投资者持有一只剩余5年期，每年5%票面息率的债券，假设买入价是100元，如果同等年期的市场无风险利率由3%下降至2%，对债券持有者而言就会非常有利，因为大量投资人会想买入该债券以获得较佳的回报，债券价格会上升。如果债价是100元，同等条款下你的到期回报就会变成了25元。如果债价变成了是105元，在不理会债息再投资影响下，你持有5年后到期的总回报是125元，你的最大获利空间是20元。市场利率上升会透支未来的债券总收益上升空间，因为债券的利率正常不可能是负数，所以当市场利率下跌，进一步下跌的空间就会缩小。如果市场利率降至1%，你持有债券在最好的情况下也只能期待市场利率降至接近零，这时候应该积极考虑卖出债券，因为留给债券持有者的获利空间已经不多了，一旦市场利率重新上升，债券持有者就可能要冒很大的债券价格下跌风险。

参看图7-6，当市场利率下降，债券价格拉升的过程是债券投资回报最高的时候。你看，后面的卖出收益线非常扁平代表你花了大量时间再去等待只能获得非常有限的回报。主要回报都在利率开始上升时

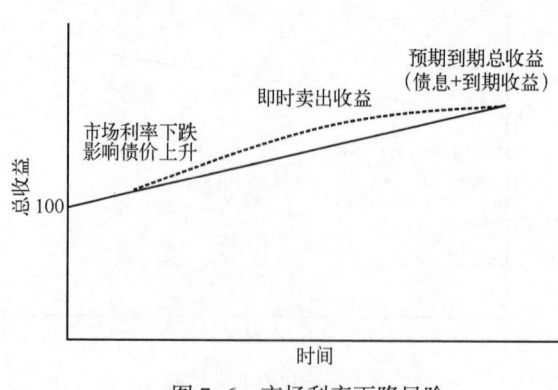

图7-6 市场利率下降风险

已被透支了。所以当市场利率已经非常低的时候，投资债券其实有很大的亏损风险，尤其是预期利率有上升空间的时候。美国债市在 2016、2017 年表现都非常差，持有企业债或长债的投资者都亏损了。这是因为这时美国进入了加息周期，整条无风险收益曲线都向上升，即美国国债的利率全面上升，美国国债的价格相应下跌。这一现象直至 2018 年底，市场预期美联储会放慢甚至中止加息，美国经济放缓风险增加，美债出现孳息倒挂才中止。如果美国最终开始进行货币刺激，债市的周期转换又会再次上演了。

负利率债券

负利率是指买入债券后持有直至到期不单赚不到利息，连本金也确定拿不回来（图7-7）。比如 2017 年 10 年期德国国债的总收益是负值的。市场中保证亏本的生意是没有人做的。投资者买入负利率的债券仍有获利可能。第一种情况是市场利率继续下跌，如果我买入债券后市场无风险利率回报由 -0.1% 下降至 -0.3%，债券价格仍会上升，买入者会有净收益。只要你确定有人愿意用更高的价格买入你的债券，你仍可以赚得一定的买卖差价。而这个大买家就是中央银行，因为当推行量化宽松等政策时，中央银行会买入国债及企业债等债券。银行在国债拍卖时买入的负利率债券不愁没有买家，所以买入负利率债券在一些特殊环境下仍是有利可图的。

银行买入负利率债即使债价没有上升，有时也对自身有利，因为国债被视为无风险资产，不会影响到银行的资本占用成本。在负利率环境下，银行持有的超额储备会被央行变相罚款，如果负利率罚款是 0.5%，买入国债的负利率是 -0.1%，其实银行买入了负利率国债反而对自身有利，银行能省下 0.4% 的中央银行超额储备罚款，不过整个金融市场的正常交易行为就会被这些货币政策所扭曲。

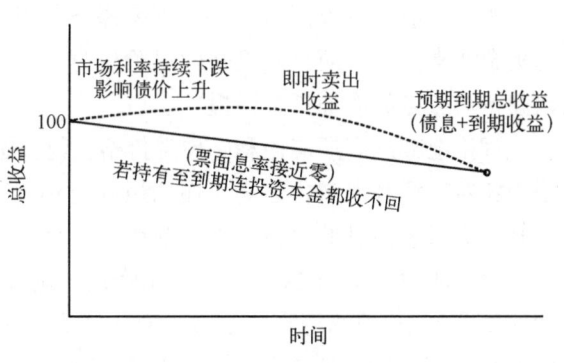

图 7-7 负利率债券

货币政策对债券价值的影响

在经济过热时，中央银行会加息以降低经济活动总量，以避免经济过热。同样当经济活动收缩时，中央银行会降低政策性利率以刺激经济。

加息周期及紧缩对不同级别的债券的影响不一样，加息周期如果经济向好，市场的违约风险较少，净息差反而会减少。我们会考虑到不同风险债券与国债之间的净息差，如高评级债在经济周期向好时与国债的净息差是0.5%~1%，即持有投资级别债券比持有国债高0.5%~1%；即使是经济较好时，非投资级别企业债与国债的利息差距也会较大，差距约在2.5%~3.5%之间。2007年次贷危机爆发前，垃圾债与国债的利率差曾低见2.43%，可以间接反映当时的市场资金非常充裕，而且有很强的风险偏好，市场愿意承担巨大的本金损失风险以获得一点点的额外资金回报。

理论上减息周期应该利好债券价格，但投资者必须留意违约风险是否上升。因为相对市场利率变化走高，违约风险对债券价格的影响更为致命。因为利率上升只会影响债息的收益是否有吸引力，而违约风险却会影响全部的本金也会冒风险。所以即使2008年最初开始降息，垃圾债的价格暴跌，垃圾债与美国国债的息差由3%曾暴涨高达15%，有人认为这么高的息差代表极高的违约风险，而事实是当时的真实违约率却仍然低于5%，而非像20世纪90年代初或2000年科网爆破后超过10%的违约率，造就了垃圾债投资罕见的获利机会。问题是如果当时美联储及财政部如没有及时及足够力度的措施去拯救金融市场，谁能事前预计实际违约率会否超过15%？所以我们理解货币政策的同时，必须要优先考虑债券市场本身的违约风险。如果你在2007年美国减息时买入大量债券，遇上2008年连投资级别企业债跟美国国债的息差也达到5%以上的年代，你的企业债券组合必然会受到重大的损失。所以投资者千万不要被如减息一类的单一因素影响作出错误决定，必须要有全局考虑市场的观念。

部分杠杆债券持有者，只以市场短期借贷去购买债券赚取长短债之间的息差，如果借贷利率只是2.5%，而长期较低评级企业债的债息有5%，如果没有发生违约，则是可以赚取这中间2.5%的息差（5%~2.5%）。一旦市场短期借贷利率上升，比如升到4%，其长债的价格就会大幅下跌以补偿市场利率上升的影响。投资者如果买入大量杠杆债券组合需要强制平仓，在平日交投本来就不太活跃的企业债市场形成巨大抛压，一些投机者甚至会损失全部资本，不可不小心。

量化宽松对债券市场也有很深远的影响，因为中央银行从商业银行手中买入长期政府债券及企业债券，就会自动压低长债的利率水平，持有较长年期的投资者就可以受惠市场长债息率的下跌而获利甚丰。而且银行体系内有大量闲置资金也有利于降低市场利率水平，令债券投资变得更有吸引力。当然量化宽松是有极限的，一个国家内的国债及高投资等级企业债是有限的，而且在长期扭曲的金融市场下，如果下一次危机到来，中央银行就会缺乏工具去应对。你想一下该降的利率都降了，可买的债都买了，中央银行还有什么手段去刺激经济？

中央银行最后一招就是最激进的直升机撒钱计划。即财政部努力花钱，而钱则直接由中央银行支撑以刺激经济。简单来说就等于直接印钱用来派钱及提高社会福利。听上去好像很吸引人，大家都有钱不是很好吗？钱能解决的问题就不是问题了吧。当然没有那么简单，这种方式是直接由央行增加永久性的货币供应，无论是开一张支票送给财政部或提供永久不用还款的永续债给财政部，其结果都是会引起大量现金在社会上流动，最初都能一定程度缓解危机，最后几乎不无例外地引发恶性通胀。

看到这里的读者应该记得我常提到货币政策的命门就是通胀，之所以量化宽松大增货币供应仍不发生通胀，是因为一般大众的薪金等可支配收入都没有出现大升，真正胀了的是金融资产及房地产的价格，却没有多少人会永久卖出该等资产作消费，买了房的都想买更多房子，买了股的都想滚雪球，钱没有多少滚到实体经济之中，而且受惠资产升值又能卖出非自住房产的都是少数人，自然无法引起通胀升高。当然长期的代价是财富分布更不均和民粹主义的崛起，但这不是央行的优先考虑目标，全球央行的决策者总是自扫门前雪，只着眼解决短期经济及金融市场的问题，没多少人会考虑货币政策对社会溢出效应，或对这些问题视而不见。2016年的英国脱欧，欧洲激进政党的崛起，以往高福利社会因政府财政难以长期支撑出现动荡的概率加剧，未来国际政治变化的风险会重新进入投资者的主要视线。

采用有节制的全民基本收入的直升机派钱货币政策有可能令贫富差距收窄，因为较低收入人群将直接受惠政府的福利开支上升，而不再是拥有资产者才能获益的量化宽松政策。有理由相信未来会有更多政府会推广全民基本收入一类的广泛性福利政策，在一些国家的地区性的基本收入实验中，获得基本收入对大众工作动机没有重大影响，却可以增加大众的幸福感。不用天天担惊受怕被人工智能及全自动化生产弄得贫无立锥之地，不是每个人都有能力极速进化，也总要让普通人能够生活下去。只要基本收入不会影响工作动机，对社会而言没有太大负面影响,而且基本收入不一定以纯现金派发而是补助医疗、教育等开支,降低快速推升通胀的风险,人民的幸福感应该会加强,问题是政府的财政能否负担,比如希腊等国的高福利政策最终引起了2011年的欧洲债务危机,最终还是要再次削减福利。派发基本收入还要考虑会不会引起的物价上升,会不会失控。其实只要生产力能配合,总产出有所上升,通胀并不失控下全民基本收入政策不失为好办法。美联储前主席伯南克多次提出直升机撒钱估计终会发生,不过结局就难以预料,因为善用工具和滥用工具只有一字之差,对于结果我们只有拭目以待了。

用直接货币融资去支撑财政支出通常被视为刺激经济的猛药,少量服用可强身健体,加快痊愈,但长期过度使用必死无疑。中国央行早已明令不允许央行直接购买财政部的国债,因为1990年初曾尝试过货币财政引起双位数的通胀率。其他曾滥用货币财政的国家很多都以恶性通胀终结。不过如果政府财政在有约束下使用货币支撑,会不会利大于弊,就视政府怎样使用此等政策工具了。对投资者而言,虽然温和的全民基本收入及福利政策不一定对债券市场产生负面影响,可是一旦出现任何更激进货币政策的苗头,就应该尽快撤出长期债券市场,甚至大幅减低债券持仓,视当时的估值及实际税务情况考虑增加股票类(如果股票收益没有被大幅征税)、黄金商品类实物投资。债券市场的息率有多高我不知道,但是通胀率一旦持续升高,可能维持双位数一段时间。持有债券的收益未必可以抵消通胀影响,因为央行可能同时印钱压低国债利率,令债券的要求回报和通胀失去相关性,到时,主动投资者可能要大规模撤出债券投资。

限制直接货币融资的还有汇率市场考虑,因为滥发货币引起的汇率暴跌可以引起严重的输入性通胀发生,即进口货价大幅上升引起恶性通胀。但如果率先采用此方法是美国或日本等大型经济体,反而会给其他央行更多激进货币政策推行的空间,可能全球央行一起印钱去令外汇市场保持稳定,从而令直升机撒钱在相当一段时间内变得可行。估计到时最开心的应该是实物商品类的投资者了。2018年有不少的央行积极买入黄金作为储备,比如俄罗斯央行,究竟是否它们也预感到世界货币政策有长远激进化风险,就不得而知了。但我必须提醒读者,以上是货币融资的假设情况,是否真的发生以及相关金融资产的最终影响事前根本无法预估,而且你也不可能预计政府是否会出台任何行政政策,比如强制兑换贵金属资产,禁止资本流动等,这些在历史上时有发生的政策调整会令你事前的部署变得无效,你事前作太多准备未必有益,投资者还是见机行事为佳。

债券的分类

按发行主体而言债券的种类：

主权债

国家发行的债务，以一个国家的国力进行担保及发行的债券。如果主权债是以本国货币发行，我们会考虑其本币债务违约风险非常低。即使像日本那样总债务高达国民生产总值(GDP)的两倍以上，没有太多人会担心日本政府有债务违约风险，因为日元由日本央行印出来就有了，你要多少可以印多少。

地方政府债务

地方行政体发行的债券，如州政府、市政府或一些较低级别的地方行政体发行的债券。支撑债券价值的是地方财政的税收及其他收入。由于地方政府并无货币发行权，所以违约风险远比国家主权债高。美国亦有很多地方债券出现违约的案例。不过购买美国的地方政府债务有免税的优惠，如果地方政府的财政稳健，即使债息未必比国债高，免税的优惠对投资者也有一定的吸引力。

在中国的层级政府结构下，地方政府亦是发债的主体，发行了大量的地方债务。投资者亦要留意地方政府债务并不一定有大而不倒的可能。在某些合适的时间，央行可能有意识地让部分过度举债的地方政府债券出现可以控制的技术性违约，在对金融体系没有重大影响下，令无风险意识的投资机构得到一定损失的教训，减低地方债过度膨胀，以阻止最终尾大不掉而出现严重道德风险的潜在危机。投资者要明白，即使过去的经验告诉你并没有风险，并不代表将来一定会同样安全，不要被过去的经验认知所蒙蔽。

企业债

商业企业发行的债务，发行主体较多是股份制有限公司，但也可以是非股份制的私人公司的企业发行债券。企业借入债务最大的理由是用作投资扩张，如果债券的年期较长，对短期公司经营的现金流压力就会较低，所以即使借贷金额相同的两间相似公司，长债较多的企业的经营稳定性会较高。一般经营状况不佳的企业是很难发行5年或以上的长债，或需要以非常高的息率以吸引投机性资本。

有一些如银行等是为了满足监管机构要求要补充资本金的缺口而发债，这种发债对盈利的改善未必有很大帮助。有一些经营状况差的公司只能发行1至2年期的短债持续去应付经常性开支。如果企业借入的债款未能从经营现金流中支付，很可能持续要以借新债还旧债的方式维持。当金融环境收紧企业无法借到新债，又没有其他可行的融资方式如发行股票以集资，企业就很可能会出现违约，债券持有人可能失去全部或大部分的本金。

合成型债务

合成型债务(把不同的贷款合约利用财务手法合成，变成一个经过包装的债务投资产品，像把不同种类的碎肉弄成的一块肉饼，你都不知道自己吃下的是什么东西，无法清楚评估风险因子。此等债券没有单一的借款主体，实际上你很可能并不清楚资金是借给谁。合成债券经过财务手段或衍生工具的风险对冲美化后可能获得很高的投资评级，投资者必须小心评估实际风险，或者选择避开合成债务。

最著名的合成债要数引起美国出现2008年金融危机的债务担保证券(CDO)，这是一种结构非常复杂由抵押债权及其衍生产品组合构成的证券化商品，简单一点说CDO的投资者间接借款与贷款机构，并承担债务相关贷款违约风险。不少的CDO经过统治原理进行分类调整配合衍生产品合成美化后，可以却获得了投资级别的债券评级，甚至AAA最高级别的信贷评级。当年不少的美国的地方性退休基金也大量吃进了CDO，在2008年时引起了退休金投资者的重大损失。有兴趣深入理解的读者可参考米高·路易斯(Michael Lewis)的《大空头》一书。另外法兰克的《血战华尔街》一书对投资银行如何应用衍生工具以改善债券评级有很生动的解释。本来明明风险很高的新兴市场债经过外汇及各种对冲工具的包装下竟可变成债市的抢手货，令人啧啧称奇。

其实一般大众直接购入合成债务的可能性理应不高，但当年这些合成债务成功卖到全世界。香港的散户投资者不少也直接或间接受相关债券违约事件影响，所以我得再次提醒读者，在金融世界不要贪小便宜。为什么同样是AAA的债券合成债券的利息可能就不多于0.5%的回报，投资者却承担风险以倍数计的违约风险损失。这种就不是风险和回报等价交换，而是不合比例的风险承担，虽然这等看似非常愚蠢的交易，其实在金融市场经常发生，因为很多投资者会认为只要违约不发生，这些差价就是白白赚下了。他们不明白自己究竟承担了多大的风险，做完一笔又做下一笔相似的债券交易，直至出现风险事件时才发现自己一直以来其实做了金融市场的大笨蛋。

按发行条款的债券分类

直债

直债是指持有现金流结构最清晰的一种直接债券投资。直债有明确的到期日，而且到期时间不会过长，发行机构没有到期前提前赎回的选择，无论市场利率如何变化，发行机构必须持续付息给投资者直至债券到期。如果到期前没有违约事件投资者必然会收回100%本金。利率则是按固定时间比如每半年，固定的票面息率如5%发放，没有任何增减的空间。美国政府发行的定息国债或者一些固定条款的企业债也归类为直债。由于发行条款固定，对投资者较有保障，所以在相同的孳息率回报下，直债会比其他债券更受欢迎。

零息债

投资者在买入零息债后并没有固定利息回报，而是一次性在到期时收取一笔100%债券面值的款项。投资者的回报就是买入的价格和到期收回本金之间的差价获利，一些长年期的零息债的买价可以低于面值的50%。比如值100元的债我们只需付65元，到期时能够收到100元，这中间35元的差价就是产生生孳息率的来源。我们把到期价与现价进行折现分析就能找到预计的年化回报率。一般来说持有零息债的投资者要冒较大的风险，因为持有期间毫无现金流收益，万一出现违约不能发现就会有重大亏损，所以零息债较多出现在国家发行的主权债，而较少出现在企业债市场。如果企业发行大量的零息债，投资者会比较担心到期时企业能否兑现，或者到时能否借新债还旧债。

永久债券/永续债

永续债是一种没有到期日的长期债务，是债券发行人按期如每半年支付债息直到永远。发行人可以在指定时间如3年或5年后赎回，也可以选择不赎回。有一些永续债为吸收投资者会有一定的利率自动调整条款，比如过了5年后仍不赎回，债券的利息会向上调2%，或增加债券与当时无风险利率的差距。由于绝大部分的商业机构并不可能永续经营，持有永续债的投资者的长期风险比直债高得多。为了吸引投资者，永续债的利率会比同一公司发行的直债有明显的利息差异，实际市场交易中可以见到息差可达200~500点。但投资者必须认清发行永续债主体的持续经营风险。较常见成功发行永续债的是银行或一些历史较长的大型企业用作补充长期资本，部分房地产企业也会发行永续债去降低负债比率，因为永续债没有到期日，在会计处理上可以计入公司的权益而非负债。这类高风险永续债的孳息率往往相当吸引人，当然，前提是公司有没有发生违约的风险。有一些经营一般的大型企业也会发行永续债，投资此等债券的投资者的理念往往是估计企业能大而不倒。高风险易受周期或政策影响的行业发行的永续债并不适合一般的投资者，而且二手市场往往并不活跃，投资者亦要留心永续债的流动性风险。

浮息债

浮息债的利率发放是会按当前市场基准利率环境自动调整债息的，这类债券对投资者最大的好处是不用担心市场利率波动的风险，不过当然也丧失了市场利率下降时的潜在回报。投资于浮息债并不等于安全资产，因为浮息债也会面临违约风险。所以一旦市场整体的风险上升，浮息债投资也可能会出现亏损。

短期的浮息债基金有时会视为货币基金一类，可是当市场违约风险上升时持有浮息基金也可能亏损，买入货币市场类的基金遇上损失往往令投资者意想不到，本来视为最安全的资产并不是绝对安全。2018年美元定期存款的回报约有2.5%，而浮息债基金（美股：FLOT）却在12月左右短时间内因市场整体风险上升的出现2%的跌幅，几乎把全年的利息收益抹平。所以，投资者必须认识到在兵荒马乱的时候，看似安全的资产也可能受到波及，只是程度上的差异而已。

可转债

可转债会提供投资者在持有一定的时间后，以指定的价格把债券转换成该发债主体或相关公司的股票。可转债在近年美国股市畅旺的时非常流行，因为投资者都很想以较低风险捕捉股票价格长期上升的机会。比如一家公司的股票市场价是每股150美元，可转债指定两年后投资者可以选择以170美元每股把债券转换为公司的股票。中国的企业也乐于发行可转债，主要原因是可转债的利率支出较低。公司发行此等债券后可以用较低的成本融资，而就算股价上升，只不过是发行多一点想要多少就有多少的股票，公司的股权可能稍微摊薄而已。

可转债其实是一个低利息债券配合一个长期的公司股份认购期权的投资组合，不过对投资者而言并不是稳赚的工具，除非投资者是发行时就已经买入该可转债，并一直持有等待转换。如果是在二手市场买入，可转债的价格往往受公司股票价格的起落而大幅波动。如果投资者买入的是可转债的基金，持有者很可能发现在股票市场下跌时其基金价格也下跌，因为买入基金时已是等同在二手市场买入已计入股价上升收益的可转债，能否获利就要看相关股票往后的表现。所以可转债的投资者同时面对利率风险、股市风险以及违约风险，在金融市场波动时可转债的防守力非常薄弱，债价也会出现明显下跌。在股票市场快速上升时，可转债往往在各类非杠杆债券组合中一枝独秀。

债券投资与破产清算次序

债券投资者面对的最大损失就是公司出现债券违约并最终破产。投资者取回的款项要视破产清算时他们的偿付优先次序而定。不同国家的破产清算次序并不相同，一般来说清算次序可以参考下面的排序：

(1) 最优先的债权为已完成抵押手续的担保债权，如公司抵押在银行获得相应贷款的资产，银行能在公司破产后最先取得抵押资产的持有权。

(2) 政府及破产相关费用，如破产的清盘人相关服务费，政府的税务费用等最先缴纳。

(3) 公司员工的薪金以及各项福利金款项。

(4) 债权人会按照不同债务合约制订优先级，优先债券持有者享有最优先的偿还次序，次顺位债券持有者较靠后。

(5) 公司的优先股股东优先拿回款项，剩下的资金由普通股股东进行分配。如果公司的债务比率较高，普通股东因为偿付次序在最后，一般都只有很小比例的投资资金可以取回。

债券持有人的偿付并不是最优先的。如果公司出现较严重的资不抵债，尤其公司已发行了很多抵押贷款的情况，有可能普通债券的持有人只能取回很少的资产，甚至出现全损。

白武士与债转股

一些公司在进入破产程序前仍会尝试寻找买家作收购。新的潜在买家会尝试与主要债务人接触，如果主要债权人能做出一定的让步并接受收购方案，比如愿意只收回一定比例的本金并获得一些股份作补偿令公司得以继续营运，这种安排有可能减少债券投资者的总损失，债务人有会比较破产与收购方案的损失作出评估。有时，这些买家会被称为白武士收购者，他们把公司重组，并从实体经营方面改革公司运作，有时令一些在破产边缘的公司获得重生。美国有很多知名的私募基金专门从事这类收购案例，若能化腐朽为神奇，成功令公司业务重生，利润将会相当丰厚。

债转股方案也是另外一种处理濒临破产企业的折中方式，方案把公司的债权人的债务转为股权，债主变成公司的股东。此安排对高负债的公司有非常大的好处，因为股东出的资本是不需要偿还，债转股后，公司的总体负债水平就能大幅降低，而且债务减少能大幅降低总利息开支，有可能令公司能继续营运并且获得经营利润。如果公司的经营非常差，继续营运也只会令亏损扩大，债转股对投资人而言就没有吸引力了，可能走破产程序还能拿回更多投资本金。

税收与债券投资的关系

美国公民投资美国债券获得的回报需要缴纳入息税，而且是收取利息的时候就已经要交税，情况就好股票投资的股息需要交税一样。不过要留意的是，美国国债只需交联邦税而不用交地方税，而地方性债券的收益不只不用交联邦税，如果买的是居住地的地方债，连地方税也可以获得豁免，变相完全不用交税。买了企业债的朋友则无可避免要为其债券收益交税，而买了零息债的朋友的税务支出最痛苦，因为明明许多年后债券到期才收到本金及潜在的获利，持有债券期间债息回报一分钱未到手却要每年按默认的年度利息去为其零息债交税，真是未见官先打八十大板，所以零息债在美国并不太流行。

海外投资者直接持有美国的债券包括国债、地方债及企业债等都不需要缴纳利息税。不过投资者必须要留意，如果是通过债券基金或交易所买卖基金持有的美国债券，该基金配发给你的利息却会被美国政府视为股息，需要接股息相关的海外课税率征收 10%～30% 税款。海外投资者要留意美国的银行存款及公司债是免除遗产税的，目的是鼓励海外投资者参与相关投资，如果投资美债及海外资产资金量大，必须要考虑税务影响。有需要时可以考虑以公司或信托基金形式持有，当然由于营运成本高昂，有较大额资产的投资者作出上述安排才可能有成本效益。而投资者在居住地买入的美国债券基金投资并不需要支付美国的遗产税，不过仍要缴付本国的遗产税。

个人投资者在投资时须考虑税收对债券投资回报的影响。目前在中国一年以上长期持股的股息是免税的，银行定期存款也是免税，而债券投资除了国债外则并没有免税的优惠，一般债券投资的利息需要缴所得税。如果当前税率仍为 20%，债券的债息回报是 5%，对投资者而言，实际上只有 4% 的收益，这亦导致一些投资者可能在派息登记日前卖出债券等交易行为。因为部分金融机构有税务优惠，会有动机买入投资者以稍微优惠价卖出的债券作短期的买卖套利交易。不过个人投资者必须考虑交易成本，尤其是流通性低买卖差价大的债券，很可能得不偿失。事实上，中国实际的债券交易者主要是机构，个人投资者较少参与其中。

利率期货与利率预期变化

利率期货主要反映市场对未来一段时间的利率变化预期。如果利率期货预计央行的加息可能性上升，期货市场中的预期息率变化没有对金融市场造成重大震荡，即代表央行可能按预期加息而不会造成重大影响。所以有时央行的行动也要参考市场的交易行为。因为一旦市场对未来的加息行为产生过大的恐慌，引起资产价格大幅下跌，央行可能就要被迫停止原本的加息行为，转为观望市场的反应。因为如果市场出现大暴跌，引起资本市场的混乱以及严重的负财富效应，都会对实体经济构成重大影响，央行可以接受平稳有序下跌而不会改变其原有政策，但当市场以暴跌来跟央行呐喊，央行也很难一意孤行地执行既定的货币政策。2018年12月美联储对加息预期的大幅转向，就是被美股近20%的大跌逼宫的。不过维持金融市场稳定对经济亦是非常重要，投资者必须要知道央行行为受市场影响的可能。投资者不要盲目相信自己拟定好的市场暴跌剧本，如剧本中的大丑角是央行加息，你必须认识到丑角被市场暴跌吓退场后，市场又会变回平静。

但读者可能会想为什么2008年的金融危机中美联储的减息没有立即终结资产市场下跌。2008年是因为大量楼宇按揭借贷的坏账出现，许多债券及金融机构出现违约，绝不是减一点利息可以解决问题的，必须要政府直接用财政政策对金融体系进行拯救，否则银行体系以至整个金融系统就会整体崩溃。但是2018年时根本并没有出现债务危机，而只是出现资本市场的估值下调，所以央行的政策预期改变就如及时雨暂停了风暴。如果央行坚持加息利为，市场一旦进入剧烈估值下调模式，息口的预期的变化未必能刹停市场下跌的步伐。美联储在1929年因为太迟救市而力度不足，无法阻止美股大暴跌并最终引起大萧条，尤其任由地方银行体系崩溃所犯过的错误，在很长时间也支配一代又一代美联储决策者的政策思维。大家要谨记中央银行不以股市升跌为政策目标，如果市场是有序下跌，调整估值也不会引起央行的干预，只是当股票市场疑似出现崩溃并威胁到实体经济，投资者就不要认为为央行会袖手旁观。对交易者而言，必须留意交易面上的盘面大逆转，如果你在2018年12月底大幅做空美股认为暴跌会持续，而低估货币政策转向的影响，在2019年1月的美股由低位快速上升的修复行情中几乎肯定会焦头烂额。

而在这短短的 2 个月期间，美国 25 年以上长期国债的价格大升 10%以上，以美元计的高收益债券从 2018 年 12 月的低位也上升了近 10%。你就会明白即使你是纯粹的债券投资者，也是要留意股市的发展和变化。因为今天的资本市场是一个整体，每一个市场与另一市场都会相互影响，投资者不应只专注观察单一资产市场运作。比如一个地方房地产市场出现较明显下跌，并有坏账上升出现，你应该考虑是支撑该地方房地产按揭贷款的是银行体系，还是信用合成债券（CDO）类的资金，若预计该等市场很快就会受到冲击，并准备应变或交易计划。

孳息曲线是把一个国家的不同年期的国债利率联结，形成一条可观察短期及长期息率变化的曲线。正常向上倾斜的国债孳息曲线见图 7-8。孳息曲线变化有非常强的经济衰退预测能力。美国近 30 年出现 3 个月期国债（准备名称为财政部票据）利率高于 10 年期国债利率时，一般在 6 至 24 个月内很大可能出现经济衰退。这是一个非常强力的衰退预测指标，而且准确度甚高，40 年来几乎从未失效，只是发生衰退的时间存在非常大的弹性空间，投资者不能以此作为直接的股市交易根据，因为股票价格往往会继续上升一段时间才下跌，所以只能视为参考警示而不能视为直接交易根据。

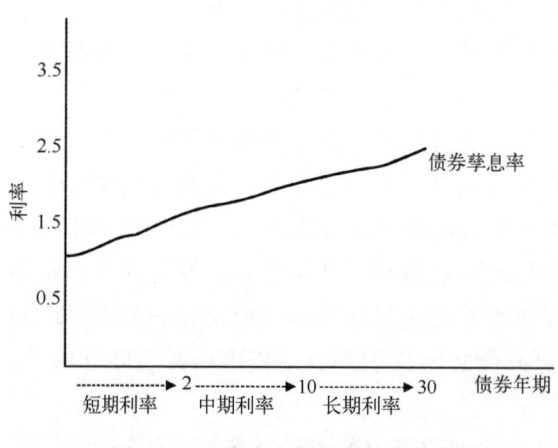

图 7-8　正常向上倾斜国债孳息曲线

如果同时观察失业率低于 4%，就能确认经济周期扩张到接近顶峰，出现衰退时的经济下滑幅度就会较大。因为经济越近顶峰，就会有越多的低效率投资、甚至只靠融资支持的亏损业务大量存在，一旦经济逆转，这些没有经营基础的生意很可能率先倒下，引发经济收缩，情形就如同 2000 年科网爆破后大量科技空壳公司出现倒闭。债券的投资者必须要密切留意市场变化，尤其是高收益债等较高风险的债券投资风险很可能会在未来快速上升。

发生孳息曲线倒挂（见图 7-9）主要有两个可能，第一是短期利率上升速度太快，这代表央行的政策性利率上涨幅度太快，市场的长期利率涨幅跟不上短期。第二个可能是因为市场预期经济衰退风险增加，大量的金融机构买入长期债券去锁定长期的回报，减低将来降息时债券利率大幅下降而难以再投资的风险。美联储前主席耶伦认为孳息曲线平缓不一定代表衰退，只是因为市场的资金偏好改变，不需要利率溢价去补偿长期借贷。但不少美联储官员仍然认为，孳息曲线倒挂是重要的货币政策参考指标。

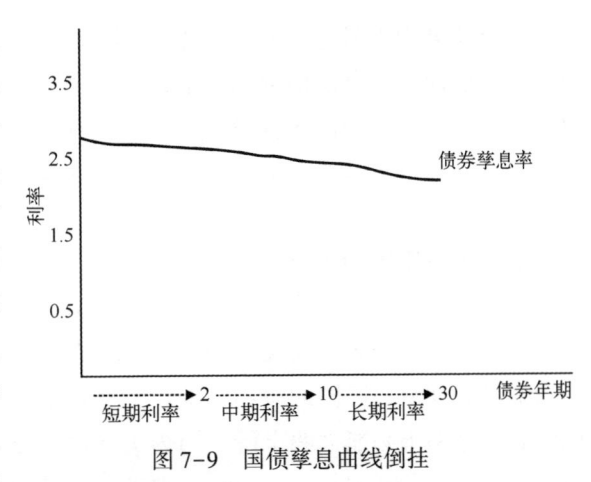

平缓甚至倒挂的孳息曲线

图 7-9 国债孳息曲线倒挂

会严重伤害银行及保险公司等金融机构的盈利能力，亦会降低银行的借贷意欲。因为金融机构的利润来源是以较低的成本借入短期资金，并以投资或放贷收取长期利率较高的利息，短期资金成本与长债的息差是银行净利息收入的主要来源。在国际金融危机发生后全球的银行都风光不再，除了更严格的监管及合规成本，不少国家采用的超低利率政策并用量化宽松压平长期债息大幅减弱银行及保险公司的收益来源，这也影响到保险公司的红利发放率出现下降。银行亦可能因为借贷利率不吸引人而收紧放贷，因为贷出的款项是要承担风险的，却没有相应的利差回报可收回，最终因信贷紧缩引起消费及投资活动放缓而引起经济衰退。所以倒挂的曲线不只预示了经济风险的存在，也会间接提高经济衰退的可能性。

债券基金投资

以基金形式投资债券其实非常盛行，尤其美国的交易所买卖的债券基金，其手续费率竟可低至0.1%以下，难怪专业的投资机构及对冲基金更愿直接持有交易所买卖基金而不直接持有债券组合。事实上，债券市场中除非是美国国债或非常活跃的企业债，否则有很高的买卖差价成本，有时高达0.5%以上，而交易所买卖的债券基金差价往往在0.1%以内，相对而言流动性更高，而且也不用担心个别债券违约的风险。不过再次提醒海外投资者，买入该等美债基金获得的派息收益会被美国征税，视不同地区税率10%~30%不等。海外投资直接持有债券反而没有税费支出，所以投资美债的投资者必须考虑到基金投资产生的额外税费支出。

> 投资的机会在哪里

　　投资者可能要考虑于每次利息结算（除息日）前卖出交易所买卖的债券基金，除息后债券基金价格会相应下跌，投资者可以考虑再买回。因为持有时收取到的利息会反映到债券价格之上，所以只要投资者在除息前卖出就可以减低税费总开支，不过这要视增加的手续费开支及买卖差价的交易成本是否低于利息税的支出。

　　美国的短期国债基金（美股：SHY），美国的中期国债基金（美股：IEF），美国的长期债券基金（美股：TLT）这类国债近年的回报本来就非常差，尤其在利率上行周期。如果买入长债去赌美国的长期利率下降，会有一些交易的机会，但投资者必须留心美国的短期利率可能在经济再次衰退时再次快速下降，但美国的长债息率未必能大幅下降，因为美国已经出现严重的结构性赤字，需要不断发新债，长债利率是否下降，要视美联储是否实行非常激进的货币政策，比如再次推行量化宽松计划，甚至直升机派钱计划，这时美元的汇率将不可避免下降。低利率、大量发债、美元汇率仍保持稳定是三个不可能同时达到的目标。除非美联储向全球主要国家的央行广发邀请通函，要求包括欧洲、日本等各路央行一起大印货币，重演2008年的美元越印越升值的奇迹，如果有几家央行不为所动，投资者就会有极大动机沽出美元，令美元的汇率受巨大的压力。关于汇率的影响，我在下一个章节详谈。

　　中国的债券基金回报其实非常一般，往往连货币市场或理财产品的利率也比直接买入国债好。国债相关的投资产品及基金很少有个人投资者直接参与，除非是利率快速下降周期令长期国债的价格出现较大幅度上升的时候，一般情况下，持有债券基金的投资回报数不吸引人。一般个人投资者可能不理解为何国债仍是受欢迎的投资工具，因为银行投资国债被视为无风险或低风险的投资工具，不占用或只少量占用银行自有的资本金，如果一家商业银行的存款中有一些活期存款，利率成本只是0.5%，计入定期存款等资金总成本是1.5%，银行资金买入国债收到3%，净利润是1.5%，这笔收益其实不需要消耗银行自有资金成本。银行可以把更多的超额储备放贷到其他项目如一般商业贷款等去获利，这样就等于把银行可借出的总贷款加大。所以你应该明白何为理财产品的利率有时会高于国债，但国债市场仍是这么活跃，因为参与的机构投资者能从中获利。其实资本市场是一个复杂的生态系统，没有人可能完全弄明白，对投资者而言，能知道一些重要的概念就可以了。

✤ 1998年长期资本管理公司（LTCM）的巨亏事件

　　长期资本管理公司（LTCM）成立于1993年，是由一批非常著名的债券投资者以及两位获得诺贝尔经济学奖的经济学家创立的大型债券投资对冲基金。

该基金公司以非常高明的量化策略进行各种复杂的统计套利，以固定收益套利等去获利。比如公司的交易模型找到某一期限的债券价格相对其评估价值较低，出现了可以获利的价格坑洞，公司就会立即买入填补价格坑洞，或者利用新发行的债券与已发行的债券之间的价差收敛获利。公司采用大量的杠杆进行交易，杠杆倍数最高达到25倍以上，高峰时持有过千亿美元资产，并持续在1998年之前每年都获得丰厚收益。投资者在不到4年之间获得了近300%的回报，而且每一年的回报都是双位数的正数收益，这一回报率对债券投资相关领域而言几乎是无人能及。

可是在1997年末亚洲金融风暴开始以后，该基金的业绩已经开始下降。面对一些风暴级的市场变化，量化策略往往未能适应剧烈变化及突然缺乏流动性的市场状态。1998年中时，因为事前低估俄罗斯债务危机对全球债券市场的影响，美国期限相近的国债孳息率正常市况下的价差收敛现象变成了价差扩大，公司的持仓蒙受巨大损失而轰然倒下，损失了40多亿美元几乎亏掉了全部的资本金。最终该基金公司在纽约联邦储备银行联合一众投资银行的协调救助下把基金的投资部位逐渐平仓后，运作至2000年正式倒闭。投资该基金的投资者不但几年所赚的利润全部损失，绝大多数连投资本金也赔上了。

投资者必须对杠杆式的量化策略保持极高的警惕，因为市场总是变幻莫测的，而多年的投资获利只要遇上一次风浪就可能变成一无所有。如果债券基金在一个正常年度的获利是5%，顶尖的主动交易债券基金经理获利是7%，你就要想想为什么有一只神一样的投资债券对冲基金可以获利20%——几乎肯定是用上了高杠杆。你应该明白，你投资于该等基金面对的风险绝对不是债市风险，而是杠杆投机的全损风险！

第八章　外汇交易市场

　　外汇市场是全球交易金额最大的市场，其每天交易金额远超股市及其他如债市等交易市场。外汇市场并没有一个像股市交易所这类中央的交易场所，而是由分散于全球的主要商业银行以及外汇经纪商之间互相交易而形成一个巨大的店铺交易市场。

　　在外汇交易中，大部分的交易寸头都是投机性交易而非有真实的商品及服务需要。中国的个人投资者的外汇交易并不活跃，除了有银行账户限制下有个人购汇限额，短线外汇交易获利的难度也不可以忽视。但即使是全球金融市场最发达的美国，个人外汇交易也不活跃。美国证券交易委员会已经禁止在其监管下的所有经纪交易商进行杠杆式外汇交易，目的是避免非专业的投资者进入极高风险的高杠杆式零售外汇交易，以更好保护投资者的利益。

　　交易外汇的工具有很多种，除了现货市场，期货市场中的外汇远期、外汇掉期及外汇期权等交易也非常活跃。其实交易外汇无非是利用汇价及货币利率的变化获利。多次的地区性金融危机，包括1998年的亚洲金融危机都是与汇率波动有很大关系。外汇价格变化对全球资产配置有非常重要的关系，理解外汇市场的运作是更好认识全球金融交易市场的必要知识。

　　全球的最主要发达国家的货币有美元、欧元、日元、英镑及澳元。人民币是新兴市场货币中交易量最大的，南非兰特等也是活跃的交易品种。外汇市场跟贸易总量及国力并没有必然的正比关系。中国是全球第二大经济体，但在外汇市场的影响力及活跃度还是相当有限，个中原因是在国际市场中人民币计价的资产有限，而中国本身设有资本账限制，资金并不能完全自由流动，所以人民币在外汇交易市场中亦不活跃。展望将来，人民币在国际外部环境更稳定时会再逐步开放。

外汇的报价

　　交易任何外汇，都会有一个双边汇率报价。一种货币的升值，必然会出现另一种货币的相对贬值，所以外汇市场不可能出现全部货币贬值，但可以出现单一货币兑全部外币升值，比如在金融危机中的美元作为主要避险货币兑其他主要货币出现升值。

欧元兑美元的汇率报价如下例所示：

EUR/USD

EUR/USD（欧元兑美元）	
1.13902	1.13905

如果想买入 100 万欧元的买家，只要付出 113.905 万美元可以实时成交，如果有买家想卖出 100 万的欧元，可以获得 113.902 万美元，中间的 10 万分之 3 的差别就是外汇市场的买卖交易差价，是交易外汇成本的一部分。在银行间外汇交易市场这个差价非常之少。读者要留意一般商业银行的买卖差价都是非常高，大约在十万分之 5000～10000 之间（0.5%～1%）交易甚至更高，所以在商业银行外币存款账户的外汇间的交易市场根本没有任何短线交易空间。这亦是为什么商业银行其实很喜欢存户进行外汇买卖，因为这种无风险的差价获利是很好的利润来源。

实际上，参与大额外汇交易的都是以机构为主，它们往往是互相博弈，希望能从机构对手的账户上赚钱。虽然说外汇是一个交易量大的买卖，不过大部分的外汇交易都是发生在全球 30 家国际大型银行之间，大型国际银行对外汇交易尤其对本国货币的外汇定价有一定的影响力。中央银行也是外汇的潜在交易者，日本、中国及许多新兴市场国家的央行都会在一些情况下参与外汇交易，通常是直接或间接在外汇市场上进行交易以稳定本国货币汇价。

外汇市场由于只需非常少的波幅即可以获利，如果交易手续费率低，赚取千分之一的汇价波动即可获利，所以高频交易者交易一天金额往往是自有金额的数倍甚至上千倍。例如一个以 10 倍杠杆交易的交易者只有 10 万美元本金，却可以每次交易 100 万美元的外汇头寸，当天买入卖出一次就是 200 万美元的交易额。如果交易十次就是 2000 万美元的交易额，所以每次有人提到外汇市场的交易额大，只是一个假象，实际每天交易的净风险头寸远少于当天的交易额。不过由于大量的资本以杠杆在其中快进快出，一般来说交易的流动性非常好，而且要成功在一段时间内干预外汇市场中的主要外币交易代价非常高昂，除了央行可以在本币供应上干预市场，现在已难以有个人或个别机构有足够的实力持续影响外汇市场。有人说外汇市场是最公平的市场，其实也不可以这样说；有人的地方就有江湖，有交易的地方就有操纵空间，只是能够影响的时间和波幅的大小而已。

外汇交易的方式

一般大众进行外汇交易是通过银行账户进行，部分商业银行亦有提供杠杆式外汇投资服务。由于银行在外汇交易中能赚取无风险的差价收益，所以多数银行都是非常乐意去开展外汇业务。

商业银行外汇存款

在商业银行进行外汇交易的回报计算，买入外币的成本减去卖出外币的回款就是净利润，要留意买入外币后可以做定期等获得利息也会计入收益之中。整个投资过程中扣除手续费赚到的本币净收，就是外币的投资回报。如果这个回报比我们只持有本国货币并作存款的收益高，投资者在考虑风险后可能就会参与这种最简单的外汇交易。不过中国的投资者要留意每年的个人购汇额度限制，实际上的潜在获利空间不高。

杠杆式外汇买卖

杠杆式外汇买卖视杠杆比例可以是极高风险的交易形式。国际上有一些金融服务机构以及商业银行亦有提供个人客户杠杆式外汇交易服务，杠杆比率可以高达20倍以上，单日较大的波动已经可以令外汇投资者仓位出现重大亏损。除了考虑价格变化，同时亦要考虑两种外币利率回报的差异，以及服务提供商的利率差等费用成本，因为你投资一种货币时会收到利率回报，却同时要付出借入货币的借贷利息成本。有时借入货币的利率成本突变会令投资者损失，比如2016年底离岸人民币交易市场曾经出现中资银行收紧融资，令离岸人民币短期拆息超过10%的现象，令借货卖空人民币的投资机构持有成本大增，需要损失平仓。其实现在已没有太多的投机敢乱卖空人民币，更大的影响来自真实的贸易与资本性流动，而不是纯粹的投机性卖空。它们吃过了太多亏早已知道人民币并不是好的卖空目标，多数对冲基金早已转战其他市场去了。

外汇利差交易

既然买入一个货币，就会同时卖出另一货币。如果投资者卖出利率非常低的货币并买入利率较高的货币，就可以去赚取中间的息差，以及获得潜在汇率变化的回报。最简单的例子是投资借入近乎没有利息的日元，买入利率较高的货币如美元或新兴市场货币如南非兰特等，只要汇率变化不大，就可以赚取中间的利差。其实这是相当高风险的投资行为，我不建议个人投资者参与其中。因为如果买入的货币利率大幅下跌，投资者要承受利率下跌的同时要面对巨大的汇率下跌风险，2008年时就有不少投资者在做空日元买入澳元的利差交易中蒙受巨大的损失。因为当时日元作为避险货币而大幅升值，而澳元作为高风险的商品货币利率急降而兑日元出现大幅贬值。

外汇掉期

外汇掉期是一种同时买入及卖出不同时间外汇的合约工具。参与的交易双方可以对冲合约期内的汇率变化风险。

例如一位日本投资者持有100万美元，他需要一年后把美元兑换回日元。但日元的汇率经常在某些年份出现巨大波动。他可以通过外汇掉期合约，在今天就把将来的外汇价格进行锁定，与另一个已持有日元在一年后有需要兑换回美元的投资者订立远期兑换合约。假设当时的日元汇率是1美元兑110日元，由于日元没有利息，而美元有利息，在补偿对方投资者的利率差异后，持有外汇掉期合约的日本投资者可以于一年后以1美元兑112.5日元的汇率，把持有的美元投资转回日元以避免承担汇率变化风险。

外汇掉期有助于一些在全球有不同业务、拥有多种货币的跨国企业对冲外汇持仓风险。外汇掉期的功能是只交易利率风险，对冲掉外汇波动风险。因为如果掉期合约建立后，美元利率比预期中上升较快，这位日本的投资者就会因此受惠，而交易的对手方因为目前持有日元，而于该年度未能享受美元利率上升而受损。

参考远期外汇及衍生工具定价

进行外汇投资时可以参考远期外汇定价，这是一个很有用的外汇市场观察工具。在进行远期外汇期间，交易的双方除了要面对如外汇掉期中的利率风险，同时要面对汇率波动的风险。

如果日元在远期市场中出现的贬值超过了利率差异的部分，可以理解为资本市场预计日元会因为一些潜在风险因素出现贬值。在外汇远期市场中定错价的亏损风险会很大，因为投资者可以选择买入或不卖出货币。所以机构在参与汇远期市场报价时都会比较谨慎，不会胡乱出价。当然任何人或机构都无法预期未来有什么因素会影响汇价，比如英国脱欧，油价上升影响印度卢比贬值，因为石油是印度的进口产品，却会令俄罗斯卢布升值，因为俄罗斯是主要的能源出口国，这些因素事前往往难以预计。

但是，如果某一货币远期市场出现大幅贬值，一定存在一些不确定的潜在风险因素，令交易的双方都愿意用这一个较低的汇率成交。2015年人民币汇率改革引发外汇市场较大的波动，1年期人民币在远期市场的汇率比现货市场的汇率贬值超过5%。在2018年，人民币同样面临贸易冲突等不确定因素而贬值至1美元兑6.9元人民币的水平，而1年期人民币的远期市场汇价却仍是1美元兑6.9元人民币左右，这表示外汇市场预期人民币没有长期贬值空间。市场的交易者可以吹牛皮，但外汇市场的交易价格不会吹牛皮，因为这种市场交易是要用真金白银的损失做代价的。市场无法把未能预知的风险事件计入价格，但市场已考虑了当前可以预见的主要因素。所以，远期外汇变化对投资者看清楚当前市场的判断非常有参考价值。

外汇价格形成机制

世界上主流的汇价有三种定价方式：

（1）自由浮动汇率。完全由市场定价的汇率，汇率不受央行直接干扰，由主要的机构参与者在外汇市场的直接交易形成市场价格。完全自由浮动的较小型国家汇率有时会比较波动，好处是完全不需要外汇储备金，市场力量会自行调节汇率及相关的经济活动。如：美元，欧元。

（2）有管理浮动汇率。由央行及本国金融机构作一定程度干预，并同时允许市场供需力量参与汇率定价，以避免汇率出现大幅度的波动。例如：人民币，韩元。

（3）固定汇率/联系汇率。由央行决定固定汇率定价，有部分国家亦会允许本国货币对挂钩货币上下波动0.5%~5%。部分经济系统如果要交易外汇必须要得到权限，个人及商业机构不可以自由兑换外币。中国曾于2005年前相当一段时间内采用固定汇率制度，以后才逐步放宽汇率价格的弹性。

不同汇率包括欧元、人民币有不同的因素及价格形成机制，全世界目前的主要资产仍以美元计算，所以多数的汇率报价是以相对美元的价格作比较。采用固定汇率的经济体系多数把汇率与美元或欧元等全球主要货币挂钩，汇率价格不受市场供求关系影响，汇价非常稳定，代价就是国家不能自由调节利率及资本市场未必能完全开放，资金不能自由进出。如果固定汇率出现大幅高估或低估，才可能需要较大幅度修正，而且修正的时间可能很短，往往会出现较大幅度的汇价震荡，比如1997年的亚洲金融风暴。

其实对部分欧盟国家而言，采用欧元取代本国货币的效果其实非常近似于采用固定汇率。好处是汇率稳定，消除了汇率风险其吸引外商投资，但代价是放弃了货币政策的弹性，例如经济衰退时无法通过减息刺激借贷消费及投资，以及利用货币贬值以刺激出口改善经济。如果一旦要脱离欧元，重新发行本国货币，金融市场对新货币往往没有什么信心，很可能出现恐慌性抛售，出现无秩序的相对贬值，对经济产生负面的影响，故要小心留意欧洲国家在未来的政治动态，如是否有脱离欧元倾向以重夺货币发行权，支撑公共开支及福利政策等。

读者必须要认识到外汇市场的价格波动不同于其他资产，除非出现主权国家或经济体系滥发货币引发恐慌性通胀，或许出现由外币借贷引起的国家债务危机，否则大多数主要货币的年度波幅必然是有限度的。一个经济体系的劳务及生产设备不会凭空消失，它们生产的物品及服务就是一个国家外汇的最大支撑。但是由于短期资本流动，往往会造成外汇市场相对经济活动而言出现较大波幅的变化。

由于资本市场中的许多资产如房地产等不能在金融市场上自由交易，所以有时一些国家的货币大幅增长不一定会直接反映到外汇市场变化之中，而只是流入本国的资产市场之中。除非这些膨胀了的资本可以快速变现并且在资本完全流通的情况下快速流走，使短期内本国货币在外汇市场的供应大幅增加，才会真正引发本币的大幅贬值，所以有泡沫或货币增发不一定等于货币的必然贬值。

外汇市场的特性

外汇市场其实存在一个相对论，一个国家的升值必定是由另一国家的贬值引起。如果其他国家同时亦进行货币增发，那么相对而言两国的外汇就未必有太大的波动空间，两国汇率可能仍然维持平稳。那么如果两个国家同时进行激进的货币政策如量化宽松，甚至直升机撒钱，也不会造成外汇市场的巨大波动。但一旦出现异步加减息，经济较好的资本流出国进行加息，而资本又可自由流动，那些经济不佳无加息空间国家的货币就可能出现大幅贬值。

许多经济学家或一些财经作者总是夸大货币危机的影响，在最近的事实看来，即使俄罗斯的汇价于2015年出现高达50%的购买力跌幅，出现短暂的经济衰退，俄罗斯经济没过两年还是生龙活虎，而且经济进行了结构改革，较少依赖出口及石油，令国家的经济支柱更多元化。较大型的国家在本国保有相当的物品及服务生产能力前提下，对汇率波动有很强大的承受力。土耳其在2018年出现外汇大幅下跌50%以上并需要大幅加息以稳定汇价，实体经济的负面影响仍远低于金融市场的变化，因为以本币计算的资产市场并没有受到太大的冲击，外汇的波动相当程度吸引了外部因素的震荡变化。其实中国自2008年国际金融危机后已经大幅减少对外贸易的依赖程度，换句话说，对汇率波动的承受力越来越强，这给予人民币汇率的渐进市场化更大的推进空间，因为我们会变得较少担心外汇波动对国家经济生产活动的冲击。

其实汇价就好像一条有强劲韧性的橡皮筋，在基本因素（均衡汇率）定位下只可以有限地向上或下波动。当然有一些波动十分突然时往往会引起市场恐慌，然后过一段短时间又恢复正常。没有汇率会长期持续地单向升值，过了某一水平就会被橡皮筋的弹力拉回来，不可能无止境单向波动。而且即使有明显单边趋势形成的市场，当你用近镜看看外汇市场的每小时，每天的波动，往往总是双向的，中间有大量的买入卖出交易机会。好像日元在20世纪80年代的升值，人民币在2005年至2013年间的升值，当持续升值到达某一水平后，就没有出现汇率持续单向升值的情况了。双向波动就是外汇市场的特性，当然如果你的交易捕捉到一个大型的波动，回报还是很丰厚的。但即使是中央银行也不能事前预算长期汇率的变化，我们只能在市场形成新汇率后观察市场及国际收支变化，再判断汇率有没有进一步下跌空间。

国际收支平衡与利率在外汇市场的影响

对于采用浮动或有管理浮动汇率机制的经济体系，我们必须要从外汇的需求与供给去分析影响汇率价格变化的因素，首先我们要了解国际收支平衡以及利率变化这两个对汇率相当关键的基本因素。

对大部分时间在本国居住及生活的个人而言，持有外币对其日常生活其没有多大的影响，对绝大多人群而言外币不是必需品，形成贸易上对外汇的主要需求。中国同时亦会把大量制成品出口，这亦是国际上对人民币的主要需求。尤其在中国这种有各种大类产品生产能力的经济体系，只有一部分的商品或产品是必需要进口，国内大部分的商品及产品都可以自产自销。如果一些国家生产能力比较弱，天然资源又匮乏，就必须要依赖进口物品，这常依赖外贸易，比如英国等国家,对外汇的相对需求就会较大。

国际收支平衡状况

经常账收支平衡=国家的物品及服务总出口-总进口净值 + 对外要素收入净值 +转移支付。

经常赤字会引起海外对本国货币的需求减少。

资本及金融账收支平衡=资本物品如房地方交易净值 + 外商直接投资 + 金融包括股票债券等投资交易净值 + 外汇储备

资本账赤字亦会引起海外对本国货币的需求减少。

美国这种长期出现经常账收支平衡赤字的国家,只要其资本及金融账收支平衡上有足够的流入去抵消经常账的赤字,就能协助其汇率长期保持稳定,亦是为何美国需要在全球资产市场的结算货币的重要角色,因为你参与国际金融交易时很难避开使用美元,这样就可以保持美元在全球贸易及交易结算货币的地位,保持美元的需求。

利率及货币政策

利率的变化对国家的汇率有非常重要的影响。如果一个国家加息,代表持有货币可以获得更高的利息收益,这有助于吸引投资者买入其货币。在许多面对货币急速贬值陷于货币危机中的央行,都会选择大幅度加息以维持汇率稳定。比如 2014 年 12 月俄罗斯就曾一次性大幅加息,俄罗斯央行把基准利率由 10.5% 提升至 17% 以支撑俄罗斯卢布汇价。土耳其央行于 2018 年 9 月亦大幅加息,由 17.75 厘劲升至 24 厘以支撑土耳其里拉的汇率。这些大幅加息都是因为该国货币相对美元于一年内出现了 50% 以上的货币贬值,央行被迫在经济受损和货币崩溃中作出痛苦的选择。而突然大幅的利率上升是因为该国央行因各种原因对贬值采取容忍态度,直至汇率失控才不得已被迫采取补救措施。在保经济和保汇率之间,央行正常会把国内经济处于优先考虑,而尽量把利率保持较低水平以保护投资及消费不受信贷成本上升影响。如果万不得已需要大幅加息,必须考虑本国经济能否接受,并辅以财政的相关政策助本地企业融资渡过难关,否则就可能出现非常严重的经济衰退。

从外汇市场的需求及供给进行分析,我们可以分为交易性外汇需求和资产性外汇需求。我们需要理解什么时候我们需要外汇,什么时候海外的买家需要我国的货币。

外汇市场的基本面供求分析

交易性外汇需求（主要来自国际收支平衡中的经常账项目变化）

(1) 消费层面。①个人在旅游或进行海外网购时才需要使用到外币，如使用外国的旅游酒店等服务，或者需要外币支付留学生的学费及生活费。②汇款予居住于海外的家人朋友。

(2) 生产层面。①企业买入外国进口商品及服务，转而售卖给本国的消费者，需要兑换外汇以作购买资金。②企业生产上需要进口原材料，比如石油及矿石等天然资源原材料，工业及高科技产品需要进口零件如芯片等，对外汇产生需求。③企业需要付给海外的股息、利息等而需要购买外汇。

资本性外汇需求（主要来自国际收支平衡中的资本及金融账变化）

(1) 实体投资。①外商直接投资（Foreign Direct Investment），如在外国设立分公司，生产厂房等，需要购要买入当地货币，对当地货币的需求上升。②购买海外房地产等非金融资产，需要购入外汇以买入相关资产。

(2) 金融投资。本国企业及个人购买海外的证券及债券等外币金融资产，比如投资者买入美国国债就是对美元产生外汇需求，增加在汇市中的本国货币供给形成本国货币卖出压力。

(3) 外币融资。本国政府或企业进行外币借贷时，借入的外币最终会转换成本国货币，增加本国货币的需求。但是当外币借款到期需要开始偿还利息或本金时，政府及企业需要在外汇市场买入外币以支付该外债的利息以及本金，形成本国货币的卖出压力。新兴市场国家中有较高外债比率的往往外汇价格会常较波动。

(4) 投资性需求。①利率的变化也很大程度影响投资需求。如日元的利率固定不变，而美元的利率加息，更多的日本投资者就会想买入美元，因为可以获得更高的利率。而引起日元的卖压上升。②投机性外币买卖其实是最活跃的外汇交易活动，如果投机者预期外汇会升值，会先行买入外汇博取投机利润，令外币在市场的需求上升引起升值。套利交易或者利差交易（Carry Trade）等活动都是典型的投机性交易，因为买入外币并不是为了买任何实际的货品服务或是金融资产，而是纯粹买入货币获得各种利率变化及汇率变化的资本性收益。

(5) 央行与外汇储备。如果政府需要动用外汇储备以支撑本国汇率，会在一定时间内增加本国货币的需要，支撑汇率升值。但由于本国无法生产外汇，央行实际持有的外汇往往是由对外贸易的顺差赚回来的。比如中国出口产品到外国时赚到的外汇，减去当年中国花在进口等方面消耗了的外汇，如果出口商把外汇都换成人民币，这些赚到的外汇的净额就变成了央行的外汇储备了，外汇储蓄可以增加人民币的发行与供应，同时使央行的汇率政策更有弹性，在有需要时使用外汇以支撑本国货币的汇价。但是采用有管理浮动汇率的国家必须要有家底，否则就很易受到投机者的攻击，比如1997年因亚洲地区不少国家货币被投机者攻击而出现的大幅贬值引发的亚洲金融风暴。

要注意以上影响汇率的因素有时是双向的，引起外汇需求上升的因素随时间而改变时，比如借入外币贷款，也可在长期变成引起需求下降的因素。比如外商投资时对本国货币的需求会增加，有助推升汇率，而当外国投资撤出时就会引起货币卖压，影响货币出现贬值压力，对汇率的影响可参看图8-1。

当一个国家货币在外汇市场的供给上升，其汇率就会下降。如大量的美国公司想投资海外，美元的供给就会增加，引起美元汇率受压。又例如旅游需求增加，更多人民币会出现在海外换成其他外币，在外汇市场的角度就是人民币的供应增加。

当一个国家的货币在外汇市场的需求上升，其汇率就会上升。比如国际油价上升值，因为俄罗斯是主要的石油出口国，外汇市场对俄罗斯卢布的需求就会上升以购入俄罗斯生产的石油，引起俄罗斯卢布升时。如果外国个人及机构因为人民币的利息比较高，对人民币有较大的投资需求，会推升人民币汇率。

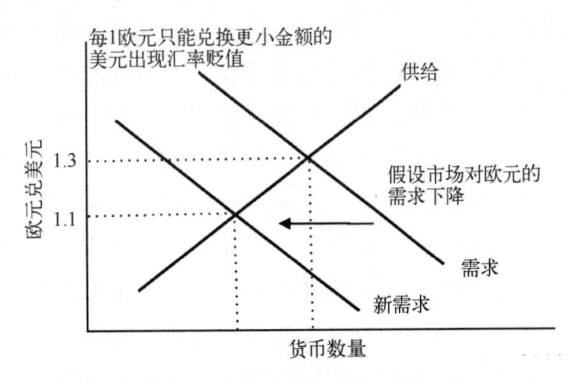

图 8-1 外汇市场供求变化

基于上述的交易性外汇需求以及资本性外汇需求影响，就形成了外汇市场最基本的供求关系。而海外对本国货币需求增加，本国货币兑外币升值；本国货币如因买入大量进口品，或出现资本性流失，本国货币供给增加，本国货币兑外币贬值。但投资者必须理解外汇市场的每日汇率也是市场参与者交易出来的，而不是纯粹由供需分析得出来的。长期而言，供需是影响汇率趋势的最重要因素。

不同货币的特性

(1)商品货币。商品货币是指影响其国家货币汇率的主要因素为石油类或矿产资源类商品。比如俄罗斯主要出口为石油及天然相关产品，占总出口50%以上，汇率会受到石油价格波动而大幅贬值或升值。澳洲的出口以能源及矿石为主，也被归类为商品货币，当全球经济活动减弱时，对该等商品的需求就会大幅下降引起汇率贬值。而且澳洲的最大出口地为中国，如果中国经济放缓，对澳元也有明显的负面影响。

(2)非商品货币。加拿大货币有五分之一的比重是石油相关产品，一定程度上受油价影响，但加拿大的出口中还有很多工业类产品，所以加元不被归类为商品货币。英国的出口比较偏向机械、汽车、医药等产品，没有主要支配性的出口品种。日本则以汽车、电子及光学等产品为主出口。美国以芯片等电子产品、飞机、机器及石油相关产品为主出口。欧元区由于组成国家众多，难以作出独立统计，实际上欧元区国家超过一半以上的贸易额都是在欧元区国家及英国之间内部发生的，对外的贸易额度影响其实不算太大。欧元区更像是自成一经济区域，而不受汇率波动的影响，我们可以预计到英国脱离欧盟后，相互贸易比例可能有所降低，除非关税突然升高，否则影响并不明显。

中国主要出口的是电子、机械及工业产品，还有大量的轻工、玩具等产品。这些产品的价格不像资源出口国那样太受商品波动的影响。而且中国出口的产品有不少的原料是从进口而来，比如计算机及手机设备生产所进口的，如果汇率升值，原材料成本较便宜，产品售价就可以调低。中国的出口对汇率的变化不算敏感，中国对外贸的总体依存度不断在减少，而且国际收支基本保持平衡，所以引起汇率变化的影响往往不是由实际交易性外汇需求变化引起，要转而留意资本性外汇需求的变化。

避险货币

当全球经济发生危机时，美元和日元往往被认为是避险货币，往往汇率在危机中会出现一定程度的升值。美国及日本的本国投资机构在金额危机时很可能会大量卖出全球各地的投资头寸，并在外汇市场中兑换回本国货币。而外汇市场的投资者深明此道亦会在汇市中推波助澜，令日元及美元在危机中出现一定的升值状况。尤其当日元在较快速升值时，日本的保险及投资机构的外币投资若没有充足的外汇对冲部署，必须争分夺秒兑换汇回日元，否则当日元升值这些海外资产就会造成大量的汇兑亏损。而且很多利用日元长期低息进行套利交易（Carry Trade）的投资者都要尽快平仓，以免汇率上升造成重大汇兑损失，形成避险货币汇率升值的自我循环。日本央行有时也会作出一定干预降低升值的速度，不过很难完全扭转市场的预期。同样道理，美国公司的部分海外资产亦会在美元升值时形成一定的外汇亏损，由于汇率是相对的，一国的汇率转强，另一国的汇率必然转弱。避险货币就是在危机中反而吸引外汇投机者买入的货币，大家可以留意将来是否有其他货币能取代美元或日元的避险地位。

实际上影响外汇市场价格波动的并不一定是贸易相关的基本面因素，而更多来自对一个国家的经济状况与信心，从而影响到短期资本的流动，以及一些投机的行为去推波助澜，宏观策略型投机者会留意一些经济变化加以利用。如果一个国家滥发货币引起通胀失控，很易在外汇市场引起信心危机，该国的货币就可能大幅贬值。当然亦要视政府干预的力度，如果政府拥有充足的外汇，可以在一段时间内令汇价变得相对稳定。而国家的外债水平亦是投资者的参考因素，如果一国有很多主权债是以外币借入，以及企业大量借入外币债务，未来就会有较大的利息及本金偿付压力。如果一旦国家的货币陷入贬值危机，企业就更难偿还外债，可能要卖出更多本国货币去偿还利息，使得汇率下跌变成了恶性循环，引起更大的动荡。

汇率波动对经济的影响

非商品货币在应对汇率波动时比较有弹性，因为这些国家的出口货品的原材料往往是进口而来，实际本国的增值部分可能低于货品售价的40%。所以就算汇率升值，产品的对外售价未必大幅上升。同理，就算本国汇率较大幅度贬值，实际对外出口价格未必受太大的影响，因为进口原料费用上升后，出口的本国货币报价也会上升，抵消一定汇率贬值的影响。如果一个国家主要出口的增值都是由国内产生，并不需要进口太多原料，当汇率波动时对其经济的冲击就会非常大。比如石油出口国对外卖出的石油几乎所有增值都是由本国完全获得，油价下跌令出口下降时对经济总体的冲击就会非常大，因为出口下降的金额几乎100%反映到国家的GDP之上，而中国等国家出口额减少时的影响可能低于40%的GDP，当中的差别非常之大，对投资者判断出口下跌该国股市及债市会否受到负面影响有相当的参考性。

均衡汇率与市场汇率

　　均衡汇率是一个理论上的概念，现实上并没有一个特定价格的均衡汇率存在。只要国家的内部经济目标如经济增长、通胀水平、全民就业等可以取得平衡，而同时外部如国际收支平衡处于稳定状态，汇率市场就达到了理论上均衡状态。大家如果看了前面的章节，就应该理解凡是由市场力量决定价格的地方，价格必然是交易出来而不是由任何一个用数量模型可以测算出来的。因为市场上的交易者没多少人根据模型做交易，而是根据交易盘面的资金流入流出。所以做外汇交易比较困难的是汇率的变化的规律有时不明显或难以事前预测，而且政府及央行的估计往往也是错误的。

　　当然，政府可以采用固定汇率去定下一个指定价格的利率。但是在国际收支出现严重不平衡下，任何过度高估或低估的汇率也没有可能在长期维持，难以避免在日后出现单边升、贬值或突然解除固定汇率引发市场大幅暴涨或暴跌。大家可以想象水塘中的水自然流走（浮动汇率），如堤坝企图蓄水（错误定价的固定汇率）后崩裂那一刻的冲击更大，所以多数的汇率危机是采用了固定汇率或有管理浮动汇率引起的，如1992年的英镑大幅波动以及1998年的亚洲金融危机。

浮动汇率，资本管制与货币政策

　　资本自由流动，浮动利率以及货币政策的独立性并不可能三者同时兼得，这被称为外汇市场的三元悖论。如果一个国家采用了固定汇率，需要放弃独立的货币政策。因为若该国的利率大幅低于挂钩的货币利率，理论上套利者就会沽出其货币，令其汇率出现巨大的贬值压力。但在真实的外汇市场，这要视套利的空间是否足够，因为太少的差距在考虑资本运作的成本后未必有动机进行套利。而事实上，采用跟美元固定的汇率政策的中国香港地区，港元短期市场利率经常长期低于美元的短期利率，由于港元及美元在半年以上的长期利率相近，短期利率的利差考虑成本对投资者而言并不算很吸引，若长年没有出现活跃的套利行为，港元汇率贬值，迫使利率上升。所以对外汇的理解必须更多从交易面理解，而不是纯粹的参考经济及利率等指标。

　　港元采用跟美元固定汇率的政策，在1998年成功抵挡外汇贬值。不过这种成功不值得庆祝，因为当其他地区如韩国、马来西亚、印度尼西亚等货币出现大幅贬值，中国香港地区的商品及服务的成本就会大幅升值。当汇率无法自行调节，就只有非常痛苦地通过商品及服务价格以及资产价格才能调整时，楼价一年内暴跌超过50%，失业率在往后几年升至超过8%，通货紧缩即物价持续下降了6年，工资大幅降低，经过了近6年时间的价格调整才令实际汇率回到均衡。这是一个以许多人出现破产、资不抵债、政府财政大幅赤字巨大代价的实体经济调整过程，所以大家不要过度强调汇率稳定胜于一切，用有弹性调整的汇率去抵挡及适应外部冲击的才是更好的选项。

大国的货币政策也难有独立性

只要资本自由流动，一个国家或地区的货币政策无论采用固定还是浮动汇率也没有独立性，这称为外汇市场的二元悖论。因为如果外部的经济不稳定，美国等大国一旦加息过快便会对新兴市场国家构成巨大的压力，有可能引发地区性金融危机，进而负面地影响到美国自身的经济。

由于美元资本在全球自由流动，美国利息环境持续时很多国家都累积了一定的美元外币借贷，如果美国的息口上升，很多新兴市场国家的借入资本就可能会回流美国，造成新兴市场国家汇率的大幅贬值。

2018年美元利率持续上升时，许多新兴市场国家的货币兑美元出现10%以上的贬值。2018年中时印度央行的行长就多次呼吁美联储局加息要顾及对其他国家的影响，由于当时油价大幅上升，印度是主要石油进口国，国际收支已经不平衡。如果美国再快速加息，印度只能选择任由汇率贬值或以加息阻止汇率下跌，代价就是伤及本国实体经济，并且会加剧国际收支不平衡，甚至可以严重到引发地区金融危机。

即使美国采用了浮动汇率，在资本自由流通的环境下，美国较快速度加息，即使对美国国内的经济及市场并没有直接的负面影响，也可能间接地引起新兴市场国家出现地区性金融危机，令美国经济最终也受到外部市场的冲击而受损。所以，现代的央行想要保持货币政策的独立性越来越困难了。

过度干预汇率反而是最大的外汇风险

政府的外汇市场干预行为本来用意是稳定外汇市场，但低估市场力量下干预外汇，往往是引起外汇短时间剧烈波动的最大因素。如果没有过分干预，由市场汇率先自由地波动，就好像水塘的水可以自然调节流出。采用由市场力量引导的有管理的浮动汇率，好像建立了堤坝但平日会定时开闸去释放过大的市场压力，一样可避免贬值压力一次释放。如果没有足够的能力，只建立了承接压力有限的堤坝还天天关闸去控制市场，一旦压力累积过大，堤坝还是抵挡不住，反而会引起一次性压力释放，造成更大的外汇波动，导致该国经济及金融体系可能出现重大危机。

历史上多次的货币危机都是由央行的过度干预汇市引起的。其实要执行固定汇率或有积极干预的浮动汇率并维持资本账开放，前提是手中要有足够的外汇储备。你想象一下做空外汇的投机者就好像战场上冲锋中的敌方士兵，央行就像阻止敌人进攻的机关枪堡垒，外汇储备就是机关枪堡垒内的子弹。当敌人大举进攻(做空当地货币)时，该国的中央银行需要不断以外汇储备(如美元)买入本国货币(如韩元)才能支撑汇价，这时敌人被机关枪堡垒的火力压制动弹不得。不过进攻一方的投机者也是身经百战的，他们算好了对手方的央行有多少外储水平，并等待对手弹尽的时机再一举消灭。当央行的机枪手兄弟班看到子弹快打完时，往往会尝试找援兵，第一个想到的可能是国际货币基金会，不过国际货币基金会通常会开出非常"辣"的经济改革条件，包括政府要大幅收缩公共开支，加强开放外贸等，而且远水未必能救近火，投机者看到对家央行快没子弹了，一举冲锋占领央行的阵地，夺取该国汇率的定价权。历史上许多国家的中央银行面对投机者时兵败如山，其实是不可避免。因为一个汇率的定价要令外汇收支大致处于均衡状况，才有可能长期维持。问题是外汇及经济状况永远是变化不定的，今年的均衡状况，明年就可能不合时宜，当几年时间累积了一定的力量而不进行疏导或释放，就算没有投机者的进攻，也是不可持续。如果高估严重，出现大量资本外流；如果低估严重，庞大的外汇流入会引起基础货币泛滥并构成通胀及资产泡沫风险。

1992年英国外汇失衡事件

英国政府于1990年按1英镑兑2.95马克的价格贬值下限参加了欧洲汇率机制(欧元诞生前的前身)，1992年的英伦银行英镑兑德国马克的汇率贬值下限被索罗斯等投机者狙击而崩溃。苍蝇不叮无缝的蛋，索罗斯等外汇投机者观察到英镑的固定汇率定过高，作出攻击，由于当时德国马克的利率升高，迫使经济疲弱的英国也要加息，以吸引投资者买入英镑，否则就不能守稳汇率的下限。同时，英国贸易已失去平衡，不断出现赤字，投机者等待机会来到大举卖空英镑。最终，英伦银行抵抗投机者数天后消耗掉主要的外汇储备宣布投降，任由英镑短时间内贬值超过10%。其实引起外汇失衡的根本原因是汇率定价错误，而投机者就是起了加速汇率变化的角色，如果央行主动有序调整，急速波动引起的市场动荡是可以避免的。

1997年亚洲金融危机

1997年的亚洲区央行包括泰国、韩国等尝试稳定汇率失败，究其原因是该等国家尝试把汇率与美元保持在较稳定水平，但是币值出现高估，外贸出现逆差，需要不断借入外币债券填补收支平衡，手中可用的外汇储备有限。以索罗斯为首的投机者大举做空该等国家的汇率，并在多次攻击后把几个亚洲国家的央行逐一击溃，并引爆了亚洲金融危机。

2011年及2015年瑞士法郎大幅贬值事件

瑞士央行2011年及2015年放出两只外汇"黑天鹅"，一次是2011年因为汇率出现持续升值趋势，不利经济及出口，突然宣布将通过瑞士法郎与欧元挂钩来压抑瑞士法郎升势，与欧元的汇率下限定为每欧元最少可兑换1.2瑞士法郎，令瑞士法郎在外汇市场应声贬值，兑欧元急速贬值近10%，由1欧元兑1.1瑞朗急速贬值至1.2瑞朗的水平。一次是2015年1月瑞士法郎兑欧元的汇率因为持续的升值压力突然取消兑欧元1.2的汇率下限，单日兑欧元升值接近20%，而且单日波幅非常大，每欧元兑瑞郎由1.2跌至0.86左右，许多外汇投资者以及外汇交易商因此损失惨重甚至破产。因为大升值前不到一星期瑞士央行仍向外宣称会保持汇率稳定，这种突然翻脸极大程度震撼了外汇市场。

大家应该知道，如果不顾客观条件硬性地干扰汇率，当市场的压力最终累积并释放，就会产生突然的外汇波动事件。外汇的波动并不可怕，发达国家货币一年汇价调整20%以上也很平常，但突然一至两天出现巨大的汇率升值、贬值压力的集中释放，就会对市场造成巨大的冲击，影响到外汇市场参与者对该国货币的信心。面对非常高的不确定性，外汇对冲成本也会大升，不利于外贸以及实体经济活动，亦会很大程度打击投资信心。

完全固定的汇率其实是一个风险代价非常高的制度。东欧的拉脱维亚尝试采用欧元前也经历了类似情景，2008年国际金融危机发生后，由于拉脱维亚要维持汇价稳定，必须要以本国工资、租金下跌、出口大降、经济衰退以及失业急升作为代价，引起2009年本国实质经济增长出现15%的负增长，情况比国家破产、汇率大幅贬值的冰岛（只有不到9%）下跌更惨。大家就要明白保卫固定汇率的代价往往比放弃更大；在各大经济目标前，汇率应该在国家经济、失业率及人民生活影响之后，而不应为坚守某一心理意义大于实质的汇率付出过大的代价。如果民众及金融市场的参与者明白这个道理，汇率在一定水平的合理波动也不应引起市场恐慌，才能令汇率产生调节经济及生产活动的功能得以发挥。

外汇市场的事件性交易

外汇市场很受国际政治以及经济事件的影响。有一些风险事件有明确的发生日期，比如某国的大选结果公报日等。2016年的英国脱欧公投就是一个很好的案例（图8-2）。在公投结束后，最初的点票预示英国会留欧，英镑在升值。当时清点选票的地区比较多在苏格兰及大城市，而主要支撑脱欧的地区英国乡镇还有大多数未公报结果，造成脱欧不成的假象。所以喜欢事件驱动性的投资者最好对不同国家的政治状况有一定的理解，这才能减少从众犯错的风险。

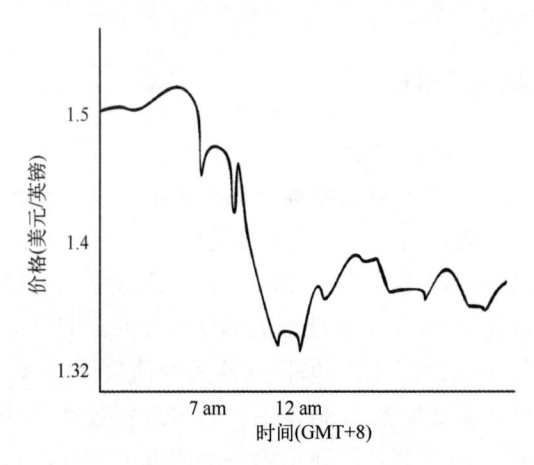

图 8-2 2016 年 6 月 24 日英镑汇率

如果你做趋势投资，英国脱欧公投点票初期时，英镑汇价其实是在升值之中，你的趋势交易信号会告诉你做多英镑，一旦加入了做多英镑的大军，亏损多少就要看你怎样做止损盘了，因为迎接你的是暴力滑价与剧烈下跌。如果你的止损是以某一价位卖出，而容忍的滑价幅度不够大，因为下跌速度太快，你挂出市场的止损盘可能于英镑突然下滑后无法成交作出止损。如果你相信已下达的止损交易会自动成交走去睡觉了，2016年6月24日亚洲交易时段早上出现大暴跌，英镑单日跌幅达10%（这是20年发生一次的超低概率事件），如果配上10~15倍的外汇交易杠杆足以令你的交易账户当天就爆仓。

当然也有可能你及时止损并立即转向做空并大赚一笔，这种情况能获利的概率太小，必须有单日剧烈下跌，你必须有相当把握事件能引发一段时间的高强度震荡。如果你一旦喜爱了立即反转的行为，在平日多数情况下执行都要准备在市场多交学费，因为等待你反转的对家正等接盘侠获利了结，你往往不明白为什么你一反转不久市场也跟着反转。有一句交易老话：多头可以赚钱，空头可以赚钱，滑头一定亏钱。我不信这老话吃了很多亏才明白这话中的市场周期大智慧。

外汇市场的技术面因素

基本因素如外贸需求、利率、经济增长等在一段时间内保持不变，实际的中短线的外汇交易是以技术面的趋势波动驱动为主。短期内的升或跌并没有任何理由。因为汇率上升，形成持续上升预期就会继续升，同样道理因为跌，所以跌，然后又会突然反转。很多时候外汇的交易会出现随机的双向波动。

当有一些市场基本因素出现改变，外汇市场有很强的趋势自我加强特性，很多交易者会认为跌破或升穿某一汇率水平就会出现单边行情如果所以很多交易者对关键支撑位非常敏感。比如人民币是否保住 1 美元兑 7 元的支撑位，其实在实体经济层面没有重大影响，在心理层面则有较广泛的影响。如果一揽子货币包括欧元及日元等对美元贬值，中国的人民币如果不跟随兑美元贬值，就会令中国的出口变得昂贵而缺乏竞争力。适度对单一货币贬值对人民币在国际市场的购买力并没有重大影响，但是在心理层面就会令很多机构及个人理解为人民币将来持续单向贬值。都能明白保不保住某一汇率根本并不重要，只要汇率保持稳定而且有弹性去调节经济状况才是最好的，但很少有普及金融的书籍向大家解释一下外汇规律，由无知引起了许多不必要的恐慌。

外汇交易的闪崩事件

外汇交易的趋势交易特性有时也会在毫无基本因素触发下，导致市场出现像股票市场的闪电崩盘事件。日元及主要外币兑美元在 2019 年 1 月 3 日的亚洲早盘时段的集体暴涨暴跌，然后几小时内又恢复之前的交易水平，可以看得出短期内干扰市场波动是有可能的。尤其现在外汇交易非常偏向量化交易，即使是银行的自营交易也交由计算机完成，人只是负责监测交易系统是否正常，并定时检讨交易策略，改变交易参数。人的直接参与变得越来越少，计算机根据盘面及量化数据发出的交易指令往往有很强的一致性，令暴涨或暴跌在外汇市场更常出现。

外汇市场闪崩案例

2019 年 1 月 3 日早市，日本假期休市，日元汇率出现 10 年难得一见的闪崩。日元在15分钟时间内由109日元兑1美元急剧升值至105日元兑1美元，某些市场交易盘甚至达到103日元兑1美元。这种毫无理由的波动令设定了止损的投资者在市场的震荡影响下自动进行了平仓，几小时后，市场已经回升至107日元兑1美元的较正常水平(图8-3)。

一些假期休市或低流动性的日子，只要市场出现某些单向振动，正常情况下会有其他对手盘干扰价格不至单向却不一定发生，价格的骨牌倒下就会出现突然毫无理由的波动。而投资者还要评估究竟是否有什么事情发生了，比如立即查看地震信息、国际新闻。因为发布新闻总要一些时间，即市场之中你永远不确定是否有什么仍未发布的事情已经发生，

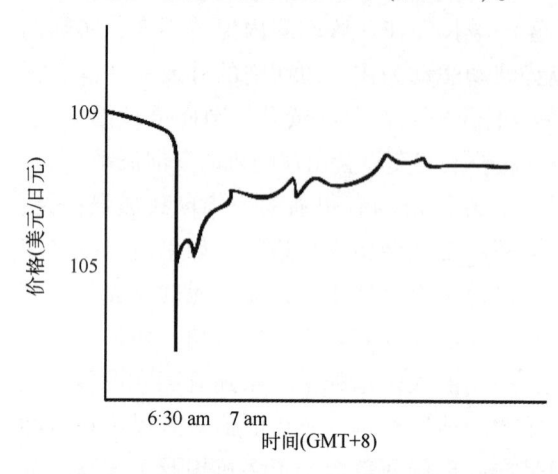

图8-3 2019年1月3日亚洲早市日元闪崩

当过了一段时间找不到，那么最大的可能就是交易失常，主动型投资者就会进场进行风险套利活动，这样才能重新改变价格走势。但设立了自动止损指令的投资者一睡醒就发现被无理由的波动平仓了，可能一天都气难平。金融市场的波动就是这样，不一定有什么真正的理由才会导致下跌。

更无辜的是澳元等其他货币的投资者，由于日元大幅升值同时亦影响到澳元等货币对美元短时间内大幅升值5%，这种金融市场的共振亦是重要的风险来源。即使基本面交易者如何算无遗策，仍无法预测交易面引发的风险。所以任何的金融市场投资必须考虑到风险控制的重要性，因为有太多的变化是毫无可能预期，却足以引发重大的交易损失。

人民币国际化与其汇率定价演变

人民币是一只有管理的浮动汇率货币。中国的外汇市场经历了无数次官方汇率改革，以致后来，20世纪90年代中至2005年维持8.24元兑1美元的固定汇率。从2006年开始加强了汇率的波动弹性，允许人民币升值。2008年金融危机后至2010年之间曾短暂重回固定汇率，然后再次进行汇改允许人民币弹性波动。从2000年至2014年人民币兑美元从1美元兑8.24元缓慢地升值至1美元

只能兑 6 元人民币。在 2014 年开始人民币出现了一定的贬值压力，至 2015 年 8 月 11 日人民币再次进行汇改，完善中间价报价机制，单日贬值了 2%，随后人民币汇率出现了较明显的波动，最终在 1 美元兑 7 元人民币前保持稳定。其实近 20 年人民币是跟美元汇率只是从 1 美元兑 6 至 8 元人民币之间波动，相对其他主要货币如欧元、日元等的兑美元的 30% 以上波幅都少得多。人民币的市场化改革不断进行之中，有兴趣深入了解的读者可以参考管涛所著的《汇率的博弈》一书做深入了解。

对投资者而言，最重要的不是认识机制，而是认识机制背后的运作逻辑。中国的汇率在很长时间内都不可能完全自由浮动，因为这会形成外汇市场巨大的不确定性。反而在有管理下，我们可以弹性调整汇率去配合国家的经济状况，在主要市场参与者间形成汇率价格的预期，并有清晰的变化因素可判断，才是更配合当前的经济状况的制度。

对于汇率机制，因时制宜及因地制宜非常重要，并没有说自由波动的汇率一定优于有管理的浮动固定汇率。大家不要一听到自由就以为一定是好的东西，完全自由波动对汇率其实构成一定的风险，就好像如果你的楼宇按揭的利率是大体稳定，你会很易预计到每月的现金流，如果你的借贷利率是完全自由浮动，现在银行资金短缺，却没有中央银行进行调节，每月供款利率 4%，半年后升至 6%，再半年后升至 8%，利率上升 4%，每 500 万的借款一年会新增 20 万的利息支出，估计你就不太喜欢这种自由了。

金融市场中的完全自由代表波动率上升，有时实体经济中的外贸与外商投资应付这些不确定性是要付出代价的。当然我不是说像欧元区这种固定汇率就没有代价，它们也有放弃了货币政策与汇率的调节功能，引起了各种的问题。汇率无论固定或是浮动都有利弊，关键是如果市场参与者的信心并不稳定，而且很易形成像 A 股走势式的单边预期。在任何危机中，信心胜万金，有管理的浮动在汇率上有更稳健的金融减震设计，是利大于弊的。

外汇储蓄的大幅上升或减少，配合国际收支及资本流动的变化，有助我们预计该国家的汇率有没高估。如果在当前的汇率下，外贸状况有顺差或大致均衡，但外汇储备大幅流走，即代表资本净流出严重。如果持续了一段时间，即代表当前的汇率被高估。2015 年人民币汇改前就曾经出现过这种现象，2011 年的瑞士法郎也发生过，最终的处理手法还是要对汇率进行再次调节，只是调节的过程会比较急，往往会引发市场震荡。大家可以看到即使贸易冲突开始后，2018 年中国的外汇总储备并没有明显减少。如果在当前汇率下，贸易总体收支平衡，资本正常流动，我们便可确认当前的汇率是在一个合适的区间。这是

投资的机会在哪里

2015年人民币汇率改革后，汇率形成机制增加了市场参与度的结果。汇率水平更反映当下的市场供求，央行并能作出一定稳定性的调节，这似乎是目前最佳的汇率选项，因为过度的高估或低估会形成更大的不确定性，如果汇率无法调节以反映市场变化，就会形成汇率波动风险因素，看看瑞士在2011年及2015年的两次大波动就可以理解了。当汇率市场形成更稳定信心，再渐进增加汇率市场化程度，才是最佳路径。

人民币国际化的进程在不断进行中，人民币作为在国际贸易结算、金融及资产投资的计价结算货币，以及作为国际储备货币的影响力与日俱增。要理解到人民币在未来一段长时间仍不会取代美元成为最主要的外汇市场交易货币，只是人民币的国际化的过程必然会渐进地进行。要成为全球贸易及资产计价的主要支付工具，一个国家的货币首先要可以在国际间自由兑换，并且要具备较高的国际流通性即在海外也有大量的离岸货币存量。并且要开放资本账中的相当部分，令该国的金融市场能提供足够广泛的股票、债券等资产可供全球投资。该国亦要发展全球主要的融资及股票发行中心，令国际上使用此货币计价的资产比例上升，这样国际上才有更多个人及机构会增加该货币的使用量。

虽然目前离人民币真正达至国际化还有一大段距离，但我们看到更多的贸易结算采用了人民币，A股市场的渐进开放，在国际指数的占比越来越高，境外能参与投资中国的管道越来越多，每日交易的额度越来越大。中国债券市场也逐步对外开放，不只允许海外资本买入部分种类的人民币债券，中国亦吸引到一些欧洲主权国家，甚至如葡萄牙这类身处于欧元区的国家也在中国发行以人民币计价的海外主权债。人民币原油期货市场的国际化，亦是人民币增加影响国际商品市场定价能力的重要里程碑。这些都是中国坚定地一步一步推进人民币走向国际化的成果。

人民币的国际化并不会直接影响国家的经济发展速度，却会增加中国的国际影响力。因为开放市场后，中国的资产价格涨幅不只影响本国的投资者，也会影响许多海外的投资者。在未来有秩序双向开放资本市场似乎不可逆转，中国投资者将来会有更多直接或间接投资国际市场的管道，所以这亦是我在书中对许多国际金融市场的重大变化进行解释，而不单是聚焦单一地区的金融市场的原因。虽然一些国际金融知识目前未必能实时派上用场，不过机会总是留给有准备的人的。

主动外汇交易的困难

全球外汇交易市场是一个近乎 24 小时不停运作的市场，主要通过不同的商业银行为主要的交易对手。外汇市场往往突然波动产在交易机会，交易者有时要在亚洲时段、欧洲时段、美国时段同时交易，如果要持续看盘则苦不堪言，所以并不太适合有较高强度工作的全职上班一族。如交易者选择以自动化指令下盘或止损，往往睡一觉醒来就被技术性止损了。多数活跃在外汇交易市场的交易者都是金融机构的受薪专业交易人员，个人散户只占外汇交易市场非常低的份额。

外汇交易中往往在中短期以技术面分析为主，升过了一段的交易区间再估计下一步的走向，并没有一个相对的均衡利率点。基本面有时可以看到大走势方向，却无法分析出一段时间的价格变化，外汇市场价格多数是交易出来的，比如突然的闪崩事件，而不是由任何数量模型估量。如果在一段时间内的外贸及资金流处于较平衡状况，我们就可以理解为外汇市场处于均衡之中。

很多时候大众对货币变化的恐慌往往来自无知。一个国家的外汇价格形成较确定性的模式，无论是升值还是贬值，只要变动的因素被大众所预期及认知，市场的恐慌就会自然消除。投资者亦可以留意远期外汇及现货外汇的差价判断汇率卖压。这是市场对该国货币用真金白银交易出来的预测，如果远期外汇出现计算利率差异后有明显的升值或贬值，大家就要留意一下是否市场预期一些因素会出现明显变化，可以对投资部署作一定的参考。

第九章　商品交易市场

大宗商品通常是指用作生产货品或服务的重要原料。硬性商品为从天然资源开采的金属如黄金或石油等能源。中国是制造业及建造业的大国，煤炭及钢铁相关的黑色系商品期货的交易亦非常活跃。软性商品为农业、养殖或种植产品，主要有大豆、小麦、玉米，水果等农产品可作交易。近年美国的商品交易市场更引入虚拟商品作期货交易，令商品交易市场的交易品种不断上升。商品市场是一个走势非常波动兼难以评估的市场，而且有强烈的对赌成分，主要参与者不少是进行投机性交易，并不会参与实物的交割的。大部分读者都不会直接参与这个专业交易者为主导的市场，因为商品市场也有其作为资产配置的分散组合风险的作用，我会选择大家最有机会参与的能源及黄金交易市场作较详细解释。

为了令读者更理解到商品交易市场的投机性以及交易难度，我先为大家送上一个很有启发性的玉米期货投资的案例作参考。

✣ 1971 年玉米期货交易案例

20 世纪 70 年代，美国人威玛创立了一家专注于美国的商品交易的投资公司。这位创办人毕业于麻省理工学院，是诺贝尔经济学奖得主萨缪尔森的学生，跟桥水基金的达里奥会对农作物成长的基本因素作详细评估相似。威玛对商业期货有深入的研究及理解，其团队会收集多种如降水、日照等影响作物生产的数据，亦会亲身派人到商品生产地实地视察，对作物生长作专业评估。1971 年美国的玉米种植业面对玉米枯萎病的威胁，其公司派人请罗格斯大学病理专家去做实地评估。专家确定生产的风险被夸大，玉米的产出没有受到太大的影响，他们大规模做空了玉米期货，期待人们认识到收成影响有限后可从玉米价格下跌回正常水平中获利。

不久，全国性的新闻节目中播出另一家大学权威性病理学家的评估，认为玉米枯萎病对玉米的收成有非常严重的负面影响。由于预期玉米的收成会大跌，第二天开盘后玉米期货价格快速暴力上升，并最终升涨至停板。威玛他们没法即日平仓止损，要等到第二个交易日才能在高价把手中的仓位平掉，经此一役损失了一半以上的自有资本金。

相当讽刺的是，罗格斯大学病理学家的判断事实上是正确的，玉米枯萎病对玉米的最终收成并没有重大的负面影响，但他们在玉米期货市场上的损失已经无法挽回。因为只要市场价格在一定时间内快速上升，他们的做空仓位因为保证金不足就要被强行平仓，即使你交易的根据是正确的，你的投资也会因为与基本因素不相称的行情波动而出现重大亏损。这就是投资商品交易市场的困难之处。

对大多数的投资者而言，我们不一定需要直接参与到商品交易市场之中，但我们平日仍须留意商品市场的变化，对我们了解金融市场的运作非常重要。如1973年的石油危机就引起了美股的大跌，而且商品价格大幅上升时往往会提升了整体的通胀率水平，对中央银行的利率政策也有一定影响。而当金融货币危机出现时，平日波幅有限的黄金市场就会变得非常活跃，黄金投资会吸引许多投资者的注意，黄金投资会担起在危机中对冲投资组合下跌风险的角色。

原油市场

国际主要的石油期货合约分为美国西得克萨斯州轻质原油（WTI），英国的北海布伦特原油（BRENT），以及上海原油期货三种。以往国际油价的主要定价是参考西得克萨斯州轻质原油及布伦特原油的期货价值，结算货币均为美元。中国作为全球最大的原油进口国，发展原油期货市场对全球石油定价作出影响亦是非常合理的，中国的人民币计价原油期货是用作购买中东地区相关实体油种的优质对冲工具，而且以人民币定价有助于降低中国石油相关企业在进口原油时面对的汇率风险。全球的原油定价也是基于这三种原油的期货价格所决定。

原油作为最大的大宗商品，对国际金融市场有巨大的影响力，甚至因石油危机曾经引发1973年的全球经济衰退，理解原油及相关能源市场是认识国际金融体系不可缺失的一环。

原油市场的现货与期货

石油的现货交易是指以实体的石油库存作直接交易。所以多数的现货交易中心都是港口地区，好像欧洲的鹿特丹，美国的休斯敦，亚洲的新加坡，东京和上海。好像迪拜原油也用在不少亚洲地区的石油现货交易上，由于期货交易量少，对金融体系的影响较少，所以很少会在金融界的新闻中出现。

参与原油的期货交易有很强的金融性质而非以最终实物交收为目的。理论上原油期货大多是可以安排实物交收，但大多数的交易者都会选择在合约到期前进行货币结算而不会进行实物交收。以美国西得克萨斯州轻质原油（WTI）为定价基准的石油生产地区以美国、墨西哥及南美洲的产地为主。以英国的北海布伦特原油（BRENT）为定价基准的石油生产地区以中东、非洲的产油地区为主。前两者交割都以轻质低硫柴油为主。上海的原油期货也有实物交收的功能，主要可交割的油品以中东地区产的重质含硫柴油及中国的胜利原油为主，可于上海国际能源交易中心指定交割仓库进行实物交割，不过大多数交易者仍会以交易成本最低的货币结算为主。

重质原油中的杂质较多，所以开采和炼油的流程和技术比较复杂，而且提炼的成本比较高。而且以相同的原油容积去提炼，轻质原油能提炼更多较高增值的油品如石油气、航空汽油等，而重质原油能够提炼出的高价值产品相对较少，重质原油里较多的杂质与最后都变成了石蜡、沥青等低增值产品，所以在国际市场上轻质原油比较受欢迎价格比较高，而重质原油的价格会比较低。目前来看，中国原油市场定价比较接近英国的北海布伦特原油（BRENT）的定价。大家需留意美国西得克萨斯州轻质原油（WTI），英国的北海布伦特原油（BRENT）都是轻质原油，而上海原油属重质油。中国的原油价格与外国之间存在的价差是非常正常，因为不同的油品及可实质贸易交收地区的价格绝对值不能直接比较。而且这几个原油市场的油品并不存在直接套利空间，你不能把上海交割的重质油搬到其他期货市场交割，差价会必然存在。这亦令中国的原油市场有一定的价格弹性空间，其价格走势不一定与国际上其他期油价格有相同的波幅及走向，交易者一定要留心这中间的差别，不要以为参考外盘价格下跌就等于上海期油必然下跌。不同石油期货市场之间会有较高的相关性，但不会完全一致波动。

原油的需求

原油主要用在交通运输、机械运作、发电、取暖等用途。原油并不能直接使用，而需要加工及提炼成各种如柴油、汽油等成品油。所以炼油厂就是原油的主要直接买家，炼成的石油及其副产品再卖给最终的消费者或分销商。所以如果主要炼油厂进行大维修，比如较多炼油厂会选择在冬季检修，对短期的原油价格产生一定的压力。实际上原油的价格与经济周期没有绝对的关系。石油的使用需求是非常稳定的，价格改变不会大幅影响需求的数量。原油的年需求即使受经济周期影响变化一般不会超过5%。

长期而言，原油的需求正被其他替代能源所取代。电动车及市内轨道交通普及化将大大影响能源市场的格局，今天你在深圳街头坐的出租车已基本换成了电动出租车，路面上行走的新能源汽车比例将会越来越多。因国际社会更关注环境保护及全球变暖等问题，可再生能源的供应份额会不断上升，汽车及设备对石油及化石性能源需求会渐渐下降，这是难以逆转的趋势，所以长期的国际石油需求很可能慢慢地减少。

原油的供应

原油的需求比较稳定，其实原油的供给是影响原油价格的关键因素，原油有自产自销和贸易原油两种。美国的原油比较多自产自销，由于美国生产的原油很多并没有远程运输能力，大部分的原油生产只会直接用在本国市场。而英国的北海布伦特原油，可直接装上油轮运走有较佳的实际贸易用途，所以全球贸易用途的原油有较多以布伦特油定价。布伦特原油期货的最终现货结算交易比例也远比美国西得克萨斯州轻质原油高，因为贸易流通性，英国的布伦特油长期比美国的西得克萨斯州有较高的价格，而且这两种石油的溢价可达油价的5%~20%。交易者也不可以忽略石油库存这个影响短期供应的因素，不少石油使用大国如中国，美国等都有相当规模的石油库存，如果全球主要的石油库存不断累积上升，当油价上升时，这些石油库存就可以快速供应市场，以满足消费者的需求，从而抑制油价的上升。石油库存的累积数量越多，石油价格就较难快速上升。

油价的再平衡周期

因为油价的短期需求非常稳定，油价上升其实就是石油大买家，如中国、印度、日本等石油净进口国的钱更大比例地流到石油生产国之中。而油价下降其实就是石油大买家省了很多钱在口袋中，而石油输出国则少了很多收益。大家可能会简单地想，石油生产者必然希望油价越高越好，其实这并不真确。石油价格过高可能引起石油买家出现经济衰退，无力继续支付高油价，并引起国际油价的最终下跌；而且过高的油价会鼓励其他替代能源加速占据更多的市场份额，比如更多的人改用电动车，更多的生物柴油替代传统柴油；而且高油价也会鼓励石油生产商增加石油开采速度，更多开采成本较高的地区，如美国的页岩油生产区，会进行开发并增加供应。

最终石油输出国组织的市场份额会降低，它们的生意被这些新的替代者取代，并在长期因供应的增加最终压制油价的上升，最终可能突然出现油价的再次大跌，所以对石油出口者而言，维持稳定而有利可图的油价至为重要，而不是希望油价暴涨再暴跌。可是这些年来油价往往非常波动，尤其是一段时间的高而且稳定的油价，最终会促使不同地区石油生产者大量去增加供给，当供应上升及石油库存开始累积，2011年至2014年间油价出现了一段稳定高的时期，然而等待市场的往往不是温和的调整而是剧烈的大暴跌。石油市场这种再平衡过程在交易面上有很高风险，因为即使你知道供给会增加，发生的时间点不能有效判断，发生的幅度不能预计，到那时候什么基本面分析都会完全无效，剩下的只有交易面和技术面的判断了（图9-1）。

图9-1 国际油价主要趋势（WTI原油）

理解原油市场的交易面因素

原油市场的价格有极大的波动性，是一种累积数十年经验也不能准确分析的商品。即使是石油输出国组织这样的机构去尝试影响油价稳定运行，也无法有效控制油价的上下波幅。以美国西得克萨斯州轻质原油（WTI）为例，你可以在一年内看到油价在2008年中因为国际金融危机影响，由140美元一桶只用半年时间暴力下跌到30多美元一桶，油价又可在2009年由低位30多美元一桶回升至年底的80美元水平，高低位差距往往以倍数计算。过了几年美国页岩油技术进步引起的大量新增供应，同时石油输出国没法成功协调收缩供应，在这种背景下2014年油价又再次大暴跌一年内由110美元一桶跌到40多美元。2016年开始因石油输出国持续减产成功引起石油价格的再次拉升，吸引大量投机性买入，市场上有大量投机者参与其中估油价可升过100美元一桶的水平。在2018年10月上升至78美元一桶的水平，持续两年的升市却在2018年10月用了两个交易日轰然倒下，再次跌回40多美元的水平。消息面只有早已不是新闻的中美贸易战摩擦加剧，以及美国对伊朗实施的石油禁运制裁出现松动，石油的真实供给没有受到重大的影响。在2019年初油价却迎来一次极低波动的上涨，不足4个月内油价由低位42美元升至65美元，涨幅达50%，再次见证油价的波动特性，即上升或下跌趋势自我加强，短期价格波动跟基本面没有重大的关系。我们要理解石油市场是一个窄幅平衡的市场，供应及需求面的短期波动都可能大幅影响价格。很多时候影响油价的不是真实的使用需求以及供给量改变，而是预期将来的需求或潜在供给改变。翻看原油的历史走势，你怎么用基本面分析都难以事前评估油价在什么时间会出现多大程度的波动。

在期油市场价格大幅波动以后，媒体总喜欢给上升或暴跌提供各种各样的理由，比如石油输出国组织（OPEC）减产，比如中美贸易战爆发，又或许页岩油技术改善。页岩油技术改善等这些因素不少是长期因素，页岩油的油井不会一天之内冒出来，那怎样去有力地解释油价的波动呢？交易者必须理解油价是交易出来的，所以油价变化也要视交易者的仓位。大部分的期油合约保证金不超过10%~20%，当油价短期下跌达5%以上，期货的多头或空头其中一方就会承受巨大的压力，需要追加保证金或强制平仓。如果交易盘面上有大量的投机者做了好仓头寸，他们必须要沽出合约才能完成平仓。当市场上以看空的交易者为主，就没有多少投机者愿意为买入后一点点可能出现的小幅上升利润，冒大幅下滑巨亏的风险去买入原油期货，已做好仓的交易者必须以更低的价格挂出卖单以平仓，当更多的交易者需要平仓时，市场就会出现滑价下跌，非常凶险，而更多的期货交易因为亏损已被强制平仓。即使市场出现短暂上升，也会很快被账面亏损惨重心急平仓的交易者的沽盘再次压下去，直至平仓的压力消除才能基本止跌，所以下跌的过程往往非常暴力，因为这些是跟市场没有讨价还价的余地的强制卖盘。看过书中股票市场盘面崩跌解释的部分的读者，可把价格形成原理应用在石油期货市场的运作之中。

原油市场的交易工具

交易者可以直接交易原油期货，上海原油期货只在有限的亚洲时段进行交易，不过在这比较短的时间内成交量仍非常活跃，目前已经是世界三大最活跃的石油期货市场之一。美国西得克萨斯州轻质原油（WTI），英国的北海布伦特原油（BRENT）流通性非常好，而且可以在亚洲时段内进行交易，交易按金比较低，是很好的直接交易工具。

但投资者必须留意石油期货合约有每月到期日，除非你想进行实物结算，否则必须在合约指定的最后交易日前把合约先行结算或进行展期。即月合约由于交易活跃，所以交易成本之一的差价非常小（一般1至2个最小交易价位元，低于千分之一成本）。而远期合约由于成交较不活跃，交易成本差价会比较高，所以流动性相对较差。石油市场由于每月都会有大量合约到期需要展期，这种期货市场的转仓活动要留意远期合约的升贴水差价影响。传统上远期合约升水代表投资者看好油价长远走势，而远期贴水即代表投资者看淡未来走势。比如2019年3月到期的原油期货是52.25美元一桶，2019年6月份的合约价格是53.35美元一桶，即做多油价的投资者在买入较远期的合约要付出较高的成本。2018年初油价一波快速升前石油的远期市场是贴水的，期货市场似乎显示投资者应该是预测长远油价走势在下跌，但是结果却是2018年初迎来一轮大急速上升，这是否代表期货市场的预期是错误的、这也不一定，没有交易面理解的投资者应该想不到找出引起升水或贴水变化的原因，如果市场刚刚经历了大暴跌，近期合约的价格下跌会最接近现在最新合约的报价，而那些远期合约的下跌速度往往比较慢，形成一条看似升水的远期油价曲线。原理就好像拿住一条彩带的一头向上升，彩带的尾部总是跟不上动能在较低位置。同样地，快速上升中的期油市场，近期合约的涨幅往往最大，而远期合约会较慢地跟进走势，形成远期市场贴水现象，却无法阻挡油价继续上升的力量。这亦就好像在空中拿住一条彩带的一头向下拉，彩带的尾部总是跟不上下跌动能在较高位置。只有在价格较平稳阶段，较明显的远期升水或贴水现象才有较佳的参考价值，大家交易时必须注意。

交易所买卖石油类基金，最直接的交易工具是买入美国的石油交易所买卖基金，最活跃的基金为（美股：USO）。此基金直接跟随油价走势，流通性很好，不过限美股交易时间可作交易。

如果想做空石油，可选择直接做空（美股：USO），或者采用反向两倍杠杆（美股：SCO）基金。做空或反向基金都有很大的风险，直接做空的最大损失可以超过投资本金，杠杆基金在出现资本损失时由于投资本金会自动收缩，如果遇上油价大幅上升而亏损，即使日后油价继续下跌并回到你买入杠杆基金的相同水平时，你的本金可能往往出现了相当程度的损失，是一个输家的游戏，一般投资者最好不要参与。

另外，原油相关交易所买卖基金其实并没有完全跟踪你报价时看到的油价走势，因为期货市场的交易者每一个月都可能需要再展期，而展期时新的合约可能会有升水或贴水现象影响投资表现。如果你买入看升油价的基金，但期货市场持续升水，即石油基金不断要买下一个月的较高价合约，即被逼买贵货，你每月都会因为展期而损失一定的本金，所以SCO并不是一个很好的长期交易工具。

原油市场的巨亏案例

在原油市场上深受损害的企业及个人案件多不胜数,下面举几个著名的例子给大家参考,就是要告诉大家即使大型的石油贸易公司或如航空公司等用油大户在原油市场上往往也是亏多赢少,个人投资者千万要小心。

2004年中航油(新加坡)破产事件是一个典型案例。中航油曾经成功在石油期货市场获取厚利,公司于2003年开始涉足石油场外期权交易市场,主要交易美国西得克萨斯州轻质原油(WTI)品种。由于判断失误,最初由交易员引起的期权交易亏损约在500万美元左右。公司的管理层预计油价会下跌,经商讨后并没有进行止损,并决定加大看空部位,继续对赌油价会下跌。到了2014年初,由于部位加大,亏损已达3000万美元,此时止损虽会确认财年有重大亏损,但公司仍能继续经营。公司的管理层分析了30年的国际油价走势图,这么长的时间,经历了各种生产动荡及战争,油价仍从未突破并企稳40美元一桶水平,认为当前的交易部位应该是正确的,决定对期权交易进行展期,即在交易对手同意下让期权的到期时间延长。当时的主要交易对手为日本的三井物产,而对家预计油价会上升同意展期。时间延长后,油价在2004年中曾出现回吐并跌回35美元附近,公司却没有把握机会控制损失平仓,最终当油价再次上升在9月冲破50美元时,公司面临重大的损失。中航油(新加坡)在期权交易中最大的对手日本三井能源风险管理公司,因应油价上升要求催缴期权保证金,中航油被迫在55美元进行部分平仓,之后再多次于高位平仓。而且公司未能得到更多后续款项支撑保证金,公司最终亏损5.5亿美元宣布破产。这跟1995年霸菱银行因为违规交易最终倒闭的路径进程非常像,两者的主要交易及决策者都在出事前一两年有过相当的交易获利,自信满满,最开始都是由比较轻微及可控制的亏损引发,为了翻本追回损失不断加大仓位,赌一把去追回损失。而两者同时遇上历史上未能预见的事件,霸菱的个案遇上神户大地震,中航油(新加坡)遇上20世纪80年代开始从未遇过美元贬值引发的石油交易价格大暴涨,两者都有中途可以止损的机会,但两者的交易者都选择命运交由市场决定,而没有进行风险控制。因为风险控制会令交易由账面亏损变为再拿不回的真金白银交易亏损,并直接反映到公司的财务报表之中。这些教训是如此深刻,代价是如此高昂,然而却没过多久就被人们所遗忘。

国泰航空公司因为曾在燃油对冲交易中有一些获利,但是在油价暴跌后于2008年亏损超过70亿港元。但公司没有汲取教训,在2014年国际油价大幅下跌 70% 后，2015 年国泰航空因在往年已建立的燃油对冲交易亏损了超过 80 亿港元。国际上航空公司的燃油对冲不会超过 25% 总用油成本，而国泰在不少年份曾采用超过 50% 总用油成本的高比例对冲，对赌油价上升。巨大的对冲亏损在不少年份把公司上下辛苦服务经营的数十亿利润全数输掉，令人不无感叹。机组人员天天辛苦工作的成果，就这样在衍生工具市场被白白输掉，你就会明白有时企业界在金融交易市场往往也是升的时候看升，跌的时候看跌，并低估了商品交易市场的长期波动性。有时企业还会冒险建立长年期合约头寸，并没有足够对冲保护，一旦油价有突然转势就自然会亏损严重，之后得看主营业务的实力能否填补投机亏损了。

2018 年底国际油价出现急跌，一家中资石化公司由于对国际油价走势判断失误，套期保值业务的交易策略失当，公司进行交易所场内原油套期保值业务在油价下跌过程中产生损失，比如一些能源类的贸易企业会采用购买看涨期权，同时卖出认沽期权的低成本对冲策略。在油价快速上升时可以获利，油价出现中等程度的下跌时亦不会有亏损。理论上做空期权可以减少看涨的时间值损耗，这种策略在油价平稳或上升时本来是降低财务成本的有效策略，关键是油价走势不能反方向剧烈下跌，否则卖出认沽期权就会出现巨额浮亏，损失可达保证金的数倍至数十倍，非常危险。谁能事前预计到剧烈的下跌会发生在 2018 年的年底？国际油价由 10 月的 70 多美元突然下跌至 12 月的 40 多美元。

风险控制的重要性在于对我们未能预见的风险情况进行防御，即使看上去似乎毫无发生的可能。有谁料到美国的天然气期货可以在 2018 年 12 月的某一天之内急升超过 20%，令美国一家对冲基金公司一夜之间亏掉了全部客户本金。其实引起交易重大亏损的最大原因往往是最过度自信，而非市场风险本身，无论是个人或机构交易者，如果相信自己的观点必然正确，无论之前赚了多少钱，很大可能最终出现重大风险事件，投资者之前账面赚了多少钱也是毫无意义的。

✣ 震惊金融市场的负油价事件

在 2020 年之前，没有人想过原油合约的价格可以是负值，然而金融市场之中许多过去没有发生过的事不代表未来不会发生。在 2020 年的 3 月至 4 月，国际原油市场在各种负面消息影响下崩溃，芝加哥商品交易所更改了原油期货的价格下限设定，由原来最低允许的交易价格为零变成允许交易价格出现负价格，可是这一消息并没有在金融市场得到注意及广泛的报道，甚至部分在原油期货市场的主要参与经纪商并没有及时修改其交易系

第九章　商品交易市场

统及风险模型,以及更新负价格的潜在风险与影响。

大众看到的原油价格其实是原油期货市场合约的最新成交报价,多数新闻中的报价都以美国 WTI 原油当月合约的价格为基准。这些原油合约每一个月都会到期,大部分的交易者都会在合约到期前以现金平仓,方式是如果你买入期货合约,平仓方式就是卖出一张期货合约,当中的差价就是投资者的利润或亏损。如果未能在限定结算时间前平仓,就需要以交易所按特定时间的交易价格作结算,或者直接以实物原油交收。而事实上,当时美国的原油库存量已经非常高,绝大部分的交易者都无能力在美国直接以实物交收原油,只能被动地按交易所结算价定价。这中间就出现了一个重大的交易陷阱,只要未平仓的合格持有者数量够多,空头在结算前打压期货价格,多头将完全无力反抗。

出现负油价的期货合约是美国 WTI 原油 2020 年 5 月合约,合约的最后交易日是 2020 年 4 月 20 日,合约价格在结算定价前数小时前由每桶 10 美元突然加速下跌崩溃至-37 美元的结算价,最终这一个最后交易日的日内跌幅是-300%,这一天的负价格及波幅必然被计入金融交易的史册。要理解这交易陷阱并不容易,简单来说,如果投资者开仓时没有预期油价可以是负数,继而买入了看涨原油的合约,预期油价在零附近能快速反弹就能平仓获利。可是当油价不如预期出现下跌后,你必须要卖出一张原油合约才能平仓,终结交易部位,否则就要按合约订立时的买入价以实物交收。其实许多投机者建仓成本都在每桶 15 美元以下,如果他们有能力实物交收,持有的现货在年底油价回升时会有倍数计利润。问题是他们只是纯粹的金融交易者而非原油现货市场的参与者,只能以现金方式平仓,完全没有实物交收的能力。

令情况更糟糕的是,有部分新手投机者误以为跌至零价格是最大的亏损风险,他们认为以 5 美元的价格买入合约,最差的情况价格只会是跌至零,那么最大损失只会是 5 美元。他们在结算前不久的时间还在开仓,而由于部分经纪商的交易模型未能及时察觉因潜在负油价而出现风险敞口及时阻止这些新手开仓,允许更多保证金不足的投资者在临近结算时输入买单,经纪商的交易系统也误认为 5 美元买入的期油合约最大风险是跌到零,甚至部分经纪商的交易系统根本没有负价格的输入选项,一旦交易跌进负价格区间,打算卖出合约平仓,只能用市场价直接挂盘,市场买家开什么买入价你都得接受,要么等待无情的结算,之前买入原油期货未平仓的投资者在结算前完全是任人鱼肉。

金融市场是一个信奉丛林法则的地方，尤其是国际期货交易这种零和游戏，交易双方都在进行你死我活的博弈。当原油市场的空方知道多方需要以任何价格卖出期货合约平仓，最有利的部署是等待对方不察觉危险之时，在最后的交易时段发动突击式的卖压，迫使对方以不合理的价格平仓。这种丛林式的行为模式，跟大家看到弱肉强食的生态片情节一样，然而这就是真实的市场运作法则。我对风险的认识很大程度由期货市场而来，期货及衍生工具市场多年间狠狠地对我进行了风险再教育，同时也让我在痛苦的磨炼中掌握了能应对市场巨震的风险控制能力，使我可以在各种市场的波动中生存下来。相对期货市场而言，股票及其他市场的实盘交易风险较易控制。因为实盘最大损失是100%，而期货等市场在市场波动出现价格缺口的损失可以数倍于本金，如果你没有采用期权等风险控制工具作出保护，你的仓位可以在下一个交易日的开市第一口报价就被经纪商强制平仓了，还可能要被经纪商追讨交易账户的负债。期货市场是把任何错误及人性缺陷超级放大的地方，交易一年遇上的波幅可以超过股市十年。据一些交易商的统计，多数期货新开户大约一年之内就因亏损而关闭。导致亏损的关键的失败因素是那些新开户把期货用作纯粹投机的工具，不了解期货市场更大的功能在于避险及风控。除了用作避险工具，我不建议普通个人投资者参与期货及衍生工具的风险投机交易，尤其波动极大的商品期货交易，它们超出了大多数人能承受的风险水平。

黄金市场

数千年来，黄金一直扮演着实物货币的角色。绝大多数国家都认为黄金是有价值的，并接受作为交易工具。直至今天，作为金融交易工具的黄金相关投资工具仍有其保存价值，用来做避险工具的重要角色。我们存在银行的用作电子交易的纸黄金，是不能提取实物的。老一辈人总有把一点黄金饰品或金币等存放在保险箱的习惯，不为资本增值，只是留个心安。但是实物黄金的交易成本非常高，交易时的差价比较高，所以如需对黄金作较大额买卖投资，采用金融交易工具仍是较有效率的方法。

作为金融交易工具，购买黄金的主要途径有银行买卖纸黄金，在证券市场买入交易所买卖黄金基金，GLD是美股最大的交易所买卖黄金基金，交易成本非常低，买卖差价低至万分之一，而且流通性极好，每天成交金额可以10亿美元为单位。更进取的投资者可选择买入黄金期货及衍生工具，或以融资进行杠杆式黄金买卖，由于风险太高，不建议个人投资者参与。黄金有一些工业用途，但更主要的需求来自黄金饰品及投资性需要。除非黄金大幅涨价引起很多成本较高的矿场积极增产，否则黄金的供给比较稳定。所以引起金价波动的主要因素就是投资性需求。

国际金价在 20 世纪 80 年代开始到 2005 年一直维持在 250~500 美元一盎司的区间波动，实际长时间大多维持在 300 美元一盎司左右(图 9-2)。黄金虽然在理论上有对抗通胀的保值效用，但在该时间长期持有黄金扣除通胀实质是负回报的。在 2003 年开始交易所买卖的黄金基金的出现大大方便了黄金交易的效率，这同时提升了黄金的投资性需求。而且当时一些如俄罗斯央行亦在增加黄金储备，新兴市场如中国、印度等由于收入上升对黄金饰品的需求上升，亦增加了黄金的总体需求。投资者要留意由于国际黄金交易多以美元计价，但美国并不是主要产金国。理论上美元强则较易引起金价走弱，美元弱则较易导致金价走强。黄金与美元汇率之间在不少时间内都有相当程度的负相关性，所以有些投资者亦会把黄金加入组合中以对抗美元下跌的风险。当时美国总统小布什决定改变强势美元的政策，以利出口及经济。美元出现贬值的大周期中，美汇指数由 2002 年的高位近 120 美元跌至 2008 年的 72 美元水平时，在多个利好因素夹击下，黄金展开了巨大的升浪，由 300 美元一盎司升至 1000 美元一盎司。2008 年金融危机加深时，更多资金回流美元避险，美元指数由 72 美元反弹至 87 美元，黄金由 1000 美元跌回了 700 美元一盎司。

2008 年国际金融危机发生后，黄金仍优秀地发挥了其避险的功能，是当年全球金融资产暴跌潮少数录得正回报的金融交易工具。美国进行货币量化宽松大印钞票以及 2011 年的欧债危机的助力，黄金于 2008 年至 2011 年间升值了一倍多，从 700 多美元一盎司一直升至最高 1900 美元一盎司。不过黄金与美元汇价的反向关系概念并不是什么时间都适用，美元指数在 2009~2011 年在 90~72 之间来回波动，而黄金价格却一骑绝尘地升到 2011 年的高位 1920 美元一盎司。美元与黄金的反向关系的终结，最大干预因素是国际金融危机后全球的中央银

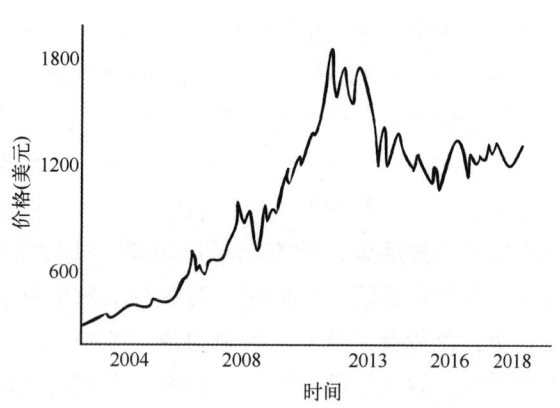

图 9-2 国际金价主要趋势

行都通过了货币政策去刺激经济。黄金发挥了其在危机中的硬货币的角色，在避险及投机性买盘支撑下走出自己的行情。所以投资者不能一本书学到老，交易场上很多长期验证得来的法则也会在新的因素影响下而失效的，很多交易者的大败就是倒在自己的经验之中。当2011年欧债危机过去后，由于黄金价格早已被炒至高位，开始出现价格无以为继，在2012年后便出现了长期的跌浪，之后几年间一直在1100~1400美元之间来回波动。

供给面方面，最大的参考是全球金矿的开采成本及相应的开采能力。如果金价一段时间内维持高位，较高开采成本的金矿也会投产，供给增加最终会压抑金价上升。但新增的供应往往要以数月，以至数年后才能开始增加，所以黄金供应对中短期金价的影响可以忽略。实际上黄金的交易更受技术面的影响，比如在资产市场陷入恐惧时，对黄金的避险性、投资性需求大增，投资者多会观察金价是否会突破上行的阻力位，如果成功站稳，金价会再尝试向下一个阻力位进发，直至突破所有历史高点。下跌时的原理一样，交易者会以金价是否跌破支撑位去观测，跌穿了一个支撑位后再观测金价在下一个支撑位能否守稳，直至寻底过程完成。

黄金的避险功能

其实黄金本身并没必然的避险功能，黄金只是一种贵金属，没有与各项资产价格变化的必然关系，在当前市况是否真的具有避险功能要由当时的市场参与者用真金白银交易出来才能验证，并以与当时主要资产类别的价格走势的相关性差异而自我强化。读者不要盲目相信黄金与股市走势，以及利率上升有反向关系，影响黄金价格的因素非常复杂，不同的交易力量同时角力。

传统观点上黄金在美国货币加息周期中表现比较差，因为持有黄金是毫无利息的，利息上升会令黄金投资相对没那么吸引人。如果黄金价格不上升，持有黄金的投资者的回报是零，连抵消通胀购买力损失的回报也赚不到。金价必须相对货币的升值才能增加持有者的购买力。当货币的利率不断上升，持有无利息的黄金的吸引力则会下降，除非金价大幅上升，人们会更偏好持有货币资产。但事实上在美国2002~2006年的加息周期中，金价是不断上涨，涨幅超过100%，这主要是因为当时美汇指数下行及其他投资性需求主导市场力量盖过了高利率单一负面因素的影响。因为金价以美元结算，如果美元兑其他外币贬值，通常会利好黄金的美元报价。

对黄金进行基本面分析时，由于黄金等贵金属没有利息回报可计算，我们无法使用股票或债券市场常用的现金流折算分析等资产估值方法只能用黄金的需求及供给面作基本因素分析，但实际上我们难以评估到黄金的投资需求的大小。你想想要避险可以用期货、期权对冲，或做空股票这么多工具可选择。我们又如何能前事准确评估当时有多少投资者因为避险需求买入黄金，或者有多少个人投资者及对冲基金会投机性买入黄金？每一交易日的市场情绪变化都不定，使用基本分析去判断金价变化只能有方向性参考的作用，而且即使方向判断正确，也无法有效判断黄金的升跌幅度。

实际金价的变化非常反复，在支撑位与阻力位之间不断来回角力，并不是一个容易获利的交易对象。大多数机构及专业投资者只会把黄金作为资产组合中对抗风险的一个部分；因为传统上黄金跟股市及债市等价格走势没有太强的正相关性，可以考虑持有部分黄金投资用来分散投资组合下跌的风险，加入黄金投资能减低总体组合的波动率。

在2020年的市场波动中，黄金在美联储推行无限量宽政策后一度突破2000美元的历史新高，但却后继无力，金市的走势是不易预测的。

黄金与汇率

金价跟利率、美元汇率及股市之间的关系其实扑朔迷离，时而有明显的变动关系，时而毫无关系甚至逆向而行。在2018年2月的美股出现短期10%大调整时，黄金价格没有发挥避险功能，却是同步跟从美股下跌的，并在美股回稳后的数月间反复下跌了近10%，短线看好黄金的投资者都面临账面亏损。这时候的金价出现了以美元汇率指数为主的正向关系，2018年上半年美国国债及短期利息不断上升，美汇指数相当强势，美汇指数与黄金价格走势又出现了常见的反向关系，并盖过股市避险需求的影响。

可是当2018年10月至12月中美汇指数上升时，金价却反常地小幅上升。年底时美元指数小幅下降，黄金价格却在半个月内升了7%。黄金跟美汇的反向关系变成了正向关系。由于2018年12月中后期美股再次出现大调整，市场面对大跌时避险需求非常强，对黄金的避险需求超过了美汇的影响。到了2019年初美股回稳后，金价又开始掉头下跌了。

当然事后的分析总是容易，事前要判断则非常困难。2018年2月份和12月份这两段时间都遇上了美股大幅下跌，为什么美汇指数及股市相对黄金价格的关系如此反常？其中有一个细节大众容易忽略，就是2018年12月开始美国的部分年期的国债孳息曲线开始出现倒挂现象，即美国长期债息比短债息还要低。

这代表债券市场不看好未来经济前景，引起大量投资机构加强风险意识，积极进行避险部署。由于不少大型投资机构在投资政策中有限制不能买入期权等衍生工具避险，这些机构应对资本市场风险的传统手段是买入长期国债以及买入黄金避险，美国10年国债息率由2018年11月的3.2%下降至年底的2.8%以下，就代表了大量资本涌入了相对安全的国债市场。黄金在此时也形成了上涨趋势，由11月份低位1200美元一盎司升至12月的1280美元一盎司，并于2019年初一度升过1340美元。可是当美元指数转强时，金价又自2月高位跌回1280美元附近。可见美元汇率、利率预期及避险需求是如何强烈地影响黄金价格？这亦大大增加了评估金价改变的难度，因为汇率、利率及市场风险都是非常不确定的因素。

黄金的周期性变化

如果真的有危机出现，国债加黄金的投资避险的理念就有可能会自我强化，财经媒体开始有更多的黄金投资报道，纵使有很多人对长年没有价格突破的黄金投资仍将信将疑，但总是有更多的人受影响愿意用真金白银投资到黄金之中。当金价开始出现单边上升时，已经持有黄金的投资人就会不太愿意卖出其持仓，因为担心卖出后及有机会用更低价买回，金价在一波上升中遇到的卖压不大，上升过程没有遇上重大调整，交易者更容易确立其上升趋势。

当黄金的表现与股市下跌的反向相关性在一段时间中确立，更多的机构就会加入其中建立黄金交易头寸以降低投资组合的波动性风险，这种自我强化会一次又一次在市场的验证下增强。而且黄金市场总值相对股市的总值少得多，只要有一部分的资金从股市撤到金市，已足以令金市出现明显上升，然后更多投资者会投入到金市之中，直至其他资产市场重回稳定，价格相对变得吸引人，资金就会再次从金市撤走，形成一个黄金价格的大型周期的变化。

一般个人投资者投资组合中黄金的持仓一般都是偏低（10%以内）甚至为零，只有在经济周期的尾部或明显趋势时才值得介入。因为黄金价格的运行周期非常长，一旦在高价位买入了，用5至10年的长时间去等待金价也是不会回到过去高位的，也完全没有利息可收取去抵消跌幅。所以比如在2011-2012年间高位买入黄金后，眼看股市、债市持续上升，你手中高位买入黄金的价格却掉头下跌，纵使偶有上升带给你一丝希望后，不久又无力下跌，一次又一次无法突破阻力，你的心里一定不是滋味。

如果下一次金融市场再陷入恐惧，而央行又再进行大规模的货币增发以刺

第九章　商品交易市场

激经济，国际金价真的有可能会出现一波新的行情。但长线的黄金投资者必须留意市场的真实变化，当金融市场从历次金融危险中开始恢复正常时，长期持有大比例的黄金并不是一个明智的投资方式，因为金价很可能又会再次陷入长年停滞或下跌周期之中。

　　商品市场的价格波幅往往是非常暴力的，因为商品市场有大量的期货交易参与其中，是一个巨大的零和游戏市场。商品市场短线价格波动的主旋律的逻辑是令最少的人能跟进获利，所以总是平静过后来一波暴力上升，再来一波暴力下跌，令大多数的投资者无所适从。大家亦难以做有参考价值的预期，因为预期总是赶不上变化。不过商品市场与股市间的相关性有时较弱，不少机构投资者在投资组合中也会考虑加入少量商品作风险对冲。我会在投资组合理论的部分加以解释。

第十章　房地产与金融市场

　　房地产是全球许多家庭最重要的资产。房地产的上升会令已买入房子的家庭产生财富效应，他们有更高的消费信心，理论上会消费更多，促进生产活动。房地产的开发，从建筑工人到相关的产业链如水泥、钢铁都会受惠。而卖地及相关的收入又会增加政府的收入，政府可以用资金提升公共服务，如改善公交运输、教育及社会休闲设施等，从而提升市民的生活品质。

　　如果房价跟从居民收入大致同步地上升，房子的供给充足，工作的群体有能力负担房子的供款，并享受房子的资本保值及增值功能，对总体社会来说是好处大于坏处。可是近年全球房产市场，要么出现人口减少房价无力上升，要么热点城市的房价成为脱缰的野马，直冲上天，分化非常明显。高房价不只是个别现象，在中国、美国、澳大利亚、加拿大的主要城市，房价在金融危机后，受惠于全球央行大幅增加货币供应后，都再次突破了2008年的高点不断创新高，同期多数这些热点城市的居民收入中位数只能保持较低水平的上升，令房子价格一般居民而言越来越难以负担。

　　过去受地区房地产因素影响涨跌不一的房地产市场，在2008年金融危机过后，受惠于主要央行的同步放水支撑，大量信贷创造的资金追逐有限的实物资产，令全球主要国际城市的房地产市场出现波澜壮阔的同步繁荣现象，美国许多大城市的房价在这10年中早已涨过2007年美国房地产市场泡沫爆破前的峰值。随着美国等央行开始收紧货币政策，使许多国际城市如纽约、悉尼、伦敦、香港、北京等都在2018年出现同步冷却现象，这种全球房产同步升跌是数十年来从未发生的现象。全球房地产市场价格的相关度不断上升，代表我们已经越来越难利用不同的国家或地区的房地产投资进行风险分散，投资房地产这单一资产品种的系统性风险正在上升。

房地产投资的价值构成

　　要清晰了解投资房地产的回报价值，首先要理解房价的组成部分。我们现在买住宅房产价格其实包含两个主要价值组成：土地价值和建筑成本。因为楼宇在建成使用后只会越来越残旧，楼宇的建筑成本作为会计账目上的资产是一项不会增值、只会不断产生折旧损耗的项目。事实上，楼宇经过十多二十年的居住后往往就需要大翻新，很多如外墙渗水、管道老化等问题必须处理，实际上楼价上升的主要原因是源自土地价值的上升。

当一个地产发展商以比邻近二手市场卖价更高的价格买入地皮，在考虑计入建筑及各种财务成本后，要获得盈利必须要卖得远高于当前二手市场的市价，否则只会亏损。邻近二手市场的业主看到大地产商这么积极，当然会立马封盘提价，原本考虑买入楼盘的家庭被迫以新价追入，或绝望地幻想房价会掉下来，有足够能力的往往立即买进，从而快速拉起附近楼市的二手房价。最终楼宇开卖时新盘价和二手价的差距就会大大收窄。在考虑新楼比二手房有更长的使用年限，新楼楼价有溢价也相当合理，最终开盘时也能大卖。因为人们看到最近楼价在快速上升，不早点买看来只会升得更贵。而由于地价上升，倒逼市场整体房价上升在很多城市都不是个别现象。在全球国际城市中，房价负担指数奇高的香港，可以看到开卖的新楼盘卖 1.5 万港币左右一平方英尺，而附近的地价最新拍卖超过 1.8 万港币一英尺的奇景。看看那些投地的发展商是准备 3~4 年建设预售周期把卖价翻一倍的架势，只能佩服勇者是无惧的。

地产发展商也不是只赚不赔的。如果遇上经济环境不景气，尤其区域性政策性转变。好像海南的房产在行政指令下在 2018 年成交几乎被冻结，专注海南地产的开发商也面对很大的压力。又比如北京燕郊的房子曾经一度热炒，限购令一出令很多高价买入的投资者面对巨大的账面损失。最大的影响是买家都不见了，房子交易直接没有了流动性，你想低价卖出也很难找到人承接，连房产中介都大面积关门了。房地产开发商在投地时偶然也会出现一时头脑发热的情况，高价抢标投地后发觉按目前的市场环境，建设完成后无利可图，直接把土地闲置，情愿面对土地被收回的风险也不进行工程建设，这种在房地产企业界的冲动行为在行业内也不算是奇闻。

决定一个地方的房地产价格长期走势的因素首要是居民，没有人就没有居住需求，就算你怎样分析利率变化宏观大势也没有什么意义。如果一个地方的高收入人群众多购买力强，就是对该城市的土地价格有最大的支撑。投资房产首要的思考就是高收入人群的去向，最少要考虑人口有没净流入。人口不断流失的地方地价是没有上升空间的。就算是全球地价最贵的城市之一香港，在一些交通不便的村落，村民情愿把土地荒废了也不花钱重建——如果没有需求，即使土地没有成本也没有人会进行建设的。日本北海地道区那些人口严重流失的市镇房子租又租不出，减价也没有什么人会买，大量二手房空置，房地产的价格高于建筑成本，因为土地已经没有什么价值了。

投资的机会在哪里

为什么人们总想挤在特大城市中居住，最大的理由必定时是与专业对口收入更高的工作与机会，工作的人群情愿忍受较长的通勤交通时间，也不愿离开该城市的工作圈。所以一般来说，一个城市以当地工作及居住人群的收入水平为影响房价的主要因素，但城市内部的区域价格细分就要留意更多的因素。大家要留意土地与就业、教育、医疗资源的联结往往才是影响地价的关键。在中国不少城市，学区房是一个很影响地价的因素，在房产与优质教育资源连结的地方，地价往往比其他区块更高。在英国，因为优质的教育资源都以私立学校为主，以就近入学为原则的公立学校学区对地产价格并没有多大的吸引力。一个城市内地价较高的房地产地段通常是接近主要商圈交通方便，居住地有充足的医疗与教育配套，购物设施充足，餐饮及休闲配套如电影院等充足也有助吸引更多人入住，这种优质区域的租房市场会非常活跃。这些区域内如果建筑质量较佳的小区房子，只要卖出价稍低于当时市场价，成交还是很活跃的，因为有很多人早就想等机会移到该等小区之中，大家要记得有人想移居该地才有需求。

其次，受追捧的是小区设施发展较完善的次核心居住区，这些区域往往有完善交通网络，只是往返市中心的交通时间会稍长，房价会稍平。因为房价及租金较便宜，有大量人口聚居，日常生活需要无须跨区即可完成，也没有市中心附近那么拥挤，如附近有绿化及休闲设施等更佳，这类地方的价格上升潜力往往会比成熟地区更大，因为一开始地价比较便宜，买入的成本低，所以交通网络及小区服务发展起来后有时回报率会更高。有一些大城市原本属郊区的区域因为轨道交通连接等因素也可以发展起来，往往地价成倍升值。关键就要看该地区居住的需求是否充足，其实影响地价的关键始终就是人口需求。

如果购买的是郊区独立的小区房子或别墅，附近没有生活交通配套，未来也没有大型发展计划，你要考虑自己有没有实用或休闲度假的需要才购买，而不太好考虑是否能有价格升值。就算是豪宅地段，由于有能力付高昂租金的人其实多会自己买房，豪宅的租务市场其实不活跃，豪宅买入时总价往往非常贵，卖出却非常不容易，而且往往难以获得银行的足额按揭贷款支撑。别墅或豪宅买家最好以自用角度考虑，而不要以投资角度考虑是否买入了。这类买家亦要留意总价比较高的房地产流动性比较差，买入后如遇上经济不景气时，就算减价也很难找到买家。

买新房时亦要留意二手房的溢价水平，如果新开售房子的价格大幅高于同区二手房价，买入后有可能出现长期价格停滞，眼看外围地区的二手房价上涨，自己的房子只是原地踏步。在香港这个全球最难负担的房地产市场，仍会有投资者在 2010 年买入市区新的房子，到了 2018 年只升值不到 10%，而同期香港房价却升值近 100%，部分次核心区的涨幅更达到 150% 以上。如果新盘的未来上升潜力已被开售时高价透支，买入房子后未来的价格上升空间就会大幅减少。当然你不考虑回报及保值纯粹买入则另作别论了。有时候发展商如想加快回款，定价时可以出现负溢价，即新楼比二手市场的平均楼价还要低，真实买家当然会考虑买新房子，而二手市场业主往往不愿实时大幅减价，出现二手交易完全没有成交的冰封状况。大家要理解二手市场是一个滞后于经济及金融环境的市场，因为较大型发展商多数有资金回收压力，所以一手市场大型项目价格变化往往更快反映了经济及市场环境的改变。

  分析房产价格变化亦要考虑非收入来源的购买力，很多时候购买房产的人并不在该城市工作。比如在北京、上海工作而在老家买房，你就得考虑这种出外工作者的购买力会超过当地长期居民的购买力。还有一点是以房买房的购买力，这是经济学上称为财富效应的购买力。你想想在 20 世纪 90 年代买入了北京或上海老房子的朋友，今天房价翻了多少倍，他们的工资收入上涨幅度往往远低于他们资产价值的幅度。他们卖掉老房子的钱就是以天价购买新房子的购买力，这些购买力并不是从工资收入而来，而是房地产价格上升就会令已经持有房产的人的名义货币购买力大幅上升。如果房地产价格大幅上升并远超当地居民收入上涨幅度，没有积累房产要靠自己打拼的新一代便难以承担。如果大量的新一代都无法支付高价房产，无法养育下一代，该城市的自然人口增长在未来将必然下降，还要看有多少新移入人口去补充，当生活成本太高时，更多人亦会考虑选择移居到其他城市，形成不同城市间的人口移动推力。

  获取信贷的难度及成本也在很大程度上影响房地产的购买力，如果利率较低，借贷比例高，比如 20% 首付就可以买房，在短时间内房屋的需求会出现上升，因为更多没有充足首付的购买者入市。英国曾经试过在 2008 年金融危机后提供首次置业借款计划，符合条件的家庭只需 5% 首付就可以买房，房贷由政府作部分担保。这种措施在市场下跌时期会有助于稳定房地产市场。不过由于这类购房者的借贷比例非常高，出现贷款相关风险的可能也会较高，我会在后面的章节详加讨论。

  有一些度假型城市有一些候鸟型居住者，这种间歇性的需求也会对房地产构成一定支撑。明明该地方天黑后十室九空，房价却没有出现明显的下跌压力。有一些国际城市有较多海外买家，这亦会形成一定的海外需求。当房价脱离很多本地居民的收入水平时，不同国际城市的政府也会推出一些政策以限制海外买家，甚至出现对非本地居民强制限时卖出的情况。

理解了不同的购房需求以及购买力来源，你才会明白很多时候以本地居民收入水平变动并不能解释该地区的房价变化。当然，土地以及开发后的实际住宅供给也是影响房价的重要因素，新增的住宅供应越多，发展商要全部卖出的压力就会较大，价格就会较难上涨，二手房交易不活跃很可能会出现有价无市的情况。大家可以理解即使一个地区的空置的房屋比例较高，如果大多数的业主没有卖出压力，房产成交价格未必会实时下跌。但是没有真实需求，建造再多的房子也是毫无意义的。因为房价没有下跌，所以你想卖出去的时候却找不到买家，要打很大的折扣才能吸引到买家成交。所以分析房地产必定是先分析需求，再考虑供给状况。

房地产的价格形成机制

市场主导下的一手房定价

中国大型城市的商品房建设由于投入的资本较高，一般都由较大型发展商主导，而中小型发展商则深耕本地的物业发展市场。对于一个开发商来说，定价首先要看有没有政府指导的价格限制，如果完全按市场定价，开发商主要考虑同区二手房的目前定价，评估建设完成后买家可接受的溢价水平，比如新建房，假如质量和小区配套较佳，预期可以获得比附近二手房高20%的定价。当然这种溢价很受土地拍卖情况影响，因为一些地方由于开发商竞争激烈，往往开发商买入项目的楼面地价已经高出二手房的均价，这样加上建设及财务成本，开发商必须有把握开卖价大幅高于二手价，否则就会亏本。另外一个很重要的定价原则是看同城开卖的新盘数量。如果一个城市有大量的待售商品房，可能需要多年才能消化卖出，房地产商的出价就会比较克制，因为定价一旦高于市场均价就没有什么希望能卖出套回资金。同样道理，如果一城的商品房建设不能满足实际住房需求，只要定价合理就会出现买家数远超过开售房源数的情况，房地产商就会因应市况调高定价。

二手房定价

在不同的地方，二手房的成交活跃程度差异极大。在大城市中，二手房交易最活跃的总是刚需学区房类，因为有强大的需求，只要价值合适就会有很多潜在的买家考虑买入。通常来说，以城市中一个片区的楼价为例，如果目前的市价下只有小量真实卖盘，而有能力又想购买的买家充足，卖盘的业主往往不提供议价空间，甚至随时调高价格，这称为卖家市场，因为定价的主导权在卖家手中。你可能听闻那些在中介放盘一天便成交的例子，如果有好几个买家早已在中介留下信息，一旦合适价位的盘源出现，买家很可能极速做出买入决定。当较相宜的二手盘被消耗，剩下的少量盘源很可能会提价。在这种情况下，该片区的价格便会在一段时间内出现稳定并上升状态。除非有重大的外在因素发生变化，否则你很难期待价格会大幅下跌，尤其在有真实居住需要的片区。

一些地区如果有大量的二手房在出售，而且房源数量远超刚需的需要，二手价格就难以上升。如果买家看房子，相中某一房子后业主想提价，买家立即转头就走了，因为附近还有大量价格相近可以买入的房子，部分业主如有资金变现需要甚至会愿意打折卖出，当买家比卖家少，这种市场就称为买方市场，定价权偏向买家。你会观察到这种市场一般缺乏人气，价格长期平稳，因为提价就找不到买家，降价太多又不想亏太多卖出。有时一些曾热炒的新开发区块，居住性需求不高，如果该片区的很多买家都用较高杠杆借贷买房，因为有还款的压力，房价下跌时沽出的卖压就会非常大，就会造成局部区域价值快速下挫。

有一些城镇基本不存在活跃的二手房交易市场，多数房子以自住为主，而房地产中介也不存在，买卖房子多靠熟人介绍。这种房子的流动性不佳，升值了你也不容易卖得出去，这种情况称为有价无市。所以大家留意到近年主要开发商都开始集中在大型城市，尤其是在人口流入型的城市进行建设。你就会明白有真正居住需要的房子，才是值得购买的房子。

公营及资助类房屋定价

公营房屋或政府资助类房屋采用分配制，或按国民收入水平定价，价格可以与二手市场价格脱钩。公营的廉租房屋可以满足中低收入户的基本住房需要，比如中国的公租房，英国廉租房，日本的囤地。政府资助类房屋，通常是以地价作为补贴，令房子可以较低的价格出售，经典例子就是新加坡的组屋政策，新加坡有近80%国民居于政府建设的组屋，符合条件的国民可以合乎负担能力的价格买入组屋，基本不存在住房问题。如果一个地方的房屋价格已经脱离当地居民的收入水平，房屋作为必需品，可以由政府主导建设，或采用公私合营建设中等及以下收入的人士可负担的房屋发展，往往是解决住房需求又不会大幅干预私营住宅价格的良策。在新加坡，私人发展的房屋通常配套质量较佳，比组屋溢价高，私人住宅建设没有因为公营房屋建设而消失，而是私营市场与公营市场和谐共存。如果纯粹由市场主导，因为市场不会按该地区刚需的承担能力而调节价格，最富生产力的年轻人即使努力奋斗多年也只能蜗居生存，不利于成家

| 投资的机会在哪里

安家，在缺乏可持续人口增长及流入吸引力后，高增值的新产业也难以发展，最终该地区的人口就会渐渐流失而丧失活力。

缺乏市场的自建自住房屋

一些位于郊外难以到达的小地块，基本上没有二手房交易市场。如果该地块允许建设单栋式住宅，比如在中国很多乡村建设的房子，除非是城乡接合部，否则一般可达度差的乡村土地价格非常低，房价主要考虑的就是建筑成本以及折旧维修成本。即使是可以允许进行二手房买卖交易的自建房，其交易价格也难以大幅高于新建房屋的重置成本。

房地产投资的现金流与财务杠杆

购买房产的财务安排中，最简单的就是无须借贷使用自有资金全款购买。现金在买房流失后，将来的回报有租金收入以及卖出房子后所收回的现金，所以，投资房地产的主要回报有两个，第一是能收到房租作为持续性现金流收益，第二是卖出房子后一次性收取的资本增值或损失。

现实中要靠自己的能力去买房的工薪阶层，买房子时往往需要较高比例的贷款。即使父母在上海、北京等城市已有房子，如果年轻一代想结婚后买婚房，一般父母想帮忙多数也只能帮忙凑首付款。因为当年父母购房时往往是以很低的价格买入，或者是单位分的房，如果父母以他们现在的收入很难买到同等大小的房，很多时候也是无能为力。即使你是大学教授，除了自住房外，面对目前房价也无力购买第二套好房。这是很现实的问题。即使你在学术界做到万中无一，拿到了诺贝尔奖金，想在北京或香港市区买一套两居的好房都很难。

当个人物业涉及了楼按，购房者付出了首付，还要持续每月还款，购买的自住房就只消耗现金，消费性开支而没有太大的投资属性，房价的升跌其实与你无关。

如果是投资性买房，并且不是全款购入，付出了首付后，每月需扣除银行贷款的供款开支，同时可以获得租金收入，将来把投资性房产卖出，可以获得一笔卖房款项再作投资。当房产的价格升值，在不卖出房子的前提下，仍可以进行再抵押借贷，或称为二按借款去获得现金。很多时候借贷人是为了获得现金再次购买新的房产。

房地产与房屋政策

　　房地产价格跟总土地供应面积未必有绝对关系，反而是每一城市政府的房地产供给政策对房价有非常大的影响。

　　美国的加州其实有大量的土地，建筑成本也不高，为什么加州的房价动辄百万美元以上这么贵呢？最主要原因是允许发展商兴建新房子的新屋动工许可不易获得，而且建房的限制也较多。如果有较多的人口移入该区，就会形成居所不足的问题。有些地方兴建任何新房子前先要征得当地大多数居民同意，大量的法律及环境规定令新小区的建设可能花上十年甚至更长时间，这样就较难增加房屋供应。地积比率在人口密度较高的城市也是一个影响房屋供应的重要影响因素。地积比率由地方政府或相关的规划委员会决定。地积越高，代表同一土地可建成较多的楼面，比如同一块土地可建成数层的楼房或是数十层的高层住宅，能提供的居所数量的差异就会很大。所以地积比率越高，房子的供应量就会越大。

　　当然收入水平也会影响楼价，但是这并不一定是关键性因素。如新加坡的人均收入与中国香港地区相似，土地面积只有香港的26%左右，平均房价竟然比香港便宜30%以上，这主要归因于新加坡政府的房屋政策为大多数的市民提供经济的资助房屋，解决了大多数中低收入人口的住屋需求。当年新加坡就是参考了香港最初的公营房屋政策，香港却最终放弃了由政府主导住宅建设，有好几年时间完全停建了所有资助房屋，私人发展商不断以高价竞争政府有限拨出的地皮，形成极高的发展成本，并推高现有的住宅物业市场价格，达到不能负担的水平。

　　如果一个地方的房屋供应严重不足，即使政府想重新主导住宅地产市场，因为要涉及旧城改造，或另觅市郊土地并进行基建及交通建设，没有十几二十年的建设也很难把供给跟得上。但试问年轻人又有多少个十几二十年可以消耗？年轻人变成了中年阿叔阿姨也负担不起一个自己的家。高强度的工作才能支撑基本房屋等生活必需成本，缺乏休息及照顾下一代的时间与精力，令本地居民的生育率极低，需要不断增加能忍受挤压居住环境的移民去补充劳动力缺口。

房地产与信贷

　　国际上的金融危机有不少都与房地产有关，主要原因是地产是金融体系内的优质抵押品，银行乐于为拥有房产者提供超低利率的贷款。信贷宽松会增加潜在的买家人数，会增加房屋的购买需求，从而对房价产生一定的支撑作用。而信贷紧缩，没有能力全款或需要以高比例借贷买房的买家就只好却步，从而压抑了房产的购买需求。房地产作为抵押借款，在银行体系内就会进行了信贷创造，房地产相关的投资及贷款活动变成银行体系内间接增加了货币供应，换言之，房地产可以间接地印钱，中国在2018年的央行基准货币约为30万亿元，包括银行体系的广义货币供应M2即高达160万亿元，其中超过半数以上的广义货币供应M2是由房地产相关活动创造的。

开发商首先用自有资金竞投土地，买入土地后开发商就可以向银行融资进行开发，银行的开发类贷款比其他融资渠道利率低，但银行会把开发贷款视为较高风险项目，如果市场风险上升，从银行获得融资会比较困难。

资本实力较雄厚的开发商亦可在境内外的资本市场发行债券进行融资。境内的企业债发行要视当时监管环境是否许可，境外发债多需要使用美元作借贷货币，容易出现汇率风险，而且利率也不低。开发商亦可从各类贷款机构包括担保、信托等俗称影子银行的机构进行借款，由于银行借款与信托等机构的拆借视为同业借贷，不需像借出开发贷款那样遵守《巴塞尔协议》使用较多银行的自有资本作风险准备金。银行有较强动机绕过《巴塞尔协议》进行更多的间接借贷以促进利润增长。这些从信托等公司借出的钱，其实都是直接或间接从银行体系内融资，近年监管已大幅收紧，最终进行开发时，开发商只需使用比例很少的自有资本就能进行大量的开发。实际上房地产开发商的自有资金与债务的比例往往在5~10倍之间，即可以用1元的自有资本开发10元的项目。再考虑已发行的永续债及联连子公司的表外负债等隐性债务，实际的杠杆率可以更高。

举个例子，房地产开发商拥有100亿元的资本，可以通过不同的融资方法支撑1000亿元规模的开发项目，而这些建成后的房产卖给大众的买家时，买家又可以向银行进行贷款。如房地产市场没有出现重大波动，商业银行一般很乐意为购房者提供楼宇按揭贷款，因为按揭这种抵押贷款的生意理论上有房产作为优质抵押品，在银行界的《巴塞尔协议》规定中只需占用较少的风险准备金。

银行楼宇按揭放款一般主要参考两个简单的指标，第一个指标是收入与负债比率，购买者的每月楼宇按揭还款一般不能超过每月收入的50%；第二个指标是房产的贷款与估值比率，正常情况下银行借贷的最高比例为房地产的卖价或评估价值的60%~70%。由于新房的定价与参考价格较有弹性，而只要开发商卖出的房子价格比较高而且又能卖出，银行就会以卖价而非外围楼盘的市价作估值参考，银行创造出来的贷款资金也会因为购房者的高额房产贷款而增加。

购房者的资金流到开发商手中，开发商归还款项后又可再借贷进行投地及新项目开发的过程。这个开发商买地，直接或间接借钱开发，银行借钱予买家买房，银行收回开发贷，再次借钱给开发商进行新项目投资，再借钱予新项目买家的过程是动态中不断在不同银行间进行。而这个过程就是银行体系不断以房地产进行抵押贷款并不断进行自我信用创造的过程。受惠于快速的城镇化以及经济发展，中国的房地产开发速度在世界上是史无前例的，明白了这个存款创造过程，就会理解为何目前中国的银行体系存款总量比美国银行体系存款总量还要多。

房地产的建设以及相关的存款创造是很正常的经济活动。全世界的地产开发占本国 GDP 比例多为 5%~10%，考虑中国及印度等地的城镇化过程仍未停止，房地产占经济总量稍高很正常，慢慢地因为住房的建设已能满足主要的居住需求，开发就会变为城市改建及区域翻新，而不再是一个又一个的新区开发，城市建设的速度必然会放慢。真的风险存在于无序建设，比如在没有人口增长基础的小城镇建设了可住两倍以上总人口的房子，人们买入大量不会用来住的投资性房产，却发现买入后不知道能卖给谁，出现有价无市现象，出现大量的空置房屋，连想放租都没有什么人会租，并可能引起地区性小房企出现资金回收困难，这样对社会经济而言也是一种资源浪费。

在国际股票市场中，房地产开发商不是占比很大的行业，美国的道琼斯指数成分股中连一家纯粹的房地产公司也没有。拥有大量中国房地产上市公司的香港股市，能加入主要股指恒生指数成分股的内地房地产企业目前只有一家。而以房地产的销售总额与净利润总额 5 年较长周期去看，其实每笔销售对应利净润大多连 10%、甚至连 5% 都没有。房地产企业给人高利润的印象，是因为用上了大量的财务杠杆进行借贷，所以公司的股本回报率（ROE）可以在房产市场运行畅顺时能超过 20，在如此大杠杆经营风险下获取这等利润率其实获利能力并不算太高。

中国房地产价格上升中真正的受惠者是广大拥有房产资产的家庭以及地方政府。1998 年中央与地方分税制实行后，地方政府能 100% 获得全部土地出让金收益。这些地方财政收益能帮助支撑当地的公共开支、城市的改造和建设，教育资源如中小学的校园建设及改善，绿化及公园等休闲设施的改善等等，不少支出也是由土地出让金支撑的。只是对一些城市而言，这种发展模式难以永久持续，尤其人口流出较明显的城市，因为不同城市的人口吸引力不相同。

如果空置率偏高，以及房价大幅超过当前居民收入的地市，都难以在长远依靠房地产持续支撑发展。未来中国的城市发展及房价必定是因地制宜，并很受产业发展以及全国人才流动的影响。而且由政府主导的保障性住房亦可能会对地产市场产生更大的影响，房价或租金能否被新一代的收入负担，将会成为影响中国长期人口变化的重要因素。人口下降，住房的需求就必然下降，看看日本的经验就知道了。2019年中国东北的某地级市棚改房二手价低至几百元人民币一平米的新闻刷亮了很多人的眼球。其实同在2019年，日本东京周边远郊区不用10万元人民币也能买到一整栋的房子。在以老人为主的衰落小区，交通配套不完善还要付房产税及花相当一笔钱去维修物业。房子变成了负债而不是资产，人们情愿废弃楼房都不愿取回产权使用，你就明白有些房产到了白菜价也不一定有买入的理由。国际大都市过度透支房价的地区也可能会出现人才流出，因为人才只能为生存而奋斗却无力安家时，他们就会积极考虑到其他有工作机会并有能力安家的城市定居。

利率水平与房地产市场

利率是借贷的成本，房地产价格与利率趋势有一定的负相关性。传统观点上当利率高时对房地产的投资是不利的。实际上我们观察在利率上行周期的初期，利率及房地产的价格可以是同步上升的，只有当无风险利率或长期国债利率接近甚至高于房地产的总预期收益（预期楼价上升及净租金收益率），才开始对房地产形成压抑作用。美国在2004年6月开始加息，联邦基金利率由1%升至2006年6月的5.25%，美国楼市在2007年才正式见顶回落，所以利率改变对楼价往往有滞后的影响，即利率上升一段时间后楼价才出现负面影响。以下表为例：

美国不同利率水平下每月还款与利息支出

楼按利率	1%	2%	3%	4%	5%
每月还款	3769	4239	4742	5278	5846
利息支出	833	1667	2500	3333	4167

看看上表就会知道每月还款、利息支出与利率变化的关系。低利率对物业借款者非常有利，以25年还款期每百万借贷计，1%的利率下每月只用还3769元，而且当中只有833元是利息，用作偿还本金的数额为2936元，可见较高利率下大部分每月还款都用在偿还借贷本金。如果利率上升到5%，每月还款不但上升至5846元，而且利息成本大升至4167元，每月还款的大部分都用作了利息支出，总利息开支会变得非常高，很多以往低息借入高比例楼按贷款者都难

以负担了。所以大家明白为何美国利率在 2006 年见顶后，美国楼市到 2007 年就开始下跌了，因为很多还款能力较弱的次级按揭贷款者，过了一段时间后用光了缓冲的现金便开始无力还款需要卖出房产。

读者可能会问，一些新兴市场国家的楼按借贷利率超过 7% 也不见得对楼市有什么负面影响，为什么美国当年利率到了 5% 多一点楼市就爆了？这是因为在美国楼宇按揭借款若采用长期固定利率，计划利率会较高，在低息环境下很多人会采用利率较低的浮动利率按揭借款，一旦市场利率快速上升很多人的每月还款额就会快速增加，部分人会无力还款。大家要明白利率快速上升令借款人无力支付每月还款才是冲击楼市的真正因素，而不是取决于绝对利率的高低，利率长期高而平稳地区的楼市也可能长期处于价格稳定状态。

如果一些地区的预期楼价上涨幅度较高，即使租金回报低至 2% 的不合理水平，加息仍然不能压抑楼价上升。只有楼价升不动，赚钱效应减弱，人们才会考虑卖出房子。我们留意到 2018 年全球主要国际城市不少楼价都出现了一定的松动与下跌，未来的走势要视美国的利率变化进程，如果美国停止了加息，甚至掉头减息，而美国长期国债的利率也下跌，投资者沽出房地产的压力就会减少。

目前，不少国际城市即使租金回报低于 3%，大量的投资者仍乐此不疲地买入楼宇，最大的原因是买入房子后可以超低利率进行租金回报与银行楼按利率的套利。部分地区在低利率环境下从银行获得融资的长期借贷利率成本只有 1%~2% 左右，如果租金的回报有 3%，只要房产一直能出租，付出了首付后就每年有收益为你供楼甚至还有净收益。如投资者买入一套 600 万元的房产，首付 240 万元并借入了 360 万元的房贷，如果利息成本是 1.5% 还款期为 30 年，每月的还款额约为 12400 元。如果租金扣除税费及管理费等的净收益，每月有 15000 元，不但止每月不用自己供款，还有净现金收入。无论楼价如何变化，30 年楼按还款完成后，这房子就是自己的全款物业，甚至可以房养老。如果手上现金充足还可以提早偿还。这种低利率物业投资杠杆获利就是推升不少国际城市楼价的重要力量。如果利息成本上升至 5%，同一笔借款的供款初期每年的净利息成本就会高达 18 万元，收了租金也不足以偿还每月供款，除非楼价能不断反地心引力上升，否则房地产投资自然就变得不吸引人了。

以上的杠杆买楼的投资方式，虽然在楼价上升时可以借助低利率融资的好处，看似能够轻易地获利。其实此策略有潜在的风险，第一就是前面提过的利率上升风险。当然，如果全球央行持续推行宽松政策，利率急升的风险未必很高，但是别遗漏了考虑经济下行的风险。当经济下滑时，市民的收入下降会压低租金，因为能负担高价租金的人会越来越少，即使供楼的利率下降，仍然有充足现金可以买楼，并且有稳定收入工作以应付供款的人会减少，在需求减弱下，楼市最先会出现很少成交量的市场冻结现象，然后就有一些用了较高杠杆买楼、持货能力较低的业主急于卖楼，楼价就会开始出现松动。当成交开始向下时，银行的楼宇估价也会下降以应对抵押品质素下降的风险。在银行收紧估值及变相减少贷款金额下，买家要付出的首付变相要提高，更少的买家有能力买楼。当楼市的成交减弱时，令原本想换楼卖出自住物业以购入新物业的计划需要取消，潜在买家进一步减少，这就会令楼市进入下行周期，即使仍有租金收入，亦会出现赚息蚀价的状态。

不过影响个别城市楼价的因素非常多，利率变化只是其中一个参考因素，供应面、政策面的因素亦往往是关键因素。购房者不要只关注利率的影响而忽略个别城市的发展及差异因素，比如有较多人口移入的城市，其楼价的稳定性会较其他城市高，而人口净流出的城市空置房屋会不断上升，不易拉升价格。

房价下跌与负资产

负资产是指一个在资产价格下行周期，借贷买入资产的资产价格低于贷款总额，出现资不抵债的情况。在房地产曾经经历大幅下跌的日本和中国香港地区等地，在不同时代曾经出现过大量的负资产个案。不过随房地产价格近年大幅上升，很多人已经不再听说这个名词。当借贷买入资产的个人因为遇上楼价大幅下跌，其持有房产的价格低于总贷款金额，就会变成负资产持有者。比如一项房产以1000万买入，向银行借贷700万。当楼价下跌至650万时，房产的持有者即使卖出楼宇所获金额仍不足以支付楼宇按揭借贷的欠款。如果借款者不幸没有足够的现金流继续供款，银行就会强制收回其房产并可能强制卖出。如果银行卖出价为650万，银行就有可能会继续追讨借贷者50万的借款差额（700万-650万）。不过银行是否真的会继续追讨差额要视不同地方的按揭条款及相关法律。

比如在美国较少会遇上因负资产而引起个人破产的个案，这是因为美国一般的物业按揭条款对购房者较为有利，万一出现楼价大幅下降时，购房者只需把钥匙寄回给银行确定终止按揭就可以终止要继续偿还债务的责任，所以当美国人购房后遇上资不抵债又无力供款时，购房者并无需要为楼价贬值负上全部责任。购房者最大的损失是首期款项以及所有已作出的供款。当然相关房产就会被银行或相关金融机构收回产权。购房者损失了已投入的资金，房子还被收回也是很大的打击，但至少不会陷入长期负债的困境之中。这亦是为何美国不少城市的楼价在 2007-2008 年大幅下跌 40%~50% 后，出现了大量由负资产或无力偿债引致的按揭终止个案，谁为这些不良贷款买单，当然就是借出款项的银行或相关的金融机构了。

大家要明白，购买房地产应该要量力而为，如果需要借贷购房，不要购买超过自己供款能力的房子。除了准备首付及其他杂费外，请尽量保留一定的应急现金以支撑在收入出现短期波动时能持续供款，因为只要你能持续供款，就算楼供下跌，对你的生活并没有重大的负面影响。如果你有居住需要，楼价下跌时你可能后悔：早知道下跌，同一笔钱可以买面积更大的房子——可是没有谁可以事前准确预测楼市的长期变化。但若你借入了难以负担的债务，无力供款，房子就有可能会被银行收回，损失全部自有本金并有可能被追讨差价，即使将来价格有可能回升也不关你的事了，人生中遇上一次这类全损事件就很难再累积资本东山再起了，大家务必要谨慎借贷，量力而为。

房地产相关的税项与法例

全世界对房地产都征大量不同的税。买入房产时很可能会有一笔税金要缴交，通常称为印花费；如果是海外人士购买房产，在一些地方会被征收房价 15% 甚至更高的特别印花税，而且买入时亦要支付交易佣金以及相关的法律及行政开支。出租房产的租金收入在多数国家都会视为入息，当对相关收入进行征税。即使持有房产自住，仍可能被征收一定的行政税费。

而房产税则是更具杀伤力的税种，持有房产者需要每年按评估楼价交税。比如持有日本的房产每年会被征收 1.4% 固定资产税，还有 0.3% 的都市计划税，居住者还必须交管理费以及当地的小区基金，通常为租金的 15%，自住亦要缴纳。日本的房地产自有率低于 50%，与房产税不无关系。不同的国家，出售房产获利时仍会视持有年限收取所得税，通常为 10%~30% 之间。而如果房地产涉及遗产继承时，在一些国家都需要支付遗产税。

有一些地方的房子拥有人只有土地使用权，并没有土地所有权，当物业的使用权到期后，通常需要缴交地税予政府或付出一定成本后令土地使用权获得展期。如果业主无力支付地租，在一些普通法国家的案例中，房子拥有权可能被政府收回，业主会丧失产权。但这非常视当地的行政政策及执行规定。土地相关法律相当于地方性的法律类别，并没有全球通用的准则，因为即使是同一个城市中不同地段及区块，可能也会出现一些是永久业权，一些只有使用权或以可续地租形式批出，这是非常复杂而专业的法律问题。比如一些地区容许逆权侵占，土地的非法占用者只要证明居住该地方符合指定期限，比如30年仍没有被合法拥有者驱离就可申请占有，法例的原意是令产权更清晰，避免一些数百年前的业权后人不会发现了陈年地契而大兴诉讼，令业权归属纠缠不清，另一好处是令失去清晰业权的土地不会被荒废。不过这种法例对身处大陆法系地区的朋友而言是很难想象的。投资海外房产还要涉及汇率及资本限制风险，所以进行海外实体房地产投资时要考虑的因素非常多，并不适合大部分的投资者。

房地产证券化

房地产的证券化有助于把固定不动的地产权益卖给海外的投资者。可是面对如此多而且复杂并随时改变政策的税费，再加上全球住宅的租金回报率非常低迷，往往扣税后的净收益连2.5%也不到，令住宅房地产市场难以进行证券化。

如以基金形式投资住宅项目，最主要的持续收益来源是租金收入。租金收到后需要扣除税费和各种支出才是净收益。即使地产项目升值的，如果基金卖出项目只能获一次性现金流收益，收益就会无以为继。因为当地产价格大升时，卖出项目拿回的资金已难以进行再投资，而且还要面对高额房地产交易费用，往往得不偿失。基金的持有者需要不断忍受极低的年回报，然后不知等到何年何月基金决定解散，卖出所持住宅项目套现，投资者才可以获得真正的现金流收益，所以这是一项并不太受投资者欢迎的投资项目。

有一些房地产开发商囤积不少自建房产作收租，从投资角度看就像是住宅房地产基金，这些收租房往往占用大量财务资源，却只有很低的相应租金回报，市场往往给予极低的估值。因为该等发展商手持的房产一天不直接卖出，对投资者而言并没有真实的收益，只能获每年微不足道的1.5%~2.5%净租金收入股息。除非有并购等特殊事件发生，否则这种公司的股价很难有太大上升动能。

较常见可以进行证券化的是商业的地产项目，比如商场、办公大楼等，因为一般该等商业项目有较佳的现金流收益。这些项目往往会组合成一个商业房地产信托基金，并且在交易所上市。由于房地产信托在分派政策上会把每年收益近90%分派予投资者，股息的回报率往往不错，受到不少投资者的欢迎。香港的领汇房地产基金（港股：823）主要持有商场收租，通过不断改善及美化商场环境增加租金收入。投资者在2005年至2018年长期持有的总收益接近最初投资金额的10倍，如领汇房地产基金2005年上市时只是10港元，多年多收息及股价上升总价值超过 100 港元，是闷声发大财的经典例子。不过上升潜力早已被透支，除非基金出现大量高价卖出资产作一次性分派，否则未来已很难获得超额回报了。

在美国也有很多房地产信托基金（REITs），虽然在牛市时也有一定的上升潜力，但是在经济衰退时，可能有非常大的亏损。持有房地产信托基金在 2008 年的亏损可达 40% 以上，跌幅甚至比当年的股市更大，并不是低风险收息的投资选项。而且海外投资者必须要留意美国会对房地产信托基金的派息征税 10%~30% 不等，令海外投资者买入房地产基金作长期持有的兴趣大减。另外一种较常见的证券化项目是房地产的相关的抵押贷款资产。我们会在后面加以分析这种债务与国际金融危机的关系。

日本的房地产泡沫与爆破

有时候央行会主动加息去刺破楼市泡沫，最经典的案例是日本央行行长三重野康在 20 世纪 90 年代初加速加息主动刺破楼市泡沫的案例。美国与日本、德国、法国等国家在 1985 年签署了《广场协议》，令美元在其后数年有秩序地贬值，企图改善美国长期的国际收支赤字。日本兑美元的汇率在 1985 年时 1 美元可以兑换 250 日元，到了 1989 年日元汇率升值至 1 美元只可兑换 120 日元时，大量游资流入日本，推升了日经平均指数以及日本的房地产市场。由于出口受压，日本的经济增长率下降至 1% 左右，日本央行降低利率，加上金融监管宽松，变相鼓励投机，大量居民加杠杆借钱买房，令居民债务占 GDP 比例由签订《广场协议》时占 GDP 55% 左右升至 1990 年初的 70% 左右。

当时日本的楼价非常之高，东京的地价差不多可以买下整个美国房产市场。为了压制泡沫，日本央行的贴现率从 1988 年 11 月的 3.75% 大幅加至 1990 年 8 月的 6%，如此快速的加息首先令日本股市在两年内暴跌超过 50%。但日本房地产实际上要到了 1992 年日本央行及政府出台限制土地融资的政策，日本土地出让金（地价）才开始出现下跌。从此日本房地产行业的投资活动开始大幅降温，最终引起日本的房地产市场泡沫爆破，日本央行再次减息想缓解急跌的影响已于事无补。预期楼价下跌的影响已经盖过利率变化的影响。当时应该没有太多人想到那一次房地产价格的下跌持续超过 20 年，叠加上人口因素每年以数十万的速度在下降，在需求减少的影响下，全日本房屋空置比率已经超过 10% 的极高水平。除了东京这类特大城市因为仍有人口移入支撑住房需求外，其他区域人口都越来越少了，房价根本没有上升空间。日本许多地方的土地价格在地产泡沫爆破20多年后只剩下高峰期价格的四分之一左右。

房产泡沫与金融危机

引发2008年国际金融危机的源头就是美国的房地产市场出现系统性崩溃。美国的房地产市场因为2000年科网股爆破后美联储大幅减息而受惠，大量低成本的信贷源源不绝地涌入房市，再加上缺乏充足的金融监管，次级按揭滥发，令一些明显没有还款能力的借款的人也轻易获得楼按，并利用金融创新手段把这些债务的风险间接包装成债务担保证券（CDO）转嫁风险给全球的投资者。美国的金融机构把这些债务利用数学原理包装成高评级债券并卖到全世界。金融创新把单一国家的房地产泡沫的影响波及全球金融市场，所以个人投资者及机构投资者必须要小心避免买入被包装的毒债——为了一点零头的额外收益却承担了难以想象的高风险。

在一些地区，房地产按揭的贷款年利息曾经低于1%以下，即只要楼价一年上升1%就已经能获得净收益，如果按揭借贷的比例不算太高，拿房子收租的租金就够补贴利息甚至完全偿还每月楼按还款的本金。更多的投资者意识到杠杆买房是一门近乎稳赚不赔的生意。银行也乐于做这种抵押贷款生意，在《巴塞尔协定》三原则下，楼按占用的风险加权比率稍有提升，但总体而言对银行来说仍是低成本生意。除非一个地方的政府或中央银行有行政手段干预银行对房贷相关生意的投入，否则在利润的诱因下，银行必然会愿意承担更多的风险，直至楼市风险非常明确，坏账率急升，抵押品的估值大幅下降，那时再减少新增贷款已经于事无补了。

由于房地产市场涉及大量的银行信贷参与其中，一旦房价出现明显下跌，银行体系若已吃下了大量的风险资产，并且批出了大量的高比例按揭，在最坏的情况下会变成大量资不抵债的坏账。当大多数银行都出现相似困境，就可能会威胁到整个银行体系及金融市场，出现系统性崩溃。例如美国的次级按揭信贷引发2008年美国金融危机，20世纪80年代日本房地产的暴涨，最终导致了20世纪90年代的泡沫爆破，引起银行体系内大量坏账，导致日本出现迷失的十年。所以看似长期持有稳定赢利的房地产市场，在过度的债务累积推升价格下其实暗藏巨大风险。不是每一个地区的楼市下行周期都会引发系统性金融风险，中国香港地区很早前已经把按揭的比例收紧，千万港元价值的楼宇最低要有50%首付，令银行体系有非常充足的抵押品可以抵御楼市下行周期出现坏账的风险。

第十章 房地产与金融市场

快速上升的房价令有房群体成为人生赢家，自住物业以外拥有投资性房产的更是大赢家，卖出一个大城市房产获利的钱够抵消其他家庭工作几十年的工资收入总和。而未在大升浪之前买楼的家庭就变成了弱势群体，在不断上升的租金压迫下节衣缩食，或房子越搬越小，越搬越偏远。最终有一些人在忍受不住压力下，问身边所有可借钱的人尝试集够首期款买楼，并用接近每月最大现金流可支撑下进行长年期楼宇按揭贷款安排。当这些边缘借款者不断累积，再加上大量较有资本者以大杠杆投机性贷款买入看似只升不跌的房产时，一旦房价长期停滞或下跌，就可能慢慢形成楼市自我下跌周期。如果没有太多的强力政策干预，就可能因为房价下跌产生地区性债务危机，或出现需要长时间节衣缩食去偿还负债的低消费时代。

近年来，房地产投资在全球各地的年化回报率都长年在5%至10%以上，而且几乎没有出现过重大下跌，许多房地产投资者甚至完全否定房地产是有周期性的，10多年20年都没有重大下跌令大多数人都无视任何房地产投资的相关风险。由于人口下降及老龄化在全球各地大城市中日渐普遍，令我们不得不考虑日本大城市的长期下跌经历会否在全球更多的地方上演。即使未来没有出现下跌，但热点城市上升的空间会因为居民借贷的收入杠杆比例已经到上限而令回报率下降。当然，在任何时候，房地产仍是一个地域性分化的市场。即使在快速上升时代，不同城市的走势及价格水平差异仍是巨大。产业变化、人口流动、供应政策、居民收入及负债水平会很大程度影响房产价格变化。所以，对于不同城市房地产市场的理解必须要因地制宜，并没有简单的公式。由于房地产市场变化对全球资本市场有重大影响，即使没有直接参与房地产的金融投资者亦要留心热点房地产市场变化会否引起金融市场在债市及股市等出现相关的波动。

第十一章　资产配置

资产配置是指把可投资的资金在不同投资项目之间进行分配。学习资产配置，利用组合式资产投资是一个很有效率的投资方式，放弃积极型选择投资时机，在获同等市场回报之余，利用投资组合中不同资产拥有不太相关的价格走势把组合的亏损风险减低。对大多数有全职工作的个人投资者而言，每天不停在交易市场追涨杀跌的模式根本不切实际。你有多少的个人时间可以去学习和更新金融市场每天的变化，你上班中又如何不断留心市场变化调整仓位？

没有太多时间可以投入主动交易的投资者，放弃不切实际的一注独赢和一朝暴富的心态，选择对主要资产大类进行组合式投资去获取长期回报并且有效分散投资风险，是一个切实可行的长期投资做法。当然，代价就是没法获得超额回报，而且也没有可能暴富。不过正是这种沉闷无聊、毫不刺激的投资方式是许多资本市场长期投资人的获利之道。当然，若你投资的目的不是为了回报，而只是为了寻求在市场中追涨杀跌的快感，又或者只是想把自己的投机获利经历成为朋友间的谈资，以炫耀自己投资技能的与众不同，学习资产配置的方法对你就没有什么价值了。

由于资产管理的书大多，非常学术而且沉闷，书店往往只在不起眼的位置有少许存货。如果有兴趣深入学习的读者，可以参考耶鲁大学捐赠基金前投资总监文森生撰写的《机构投资的创新之路》和威廉·伯恩斯坦的《投资金律》，对风险评价投资策略有兴趣的读者亦可参考由中投公司团队编写的《探索资管前沿：风险平价量化投资》。我先提醒读者，所有书上的策略因为已经公开，学习后亦难以令你获得超额回报或打败大市。学习资产管理的重点是在尽量控制同等风险下争取较佳回报，不过也要承担风险才能有回报，并不能稳赚不赔。而且由于风险分散并不能助你快速致富，而是一种在长期较为稳妥地去累积财富的投资方式。你就明白为什么市场上这些资产管理类的书都难以大卖，因为资产管理对本金较少的个人投资者而言往往并无吸引力。只是当你的资本或退休金累积到一定程度后，认识资产配置就会变得越来越重要，你总不想辛苦累积的财富在下一次金融大波动中大幅蒸发吧！

在本书前言的"危与机"部分提及过资产配置是分散投资风险的重要手段。其实进行资产配置投资只需要选择有基础价值的投资项目，并找到适合自己风险及流动性需要的投资组合工具，承担一定的投资风险，然后把回报的多少交给市场决定就可以。除非你家财万贯，对能力和运气都一般的大众投资者，要消耗大量的时间来不断选择交易时机，以增加一点潜在的超额回报往往得不偿失。在进行资产配置之前，我们要先问自己几个重要的问题：

投资组合的目标是什么

许多人投资没有目标。赚钱没有人嫌多，当然是越多越好，问题是获得更多回报是躲不开承担更大风险的。如果你的投资目标纯粹是打败通胀，只要当时的货币类投资的回报高于通胀率，你只做点近乎无风险的货币类投资就行了。当然不是买一些权益类或项目开发类的理财产品，长期债券或合成债务等也不算是货币类，而是债券类投资，一年内到期的银行定期，国债或货币基金投资才算是货币类投资。

如果你完全不介意风险，你可以配置更多的股票类，甚至是增长型股票类为主。因为长期而言，这类资产的增长最快，可是短期回撤风险也是最高。

投资的时间可以多长

如果你的资金有短期变现的流动性需要，比如你打算短期内卖出金融资产去买房，或准备子女留学费用、结婚嫁娶等开支，就应该减少甚至完全不进行任何风险投资，尤其股票类投资。因为股票类资产的波动周期有时超过十年以上，在高利率时代或股市过度透支的时代，高位买入的股票10年后也未必能拿回本金。如果你有短期资金需要可能要面对重大的本金亏损，而且没有了等待市场转好的可能。比如你在20世纪70年代投资美股标普或2000买入美国的纳斯达克指数，短期内变现的需求较低，能持续进行投资的时间越长，投资风险资产的比例就可以相应提高。

最大的风险承受水平有多大

你能够接受投资组合出现多大的亏损？如果潜在亏损风险太高，你可能睡不着或感到相当困扰或痛苦，你就应该降低资产组合内的股票比例。由于长债的价格波动比率也不少，可以考虑加大短期国债及货币类的投资。在美股的熊市之中，大约可以自高位下跌50%，而个别指数如纳斯达克指数更可下跌70%以上。中国A股波幅更大，而且波动时间更短，牛市1~2年的涨幅就等于美国花了10年才完成的行情，然后熊市1年就把别人3年大熊市的跌幅都跌够了，非常刺激。如果你没有足够的风险承受力，可以考虑以10%~30%之间的资金参与，或者完全不参与。但是风险和回报是一个银币的两面，当中国股市大牛出现时看似遍地都是获利的机会，只是你是否能够把利润落袋平安，还是转头就亏回去了。

资产配置的理论演变

进行置产配置就好像要为自己设计一条名为资本号的商业战船，能抵受风浪在交易市场中获得回报。一艘战船的船舱中如果有很多独立的隔层设计，即使遇上恶劣天气碰到冰山等风险事件也不易沉没。因为独立隔层多不会发生船舱同时进水的情况，即使遇上风险事件时出现部分受损，只要其他的隔层仍然安然无恙就不会沉没。这些隔层就是比喻现代投资理论中，把资产分散买入不同价格相关度较低的投资项目，进行风险分散的组合式投资配置。如果投资组合中有低波动相关性的不同国家的股票组合，比如不同品种的债券，商品外汇，甚至衍生工具，这种投资组合很少会出现同步下跌，这样配置便能比较经得起金融市场的风浪考验。

投资组合中加入大量风险隔层的代价就是潜在最大获利会比较低。在没有重大风险的日子，你会眼睁睁看着身边只装有单一资产类别的其他商船在你身边绝尘而去，尤其是那些杠杆特快船，其收益率羡煞旁人，当遇上风高浪急，危机四伏的日子，那些往昔威风八面的商船不少却会翻船沉没。你的船虽然也受影响但较易能挺过去。挨过大风大浪的日子，新的一批快速战船又会出现，只是今天的船长都是新面孔，因为旧的一批船长大多挨不过大风浪而丧生了。采用了风险分散组合的商船虽然收获不够高，但却能在资本市场长久生存。而新面孔的金融交易者再次表现出对风险的无畏无惧，驰骋金融市场，继续羡煞旁人直至下一次的风暴出现。这就是资本市场不变的循环。

当然大家也许又会想，如果天气好的时候改用特快船，天气差的时候才用稳定船，收益就会更高。这当然是对的，如果慢牛长升，天气长期晴朗的持续时间很长，采用承担更高风险更快速的商船能获利更高，采用风险分散的组合未必是一个好的选择，因为明显地会比高比例股票配置的回报低得多。如果你在牛市初期用上全股票组合，在周期的尾部才改用风险分散组合，总回报当然会大幅增加。

最大的问题是你是否可以事前预测金融市场的天气变化，可能你会说以经济周期或利率周期，孳息曲线等去判断，似乎有时是对的，比如2008年金融危机后，很明显的是股票估值在货币政策刺激下会出现明显的修复性行情。问题是当时你又怎知道这个牛市竟然可以持续十年？你可能吃了 2009 年至 2010 年两年的行情后就不敢再投资股票了，虽然成功避开了 2011 年欧债危机的波动，却很可能会错过了往后几年更大幅度的升波。我们能较易做到的是在估值上升得比较狂热时自行降低股票比例，代价就是降低在市场狂热阶段的潜在回报空间。

但如果你真的长期持续地待在金融交易市场里，你会发现认真预测就输了。根本没有一个永恒有效的方式能预测波动的发生，用什么数据去分析只能找到一些时而有效时而失灵的关系。所以全世界累积回报最厉害的投资者股神巴菲特，是以集中式持股股票组合，获得交易史上最高长期累积收益。他情愿在 2008 年危机时仍然继续持股忍受 30%~40% 的本金损失，也没有择机买入卖出，只是坐等风暴的过去。这种操作方式对许多中国散户投资者而言简直匪夷所思，大家会不理解股神为什么不去尝试卖在最高点，买在最低点。因为巴菲特知道自己无法预知股市，他用了数十年的时间一直参与在资本市场当中，仍然确定地说自己无法预测股市。因为即使你预测到方向，也不太能预测到波动的强度，也不太可能估计到准确的爆发时间，而你身边的朋友甲、同事乙或某大师却可以轻言预测市场在什么时间能到什么点数，究竟是哪一个更可信，我只能告诉你随着投资的经验增长，你就会更清晰什么是真正的答案。

2007 年美股上到当时的最高位，其实用估值去看如 CAPE P/E 等并不昂贵，甚至可以说价格合理。可是你有没有预计到在按揭贷款市场引起的信贷市场波动足以推翻了股票投资的商船？股市下跌的元凶不出在股市被热炒至估值过高，而是由其他金融市场的环节引起。你相信自己的股市雷达能预计到天气变化，应该万无一失，却没想到波浪直接由海底传上来，令你措手不及。金融海啸出现的 2008 年，美股的道琼斯指数在 5 月份之前其实仍非常坚挺，而且由于能源股大幅上升抵消了其他板块的下跌，跟 2017 年并没有出现明显下跌，你怎么能事前估计到往后的几个月形势急剧恶化？就算你估计到，你又怎样再估计到 2009 年初开始美股掉头大升，而且大牛市一升就是 10 年？你就不要以为自己有什么先知的能力了。商品大王罗杰斯在 2018 年下半年时估计美股会大跌，他完全预计中了剧本的前半部，却预计不了后半部。还有很多著名投资者都不断作出各种预测，只是从来没有人能预测出完整剧本。只有巴菲特始终不作预测，不是他不想告诉你，而是他真的不知道。如果我们什么都知道，2007 年"大吃"行情后逃顶，2015 年"暴吃"行情后又再次逃顶，在 2018 年末重仓，就能再吃掉 2019 年初的大升浪。

习惯逃顶的人往往很长时间都不敢再参与市场，2007 年逃了出来，2015 年就不敢再参与，就算你再次逃得出来，2017年的中等升浪，2018年的估值修复行情也绝无你的身影。有一些投资者认为不到建国底（上证指数低于1949点）不敢入市，几本上就不用再入市了，因为投资者留意的是指数的绝对数值，而忽略了每股盈利及指数的成分股构成已经改变。证券分析教父级人士格雷厄姆认为道琼斯指数升过100点就是十分昂贵，他于20世纪50年代中开始就不敢投资美股了。他的学生巴菲特却有不同的观点，持续参与市场并见证道琼斯指数升穿20000点。试问就算你有聪明才智，又怎么可能样样事情都能事前知道？想在金融市场中长久生存，不要道听途说并相信有什么神功秘籍。

年化收益率是很波动的指标，有些基金经理某些年份非常好，拉升了年化回报，之后就乏善可陈了。如果长期投资亦要参考长期累积回报，全世界长期累积回报最厉害的投资人巴菲特，就是以精选个股集中持仓累积了大量回报。但是前提是他生于美国，并且从20世纪50年代开始交易，否则在目前全球股市都相当高估值的情况下，他的投资回报能再滚出大雪球的机会就会变得很小。如果巴菲特身在日本或中国，采用全仓式股票投资，估计就不可能拥有现在的成就了。所以读者朋友不要盲目崇拜某一投资者，必须结给他身处的金融环境及时代背景思考。如果你采用美股投资思维用在中国A股或日股，估计一定水土不服。

因为我们无法有效预测市场，我们根据历史的观测长期来说，盈利水平在上升中的股票投资回报最高。但是短期如1至5年间的投资回报并不确定，如果买入了价格极度透支的指数如2000年时投资了纳斯达克指数基金，持有9年仍是严重亏损。要10多年才能回本获利。如果不是遇上许多创新公司的盈利爆发并遇上货币超发，纳斯达克指数的投资者不知还要多久才能苦尽甘来。如果你把A股的创业板视为美国的纳斯达克指数进行长期投资，只好祝君好运了，比如1989年日股的投资者30年后仍未回到当时的指数高位。人生有多少个10年甚至30年可以这样浪费就不知道了。所以纯股票的投资组合风险偏高，而且不适合短期有资金流动性需要的投资者，更稳健的做法是进行多资产组合式投资。当然我并无意指组合式投资是最好的，而只是稳定性较高，也并不代表不会遇上亏损。金融交易市场总是"萝卜白菜各有所爱"，我只想较客观地告诉你各种方法的利弊，等投资者自行判断什么样的投资最适合自己。

现代投资理论

马克维茨于1952年发表的"效率前缘概念"开创了近代投资组合的理论基

础。不过由于初版理论过于粗疏,在许多其他学者的研究改良下。,渐渐发展出各种更复杂的资产定价模型。比如资本资产定价模型(在考虑无风险利率后,把每一风险承担水平下的最佳报酬组合连接,形成了资本市场线,在线的每一组合都代表市场上相同风险承担下最佳的风险与报酬水平)及后再发展的现代投资组合理论,其核心的精神就是单项投资的占总资金比重决定投资风险的大小。即使组合内有较高风险的投资项目,比如新兴市场股票,如果投资比例设定在10%,即使新兴市场下跌了20%,对投资组合的直接影响只是-2%,总仓位的风险损失是有限的。如果想在承担同等风险下获得更佳回报,可以把不同价格走势相关性较低的资产放进投资组合内,因为一个资产下跌时,另一资产可能同时上升,抵消投资组合的下跌幅度。进行资产组合分散投资就可以承担近似的风险水平时增加投资的回报。由于解释市场的有效性及现代投资理论非常沉闷,有兴趣的读者可以参考本书的附录部分作更详细的理解。

本来现代投资理论一直深深影响资产管理行业的投资策略,可是2008年爆发了全球金融危机改写了我们对现代投资组合理论有效性的认知。2008年时,由于全球金融体系出现严重的流动性紧缩,高风险资产受到恐慌式抛售。发达国家股票、新兴市场股票、新兴市场债、高收益债都同时出现暴跌,甚至一般视为避险资产的高评级企业债也受到波及。只有作为传统避险资产的长期美国国债及黄金投资能逆市上升。这种短时间强大的金融冲击导致许多以往走势相关度不高的资产种类间之相关系数突然间同步升高,令现代投资组合理论原本预期持有不同种类资产的风险分散效果消失,反而出现了同步下跌的风险。原以为投资组合能避险的投资者也面临严重损失。

2015年中国汇改时,亦引发了全球股债同步下跌。2018年美联储加息时也产生了美国股票、新兴股市、企业债、垃圾债、石油商品市场等各类资产全面下跌。只有黄金及美元定期等少数资产在2018年底出现正收益。这一系列事件改写了我们对投资组合理论的认知,好像以往认为有益的策略会在某些市场环境转变时突然变成有害策略,令投资人无所适从。

其实,资产之间的正负相关性并没有如教科书所描写的那样简单,这些相关性其实是动态并能随时逆转的,这令许多以往信赖现代组合理论的投资者感觉自己就在驾驶一辆平日运作畅顺、但偶然会失常的汽车。现代投资组合仍是投资界一个重要的资产组合配置概念。但我们必须要认识到投资组合理论现在已经变成了百花齐放。当然,我们仍没有找到最佳的策略,因为每一个新的策略都有不同的缺点,但不执着传统已过时的知识,对新一代的投资者而言非常重要。

风险平价资产配置

由于现代资产管理组合在2008年的差劣表现，令风险平价学说在金融危机后乘势而起，得到很大的重视和发展。风险平价概念指出，传统股债混合的投资股组合，多以60%股票与40%债券建立组合，试图达至风险分散的效果。实际上，组合中近90%的波动都是由股票投资引起，如果我们纯粹按市值权重投资组合，股票的实际风险占比就会过高，影响到投资组合的表现。解决方法之一是借贷去买入更多的债券，令其风险占比与股票成更合理的比例，比如把债券投资金额由组合的40%，利用借贷提升至120%，股票投资维持60%。这样就会得到更准确的60%股票及40%债券的风险平价投资组合。如果不考虑手续费及融资成本，测试的回报会比传统按市值权重投资组合更佳。

但实际上，执行风险平价投资需要借贷买入债券提升投资组合风险水平以提升回报率。如果投资执行定期的再平衡策略，每次资产重新调整，我们必须要考虑交易成本以及借贷融资的成本。如果市场的融资成本上升较快，风险平价的投资回报就会大幅被借贷所吞食。而且当市场利率上升时，债券价格往往会出现较大幅度下跌，会拖累投资回报的表现下跌，令风险平价的组合回报低于传统的60%股票及40%债券的简单组合。

风险平价组合的投资回报其实高度依赖股票及债券投资能维持负相关性，如果这种相关性突然改变，比如2015年或2018年都出现过的股债突然变为正相关的情况，投资组合就很难避免亏损。而且债券市场最好维持较稳定的状态，如果在金融市场的违约风险急剧上升时，债券投资出现杠杆亏损，有可能把整个投资组合压垮，出现巨额亏损。而且风险平价组合必须要配合低融资成本的环境，否则借贷投资成本太高就会压低总投资回报。

板块切换资产配置

如果同样是60%股票和40%债券的组合，投资者可以把投资的项目进行更细致的分类去捕捉由周期带来的板块超额回报。由于经济周期的不同过程不是所有行业都能同时受惠，分析大量数据及行业周期走势有助投资者寻找经济周期运行中的下一个热点板块以获得超额利润。听上去高大上，其实不过是A股基金早就应用已久的方法，利用经济周期及政策变化去估计下一个热点板块。举一简单例子：如果经济放缓时，你会预计政府会增加基建投资，预先买入基建类板块，又或者投资者预计货币政策会放松，对楼市有利好作用预先买入房地产板块等待升值的机会。

另外一种板块切换手段就是不断换入强势股板块，换出较弱势的板块，或纯粹跟踪股价已经出现突破上升的热点板块，不断在股市市场的板块间切换去追涨杀跌。这种板块切换投资的核心理念是价格自有其趋势，强者恒强，弱者恒弱，但这种策略必须要在市场趋势明显的市况中应用，如果在波动市胡乱切换，不只要付高昂的手续费，而且更可能不断犯错——买了就跌，卖出就升，因为市场若在进行区间波动，没有明显突破之时，弱股往往会见底就反弹，强股升至某价位便见顶回落，价格趋势无法持续，令投资策略无法发挥效果。

风险因子为本资产配置

风险因子为本资产配置是一种以识别投资风险来源进行分散投资的组合。传统上的资产分散并不代表风险分散，比如美国的利率快速上升时，会同时引起股票市场及债券市场同步下跌。

投资人应该把风险因素出现的成因分类，并对风险因素进行拆解，减少因为单一风险因素出现组合回报大幅波动的风险。

(1) 常见的风险可以分类为：市场风险（BETA）——任何资产大类都有其市场风险。除了短期国债一类的无风险资产假设并没有市场风险。投资于股票市场无可避免受到证券市场波动风险（Equity Market Risk）影响。债券投资，商品投资都有其相关的市场风险。单向动能风险——市场有可能单向波动上升或单向下跌的波动风险，而且单向趋势往往会自我加强，令市场出现交易异常状况，市场中主要只有单边的买家或卖家。单向波动会大幅增加市场出现崩盘的风险。主要出现在股市、商品、房地产市场等。外汇风险——外汇市场波动对资产价格的影响，股票、债券、商品等都会受其影响。利率风险——利率快速上升令资产价格受负面影响的风险，主要影响债市。信贷风险——市场认为债券整体的违约风险上升，令债券的孳息率与国债的收益率差价拉大，令企业债的价格形成较大的下跌压力，主要影响债市。交易对手风险——跟投资者订立合约的交易对手无法履行合约。比如卖出信贷违约掉期（CDS）的交易对手无法赔偿足够的费用，场外保证金交易的对手出现破产，而无法履行合约。

不同的资产可能都会受同一个风险因子影响，这会帮助投资者在建立投资组合时考虑单一风险因素出现时是否对投资组合带来系统性打击。可是现实上，我们去单纯分析出不同的投资风险因子非常困难，所以要实现风险因子为本的投资组合比较困难。

(2) 对冲与资产组织者。如果投资者愿意放弃一定的潜在获利可能，就可以利用期货及衍生工具作为风险控制工具，去控制一段时间内投资组合最大的损失风险。举一个例子，正常来说，美国股市的年波幅是 15%，如果你已经持有一定的股票资产，愿意放弃股市一年内超过 15% 回报的潜在涨幅，卖出远期价外认购期权，就可以获得的期权金买入相应的远期价外认沽期权作最大损失控制，投资组合内的股票投资的年度最大损失就可以控制在 15% 之内。

投资者可能想，只买入股票价格下跌保险的认沽期权不是更简单吗？如果控制最大损失为 15% 的保费为投资额的 5%，而牛市运行 10 年周期，你每年浪费了 5% 的成本，要交 10 年，想想就知道长期累积会对投资组合的回报构成非常大的负面影响。所以通常在市场运行周期的尾部才开始考虑建立防御是比较可取之法，投资者想对投资组合降低风险也是要以付出相应的潜在回报为代价的。

简单的资产配置方式

金融资产的大类有股票、债券、商品、外汇等几大种类，而且每一种类下可以再细分为不同的副分类。在最简化的投资组合之中，投资者可以只考虑股票及债券/货币类投资的配置。以下的例子中我们会简化投资组合为只有债券及股票。很多个人投资者的主要投资为房地产，我们这里是指用于房地产投资以外可作金融投资的自有现金。投资者必须考虑其资金会否受房地产价格变化而需要从金融投资中撤出资金。如果有这种流动性需求，则要考虑降低风险资产如股票的比例，因为股市跟楼市有一定的正相关性，金融市场动荡时，股楼皆跌。如果房地产已进行大额借贷，投资组合中又以高比例的风险投资为主，总体风险就会很高。

进行较复杂的投资组合设计时，有时会考虑加入如黄金等商品以及外汇相关投资其中，而且会进行因市场环境改变的动态配置。对一般个人投资者而言，动态地不断进行资产配置非常困难，这是大型对冲基金的工作。但即使强如对冲基金行业的龙头，也会出现在 2017 年的大牛市中拿不到什么正回报的状况。对一般投资人而言，只需进行积极型资产配置并想获得超额收益，所以我们会首先讨论操作更简单的被动型资产配置。

订立投资比例，定期定额投资

按投资者自行设定的投资组合比例每月买入并持有，是很常见的简单建立退休金储蓄的方法。最简单的是以 60% 股票配对 40% 债券的组合（图 11-1），或者保守一点，以 50% 股票配合 50% 债券作每月的定额供款投资。目的是赚取长期股债混合型投资的回报，适合手中自有资金不多，以每月薪金收入作定额供款（每月收入的 5%~20%）进行长期投资的工薪族，目标是退休时获得一笔比较可观的资金作退休开支长期使用，不用理会周期变化。如果投资更保守，可考虑加大债券至 60%，把股票投资降至 40% 甚至更低以减低资产波动率。

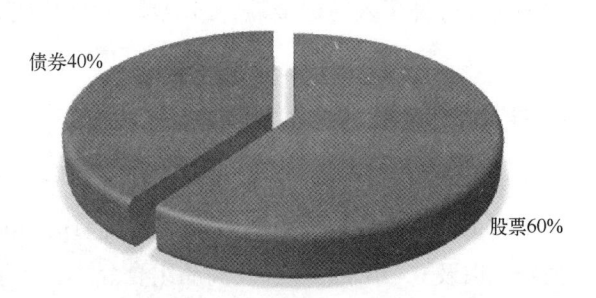

图 11-1　60% 股票/40% 债券组合

风险投资比例跟年龄递减

风险投资比例跟年龄递减也是一种简单的投资配置，以 100 减实际年龄作股市配置比例。比如你今年 25 岁，投资比例为 25% 债券及 75% 股票。如果你今年 40 岁，投资比例为 40% 债券及 60% 股票。投资组合每年调整的过程会把组合中的波动性风险减少。在进行风险递减时，投资者可以把每年新的供款进行比例调整，而以往的投资可以保持比例不变。

如果一个股票市场在长期上升趋势之中，这样的投资组合会令在以往股票价格较低时买入的投资获得成长，并减少长期持续投资的风险敞口。在退休前几年可以开始考虑是否对投资组合进行较大的调整，渐渐降低已投资的资金中股票组合的比例。

一笔过资金按比例分时建立投资组合

如果投资者本身的本金总额较大，不适合长年期每月长时间购入，可以考虑在设定投资项目的组合构成比例后，如 50% 股票及 50% 债券，在一段时间内每个交易日累积建仓，这样可以避免在单个交易日以较高的价位买进。比如想分散资金在 3 个月内完成建仓，每一交易日内每天按指定金额买入资产。当然，代价就是如果股市在快速上升上，组合的买入价就会越来越高，这必须视投资者对后市的判断。如果市场只在上下震荡而非单边上升，分时建仓也是一个可取的方法。如沪深股通的投资A股的资金往往呈现单日线性流入的状态，就是分时建仓的例子，只是外资建仓的资金每日有调整，而买单是在日内分时买入，比如每5分钟买入一定金额，避免单一大单影响价格大幅波动，直至建仓完成。

全球资产配置

把投资的资本被动地分配到全球不同主要资产之中去减低单一资产波动。一个简单的全球配置可以有30%~50%的环球市场股票，30%~50%的环球市场债券，以及0~20%的黄金及商品组合。

比如一个简单的全球投资组合(图11-2)：

40%资金：全球发达国家股票；

10%资金：新兴市场股票；

20%资金：中短期发达国家国债及企业债；

10%资金：20年以上发达国家长期国债；

10%资金：新兴市场国家债券；

10%资金：黄金及商品。

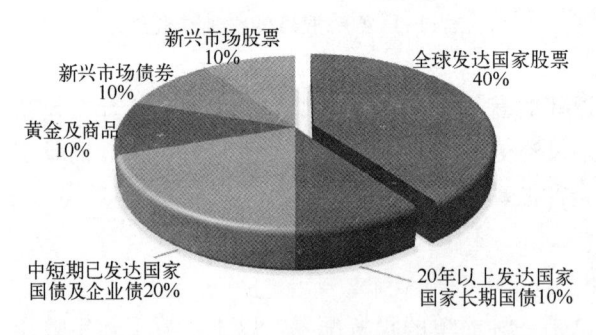

图 11-2 全球资产配置

这种投资组合的设计是以美元资产为主进行配置。如果你的地区的货币不是美元，可能要考虑外汇对冲因素。而考虑到中国的人民币国债基金表现往往还不如货币基金或货币形理财产品，在货币利率还未出现大幅减息的情况下，中国的投资者可考虑把组合中的中短期国债转成货币基金。

投资组合再平衡策略

投资者首先考虑把资产分散到指定比例的组合中如60%股票及40%债券，开始建立了投资仓位后，由于股票及债券的价格会波动，影响到实际投资组合比例改变，投资者可以采用投资组合再平衡策略，每半年或一年检讨组合中的投资部分比重是否需要用再平衡策略调整。比如股市牛市中，股票的组合比例可能由 60% 升至 65%，投资者可以卖出部分股票 (5%)，加大投资到债券之中，再次把股票投资组合重组为 60%。当股市大跌，投资组合中的债券可能超过股市，这时就可以卖出债券份额，买回更多股票份额，实现再平衡。当股市再次上升时，投资的收益因为上次股票市场低位时实施再平衡时买入了较多的股票份额而受惠其中。

相机裁决的主动型资产配置

相机裁决的主动型投资者会动态地根据当时的金融环境及市场情况进行资产配置，应因投资者对不同金融资产周期变化的理解，对不同类型的资产进行主动型配置。比如当经济衰退及金融风险上升时，部署更多的防御性资产如货币类投资、长期国债、贵金属等，因为当市场陷入恐惧，而金融环境开始宽松时，增加股票类资产配置以及高收益债券等风险资产可以捕捉市场转向的收益。更进取的资产管理者会加入做空，期货及衍生工具作风险管理并试图在同等风险承受范围内增加收益。不过掌握周期变化其实非常困难。

主动型资产配置中，美林时钟曾经是著名的周期资产组合配置参考。这是在 2000 年代初美林证券分析了过去几十年的不同资产的历史收益与波动率而提出的周期性资产配置的理念。其主要理念是，股票是主要资产类别中长期回报最高者，债券其次，货币类投资只能稍高于通胀，商品投资有时能有超额收益。经济衰退时，加配债券及现金，减少股票投资，而经济复苏时，加大股票投资比重，当经济过热，增加商品投资及股票比重。当经济出现高通胀率、低经济增长的滞胀时，加配商品，尤其石油类能源商品往往有不错收益。大约在 2008 年前，这套模式有相当的参考性。

可是近年这套模式已经开始失灵，而且除了应用在美国市场效果较佳，在中国及日本等国的效用不明显。在 2009 年开始的超低利率环境，以及页岩油的出现大幅改变了现今的投资环境。商品的价格上升周期更短，上升力度更低，美国也由石油净进口国变成了净出口国，彻底改变了世界的能源格局。更多的可再生能源及电动车的普及，以及更严谨的环保法令，也会在长远降低石油的总需求。除非有重大的事件如地缘冲突出现，导致短期石油供应急剧下降，正常情况下，大宗商品中的石油已经难成大器。货币类的收益更是惨不忍睹，连通胀都抵消不了。债券类投资的周期性更强，已经不是纯粹的用时间赚收益，而必须要积极配合利率（判断市场利率风险）及经济周期（判断违约风险）才配置。因为当利率市场由零开始上升，中长期的债券因为债价下跌，投资收益可以连续多年出现负数。而当违约风险上升时，又会令高收益债的投资者损失。市场中很难简单应用以往大获成功的方法。

主动型资产配置虽然有可能获得较高的潜在回报，但也很可能会错过很多机会，亦有可能引起更大的风险。投资者很难确保自己的周期配置是否适合当前环境。这个方法并不适合只想简单投资的投资人，而且也不能保证有超额回报。如果你仍想尝试根据自己的眼光进行投资组合配置，我们可以先设定一个标准的60%股票，40%债券的简单投资组合。然后一步步考虑不同细分的股票种类，比如成长型股票的比例，考虑一引起增加或减少相关资产配置的因素，然后根据自己的投资风险偏好作出调节。以下提出的考虑因素只是根据参考了资产历史的变化，并无法确保能正确预测将来，投资者一定要谨慎地根据自己的判断作出投资组合决定。

股票投资配置的考虑因素

(1)何时考虑增加股票配置：①预期市场见底，或估值非常低迷；②经济畅旺，通胀上升。利率在市场预期下缓步上升。

(2)何时考虑减少股票配置：①经济见顶过热，市场已经完全透支未来数十年的利润增长；②交易市场出现重大警示如孳息倒挂现象后，市场开始动摇；③利率比市场预计上升快；④市场融资杠杆比例过高，引起急速去杠杆风险。

(3)股票投资的不同类型：①成长型——经济扩张周期表现较好；②价值型——防御性较强，经济收缩时，下跌幅度可能较低；③创业型——这种没有盈利支撑的股份在扩张周期资金泛滥时表现最好，平日往往毫无起色，乏人问津。寒冬时得不到融资可能就挂了。

(4)按市值及流动性分类：①大型股——买卖盘多，流动性充足，需要大资金才能推动，没有明显个别机构投资者能长期影响价格，价格表现相对较稳定；②中型股——买卖盘较少，因为较少的资金已能推动，上升时往往充满动力，可能存在个别机构大户在一段时间内对价格构成重大影响，价格表现较波动；③小型股——买卖盘稀少，缺乏机构性投资者。股价往往要等风起时才看能否飞一次，少量买卖盘已能影响价格，有时甚至一天没有成交。

经济周期开始复苏时加配大型增长型股，在中段时可以考虑加配中型股到组合之中，捕捉股票上升周期尾部的升浪，尽量避免以大比例的仓位参与小盘股，只可以考虑是否做少量投机性配置。近年来由于资本市场中的个人投资者不断减少，像美股及港股中的小盘股即使在大市破顶时仍有很多没有跟随大市上升。A股在2007年及2015年的上升中，小盘股上升最猛，但下跌也最深，投资者必须留意在中国A股更大比例加入国际指数后，大盘及中型股会受惠资本净流入。而小型股却未必直接得益，在股票价格会沿最小阻力的方向前进的思维下，大盘及中盘股的上升阻力会降低，小盘股很受资金及投资气氛带动，要等下一次大风起时才看看能否再起动，在经济周期尾升时，考虑减少股票总仓位配置，并加强大型价值型股票配置，减持中小型股及成长风格的个股。当然，实际上我们无法事前预测是否见顶，或何处才是周期尾部，所以主要动资产配置是以可能犯错为代价去获得比较佳的回报可能，并不适合想简单轻松投资的投资者。

债券投资配置考虑

债券是投资组合中非常重要的稳定器，因为债券市场在多数时间下的波动性较股票小，但投资者也不能对债券类投资掉以轻心。因为近年在货币政策的扭曲下，债券的回报率低而且债价高昂，一旦市场利率快速逆转就会在债市造成重大波动，并引起相当程度的亏损。只有高级别的短期企业债及国债才算得上是低风险投资，可是回报往往非常低，在央行推行量化宽松的年代，有时连1%的回报都没有，只是聊胜于无。

利率上升风险时

宜直接买入短期(1年内到期为佳)高评级债券或国债。进取的投资者可以选择宜做空长期国债，高收益债券。长期国债对利息非常敏感，一旦持续加息，债价便会大幅下跌。高收益债的吸引力是利息比优质的债券高，一旦国债类利息上升，高收益债价格必须下跌以维持投资的吸引力，而且息差往往会扩大，即高收益债的价格要下跌更大幅度，才能吸引投资者买入。投资者要留心如果美国的利率上升引起新兴市场货币出现贬值，新兴市场债的本币债券基金价格也会大幅下挫，用美元为结算货币的新兴市场主权债务违约风险也会上升，债价也会同样大幅下跌，投资者必须多加留意。

违约风险上升时

宜增加配置买入国债/主权债类别。国债是最高级别的债券，违约风险最低。我们宜一般假设有货币发行权的主权国家本币国债并没有违约风险。2011

投资的机会在哪里

年欧债危机的出现是因为没有货币发行权的国家发行了大量的债务而出现违约，令债券投资者蒙受重大损失。一些较小的新兴市场国可能过度依赖少数资源出口作主要收入来源，当资源价格大跌，或者出现天灾，突然出现权力改变等因素都可能令国家陷入危机，有可能会主动违约，宣布不再偿还以往的债务，令购入债券的投资者蒙受重大损失。

投资者要避开低评级的企业债，即垃圾债或称为高收益债以及可转债。因为公司就算最终没有违约，债券价格会出现大幅下跌，持有债券的投资者在风暴发生时，看到债价下跌遍地黄金的机会，却苦被套牢，难以有资金把握机会了。

金融市场混乱时

宜加配长期国债类投资，降低配置中所有类别的企业债及新兴市场债券。在兵荒马乱的时期，只有本币主权债才是安全的避风港，即使以往货币基金所持有短期高级别企业债也会出现明显的债价下跌，因为没有人能确定大企业是否真的是大而不倒。高收益债的市场更是风声鹤唳，倒闭的谣言四起，债价随时出现暴跌。而为了挽救市场信心，央行必定会采用积极的货币政策。长期国债的利率很可能进一步下降，令长债的价格出现较明显的上升。可转债的价格亦因为股市大跌，因为投资者在市场中买入可转债的主要动机是为了潜在股票转换的价值，当股票大幅下跌，转股并没有什么收益可能，同时违约风险又会上升，可转债的价格可能会出现大幅下跌。

货币类投资配置考虑

在正常市场运行周期下，持有货币类的投资回报通常非常之少。而且在量化宽松年代，货币类投资的回报率往往低于通胀率。即持有者的实际购买力不断被通胀蚕食。所以长期持有高比例货币类的防御性投资会大幅降低投资组合的总回报。银行定期类货币投资只有利率快速上升周期出现股债双杀时才是避险之王，这种情况出现时间一段不超过1至2年，因为资产价格的下跌很快会引起央行的货币政策改变，当市场再次逆转时，再持有现金就不是好的选择了。

货币基金如以短债为主要投资，仍有可能因为违约风险上升时因为基金价格下跌而损失。如果货币基金是以银行同业拆借为主，则风险较低，但仍要留心交易对手的风险。因为银行间的同业贷款若出现银行倒闭事件也不一定能收回本金。而银行的储蓄通常都有存款保障计划，存款非常有保障，总体风险较少。

商品类投资配置考虑

石油类商品的价格已经跟经济周期没有太多明显的关系，2014年的油价大暴跌是供应增加为主因，与全球经济增长并没有明显关系。而2017-2018年间的升浪也是由于主要产油国限产以及中东产油地区地缘政治冲突担忧引起的，与全球的经济活动也没有明显相关性。但是，一旦全球贸易冲突上升，或全球经济放缓时，石油的需求就会明显下降，除非产油国有非常大幅度的减产去维持油价稳定。投资者应考虑是否减少配置资源及商品类投资，因为商品价格很少是逆经济周期上升的，尤其是在产油国没有发生重大地缘政治风险的情况下。读者必须留意全球的能源格局已经出现了不可逆转的改变，石油输出国已经没有能力长期控制油价。因为一旦减少供应，短期可以提振油价，但没过多久，更便宜的美国页岩油市场的份额就会上升，并替代原有石油出口国的市场份额。非石油输出国成员的能源出口国俄罗斯亦意识到这种长期的格局变化，它们并不想大幅减产把石油的市场份额拱手让人，所以投资者对商品投资的回报潜力应有更清楚的认知，看过往的石油动辄升过100美元一桶的技术分析图对你并没有太大的参考价值，而只是一种认知陷阱，因为若非短时有突然因素变化，石油类商品投资已不可能回到往昔的辉煌。

黄金投资在金融波动时期可以考虑配置在投资组合中，尤其美国一旦出现更激进的货币政策及财政政策，可能一次性毁掉全球对美元购买力的信心。在更强势的国际结算货币取代美元地位前，黄金作为传统硬通货的价值可能会再次显现，危机中配置一定黄金比例有助降低投资组合的波动性。但投资者必须留意一旦危机过去，长期持有黄金的回报仍然会是乏善可陈，黄金投资只适宜进行阶段性配置，尤其是经济扩张周期的尾部，以及孳息曲线出现倒挂现象后配置去预防央行进行过度的货币政策刺激和滥发货币的风险。

外汇类投资配置

一般的投资组合很少加入直接外汇投资到其中，因为直接持有外汇只能靠有限度的汇率波动以及往往非常低的利率作为回报来源。除非明确外汇有大幅波动倾向，否则加入高比例的外汇配置到投资组合中作长期投资并不明智，简单外汇投资的长期回报往往并不吸引人。

可是在特殊情况下，尤其是主要资本市场剧烈波动下，持有避险货币如美元、日元等而沽出新兴市场货币往往也会录得一定的正收益，而如果一个新利率的货币如 2008 年前的英镑出现利率大降时，也是很好的做空对象，所以在作出防御性资产配置时，可以考虑高配避险货币的相关资产，降低高风险货币的相关资产，比如澳元以及新兴市场货币相关的资产。

另外，投资者应考虑外汇因素到投资组合的资产配置之中，如在危险来临时，必须考虑所投资相关国家的汇率有没有足够的承受能力，是否出现大幅贬值。比如 2008 年投资英国股票要同时承受外汇市场暴跌以及股票市场暴跌的双重打击，令海外投资者在没有进行外汇对冲的情况下会遇到非常重大的亏损。

全天候资产配置

全天候资产组合是设计一个能适应主要市场变化的稳定投资组合。传统投资组合中大部分的风险都是由股票投资而来，而债券只组合风险很少的一部分。如果要组合中承担的股票及债券风险相同，要增加债券组合占比以令其风险相对股票组合得以平衡，投资者可动用借贷提升债券在组合中的风险比重，变成更接近股票投资的风险比重。这个重视不同资产的实际风险占比的概念称为风险平价。投资组合会把相关度低的又有获利能力资产进行配置，目标是取得较高的风险回报比率。不过在全球资产大沸腾的 2017 年，这种方法获得的回报却会低于传统的 60% 股票和 40% 债券配置，所以世上也是没有投资必胜的法则。我们假设可以用美国的交易所买卖基金建成一个投资组合，中国 A 股的投资者可以参考其中的原理，但不要依样画葫芦，因为中美的金融工具走势并不相同。

其投资组合示例如下。

(1) 25%~35% 全球股票组合。如领航的全球市场基金（美股交易代号：VTI）。如果只投资美股可选美国的标普 500 基金（美股交易代号：SPY）。

(2) 25%~40% 的长期国债组合。比如美国的长期国债基金，贝莱德的美国长债基金（美股交易代号：TLT），领航长债基金（美股交易代号：VGLT）。

(3) 10%~20% 的短期或中期国债组合。比如美国的中期国债基金，贝莱德的美国 7~10 年债基金（美股交易代号：IEF），领航中期债券基金（美股交易代号：VGIT）。除非利率快速上升，否则回报多能保持正数。

一些投资者会采用浮息债基金替代，进一步降低利率风险。代价是浮息债的回报在低息环境下会接近零，而且在极端的金融环境也会有一定的债价波动的风险。

(4) 5%~15% 的商品及外汇基金。例如投资美国的德银商品市场指数基金

(美股交易代号：DBC)，美国 SPDR 的黄金基金（美股交易代号：GLD)。

全天候基金的回报表现一直不稳定，时而获利，时而亏损，在股债同升的年份，回报在 7%～15% 之间。下跌年份较多在 -5%～-12% 之间，金融危机时会因国债组合提供较强防御力，但仍可能因股票及商品的亏损获得负回报，投资者千万不要以为能全天候获利。组合的大约年化波幅率在 10%～15% 左右，在风险及波动率考虑平均回报稍比持有债券好一点。在股票牛市时期，投资回报会低于传统的 60% 股票和 40% 债券的投资组合。

而且全天候组合在利率快速上行周期表现比较差。因为股市跟长债同步下跌，组合中可能产生防守作用的只有短债、浮息债和表现相关度低的商品。所以，此全天候组合的缺点是难以抵挡利率快速上行的风险，如果利率下行周期尤其长债利率下行周期表现最好，因为往往会出现股债同时上升的现象。

纯阿尔法交易策略配置

纯阿尔法交易策略是指投资组合没有设定需要参考的相关基准指数，投资回报与主要市场变化不一定存在相关性。这种组合在市场大升时也可出现亏损，市场大跌时反而可能获利。由于此策略并没有承担市场风险（BETA），当然也分享受不到市场回报。投资组合直接由投资经理相机判断决定投资什么项目。

一些标榜绝对收益的对冲基金，投资者还可以选择承担不同的波动率，选择越高的波动率获得越高的潜在回报与承担更大的投资风险。如果你看到 2018 年某大班对冲基金获得了超过 14% 的回报一定惊为天人，可是前几年美股大升的波潮中，该基金在几个年份中连 5% 的年度回报都未能达到。放弃了市场风险其实也等于放弃了市场的回报，投资者要付出的代价其实也不少。大家就不要迷信什么无风险投资策略，根据不明出处的网上的投资策略建议，就幻想自己成为对冲投机大师，我只想说，对大多数运气一般的投资人而言，就别浪费心机再设计什么必胜组合或无风险获利组合了，简单的策略在合理的水平下承担市场风险并获得市场回报已是不错的选择了。

大道至简

我用了很长的时间才接受并真正领悟巴菲特所说的"没有人能预测股市，一个也没有"，他们管理 1 万亿美元资产的挪威主权基金，在 2018 年末的大跌市时仍保留超过 65% 的全球股票组合，并在市场大跌时稍为加仓约 200 亿美元股票持仓，他们的债券持仓一般在25%~35%之间，非上市地产占比低于4%，大致就是一个简单的偏股型股债混合组合，没有使用什么神秘的交易策略。他们只会在全球股票及债券的持仓组合进行品种切换，这种股债混合持仓配置看似很简单，但长期已能达至相当不错的资本增值了。股神巴菲特也从来不会预估熊市何时发生，他会选择一直忍耐市场的波动而不卖出持股。大家可能会问，金融市场难道没有什么能人异士可以预测走势吗？读者可能会举出很多人成功预测市场的例子，是的，我也看得到，不过请你也看看他们预测错误的次数，往往是错误远比正确的多，有时真的是"坏了的钟一天里总有两次准"。天天喊底的预言家一定会有一天准确命中市场底部，不过你跟他建议重仓买入，估计早已亏得被抬离资本市场。

建立投资组合的资产配置手段是我们放弃自认为是市场天才，天天追涨杀跌，由市场给予相关回报的手段。我在长期的长期投资过程是中一直相信，把握交易时机和趋势改变，一定是有方法的，获得超额回报能有多难。但当你长期进行市场操作时才会体验到，很多情况事前根本无法有效判断。美股指数在2018年12月初至2019年2月末是维持在相同的水平，并没有实际波幅的，如果事前知道这情况，谁又会愿意在2018年12月末美股暴跌时大幅卖出，这不是当了大笨蛋吗？你知道2018年12月24日暴跌迎圣诞时美股进入了大调整时期，很多人都预测熊市来到了，媒体一面倒宣传熊市快到了的信息，而且不少股票真的跌到熊市区了，根据历史统计显示，熊市不会这么快就收手，很可能下跌更多，很多人当然就会先行卖出持仓避险。

谁能预料美联储的加息快速转向令股市出现急剧反弹，从12月低位不到2个月时间完全收复失地？如果有人能预测到他早已发达了，因为市场3个月时间的来回波幅接近40%，加点杠杆，买卖两次中短期价外期权赚个10~20倍有何难度？问题是你要事前能准确知道。我们未观察到有多少大型投资机构在这次波动中大赚特赚。在暴跌时敢于买入，你必须要押注美联储改变利率政策及中美贸易局势缓和，承担了风险，就获得了相应的回报。其实说穿了，有时候是有点在赌运气，因为谁在事前也没绝对把握。

投资世界大道至简，建立适合你自己个人投资风格的投资组合进行长期投资，就是一个很好的长期投资方式。比如投资于美国这种持续上升的市场中，采用简单不过的60%股票和40%债券组合，配合再平衡策略就能获得不错的收益，并往往比许多看起来高大上的投资组合策略长期回报更佳，至少在风险承担和回报方面会是合理交换。当然，在不同的国家的股市是否采用60%股票~40%债券的方式要视该国的股市有没有创新公司加入以及有没有长期盈利增长可能。而且如果美股在估价水平较高出现经济衰退，出现较持久的熊市也不是不可能，没有人敢说这种策略就能盈利，只是市场盈利时总能分一杯羹，亏损时不会全亏而已。

不过新兴市场股票这种快速切换风格，而且牛熊周期短的市场类别，选择在较低估值时才介入似乎长期回报会更佳，单一的投资组合方式不可能用在任何市场都适用。不过采用一些非常复杂的组合投资策略也没有保证能有什么超额获利，有时还会弄巧成拙，没有一套主动交易策略长期必定能获利。比如投资者企图用不冒市场风险的各种阿尔法（ALPHA）交易策略，即使被验证过在以往时间是有效的，也可能会因参与者增多而使策略回报下降甚至失效。投资人可以根据自己的风险偏好在组合中改良应用，比如允许一定资金比例进行择时交易，或按市场的估值弹性调整投资比例，当然不是什么方法都适合所有人。组合式投资的波动性及娱乐性较低，缺乏参与的刺激感，如果你交易的目的是追寻刺激或快速获利，这个方法就完全不适合你了。

第十二章　投资者的个人修养

在金融交易领域，对任何现在或潜在的交易者说教式地讲述大道理或企图喋喋不休地对他人晓以大义都是徒劳无功的，真正能影响到交易者行为的必须要动之以利，而建立投资修养就是为了个人以及社会的长期最大利益。一个没有修养的投资者，看到什么疑似能发财的投机机会都很可能会奋不顾身地冲过去，动不动就把大部分资产投到单一高风险项目中，就算短时间内能获取暴利，也没有办法能走得多远，他的资本很易遇上突发风浪就翻船。

想赚快钱，到金融或商品期货市场转两圈，来个痛快的满仓操作，使用期货杠杆把承受的市场风险提升到 10 倍以上（BETA ×10），浮盈加仓，要么一朝富贵，要么准备去搬砖了。有时交易者还要幻想自己是金融市场的指挥者，心中默念孙子兵法的口诀，"故其疾如风，其徐如林，侵掠如火，不动如山"，感受一下在资本市场中驰骋的快感。有一些喜欢以小博大的交易者，不时买一大把末日期权，或超级价外期权过过手瘾，来一个 1 赔 200 的赔率。投中低概率事件就有 200 倍的获利，2018 年底的石油市场大暴跌前买入大量价外认沽期权，或者以短期价外认沽期权收割年底的美股急挫，资金翻个 50 倍不成问题。不过采用这种九死一生的玩法，10 年难得一次能开中大奖，其实久赌必输。

要赌钱，金融市场绝对可以满足你，一个上午赚到的年化回报率就可以高过世界第一对冲基金桥水的年化回报率，大有傲视世界之气势。但朋友，估计你应该还未学会金融交易市场个"亏"字是怎样的写法。比如末日价外期权这种买入后，99.99% 都会出现全损的游戏你都热衷参与，形同派钱给别人花，只是市场不会对你说句多谢。我也有翻看过《如何买到期期权》这类书，什么交易方法都会有人去推介，只是浮躁而来的钱往往终将随风而去，最终仍是手中空无一物。建立个人修养对投资者能否长期保护资产并在承担合理风险下进行财富增值其实十分重要。

金融投资中有一种下跌，叫作交易中不能承受之跌。如果投资者用了任何杠杆交易比如 100 万借成 200 万，维持保证金比例是 70%，即买入的资产在下跌 30% 后就要追加保证金，否则被强制全部或部分仓位平仓。如果遇上重大波动事件，股票或商品投资的价格出现缺口大低开或持续跌停板，你的所有投资及本金就可能化为乌有。如果在期货市场，付出投资目标的 6%～10% 保证金就可以开始交易，即下跌 2%~4% 左右就需要补仓。如果开盘时已经大跌，所持的仓位可能一开盘就被强制平仓，这些事情在期货市场经常发生。专业的交易者会在建立交易头寸时使用风险控制工具去参与此等市场，而不会傻得冒上损失全部家当的风险孤注一掷。但没有风险管理意识的个人投机者就很难说了。当你遇上一次重大错误，亏损了 95% 的本金，你要赢多少才能追回损失，你需要把剩下来 1 元赚成 20 元。在金融市场中，如果想短期内赚回本金，除了进行毫无胜算的豪赌别无他法。因为即使你买入了号称长升不跌的美股市场，过去 100 年平均年化回报率只是 6%~7%。要追回 20 倍损失就要从少年等到变成白须翁了。

金融交易的金钱游戏不同平日上网玩游戏亏光了可以再复活，然后毫发未伤地再来一次的。许多投资者的账户出现亏损后，就会想尽各种方法用最快的时间赚回来，然后吃进更大的风险，再亏损得更快。陷入亏损旋涡中不能自拔后会认为只有赌下去是唯一的希望，认为只有赌才能拿回失的东西。古语有云"财不入急门"，豪赌的过程总是赢跟输夹杂，但是结局却总是差不多的。在金融投资过程中只要遇上一次重大的投资亏损失本金，一切的损失都不可能复原，输光本金后，甚至借贷去赌以求翻本，不但最终一无所有，更可能要背上沉重的债务，令人不胜唏嘘。如果你只是刚毕业不久的 20 多岁年轻人，投资上犯大错赔光了本金，大不了努力工作并再储蓄，学懂风险管理后，过几年就能东山再起；如果过了 30 岁时遇上巨亏，可能连房子首付都亏没了，准备结婚的钱都亏光，大好姻缘也不知是否会因此错过；如果是 40 多岁，一旦抵押贷款，最终房子、车子可能都要变卖还债了；如果 50 岁以上，一次巨亏后可能后半生都要贫困潦倒了。

金融投机与人性

为了让大家能鉴古知今，我精选几次投机泡沫的经典案例做一些介绍，令读者对于金融泡沫及人性有更深刻的理解。我们在前面的章节中已经分析了不少现代金融危机的例子，比如 2008 年全球金融危机。后文我会选一些比较古老的案例，你会发现其实数百年过去了，人性却从未改变——任何价格上升中的东西，只要供应是有一定上限的，都可能被热炒。

关键是投机项目的价格必定要持续上升，令持续参与的人数不断上升，最终引起交易价格的暴涨，并在高位维持一段时间，然后没有更多的新资金或投资者涌入，获利卖出的压力会令投资泡沫自动爆破。我希望读者理解投资泡沫的本质，而不是纯粹看历史。你必须警惕历史的教训，虽然投资的目标已经没有可能死灰复燃，今天再也找不到投机者去热炒郁金香花球，但更多变着花样的"郁金香花球"，一个出现在我们的身边，引起无数的狂热。一样价值无法估计的投机项目往往不是无价之宝，而是毫无价值的垃圾，投资者必须警惕参与投机泡沫的风险。

1637年的荷兰郁金香狂热

荷兰人在十七世纪初开始接触到郁金香花，欣赏其优雅美丽，越来越多人以栽种郁金香花为时尚。而郁金香的花以至其花球的价格更是随需求上升开始非理性暴涨。早在1624年，一株罕见的郁金香已经可以卖到一个普通工人3至4倍年薪的价格。到了1634年，大量的郁金香外行人涌入市场，加速了投机的热情。1636年，一株顶级的郁金香球已经可以卖到普通工薪阶级的20倍年薪以上的价格。以往并不值钱的普通质素花球上涨速度更快，不少在短时间内出现10倍以上的涨幅，一株已经可以卖到普通人的年薪水平。大众不理性地期待郁金香花以及其种子的价格不断上涨，最严重的是出现了郁金香期货交易，卖家承诺春天时能提供指定数量及品种的花球，而买家也凭空开出了信用凭证。大众蜂拥加入郁金香花的相关买卖，追逐富贵的发财大梦。到1637年2月3日，花球找不到买家的谣言出现，大众突然开始意识到郁金香不合理的价格。

当花球开始找不到高价的承接者，更多人以更低的开价急于尽快卖出手中的持货，然而平日的买家都不见了，郁金香的价格一泻千里，大众又从一场发财大梦中醒来。那些在市场畅旺时高价脱手的投机者赚翻天，而那些高价囤积花球的接盘侠哭晕在花园中。那些进行郁金香期货交易的交易者，因为最终出现违约，衍生出大量的诉讼，政府最后在1638年允许双方只需按合同的3.5%定价交割。期货市场的强制平仓事件早在数百年前已经上演，真的令人啧啧称奇。

其实，郁金香泡沫在金融投机史上真的是小菜一碟，所涉及的国家只有荷兰一国，而且投机人士只是一众较有钱的人为主，普通人士是没有足够的资本参与投机的，而金融市场以及大众经济并没有受到重大的负面影响。这种只能算是地区性的财富转移事件，连地区性金融风险都算不上，因为没有涉及重大借贷或引发债务危机，只是相对于以后的各种金融泡沫事件，没有什么比如此实在的郁金香花球更立体地呈现了人类投机交易活动的愚蠢性。这些现在稀奇平常的花球，在当时却可以买到贵重的马车、房子等物品，真令现在的人连做梦也难想象，却是如此真实地发生过。

郁金香泡沫成功地展示了投资泡沫的财富大转移功能，并警示后世的民众要远离投机泡沫。有了郁金香的案例之后，往后的各种金融危机等等都很易被理解。千百年过去了，人性中的贪婪，从众和恐惧行为从未改变。金融市场的历史被主流大众所忽略，一个又一个的历史教训不合理地被社会快速遗忘。不出十年时间就可孕育新的一批无知并无惧的投机者，即使是近期发生的金融市场的历史教训，很快就会烟消云散。狂热的投机精神在资本市场上长存，一代又一代的投机者相继冒起又再次消失。投机者的永恒信念是，不要问，只要买，买入了有金山银山就等我来赚。即使有人好心劝告，他们只会认为那些前人的经验早已跟不上时代，他们坚信这次的机遇跟以往的泡沫是不一样的。

当然，每一次投机之风吹起时，连猪都可以飞天的，不过泡沫过后往往只会剩下一地鸡毛。新一代的交易者不断重复犯下前人似曾相识的错误，令人不胜唏嘘。年轻的读者可能会想，为什么大部分的市场交易者都不读一下金融史，吸取教训？他们读的历史往往只限于读取市场的交易图的历史价格走势，许多人迷信有效市场假说，认为价格就代表一切，有价值的就代表是真实的，不去探求导致价值变化的真实因素。

即使不进行任何投机交易的投资人，亦要学会观察泡沫形成的潜在危机，评估危机会否蔓延并引起系统性金融风险，投资者要学会在危机到来之前保护自己。要知道，当泡沫引起严重的金融危机，比如 1929 年大萧条时，大量谨慎储蓄的存户也会无辜地因银行倒闭而损失了毕生存款。2008 年金融危机影响到大量美国退休基金因买入了按揭相关债务出现大幅度的投资亏损。有时即使你什么直接的投机行为也没有参与也可能被泡沫爆破的杀伤力间接波及的，所以个人投资者对资本市场出现的系统性风险必须留个心眼。

法国的密西西比泡沫

在 18 世纪初，由于法国国王路易十四连年发动战争，使得法国国民经济及国家财政陷于极度困难之中，这时候，出身英国苏格兰富裕银行世家的约翰·罗(John Law)进入了法国当权者的视线。

约翰认为采用贵金属本位制，发行货币就要受到国家手中的金属数量制约，而且贵金属的开采数量有限，难以短时间内增加，如果采用信用货币制度，比如直接印制纸质钞票，就会令法国的货币发行更有灵活性。他建议法国只要建立一个能够充分供给货币的银行就可以摆脱困境。约翰认为在经济不景气就业不足的情况下，增加货币供给可以在不提高物价水平准的前提下增加就业机会并增加国民产出，当社会的产出开始增加之后，社会的总需求也会被拉动，对货币的需求也会相应增加。

不过这种金融货币政策的最大风险，是如果使用不当，货币供应增加太快，就可能会引起严重的通货膨胀危机。约翰认为只要拥有信用货币发行权的银行提供充足信贷供社会进行更多生产活动，更多的新增物品供给足够支撑更多的货币，这里的货币泛指政府法定货币、银行发行的纸币、股票和各种有价证券所代表的价值，这样就可以促进经济繁荣并且不会引发严重通胀问题。

1716年约翰在巴黎建立了通用银行并拥有发行纸质货币的特权，大众可以使用其货币兑换金属硬币和缴付税项。法国政府规定这种以里弗尔为单位的纸币为法定流通货币。他随后在1717年买入了密西西比公司，并改组成名为西方公司的上市公司。由于该公司取得了当年仍是法国领地的位于密西西比河流域即现在美国路易斯安那州地区的贸易特许权，并且被尤许垄断当时在法国控制下的加拿大地区的皮革贸易，亦被称为密西西比公司。

由于通用银行经营得很好，1718年被法国政府强制收回并改名为皇家银行，只让约翰充当管理人。约翰只好专心地管理其贸易业务，法国为补偿他的利益再让他取得了非洲、亚洲包括印度和中国公司的不同贸易特权。1719约翰成功垄断法国的主要对外贸易权，并把旗下各项贸易业务重组成立印度公司。他于同年1月份发行每股面值500里弗尔的新股集资，并取得了法国皇家造币厂的承包权。印度公司于同年先后获得了法国的农业间接税以及直接税承包权，公司的股份价格不断上升并在8月份突破了3000里弗尔。1719年，约翰决定通过印度公司发行股票来偿还15亿里弗尔的法国国债。印度公司在1719年9月12日增发10万新股，每股面值5000里弗尔。他不断发行更多纸钞票以支撑其印度公司发行更多的股票，狂热的投机者坚信印度公司的股票只升不跌，股票上市后价格就直线上升，最终股价于1719年12月升至1万里弗尔一股，短短1年间股价升值接近20倍。

股价的上升由大量的新增货币提供支撑，投资者卖出了持股后，大量的现金流入市场，短时间大量的纸货币供应无可避免地引起通胀，大约从1719年后不到2年时间，法国的物价已经上升超过一倍，单是1720年1月份通胀已超过了20%。这时开始有越来越多的投资者想卖出持股获取丰厚的利益，聪明的投资者开始要求以金币作为结算，约翰则限制每笔交易最多只能换取100里弗尔等值的黄金，余下以纸钞支付。后来约翰宣布纸钞价值比的面值下降一半，即持有1万里弗尔只等于持有5000里弗尔的购买力，再加上投资者开始了解到密西西比地区并没有太多值钱的贵金属可以开采，更多的投资者选择卖出手中的股票，引起股票价值的暴跌。到了 1720 年底，股票的价格已经下跌至 1000 里弗尔左右，投资者都损失惨重。约翰只好在泡沫破灭后逃离法国，在威尼斯度过余生。

用今天的角度去看，约翰可以算是杰出的货币理论家兼勇敢的经济理论实践者。他以法国作为试验场做了一次巨大的货币政策测试，虽然以失败收场，但如果不是当年的货币供给过于激进，他的想法未必一定会这么快就一败涂地。大家可能想不到几百年前的事似乎远去，但其实直到今天仍有很多央行在采取类似的方法去刺激经济，比如许多中央银行采用量化宽松印钱刺激经济的计划。日本央行更直接印钞去购买日本交易所买卖股票基金，这跟约翰印钞买股的行为本质上无太大的差别。约翰当之无愧是经济学货币政策实证研究的先驱，对国家层面滥发信用货币过于激进时产生的风险给后世留下警示。

英国的南海泡沫

英国同样在 18 世纪初因战争引起大量国家债务累积了近 900 万英镑债务，令英国政府出现偿还困难，政府也在千方百计想办法去减低债务负担，连发行彩票去吸钱的方法都尝试过，但收到的款项始终不足以还债。1711 年，南海公司宣告成立。南海公司是一家政府与私人共同参股的股份制有限公司，英国成立南海公司，把债权人拥有的 900 万英镑的债务强制转为南海公司的股份，承诺会给股份拥有者每年 6%左右的回报；作为接受政府债务转换的回报，南海公司获得了南美洲及附近海岛的贸易垄断权。当时许多英国人认为南海地区拥有大量的金银财富，虽然实际上该海峡当时主要仍由西班牙控制，南海公司并没有什么真实的业务，只有几艘船主要负责了奴隶的运送工作，南海公司设计了一个非常有气派的纹章作公司象征，在市中心租了相当气派的办公楼以充场面，并维持一副充满实质业务的大公司排场。

到了 1718 年，英国又再次陷入对西班牙的战争之中，国债总量不断在累积。这时候，英国的南海公司参考了约翰在法国的做法，也来个依样画葫芦想发行巨额的南海公司股票收购政府国债。南海公司真的打算买下英国政府的全部国债，总额约为 5000 万镑，从而成为英国政府的唯一借款人。当时英国格兰银行和东印度公司也是英国国债的主要持有者，南海公司以超优越的条款，额外提供英国政府 700 多万英镑的费用，还宣布南海公司同时将政府债券的利率维持在 5%，但 7 年之后按条款利率将由 5%下降为 4%。对英国政府来说，不但能收取可观的费用，并可以减省日后每年的利息支出，是相当理想的财务安排。但南海公司承担了巨额债务后又没有实质业务，想到最有效的方法就是抬升股价，然后卖给公众，变相从公众那里获得的资金去支撑债务。

在1720年，南海公司数次发行股票去融资以购买英国国债，公司提供股票购买分期融资计划，只要支付10%的保证金就能买入国债，下一次付款是在一年后，其余尾款在四年内付清即可，股票从每股128英镑一直暴涨到1000英镑。英国出现了大量没有实质业务的泡沫公司去吸收资本，并且全英国所有股份公司的股票都成了大众的投机对象，大众陷入了狂热的投机之中。这时南海公司的管理层建议英国政府订立《泡沫法案》，令许多不相关的泡沫公司被解散。突然间大众也开始把泡沫经营怀疑到南海公司身上。1720年7月，外国投资者开始抛售南海股票，看到股价下跌，英国的投资者也加入沽货，南海股价出现暴跌，到了12月份已跌到124英镑，回到上升的起点。南海泡沫破灭后，英国国会建立了调查委员会，由于南海公司的董事在股份暴跌前大量抛售了股份获利，好几名南海公司的董事以及一些相关官员被捕，不但被没收因泡沫投机所得，部分人还被没收全部个人资产并被关进监狱，这些人的一生名节及财富尽失，竟落得如此下场，也是令人不胜唏嘘。

比较有趣的是，发现万有引力的大科学家牛顿也在此事件中遭受严重损失。牛顿最初购买了南海公司的股票后，曾在4月份感到股价不能持续赚到本金约1倍时卖出，获利7000英镑，但看到股价不断上升，又忍不住再次把资金杀回去，最终牛顿大约损失了2万英镑，这损失等于他担当英国铸币局局长的十年收入总和。当时2万英镑的购买力估算约为今天的300万美元，牛顿在事后不得不感叹说道：我能计算出天体的运行轨迹，却难以预料到人们如此疯狂。

大家要明白，交易能否获利跟个人智力没有绝对正相关，智力高如牛顿者内心中也会有贪婪和恐惧，而牛顿就是败在了自己的贪婪之上了。他的智力和理性告诉他，股票的价格也会有地心引力，不可能永久上升，这令他最初成功卖出获利，可是他心中的贪婪再次驱使他投入股票市场，最终在投资上遇到重大的损失。

泡沫投机的共性

当你细心观察历史上各次主要的投机泡沫，你会发现一些有趣的共性。

投机项目的特性

投机项目都多被吹捧及包装，交易者对目标无法进行有效的价值评估，也没有可靠的价格参考。交易者不清楚业务盈利来源，或为何投资项目被认为是有价值的，而交易者却对投资项目将来的价格充满了幻想空间，包括 2000 年的互联网泡沫也是这样。

金融环境配合

经济环境中出现货币滥发或超低利率借贷成本环境，又或者大众手中有大量闲置的货币，都是促成投机项目能盛行的重要助力。投机参与者在货币宽松时，往往可轻易地使用借贷或杠杆式合约，加速泡沫的膨胀速度。

上升的过程

最初总先经历缓慢上升或经过一定时间的沉寂，投机品种最初未被大众所认识及接受，要有更多人加入其中才能启动拉升。主要推波助澜者都往往有华丽的外表，能够挥金如土，一副成功人士的气派。配合媒体及舆论的炒作，吸引越来越多大众的参与，直至最终达到全民参与，或参与度达到极限。为了避免泡沫太快破裂，必须不断推升各投机项目的价格，令参与的其他投机者不舍得卖出项目去获利，减少卖出的压力，并以只升不跌的神话利诱更多人当接盘侠。

爆破的过程

高价买入投机项目的新买家都是最脆弱的潜在卖家，他们的持货成本远高于以往的其他买家，心理压力非常大，所以投机项目上涨得更快，更多人在高价买进，其实潜在的卖压就会不断上升，必须要不断抬升价格才能维持局面。当价格在一段时间不能再上涨，不需要特别的原因或消息，市场会自我发现原来已没有更愚蠢的新买家愿用更高价买入时，泡沫的燃料耗尽时便会出现自动爆裂。更多的人因为投机项目下跌加入沽货行列，这个过程往往会有点反复，偶尔价格还有一些强劲的反弹，最终却再也找不到足够数量的买家去接货。杠杆买入者被强制平仓卖出持货，市场出现恐慌，下跌速度加快，最终泡沫大爆破，只剩下一地鸡毛。

爆破后的检讨

社会在投机事件爆破后总要找出导致市场泡沫或暴跌的真凶，贪婪的投机者这个帮凶被认为是纯粹的受害者。历史上从来没有泡沫事件中的投机者是被强迫参与的，他们自己的贪婪支配了理性，而把投机交易的错误完全归咎于遇上了骗子。他们认为错不在己,既然骗子已被抓了,也没有必要为下一代进行相应的预防教育。所以类似的投机泡沫事件一代又一代地继续上演,没有多少人真正吸取到历史的教训,人性中的贪婪在缺乏预防教育下,令投机事件在历史上不断重演。

面对必需品投机

对于投机泡沫,理论上别参与其中才能明哲保身。但如果投机的目标是人生中的必需品,比如房地产,即使再聪明的人也无法避免因金融泡沫事件而受影响。当你找不到一间赖以栖身的小房子时,你无处安家又何以容身?正所谓贫无立锥之地,深陷其中的智者也必定非常困扰,因为有些泡沫可以历久不散,日本的房地产20世纪80年代后期用不到5年时间实现了暴涨,却用了近20年时间才完成下跌过程。20年可把青年耗成中年,中年耗成了老年,那时候都不用成家,可以开始找养老院了。一整代的人就这样被投机害惨了。日本近年流行的断舍离极简生活,独身主义,全部都是20世纪90年代房地产泡沫爆破后才出现的思想产物。近年日本育龄女性的人均生育率已经止跌,可是总体人口经历了20年的萎缩已经无可避免地持续下降。最可悲的是在投机热潮过程中,人们还会问你为什么不早点参与投机,你祖辈为什么不参与或帮助你投机,仿佛不投机就是原罪。

身处必需品投机浪潮中的普通人无处可躲避,除非政府有政策上的帮助,比如新加坡采用由政府主导房屋政策,否则个人能自保减低影响的方法并不多。不过要留意的是,无论泡沫有多大,正常来说一般人的工资收入增长是有限的,否则收入增长太快应该很快就会出现超级通胀。央行无可避免地要收缩货币并引起资产市场暴跌。就算央行不收紧货币任由恶性通胀出现,最终都是殊途同归引起资产价格崩溃及实质经济衰退,只是央行不主动刺破泡沫时不用被社会当成引起泡沫破裂的凶手,最多只会被后世的经济学家唾骂。

当资产价格上涨,收入与资产价格的距离会越来越远,比如10的年家庭收入总和可买房,变成20年甚至30年。当资产进入了上涨的周期,你的收入上升永远追不上楼价,痛苦度只会越来越强烈。如果是房地产价格过高,最直接的替代方法是选择租房,房租会随房价上升,但是房租是消耗性消费开支而不是资产,不可以抵押也没有太多的财务杠杆可支撑。至少我没听说过靠劳力吃饭的工薪阶层能以超过70%的每月收入去长期租房——你总得花钱吃饭和生活的,所以房租的涨幅极限不可能超过家庭收入的一定比例。

和你一起去抢房租的人的收入增长也是有限的，房东可以不断按市场的承受力极限提价，但过了一定水平就找不到租客了，会有越来越多的空置房屋。当然如果房价上升太快，空置的成本又太低，又或者身处于房屋供应严重不足的城市，你竭尽所能工作仍是找不到负担得起的住房，要么就只好越搬越远，越搬越小，或者考虑在别的地方过新生活。人生总是有选择的，有舍就有得，少了一些工作收入同时换来的是更舒适的生活，更美好的心境，不一定是坏事。最困难的处境是一些专业工作只能在某些城市找到，这样你要考虑是否在一个城市工作而在另一地方安家了。

当然，你若认为房价必然不断地上升，你自然会用尽一切借贷及杠杆去买最贵的房子，因为往往越优质的房子升值能力最快。但是如果你确信资产已无升值空间，却有成家等原因万不得已要被迫参与其中，可以买入自己收入供款负担能力以内质素普通的房子，把房子跟车子一样视为折旧消费品，不理会升值贬值，只为自己有片瓦遮头，避免承担过高的个人财务风险。等将来自己的收入上升，储蓄增加了再进行房子消费升级，减低资产波动令生活陷入困境的风险。我们无法预期泡沫何时破灭，只能尽力去应对减低对生活的实质影响。

经济学家约翰·加尔布雷斯在其著作《金融投机简史》中提到，人性使每个人相信，自己的聪明才智能判断出最好的投资工具与投资时机。要想在动荡的市场中保身，投资应保持绝对的怀疑，别被那些所谓金融天才，以及风光无限好的未来前景冲昏了头脑。许多资深的投资者都在预期经过十多年滥发货币后，下一场大型投机泡沫爆破事件何时来临，但即使一个特大级数的泡沫爆破事件结束了，又会再次在另一种资产上发生，可能是债券市场，房地产市场，股票市场，艺术品，名酒，古董，贵金属，甚至虚拟商品，只有在一次次泡沫投资爆破后，有少量的金融作家把事件记入史册，为少数愿意了解投机狂热风险的下一代提供借鉴。

理财目标与财务自由

天下熙熙，皆为利来；天下攘攘，皆为利往。夫千乘之王，万家之侯，百室之君，尚犹患贫，而况匹夫编户之民乎！（司马迁《史记》）

对一般人来说，住房、教育、医疗、退休保障是普通家庭头顶的几项重大开支。不少人对金钱有较强的焦感感，因为有钱才可以搬掉头顶的这几座大山。没有钱的生活就真的压力山大，日子比较难过，这是无法买心灵鸡汤书自我安慰就能解决的。年轻时一无所有，遇上困难的时候有时我会摊开自己的手看看，什么都没有就靠这双手去奋斗去创造，都没什么可以输的了，就没什么好怕了。如果你本身没有金钱资本，手中只有少量储蓄，千万不要对金融市场的投机致富抱有任何幻想，这种赌博行为只会令多数的人贫者越贫。努力去学习新知识，保持良好的学习和工作态度，提升自我的人力资本，才是改善生活的最佳途径。

当大家通过努力或成功进行资产交易，手上储蓄的钱越来越多，你有没有什么财务的目标？你的目标只是简单地为了打败通胀，保存储蓄的购买力，还是想冒险获得较高的资本增值去达成更多人生目标？其实很多人潜意识中赚最多的钱就是最大的人生目标，因为有了钱可以解决头顶的各种压力山大，获得更多的钱真的能促进很多好的事情发生，比如在交通不便的地方买一辆车方便一家人的交通出行，比如支付儿女学习各种技能的费用，带着一家人愉快地亲子旅行，孝敬父母等他们老有所养……这些都是钱的良好促进作用。可是单单只有钱是不可能获得良好的姻缘，这需找到一位合适的人一起为生活努力；买到优秀学校的学区房绝不等于就可以培养孩子成材，培养小孩需要很多言传身教的投入，你怎样待人接物包括对待长辈，你的下一代就会受你影响，只想花点钱是解决不了的。其实钱在人生很多事中是很无能的，比如钱永远买不回时间变回年轻。

有没有想过，拥有很多财富本身也可以成为人生的枷锁。如果你把钱不是用来改善生活，而是用来与身边的人作比较以获取虚荣，你就可能成为一个金钱的奴隶。家庭年收入10万元时，总幻想在年收入有50万元就太好了，到了50万元就想要100万元，知道老同学有200万元时，你就想要500万元。你可能不能想象，千万年薪的人也可能为钱苦苦挣扎，他们可能位居最顶尖高薪行业的最高层，却把自己的资产、房产全抵押掉去投资。为什么都这么有钱了还这样冒风险？因为有千万年薪的人的小目标就是赚他几个亿，不为什么，就是为了自我感觉良好，获得把这水平的同辈都挤下去的快感。在外人看来这么有缺钱的人，表面风光，其实背后还有大量负债，现金流紧缺，想花钱消费时也不是随心所欲，心也往往是不自由的，因为天天想获得更多。超豪华婚礼的主角，生活中的幸福感未必高于互相依靠同心合力过日子的普通夫妇。钱最大的作用是支撑生活中的必要开支，以免缺乏钱成为生活的重大限制。而且财富及金钱最重要的是给了我们更多的选择可能与自由，比如做一份自己更喜欢但收入更低的工作，仍能维持生活状况。

有一些人强调梦想就是获得财务自由，即被动收入如租金、利息、退休金等能超过生活支出，这样就可安坐家中不用工作，睡觉睡到自然醒，过上无所事事、无忧无虑的生活。但除了拥有的钱以外，一个人真正价值体现在社会中，飞行员驾驶飞机带乘客到达千里之外的目的地，卖煎饼的伯伯为客人提供热腾腾的早餐，工作一样是创造价值受人尊重。交易界的老前辈德国的科斯托兰尼很年轻时已实现财务自由，由于有太多钱又无事可做太空虚了，他竟然得了神经官能症要去看心理医生，得到的处方竟然是，请找点自己觉得有意义的事去做。他开始写专栏，在咖啡馆做学徒后药到病除。如果你拼命工作及投资的初心是改善自己一家的生活，为社会创造一点价值，想想自己有没有迷失在追逐金钱的过程之中，变成以是否获得更多钱去衡量自己的价值？如果有更多人不再以纯粹的财富去衡量别人，尊重包括你自己在内的每一位辛勤工作的人在社会中的价值，社会的整体幸福感也会得到提升。

对个人及社会而言，获取一定的物质生活仍是非常重要的。两千多年前，孔子已提出"人若无衣食则亡其所以养"的观点，多数人还是要先获得足够收入解决基本住房及生活支出，基本生活过得去，才有更坚实的条件去开展精神文明建设。我们还是得先继续努力学习提升工作技能或经营能力，增强投资智慧并善用我们的储蓄，精神面建设才能有更强大的物质支撑基础。诗和远方可以建立在幻想之中，却永不可能站在原地就能达到，我们作为普通人，不需要天天去想办法在资产市场上获取厚利，或者执着要打败市场，只要能在控制风险下分享一下资产上升的好处，赚点实际回报能改善生活已很好。保持持续学习的能力，对我们实现更远大的目标也是很重要的。

留有余地的哲学

学会凡事留有余地的生存哲学，即中国传统哲学中的中庸之道，是交易者在市场中能长久生存的重要哲学原则。在市场中能获利最多最猛的都是年轻并不畏风险的操盘者，他们快速冲向各种风口，投资回报遥遥领先各路投资前辈，传统的基金投资大师在他们面前形同古董和化石，不过一旦市场逆转，又会再次应验"在退潮中才知道谁人在裸泳"的名言。贪图最后一点利润往往一无所有，投资回报是赢不尽、赚不尽的。美食家蔡澜有一个生命燃烧论：把蜡烛两头一起燃烧是最光亮的，不过很快就会烧完，。投资也是一样，把杠杆上到尽头回报是最大的，不过也是很快就玩完被抬离出场。休息是为了走更远的路，不要天天想把天下的钱都收到自己口袋，把自己的压力推升过极限，就要看你身体或心理哪一样先出问题，你一定会被迫停下来，而且你会错过很多生命中沿途的风景。就算你真的达成了财务目标，却失去了当初的意义，又有什么价值？还是那句话，不忘初心，方得始终。

投资的机会在哪里

《金钱游戏》一书中，作者佐治·古文对金钱有深刻的思考。他看到许多金钱游戏的参与者永远在预期更美好的将来，而忽略活在当下的生活真谛，只为了赢而赢，而却忽略了生命中真正重要的东西，这相当发人深省。媒体有时会不断强调什么人购入了什么资产获得厚利的投资故事，并配以幸福生活的美好祝福，暗示要成功就学学他们吧，鼓励大家勇敢地拥抱风险，获取市场源源不绝提供的超额回报，成就美好人生。而为了令故事更精彩，当然要加入一些失败者去衬托，形容他们一直想找机会抄底加入其中，却一直没有胆量，错过了一次又一次的机会，是一个彻头彻尾的失败者，只能白白地看着其他人搭上了资产上升的幸福快车。仿佛不加入投资或投机的人简直是带有原罪，应该被讥笑。

公众开始崇拜那些持有资产赚大钱的成功者，而把任何过早卖出资产或没有买入的投机者描写成失败者。"他们看不到市场还在上升中吗？现在卖出真的太笨了"，造成未买入者的强烈焦虑。如果投资者没有足够的修养，是很难有这种不买入的定力。如果你知道这是圈套式投机，就算很可能可以交易获利，你也有足够的定力不参与这种坑人的游戏，这就是投资者的修养。我们无法阻止投机泡沫的发生，却有足够的自由决定是否参与其中。如果一个社会有大量有修养的投资者，骗取大众钱财的短期泡沫就难以膨胀。

是否拥有很多财富并不是衡量人生价值的重要标准，一个人对社会的贡献，才能真正反映其在社会上的真实价值。一位千亿家财的人离开了，没有太多人会有什么感觉，人们只会关心有没有争夺家产故事会上演，然后没过几天就被世人遗忘。人生的价值不在于有多少财富，卖早餐的老伯也对每天光顾的顾客产生价值，有一些思想家的影响即使时代改变却能对社会长期发挥影响，这就更是另外一种境界了。

其实人生有很多角色，没有任何人可以做到面面俱到，媒体很多时候看一个人在某一方面有突出表现，便把该人士简单地界定为成功者或失败者。其实对投资行业内公认的成功者而言，包括巴菲特、索罗斯、格罗斯等等，许多投资大师的个人生活其实一团糟，有些经历了多次离婚，家庭关系分崩离析，他们从不缺钱，却往往缺乏寻常百姓看似随手可得的家庭温暖，只有在投资场上他们才会变得生龙活虎，因为在这里他们可以忘了生活中所有的不如意。

拥有更多财富的目的

不断追逐更多个人财富的终极目标是什么？即你想用财富获得什么？你又

打算用多少东西、时间、精力去换取财富？到头来发现失去的时间永远买不回来，失去的生活永远买不回来。原来很多年轻人从来不知道，时间有着如此高的价值，有些人恨不得把所有的时间都用去赚钱，却忘却他们一直拥有的东西。没有好好利用时间在赚钱以外的价值，多久没有认真看看周围的人事与风景。其实很多人从来没有想过这些问题，他们以为有了钱就拥有了一切，有了钱的人生就是完美的人生，想要什么就有什么。这是因为他们的人生阅历实在太浅，他们从来不知道较富裕的人除了钱可以直接一次性解决的问题以外，面对的烦恼和困扰并不比其他人少。

钱最大的力量令我们可以有选择的自由与空间，能保持独立的人格，不要为了钱做一些自己不喜欢甚至违心的事。金钱也是维持个人及家庭生活的必需品，没有足够的金钱维持最基本的生活，诗和远方也只能永远停留在想象之中。不过钱在很多事情上都是无能为力，比如感情，比如时间，比如健康……太多的东西是不能用钱可以交易的。只是对很多平凡人来说，钱不够看似是他们生活中面对的最大问题，却有很少人认真地看看自己拥有的一切。许多人省吃俭用，不断积累更多的钱、更多的房子以及财富，却继续想要更多，因为他们赚钱的唯一目的就是为了赚更多的钱，却不知不觉间成了金钱财富的奴隶，反而失去了自由。

究竟你获得多少财富才足够？获得更多财富的目的是什么？谁都知道没有钱生活都成问题，什么也谈不上，人生需要努力和奋斗，但当你开始有能力选择的时候，你仍是把获得更多财富放在首位吗？古语曰"穷则独善其身，达则兼济天下"，怎么去运用你的财富才能令你最愉快？读者请自行思考你心中的答案。但无论你的答案如何，无论你将来有多少财富，切记不要以拥有财富的多少当作衡量别人以及你自己的标准。对社会上任何用自己的勤劳努力获取收入的人都应该保持足够的尊重。人生的真实价值在于体验和经历，在于建立人与人的关系，在于被别人及社会需要，而非纯粹为了在金钱游戏中胜出！

后 记

"天空不曾留下翅膀的痕迹,但我感恩我已经飞过。"(泰戈尔《流萤集》)

投资犯重大错误时的心情非常痛苦,想想泰戈尔诗中的意境,至少自己曾经努力尝试,心中也许就会释然。但错误本身并不值得歌颂,我希望读者朋友通过学习能少犯错。希腊哲学家柏拉图的《理思国》一书中有个洞穴囚徒比喻当你被困在洞穴之中,看到的影子的舞动就以为是全世界,这个比喻用在投资认知上也很合适,投资者只有能走出自我封闭的洞穴才能认知到真实的世界。

如果要用一本书去教下一代学投资,应该买哪一本书。不同书店中总有一整架的投资书,什么类型的投资工具都有专门的书籍,但整合金融市场知识系统性的普及读物不常见到。我就起了念头去尝试写作一本较有一定深度的普及性读物供大众参考。这本书的写作目的就是引领你去认识更广阔的金融世界。

我知道书中内容比较多涉及的范围相当广泛,一些内容可能需要时间消化。但我希望你至最少阅读后掌握几个关键的要点:

(1)金融市场交易的是风险与回报,当中的风险与回报并不是等价交换。没有承担风险很难赚得到高回报,承担了风险却不代表有回报,可能只当了笨蛋接盘侠,投资者必须小心权衡交易中的风险与回报比例是否合理。

(2)如果想在金融交易中长久生存,保护投资本金安全优先于争取最大投资回报,因为赚多少次的钱都可以一次性输得精光。

(3)高大上的策略长期回报未必强于简单的策略,只是不神秘的策略很难迷倒投资大众,太清晰透明的就不迷人了。

(4)进行资产配置或只作长期投资最有确定性的好处不在于回报率的高低,而是不需要在交易时段内持续地盯盘,可以获得更多自由时间做其他更有价值与意义的事。

(5)很多人都相信并一起在做的事不一定正确,在金融市场中从众不能降低风险,只是多一个人在高位接盘而已。

(6)免费的东西往往是金融交易中最昂贵的东西,无论是免费的交易策略,或看似零成本的期权对冲策略,往往都隐藏着巨大的风险。

(7)看了任何书,学习到任何新方法都不要头脑发热,认为找到交易秘籍。过去的历史及经验不一定适用于现在和未来,惯性思维是风险的源头,更要有前瞻性思考，理解到过去没有发生的不等于将来不发生。

（8）事后孔明众多，却没有人能长期准确预测市场——无论是股市、汇市、债市，一个也没有！

（9）投资前做好风险控制计划！每一笔风险投资投出去以后，都不一定有机会把资金收回来，永远不要低估市场的波动性。

在真实的投资世界里，并不是每一个人都有足够的能力与运气在主动交易中战胜市场，长期获得超额回报。如果说坚持和努力就可以，这完全是无视客观事实，因为你赚到的超额回报必定是别人亏出来的。可是每一个普通人都是潜在的投资大笨蛋，连天才科学家牛顿也在南海泡沫中当了大笨蛋，亏了他的十年工资总和，你就不要以为自己有足够的聪明才智，因为智力高低不一定能克服人性中的贪婪与恐惧。资本市场只有一个不变的生存法则——物竞天择，适者生存。我希望大家能认清市场的真实风险和生态，无论你选择或不选择参与金融投资，你也许会直接或间接地被资本市场的利率、汇率等影响，认识金融市场如何运作也是很有价值。选择主动参与金融市场交易的朋友，请你永远保持怀疑并做好风险控制。机会往往是给有准备的人的，即使有些知识你现在用不着，难保那一天就派上大用场了。

在本书最后感谢我太太在成书过程的无言支撑，我在相当长的一般时间内把所有的空余时间都用来写作，往往写作至深夜，难以兼顾家中大小事情，她总是毫无怨言。她在我一无所有时就愿意跟我一起奋斗，并容许我在金融市场中自由探索；在我遇上重大挫败时还是一如既往地支撑我，再爬起身继续战斗。如果没有她的支撑，这本书应该不会呈现在读者朋友们的面前了。

最后，祝每一位投资者都能开启财务自由之门。